喀什年鉴

KASHI YEARBOOK

2015

喀什地区地方志办公室　编

图书在版编目（CIP）数据

喀什年鉴. 2015 / 喀什地区地方志办公室编. -- 北京:方志出版社, 2020.11

ISBN 978-7-5144-4595-4

Ⅰ. ①喀… Ⅱ. ①喀… Ⅲ. ①喀什地区-2015-年鉴 Ⅳ. ①Z524.52

中国版本图书馆CIP数据核字（2021）第232102号

喀什年鉴（2015）

编　　者：喀什地区地方志办公室
责任编辑：高孟君

出 版 者：方志出版社
地址　北京市朝阳区潘家园东里9号（国家方志馆4层）
邮编　100021
网址　http://www.zgfzcb.cn

发　　行：方志出版社图书经销中心
电话（010）67110500

经　　销：各地新华书店
印　　刷：山东黄氏印务有限公司

开　　本：889mm×1194mm　1/16
印　　张：27.5
字　　数：600千字
版　　次：2020年11月第1版　2020年11月第1次印刷
印　　数：001～500册

ISBN 978-7-5144-4595-4　定价：260.00元

《喀什年鉴（2015）》编纂人员

主　　编　杨　林

编　　辑　任学燕　高　敏

编　　务　周亚娟　杨智军

编 辑 说 明

一、《喀什年鉴》编纂坚持以马克思列宁主义、毛泽东思想、邓小平理论、“三个代表”重要思想和科学发展观为指导，深入贯彻习近平总书记系列重要讲话精神，全面遵循客观、真实、准确、翔实的编纂原则，宏观与微观相结合、文字与图表相结合、事实与数据相结合，充分体现区域特色、部门特色、年度特色，突出当年的主要举措、成就、经验和问题。记述2014年喀什地区政治、经济和社会发展基本情况。

二、《喀什年鉴（2015）》旨在按年度反映喀什地区改革开放、现代化建设和社会主义精神文明建设历程，为认识喀什、研究喀什、建设喀什提供资料，为各级党政领导科学决策、指导工作提供依据；是外界了解喀什的窗口，为喀什政治文明、物质文明、精神文明、社会文明和生态文明建设服务。

三、《喀什年鉴（2015）》主要由地直各部门，驻喀什中央、自治区各单位（企业）、各县（市）及新疆生产建设兵团第三师负责撰写。

四、《喀什年鉴（2015）》中综合资料、数据一般截至2014年年底。由于统计数据的来源、口径、方式、时间的不同可能有差异，请读者以统计局提供的统计资料为准。

目　录

特　载

概　况

要闻·大事

大事记

中国共产党喀什地区委员会

政权·政治协商

法　治

军 事

群众团体

对口援疆

农　业

水　利

工 业

非公有制经济

交通·运输

邮政·通信

城乡建设

旅　游

商　务

经济管理监督

财政·税务

金 融

环境保护·国土资源

科学技术

教　育

文化·体育

新闻·出版·广播电影电视

卫　生

民族·宗教

社会民生

市　县

园区建设

新疆生产建设兵团第三师

人物·荣誉

附　录

索　引

特　载

以凤凰涅槃、浴火重生精神夺取喀什社会稳定和长治久安新胜利

——地委扩大会议工作报告

（2014 年 12 月 29 日）

这次会议的主要任务是，贯彻落实中央、自治区党委一系列会议精神和重大决策部署，总结 2014 年工作，部署 2015 年任务，动员全地区各级党政、各族干部群众以凤凰涅槃、浴火重生的精神，万众一心、开拓奋进，夺取喀什社会稳定和长治久安新胜利。

一、一年工作回顾

2014 年极不平凡、极不容易、极不简单。困难挑战前所未有，责任压力前所未有，信心决心前所未有。在自治区党委、人民政府的坚强领导下，全地区各级党政团结带领各族干部群众，紧紧围绕社会稳定和长治久安这个总目标，统一思想、担当责任，科学作为、砥砺奋进，全力维护稳定，全面深化改革，扎实推进“十大工程”建设，各项工作开创了新局面，取得了新成效。

这一年，我们经历了“三期叠加”形势的严峻考验，切实摆正着眼点和着力点。我们深入贯彻落实“12・19”中央政治局常委会会议精神、习近平总书记视察新疆讲话精神、第二次中央新疆工作座谈会精神和中央政治局委员、自治区党委书记张春贤在自治区党委八届七次全委（扩大）会议精神，着力统一全地区思想认识，层层传导责任压力，对着眼点和着力点的认识空前统一，工作力度空前加大，齐心协力抓稳定的氛围已经形成，效果正在显现。第 33 个民族团结教育月活动、“五个一”和民族团结进步创建活动深入开展，民族团结从我做起的氛围日益浓厚。“大宣讲”活动、常态化文体活动广泛深入开展，社会稳定基础持续向好，民心进一步凝聚。

这一年，我们克服经济下行压力加大等诸多困难，抓住机遇、趋利避害，改革发展取得新进展。经济平稳较快增长，预计完成地区生产总值 688 亿元，增长 10.2%；公共财政预算收入 50.8 亿元，增长 10.9%；工业增加值 119 亿元，增长 13%；全社会固定资产投资 700 亿元，增长 12%；社会消费品零售总额 148.3 亿元，

增长13%；进出口总额12亿美元，增长7.1%；城镇居民人均可支配收入17310元，增长12%；农民人均纯收入7133元，增长16.1%；居民消费价格涨幅控制在2.5%以内。深化改革工作全面启动，五项改革试点取得初步成效。经济开发区基础设施不断完善，金融创新、产业集聚效应初步显现，实现了企业上市融资零的突破。综保区即将封关运行，喀什临空经济区发展规划编制完成，喀什航空公司积极筹建。农业基础地位进一步巩固，农业增效、农民增收，夏粮生产实现“七连增”，棉花目标价格改革试点进展顺利，林果业提质增效步伐加快，现代畜牧业稳步发展，全年农民人均增收990元。商贸、物流、旅游业加快发展，第十届“喀交会”成果丰硕，喀什噶尔老城和帕米尔AAAAA级旅游景区通过国家级景观资源评审。基础设施建设取得新进展，喀麦、三莎、阿喀三条高速公路建成通车，大喀什市交通一体化建设积极推进，阿克苏—巴楚750千伏输变电工程建成投运，各族人民盼望已久的叶尔羌河防洪治理工程开工建设。节能减排力度加大，喀什大气污染综合治理初见成效。新型城镇化有序推进，“五好”新农村和美丽乡村建设全面铺开，城乡面貌发生明显变化。

这一年，我们大力实施“民生建设年”活动，改善民生取得新成果。25类120项民生工程顺利实施，民生支出占财政支出的80%以上。新增城镇就业12万人，转移农村劳动力93万人次，城镇登记失业率3.97%，普通高校毕业生就业率90.18%；双语教育、14年免费教育和控辍保学工作深入扎实，高中阶段入学率提高13个百分点，达86%；14.36万人实现稳定脱贫。新建安居富民房8.24万套、定居兴牧房1970套、保障性住房9.54万套，改造喀什市老城区危旧房1.15万户，建设农村公路1689千米，新解决13.86万农村人口安全饮水和3.23万无电人口用电问题。“新农保”、城居保参保率分别达到97.9%、98%。计划生育、文化体育、广播电视、新闻出版、外事侨务、老龄、社会救助、慈善等各项社会事业蓬勃发展，惠及广大群众的公共服务体系不断完善。

这一年，我们认真贯彻党的援疆政策，对口援疆工作取得新进展。坚持援疆资金向民生、基层工作倾斜，山东、上海、广东、深圳四省市全年投入援疆资金45.1亿元，实施援疆项目267个，落户产业援疆项目71个，完成投资22亿元。科学援疆、真情援疆、务实援疆、全方位援疆效果明显，有力地促进了喀什经济社会发展、民生改善和民族团结，各民族交往交流交融开创新的局面。

这一年，兵团第三师充分发挥稳定器、大熔炉、示范区作用，经济社会快速发展。生产总值、固定资产投资、社会消费品零售总额保持较快增速，“三化”建设持续快速推进，农业再获丰收，结构进一步优化，民生工作扎实推进，职工生活稳步改善，团场稳定。

这一年，我们坚持强基固本，基层基础工作取得新突破。服务型基层党组织建设深入推进，县市委直接抓村级党组织建设和"一强双带四作用"机制得到落实，软弱涣散基层党组织整顿成效明显，村级组织后备力量加快培养，培训村级后备干部2910名。实施农村工作"十不准"成效明显，侵占群众利益的不正之风得到遏制。村级阵地续建配套工程顺利完成，村级组织工作运转经费不断增加，基层干部报酬补助大幅提高，工作积极性充分调动。"两好"工作机制得到落实，"暖民心"工程深入实施，"三学三比三提升"活动广泛开展，基层组织维稳能力不断提升，战斗堡垒作用进一步发挥。

这一年，我们聚焦政治坚强和"四风"问题，坚持以"访惠聚"活动为重要载体，群众路线教育实践活动取得显著成效。全地区7744个党组织、17万余名党员参加教育实践活动，以弘扬新疆精神、践行喀什责任、争创"四有一流"班子为抓手，对思想之尘、作风之弊、行为之垢进行大排查大检修大扫除。各级党员干部普遍经历了一次深刻的党性锻炼和精神洗礼，政治坚强、政治自觉、政治定力不断提高，党内政治生活进一步规范，"四风"蔓延势头得到有力遏制，广大干部群众对教育实践活动评价为"好"和"较好"的得票率达99.5%。"访惠聚"活动深入扎实开展，2522个工作组、1.3万名干部住村社区开展"三共同"，自治区"六项任务"和地区"两项具体工作"扎实推进，密切了党群干群关系，形成了维稳合力，最大限度地争取了民心、凝聚了人心。

这一年，我们坚持党要管党、从严治党，党的建设得到新加强。思想、组织、作风、制度、能力建设全面推进，"四强"干部队伍和"四有一流"领导班子建设不断加强，各级领导班子和党员干部的思想观念进一步转变，大局意识、责任意识不断增强。贯彻好干部标准和"三个不吃亏"用人导向，一批政治过硬、实绩突出、群众公认的干部走上领导岗位。反腐倡廉建设深入推进，各级党委的主体责任和纪委的监督责任进一步落实，宣传教育、监督检查、专项治理、简政放权、制度建设成效显著。始终保持严惩腐败的高压态势，营造了风清气正的政治生态。

回首一年工作，我们经历了惊心动魄的考验，克服了前所未有的困难，付出了非比寻常的努力，留下了刻骨铭心的记忆。成绩的取得确实来之不易。这是党中央、国务院亲切关怀和自治区党委、人民政府坚强领导的结果，是对口援疆省市无私援助和社会各界大力支持的结果，是全地区各族干部群众风雨共同舟、共克时艰的结果，是各维稳力量枕戈待旦、英勇奋战的结果。在此，我代表地委、行署，向全地区各级党政、各族干部群众，向驻喀了解放军、武警部队、公安民警、兵团第三师干部职工、广大援疆干部，向所有关心支持喀什工作的各界人士表示衷心的感谢和崇高的敬意！

一年的实践使我们深深体会到，做好喀什工作：必须坚持中央、自治区党委的要求就是我们的任务，一丝不苟、不折不扣地贯彻落实中央、自治区党委的部署要求；必须摆正工作着眼点和着力点，把维护社会稳定和长治久安作为第一位的任务，放在第一位去布局、去安排，放在第一位去落实；必须把教育引导群众、争取凝聚人心作为工作根本目标，千方百计改善民生，真心实意排忧了解难，最大限度赢得民心；必须把抓基层、打基础作为长远之计和固本之举，努力把基层组织建设成为服务群众、促进发展的坚强战斗堡垒；必须不断了解放思想、深化改革、扩大开放，增强发展的动力与活力；必须坚持党要管党、从严治党，着力建设“四强”干部队伍和“四有一流”班子，为维护社会稳定和实现长治久安提供坚强政治保证。

总结工作，我们必须清醒地看到存在的困难和问题，主要是：当前喀什基本公共服务水平与人民群众新期待还有较大差距，特别是就业、教育、贫困问题突出；经济下行压力越来越大，转方式、调结构、适应经济发展“新常态”的意识不强；基层基础工作薄弱，一些基层组织软弱涣散、不起作用；少数党员干部精神懈怠、作风漂浮、脱离群众、消极腐败，从严治党任务十分繁重。我们要进一步增强忧患意识，以高度负责的精神，通过艰苦细致的工作和坚持不懈的努力，认真解决这些困难和问题。

二、2015 年工作总体要求和目标任务

2015 年是全面深化改革的关键之年，是全面推进依法治国的开局之年，是完成“十二五”规划的收官之年，也是我们以凤凰涅槃、浴火重生精神夺取喀什社会稳定和长治久安新胜利的攻坚之年，做好明年工作意义重大。全地区各级党政、各级领导干部要进一步统一思想、提高认识，凝心聚力、振奋精神，大力推进全面建成小康社会、全面深化改革、全面推进依法治国、全面从严治党，努力开创改革发展稳定工作的新局面。

2015 年工作的总体要求是：全面贯彻党的十八大、十八届三中、四中全会和中央经济工作会议、第二次中央新疆工作座谈会精神，全面贯彻自治区党委八届六次、七次、八次全委（扩大）会议和经济工作会议精神，牢牢把握社会稳定和长治久安总目标，牢牢把握依法治疆、团结稳疆、长期建疆总体战略，牢牢把握“围绕总目标、查找薄弱点、案件汲教训、工作抓落实”总要求，牢牢把握稳中求进、改革创新工作总基调，牢牢把握就业、教育、人才、扶贫四项重点工作，主动适应经济发展新常态，持续深入实施好“十大工程”，全力以赴保稳定、谋发展、促改革、强基础、惠民生、转作风，为建设团结和谐、繁荣富裕、文明进步、安居乐业的社会主义喀什奠定坚实基础。

2015 年工作的目标任务是：

——社会大局保持稳定。

——经济增长稳中有进。地区生产总值增长 12.1%，工业增加值增长 14%，全社会固定资产投资增长 15%，公共财政预算收入增长 10%，社会消费品零售总额增长 15%，外贸进出口总额增长 5.8%，物价指数控制在 3.5% 以内。喀什经济开发区建设取得新突破。生态环境建设取得新成效。

——法治喀什建设开局良好。反暴力、讲法治、讲秩序理念更加深入人心，法治政府、法治社会建设成效明显，各族群众

法治意识、法治观念进一步增强，形成严格执法、公正司法、全民守法的社会氛围。

——重点领域改革不断深化。中央、自治区党委各项改革部署和重点措施全面落实，重点领域改革取得阶段性成效，增强发展活力动力。

——各族群众生活水平稳步提高。开展第六个“民生建设年”活动，新建安居富民房8.3万套，保障性住房7.53万套；城镇居民人均可支配收入增长12%，农民人均纯收入增长14%；新增城镇就业10万人，城镇登记失业率控制在4%以内。九年义务教育质量明显提高，双语教育普及率达到65%，高中阶段入学率达到90%；人口自然增长率控制在15‰左右。

——宣传文化工作取得新成效。社会主义核心价值观深入人心，现代文化引领作用进一步显现，各族群众弘扬新疆精神自觉性普遍增强，文化强区建设加快推进，公共文化服务体系不断完善，各民族之间交往交流交融更加密切。

——党的建设进一步加强。全面落实从严治党要求，“四强”干部队伍和“四有一流”班子建设深入推进，中央八项规定、自治区党委十条规定进一步落实，干部作风持续改进，整顿软弱涣散基层党组织取得明显成效，基层组织建设明显加强，党的群众路线教育实践活动成果得到巩固，党群干群关系进一步密切，党风廉政建设取得新成效。

实现以上目标是民心所向、责任所系。我们必须以凤凰涅槃、浴火重生精神，紧紧围绕总目标，坚持底线思维、问题导向，坚决破除工作一般化、常态化的状态，切实增强责任感和使命感，提高理了解力、执行力和落实力，统一思想、坚定信心、攻坚克难，自觉起来、紧张起来、行动起来，积极作为、主动作为、敢于作为，夺取喀什社会稳定和长治久安新胜利。

三、围绕总目标，全面推进法治喀什建设

法治是喀什社会稳定和长治久安的坚强保障。全地区上下要充分认识党的十八届四中全会、自治区党委八届八次全委（扩大）会议的重大意义，切实把思想统一到依法治国总目标上来，统一到坚定不移走中国特色社会主义法治道路上来，统一到全面推进依法治国的重点任务和依法治疆的基本方略上来，坚持围绕总目标加强法治建设，坚持反暴力、讲法治、讲秩序，坚持依法治区和以德治区相结合，推动法治喀什建设实现良好开局。

（一）营造良好法治环境，增强发展活力。紧紧围绕把喀什建成丝绸之路经济带核心区的结合点、增长极和中国—中亚—西亚经济走廊的主要节点城市，营造公开、公平、公正的法治环境。制定和完善发展规划、投资管理、土地管理、能源和矿产资源勘探开发、生态环境资源保护、工商注册管理、科技创新激励等方面的制度，充分释放改革“红利”。围绕完善市场经济环境，加大有关法律法规和特殊政策的落实力度，特别要在法律和政策范围内全面履行招商承诺事项，打造亲商、富商、安商的良好投资环境。切实保护企业依法经营、自主经营，健全公平有序的竞争交易规则，进一步加强市场监管执法力度，坚决打击生产、销售伪劣商品、非法集资等各种破坏市场经济秩序的违法犯罪活动。

（二）建设法治社会，努力形成安定有序的社会秩序。要在全社会弘扬社会主义法治精神，建设社会主义法治文化，培育社会成员办事依法、遇事找法、解决问题靠法的良好环境。深入推进多层次多领域依法治理，开展法治创建活动，引导村社区制定符合实际的维护民族团结等方面村规民约、规章制度。大力推动人民团体和社会组织发展。整合法律服务资源，建立地县两级司法行政法律服务中心，依托乡镇（街道）司法所设立法律服务站，努力形成功能完备的公共法律服务体系，满足各族群众的基本法律需求。要把信访纳入法治化轨道，健全依法维权和纠纷了解机制，引导和支持人们理性表达诉求、依法维护权益。

（三）推进依法行政和公正司法，确保宪法法律全面正确实施。各级行政机关要依法全面履行政府职能，坚持法定职责必须为、法无授权不可为，在法治轨道上开展工作，全面提升政府工作法治化水平。认真编制并向社会公布权力清单，全面清理、取消和下放行政审批事项，把该放的坚决放开、放到位，把该管的坚决管住、管好，着力解决不作为、乱作为等问题。健全依法决策机制，实行重大决策终身责任追究及责任倒查，从根本上解决一人说了就算、一拍脑袋就定、一拍胸脯就办的问题。推进行政机关的机构、职能、权限、程序、责任法定化，坚持严格规范、公正文明执法，坚决杜绝粗暴执法、侵害执法对象合法权益的行为。强化对行政权力的制约和监督，全面推进政务公开，严格落实服务承诺制、限时办结制、首问负责制等制度，推进财政预算、公共资源配置、重大项目建设、社会公益事业等领域的政府信息公开，让权力在阳光下运行。建立完善法治政府建设考评机制，提高法治政府建设在绩效考核中的权重。

要坚持公正司法，增强司法公信力。大力提高司法队伍素质，提高正确理解和执行法律的能力，发扬敢于严格司法的精神。坚定不移地推进司法体制改革，完善有关制度，保障依法独立行使审判权、检察权，优化司法职权配置，保护人民群众参与司法，坚决防止以言代法、以权压法、徇私枉法。落实司法公开要求，明确各类司法人员工作职责、工作流程和工作标准，实行办案质量终身负责制和错案责任倒查问责制，以零容忍态度惩治司法领域腐败问题，确保司法清明、群众满意。各级法院、检察院要自觉接受人大、政协的监督，强化内部监管，主动接受社会舆论的监督，着力解决立案难、诉讼难、执行难，关系案、人情案、金钱案的问题，努力让人民群众在每一个司法案件中感受到公平正义。

（四）增强干部群众法治观念，切实维护宪法法律权威。要在全社会开展多种形式的法治宣传教育，完善各级党政机关、社会团体、企事业单位学法用法制度，大力弘扬宪法法律精神，使社会主义法治精神真正进机关、进社区、进乡村、进单位、进学校，入户到人、入脑入心。要通过多种形式的普法，让各族干部群众知道法律是底线、也是高压线，什么能做、什么不能做，任何组织或者个人，都没有超越法律的特权，一切违反法律的行为，都必须予以追究。在中小学校配备法治副校长，开设法治教育课，让孩子从小就树立法律意识。建设社会主义法治文化，深入开展以社会主义核心价值观为引领的公民道德建设。各级党员干部特别是领导干部要带头学法、尊法、守法、用法，牢固确立法律红线不能碰、法律底线不能逾越的观念，自觉养成依法办事的习惯，切实运用法治思维和法治方式深化改革、推动发展、了解矛盾、维护稳定。

四、围绕总目标，坚决维护社会大局稳定

必须坚持稳定优先、稳定第一，牢牢把握“围绕总目标、查找薄弱点、案件汲教训、工作抓落实”总要求，以实施平安喀什创建工程为抓手，统一思想认识，坚定必胜信心，狠抓工作落实，确保实现“三个坚决”目标。

五、围绕总目标，主动适应经济发展新常态

面对经济下行压力加大等困难和挑战，我们必须主动适应经济发展新常态，树立发展信心，坚定改革决心，以喀什经济开发区建设为引擎，以稳增长为首要任务，以提高质量和效益为中心，发挥投资的关键作用、消费的基础作用和出口的拉动作用，积极培育新的增长点，努力把喀什经济提高到一个新水平。

（一）准确把握新常态、新机遇、新形势，努力保持经济稳定增长。经济发展新常态是中央科学分析我国发展阶段、发展规律作出的重大判断，对今后一个历史时期我国经济发展具有重要指导意义。我们要把思想认识统一到中央这一重大判断上来，深刻理解“九个趋势性变化”和“四个转向”的显著特点，深刻理解“两个没有改变”的判断和“八个更加注重”的要求，深刻理解“认识新常态、适应新常态、引领新常态”这个经济发展的大逻辑，切实以新常态统领各项经济工作。一要准确把握喀什经济发展的新特点。喀什经济增长速度正从高速转向中高速，经济发展方式和经济结构正从规模速度型粗放增长转向质量效率型集约增长，从增量扩能为主转向调整存量、做优增量并存的深度调整，发展动力正从传统增长点转向新增长点。投资尽管在一些领域相对饱和，但在基础设施、能源、物流、生态环保和新产品、新技术、新业态等方面还有大量机会和潜力。消费总体水平偏低，增加消费总量仍有很大空间。外贸增速明显回落，但随着丝绸之路经济带建设的推进，扩大进出口、推动走出去有着巨大潜力。二要准确把握喀什发展的新机遇。喀什作为丝绸之路经济带核心区的结合点、增长极和中国—中亚—西亚经济走廊的主要节点城市，必将释放出长期发展的巨大动力；第二次中央新疆工作座谈会赋予南疆特殊的财政、投资、金融、人才等政策，必将对喀什经济工作产生重大而深远的影响；全面深化改革、全面推进依法治国，必将成为新常态下经济发展的重要动力；经济开发区的政策和引擎作用，必将产生联动效应、辐射带动作用，推动喀什经济社会全面发展。三要准确把握喀什经济面临的新形势、新挑战。喀什经济运行态势总体平稳，增长保持在合理区间，但经济下行压力较大，经济总量小，结构不合理，工业企业效益下滑，中小微企业经营困难，就业结构性矛盾突出，基础设施薄弱，对外通道不畅，开放优势不明显，资源环境约束加剧，节能减排任务艰巨，依赖税收、土地等优惠政策形成竞争优势已难以为继，大宗地产农副产品和加工产品销售困难，物价稳控难度加大，财政收支压力增大。特别是反恐维稳形势严峻复杂，对招商引资和商贸旅游冲击较大。综合判断，明年可能是国际金融危机以来最困难的一年，喀什经济面临重大考验。

适应经济发展新常态，必须把握稳中求进、改革创新的总基调。这是核心要求。"稳"的重点要放在稳住经济运行上，健全每季度经济运行分析调度制度，确保增长、就业、物价不出现大的波动，确保金融不出现区域性系统性风险。"进"的重点要放在调结构、转方式、惠民生上，确保提质增效升级取得新成效，确保调速不减势、量增质更优。"改"的重点要放在简政放权、对外开放、破解难题上，确保放出活力、改出动力、破出出路。"创"的重点要放在技术创新、商业模式创新、大众创业上，确保创业创新迈出大的步伐，创出新的动力、新的天地。稳中求进是大局，要在稳中求变、求快、求优、求效上下功夫，既要抓住机遇乘势而上，更要注重质量效益、注重改善民生、注重防范风险，促进经济社会大局稳定；改革创新是根本动力，要强化问题导向，用改革和创新的办法破解难题，把喀什的潜力和优势充分释放出来。

（二）推进重点领域改革，增添发展活力。以经济体制改革为牵引，全面深化改革，为适应经济发展新常态增添强大动力。继续取消和下放行政审批事项，为经济发展"松绑"。放开住房二级市场，推进财税、金融、价格、投融资、国企国资改革，力争在发展混合所有制经济、金融支持企业和服务"三农"、社会资本参与基础设施建设等方面实现突破。抓好小城镇发展改革试点工作，加快城乡综合配套和户籍制度改革，促进城乡统筹协调发展。积极稳妥推进农村土地承包经营权确权颁证登记、土地流转、水权水价改革。以敢于啃硬骨头、敢于涉险滩的精神，试点先行，统筹推进党建、文化、社会、生态等领域改革。

（三）抓住建设丝绸之路经济带的历史机遇，大力实施喀什经济开发区建设推进工程。围绕把喀什建成丝绸之路经济带核心区的结合点、增长极和中国—中亚—西亚经济走廊的主要节点城市，加快制定战略规划和行动计划，主动加强与国家、自治区对接，高起点谋划建设一批重大项目，推进丝绸之路经济带互联互通和平台基地建设，加快把经济开发区建成沿边开放创新实践区、区域重要的经济中心、商贸物流中心、金融贸易中心、国际经济技术合作中心，建成丝绸之路经济带核心区的重要引擎、平台和中国—中亚—西亚经济走廊的重要产业园区。基本完成经济开发区重大基础设施和公共服务设施建设，经济开发区发展所需的市政基础设施体系初步形成，带动“大喀什市”中心城市建设全面提速。用好自治区在喀什经济开发区试行的特别机制和特殊政策，坚持只求所有、不求所在和只求所在、不求所有的原则，明确全地区工业园区功能定位，建立经济开发区与各县总部牵引、产业联动、政策共享的运行机制，放大经济开发区政策效应，加快形成产业集聚优势。设立在经济开发区的国家开发银行、进出口银行分行要建成运营，争取开展跨境人民币业务，抓好重点企业上市融资工作，实现企业融资方式多元化。综合保税区封关运行取得明显效果，并与航空港联动发展，临空经济区规划建设要有明显进展，“空中丝绸之路”建设和喀什航空公司组建工作取得突破性进展。争取免税购物政策落地，形成对外开放新格局。

（四）统筹城乡发展，推动“三农”工作再上新台阶。认真贯彻中央农村工作会议精神，按照稳粮增收、提质增效、创新驱动的总要求，大力推进农村改革发展稳定。加快转变农业发展方式，不断提高土地产出率、资源利用率、劳动生产率，实现集约发展、可持续发展，多渠道多元化增加农民收入，保持农业持续向好态势，夯实农村社会稳定基础。大力实施农民增收致富工程，坚持稳粮、减棉、优果、促畜、发展特色产业思路不动摇，加快产业结构调整，培育增收主导产业。加快推进农业产业化，地县财政要安排专项资金，扶持发展新型农业经营主体，培育增收新亮点。大力开拓内地市场，培育增收新渠道。强化技能培训，搞好用工衔接，落实优惠政策，努力实现“一户一人”转移就业的目标，形成农民增收的最大亮点。大力实施城乡协调发展工程，坚持规划为先，积极探索地县“多规合一”，加快完善城镇基础设施，提升城镇综合承载能力。高度重视县城和特色小城镇建设，积极推进城镇公共服务设施向农村延伸，加快农村基础设施和公共服务设施建设，推进新型城镇化和美丽乡村建设，促进城乡一体化发展。

（五）深入实施产业发展促进就业工程，加快调结构、转方式。在抓好传统产业、招商企业落地、巩固和发展好现有企业的基础上，要在以下几个方面实现突破，努力形成大企业“顶天立地”、小企业“铺天盖地”的格局。一是纺织服装业。抓住国家、自治区大力支持纺织服装业发展的机遇，组织强有力专门班子坚决实施好《喀什地区纺织服装产业发展规划（2014—2023）》，为各类纺织服装企业和园区创造良好的软硬环境，切实解决困难和问题，促其达产达效、做大做强。要通过纺织服装产业发展“短平快”项目，着力推广中兴手套办厂模式，积极探索企业在基层设厂、劳动者就近就地就业的新路子，培育一批中小微企业，取得良好的经济效益和社会效益。二是金融业。创新金融服务产品，试点开展孵化贷、成长贷、研发贷以及融资租赁等服务，大力引进股权投资和风险投资基金，力争在股权投资企业引进培育上实现新突破。发挥好上海股权托管交易中心的平台作用，加大企业对接资本市场的工作力度，积极推进企业培育和上市融资，在拓宽企业融资渠道方面实现大的突破，切实解决企业融资难、融资贵的问题。三是信息化和电子商务产业。加快经济开发区信息平台、电子商务平台建设，推进智慧旅游信息平台、智慧城市和面向周边国家的电子商务平台、智慧物流平台建设。依托绿色有机优势，挖掘农产品电子商务巨大潜力。依托反恐维稳、社会治理对信息化需求大的机遇，加快把大数据产业做起来。喀什西部电商总部基地要发挥国家级科技企业孵化器的作用，加快发展、引领创新。四是以商贸物流为主的丝路产业。尽快制定商贸物流业发展规划，大力培育综合商贸物流园区、物流枢纽基地，加快把喀什建成面向周边国家的物流中心和物资中转站。重点支持喀什东部新城、广州新城、曙光国际、远方物流等基地平台建设，加快疏附和塔什库尔干县边民互市贸易区建设。大力扶持外向型产业发展，加大地产品出口力度，积极培育出口加工型企业，逐步改变通道过货的贸易形式。鼓励发展快递物流、金融保险、专业市场、连锁经营等现代服务业，积极发展家政养老、体育健身、文化娱乐等生活服务业。五是文化旅游业。落实地区推进旅游强区建设各项措施，加快建设丝绸之路文化和民族风情国际旅游集散中心，打响“丝路风情、醉美喀什”品牌。加快实施一批重大文化旅游项目，抓好喀什老城和帕米尔创建国家AAAAA级旅游景区工作，完善提升泽普金湖杨AAAAA级旅游景区功能，推动文化旅游业快速发展。六是混合所有制企业。支持本地企业参与石油天然气的勘探、加工和销售，力促增加油气资源在当地加工数量，发展混合所有制经济，推进资源开发更多惠及当地，造福各族群众。七是房地产业。全面放开住房二级市场，支持房地产开发企业合理融资需求，保护房地产市场活力和投资稳步增长，推动房地产业平稳健康发展。

（六）全力抓好基础设施建设工程，推动投资快速增长。重点实施好155项重点项目。水利方面：加快推进叶尔羌河防洪治理工程建设，抓紧做好莫莫克、库尔干水库、喀什噶尔河流域防洪规划、盐碱地治理和中低产田改造工程前期工作，加快阿尔塔什、卡拉贝利水利枢纽工程建设，实施巴楚县城乡安全饮水和“一市四县”城市安全引水工程。交通方面：加快中巴铁路、中吉乌铁路国内段、阿喀铁路复线、喀什国际枢纽机场改扩建、帕米尔机场、莎塔公路建设前期工作进度，力争开工建设中石油铁路专线、莎车机场、喀什绕城高速公路，确保喀什综合客运枢纽站、国际汽车客运站投入运营，全面推进疏勒新城区与喀什东城区和疏附广州新城、喀什市区与广州新城连接线建设。能源方面：加快巴楚至喀什750千伏输变电工程、工业园区和重点区域220千伏输变电线路、总装机23万千瓦的光伏电站建设。通过建设一批重大基础设施，为经济发展打好基础、增添后劲。

（七）实施生态文明建设工程，增强可持续发展能力。加快喀什大气污染综合治理。加大节能减排管理监督和执法力度，多管齐下，综合治理，大力推广集中供热和使用清洁能源，关停、搬迁一批重大污染企业，坚决淘汰落后产能，大力发展低碳循环经济，确保完成节能减排任务。抓好泽普和塔什库尔干县生态文明建设示范区试点，推进生态乡村创建工作，抓好农村环境综合连片整治，提升“五好”新农村和美丽乡村建设水平。落实最严格水资源管理制度，严守“三条红线”控制指标，逐年降低农业用水比例。严禁非法开荒、毁林开荒和超采地下水，有序实施退地减水，按照叶尔羌河防洪治理工程规划，坚持该退必退原则，把沿河两岸泄洪区、行洪区内集体土地和大户承包地首先退出来。加快防沙治沙、生态防护林等工程建设，为子孙后代留下“绿色银行”。

（八）加强全方位对口援疆工作，发挥综合效益。以社会稳定和长治久安为根本目标，巩固经济、干部、人才、教育、科技、文化、卫生、稳定援疆相结合的工作格局，完善工作机制，发挥主体作用，加强统筹规划，引导援疆资金向基层、向民生、向维稳领域倾斜。做好产业援疆工作，加快引进带动作用强和吸纳就业多的企业，为发展经济、解决就业注入新动力。把基层维稳能力建设纳入对口援建重要内容，帮助改善维稳队伍装备条件、技侦技防设施。深入推进双方旅游、商贸、文化、教育、医疗交流和人员往来，开展多种形式的手拉手、心连心、交朋友活动，加强民族交往交流交融，把对口援疆工作打造成加强民族团结工程。

六、围绕总目标，加大保障和改善民生力度

改善民生争取人心，是喀什社会稳定和长治久安的根本保证。要坚持守住底线、突出重点、完善制度、引导舆论的基本思路，开展第六个“民生建设年”活动，实施25类125项民生项目，突出就业、教育、人才、扶贫工作，不断提高各族群众生活质量。

（一）坚持就业第一，增强就业能力。就业是最大的民生工程，是经济社会发展的第一责任和第一目标。要把中央5号文件出台的一系列促进创业就业的政策不折不扣地落实到位。坚持把“一户一人、培训一人、转移一人、就业一人”作为推进城镇化和建设各类园区的指导思想和基本要求，促进更多群众就地就近转移就业。大力支持吸纳就业能力强的纺织服装和“短平快”项目，多措并举解决农村劳动力转移就业。充分挖掘农业内部就业潜力，开发手工业、旅游业、演艺业、餐饮业等就业岗位，支持小商店、小作坊、小饭店经营，多渠道、多形式促进就业。激励城乡居民创业增收和勤劳致富，形成大众创业、万众创新的良好氛围。积极与援疆省市对接，推动喀什籍高校毕业生在内地就业，向内地有计划有组织开展劳务输出。完善公共就业服务体系，健全就业援助制度，统筹解决就业困难人群的就业问题，动态消除零就业家庭。加强就业培训，转变就业观念，引导各族群众摒弃等靠要思想，树立“我能行”的主体意识，靠奋斗改变命运。

（二）坚持教育优先，培养优秀人才。坚持“教育立区、人才强区”，以实施教育水平提升工程为抓手，以立德树人为根本任务，以民族团结教育、双语教育和职业教育为突破口，建强“两支队伍”，为各族青少年成长、成才、成功创造良好条件。加强和改进学校思想政治教育，严格落实“两不得”“五严禁”要求，净化育人环境。抓好义务教育控辍保学工作，用三年时间建设一批寄宿制标准化学校，逐步实现农村初中在校生全部寄宿。坚定不移地推进双语教育，基本普及双语学前两年教育，幼小衔接率达到98%以上，加强双语师资力量建设，提高双语教育质量。重视内地喀什籍少数民族学生的思想教育和管理服务，促其融入学校、融入集体、融入内地。以就业为导向，大力整合职业教育资源，加快创建喀什职业技师学院和喀什职业技术学院，全面提升职业教育办学水平，努力实现未升学初高中毕业生职业技术和国家通用语言培训全覆盖，培养一大批熟练技术工人。加快推进喀什大学建设。积极推进普通高中项目建设，全面落实普通高中全免费和农村大学生生活补贴政策，鼓励每一个学生立志上高中、上大学，成为有知识、有文化、有理想、有技能的有用之才。

（三）坚持精准扶贫，确保帮扶到家。建立精准扶贫工作机制，县市瞄准贫困人口，划清扶贫事权，压实工作任务。重点向农牧区、边境地区、特困人群倾斜，真正扶到点上、扶到根上、扶贫扶到家。抓好扶贫项目审批权限下放试点。坚持集中连片、综合治理，实施121个重点村整村推进规划，减少贫困人口16.2万人。创新发展“一线守边、二线固边、三线服务”模式，改善边民居住条件、配套生产生活设施、加快脱贫步伐，保证他们安得下、守得住、能致富。进一步强化部门单位包村定点扶贫工作，加强宣传引导，鼓励企业、社会组织和个人以多种形式参与扶贫开发，动员全社会力量向贫困宣战，推动形成专项扶贫、行业扶贫、社会扶贫和援疆扶贫“四位一体”、协同发力的大扶贫格局。

（四）坚持综合施策，有效稳控物价。要紧紧围绕“促生产、活流通、增储备、管市场”的总体思路，加快大喀什市“菜篮子”基地建设和养殖基地建设，建立完善专业化销售体系，进一步加强市场供给，保障市场需求。严格管控政府定价商品和服务价格的调整，加强监督检查，维护市场秩序。各县市要认真研究和有效稳控物价，心中经常牵挂弱势群众，关心他们的消费水平和能力。喀什市要综合施策，利用三年左右的时间确保物价水平不高于乌鲁木齐市。继续实施社会救助和保障标准与物价上涨挂钩联动机制，保障社会困难群体生活。

（五）持之以恒，不断提高各族群众生活水平和质量。继续推进农村安居富民、定居兴牧工程，加快配套设施建设，确保当年入住率达75%以上。继续做好喀什市老城区保护综合治理工作，抓紧推进莎车老城区改造前期工作。加快保障性住房配套设施建设，提高入住率。加快实施农村安全饮水和自来水入户工程，解决11.86万人的安全饮水问题。实施电网延伸、农网升级改造和光伏独立供电工程，彻底解决无电人口用电问题。继续推进南疆天然气利民工程。加快农村公路建设，大力发展农村客运，让老百姓出行更方便。加强食品药品监管，确保群众饮食用药安全。推进卫生健康和社会保障工程，以深化医疗卫生体制改革为主线，以医疗卫生援疆为依托，突出公立医院改革，不断扩大远程医疗覆盖面，实现优质医疗资源共享，全面提升医疗服务质量。强化疾病防控体系建设，实现基本公共医疗资源均等化。加快发展民族医药事业。坚持党政一把手负总责，严格落实计划生育基本国策，切实降低生育水平，控制人口过快增长。建立统一的城乡居民基本养老保险制度。更加关注低收入群众生活，广泛开展扶贫帮困活动，雪中送炭，扶危济困，让各族群众感受到党和政府的温暖。

七、围绕总目标，唱响现代文化引领主旋律

坚持以现代文化引领人、塑造人，是争取凝聚人心、维护社会稳定和长治久安的重要基础，是当务之急、百年大计，必须持之以恒抓紧、抓牢、抓好。

（一）积极培育和践行社会主义核心价值观。深刻认识培育和践行社会主义核心价值观的重大意义，把社会主义核心价值观与大力弘扬新疆精神、践行“喀什责任”紧密结合起来，扎实推进宣传思想文化工程，从具体事情抓起，久久为功、持续用力，构筑各民族共有精神家园。坚持不懈地开展好中国特色社会主义和“中国梦”的宣传教育、“热爱伟大祖国、建设美好家园”主题教育活动，教育引导各族群众明白国家好、民族好、大家才会好的道理，激发爱国爱疆爱人民的美好情感。加强社会公德、职业道德、家庭美德和个人品德教育，广泛开展“最美”系列评选活动，用身边好人传递道德力量，用凡人善举凝聚价值共识，在全社会培育知荣辱、讲正气、作奉献、促和谐的良好风尚。培育和践行社会主义核心价值观，必须从小抓起、从学校抓起，纳入国民教育全过程，使各族青少年在社会主义核心价值观的沐浴下健康成长。

（二）形成正面舆论宣传强势。以庆祝自治区成立60周年活动为契机，坚持团结稳定鼓劲、正面宣传为主，用好传统媒体和新兴媒体，动用一切宣传工具，采取一切宣传形式，大力宣传自治区成立以来特别是中央新疆工作座谈会以来喀什经济社会发展的新成就新变化，大力宣传党的惠民政策给各族群众带来的实惠，大力宣传各族群众共同团结奋斗、共同繁荣发展的奋斗历程，用辉煌成就鼓舞士气、用成功经验凝聚人心、用美好前景催人奋进，在全社会唱响昂扬向上的正气歌，演绎好共保稳定、共谋发展的大乐章。要进一步加大宣传力度，建成启用维吾尔语门户网站，拍摄制作喀什老城变迁专题宣传片，做好叶河流域大型直播宣传报道工作。通过多种形式和途径，在更高层面、更大平台上，讲好喀什故事，传播好喀什声音，展示喀什团结稳定、繁荣发展、文明和谐，各族人民热爱祖国、淳朴善良、勤劳智慧的良好形象。

（三）加快文化事业改革发展。认真贯彻地委关于以现代文化引领文化强区建设和加快文化产业发展两个“实施意见”，大力发展一体多元、融合开放、具有喀什特色的现代文化，推进文化大发展大繁荣。以基层特别是农村为重点，大力推进公共文化服务体系建设。继续组织实施好重点文化惠民工程，增加公共文化精神产品，丰富城乡群众性文化活动，努力解决群众看不到、听不到、看不好、听不好的问题。坚持建、管、用并重，加强文化阵地特别是基层文化阵地建设，下决心解决基层公共文化设施、文化产品使用率低、不能充分发挥作用的问题，使每一个公共文化设施都能成为教育、凝聚、激励群众的坚强阵地。大力实施“春风化雨塑人工程”，积极开展群众便于参与、乐于参与、丰富多彩的常态化基层文体活动，吸引群众广泛参与，润物细无声地教育引导群众，培育崇德向善的社会风尚，对冲和抵制宗教极端思想渗透，为深入推进“去极端化”工作营造良好氛围。

（四）大力巩固和增进民族团结。民族团结是喀什社会稳定和长治久安的根基。要始终高举民族大团结的旗帜，坚持绵绵用力、久久为功，促进各民族交往交流交融，巩固和发展共同呼吸、共命运、心连心的民族关系。认真组织开展第34个民族团结教育月活动，创新载体和方式，引导各族群众牢固树立中华民族一体多元、命运共共同体意识，增强“三个离不开”“四个认共同”的思想，使各族群众心灵相通、感情相亲、精神相依、守望相助，像石榴籽那样紧紧抱在一起，让民族团结从我做起成为自觉行动。广泛开展民族团结进步创建活动，大力表彰民族团结先进集体和先进个人，积极向社会传递民族团结的正能量。继续深入开展民族团结“五个一”结对子活动，从形式和内容上创新，从具体事情做起，促进各族群众从生活点滴中加深了了解、积累感情、增进团结。坚持民族团结从娃娃抓起、从学校抓起，持之以恒抓好爱国主义、民族团结教育这一课，把民族团结的种子埋入每个孩子心灵深处，融进血液、渗入灵魂。

八、围绕总目标，夯实基层基础

稳喀兴喀，重在基层。把抓基层、打基础作为长远之计和固本之举，以基层服务型党组织建设为抓手，以解决“三个清楚与不清楚”问题为重点，持续用力、扎实深入，切实把基层组织建设成为服务群众、维护稳定、反对分裂的坚强战斗堡垒。

（一）强化基层党建责任制，集中整顿软弱涣散党组织。完善县市委抓村级党组织建设的领导体系，开展党委（党组）书记抓基层党建工作述职评议考核工作，形成党委管党建、书记抓党建的良好格局。要坚持“整顿思想突出政治坚强，整顿组织突出配强班子班长，整顿作风突出凝聚人心”，全面落实县市领导兼任软弱涣散基层党组织“第一书记”制度，由县市委书记、组织部部长包难点村、啃硬骨头，其他班子成员包重点村，“一定三年不变”，不解决问题不脱钩，用一年时间彻底改变软弱涣散重点村社区面貌，把所有村社区党组织书记配强。将整顿工作与重点乡镇、村社区集中整治和“访惠聚”活动相结合，确保整顿一个转化一个合格一个，坚决扭转一些基层组织“年年整治年年重点”的状况。建立整顿软弱涣散基层党组织常态化、长效化工作机制，强化乡镇党委抓村级组织的主体责任，对基层组织定期倒排，滚动开展末位整顿。整顿工作不力、问题依然突出的，要对县、乡两级党政主要领导严肃追责。

（二）以村级组织建设为核心，夯实党的执政基础。落实县市委直接抓村级党组织建设和“一强双带四作用”机制，发挥好乡镇（街道）党委龙头带动作用、村社区党支部战斗堡垒作用、党员干部先锋模范作用和“四老”人员传帮带作用。科学选配乡镇领导班子，重点选好党委书记、乡镇长；拓宽村干部来源，突出配强村党支部书记。健全基层班子，在符合条件的村社区积极组建党总支，村社区书记、主任能兼则兼、宜分则分，不搞一刀切；选优配齐村民委员会和团支部、妇代会；认真落实村社区干部“四知四清四掌握”机制，克服“机关化”和“公务员化”的倾向；落实党员维稳责任区和科技示范岗，将“四老”人员生活补贴与维稳实绩挂钩。积极发展优秀农村青年入党，强化党员理想信念教育，严肃处理不合格党员。全面启动“万名村干部素质提升工程”，用两至三年把村级党组织书记轮训一遍。完善党员、干部联系服务群众制度，做到每户群众都有基层党员、干部直接联系、及时服务。规范基层组织生活，落实党务、村务、财务公开，建立务实管用的村规民约、居民公约。加强学校党组织建设，配强学校党组织书记，提升教师政治素质，净化学校育人环境。

（三）落实基层关爱激励保障机制，充分调动党员干部工作积极性。坚持人力、物力、财力向基层倾斜，形成人往基层走、事往基层办、钱往基层投的良好导向。全面完成中央、自治区下达的乡镇“安居安心”工程、村社区活动场所、村民服务中心、开发区（园区）党群活动服务中心等建设任务。管好用好中央、自治区对基层组织建设的各类补助经费，完善村级工作经费保障机制，简化村级财务管理手续，保证村财村用。减少各类检查评比，为基层减负减压，让基层组织集中精力抓好稳定、服务群众。要真正重视、真情关怀、真心爱护基层干部，对他们多一些鼓励、多一些指导、多一些帮助，少一些批评指责，解决好实际困难，真正让他们有归属感、荣誉感、自豪感。对基础工作扎实、连续多年不出事的党组织书记委以重任；挑选优秀后备干部，到基层维稳一线、急难险重任务突出的地方接受锻炼。做好优秀村社区支部书记考录公务员工作，对关键时刻挺身而出、群众工作成效显著的村社区干部实行重奖，坚持厚待、厚养、厚爱、厚葬，切实解除基层干部后顾之忧。

（四）创新“三位一体”工作机制，确保“访惠聚”活动取得实效。“访惠聚”活动必须坚持、只能加强。这是管根本管长远的治本之策。要搞好第一批与第二批工作衔接，统筹安排工作队员轮换工作，加强重点村工作组力量，突出选好工作组组长，总结好经验好做法，完善“访惠聚”工作考核细则和责任追究办法，将考核结果与派出单位和驻村干部的绩效考核、评先选优、推荐提拔挂钩，增强派出单位和驻村干部的责任感和事业心。健全村社区党组织、工作组、警务室“三位一体”“四个共同”和“两好”工作机制，全面落实维护稳定、凝聚民心各项任务。

九、围绕总目标，全面从严治党

面对新形势新任务，实现喀什社会稳定和长治久安，最根本的就是要全面从严治党，建设“四强”干部队伍和“四有一流”班子，使各级领导班子和干部队伍充满创造力、凝聚力和战斗力。

（一）坚持思想政治教育从严。思想政治建设是从严治党的首要任务。要按照建设学习型领导班子和领导干部的要求，扎实开展理论学习培训，深入学习中国特色社会主义理论体系，学习习近平总书记系列讲话精神，学习中央、自治区党委关于新疆工作的一系列决策部署，掌握科学理论，坚持“三个自信”，坚定理想信念，坚守共产党人的精神追求，做到虔诚而执着、至信而深厚。必须坚持党的原则第一、党的事业第一、人民利益第一，在党言党、在党忧党、在党为党，把爱党忧党兴党护党落实到日常工作和生活中。深入开展“三严三实”专题教育，引导广大党员干部积极投身维护稳定第一线、改革发展主战场、服务群众最前沿，树立“严”和“实”的过硬作风。要坚持政治标准第一，严守党的政治纪律和政治规矩，在大是大非问题上必须做到认识不含糊、态度不暧昧、行动不动摇，决不做“老好人”。尤其是少数民族干部要发挥独特作用和特殊影响力，敢于当先锋、打头阵、作表率。坚持把政治上强作为选配干部的首要标准，对关键时刻能够经受考验、靠前指挥、敢抓敢管、表现突出的，火线入党、火线入警、火线；对政治上不坚定、临阵退缩、失职渎职的，严肃追究责任。

（二）坚持干部管理从严。从严治党的关键是从严管理干部。要坚持严字当头，以严的标准要求干部、以严的措施管理干部、以严的纪律约束干部。各级领导干部特别是主要领导既要以身作则，率先垂范，严于律己，又要动真碰硬，敢抓敢管，切实做到真管真严、敢管敢严、长管长严。严格执行党内生活各项规章制度，坚决克服好人主义，切实解决干部队伍管理失之于宽、失之于软的问题，努力营造风清气正的政治生态。严格执行干部管理各项规定，认真落实领导干部报告个人有关事项、请示报告等制度，增强制度执行力，切实做到用制度管人、靠制度管权、按制度办事。加强对党员干部的监督，重点是对一把手的监督管理，坚持抓早抓小抓苗头，早发现、早提醒，坚决防止小毛病发展成大问题。要把从严管理体现到干部选拔任用工作中，坚持好干部标准、“三个不吃亏”用人导向，注重在复杂环境和反分裂斗争一线培养、考验、使用干部，大力选拔对党忠诚、有较强群众工作能力和应对突发事件、驾驭复杂局面能力的干部，大胆使用政治过硬、敢于担当、经得住风浪考验的少数民族干部。

（三）坚持作风要求从严。牢固树立作风建设永远在路上的思想，坚持不懈地贯彻党的群众路线，坚持抓常、抓细、抓长，巩固教育实践活动成果，适时开展“回头看”和专项检查，始终保持反“四风”高压态势，锲而不舍、驰而不息地加强作风建设。要持续抓好整改落实，确保向群众公布的整改清单、作出的整改承诺按期兑现，做到言必信、行必果。进一步强化中央八项规定、自治区党委和地委十条规定、农村工作“十不准”等制度规定硬约束，坚持艰苦奋斗、勤俭节约，改进学风和文风，精简会议和文件，认真解决党员干部脱离群众、服务群众不到位、侵害群众利益、为官不为等具体问题，坚决防止“四风”问题反弹回潮。各级党组织要紧紧盯住作风领域出现的新变化新问题，及时跟进相应的对策措施，做到掌握情况不迟钝、解决问题不拖延、了解矛盾不积压，真正以良好作风取信于民。

（四）坚持惩治腐败从严。始终把反腐倡廉建设作为重大政治任务，全面落实各级党委的主体责任和各级纪委的监督责任，坚持标本兼治、综合治理、惩防并举、注重预防的方针，切实推进惩治和预防腐败体系建设。加强反腐倡廉宣传教育，筑牢思想道德和党纪国法防线，使各级干部不敢腐、不能腐、不愿腐。积极探索从源头上防治腐败的有效机制，健全规范和制约权力运行的制度体系，用最严密的制度、最严格的监督，真正让权力在阳光下运行。要加强对人财物重点领域、关键岗位不正之风的专项治理，坚持有腐必反、有贪必肃，以零容忍态度严厉惩治腐败。各级领导干部必须自重、自省、自警、自励，坚守正道，弘扬正气，切实做到立身不忘做人之本、为政不移公仆之心、用权不谋一己之私，永葆共产党人政治本色。

（五）坚持工作落实从严。从严治党成效，最终体现在工作落实上。不抓落实，再好的蓝图都只能是“镜中花”“水中月”。各级领导干部要增强政治意识、大局意识、责任意识，提高理了解力、落实力、执行力，发扬钉钉子精神，坚持效果第一，对每一项确定的工作都要盯着抓、往实里做，真正以踏石留印、抓铁有痕的作风抓好落实。主要领导要带头抓落实，敢于担当，敢于较真，敢于碰硬，使各项任务有布置、有检查、有落实、有奖惩，锲而不舍、一抓到底，决不能简单地以会议落实会议、以文件贯彻文件。要明确任务抓落实，将目标任务层层分解，落实到具体部门、具体人，形成人人负责、层层负责、环环相扣的落实机制。要抬高标杆抓落实，坚持高标准、严要求，凡事都要追求过得硬，不满足于过得去，认真用心、亲力亲为，做到落点实、效果好。要强化督查抓落实，利用明察、暗访、回访等多种手段加强督查，及时进行督查通报，督促抓好整改落实，并将督查工作纳入绩效目标管理考核范围。要强化责任抓落实，盯住不落实的事，追究不落实的人，把每一项工作做深做细做实，创造实实在在的业绩。

同志们，新的一年即将到来，面对历史的重任和人民的期盼，面对艰巨繁重的改革发展稳定任务，让我们紧密团结在以习近平总书记为核心的党中央周围，在自治区党委、人民政府坚强领导下，坚持以凤凰涅槃、浴火重生精神，坚持只有努力才能改变、只要努力就能改变，高扬奋斗旗帜，统一思想，敢于担当，求实奋进，为建设团结和谐、繁荣富裕、文明进步、安居乐业的社会主义喀什而努力奋斗！

（地委办公室）

喀什地委副书记、行署专员木太力甫·吾布力的讲话

——在地委扩大会议结束时的讲话

（2014 年 12 月 30 日）

这次地委扩大会议是在喀什地区全力推进社会稳定和长治久安、全面深化改革、推进依法治区、建设法治喀什的新形势下召开的一次重要会议，对于我们认真贯彻党的十八届三中、四中全会、中央经济工作会议、第二次中央新疆工作座谈会精神，认真贯彻落实自治区党委八届六次、七次、八次全委（扩大）会议、自治区党委经济工作会议的决策部署，准确把握改革发展稳定工作面临的新形势、新任务，科学谋划和安排部署明年工作，具有重要意义。

会议历时两天，今天就要结束了。昨天上午，地委的《以凤凰涅槃、浴火重生精神夺取喀什社会稳定和长治久安新胜利》的工作报告。全面客观总结了 2014 年的工作，深刻分析了喀什面临的发展机遇和现实挑战，明确提出了 2015 年工作的总体要求、目标任务、工作重点和保障措施。报告总揽全局、内涵丰富，主题鲜明、目标明确，具有很强的针对性和操作性，充分体现了地委、行署加快发展、改善民生、全面建成小康社会的坚定决心和信心，充分表达了各族干部群众谋发展、求稳定、盼富强、促和谐的强烈愿望，完全符合喀什区情、发展大势和人民期盼，对于我们进一步统一思想、凝心聚力，坚定信心、砥砺奋进，做好明年和今后一个时期的各项工作，具有重大而深远的意义。

与会同志紧紧围绕地委的工作报告和中共喀什地委《关于全面推进依法治区、建设法治喀什的实施意见》（讨论稿），深入讨论，畅所欲言，集思广益，交流思想，体会很深，收获很大。十二个县市做了表态发言，感到任务重、责任大、使命光荣，进一步拓展了思路，明确了目标，提振了信心。大家紧紧围绕社会稳定和长治久安这个总目标，层层传导责任和压力，统领谋划推进喀什工作，确保全面完成目标任务。这是一次以凤凰涅槃，夺取喀什社会稳定和长治久安新胜利的誓师动员大会，是一次既涅槃、浴火重生精神立足当前、又着眼长远，既全面部署、又突出重点，统一思想、明确目标任务的大会，是一次坚定信心、团结鼓劲，砥砺勇气、开拓奋进的大会。我们一定要认认真真、原原本本、反复深入学习地委的工作报告，学深学透，完整准确地理解好、落实好工作报告，坚决克服学习不深入，凭老观念、老思路、老经验、老办法、想问题、干工作的作风。进一步增强忧患意识、机遇意识、

责任意识，以等不起的紧迫感、慢不得的危机感、坐不住的责任感，主动作为、积极作为、敢于作为，全力以赴保稳定、谋发展、促改革、强基础、惠民生、转作风，为建设团结和谐、繁荣富裕、文明进步、安居乐业的社会主义喀什奠定坚实基础。

下面，我就贯彻落实地委扩大会议精神讲几点意见：

一、贯彻落实会议精神，必须统一思想认识，准确把握目标任务

2015年是全面推进依法治区建设法治喀什的开局之年，是全面深化改革的关键之年，也是全面完成“十二五”规划的收官之年，做好明年的各项工作，对喀什的改革发展稳定有着至关重要的作用。这次会议围绕总目标，对全面推进法治喀什建设、坚决维护社会大局稳定、主动适应经济发展新常态、加大保障和改善民生力度、唱响现代文化引领主旋律、夯实基层基础、全面从严治党等七个方面作出了全面的安排和部署，为我们扎实做好明年的工作提出了明确目标。我们必须牢牢把握法治是社会稳定和长治久安的坚强保障，坚定不移走中国特色社会主义法治道路，坚持依法治疆、团结稳疆、长期建疆，坚持“反暴力、讲法治、讲秩序”，全面推进依法治区、建设法治喀什，弘扬法治精神，维护法治尊严，营造良好法治环境，推进依法行政和公正司法，切实提高各级领导班子和干部队伍的创造力、凝聚力和战斗力，筑牢社会稳定和长治久安的坚实思想基础；必须牢牢把握抓基层、打基础、固根基这个根本，以基层服务型党组织建设为抓手，集中整顿软弱涣散党组织，深入开展“访惠聚”活动，夯实党的执政基础；必须牢牢把握从严治党的要求，坚持思想政治教育从严、干部管理从严、作风要求从严、惩治腐败从严、工作落实从严，保持坚强政治定力，坚定必胜信心，切实维护各族人民的根本利益；必须牢牢把握“围绕总目标、查找薄弱点、案件汲教训、工作抓落实”的总要求，聚焦着眼点、着力点，必须牢牢把握我国经济进入新常态这个大趋势，主动适应新常态，重新审视喀什地区经济发展面临的新特点、新机遇、新挑战，勇于推进改革创新，不断破解发展难题，切实激活发展动力，化不利因素为积极因素，主动作为、顺势而为，抢抓机遇、抢占先机，巩固优势、放大优势，以喀什经济开发区为引擎，以稳增长为首要任务，以提高质量和效益为中心，发挥投资的关键作用、消费的基础作用和出口的拉动作用，积极培育新的经济增长点，把喀什的经济提高到一个新水平；必须牢牢把握就业、教育、人才、扶贫四项重点工作，加大保障和改善民生力度，多谋民生之利，多解民生之忧，解决好人民群众最关心最直接最现实的利益问题，在学有所教、劳有所得、病有所医、老有所养、住有所居上持续取得新进展；必须牢牢把握以现代文化为引领这个思想保障和精神动力，加快文化事业改革发展，加强社会主义核心价值观建设，促进民族团结和宗教和谐。

喀什地区各级党政和领导干部要把学习贯彻落实会议精神作为当前首要的一项政治任务，迅速掀起学习会议精神的新高潮，要精心制定学习计划，抓好学习讨论，吃透会议精神。要在全社会广泛深入宣传，营造良好舆论氛围，切实把思想认识统一到会议精神上来，把智慧和力量凝聚到实现报告提出的目标任务上来。要把地委、行署的要求细化为工作的具体措施，转化为实际工作的成效。紧密结合实际，明确2015年工作的目标任务，把握大局、统筹谋划、整体推进，一步一个脚印抓好落实。要激发社会活力，调动一切积极因素，坚决破除工作一般化、常态化的状态，自觉增强紧迫感和责任感，提高理解力、执行力和落实力，通过扎实有效的努力，全面完成明年的目标任务。

二、贯彻落实会议精神，必须摆正着眼点和着力点，确保实现“三个坚决”目标

社会稳定和长治久安是喀什工作的着眼点和着力点，是统领各项工作的总纲。要进一步认清做好喀什稳定工作的重大意义和我们担负的重大责任，牢固树立喀什是新疆反恐维稳的“棋眼”、前沿阵地和主战场的理念，坚持稳定是第一责任、是硬任务，狠抓落实是硬要求，不出事是硬道理，亲力亲为、以上率下。要进一步审视着眼点和着力点摆得正不正、树得牢不牢，深入剖析主观原因，增强思想自觉和行动自觉，真正聚焦、聚心、聚力社会稳定和长治久安。

三、贯彻落实会议精神，必须狠抓推进法治喀什建设各项任务落实

依法治区、建设法治喀什，是贯彻中央、自治区党委新时期治疆方略的本质要求，是实现喀什经济社会发展、维护各族群众根本利益、实现社会公平正义的客观需要，是维护喀什社会稳定和长治久安的重要保障。我们要深刻认识、准确把握推进依法治区、建设法治喀什的重大意义，必须围绕社会稳定和长治久安这一着眼点和着力点加强法治建设，必须坚持反暴力、讲法治、讲秩序，必须坚持依法治区和以德治区相结合，旗帜鲜明地维护社会稳定、维护法治尊严、维护社会秩序、维护各族人民的共同利益。一要加强和改进党对法治工作的领导，把党的领导贯彻到全面推进依法治区、建设法治喀什的全过程。强化政治纪律，增强党的意识，突出政治坚强，严守政治纪律、政治规矩，在思想上、政治上、行动上与党中央、自治区党委和地委保持高度一致。二要深化对“一反两讲”的认识，坚持用法治思维、法治理念、法治方式全面提升依法严厉打击、依法教育转化、依法引领和谐、依法治理管控的能力和水平，依法维护社会稳定、增进团结和谐、建设平安喀什。三要紧紧围绕把喀什建成丝绸之路经济带核心区的结合点、增长极和中国—中亚—西亚经济走廊的主要节点城市，制定完善有利于加快发展的政策措施，加大有关法规规章的落实力度，加强市场监管，维护市场秩序，营造良好的法治环境。四要突出简政放权，加快职能转变，加快建设法治政府。抓住行政审批制度改革这个重点，扎实推进权力清单制度。五要严格依法行政，坚持法定职责必须为、法无授权不可为，坚决把市场能办的事交给市场，社会能办的事交给社会，基层能办的事交给基层，把该管的事务管住管好。着力解决权责交叉、多头执法和政府公信力不强、执行力不够的问题，坚决纠正不作为、乱作为，坚决克服懒政、怠政，坚决惩处失职、渎职，维护好实现好法律体现的意志和利益要求。六要全面推进政务公开。重点推进财政预算、公共资源配置、重大建设项目批准和实施、社会公益事业建设等领域的政府信息公开。七要强化对行政权力的制约和监督，加强党内监督、人大监督、民主监督、行政监督、司法监督、审计监督、社会监督和舆论监督，努力形成科学有效的权力运行制约和监督体系。八要增强全社会法治意识。全力推进宪法法律宣传教育，引导全民自觉守法、遇事找法、解决问题靠法的意识。各级党员干部特别是领导干部必须带头学法、尊法、守法、用法，不断增强法治意识和法治素养，提高运用法治思维和法治方式深化改革、推动发展、化解矛盾的能力，为推进依法治区、建设法治喀什做出积极贡献。

四、贯彻落实会议精神，必须主动适应新常态，推进经济社会平稳健康发展

新常态带来经济运行的新特征、新规律、新要求。我们必须准确把握新常态下喀什经济发展的大势，进一步坚定发展信心。一是对经济发展规律要有全面、客观的认识。经济指标波动是正常现象，有升就有降，关键是把波动控制在合理区间，避免出现大起大落。二是对完成明年经济工作目标任务要有必胜信心。明年经济发展面临重大考验，地委、行署综合分析各方面条件，确定明年地区生产总值增长12.1%，公共财政预算收入增长10%，城镇居民人均可支配收入增长12%，农民人均纯收入增长14%的目标。这是深刻把握形势、客观分析挑战和机遇，综合研究比对后作出的决定，经过努力是可以也必须完成的任务。我们必须清醒地认识到发展是解决喀什一切问题的基础、关键和总钥匙。在喀什这样一个贫困落后地区，只有保持相对较快的发展速度，才能实现经济发展、民生改善。我们面临的挑战前所未有，面临快速发展的战略机遇前所未有，第二次中央新疆工作座谈会关于加快南疆发展的各项政策措施正在落实；中央制定的《"一带一路"建设战略规划》指出要打造中国—中亚—西亚经济走廊，将喀什列为主要节点城市，必将释放强大的发展动力；援疆省市全方位的大力支持，喀什地区各族干部群众求发展、盼稳定的强烈愿望，都是我们推动发展的优势和动力。机遇大于挑战，只要我们坚定不移地贯彻中央、自治区党委和地委的决策部署，喀什地区上下齐心协力，就没有克服不了的困难，也没有应对不了的挑战。

全面深化改革，关键是改革指向性要强，以改善民生、凝聚人心为目的，激发全社会的活力和创造力。一是"松绑"要有活力。对行政审批项目，能放的全放，应取消的全部取消，需保留的要提高审批效率。二是"添柴"要有动力。通过关键领域改革，大力引进人力、资金、技术和管理经验，有效调动各方面的积极性和创造性。三是"办事"更加简易。健全和完善行政服务大厅"一站式"办公机制，推进政务公开和服务承诺制、限时办结制、政府信息公开制及首问负责制，转变工作作风，改进服务态度，杜绝“门难进、脸难看、话难听、事难办”的现象。四是“造势”要有引擎。把喀什建成丝绸之路经济带核心区的结合点、增长极和中国—中亚—西亚经济走廊的主要节点城市，这是喀什最大、最有利的势。必须激活内力、借助外力、借势造势，举喀什地区之力推进经济开发区建设，将其打造成丝绸之路经济带核心区的重要引擎和平台。

稳增长是明年经济工作的首要任务，投资是稳增长的关键措施，必须保持较高的固定资产投资增速。一是2015年固定资产投资增长15%的目标是最低要求，各县市要坚决完成，不能“打埋伏”、留余地。二是争取政府投资要抓大不放小。对列入明年大盘子的重点基础设施和产业项目，要盯进度、盯质量，按期完成投资计划；对列入规划、未进入明年大盘子的，要加快前期，尽快开工；对分散在自治区各部门的项目，要按人口占比争取项目资金。以增强带动能力和吸纳就业为标准，积极引入产业援疆项目。三是吸引社会投资要突出软环境建设。要大力优化服务意识，强化服务机制，全力营造亲商爱商护商的社会氛围。促使企业增强信心、稳定预期，留住已有的，吸引新来的，不断提高社会投资在总投资中的比重。

必须切实把各项社会事业和民生工程办成凝聚人心的工程。一是突出就业、教育、人才、扶贫，统筹推进住房、医疗、计划生育、社会保障等普惠民生工程，下放审批权、管理权，做实“两好”机制，提升基层组织和基层干部的凝聚力、带动力，跟进监督机制，确保民生工程公平公正，努力争取和凝聚人心。二是充分发挥群众主体作用，让各族群众广泛参与，使民生工程的实施过程成为教育群众、争取群众的过程，增强群众对党和国家的感恩之情，坚定跟党走。三是把劳动力转移作为农民增收的关键措施抓紧抓好。县市长、乡镇长要亲自抓，全社会都要给农民外出务工“开绿灯”、创造条件。通过高效的组织发动、打动人心的宣传教育、先进的文化引导、优质的服务保障、严格规范的管理，使群众自觉自愿转移就业，确保输得出、有钱赚、不出事。

五、贯彻落实会议精神，必须以锲而不舍、驰而不息的精神狠抓工作落实

一分部署，九分落实。只有落实、落实、再落实，美好的蓝图才能变为现实。第一，以强烈的责任意识抓落实。今天各县市都进行了表态，决心完成报告提出的各项目标任务。能否完成会议确定的目标任务，是对各级干部党性的考验、能力的考验、作风的考验，也是对各级各部门执政能力、治理能力的考验。我们要以高度负责的精神，围绕目标任务抓好落实，强化履职尽责意识，创造性地开展工作，担当起维护社会稳定和长治久安的历史重任；要坚定不移地贯彻落实自治区党委、人民政府和地委的决策部署，围绕社会稳定和长治久安，统筹推进经济发展、社会事业、全面深化改革等各项工作，努力开创各项工作新局面。第二，以奋发有为的精神抓落实。以什么样的精神状态投入工作中，取决于报告中提出的目标任务能否落到实处。面对新形势、新任务，我们要始终保持昂扬向上的精神状态，满腔热情地投入工作中去，努力干出一番成绩，成就一番事业。要把风险和困难估计得再充分一点，向中心聚焦，为大局聚力，用敬终如始、一鼓作气、善作善成的干劲，坚持“一张蓝图绘到底”，强化“干”的意识，拿出“干”的实招，持续“干”的行动，鼓足“干”的勇气，以肯干苦干、百折不挠的韧劲，以驰而不息、锲而不舍的状态、以扛得住、挺得起的劲头、以“钉钉子”的精神，敢于担当、敢于突破、有所作为，创造新的奇迹。第三，以扎实有效的措施抓落实。抓好工作落实，是当务之急、关键所在。各县市、各部门要紧密结合实际，根据职责范围对重点工作和要求进行分解细化，做到有部署、有检查、有反馈，使每个目标任务有措施、有责任人、有时限、有考核评估，抓一项成一项，形成规范持续的落实力、执行力。要善于从大处着眼、从“小”处入手，在细字上做文章，在“小”字上下功夫，力求每项工作举措紧贴实际、做到位、做扎实。第四，以求真务实的作风抓落实。坚持走群众路线，深入基层调查研究，听取群众意见建议，切实把求真务实的精神体现到具体工作中去。重实际、说实话、办实事、求实效，继续深入开展“访惠聚”活动，接“地气”，听民声、知民情、汇民意，确保群众呼声有回音，群众需求有落实，群众难题能解决。要突出就业、教育、扶贫等民生项目，紧贴群众所思所盼，把工作做深做细，切实把好事办好、实事办实，凝聚人心、赢得群众。第五，以健全完善的督查机制抓落实。要把督查工作作为推动落实的重要手段。建立和完善促进抓落实的长效机制，把督查工作贯穿于各项工作的全过程，树立言必行、行必果的施政新风，做到有令必行、有禁必止，不断提高政府公信力和执行力。对关系改革、发展、稳定大局和人民群众根本利益的大事，要一督到底，督出成效。

六、贯彻落实会议精神，必须立足当前，统筹做好各项工作

岁末年初，是开篇布局的关键阶段。各级各部门要早谋划、早部署、早落实，统筹抓好当前各项工作。一是切实抓好当前农牧业生产。加强防灾救灾、农资储备、农机具检修、春耕备耕、河道水库巡查、农产品市场开拓等工作。二是做好项目开工准备。抓紧重点项目前期对接、准备，及早完成项目审批、立项、招投标、工匠培训、物资采购储备等前期工作。提前做好保障性住房土地供应、图纸设计、配套手续、招投标等前期工作，确保天气转暖后立即开工建设。三是加强职业技能培训。认真落实《喀什地区实施“四个一”工程促进就业行动纲要》，紧紧围绕纺织、服装等用工多、技能门槛低的劳动密集型产业，落实好项目牵头领导、牵头单位和责任单位的职责，分工负责、协调一致，利用今冬明春狠抓技能培训，使闲散人员和农村富余劳动力得到全面培训教育，掌握一技之长。四是做好节日保障和安全生产工作。稳定粮油、肉、蛋、蔬菜等重要副食品供应，切实做好水、电、油、气、暖等民生保障工作。深入开展安全事故隐患排查，严查交通运输、食品药品、消防安全工作，严防发生重特大安全事故。五是切实关心困难群众生活。积极开展“献爱心、送温暖”活动，重点帮助解决好优抚对象和低保户等弱势群体的生活困难和救助工作，积极帮助农民工清偿欠薪。做好一线公安干警、民兵、武工队和驻村干部的生活保障和节日慰问工作。六是认真做好值守应急工作。严格执行带班和值班制度，畅通信息报送渠道，确保有急必应，有急能应。集中开展矛盾纠纷排查化解，依法妥善解决群众反映强烈的突出问题。强化社会面巡控。七是提倡务实节俭文明过节。严禁以任何名义年终突击花钱和滥发津补贴、资金、实物，严禁用公款搞相互走访、送礼、宴请等拜年活动，严禁用公款购买贺卡、烟花爆竹等年货节礼，严禁违规收受礼品、礼金和有价证券，严禁将各种费用转嫁给企业。要加大惩戒问责力度，对违规违纪行为严查快处，并追究相关领导的主体责任和监督责任。积极开展文化进万家和形式多样的文化体育活动，确保让各族干部群众度过一个和谐、欢乐、廉洁、祥和的节日。

同志们，让我们紧密团结在以习近平总书记为核心的党中央周围，在自治区党委、人民政府和地委的坚强领导下，认识新常态、适应新常态、引领新常态，坚定信心和勇气，凝聚共识和力量，以凤凰涅槃、浴火重生的精神，解放思想、开拓创新，众志成城、勠力同心，为建设团结和谐、繁荣富裕、文明进步、安居乐业的社会主义喀什而努力奋斗！

概 况

喀什概貌

【历史沿革】 自汉代开始，新疆地区正式成为中国版图一部分。从汉代至清代，包括新疆天山南北在内的广大地区统称为西域，意为西部疆域。秦末汉初，喀什是作为地方政权西域三十六国的疏勒（今喀什市、疏附县、疏勒县、伽师县一带）、蒲犁（今塔什库尔干县）、莎车、依耐（今英吉沙县）、子合（今叶城县）、西夜（今莎车县城南）等诸国地。西汉神爵二年（前60），汉朝在新疆设置西域都护府，管理天山南北包括巴尔喀什湖以东以南广大地区，同时中央政府晋封和委派各地官吏。自此，西域正式成为祖国版图的一部分。东汉永平十七年（74），东汉名将班超任西域都护，驻守疏勒17年。唐代，中央政权对西域管理加强，先后设置安西大都护府和北庭大都护府。在疏勒设置去沙都督府，后改为疏勒都督府，府下设15个州，范围包括今喀什地区全境及克孜勒苏柯尔克孜自治州，为当时有名的“安西四镇”之一。五代至宋，先后为地方政权喀喇汗王朝和西辽所管辖，喀喇汗王朝曾以喀什为首府多次派使臣向宋朝朝贡。元代，为成吉思汗次子察合台封地。明代，为西域四大回城之一。喀什作为“丝绸之路”的交通要冲，一直是中外商人云集的国际商埠。清乾隆时期，喀什是清政府“总理南八城事宜”的喀什噶尔参赞大臣驻地。光绪十一年（1885），清政府设置喀什噶尔道，辖疏勒、莎车两个府和英吉沙尔直隶厅、蒲犁分防厅、和阗直隶州。民国年间，先后在该地设立第三（喀什）和第十（莎车）行政区。中华人民共和国成立后，是南疆区党委、南疆行署和喀什地委、喀什行署驻地。

【位置、面积】 喀什地区地处欧亚大陆中部，中华人民共和国西北部，新疆维吾尔自治区西南部。地处北纬35° 28′～40° 16′，东经71° 39′～79° 52′。东临塔克拉玛干大沙漠，东北与阿克苏地区柯坪县、阿瓦提县相连，西北与克孜勒苏柯尔克孜自治州阿图什市、乌恰县和阿克陶县相连，东南与和田地区皮山县相连。喀什地区西部与塔吉克斯坦相连，西南与阿富汗伊斯兰共和国、巴基斯坦伊斯兰共和国接壤，边境线总长888千米。周边邻近国家还有吉尔吉斯斯坦、乌兹别克斯坦、印度3个国家。全地区总面积16.2万平方千米，东西宽约750千米，南北长535千米。

【行政区划】 截至2014年年底，喀什地区下辖1个市、11个县，即喀什市、疏附县、疏勒县、英吉沙县、岳普湖县、伽师县、莎车县、泽普县、叶城县、麦盖提县、巴楚县、塔什库尔干塔吉克自治县。喀什市是喀什地区政治、经济、文化中心，也是中国历史文化名城。在喀什境内还驻有新疆生产建设兵团农业第三师所辖16个团场以及自治区属管单位、农场、石油基地、军事机关等单位。

【人口　民族】 截至2014年年底，喀什地区总户数110.1万户、总人口448.82万人，其中非农业人口100.28万人，占总人口的22.34%，农业人口348.54万人，占总人口的77.66%。人口出生率21.14‰，死亡率5.95‰，人口自然增长率15.19‰。

喀什是一个多民族聚居地区，许多古老民族曾在这里繁衍生息，发展经济、文化。在漫长社会进程中，各个民族互相协作、互相影响、互相融合。逐渐完成现代民族发展进程。2014年，境内有维吾尔族、汉族、塔吉克族、回族、柯尔克孜族、乌孜别克族、哈萨克族、俄罗斯族、达斡尔族、蒙古族、锡伯族、满族等31个民族。

【地貌】 喀什地区三面环山，一面敞开，北有天山南脉横卧，西有帕米尔高原耸立，南部是绵亘东西喀喇昆仑山，东部为一望无垠塔克拉玛干大沙漠。诸山和沙漠环绕叶尔羌河、喀什噶尔河冲积平原犹如绿色宝石镶嵌其中。整个地势由西南向东北倾斜。地貌轮廓是由塔里木盆地、天山、昆仑山地槽褶皱带为主构造单元组成。印度洋湿润气流难以到达，北冰洋寒冷气流也较难穿透，造成喀什地区干旱炎热暖温带荒漠景观。而山区冰雪融水给绿洲开发创造条件，形成较集中喀什噶尔和叶尔羌河两大著名绿洲。境内最高乔戈里峰海拔8611米，最低处塔克拉玛干沙漠海拔1100米，喀什市城区平均海拔1289米。

【山脉】 天山南脉绵亘于喀什区域北部。自西至东罗列着高山、中山、低山。高山主要有阿赖岭、卡什卡苏山、吐鲁尕尔特及阔克沙勒岭，山脉呈鳍状、长垣状，走向北东，切割较深；中山带主要有喀孜尕尔特山自西向东伸延，切割较浅；低山带自西向东有库木别尔、喀什、阿图什、柯坪等一系列背斜。柯坪山地位于乌喀公路北面，西起东经77°00′，东至东经77°5′，分为伽师境内东西走向西柯坪塔格山和巴楚境内东北—西南走向东柯坪塔格山。帕米尔高原东部位于喀什境内，北至布仑口谷地，南抵喀喇昆仑山（中巴边境），西抵萨雷阔勒岭，东接西昆仑山。较高山峰有7719米的公格尔山、7546米的慕士塔格山、7282米的慕士山和6802米的切尔里丘克山。在喀什境内喀喇昆仑山为山脉东北坡，长约280千米，平均海拔5500米以上。世界上海拔在8000米以上的14座高峰中，有4座便坐落在喀喇昆仑山脉之中，其中海拔8611米的世界第二高峰——乔戈里峰，是喀喇昆仑山主峰。在乔戈里峰周围，还有海拔8066米的加舒布尔鲁姆山、海拔的8047米的布洛阿特峰、海拔8034米的加舒尔布鲁姆峰。

【平原】 山前倾斜平原是喀什分布较广的一种地形。一般由洪积扇、洪积锥、洪积裙、洪积平原组成。主要有柯坪、乌帕尔、黑孜、柯克亚（乌鲁克）山前倾斜平原。克孜河冲积平原由冲积扇、冲积平原、干三角洲、托克拉克沙漠组成，由克孜河、恰克玛克河、布古孜河组成平原水系，地形总趋势是由西向东倾斜。是喀什主要的农区之一。盖孜—库山河冲积平原，地形总趋势是西南向东北微微倾斜。由盖孜河冲积平原、库山河冲积平原、依格孜亚冲积平原、洪积平原组成。叶尔羌河冲积平原为年轻的砂质冲积平原，由叶尔羌河、乌鲁吾斯塘，提孜那甫河组成平原水系，地形总趋势是从南向东微微倾斜，是喀什最大的绿洲。

【冰川】 喀什地区冰川分布很广。在帕米尔东部山地，冰川总面积达2200多平方千米。其中公格尔山—慕士塔格山冰川面积就达635平方千米，冰层厚度达100米，几乎整个山体都被冰层所覆盖。幕士塔格东坡可可西里冰川，西北坡羊布拉克冰川，公格尔山北坡克拉牙—克拉冰川等，都长达20千米，气势磅礴，景观奇异。喀喇昆仑山分布着巨大冰雪层和冰川，其中著名的音苏提冰川，长40.2千米，是中国最大的代冰川之一。这些冰川为喀什提供了比较稳定的水资源，故有固体水库之称。

【河流】 喀什地区水系受地形地貌、地域降水的影响，各河系源头都位于冰川、山区积雪带，随着山区水分融冻而使各河年内枯洪变化明显。各河都为融补型河流。全地区有5大河流，另有短程河3条。

叶尔羌河是喀什地区最大的河流，支流众多，较大支流为塔什库尔干河、克勒肯河。发源于喀喇昆仑山的乔戈里峰，属融雪补给型，河流全长1000千米，流域面积10.81万平方千米，灌溉着全地区农田面积最大的绿洲——叶尔羌河平原。即莎车、泽普、麦盖提、巴楚、第三师11个团场及叶城、岳普湖部分农田。夏洪期有余水灌溉下游胡杨林区，在阿瓦提县汇入塔里木河（占塔河水量的17%）。年径流量64.33亿立方米，少水年份为54.91亿立方米。克孜勒河发源于吉尔吉斯斯坦境内特拉普齐亚峰，河长778千米，中国境内流长900千米，流域面积1.51万平方千米。克孜勒河进入平原及疏附县苏乎鲁克处分为南北两支，南支喀什噶尔河、北支克孜尔保依河。

克孜勒河下游汇集于三角洲伽师县至西克水库消失。克孜勒河灌溉区包括疏附县、疏勒县、喀什市、伽师县及第三师伽师总场。其年径流量为20.21亿立方米。盖孜河源于慕士塔格、公格尔、阿克塞巴什的融雪，以融雪补给为主，雨水补给量极少。盖孜河河长320千米，流域面积1.62万平方千米，有3条支流，水量较丰支流为木吉河，另有库西瓦尔及拉依艾更（泉水）支流。盖孜河下游至三角洲岳普湖县铁里木消失。灌溉区包括疏附、疏勒、岳普湖等县及第三师2个团场。年径流量9.65亿立方米。由于春季融雪量少，故径流量不能满足灌溉用水需要，时有春旱。库山河源于慕士塔格、公格尔冰峰，以融冰补给为主。河长200余千米，流域面积0.892万平方千米，由卡拉塔什和且木干两条支流汇合而成，另有皮河克和罕铁列克小溪注入。灌溉区包括疏勒、英吉沙及东风农场，并消失于疏勒和英吉沙两县。年径流量为6.3亿立方米，库山河流域易春旱。依格孜亚河发源于昆仑山北麓不勒干积雪带，虽有融雪补给，但其径流形成主要依融于降水和泉水补给。河长76千米，年径流量2.02亿立方米，灌区只有英吉沙县依格孜来乡农田，下游消失于山前洪积扇。另有恰克马克河，因上游引水量大，至喀什地区境内基本上断流，只有在暴雨时才有山洪下泄（历史上曾流入克孜勒河），平时河床干涸。吐曼河为地下水补给河，由山前洪积扇、冲积平原降水下渗补给，浇灌喀什市英吾斯坦乡，阿克喀什乡。提孜那甫河发源于昆仑山阳吉峰，属融雪补给型。河长430千米，流域面积1.456万平方千米。提孜那甫河流经叶城县境界，最后消失在塔克拉玛干大沙漠。河水灌溉叶城县农田及少量麦盖提县农田。年径流量7.768亿立方米。春季水量少，个别年份甚至断流，时有春旱发生。乌鲁克河、柯克亚河、棋盘河均发源于昆仑山北麓，沿河谷北下，属降水、地下水混合补给型。乌鲁克河年径流量5.01亿立方米。柯克亚河年径流量仅为0.132亿立方米。

【地下水】 喀什地下水储量约在50亿～60亿立方米（包括上层滞水）。地下水径流主要补给区是在洪积扇、冲积扇。各大河流在出山口后砾质洪积物上大量渗漏，其渗漏量约占河水的30%以上，是平原区地下水径流形成的主要来源。地下水运动规模在上游扇形地上主要为补给形成区，至下游则为蒸发消耗区。

【气候】 喀什地区处在中亚腹部，受地理环境制约，属暖温带大陆性干旱气候带。境内四季分明、光照长、气温年和日变化大，降水衡少，蒸发旺盛。夏季炎热，但酷暑期短；冬无严寒，但低温期长；春夏多大风、沙暴、浮尘天气。因地形复杂，气候差异较大，大体可分为5个区：一、喀什平原气候区。包括喀什北部、中部广大冲积平原地区，年平均气温11.4℃～11.7℃，年降水量39～664毫米，春夏秋冬四季分明。气温年变化和日变化大，降水变化显著。日照长，蒸发强，气候干燥。冬季低温期长，夏季长而炎热。春季升温快，常有倒春寒；秋季短促，降温迅速。春季多大风、沙暴。浮尘日数频繁。二、沙漠荒漠气候区。喀什南部、麦盖提东部和叶城东北部，属塔克拉玛干沙漠荒漠区。大陆性气候极显著，年平均气温在11℃以上，冬季寒冷，夏季酷热，冷暖变化剧烈。降水稀少，气候干燥，年降水量在40毫米以下。风沙多，日照强。三、山地丘陵气候区。叶城中部，巴楚和伽师北部，疏附、英吉沙和莎车西部海拔1500～3000米处山区丘陵地带。年平均气温在11℃以下，冬季较长，夏季短促，年降水量在70毫米以上，主要集中在夏季，时有大雨甚至暴雨山洪发生。山区河谷地带气候适宜，夏季温热，冬季偏暖。四、帕米尔高原气候区。主要是塔什库尔干塔吉克自治县。年平均气温在5℃以下，冬季漫长寒冷，夏季温和。降水较少，主要集中在春夏两季。大风日数多，光照充足，辐射强，天气晴朗。五、昆仑山气候区。主要包括塔什库尔干塔吉克自治县南部和叶城县南部。年平均气温在5℃以下，山峰终年积雪，气候严寒，空气干燥，低压缺氧，风大雪多，天气多变。全年可分为冷暖两季。

【土地资源】 喀什土地总面积1394.79万公顷，约占新疆土地总面积的1/2。土壤有机质含量低，一般在1%以下。全地区有耕地57.5万公顷，园地3.3万公顷，牧草地161万公顷，可利用草场11.48万公顷，其中改良草场2.96万公顷、围栏草场1.38万公顷，水域面积79.9万公顷。后备耕地资源58.81万公顷，年均开发约2万公顷。

【水资源】 喀什地区各河系源头位于冰川、山区积雪带，随着山区不同季节水分融化而使各河年内枯洪变化明显。全地区有叶尔羌河流域和喀什噶尔河流域，大小河流有10条，其中较大河流有叶尔羌、提孜那甫、克孜勒、盖孜、库山5条。全地区河水年径流量120亿立方米，还有地下回归水10亿立方米，水能蕴藏量760万千瓦，易开发120万千瓦。河流来水特点是枯、洪期差异较大。6—9月洪水期径流量为年径流量的60%～80%，此时水位涨落急剧，昼夜变化明显。中华人民共和国成立后，随着大规模兴建水利设施，到20世纪80年代初中期，全地区修大、中、小型水库102座，总储水量13.39亿立方米，冬天储水量最高达10.7亿立方米，夏天储水一般在8亿～10亿立方米。主要储水季节在7—9月，总储水面积600平方千米，可灌溉农田390.5万亩次。在102个水库中能储水1亿立方米以上的水库有小海子水库，储水4.55亿立方米；西克尔水库、永安坝水库、前进水库各储水1亿立方米左右。分布在苏吉卡克、依盖尔其、小海子水库水源主要来自叶尔羌河。全地区水库库容变化大，所有水库除苏吉卡克水库有1500立方米死库容外，其余水库很少有死库容。

【动植物资源】 植物资源有高山植被、平原绿洲植被、荒漠植被、沼泽植被等。全地区有林地面积35.53万公顷，其中天然林22.93万公顷，森林覆盖率2.75%。树种有杨树、柳树、桑树、沙刺、槐树、梧桐、松树、杉树、柏树、红柳、胡杨、沙棘等。果树有桃、杏、梨、苹果、巴旦木、葡萄、无花果、石榴、樱桃、阿月浑子、核桃等。甜瓜和西瓜质地优良含糖量高。农作物以小麦、玉米、棉花为主，还有水稻、大麦、高粱、油菜、胡麻、葵花、花生、芝麻、小茴香等。药用植物有甘草、党参、麻黄、雪莲等数十种。动物家畜有羊、牛、马、驴、驼、骡、猪、兔等。野生动物有狐狸、野猪、黄羊、雪豹、雪鸡、野兔、松鼠等。有种类繁多飞禽。

【矿产资源】 已发现矿产67种，矿产地224处。其中大型矿床12处。矿产主要有石油、天然气、煤、油页岩、地热、铁、铬、钛、锰、钒、金、银、铂、铜、铅、镁、钴、钨、美矿、白云岩、萤石、熔剂灰岩、硫铁矿、自然硫、岩盐、蛇纹岩、重晶石、皂石、方纳磷、膨润土、水泥石灰岩、饰面大理石、石英岩、砂岩、黏土、宝石、玉石、东陵石、黄玉、石榴石、电气石、水晶、金刚石、玛瑙等。其中石膏储量居全国前茅，蛇纹岩储量居全国第三位。石油、天然气、水泥石灰岩、熔剂灰岩、饰面大理石、花岗岩、磁铁矿、硫铁矿、玉石储量丰富。

（任学燕）

经济社会发展

【经济总量】 2014年，喀什地区生产总值完成688亿元，增长10.2%。其中第一产业增加值完成211亿元，增长7.4%；第二产业增加值完成210亿元，增长13.2%；第三产业增加值完成267亿元，增长10.1%。经济总量由2013年的617.3亿元增加到2014年的688亿元，三次产业结构调整为30.7∶30.5∶38，第二、三产业占生产总值比重由2013年的69%提高到70%，创历史新高，经济发展方式正逐步从粗放型向效益型转变。

【农村经济】 2014年，喀什地区粮食和主要农产品产量保持持续增产态势。夏粮生产实现七连增，总产134.96万吨；果品产量达到162万吨；肉产量40.33万吨、奶产量28.67万吨、蛋产量9.15万吨。棉花目标价格改革进展顺利。实现农民人均纯收入7133元，增长16.1%。新型农业经营主体培育速度加快，龙头企业达到95家，其中自治区级以上25家。农民专业合作社达到1024家，新增380家。完成水利基础设施投资18.82亿元，内陆河治理、大型灌区续建配套与节水改造等重点项目加快实施。新增高效节水灌溉2.96万公顷，防渗渠道552.84千米，改造中低产田2.33万公顷，平整土地2万公顷，改良盐碱地1.74万公顷。

【工业经济】 2014年，喀什地区实现工业增加值119亿元，增长13%。规模以上工业增加值增速排在全疆第12位，18个主要行业中11个行业增长呈上升趋势。以农副产品加工、纺织服装、矿产冶炼、建筑建材等为重点产业发展向好；覆盖民族特色手工业、纺织服装、农副产品加工、商贸物流、新型建材及组装加工6大行业“短平快”项目发挥重要作用，实现就近就地就业2万人以上。园区建设取新得进展。以喀什经济开发区为龙头12个园区基础设施建设不断完善，承载能力进一步增强，产业集聚效应初步显现，入园企业达到1520家，从业人数达到48475人，完成工业产值201亿元，增长24%。喀什经济开发区注册各类股权投资（创业）企业已达到106家，累计持有股权市值85亿元。

【商贸服务】 2014年，喀什地区现代服务业不断发展，批发零售、餐饮、运输仓储等传统服务业持续增长。交通运输业运行平稳，旅客运输总量达到3874.98万人次，增长0.7%；货运总量达到2095.33万吨。以疏附广州商贸城、喀什曙光国际建材城、中亚商贸第一城、深圳产业园、远东国际物流港等为重点商贸物流平台加快推进，带动现代服务业快速发展。汽车、家电、住房等消费热点进一步拉动居民消费增长，全社会消费品零售总额完成148.3亿元，增长13%。

【投资结构】 2014年，喀什地区全社会固定资产投资完成702.68亿元，增长12.37%。投资对生产总值贡献率达到90%以上。三次产业投资结构优化为4.13∶31.34∶64.53，第二产业投资220.23亿元，占全社会固定资产投资的31.34%，贡献率达到42.43%。150个重点项目完成投资332.5亿元，完成年度任务的10.8%，占全社会固定资产投资的47.5%。25类120项重点民生工程推进，争取到位建设、补助资金230亿元。

【财政预算】 2014年，喀什地区公共财政预算收入首次突破50亿元大关，完成50.8亿元，增长10.9%。总量、增幅在南疆四地州中均排名第2位，人均公共财政预算收入达到1205元，比2013年增加112元，增长10.24%。公共财政预算支出占全疆的10.93%，高出全疆平均增速3.5个百分点。人均公共财政预算支出8649元，比2013年增加821元，增长10.48%。

【金融发展】 2014年，喀什地区财政性资金、单位存款与金融贷款挂钩机制发挥作用，信贷支持重点项目、重点民生工程和小微企业发展力度持续加大。金融机构和业务体系不断丰富，喀什成为除乌鲁木齐外全疆金融机构种类最全、机构数量最多的地区。债券市场融资实现新突破，总量达到43亿元。地区对外跨境贸易结算国家由3个增加到12个。南达乳业在新三板成功挂牌；喀什环亚科技、宏丰特种陶瓷、知心食品、西昆仑骨明胶、民生电子商务5家企业在上海股权交易中心挂牌，7家企业在新疆股权交易中心挂牌。

【招商引资】 2014年，喀什地区充分发挥产业援疆、商会企业、经贸展会、财政金融4个杠杆撬动作用，加大招商引资力度。随着第二次中央新疆工作座谈会召开和国家“一带一路”倡议实施，国家、自治区一系列特殊政策在喀什叠加汇集，相继引进如意集团、中兴手套、梦卡丹服饰等一批劳动密集型项目，全年落实执行招商引资履约项目507个，实现到位资金255亿元。

【物价调控】 2014年，喀什地区坚持源头治理，加大价格监管，稳控物价。以“一市两县”和巴楚、莎车、叶城为重点的蔬菜基地、畜禽养殖基地建设加快推进，新建大棚1000座，投入1000万元用于补贴养殖合作社、养殖企业（场）、养殖繁育大户。加大放心肉、蔬菜、蛋等农副产品直销店建设，累计建成蔬菜、肉、副食品直销店190个，配置蔬菜销售车50辆。发挥价格调节基金保供稳价作用，投入800余万元用于补贴储备肉、菜价格。居民消费价格指数涨幅控制在2.5%以内。

【生态文明】 2014年，喀什地区预计全年万元GDP能耗1.3053千克标煤，“十二五”规划前4年累计下降5.39%，完成目标任务的89.8%，超额完成9.8个百分点。严格执行节能环保制度。严把新建项目能源消费准入关。加大重点领域节能减排。争取国家、自治区专项资金2762万元，实施9个节能改造、农业清洁、循环经济、资源综合利用等节能减排项目。喀什大气污染综合治理工程启动实施，喀什市正式被列入国家第一批创建新能源示范城市。泽普循环经济试点县、东辰工贸和光大西域循环经济试点企业通过自治区审查。推进以“80工程”为重点退牧还草、退耕还林、防沙治沙等生态工程，完成重点生态防护林5.05万亩，培育生态林苗木1.62万亩。

（地区发改委）

2014年喀什地区国民经济主要指标及增长情况表

表1

指标	2013年	2014年	比上年增减（%）
年底总人口（万人）	422.8	448.82	6.15
#少数民族人口	393.4	419.13	6.54
#非农业人口	96.3	100.28	4.19
#农业人口	326.5	348.54	6.75
喀什地区生产总值（亿元）	617.3	688.40	10.20
第一产业	191.3	211.05	7.50
第二产业	185.0	210.18	13.20
工业	104.9	119.10	13.00
第三产业	241.0	267.17	10.10
人均生产总值（元）	15016	16024	5.30
农林牧渔业总产值（亿元）	388.6	437.3	7.25
工业总产值（亿元）	302.3	352.5	16.63
全社会固定资产投资总额（亿元）	625.4	702.68	12.37
1. 城镇投资	574.9		
2. 建筑工程	494.3	551.94	11.65
安装工程	45.5	50.73	11.51
设备工器具购置	65.3	74.14	13.52

续表 1

指标	2013 年	2014 年	比上年增减（%）
其他费用	20.2	25.86	27.93
社会消费品零售总额（亿元）	131.30	148.38	13.01
1. 城镇	105.07	107.22	2.05
城区	51.53	48.20	-6.46
乡村	26.23	41.16	83.76
2. 批发零售贸易业	114.47	127.97	11.80
住宿餐饮业	16.83	20.41	21.25
进出口贸易总额（万美元）	112315	120609.9	7.39
# 进口	933	1951.3	109.10
出口	111382	118658.6	6.53
公共财政预算收入（万元）	458517	508040	10.94
# 各项税收	366224	377649	3.12
公共财政预算支出（万元）	3248547	3632508	11.82
在岗职工平均货币工资（元）	47274	51077	8.04
城镇居民人均可支配收入（元）	15454	17310	12.00
农牧民人均纯收入（元）	6143	7133	16.12
城乡居民储蓄存款余额（亿元）	426.2	465.54	9.23
居民消费价格指数（上年 =100）	103.4	102.10	-1.26
商品零售价格指数（上年 =100）	102.9	102.40	-0.49

要闻·大事

重要洽谈会、交易会、博览会

【2014年吉尔吉斯斯坦—中国新疆喀什商品及技术设备展销洽谈会】 2014年6月初，由喀什地区行政公署和吉尔吉斯奥什州政府共同主办，喀什地区商务局、喀什地区工商联承办的2014年吉尔吉斯斯坦—中国新疆喀什商品及技术设备展销洽谈会在吉尔吉斯斯坦奥什市成功举办。喀什地区组成地区政府代表团，组织喀什地区58家生产加工型企业、外贸等企业，计113人参加，参展商品达13大类、近百个品种，设立50个展位参会参展，取得良好成效和收获。签约项目20个，涉及农副产品、煤炭资源进口；建筑建材、机电设备、日用百货、服装布料等出口；民航运输、商品运输等国际物流合作项目。签约金额2.5亿美元。通过为参展企业搭建平台、牵线搭桥，促成中外企业签订一批贸易合同合作协议，推动中吉双方在更大范围、更深程度上互利共赢。

【第十届中国新疆喀什·中亚南亚商品交易会】 2014年7月27日，第十届中国新疆喀什·中亚南亚商品交易会在喀什国际会展中心开幕。

喀交会由喀什地区行署、自治区商务厅主办，喀什市人民政府、喀什经济开发区、山东省对口援疆工作前方指挥部、上海市对口援疆工作前方指挥部、广东省对口援疆工作前方指挥部、深圳市对口援疆工作前方指挥部承办。

喀交会设置室内展位1000个，室外展位300个，有1500名中外客商应邀组团参会，其中国外政府企业代表团600人，涉及8个国家，与往届持平。28日下午，第十届喀交会在喀什国际会展中心举行经贸合作项目签约仪式，集中签约64个项目，签约总额198.9亿元。截至7月28日，喀什地区签订经贸合作项目223个，签约总额505.4亿元；其中投资类项目211个，进出口贸易合同2个。其间，喀什经济开发区及各县市、对口援疆省市、商会等都通过不同形式举办各种经贸合作项目签约，集中展示近期喀什地区招商引资和对口援疆工作成果。

【第二届中国喀什·广州商品交易会】 2014年7月27日，第二届中国喀什·广州商品交易会在疏附县广州新城开幕。第二届中国喀什·广州商品交易会展会集中展示广东、山东、浙江和周边八国为主的名优产品、技术、项目。包括粮油食品、纺织服装、轻工工艺、汽车、摩汽配、机电机械、五金建材、家具家私、电子家电、农畜产品、新型材料、小商品、民族乐器、旅游纪念品、特色美食等。重点展示广州市名优产品和疏附县本地企业产品，集广州市、喀什地区各级政府之力，整合广州市大型国资企业广百、轻工、纺织等集团及建材、服装等专业行业协会入驻；全国首家广汽丰田、本田、三菱、菲亚特、传奇等六大品牌联合4S店入驻广州新城；阿凡提主题乐园开业；利用广州新城西部商务平台，打造“广货北上、西进，疆货南下、东输”中心枢纽，初步建成南疆地区最具影响力、辐射中亚、南亚地区国际贸易、流通、会展及电子商务中心。广州新城以招商运营为主，立足本地市场，拓展国际市场，引进大型边贸企业，同时为入驻企业争取更优惠政策，形成以广州新城为支点大商贸、大物流、大市场、大边贸格局。第二届中国喀什·广州商品交易会确定展位252个，展示面积约7700平方米，其中广州市名优产品展位116个约3800平方米，疆内展位40个约1700平方米，周边八国展位96个约2200平方米。巴基斯坦、土耳其、吉尔吉斯斯坦等8国180多名外国客商以及广州国资、国企、民营、三资企业参展。

【首届中国·喀什农业博览会】 2014年9月14日，由喀什疆南农副产品批发市场有限公司主办，疏附县人民政府、喀什地委农村工作办公室、疏附县广州援疆工作队协办的首届喀什农业博览会举行新闻发布会，自治区第十督导组常务副组长任光华，地委、行署、地区人大工委、政协工委领导出席开幕式，行署副专员、疏附县委书记朱雪冰致辞。10月1—3日，首届中国·喀什农业博览会在疏附县疆南农批市场举行。700余家来自疆内外的涉农企业、农民合作社以及种植大户齐聚喀什。该届农博会展馆总面积达2.65万平方米，设展位432个。农博会期间，参展企业及农民合作社超过400家，有超过600个疆内外专业农产品采购商前来参会。展会期间，举办喀什地区特色农产品采购商专场推介会、现代农业及产业化发展高峰论坛、农产品供销合同签约等一系列活动。该届农博会有30余个供销合同在10月3日农产品供销合同签约仪式上签约，合同金额达26.71亿元。

重要会议

【喀什地委扩大会议召开】 2014年6月29—30日，喀什地委扩大会议在地区会议中心召开。会议的主要任务是：以学习贯彻第二次中央新疆工作座谈会特别是习近平总书记讲话精神为主线，贯彻落实自治区党委八届七次全委（扩大）会议精神特别是张春贤书记讲话精神，专题研究部署喀什社会稳定和长治久安工作，动员喀什地区各级党组织和广大干部群众，统一思想、担当责任，科学作为、奋力前行，为推进跨越式发展、保障和改善民生提供有力保障。

2014年12月29日，喀什地委扩大会议在喀什地区会议中心召开，这次会议的主要任务是：贯彻落实中央、自治区党委一系列会议精神和重大决策部署，总结2014年工作，安排2015年任务，动员喀什地区各级党政、各族干部群众以凤凰涅槃、浴火重生的精神，万众一心、开拓奋进，夺取喀什社会稳定和长治久安的新胜利。

报告提出2015年工作的总体要求：全

面贯彻中共十八大、十八届三中、四中全会和中央经济工作会议、第二次中央新疆工作座谈会精神，全面贯彻自治区党委八届六次、七次、八次全委（扩大）会议和经济工作会议精神，牢牢把握社会稳定和长治久安总目标，牢牢把握依法治疆、团结稳疆、长期建疆总体战略，牢牢把握“围绕总目标、查找薄弱点、案件汲教训、工作抓落实”的总要求，牢牢把握稳中求进、改革创新的工作总基调，牢牢把握就业、教育、人才、扶贫四项重点工作，主动适应经济发展新常态，持续实施好“十大工程”，全力以赴保稳定、谋发展、促改革、强基础、惠民生、转作风，为建设团结和谐、繁荣富裕、文明进步、安居乐业的社会主义喀什奠定坚实基础。2015年工作目标任务是：社会大局保持稳定，经济增长稳中有进，法治喀什建设开局良好，重点领域改革不断深化，各族群众生活水平稳步提高，宣传文化工作取得新成效，党的建设进一步加强。

12月30日下午，为期两天的2014年喀什地委扩大会议闭幕。

【党的群众路线教育实践活动】 2014年2月18日，根据中央、自治区教育实践活动总体部署，在自治区教育实践活动领导小组办公室精心指导和自治区第十督导组严督实导下，喀什地区党的群众路线教育实践活动从2014年2月18日召开动员大会正式启动，历时8个月。活动开展以来，地委始终将工作着眼点和着力点放在社会稳定和长治久安上，坚持“照镜子、正衣冠、洗洗澡、治治病”的总要求，以为民务实清廉为主题，以突出政治坚强为核心，以访民情惠民生聚民心活动和弘扬新疆精神、践行喀什责任、争创四有一流班子为载体，高起点谋划、高标准要求，高质量推进。全地区12个县市、96个地直单位、171个乡（镇、街道）、2493个村社区，7744个党组织、17万余名党员参加教育实践活动。

【访民情惠民生聚民心活动】 2014年2月18日，喀什地区召开各级干部基层访民情惠民生聚民心活动动员大会，贯彻落实自治区党委重大决策部署，对喀什地区各级干部基层访民情惠民生聚民心活动进行动员部署。3月5日，喀什地委按照自治区党委的统一部署，自治区、地区、县市三级选派1.3万名干部、组成2522个工作组全部进住喀什地区2037个行政村、122个农林牧场村（队）和158个社区开展工作。住村期间，各工作组紧紧围绕社会稳定和长治久安总体目标，以做好群众工作为统领，以促进民族团结、宗教和谐为重点，了解掌握实情、调研当好参谋助手，进一步提升群众工作能力，加强民族团结，夯实基层基础，强化群防群治群控，促进社会和谐稳定，打牢长治久安和科学跨越发展的坚实基础；严格按照活动要求，严肃工作纪律，通过走访入户、开门搞活动等方式，群众意见大、矛盾多的地方，了解群众所想所盼，帮助抓好各项民生实事，解决群众实际困难；并结合定点帮扶，做好调查摸底、项目论证，切实让活动过程成为落实惠民政策、增强“四个认同”过程，成为密切党群干群关系、增强基层党组织凝聚力过程，力求把“最后一截路”“最远一家人”问题解决好。

【喀什地区农村工作会议召开】 2014年1月27日，地委召开农村工作会议，贯彻落实中央农村工作会议、自治区党委农村工作会议和地委扩大会议精神，分析地区农业农村工作面临新形势、新任务，研究部署2014年农村改革、农业发展、农民增收各项工作。会议指出，喀什作为农业大区，农牧民占总人口的77%，全面建成小康社会，基础在农业、难点在农村，关键在农民。他强调，喀什要强，农业必须强；喀什要美，农村必须美；喀什要富，农民必须富；喀什要稳，农村必须稳。喀什地区各级党政必须站在全局和战略高度，从喀什农业大区和贫困大区区情出发，进一步提高对做好“三农”工作极端重要性认识，切实把思想和行动统一到中央、自治区党委农村工作会议精神上来，始终把做好“三农”工作作为重中之重，牢牢抓住、紧紧抓好。各县市委书记要真正担负起抓“三农”工作领导责任，在政策制定、工作部署、财力投放、干部配备、绩效考核等方面，都要体现重中之重要求。各行业、各部门、各单位一定要破除“三农”是农口部门工作狭隘认识，自觉服从和服务于“三农”工作大局，履责、为农服务，确保“三农”工作各项决策部署不折不扣地贯彻落实。各级领导干部都要真正做到知道农业、了解农村、关心农民，形成做好“三农”工作强大合力。

重要民生工程项目

【2014年喀什地区十大民生建设工程】 2014年，喀什地区大力开展了十大民生建设工程，即1. 经济开发区建设推进工程；2. 促进就业工程；3. 农民增收致富工程；4. 城乡协调发展工程；5. 基础设施建设工程；6. 教育水平提升工程；7. 卫生健康和社会保障工程；8. 宣传思想文化建设工程；9. 生态文明建设工程；10. 平安喀什创建工程。

【2014年喀什地区“七大”扶贫工程】 2014年，喀什坚持区域发展带动扶贫开发、扶贫开发促进区域发展的总体思路，以脱贫减贫为工作目标，以精准扶贫为抓手，以扶贫攻坚规划和重大项目为平台，以片区和山区边境村为重点，全力推进“七大”扶贫工程。一是推进片区扶贫工程。坚持连片开发，推进片区规划实施，加强对接沟通，破解项目资金瓶颈。二是推进边境山区扶贫工程。加强边境山区的扶贫工作调研，分解边境任务、落实边境责任，召开现场推进会和形势分析会，多措并举解决边境山区扶贫工作分散、建设成本高等难题。三是推进素质扶贫工程。以促进就业为导向，加大贫困劳动力转移培训力度，涉及休闲农业、水暖工、砌筑工等领域，组建农牧民建筑队伍，实现就地就业增收。四是推进产业扶贫工程。牢固树立开放思维，坚持龙头拉动、效益覆盖，支持扶贫龙头企业发展，加快产业基地建设，完善利益联结机制。五是推进社会扶贫工程。

按照“政府主导、全社会参与”的思路，以专项扶贫资金为导向，衔接各类支农、惠农资金，发挥社会主体作用，多措并举，构建社会“大扶贫”工作格局。六是推进农村建档立卡工程。按照建档立卡工作要求，8月18—21日，地区扶贫系统召开建档立卡、项目实施、片区建设和整村推进现场推进观摩会，落实建档立卡“半月一报”制度。七是推进项目审批权限下放试点工程。英吉沙县作为自治区扶贫办项目审批权限下放试点县，地、县两级签订项目审批权和执行权责任状书，按照贫困村（户）需求选择项目，下放培训项目和互助资金项目直接到乡、到村、到户，通过把项目资金与贫困村产业发展需求相结合，实施项目审批权限下放，简化项目审批程序，缩短资金拨付流程，加快项目进度。

【2014年民生工程暨重点项目】 2014年3月，喀什地区全面启动2014年重点民生工程和重点项目建设工作。按照自治区第五个民生建设年活动部署，2014年喀什地区确定在抓好十大工程建设的同时，实施25类120项民生工程，主要包括支农惠农、文化教育、医疗卫生、社会保障、安居富民、定居兴牧、住房保障、环境治理、燃气利民、电力利民等事关老百姓切身利益、覆盖面广、受益面宽的民生项目。2014年，喀什地区共确定150项重点项目，计划完成投资300亿元，各县市立即尽快完善开工手续，落实筹措资金、征地拆迁、开工建设等工作，并进一步明确项目开工时间节点和完工时限，落实土地、规划、环评、选址等手续，强化项目可研、初步设计审批，加快项目施工图设计审查，确保项目尽快开工建设。推进喀什市危旧房改造、经济开发区基础设施、齐热哈塔尔水电站、750千伏输变电等续建工程建设，力促阿喀、三莎、喀麦3条高速公路建成通车，现3条高速公路已建成使用。启动喀什大气污染综合治理工程，阿尔塔什、卡拉贝利水利枢纽工程，农村安全饮水工程及农村公路、安居富民房、保障性住房等工程开工建设。做好莎车机场、帕米尔（塔什库尔干县）机场、莎塔公路、喀叶315国道改造、地区大中型病险水闸、莫莫克及库尔干水利枢纽工程等预备项目前期工作。全力支持新疆招金冶炼、塔什库尔干县天然矿业、莎车晨光生物科技、叶尔羌纺织、岳普湖光大科技、正阳纺织、巴楚裕隆华顺等企业扩能提质、达产达效。

【喀什地区农村饮水安全工程建设】 2014年，喀什地区计划建设农村饮水安全项目18项，解决饮水不安全人口15.22万人，概算投资1.4953亿元。2月，项目初设、实施方案均通过地区水利局、自治区水利厅审查；3月，项目前期及招标方案通过地区发改委审批。计划6月20日前完成招标工作，进入具体实施阶段。

经济发展活动

【喀什地区制定旅游强区发展战略】 2014年12月，喀什地委、行署于印发《喀什地区关于建设旅游强区的实施意见》。喀什地区建设旅游强区的目标和任务是：到2020年，把喀什建设成为集历史文化、民俗风情、自然风光为一体，产业体系健全、特色突出、设施完备、环境优美、服务优良、交通便捷的丝绸之路文化和民族风情国际旅游集散中心旅游强区。基本形成连接中亚、南亚便捷舒适的旅游交通网络；基本形成城乡设施配套、信息咨询快捷、安全保障有力、口岸通关便利的公共服务体系；基本形成景观丰富多样、环境优美舒适、承载能力强的旅游生态环境；基本形成人人都是旅游宣传员，处处都是旅游服务窗口的良好社会氛围；基本形成管理规范、服务到位、协调有力的旅游行政管理服务格局。

【喀什经济开发区开展产业转移招商对接活动】 2014年1月11—15日，喀什经济开发区抓住珠三角区域部分企业进行产业转移时机，由喀什经济开发区管委会常务副主任李阳领队，经济开发区招商中心主任贵浩等组成招商小组，赴广东东莞、中山等区域，开展产业转移招商对接活动，密集拜访政府相关职能部门、商业协会和重点企业，取得良好招商效果。

李阳一行密集拜访东莞市和中山市经济和信息化局、发展和改革局、援藏援疆办、中小企业局、松山湖高新区管委会等相关单位，与东莞商会、东莞市建设工程信息服务协会、中山市沙溪镇商会、中山市纺织行业协会、中山市信息产业协会等行业协会进行座谈对接；走访参观广东雅迪科技发展有限公司、伟创力电源（东莞）有限公司、徐福记国际集团、东莞宇龙通信科技有限公司（酷派）、东莞万士达液晶显示器有限公司、元宗家具、茂荣集团、卓为集团、广东香山衡器集团股份有限公司、明丰刀模有限公司、通和实业、通州总建集团和中山市通伟服装有限公司等企业。在走访参观过程中，招商小组一方面学习这些知名企业管理生产经验和流程、掌握企业发展方向和所需所求；另一方面将喀什经济开发区国家战略定位、发展前景、优势差别进行全方位推介宣传。

由于受2013年国际经济下行压力大等大环境影响，纺织、毛织、制鞋、食品加工等产业面临产业转移，通过该轮招商对接，锁定徐福记、雅迪电动车、卓为集团等一批重点知名企业，同时通过与当地商会、协会对接，打开东莞、中山等区域大批企业联系渠道，为喀什经济开发区下一步招商和产业链引进完善，打下基础。

【喀什经济开发区招商对接会】 2014年9月8日，由自治区商务厅、喀什经济开发区管委会、深圳援疆前方指挥部联合主办的喀什经济开发区招商项目对接会暨丝绸之路经济带国际论坛推介会在厦门举行。商务部投资促进局领导、自治区发改委、商务厅、招商发展局、喀什经济开发区管委会等相关负责人及国内外40多家企业代表受邀参加推介会。推介会上，喀什经济开发区代表团紧紧围绕第二次中央新疆工作座谈会精神，采取特殊财政、投资、金融、人才等政策，加大扶贫攻坚和民生改善力度，促进南疆快速发展及给南疆“先行先试”政策，加快体制、机制、政策创新；举喀什地区之力，促使优势产业、创新创业人才集聚，努力将经济开发区建设成为国家向西开放，建设丝绸之路经济带的重要窗口，实现新疆跨越式发展。同时对喀什经济开发区代表团15个涉及纺织服装、农副产品深加工、进出口加工生产、高新技术、新能源新材料、商贸物流、文化旅游等项目及“首届丝绸之路经济带国际论坛”作重点推介。通过“投洽会”展会平台，喀什市、喀什经济开发区已引进投资总额达30.5亿元。

【喀什地区15个项目在自治区第十八届西洽会暨丝博会上签约】 2014年5月23日，第十八届西洽会暨丝博会新疆代表团举行建设新疆丝绸之路经济带核心区推介会暨项目签约仪式。喀什地区集中签约项目15个，签约金额53亿元。自治区副主席史大刚、自治区人民政府副秘书长于欢、喀什经济开发区常务副主任李阳等领导参加签约仪式。深圳市对口援疆前方指挥部副总指挥、喀什经济开发区管委会副主任刘仕哲向大会就喀什特区投资环境作专题推介。喀什特区制定一系列优惠政策。

【喀（喀什）克（克州）一小时经济圈】 2014年，随着阿克苏至喀什、三岔口至莎车、麦盖提至喀什3条高速公路陆续通车，标志着喀什地区公路基础设施进入阶段性高速发展时代，喀什、克州一小时经济圈交通运输网络形成。2014年，已建成以喀什市、疏勒县、疏附县为中心，以高速公路连接所有县市（塔县除外）的高速网络，实现了喀克一小时经济圈（包括2个市、7个县、6个团场）快速通达的交通运输网络，为喀什社会稳定和长治久安奠定了坚实的交通运输条件。

【三莎高速公路试通车　南疆环状高速公路网形成】 2014年11月中旬，新疆首条风积沙填筑三岔口至莎车高速公路试通车。至此，南疆环状高速公路网形成。三莎高速公路于2011年7月开建，全长233.6千米，设计时速为每小时120千米，总投资近120亿元，是新疆迄今投资规模最大的高速公路，也是我国首条大规模利用风积沙填筑的高速公路。三莎高速公路将喀什至叶城的高速公路、阿克苏至喀什的高速公路以及麦盖提至喀什的高速公路串联在一起，形成南疆环状高速公路网。

【产业促就业工程】 2014年，喀什地区实施产业促就业工程，探索企业在基层设厂，劳动者就近就地就业新路子。下发《企业吸纳喀什籍劳动者用人单位社会保险补贴暂行办法》，给予用人单位为吸纳喀什籍员工实际缴纳基本养老保险、基本医疗保险、失业保险单位缴纳部分60%社会保险补贴，社会保险补贴期限最长不超过3年。重点推进纺织服装产业促进百万人就业工程和南疆三地州“短平快”项目，特别是引进纺织、服装、电子设备组装等用工多劳动密集型企业。尽量将生产车间布到基层乡村。

【喀什首批5家企业在上海股权托管交易中心挂牌】 2014年12月19日，上海股权托管交易中心中小企业股权报价系统新疆喀什地区专场挂牌仪式在上海举行，喀什首批5家企业喀什环亚科技开发有限公司、喀什宏丰特种陶瓷科技有限公司、喀什知心食品有限责任公司、新疆西昆仑骨明胶有限公司、喀什民生电子商务有限公司成功挂牌，标志着上海资本市场与喀什产业合作迈出了可喜的一步。该项工作是2014年7月上海市与喀什地区合作会议纪要内容之一。

【民生工业现场会召开】 2014年1月11日，喀什地区召开民生工业现场会，各县市民生工业负责人实地参观考察喀什市民生产业示范基地。会议就喀什地区开展自治区级民生工业示范项目实施情况，以及自治区级民生工业示范基地发展情况进行总结，并就下一阶段民生工业实施重点进行安排部署。地委委员、行署常务副专员王立胜，参加现场会。

通过近几年发展，喀什地区民生产业已形成以玉雕、刺绣、土陶、木器、小刀、地毯、民族服装鞋帽、铜制工艺品、手工铁器、民族乐器、民族家具、民族日用品小五金、民族特色食品、旅游纪念品、手工艺品等产业体系。产业项目主要聚集在喀什市、莎车县、疏附县、英吉沙县、伽师县等地。各县市在民生产业发展中紧密结合区域特点、产业基础，通过成立合作社、联社、新建就业点等多种创业方式，使民生产业已经成为城乡居民就地、就近、居家就业平台。据统计，喀什地区有民生企业85家，个体企业1000余家，民生工业协会2个，民生工业合作组织9个，民生就业点27个，年销售额达4亿余元，解决就业岗位3.9万余人。下一阶段，喀什地区民生产业将重点支持具有民族、地域、文化特色手工艺品、旅游纪念品、文化用品、特色小食品等劳动密集型加工产业及微小企业发展。

文化交流活动

【开展五项大型宣传活动】 2014年，喀什地区开展五项大型宣传活动，提升喀什魅力。一是组织策划曲曼遗址与帕米尔古代文明学术研讨会和新疆电视台20场直播活动。中国社会科学院考古研究所、中国科学院遥感与数字地球研究所、新疆文物考古所、中央民族大学、北京师范大学等高校19名专家学者到喀什参加研讨。尤其是新疆电视台组织20余场直播活动，在国内外引起强烈反响，一定程度上提升塔什库尔干塔吉克自治县、帕米尔高原影响力。二是组织策划第十届喀交会新闻宣传。邀请区内外28家主流媒体40名记者对第十届喀交会进行全方位、立体式报道。中央、自治区主流媒体发稿59条（篇），其他媒体发稿100余篇，各级网媒刊稿量达10万余条，提升喀什影响力。三是做好塔什库尔干塔吉克自治县成立60周年大庆宣传。组织中央、自治区媒体全方位报道塔县60年来的历史巨变，唱响共产党好、社会主义好、改革开放好的主旋律。四是组织策划开展塔克拉玛干婚礼宣传报道。分别在莎车县、麦盖提县组织由60对和99对新人参加的集体婚礼，一方面通过中央电视台、新疆电视台和“最后一千米”进行直播，对外全方位展示喀什当地民俗风情、人文景观。五是组织中国光彩事业南疆行宣传报道。一方面组织人员对参会企业家进行采访报道；另一方面，以这次活动为平台，宣传喀什经济开发区、广州新城发展的前景，较大程度提升了喀什影响力。

【中国·泽普　第七届金湖杨旅游文化节】 2014年10月18日，中国·泽普第七届金湖杨旅游文化节在泽普县人民广场隆重开幕。来自疆内外的近百家媒体记者，上海市、上海市闵行区、自治区、地区有关部门，广东、深圳援疆前方指挥部，山东援疆前方指挥部，上海援疆前方指挥部和地区其他的领导，自治区、地区“访惠聚”活动住泽工作组到会。泽普县委书记刘四宏致辞。自治区旅游局副局长刘劲柳宣布中国·泽普第七届金湖杨旅游文化节开幕。新疆卫视大型综艺节目《掀起你的盖头来——走进泽普》专场演出拉开旅游文化节序幕。中国·泽普　第七届金湖杨旅游文化节活动从10月18日持续到28日。活动期间，举办精品红枣园、红枣王拍卖及游园活动、长寿健康论坛、喀什地区非物质文化遗产及书画展、金湖杨杯农民好才艺表演、金湖杨摄影微摄影比赛等系列文化活动和乔康麦西来甫展演、杂技、民间达瓦孜展演、摔跤、斗鸡、斗狗、斗羊、叼羊、赛马、押架、民族工艺技艺“非遗”文化展示、民族服饰设计表演赛等民俗文化活动以及场面壮观刺激“越野E族”——走进泽普金湖杨戈壁越野赛。

【第一个全国扶贫日活动】 2014年10月17日，喀什地区召开第一个全国扶贫日活动动员大会，在全地区开展第一个全国扶贫日活动。地委、行署历来高度重视扶贫开发工作，新一轮扶贫开发工作启动以来，喀什地区扶贫开发事业取得显著成绩，累计有38万余人脱贫。但喀什地区仍有27.9万名贫困户、105.6万名贫困人口，喀什作为全国集中连片特困地区和自治区贫困大区状况还没有根本改变。要确保到2020年实现“两不愁、三保障”（“两不愁”即不愁吃、不愁穿，“三保障”即义务教育、基本医疗、住房安全有保障）和消除绝对贫困现象这一总体目标，关键在于创新扶贫开发机制，把扶贫开发工作抓紧做实，切实做到扶真贫、真扶贫，确保在规定时间内达到稳定脱贫目标。动员会强调，10月17日是第一个全国扶贫日，组织开展好各项活动意义重大。各县市、各部门、各单位要围绕守疆、奉献、减贫、发展主题，按照地区的活动方案要求、精心组织开展好扶贫日系列活动，迅速在喀什地区掀起扶贫日活动热潮。会议要求，各相关部门、单位要按照活动方案和职责分工，加强组织协调和指导服务，落实社会扶贫政策，形成合力、统筹推进社会扶贫工作。

【首届丝绸之路经济带国际论坛中坤企业家分论坛】 2014年7月27日，为响应2014年5月中共中央提出把新疆打造成为“丝绸之路经济带”核心区的战略构想，由喀什地区行署、喀什市人民政府主办，喀什特区招商中心承办，中坤集团及其旗下慕士塔格—宏村中坤旅游集团有限公司、喀什商会协办的首届丝绸之路经济带国际论坛中重要部分中坤企业家分论坛在喀什噶尔宾馆举办。

【农民画现场交流会】 2014年10月24日，为充分发挥农民画在群众中的宣传作用，引导农民走向健康向上的美好生活道路，地区在麦盖提县农民画之乡——库木库萨尔乡举行农民画现场交流会，喀什地区12个县市农民画艺人与该乡数十名农民画艺人现场作画，共同探讨农民画绘画技巧和发展方向。农民画在喀什地区产生于20世纪70年代，特别是麦盖提县农民画通过简单直白手法，表达农民朴素的感情和思想，通过寓教于乐的表现形式，宣扬党和国家的好政策，表现生产、生活中的故事，充分表现广大农民的想象力和艺术创作力。

【以现代文化为引领实现“中国梦”法制教育活动】 2014年2月，喀什地区普法办、团地委联合下发《关于在青少年群体中开展以现代文化为引领，实现“中国梦”法制宣传教育活动的实施方案》，组织50余名法制宣讲员分3个组到喀什地区各基层乡镇、村社区，开展为期两个月的法制宣传教育活动。受邀讲课教师围绕法治理念教育、党的民族宗教政策、非法宗教活动现实表现形式和极端宗教思想产生的根源、内容及其危害等内容进行宣传教育，同时穿插青少年文艺表演，鼓励广大青少年以现代文化武装头脑，争当推进喀什跨越式发展、长治久安的新青年。各县市都相继开展了以现代文化为引领，实现“中国梦”法制宣传教育活动。

【上海·喀什职业教育联盟】 2014年10月16日，上海·喀什职业教育联盟正式成立，上海市副市长翁铁慧，地委副书记、上海援疆前方指挥部总指挥张仁良，地委委员、宣传部部长王纯幸出席成立仪式。上海·喀什职业教育联盟通过实现校企合作、校校合作、城乡合作和东西部合作，充分发挥联盟成员各自优势，提高办学水平，培养与现代产业相匹配的高素质技能型人才，达到资源共享、优势互补的目的。职业教育联盟实行理事会制，设立理事会、常务理事会和秘书处、联络处、就业促进中心、校企合作委员会。就业与教育是关系民生的大事，职业教育一直是上海教育援疆的重点。职业教育联盟关注喀什的产业发展与需求，以产业需求为导向，重点培养围绕喀什地区产业发展的人才；坚持硬软件投入并重，努力变“输血”为“造血”，培养一支“靠得上、留得住、用得上”的教师队伍；构建符合喀什实际的学生培养与职业教育体系，探索校校合作、校企合作、半工半读等形式，创新观念体制，探索联盟发展管理体制、运行模式，构建形成行业、产业、企业与社会同推进的职业教育格局、办学模式，培养一批优秀的职业教育人才，培养能够服务喀什、服务企业的各种人才。

大事记

1月

3日 行署组织相关部门前往喀什市，对第三次全国经济普查正式登记工作进行督导检查。

4—5日 全国硕士研究生招生考试喀什地区分考点设在喀什市第十小学，有998名考生在喀什考点参加该次考试。

6日 地委召开2014年第一次地委委员（扩大）会议，学习中共中央印发的《建立健全惩治和预防腐败体系2013—2017年工作规划》、中共中央办公厅印发的《关于培育和践行社会主义核心价值观的意见》，就地委扩大会议的总体部署落实工作进行责任分解。

8日 地委主要领导前往叶城县、莎车县调研，就贯彻落实中央政治局常委会会议精神、自治区党委决策部署和地委扩大会议精神，听取两县工作汇报。

△ 地区人大工委召开会议，讨论喀什代表团拟提交自治区十二届人大二次会议的代表议案建议。地区人大工委组成人员、部分驻喀自治区十二届人大代表、经济开发区管委会及行署有关部门领导近40人参加会议。

10日 地区党的群众路线教育实践活动领导小组召开2014年第一次会议，学习中央、自治区党委关于开展党的群众路线教育实践活动一系列重要文件、讲话精神，听取地区教育实践活动领导小组办公室前期筹备工作情况汇报，安排喀什地区教育实践活动准备工作。

11日 喀什地区召开民生工业现场会，各县市民生工业负责人实地参观考察喀什市民生产业示范基地。会议就喀什地区开展自治区级民生工业示范项目实施情况，以及自治区级民生工业示范基地发展情况进行总结，并就下一阶段民生工业实施重点进行安排部署。地委委员、行署常务副专员王立胜，参加现场会。

11—15日 喀什经济开发区抓住珠三角区域部分企业进行产业转移时机，由喀什经济开发区管委会常务副主任李阳领队，经济开发区招商中心主任贵浩等人组成的招商小组，赴广东东莞、中山等区域，开展产业转移招商对接活动，密集拜访政府相关职能部门、商业协会和重点企业，取得良好招商效果。

14日 地区“菜办”组织开展一市两县“菜篮子”基地建设和生产技术培训，一市两县“菜办”工作人员以及蔬菜基地乡镇相关人员300余人参加培训。

15—16日 地区举办党的群众路线教育实践活动骨干培训班。地委分管领导在开班仪式上讲话，113个地直单位领导、12县市党的群众路线教育实践活动领导小组办公室骨干、地区党的群众路线教育实践活动领导小组办公室全体成员共310人参加集中培训。

16日 地委主要领导与参加自治区第十二届人民代表大会第二次会议的村支部书记代表座谈。

17日 2014年“红十字博爱送万家”活动启动仪式在喀什地区红十字会备灾救灾中心举行。

20日 地区召开2014年城市经济工作会议。

△ 地委25个机关单位400余名干部职工参加由地委组织部组织开展的双语培训课程，这是2013年以来，地委机关高度重视双语学习培训，提升全体干部职工特别是汉族干部职工双语水平推出重要举措。

20—21日 地区邮政管理局联合地区相关部门，对喀什市及英吉沙县快递企业网点开展联合监督检查，督导做好节前行业安全生产工作。

21日 地区党的群众路线教育实践活动领导小组办公室、地委组织部、行署机关党委、地区纪委监察局、地区绩效办组织全体党员干部学习讨论、深刻领会习近平总书记在党的群众路线教育实践活动第一批总结暨第二批部署会议上的讲话。

△ 地区公安消防支队在全地区集中开展为期16天的“零点夜查”行动。该次行动在地区12个县市成立15个检查组，排查火灾隐患。

26日 地委理论中心组举行2014年第三次集体学习，传达学习中共中央总书记习近平，中央政治局委员、自治区党委书记张春贤在全国、自治区党的群众路线教育实践活动第一批总结暨第二批部署会议上的讲话精神，学习中共中央办公厅印发《关于开展第二批党的群众路线教育实践活动的指导意见》。

27日 地委召开农村工作会议，贯彻落实中央农村工作会议、自治区党委农村工作会议和地委扩大会议精神，分析地区农业农村工作面临的新形势、新任务，研究部署2014年农村改革、农业发展、农民增收各项工作。

△ 地区召开扶贫开发工作会议，安排部署片区区域发展与扶贫攻坚规划实施工作。

△ 地区召开林业工作会议，总结2013年工作，部署2014年林业工作任务，动员全地区林业系统广大干部群众坚定信心、凝聚共识，围绕长治久安抓林业发展，以全面深化林业改革新成效，夺取喀什林业产业建设和生态文明建设的新胜利。

28日 地委主要领导会见中石油塔里木油田公司党工委书记、副总经理宋文杰一行并座谈，共商油地发展大计。

△ 地区2014年迎新春茶话会在喀什噶尔宾馆举行，地区四大班子领导与各界人士代表欢聚一堂，畅叙友情，共话发展，喜迎新春。

2月

7日 喀什地委召开第四次委员扩大会议暨地委理论中心组集体学习。

12日 喀什地委召开第五次委员（扩大）会议，安排部署喀什地区贯彻自治区

“深化改革创新、聚力长治久安”系列活动各项工作。地委、行署、地区人大工委、地区政协工委、法检两院领导参加会议。

13日 地区召开党风廉政建设工作会议，贯彻十八届中央纪委三次全会、自治区纪委八届四次全会和地委扩大会议精神，总结2013年地区党风廉政建设和反腐败工作，部署2014年工作任务。地委副书记、行署专员木太力甫·吾布力主持会议。

15日 地委召开地区党的群众路线教育实践活动（以下简称“教育实践活动”）领导小组第三次会议，讨论《喀什地区开展党的群众路线教育实践活动实施方案》和6个分类《实施方案》，以及地委、行署、地区人大工委、地区政协工委领导联系点方案、地区督导组组建方案和宣传工作方案，听取地区教育实践活动领导小组办公室近期工作情况汇报，部署下一步工作。

17日 地区召开“真抓实干、促农增收”系列活动启动视频会议，正式启动此活动。

18日 地区召开党的群众路线教育实践活动动员部署会议，自治区第六督导组组长、自治区人大常委会原副主任、自治区科协主席张国梁讲话，对喀什地区开展好教育实践活动提出指导意见和工作要求；地委主要领导主持会议并作动员讲话。

△ 地区召开各级干部基层访民情惠民生聚民心活动动员大会，贯彻落实自治区党委重大决策部署，对喀什地区各级干部基层访民情惠民生聚民心活动进行动员部署。自治区第二批党的群众路线教育实践活动第六督导组组长、自治区人大常委会原副主任、自治区科协主席张国梁出席会议。

△ “围绕实现长治久安统筹推进各方面工作”系列活动——地区召开民生工程暨重点项目启动视频会议。

19日 行署召开2014年党组第一次扩大会议，对开展党的群众路线教育实践活动进行动员部署。地委副书记、行署专员木太力甫·吾布力出席会议并讲话。

20日 南疆三地州杏热风烘干房制干初加工项目建设启动会议在喀什地区召开。自治区党委常委、秘书长白志杰出席会议并讲话，地委委员赵钢、行署副专员阿布都·克力木参加会议。

20—21日 地区党的群众路线教育实践活动领导小组研究决定派出20个督导组，加强对各县市以及96个地直部门单位开展教育实践活动的监督检查和工作指导。

21日 地委组织召开地委、行署、人大工委、政协工委领导班子成员党的群众路线教育实践活动第一次集中学习，学习习近平总书记在党的群众路线教育实践活动工作会议和在党的群众路线教育实践活动第一批总结暨第二批部署会议上讲话精神，学习中央政治局委员、自治区党委书记张春贤在自治区党的群众路线教育实践活动部署会上和在自治区党的群众路线教育实践活动第一批总结暨第二批部署会议上讲话精神。

△ 自治区召开消防工作联席会议电视电话会议，通报全疆各地、各部门迎接国务院消防工作考核准备情况，并对下一阶段工作进行安排部署。自治区电视电话

会议结束后，地委委员、行署常务副专员王立胜在喀什分会场对喀什地区迎接国务院消防考核工作进行部署。

22日 上海市第八批161名援疆干部抵达喀什。地委委员、行署常务副专员王立胜在机场迎接并会见陪送团成员。

23日 地区学习贯彻习近平总书记系列讲话专题培训班开班仪式在地区会议中心举行。

24日 地委召开地委、行署、地区人大工委、地区政协工委领导班子成员参加的党的群众路线教育实践活动第三次集中学习，学习习近平总书记在全国组织工作会议上的讲话，中央政治局委员、自治区党委书记张春贤在自治区组织工作会议上的讲话和新修订的《党政领导干部选拔任用条例》。

△ 喀什地区举办各级干部“访民情惠民生聚民心”培训班，对来自地直各单位下派的近200名干部进行为期4天的专题培训。

25日 地区召开“围绕实现长治久安统筹推进各方面工作”系列活动——喀什经济开发区建设推进工程启动会。会议要求，喀什经济开发区党政班子和全体干部要牢固树立“围绕实现长治久安统筹推进各方面工作”的重大指导思想，按照自治区“深化改革创新、聚力长治久安”系列活动和地区“围绕实现长治久安统筹推进各方面工作”系列活动的要求，快速推进喀什经济开发区重点工程项目建设。

27日 喀什地区召开产业援疆暨商会推进工作会议。

28日 喀什地区林业有害生物防控暨林果专业技术服务队体系建设现场观摩推进会在叶城县召开。地委委员赵刚、行署副专员阿布都·克力木及地区相关部门领导、12个县市主管农业农村工作领导、县市林业局、农机局主要领导参加现场观摩推进会。

△ 地委下派20个党的群众路线教育实践活动督导组全部到位开展工作。

3月

2日 地区2014年春季杏树管理现场会在莎车县阿拉买提乡五村千亩杏园召开。

3日 行署召开党的群众路线教育实践活动动员大会，对行署开展教育实践活动进行动员部署，自治区督导组副组长买合木提·吾斯曼一行到会指导。

△ 地区召开教育工作会议，贯彻落实中共十八届三中全会、全国第四次对口援疆工作会议、自治区八届六次全委（扩大）会议精神，总结2013年教育工作，以“围绕长治久安抓发展”战略思想为指引，部署2014年工作任务。地委委员、宣传部部长王纯幸，行署分管领导副专员出席会议。

3—5日 自治区人大常委会副主任铁力瓦尔迪·阿不都热西提一行到喀什地区检查《中华人民共和国教师法》《自治区实施教师法若干规定》贯彻执行情况。

3—7日 地委主要领导利用在巴楚、岳普湖、伽师、麦盖提、莎车5县调研机会，专程前往部分乡村看望参加访民情惠民生聚民心活动第一批驻村工作组成员。希望工作组成员深刻认识访民情惠民生聚民心活动深远历史意义和现实意义，紧扣主题、突出重点，坚决落实“三位一体”工作机制和“四个共同”工作要求，确保活动开局良好，取得成效。

4日 喀什地区召开人力资源和社会保障工作暨新农保发卡工作启动仪式视频会议，行署、人大、政协和地直有关部门领导，新农保卡发放经办银行负责人、县市分管领导及地、县人社部门工作人员分别在主、分会场参加会议。

5日 地区各级干部基层访民情、惠民生、聚民生驻村工作组全部到位开展工作。

6日 地委在麦盖提县召开地区党的群众路线教育实践活动督导组长会议。会议强调，各督导组要贯彻教育实践活动“照镜子、正衣冠、洗洗澡、治治病”的总要求开展督导，从严要求，坚持原则，敢于较真，推动教育实践活动每一个环节到位，确保全地区教育实践活动高起点开局、高标准要求、高质量推进。

9日 地区召开精神文明成员单位工作会议，学习中共中央政治局委员、中宣部部长、中央文明委副主任刘奇葆，自治区党委常委、宣传部部长、自治区文明委主任李学军关于做好未成年人思想道德建设工作电视电话会议上讲话。研究讨论地区精神文明工作测评体系和管理办法。地委委员、宣传部部长王纯幸主持会议，行署分管领导、地区人大工委副主任古丽娜•肉孜，地区政协工委副主任阿布拉江•艾买提参加会议。

10日 广东省潮州市工商联党组书记黄泽雄一行到喀什地区就投资项目进行考察。地委副书记、广东省援疆工作指挥部总指挥方利旭，地委副书记、深圳市援疆指挥部总指挥罗建鹏陪同。

11日 喀什地区第八批援疆干部培训班正式开班，来自山东和深圳200名援疆干部将参加为期一周学习培训和军事训练。地委副书记、深圳市对口援疆工作前方指挥部总指挥罗建鹏参加开班仪式。

△ 地区劳动保障监察支队联合地区工商行政管理局、市劳动保障监察大队、市工商行政管理局为维护公平、有序就业环境和人力资源市场秩序，维护劳动者合法权益，对辖区人力资源服务机构、从事职业中介活动组织和个人、各类招工用人单位进行清理整顿。

11—12日 地委主要领导到叶城县柯克亚乡，与乡镇干部共同吃共同住，走进村民家中，访民情、听民意、找问题，推动教育实践活动取得实效。

12日 中华全国总工会副主席、自治区党委常委、自治区总工会主席尔肯江•吐拉洪抵喀，对莎车县米夏乡3村一组5户贫困农民家庭进行亲切慰问。

12—13日 地区人大工委主任阿不都克尤木•买买提赴疏附、岳普湖县、乡、村进行党的群众路线教育实践活动调研。

13日 地区召集地税、通信、交通、水利、公安、供电等部门和单位负责人召开高速公路项目建设协调会，研究和协调阿喀高速公路、三莎高速公路、麦喀高速公路建设项目沿线征地拆迁及开工建设相关问题。

14 日 喀什经济开发区招商中心会同喀什市农村信用合作联社组织召开喀什各商会、企业负责人参加 2014 年“赢在喀什”银商座谈会。

△ 由地区人才流动服务中心联合各县市人力资源市场主办喀什地区 2014 年第一场高校毕业生网络招聘会在“喀什人才招聘网”登陆。40 余家企业提供 600 多个岗位，预计吸引千名求职者登陆。

△ 山东省第八批援疆干部人才会议召开，分析当前援疆工作面临新形势新任务，部署 2014 年工作，动员全体山东省援疆干部人才牢记使命、奋发作为，在新起点开创山东援疆工作新局面。地委副书记、山东援疆前方指挥部总指挥刘晓江出席会议。

15 日 自治区、地区督导组在叶城县召开党的群众路线教育实践活动座谈会。自治区教育实践活动第六督导组组长、自治区人大常委会原党组副书记、原常务副主任、自治区科协主席张国梁，常务副组长、自治区经信委原副书记、原副主任任光华，地区第六督导组组长、地区政协工委副主任李存年等参加会议。

17 日 地区召开杏热风烘干房制干初加工项目建设协调推进会。地委委员赵钢、行署副专员阿布都·克力木参加会议并讲话。

18 日 地区四大班子领导和地区法检两院、喀什军分区、地直等单位领导干部职工来到喀什市伯什克然木乡，开展全民义务植树活动。

△ 地区党的群众路线教育实践活动领导小组召开地直单位督导工作座谈会，8 个地直单位督导组组长作工作汇报，交流工作经验，指出各驻村工作组在工作中存在问题，并提出建议。自治区第六督导组常务副组长任光华参加会议并讲话。

20 日 地委组织召开地委、行署、地区人大工委、地区政协工委领导班子党的群众路线教育实践活动第六次集中学习。

20—23 日 喀什地区召开春季农业生产现场会。地委委员赵钢带领 12 县市委主要领导、农业系统负责人走进蔬菜大棚、田间地头，了解当前农业生产情况，部署全地区农业生产工作并召开总结会。行署副专员阿布都·克力木参加总结会并讲话。

21 日 地委、行署领导到第二批党的群众路线教育实践活动联系点开展调研工作。

△ 地区“12363”金融消费权益保护咨询投诉热线电话正式开通。

23 日 中共中央政治局委员、自治区党委书记张春贤赴喀什地区莎车县考察调研第二批党的群众路线教育实践活动和访民情惠民生聚民心活动开展情况。

24 日 地委副书记、行署专员木太力甫·吾布力来到联系点地区经信委调研，听取教育实践活动情况汇报，要求对学习阶段进行回炉，边学习边思考边讨论，切实增强全体党员思想认识，为下一阶段工作打下基础。

△ 地区政协工委党组书记、副主任高建军，地区政协工委党组副书记、副主任王铁民一行前往英吉沙县苏盖提乡阿其

玛艾日克村看望政协工委机关驻村工作组人员，详细了解住村工作组工作开展情况，并到田间地头调研指导农业生产工作。

25 日 地委召开第七次委员（扩大）会议暨地委理论中心组第六次集体学习，专题学习中央政治局委员、自治区党委书记张春贤在与莎车县喀群乡 14 名住村工作组组长座谈时讲话，并对喀什地区党的群众路线教育实践活动及访民情惠民生聚民心活动下一阶段工作进行安排部署。

△ 地区乡镇、街道教育实践活动动员部署观摩会在叶城县江格勒斯乡召开，与会各县市代表就前期教育实践活动开展情况进行交流，会议对喀什地区乡镇、街道开展党的群众路线教育实践活动进行安排部署。

27—28 日 喀什地区召开 2014 年安居富民工程现场观摩推进会。地委委员、行署常务副专员王立胜带领 12 县市安居富民工程分管领导、安居富民办主任，巡回观摩伽师县、疏勒县和疏附县 11 个安居富民工程建设点，查看 3 个县 2014 年安居富民工程前期筹备工作及在建工程，并总结讲话。

31 日 地委组织召开地区党的群众路线教育实践活动、访民情惠民生聚民心活动领导小组联席会议，传达学习自治区党委常委肖开提·依明 3 月 28—29 日在麦盖提县调研时讲话及自治区副主席吉尔拉·衣沙木丁对地区访民情惠民生聚民心活动检查指导调研时讲话，安排部署地区党的群众路线教育实践活动、访民情惠民生聚民心活动下一阶段工作。

△ 地区人大工委召开座谈会，通报地区人大工委 2014 年工作要点、地区当前开展几项重点工作。各县市人大常委会对 2014 年工作重点进行交流。

是月 自治区副主席吉尔拉·衣沙木丁带领自治区党委访民情惠民生聚民心活动检查组，就喀什地区活动开展情况进行检查指导。

△ 喀什地区结合党的群众路线教育实践活动开展，破解文明创建瓶颈制约，对现行“三年届满重新复验命名”评选方式进行改革，实行地区、县市文明单位、文明村、文明社区“零基启动”评选，从零争创，压缩数量，提高质量，推进群众性精神文明创建活动。

4 月

2 日 地区青少年法制宣传教育月活动启动仪式在喀什二中举行。

2—4 日 地委副书记、行署专员木太力甫·吾布力到疏附县塔什米力克乡也勒干村住村蹲点，与群众共同吃共同住同劳动，了解民情，调研第二批党的群众路线教育实践活动和访民情惠民生聚民心活动开展情况。

△ 地委委员、行署常务副专员王立胜赴喀什市伯什克然木乡、浩罕乡、乃则尔巴格镇“访惠聚”联系点，与乡镇干部共同吃共同住，就教育实践活动开展情况，各级干部访民情惠民生聚民心活动开展情况进行调研指导。

2—5 日 地委主要领导前往叶城县走

访调研，指导该县开展好第二批党的群众路线教育实践活动和访民情惠民生聚民心活动，看望“访民情惠民生聚民心活动”驻村工作组和“四老”人员，与叶城县住村工作组组长、乡村两级干部座谈，住村蹲点、同吃同住，入户了解村情民意，调研第二批党的群众路线教育实践活动、“访民情惠民生聚民心”活动和春季农业生产情况。

4日　喀什地区核桃春季修剪现场培训推进会在叶城县召开，邀请自治区农科院尚新业研究员、王国安研究员结合核桃春季修剪技术要点进行授课。地区林业局及各县分管领导、林业局局长、技术骨干以及叶城县各乡镇农办主任、负责林业副乡长、林业站干部100余人参加会议。

△　地区政协工委主任铁木尔·买买提赴泽普县赛力乡赛力村、色日库拉克村、古勒巴格村，共同干部群众交流座谈、听取意见和建议，实地调研赛力乡教育实践活动和“访民情惠民生聚民心活动”开展情况。

7—9日　自治区政协主席努尔兰·阿不都满金到喀什地区看望慰问自治区政协机关住巴楚县工作组，并就自治区政协机关住巴楚县多来提巴格乡访民情惠民生聚民心活动工作开展情况进行调研。地区政协工委党组书记、副主任高建军陪同。

8日　地委组织召开第九次地委委员（扩大）会议暨第七次地委理论中心组集体学习，传达习近平总书记在河南兰考县委常委扩大会议上讲话，中央政治局委员、自治区党委书记张春贤在呼图壁县调研指导教育实践活动时讲话，讨论研究相关事宜。

9日　地委副书记、地区纪检委书记热甫卡提·努热合曼到联系点疏勒县巴合齐乡多个村和“访惠聚”活动工作组成员“同吃、同住、同劳动”，并就“访惠聚”活动开展情况进行为期3天的调研。

9—11日　地委主要领导前往塔什库尔干县调研党的群众路线教育实践活动和访民情惠民生聚民心活动开展情况，看望“访民情惠民生聚民心活动”驻村工作组和“四老”人员，慰问边防武警官兵，入户了解村情民意。

10日　自治区南疆片区边贸企业培训班在喀什举行开班仪式。举办这次培训班目是指导和帮助南疆各地州、各县市和相关企业用好边贸扶持政策，抓住机遇，加快发展。

15—19日　自治区人大常委会主任雪克来提·扎克尔就喀什地区第二批党的群众路线教育实践活动、“访民情惠民生聚民心”活动和基层人大工作开展情况到喀什地区调研。地委主要领导，地区人大工委党组副书记、主任阿不都克尤木·买买提，地委副书记、地区人大工委党组书记、副主任、地委政法委书记张健陪同。

16日　地委组织召开地委委员（扩大）会议，分析研究地区第一季度经济形势。会议强调，要及早谋划经济工作，突出稳增长、控风险，用改革办法促进稳增长，保持经济持续健康发展。

17日　地区召开党的群众路线教育实践活动督导组组长座谈会，分析当前工作中存在问题，部署下一步工作。

17—18 日 自治区定居兴牧工程绩效评价及摸底调研组到塔什库尔干和叶城县进行实地调研，检查指导定居兴牧工程，并与喀什地区有关单位进行座谈。行署副专员阿布都·克力木参加座谈会。

18—20 日 广东省委副书记、政法委书记、省社工委主任马兴瑞一行在自治区政协副主席、党委统战部部长程振山陪同下到喀什地区考察。

20 日 喀什地区2014年第一季度重点项目建设调度会在叶城召开。地委委员、行署常务副专员王立胜及各县市、地区各部门相关领导参加会议。

21 日 地委副书记、行署专员木太力甫·吾布力会见中电投新疆能源化工集团公司总经理、党组副书记吴金华一行。

△ 行署有关领导与塔吉克斯坦科纳特控股有限公司首席执行官鲁斯塔姆·萨伊道夫进行座谈。双方就开通喀什至塔吉克斯坦杜尚别客货运航班、客车线路、旅游线路、在杜尚别开展住宅项目建设以及其他经贸合作项目进行交流座谈。

△ 喀什地区召开一市两县城市道路交通发展规划审查会，对疏附县广州新城至喀什市西二环连接线道路建设有关事宜做出安排部署。

24 日 地区召开防汛抗旱工作视频会议，全面部署防汛抗旱工作，确保地区各条河流、各类水库、重要城镇和水利工程防洪安全，做好防大汛、抗大旱、抢大险、救大灾各项准备工作。地委副书记、行署专员木太力甫·吾布力出席会议并作讲话。

是月 国务院研究室副主任韩文秀一行在自治区政府研究室主任赵德儒陪同下到喀什调研。

△ 地区全面深化改革领导小组召开第一次会议，研究喀什地区全面深化改革相关事项，部署近期有关工作。

5 月

5 日 地区召开“五四”表彰大会，表彰先进、选树典型，努力在全地区广大团员青年中营造艰苦创业、团结奋斗浓厚氛围。

6 日 自治区召开第32个民族团结教育月活动动员视频会议，中央政治局委员、自治区党委书记张春贤作讲话。会后，地区召开第33个民族团结教育月活动动员视频会议，对喀什地区民族团结教育月工作进行动员部署。

△ 中央召开党的群众路线教育实践活动视频会议之后，喀什地区立即行动，地委当天召集地区教育实践活动领导小组及办公室相关人员召开会议，就贯彻落实习近平总书记重要批示精神和刘云山在视频会议上讲话精神作具体部署。

6—7 日 自治区党委宣传部副部长、自治区文联党组书记黄永军，自治区文联党组成员、纪检组组长胡中平一行前往麦盖提县，对刀郎文化传承与发展情况进行调研指导。

7—8 日 广东省潮州市委书记许光一行到喀什地区考察，参观深圳产业园、广州新城、阿凡提乐园建设情况，并前往塔什库尔干县进行实地考察，共商潮州喀什两地合作发展大计。

9日　喀什地区召开涉法涉诉信访工作改革电视电话会议，对全面推进喀什地区涉法涉诉信访改革工作做出部署。

14日　地委组织召开地区党的群众路线教育实践活动领导小组扩大会议，学习贯彻习近平总书记视察新疆讲话和5月9日指导兰考县委常委班子专题民主生活会讲话精神，传达学习5月6日中央党的群众路线教育实践活动视频会议、5月12日自治区教育实践活动领导小组第五次会议精神，听取地委、行署、地区人大工委、地区政协工委和法、检两院领导班子群众教育实践活动进展情况，查找分析问题，安排部署下一步工作。自治区副主席、自治区第十督导组组长吉尔拉·衣沙木丁出席会议并讲话。

15日　地区召开党的群众路线教育实践活动推进会，贯彻落实5月9日习近平在指导兰考县委常委班子党的群众路线教育实践活动专题民主生活会上讲话精神、5月12日自治区党委召开教育实践活动领导小组（扩大）会议精神、5月14日地区教育实践活动领导小组（扩大）会议上自治区副主席、自治区第十督导组组长吉尔拉·衣沙木丁讲话精神，分析地区教育实践活动进展态势、存在问题，安排部署下一阶段工作。

15—16日　地委委员赵钢、行署副专员阿布都·克力木带领全地区农业、林业以及农口单位相关负责人赴英吉沙、岳普湖两县，就杏热风烘干房项目建设暨红枣夏季管理情况进行现场观摩。

17日　地区召开12县市招商局局长会议，筹备参加第十八届“西洽会”。喀什经济开发区和12县市就参加人员、经费落实、宣传资料、项目准备和会后招商计划等方面进行汇报。

18日　地区残联以“关心帮助残疾人、实现美好‘中国梦’”为主题，在地区残疾人综合康复中心开展多种形式助残活动。行署分管领导、自治区残联副理事长童中华出席活动。

19日　地委组织召开第八次地委理论中心组学习。传达学习习近平总书记在新疆考察工作期间讲话精神。

22日　自治区乡村学校少年宫建设南疆片区推进会在喀什地区召开。中央文明办三局副局长吴向东、自治区党委宣传部常务副部长侯汉敏、自治区教育厅副厅长马文华，喀什地委委员、宣传部部长王纯幸以及南疆五地州文明办、财政、教育相关负责人参加会议。

△　行署党组召开党的群众路线教育实践活动领导小组扩大会议，会议对教育实践活动第一阶段“回头看”工作及查摆问题、开展批评环节工作进行动员安排部署。地委委员、行署常务副专员王立胜讲话。

23日　喀什地区借助在西安参加第十八届中国东西部合作与投资贸易洽谈会暨丝绸之路国际博览会之际，召开喀什地区“承接产业转移暨第十届‘喀交会’招商招展启动仪式”。

26日　地委副书记、行署专员木太力

甫·吾布力等地区领导在喀什噶尔宾馆会见塔里木油田公司总经理、党工委副书记谢文彦，党工委书记、副总经理宋文杰一行，就加强油地合作进行座谈。

30日 自治区发展改革委、水利厅下达喀什地区农村饮水安全工程2014年中央预算内投资1.5亿元，建设农村饮水安全项目18项，通过新建6座水厂，33眼水源井，15座蓄水池，铺设管道1405千米，解决15.22万人饮水安全问题。

31日 地委组织召开第十二次地委委员会议，传达学习贯彻第二次中央新疆工作座谈会精神，强调要把思想和行动统一到第二次中央新疆工作座谈会精神上来，坚持依法治疆、团结稳疆、长期建疆，努力建设团结和谐、繁荣富裕、文明进步、安居乐业社会主义喀什。

是月 喀什地区文明办、教育局、广电局、团委紧密结合民族团结教育月活动，在全地区组织开展民族团结好少年评选活动，引导广大青少年从自身做起、从小事做起，自觉成为民族团结践行者，人人争当民族团结模范，在全社会形成以维护民族团结为荣、破坏民族团结为耻社会氛围。

6月

1日 地委主要领导，地委副书记、行署专员木太力甫·吾布力等地区领导在喀什噶尔宾馆会见到喀什地区考察的山东如意集团董事长邱亚夫及如意集团总裁邱栋一行，就双方合作达成一致意见。

3—4日 水利部叶尔羌河防洪调研组一行赴喀什地区调研叶尔羌河流域防洪情况，主要了解重点防洪河段和险工险段防洪现状以及永久性防洪工程建设情况。调研组对叶尔羌河和提孜那甫河上游泽普、莎车两县及下游麦盖提、巴楚两县9处防洪点进行现场勘察，详细了解防洪规划、险工险段防护农牧民防洪投入等情况。

3—5日 地区召开夏季农业生产现场观摩会，动员各县市和涉农部门各级干部以抢收、抢管为重点，加快推进“真抓实干，促农增收”系列活动，确保“三夏”工作再上新台阶。

5日 地区召开2014年普通高考考前工作会，安排部署2014年普通高等院校招生统一考试相关工作。

6—7日 地委组织召开第九次理论中心组集体学习，进一步传达学习第二次中央新疆工作座谈会精神。自治区副主席、自治区第十督导组组长吉尔拉·依沙木丁到会指导。会议强调，要通过学习领会，吃透精神实质，把握任务要求，真正把思想和行动统一到第二次中央新疆工作座谈会精神上来，把智慧和力量凝聚到维护喀什社会稳定和实现长治久安总目标上来。

10日 地区金融系统举行以民族团结、从我做起为主题的“金融杯”民族团结知识竞赛。人民银行喀什分行、建设银行喀什分行等12支参赛队进行激烈角逐。地委副书记、地区纪检委书记热甫卡提·努热合曼参加活动。

11日 地区公益性岗位协议期满领导小组办公室在喀什市人力资源市场，为公益性岗位期满人员举办再就业专场招聘会。

11—12日　地委主要领导前往岳普湖县与县委班子相关领导及部分乡镇党委书记、乡镇长、村支部书记座谈，就贯彻落实第二次中央新疆工作座谈会精神，听取基层干部意见建议。

12日　喀什地区召开农业生产抗旱工作视频会议，动员全地区各级党政要认清当前喀什地区农业生产面临严峻形势，全力做好以“收、种、管”为主要任务“三夏”农业生产工作。地区农业局、水利局分别就各县市“三夏”工作进展情况进行汇报，并提出应对措施。

12—13日　自治区党委常委肖开提·依明用一天半时间参加指导麦盖提县委常委班子党的群众路线教育实践活动专题民主生活会并作讲话。强调以专题民主生活会为好开端、新起点，以更严态度、更度抓教育实践活动，一件一件推进整改落实，一项一项推动建章立制，务求取得最大化教育成果、实践成果和制度成果，向自治区党委和麦盖提县人民交上一份合格答卷。

14日　自治区党委常委、纪委书记宋爱荣带领自治区纪委监察厅调研组一行到喀什地区就党风廉政建设工作进行调研，看望慰问自治区纪委“访民情惠民生聚民心”驻村工作组，了解工作组“访惠聚”活动开展情况及工作组党风廉政建设相关情况。

19—21日　深圳市市长许勤率领市政府代表团在喀什市和塔什库尔干县考察，要求深圳援疆前方指挥部，要以“深圳标准”展示“深圳质量”，坚持优势互补、以援疆工作为纽带，开辟深喀两地交流合作新空间。

22日　到喀什地区调研指导工作的中央政治局委员、广东省委书记胡春华，广东省委副书记、省长朱小丹率领广东省党政代表团和中央政治局委员、新疆维吾尔自治区党委书记张春贤等领导出席喀什大学筹备开工仪式。

22—23日　由中共中央政治局委员、广东省委书记胡春华率领广东省党政代表团，在中共中央政治局委员、自治区党委书记张春贤陪同下，赴喀什市、疏附县、伽师县考察调研。地委主要领导，地委副书记、行署专员木太力甫·吾布力陪同调研。

23日　喀什地区召开群众路线教育实践活动推进会，就做好教育实践活动第二环节各项工作，开好专题民主生活会进行安排部署。自治区副主席、自治区教育实践活动第十督导组组长吉尔拉·衣沙木丁出席会议并讲话，自治区第十督导组常务副组长任光华，副组长王立文、阿扎提·乌买尔参加会议。

23—24日　中共中央政治局委员、广东省委书记胡春华在自治区党委副书记韩勇，自治区党委常委、副主席艾尔肯·吐尼亚孜陪同下，赴伽师县、喀什市考察调研。

25日　地委组织召开地委理论中心组第十一次集体学习，学习贯彻自治区党委八届七次全委（扩大）会议精神，就喀什地区贯彻落实会议精神进行安排部署。

△　地委主要领导会见月星集团董事局主席丁佐宏，丁佐宏详细介绍月星上海

城下一步发展计划。

28—29日 山东省临沂市委书记张少军一行就喀什物流业发展情况、山东省临沂企业在喀发展现状等到喀什考察。

29—30日 地委扩大会议在地区会议中心隆重召开。会议主要任务是：以学习贯彻第二次中央新疆工作座谈会特别是习近平总书记讲话精神为主线，贯彻落实自治区党委八届七次全委（扩大）会议精神特别是张春贤书记讲话精神，专题研究部署喀什社会稳定和长治久安工作，动员全地区各级党组织和广大干部群众，统一思想、担当责任，科学作为、奋力前行，为推进跨越式发展、保障和改善民生提供有力保障。

是月 由喀什地区行政公署和吉尔吉斯奥什州政府共同主办，喀什地区商务局、地区工商联承办“2014年吉尔吉斯斯坦——中国新疆喀什商品及技术设备展销洽谈会”在吉尔吉斯斯坦奥什市成功举办。喀什地区组成代表团，全地区58家生产加工型企业、外贸企业113人参加，参展商品达13大类、近百个品种，设立50个展位参会参展，取得良好成效和收获。

△ 地区召开粮食流通暨夏粮收购工作会议，对全地区粮食安全、流通、收购工作进行安排部署，明确2014年粮食工作思路、目标任务。地委委员赵钢、行署副专员阿布都·克力木出席会议。

7月

2日 地委主要领导前往英吉沙县就贯彻落实第二次中央新疆工作座谈会、自治区八届七次全委（扩大）会议、地委扩大会议精神，如何做好新形势下就业、教育、扶贫工作进行调研。

△ 地区召开征兵工作电视电话会议，总结2013年征兵工作，部署2014年征兵工作。

2—4日 山东省援疆指挥部召开援疆项目半年现场观摩会，动员山东各援疆部门转换角色、迅速进入状态，推动援疆各项工作顺利开展。

7日 地委主要领导赴岳普湖县，就贯彻落实第二次中央新疆工作座谈会、自治区党委八届七次全委（扩大）会议、地委扩大会议精神，抓好就业、教育、扶贫开发、“三夏”工作，完善访民情惠民生聚民心活动“三位一体”机制等重点工作进行调研。

9日 地委主要领导在喀什噶尔宾馆会见深圳世界之窗总经理曹国旺一行。

10日 自治区贯彻落实第二次中央新疆工作座谈会和自治区党委八届七次全委（扩大）会议精神宣讲会分别在喀什地区喀什市、疏勒县举行，两县市党员干部、住村工作队队员、教师代表和群众代表1000余人聆听宣讲。

△ 地委组织召开第十七次地委委员（扩大）会议。讨论地委贯彻落实第二次中央新疆工作座谈会重大决策部署责任分解方案（征求意见稿），通报地区严打专项行动和集中整治工作进展情况，通报上半年地区经济运行情况，听取第十届“喀交会”筹备情况汇报。

13—25日 为学习宣传贯彻第二次中

央新疆工作座谈会、自治区党委八届七次全委（扩大）会议和地委（扩大）会议精神，由地委宣传部牵头，从各县市委宣传部、地委党校、喀什二中等单位抽调8人组成地区示范宣讲团，分民汉两个宣讲组赴12个县市和重点乡镇宣讲，累计开展理论宣讲32场，授课83课时，受教育干部群众1.6万余人次。

14日 由山东省旅游局组织鲁喀旅游产业合作交流考察团一行65人抵达喀什开始考察交流活动。考察团成员包括山东省和省内各市旅游局领导、山东优秀旅行社和旅游饭店总经理、山东各主流媒体记者等。

15—16日 按照中央精神和新疆维吾尔自治区党委安排，自治区有关领导全程参加指导喀什地委班子党的群众路线教育实践活动专题民主生活会并讲话。强调各族党员干部要热爱人民，把群众观念牢记在心，进一步强化群众工作意识，创新群众工作方法，提高群众工作水平，最大限度争取人心、凝聚民心，为实现新疆社会稳定和长治久安奠定坚实基础。

16日 山东省旅游产业合作交流考察组考察喀什。在喀什银瑞林国际大酒店召开鲁喀饭店业合作交流座谈会。山东省旅游局领导、山东省15家优秀旅游饭店总经理，喀什地区旅游、文体、人社、教育、援疆办等部门领导和重点旅游饭店总经理参加会议。

17日 全地区12县市非遗传承人申报材料撰写、制作人培训工作会议在地区体育馆举办。

19日 山东省水利厅副厅长刘建良一行赴喀什地区水利局开展调研、项目对接活动，并与水利局干部职工亲切座谈。

21日 山东省捐建喀什的维吾尔语门户网站项目仪式在喀什噶尔宾馆举行。山东省委副书记、省长郭树清，山东省委常委、统战部部长颜世元，自治区政协主席努尔兰·阿不都满金，自治区副主席钱智，自治区政协副主席、自治区党委统战部部长程振山等出席捐建仪式。颜世元代表山东省委、省人民政府向喀什地区捐赠网站项目建设资金3000万元，地委副书记、行署专员木太力甫·吾布力代表喀什地委、行署接受捐赠。

28日 第十届“喀交会”在喀什国际会展中心举行经贸合作项目签约仪式，集中签约64个项目，签约总额198.9亿元。

30日 喀什地区中级人民法院在喀什市人民法院召开地县两级法院人民陪审员工作推进现场会。

31日 自治区乡镇卫生院和村卫生室标准化建设现场观摩会在英吉沙县乌恰乡中心卫生院和村卫生室召开，自治区党委常委艾尔肯·吐尼亚孜、各地州分管卫生业务领导、各地州市、县卫生局局长以及自治区党委编办、发改委、财政厅、住建厅、农业厅、卫生厅等部门相关领导参加现场观摩会。

是月 自治区文明办在喀什市举办培训班，对喀什地区各县市文明办主任和驻喀什市104家自治区文明单位分管领导开展精神文明创建工作及相关业务培训。

△ 文化部副部长杨志今在行署有关

领导陪同下调研莎车县、麦盖提县、疏附县和喀什市基层文化建设。

△ 全国人大常委会原副委员长司马义·铁力瓦尔地在喀什地区调研。全国人大常委会委员买买提明·牙生，地区人大工委主任阿不都克尤木·买买提，地区人大工委副主任司马义·阿不都色力木，深圳市对口援疆工作前方指挥部有关领导陪同调研。

8月

10日 喀什教育矫治局（戒毒所）正式挂牌，地区政协工委主任、地委政法委副书记、地委统战部部长铁木尔·买买提出席揭牌仪式并致辞。

12日 地委主要领导到地区发改委指导党的群众路线教育实践活动专题民主生活会，并就下一阶段活动进行安排部署。

14—15日 由地区卫生局、地区人口和计划生育委员会、地区工会联合举办的“共圆妇幼健康梦——喀什地区妇幼健康技能竞赛”在地区结核病防治所举行。来自12县市及2个地直单位的14支代表队、56名选手参加竞赛。

20—21日 地区城市经济现场推进会在巴楚县召开，地区相关部门领导和各县相关部门领导及喀什各商会代表出席会议，地委委员、行署常务副专员王立胜出席会议。推进会全面分析和准确把握喀什地区经济发展面临形势，安排部署今后一个时期工作，动员广大干部群众统一思想，坚定信心，凝聚合力，加快发展，努力完成全年经济发展目标任务。

21—22日 中央新疆办副主任杜鹰带领中央调研组一行在兵团党委常委、副司令员于秀栋陪同下到喀什地区，就贯彻落实第二次中央新疆工作座谈会精神、中央5号文件政策落实情况进行实地调研。

21—25日 上海、广东、山东、深圳四省市工会领导一行先后抵达喀什地区，对对口县市实地考察、对接第二轮工会援疆工作。

22日 上海市对口支援喀什地区叶城、泽普、莎车、巴楚四县工程建设“沪疆杯”立功竞赛动员大会召开，竞赛活动围绕“工程出精品、队伍出精英、援建出精神”主题，激励各参建单位全力建功受援四县，力争援建工作走在全国前列。

△ 地区召开安居富民工程工作推进会，就喀什地区安居富民工程建设存在的困难、问题进行分析，提出相关工作建议。会议通报全地区安居富民工作基本情况，安排部署下一阶段工作，对2015年全地区安居富民任务计划草案和“十三五”规划草案进行说明。

25日 驴产业技术创新战略联盟暨第一届理事会成立大会在喀什市召开。农业部资源保护处、自治区发改委、自治区畜牧厅、内蒙古农业大学等有关方面领导参加会议，行署副专员祖穆热提·吾布力出席会议并讲话。

29日 地区妇联组织召开12县市《妇女儿童发展纲要》工作协调视频会，贯彻落实《喀什地区关于贯彻落实新疆维吾尔自治区妇女儿童发展纲要（2011—2020年）

实施意见》工作。行署分管领导出席会议并讲话。

30—31日 地区召开党的群众路线教育实践活动"访惠聚"工作观摩推进会，自治区人民政府副主席、自治区教育实践活动第十督导组组长吉尔拉·衣沙木丁，地委副书记、地区人大工委党组书记、地委政法委书记张健，出席会议并讲话。自治区第十督导组常务副组长任光华，地委委员、宣传部部长王纯幸出席会议，地区"访惠聚"活动领导小组成员，自治区、兵团第三师派驻喀什地区工作组组长，地区住县市督导组组长，地直有关单位主要领导，各县市委组织部部长、县市"访惠聚"活动领导小组办公室副主任参加会议。各县市"访惠聚"活动领导小组成员，乡镇、街道党（工）委书记及有关负责人在分会场参加视频会议。

是月 中国电信新疆公司喀什机动通信分局正式挂牌成立，弥补喀什地区通信应急机动空白。

△ 地区召开以严明政治纪律，加强作风建设，为促进社会稳定和实现长治久安提供坚强保障为主题第十六个党风廉政教育月动员视频会议，地委副书记、地区纪检委书记热甫卡提·努热合曼作动员讲话。

9月

1日 地委副书记、地区人大工委党组书记、副主任、地委政法委书记张健，地委副书记、地区纪检委书记热甫卡提·努热合曼在喀什宾馆会见中国银行董事长田国立一行。

2日 地区召开在全地区各族干部群众中广泛开展大宣讲活动动员部署会，对全地区开展大宣讲活动做出安排部署，地委委员、宣传部部长王纯幸出席会议并讲话，行署副专员祖穆热提·吾布力出席会议。各有关部门领导及宣讲骨干参加会议，各县市相关领导和基层宣讲员在分会场参加视频会议。

△ 喀什经济开发区举办招商推介会暨项目签约仪式，喀什经济开发区、地区商务局及各县市有关负责、新疆四川商会、新疆丝绸之路经济联合会负责人及50余家企业家代表参加推介会。

4日 经过一系列研究论证，《喀什地区临空经济区发展规划》通过专家组评审。专家组一致认为《喀什地区临空经济区发展规划》符合相关要求，在局部修改完善后将更符合喀什地区实际，可操作性更强。

5日 亚欧博览会喀什代表团举行总结表彰大会。会议总结第四届亚博会喀什代表团各项工作，对于亚博会表现优异的各县市代表团进行表彰。

△ 地区在乌鲁木齐市新时代大酒店召开纺织服装产业发展座谈会，自治区经信委副主任梁勇、自治区纺织行业办副主任腾浩智等参加，地区经信委、各县市主管领导以及招商局、工业园区领导、部分棉纺织企业负责人参加会议。

△ 在第30个教师节来临之际，地区慰问团分别前往喀什市、英吉沙县、疏勒县和岳普湖县，对教师代表进行慰问，送去党和政府的关心和关爱，畅谈喀什地区

教育事业发展现状，展望教育强区美好前景，并向全地区教师送上节日祝福。

7—9日 自治区党委常委、宣传部部长李学军一行赴疏附县考察调研。地委委员、宣传部部长王纯幸，行署副专员、疏附县委书记朱雪冰陪同调研。

8日 由自治区商务厅、喀什经济开发区管委会、深圳援疆前方指挥部联合主办的喀什经济开发区招商项目对接会暨丝绸之路经济带国际论坛推介会在厦门举行。

12—14日 全国政协委员、全国政协港澳台侨委会副主任、国务院侨办原副主任赵阳率全国政协调研组到喀什地区调研开展少数民族侨务工作，并与地区政协领导、相关部门负责人和华侨侨眷代表进行座谈，听取喀什地区关于侨务工作情况汇报。

14日 由喀什疆南农副产品批发市场有限公司主办，喀什地委农村工作办公室、疏附县人民政府、疏附县广州援疆工作队协办的首届喀什农业博览会举办新闻发布会，喀什各大媒体参加。

16日 国家开发银行新疆分行与喀什城建投资集团有限公司签订喀什小亚郎水库治理、喀什经济开发区东部新城给水管网、排水工程3个项目贷款合同，该次贷款总金额达4亿元，期限为14年，其中含3年宽限期，并执行基准利率。地委委员、喀什经济开发区党工委书记、喀什市委书记陈旭光，国家开发银行新疆分行党委书记、行长饶国平等领导参加签约仪式。

17日 地区召开棉花目标价格改革试点工作会议，要求稳妥有序推进棉花目标价格改革试点工作。地委委员、行署常务副专员王立胜对地区棉花收购相关工作进行部署。

△ 由中国人民银行、银监会、证监会、保监会组成的金融调研组到喀什地区，就金融支持南疆四地州经济发展和社会稳定进行调研，并与喀什地区各金融单位进行座谈。地委副书记、地区纪检委书记热甫卡提·努热合曼参加座谈会。

18日 喀什地区卫生局组织地区各县市卫生局及县直医疗机构领导在地区疾控中心会议室召开喀什地区医疗机构医用耗材和检验试剂集中招标采购启动会议。

10月

1—3日 首届中国·喀什农业博览会在疏附县疆南农批市场举行，700余家来自疆内外涉农企业、农民合作社以及种植大户齐聚喀什。自治区第十督导组常务副组长任光华，地委、行署、地区人大工委、政协工委领导出席开幕式。行署副专员、疏附县委书记朱雪冰致辞。

14—16日 上海市人大常委会副主任、市总工会主席洪浩一行到喀什地区考察调研，并慰问援疆干部，为上海市援疆企业成立工会、职工书屋进行揭牌，同时与叶城、泽普、巴楚县工会签约建设文化宫项目。

15—16日 国家工商总局有关领导一行到喀什，就喀什当前工商管理各项工作进行调研。地委委员、行署常务副专员王立胜陪同。

16日 上海市副市长翁铁慧率上海市教委、卫计委等部门领导到喀什考察调研，地委副书记、上海市对口援疆指挥部总指挥张仁良，地委委员、宣传部部长王纯幸陪同。

△ 上海·喀什职业教育联盟正式成立，上海市副市长翁铁慧，地委副书记、上海援疆前方指挥部总指挥张仁良，地委委员、宣传部部长王纯幸出席成立仪式。

△ 地区召开党的群众路线教育实践活动总结大会，会议强调，全地区各级党政和党员干部要学习贯彻习近平总书记和中央政治局委员、自治区党委书记张春贤讲话精神，总结喀什地区教育实践活动，进一步加强新形势下从严治党、推进党作风建设各项工作。

17日 地区召开第一个全国"扶贫日"活动动员大会。会议要求，全地区各级党政要学习贯彻全国和自治区社会扶贫工作电视电话会议精神，安排部署喀什地区开展第一个全国"扶贫日"活动，进一步动员全社会力量参与扶贫开发，努力打赢全面建成小康社会扶贫攻坚战，为维护喀什社会稳定和实现长治久安奠定坚实基础。地委副书记、行署专员木太力甫·吾布力主持会议。

22日 鲁喀医疗卫生机构结对交流签约仪式在喀什地区第一人民医院举行。山东省卫生计生委副主任仇冰玉，行署副专员祖穆热提·吾布力，行署副专员、山东省援疆指挥部副总指挥秦存华，地区及12县市卫生系统负责人、各医疗卫生机构负责人参加签约仪式。

24日 地委召开2014年第三十一次地委委员（扩大）会议暨地委理论中心组第十四次集体学习，全文学习《中国共产党第十八届中央委员会第四次全体会议公报》。会议要求全地区迅速掀起学习十八届四中全会精神热潮，学习好、理解好、落实好全会精神，推进依法治区，全力建设法治喀什。

△ 地区召开第三季度经济运行分析会，通报喀什地区前三季度经济运行情况，分析发展态势，找准存在问题，部署工作措施，动员全地区上下坚定信心，鼓足干劲，奋力冲刺，全面完成年度各项指标任务。

27日 山东省援疆指挥部组织山东省受援四县50个少数民族家庭106人到山东济南、东营、济宁、泰安、日照等地开展鲁·喀"维汉一家亲"结对联谊活动。

29日 地委组织召开2014年第三十二次地委委员（扩大）会议暨第十五次地委理论中心组集体学习，传达学习习近平总书记代表中央政治局所作《中共中央关于全面推进依法治国若干重大问题决定》工作报告，习近平总书记在十八届四中全会第二次全体会议上的讲话，并就学习贯彻十八届四中全会精神，结合喀什实际，抓好落实作出部署。

是月 自治区"两纲"实施、示范以及农村妇女"两癌"救助项目执行督导组到喀什地区，对喀什地区相关工作进行督导检查。

△ 喀什地区表彰奖励上海对口支援莎车、叶城、巴楚、泽普县4县的96名优

秀双语教师、84名优秀班主任、20名优秀教育工作者，上海市副市长翁铁慧，地委副书记、上海援疆前方指挥部总指挥张仁良，地委委员、宣传部部长王纯幸出席表彰大会。

11月

17日 自治区党委理论学习中心组举行集体学习，学习采取电视电话会议形式进行，由中央政法委副秘书长姜伟作十八届四中全会专题辅导报告。地委、行署、地区人大工委、政协工委领导班子成员，法检两院、武警南指、地直各部门各单位主要领导及在喀自治区“两代表一委员”、副厅级以上退休人员、政法系统干部代表、地区理论专家库特约宣讲员、大中专院校师生代表聆听专题辅导。

是月 自治区政协委员、非公组召集人、自治区工商行政管理局原党组书记、局长尤努斯·玉素甫带领自治区政协经济委员会流通和非公界别活动组，就喀什经济开发区建设、相关政策落实、作用发挥等情况以及民营企业、中小微企业、商会发展情况到喀什地区调研。

△ 地委委员赵钢主持召开加快推进叶尔羌河防洪治理工程项目前期工作协调会议，听取地区水利局、塔里木河流域喀什管理局、地区发改委关于叶尔羌河防洪治理工程整体可研编制、重要防洪点分布、工程前期工作进展情况汇报，研究部署工程项目前期推进工作。

12月

9日 地区举行纪念“一二·九”爱国学生运动79周年报告会。

10日 自治区依法治区示范宣讲团到喀什作“学习宣传贯彻党十八届四中全会和自治区党委八届八次全委（扩大）会议精神”示范宣讲报告。地委、行署、地区人大工委、地区政协工委领导班子成员，山东、上海、广东、深圳四省市援疆干部，地直机关工委、地区教育工委、地委各部门、行署各委办局、各人民团体、中央、自治区驻喀单位党政主要负责，地委党校第一、二期培训班学员，各县市理论宣讲骨干代表，喀什市企事业单位、宗教教职人员和群众代表近千人聆听报告。

13日 地区响应自治区对村级组织骨干进行统一培训要求，通过视频会议形式，对全地区村级组织骨干以及相关人员培训进行动员部署。

15日 地、市两级联合召开喀什老城及帕米尔景区创建国家AAAAA级旅游景区动员大会，号召各级干部群众抢抓机遇，突出重点，攻坚克难，确保成功创建国家AAAAA级旅游景区，为推进地区旅游强区和丝绸之路旅游集散中心建设奠定坚实基础。

17日 深喀合作交流中心在深圳揭牌。

19日 上海股权托管交易中心中小企业股权报价系统新疆喀什地区专场挂牌仪式在上海举行，喀什首批5家企业喀什环亚科技开发有限公司、喀什宏丰特种陶瓷科技有限公司、喀什知心食品有限责任公司、新疆西昆仑骨明胶有限公司、喀什民生电子商务有限公司成功挂牌，标志着上海资本市场与喀什产业合作迈出可喜一步。

23日 自治区十二届人大常委会喀什地区工作委员会召开第八次会议，地委副书记、地区人大工委党组书记、地委政法委书记张健，地区人大工委副主任李青、侯存尚、王湫斌、司马义·阿不都色力木、古丽娜·肉孜等地区人大工委组成人员出席会议。地区人大工委主任阿不都克尤木·买买提主持会议，行署副专员祖穆热提·吾布力列席会议。

24日 地委组织召开2014年第三十七次地委委员（扩大）会议，传达学习自治区党委经济工作会议精神。会议就中央政治局委员、自治区党委书记张春贤在自治区党委经济工作会议上讲话进行着重传达。

29日 地区召开访民情惠民生聚民心工作推进会，贯彻落实中央政治局委员、自治区党委书记张春贤分别在区直属及中央驻疆单位“访惠聚”工作座谈会及自治区“访惠聚”工作组组长座谈会上讲话精神，结合喀什实际安排部署“访惠聚”工作。

29—30日 中共喀什地委扩大会议在地区会议中心隆重召开，会议主要任务是：贯彻落实中央、自治区党委一系列会议精神和重大决策部署，总结2014年工作，安排2015年任务。

中国共产党喀什地区委员会

重要会议

【喀什地委扩大会议】 2014年6月29日，喀什地委扩大会议召开。会议的主要任务是：以学习贯彻第二次中央新疆工作座谈会特别是习近平总书记讲话精神为主线，贯彻落实自治区党委八届七次全委（扩大）会议精神特别是张春贤书记讲话精神，专题研究部署喀什社会稳定和长治久安工作，动员全地区各级党组织和广大干部群众，统一思想、担当责任，科学作为、奋力前行，为推进跨越式发展、保障和改善民生提供有力保障。

2014年12月29—30日，喀什地委召开扩大会议。会议的主要任务是：贯彻落实中央、自治区党委一系列会议精神和重大决策部署，总结2014年工作，部署2015年任务。

会上讨论《中共喀什地委关于全面推进依法治区建设法治喀什实施意见（讨论稿）》。

【各县市委办公室主任座谈会】 2014年11月，地委办公室召集各县市委办公室主任座谈，探讨、梳理办公室工作存在突出问题，分析、研究解决办法。地委秘书长、地委机关党委书记谢居友出席会议并讲话，地委副秘书长、办公室主任、政研室主任李东明主持会议。

【地委办公室专题座谈会】 2014年7月1日，地委主要领导与地委办公室领导班子和党员干部座谈，要求全地区办公室系统、每名党员干部都要严格按照党章规定、按照习近平总书记5月8日讲话要求、按照张春贤书记批示做到“五个坚持”（坚持绝对忠诚的政治品格、坚持高度自觉的大局意识、坚持极端负责的工作作风、坚持无怨无悔的奉献精神、坚持廉洁自律的道德操守），并将此作为办公室工作的最高标准、最严要求，抓好贯彻落实。

决定　通报　意见　通知

【2014年地委作出决定、通报、意见（部分）】

2月18日，中共喀什地委《关于开展各级干部基层访民情惠民生聚民心活动实施意见》。

2月23日，《关于成立喀什地区各级干部基层访民情惠民生聚民心活动领导小组》的通知。

5月5日，中共喀什地委贯彻落实中共中央《关于全面深化改革若干重大问题决定》实施意见。

5月24日，《关于成立地委全面深化改革领导小组》的通知。

6月11日，印发南疆军区《重点乡镇

武装部维稳能力建设实施细则》通知。

6月15日，中共喀什地委、喀什地区行署《关于表彰喀什地区民族团结进步模范集体和模范个人的决定》。

6月15日，中共喀什地委、喀什地区行署《关于命名喀什地区民族团结进步创建模范单位的决定》。

7月16日，中共喀什地委印发《关于贯彻落实第二次中央新疆工作座谈会重大决策部署责任分解的方案》通知。

9月5日，关于印发《喀什地区贯彻落实〈建立健全惩治和预防腐败体系2013—2017年工作规划〉实施意见》通知。

9月10日，《关于学习贯彻张春贤书记在莎车县调研时讲话精神》的通知。

9月16日，《中共喀什地委关于进一步加强少年儿童和少先队工作的意见》。

9月28日，关于印发《驻喀部队做好群众工作促进社会稳定和长治久安具体措施》通知。

11月24日，中共喀什地委《关于落实党风廉政建设党委主体责任和纪委监督责任意见（试行）》。

【2014年地委办公室下发、转发通知、意见、办法（部分）】

1月6日，关于印发《中共喀什地委中心组学习制度》的通知。

1月8日，《关于地委领导联系县市工作》的通知。

1月30日，《关于进一步加强教育工作》的意见通知。

2月17日，关于印发《喀什地区开展党的群众路线教育实践活动实施方案》的通知。

3月5日，关于印发《喀什地区工作情况介绍》的通知。

3月21日，《关于成立筹建喀什大学领导小组》的通知。

3月28日，《关于成立推进“一市两县”一体化建设领导机构》的通知。

4月10日，印发《关于进一步加强地区信访干部队伍建设实施意见》的通知。

4月17日，《关于开展严禁共产党员、国家公职人员和事业单位工作人员持有、传播暴力恐怖音视频工作的实施意见》。

4月23日，关于印发《喀什地区开展民族团结进步创建活动的实施方案》的通知。

4月23日，关于印发《喀什地区民族团结进步模范创建表彰管理办法（试行）》的通知。

4月23日，关于印发《喀什地区第九次民族团结进步“双模”表彰大会暨喀什地区命名民族团结进步创建模范单位的实施方案》的通知。

5月2日，关于印发《喀什地区民族团结进步模范单位创建考核验收实施细则（试行）》的通知。

5月15日，《关于开展民族团结“五个一”结对子活动》的通知。

5月16日，印发《关于中央、自治区党委和地委重大决策部署贯彻执行情况监督检查实施办法》的通知。

5月27日，《关于成立地委全面深化改革领导小组办公室及领导小组专项小组》

的通知。

5 月 27 日，关于印发《喀什地委全面深化改革领导小组工作规则》《喀什地委全面深化改革领导小组专项小组工作规则》和《喀什地委全面深化改革领导小组办公室工作细则》的通知。

6 月 16 日，关于印发《喀什地区优化经济发展软环境实施意见》的通知。

7 月 4 日，关于印发《关于进一步加强产业援疆工作的意见》的通知。

7 月 17 日，关于印发《喀什地区经济发展软环境责任追究暂行办法》的通知。

8 月 21 日，印发《关于加强新时期安全生产工作的实施意见》的通知。

8 月 31 日，印发《关于在全地区各族干部群众中开展大宣讲工作的实施方案》的通知。

9 月 10 日，关于印发《喀什地区 2014 年度人口和计划生育目标管理责任制考核评估实施方案》的通知。

9 月 10 日，《关于成立地委维护稳定工作督查组》的通知。

9 月 12 日，关于印发《喀什地区贯彻落实张春贤书记在莎车县调研时讲话精神的实施方案》的通知。

9 月 16 日，关于转发地委组织部《关于进一步强化维稳责任着力解决“三个清楚与不清楚”问题的办法》的通知。

9 月 16 日，关于印发《关于县市委直接抓村级党组织建设的意见》的通知。

10 月 21 日，关于印发《喀什地区 2014 年度县市绩效管理工作的意见（试行）》的通知。

10 月 21 日，关于印发《喀什地区 2014 年度地直、驻喀单位绩效管理工作的意见（试行）》的通知。

10 月 30 日，印发《关于进一步加强教育疏导工作的意见（试行）》的通知。

10 月 31 日，关于印发《喀什地区关于进一步加强和改进伊斯兰教工作的实施意见》的通知。

10 月 31 日，印发《喀什地区贯彻落实自治区〈关于创新群众工作方法解决信访突出问题的实施意见〉办法》的通知。

12 月 2 日，关于印发《关于实施“春风化雨塑人工程”进一步推进基层文体活动常态化工作的实施意见》的通知。

12 月 8 日，关于印发《关于进一步加强和改进党委（党组）中心组学习的意见》。

12 月 11 日，印发《喀什地区关于建设旅游强区的实施意见》的通知。

纪检·监察

【纪检委书记、副书记名单】

地委副书记、纪委书记：

热甫卡提·努热合曼（维吾尔族）

纪委常务副书记、绩效办主任：王福友

纪委副书记、监察局局长：

阿不力米提·吾麦尔（维吾尔族）

纪委副书记：木萨江·玉麦尔（维吾尔族）

纪委委员、监察局副局长：赵福平

纪委委员、绩效办常务副主任：周　进

监察局副局长：艾力·胡达拜迪（维吾尔族）

【地区党风廉政建设工作会议】 2014 年 2

月 13 日，喀什地区 2014 年党风廉政建设工作会议召开，地委副书记、地区纪委书记热甫卡提·努热合曼共同作《围绕社会稳定和长治久安努力开创党风廉政建设和反腐败工作新局面》的工作报告，总结回顾 2013 年开展党风廉政建设和反腐败工作，安排部署 2014 年反腐倡廉工作任务。要求全地区各级党政 2014 年贯彻落实中共十八届三中全会、自治区党委八届六次全委（扩大）会议、自治区纪委八届四次全会和地委扩大会议精神，坚持服务中心、服务大局，坚持党要管党、从严治党，以改革精神强化反腐败体制机制和制度保障；突出政治坚强，严明党的政治纪律，坚决克服组织涣散、纪律松弛问题；落实中央八项规定和自治区党委、地委十条规定，坚持不懈纠正“四风”；加大违纪违法案件查处力度，保持惩治腐败高压态势；强化教育监督和管理，确保权力公开规范运行；加强纪检监察干部队伍建设，提高履职能力和工作效率，坚定不移地把党风廉政建设和反腐败斗争引向深入。

【落实党风廉政建设责任制】 2014 年，地区纪检委制定下发《关于落实党风廉政建设党委主体责任和纪委监督责任的意见（试行）》《中共喀什地委领导班子成员党风廉政建设责任分解》。行署专员木太力甫·吾布力与 12 个县市长、62 个地直及中央、自治区驻喀单位主要领导签订《喀什地区纠风工作目标管理责任书》。印发《地区各单位贯彻落实 2014 年党风廉政建设和反腐败工作部署分工方案》将 75 项具体工作细化分解到职能部门。为聚焦党风廉政建设和反腐败工作，地委取消纪检监察机关参与议事协调机构 101 个，保留 18 个。召开 3 次纪委书记座谈会。

【执行党的纪律工作】 2014 年，地区纪检委印发《关于开展严禁共产党员、国家公职人员和事业单位工作人员持有、传播暴力恐怖音视频工作的实施意见》，督促 23 万名各族党员、国家公职人员和事业单位工作人员签订《不持有、不传播暴力恐怖音视频承诺书》；印发《喀什地区共产党员、国家公职人员和离退休人员在斋月敏感期严守政治纪律的通知》，加大对党员干部职工遵守政治纪律和履行承诺情况的监督检查。2014 年，开展遵守政治纪律督查 247 次；开展民族团结“五个一”结对子督查工作。下发《喀什地区开展违反政治纪律行为专项整治工作方案》。各级纪检监察机关加强与组织人事部门、政法系统沟通联络，对违反政治纪律行为线索开展集中梳理排查。严格执行自治区党委《关于共产党员、党组织违反党的政治纪律行为的处分规定》。2014 年，全地区查处违反政治纪律案件 59 件 73 人，通报违反政治纪律典型案件 19 期 53 件。

2014 年，全地区清退党政机关超标准办公用房 57477.01 平方米、清理党员干部违规占用政策性住房 9784.9 平方米。36 名厅级干部、941 名县处级干部报告个人有关事项，对 1 名县处级干部报告个人重大事项不实给予处理。对 60 名领导干部进行廉政谈话。全地区有 5 名厅级、49 名县处级、

52 名乡科级领导干部，按照干部权限报告操办婚丧喜庆事宜。在党政机关开展会员卡专项清退活动，9.2 万名在职干部职工做出“零持有”承诺。对 13.7 万名干部职工（含离退休干部）住房情况再次进行调查摸底和清理，对 1052 名干部职工重复享受房改政策进行纠正，清退住房 256 套。

【宣传教育工作】 2014 年，地区纪检委制定《喀什地区贯彻落实〈建立健全惩治和预防腐败体系 2013—2017 年工作规划〉实施意见》《地区各单位贯彻落实 2014 年党风廉政建设和反腐败工作部署分工方案》。实施新提拔干部任前廉政知识测试，将反腐倡廉教育纳入党校培训计划。开展第十六个党风廉政教育月活动，邀请自治区纪委领导作《反腐倡廉、警钟长鸣》专题讲座。地县两级电视台在每日晚间滚动播放优秀廉政公益广告，通信部门向领导干部发送廉政短信近 2.4 万条，组织各级党政机关、事业单位党员干部开展廉政知识法规测试，12 县市和 167 个乡镇主要领导在教育月期间讲廉政党课 1 次。对《关于共产党员、党组织违反党政治纪律行为的处分规定》的内容，在《喀什日报》、喀什电视台进行每日一题刊发解读。围绕“两个责任”开展访谈活动，在《喀什日报》开设县市委书记、纪委书记谈“两个主体责任”专栏，刊载 24 篇。在《喀什日报》、政府网站开设党风廉政专栏，刊发转变作风、维护稳定、勤政廉政署名文章 60 篇。

【查办案件】 2014 年，全地区受理群众信访举报 615 件（次），初核 418 件（同比上升 21%），立案 432 件（同比上升 85%），结案 412 件（同比上升 81%），给予 356 人党纪政纪处分，移送司法机关 17 人，挽回经济损失 1153.66 万元。规范案件线索管理，分类处置涉及县处级干部线索 41 件。地区本级初核案件线索 33 件，立案 4 件，结案 6 件，处分 10 人（县处级干部 9 人）。组织县市办案力量对自治区纪委交办的 45 条涉及违反中央八项规定的线索进行交叉核实，对违纪行为给予严惩。加大行政监察力度，对失职渎职 76 件 171 人进行处理。协调税务机关检查发票信息 7653 条，筛查单位支付发票 2122 条，对 150 条信息进行核实，向 120 个单位下发说明函，问责 50 个单位。

【执法监察和纠风工作】 2014 年，地区纪检委一是开展落实八项规定专项整治工作。严肃查处 3 起公车私用、2 起公款吃喝、2 起公款购物案件；全地区通报典型案件 9 期 45 起。压缩“三公”经费 1114.21 万元。清理清退超标准、超编制配备公车 189 辆，清理违规换车、借车 36 辆。禁批 6 个党政机关办公用房项目。简报由 403 种减少到 283 种，减少 30%；下发各类文件 7242 份，同比下降 17%；以地委、行署名义召开会议同比减少 23 次，下降 26.7%；清理取消评比达标表彰项目 53 个，压缩 30%；取消集体荣誉牌匾（奖杯）148 个。联合公安部门在全地区开展党员干部参赌涉赌摸排工作，查处参赌涉毒党员干部 4 件 5 人。11507 名领导干部报告经商办企业情况，对 41 名领导干部及配偶经商行为按政策进行甄别和处理。二是开展损害群众切身利益专项治理工作。重点对征地拆迁、涉法涉诉、安全生产、食品药品安全、环境保护、发展教育事业、医疗卫生等方面侵害群众利益的行为进行整治，查处征地拆迁案件1件1人、涉农利益案件65起68人、安全生产案件1件3人、食品药品安全案件92件270人、环境保护案件67件67人、教育领域案件19件22人。整治乱收费42件、乱罚款9件、乱摊派2件。受理举报拖欠工资案件132起1321人，涉及金额2475.81万元。开展干部承包土地专项整治工作，清理纠正987名干部参与承包土地问题。开展“形象工程”“政绩工程”专项整治。纠正城乡低保错保漏保62人次。查纠违规纳入城镇保障性住房1234户。开播“喀什广播行风热线”节目22期，处理群众投诉228件。2014年，查处党员干部作风建设方面案件87件182人。三是开展软环境建设专项整治工作。制定下发《喀什地区优化经济发展软环境实施意见》，开展专项检查60次，明察暗访59次，下发整改通知书98份，问责25个单位、252人。在前期简政放权、取消和下放一批行政审批事项基础上，取消地区本级行政审批15项，调整行政审批事项131项。开展“庸懒散”专项检查，纠正自设门槛、影响办事效率问题4起，查处“吃拿卡要”“庸懒散拖”问题98起178人。对17个窗口单位进行明察暗访，查处刁难群众典型案件8起，问责19人。全地区受理群众办事难投诉54件。地县乡村建立便民服务中心2570个。按照干部管理权限，对11843名副科级以上干部配偶、子女移居国（境）外情况进行摸底调查。对167个乡镇、4个街道6000多名乡镇干部“走读”问题进行排查，214名干部不按时到岗、擅离工作岗位受到组织处理，39名干部因落实工作不力被追责。清理“吃空饷”人数554人。

【源头治理工作】 2014年，地区纪检委着重对农机购置补贴、扶贫资金、住房公积金等资金管理和使用情况进行监督检查。加强对政府采购、工程招投标、矿产权出让监督，对地区国土资源管理局在探矿权出让公告中擅自设定条件问题进行调查处理，及时终止探矿权出让活动；对巴楚县华孚广场工程建设招投标以及疏勒县、疏附县富民安居工程防盗门采购投诉进行调查处理；通报叶城县广播电视台石某某、姜某某在政府采购中的违法违纪行为。

【效能建设和绩效管理工作】 2014年，地区纪检委制定并实施《喀什地区优化经济发展软环境的实施意见》和《喀什地区经济发展软环境责任追究暂行办法》，取消行政审批事项15项，下放行政审批47项；制定“一窗多证”联办、“两查两惩”效能监察联动机制和联席会议制度，规范和拓展示范单位、示范窗口创建工作；2014年全地区受理效能投诉120件，问责单位25个，问责人员87人，下发效能监督整改通知书14份。优化绩效管理考核办法，结合县市战略定位、发展重点和地方特色，地直、驻喀单位各自分类设置不同的考核指标；制定下发《喀什地区2014年县市绩效管理工作意见》《喀什地区2014年地直、驻喀单位绩效管理工作意见》。

组织工作

【概况】 2014年，地委组织部有办公室、调研室、干部一科、干部二科、干部三科、干部监督科、干部培训知工科、组织科、人才办（内设人才管理科和援疆工作科）、公务员管理科、信息管理中心12个科室。行政编制人员31人，事业编制人员2人，工勤人员6名。部领导5名（含地委委员、组织部部长），人才办主任1名，副处级组织员2名。

【群众路线教育实践活动】 2014年，全地区12个县市、96个地直单位、171个乡镇、街道，2493个村社区，7744个党组织、17万余名党员参加教育实践活动。各级党组织把政治坚强作为教育实践活动的首要任务，贯穿活动始终。活动开展以来，查处违反政治纪律案件34件43人，对45名落实“两项制度”不力的党员干部进行通报和处理。地委理论中心组先后进行13次集体学习，集中利用2天时间，围绕政治坚强和“四风”两个专题进行讨论。各级党组织均开展10天以上集中学习，在各族党员干部中开展“远学焦裕禄、近学刘国忠”活动。活动开展以来，各领域、各行业选树先进人物319个、先进基层党组织95个。各级党组织和党员干部自觉查找政治不够坚强和“四风”方面存在的突出问题。在真改上下功夫，对物价高、用电难、无户籍人员落户难等6个群众反映强烈突出问题进行专项整改。将弘扬新疆精神、践行喀什责任、争创“四有一流”班子活动作为重要实践载体，开展“八个一”和民族团结“五个一”结对子活动，各级领导干部联系住村1681个，住村调研指导3957人次，为群众办实事700余件，与各族群众、基层干部、教师医生、工商业者、宗教教职人员结对子47010个。地区四大班子领导带头赴基层开展专题调研，召开干部群众座谈会42场次，个别访谈县、乡领导396名，对1580人进行问卷调查，征求党员干部群众意见建议。各级党组织和领导干部针对查摆出7684热点难点问题，聚焦政治上不够坚强和“四风”方面突出问题，逐项建立台账，推进制度“废改立”，固化作风转变成果，强化制度执行力和刚性约束。落实中央、自治区、地区确定专项治理任务，逐项进行梳理整合，明确干部以权谋私、文山会海、公款送礼、公款吃喝、吃空饷等35项专项治理问题，逐项制定治理方案，确保专项治理工作任务落到实处、整改到位。

【“访惠聚”活动】 2014年，喀什地区地、县13766名干部、2530个工作组紧紧围绕自治区六项任务和地区两项具体工作，始终把访民情作为最重要基础工作来抓。各级工作组严格落实与村党支部、村（协警）民兵共同开展工作“三位一体”工作机制。各级工作组以政策宣讲为主线，以广大群众精神文化需求为导向，采取专题讲座、集中学习、入户走访宣讲等方式，开展各类宣传教育活动51万余场次，发放宣传资料138万余份，受教育群众达407.2万人次。各级工作组发挥自身优势，加大资金、技术、人才支持力度，配合当地党组织把群众关心教育、就业、收入、社保、住房等实事办到群众心坎上。各级工作组为群众办实事7633件，解决群众关心热点难点问题2.02万个，确定民生建设项目1973个，投入帮扶资金5091.07万元，协调引进技术和项目408个。

【干部队伍建设】 2014年，地委组织部在干部队伍建设上主要抓好几项工作：干部培训工作。落实《2013—2017年全国干部教育培训规划》，累计培训干部43212名。干部任用工作。学习贯彻新修订《干部选拔任用条例》，牢固树立“三个不吃亏”用人导向，建立完善333名县（处）级干部和344名乡镇党政正职后备干部基本信息资料库。截至11月，地委调整干部356人，其中提拔63人，交流轮岗39人，其他254人。干部队伍监督工作。备案审核县市干部调整24批次1312人。委托地区审计局对5个地直单位和12个县市15个乡镇主要领导履行经济责任情况进行审计。开展党政领导干部在企业学会（协会）等兼职、领导干部“裸官”、超职数配备干部和“带病”提拔4个专项问题整治工作，先后清理党政领导干部在企业学会协会兼职60人，审核查处超职数配备干部133人，抽查审核937名县（处）级干部个人有关事项报告表。公务员录用、公开遴选工作。做好从山东省高校招录104名优秀毕业生岗前培训工作。选派24名干部赴援疆省市和自治区厅局挂职，协调做好2013年选调生分配、安置和2014年选调生推荐、考察工作。推进地直单位公开遴选工作，面向社会为地直党群系统公开遴选工作人员31名。加强《中华人民共和国公务员法》及其配套法规贯彻落实，完成年党群系统40个单位、109个职位公务员招录计划审核、上报工作。此外，公务员统计和党内统计取得新成绩。

【人才援疆工作】 2014年，地委组织部推进人才政策和制度创新。围绕建设丝绸之路经济带核心区和十大产业基地建设需要，坚持党管人才原则，不断创新和完善人才政策体系，探索新形势下南疆地区人才发展规律、引才聚才举措，为维护喀什社会稳定和长治久安提供有力的人才智力支持。做好人才引进工作。结合十大产业基地，吸引各类紧缺人才150名，招聘高学历人才70人，专业技术人员1224名，山东籍优秀高校毕业生104名。干部人才培养。选派248名专业人才赴援疆省市挂职培训学习，434名援疆人才与1600多名当地专业人才结对，形成长期帮带机制，有力促进专业人才素质提升。援疆干部人才管理服务机制。协助援疆四省市做好第八批援疆干部人才迎接、培训、安置和第七批援疆干部考核考察等工作。落实援疆工作“暖心服务”工程，为援疆干部提供优质服务。科学编制第九批援疆干部人才需求计划，使轮换工作做到无缝对接。

【基层组织和党员队伍建设】 2014年，全地区各级党组织高度重视反分裂斗争第一线发展党员工作。2014年上半年，全地区发展党员5547人、占全年发展计划的92.59%，其中农牧民党员2578人、占发展总数的43.03%，35岁及以下党员4259人、占发展总数的71.09%，少数民族4154名、占发展总数的69.34%，妇女1956人、占发展总数的32.65%，工人181人、占发展总数的3.02%，学生141人、占发展总数的2.35%，大专及以上学历2386人、占发展总数的43.01%；在反分裂斗争一线发展党员308名、占发展总数的5.14%，其中少数民族党员221人，妇女党员98人，35岁以下党员246人。贯彻落实好《中国共产党发展党员工作细则（试行）》和“控制总量、优化结构、提高质量、发挥作用”总体要求，坚持发展党员工作向农村和基层一线倾斜，改进和加强宏观调控，按照新发展党员中，35岁以下不低于85%、高中中专以上学历不低于55%、妇女不低于30%的结构要求，努力做好宏观调控工作，同时继续保持每个村、社区党支部每年至少发展1名党员的基本发展规模。完善和规范发展党员程序和入党手续，推行发展党员工作公示制、票决制等做法，进一步提高发展党员的工作质量。村两委正、副职工资报酬由每人每年1.2万元、9000元分别提高到2.5万元、1.4万元。向自治区党委推荐9名优秀村党支部书记考录乡镇公务员，选聘186名优秀村党支部书记享受县聘干部待遇，推荐12名优秀社区工作人员考录镇、街道公务员，进一步增强村社区党组织书记岗位吸引力。在年初确定252个软弱涣散基层党组织的基础上，再次摸排确定302个进行整顿。坚持“一点一策”，制定整顿方案，完善整顿措施，县市领导兼任软弱涣散基层党组织第一书记，县市委书记带头包难点村社区，推动整顿工作见实效。已完成176个班子调整，调配党组织书记81名、副职211名。

（地委组织部）

基层党建工作

【党建工作责任制】 2014年，地委基层办制定《关于县市委直接抓村级党组织建设的意见》《关于进一步强化维稳责任，着力解决“三个清楚与不清楚”问题办法》，下发《喀什地区全面开展县乡村党组织书记抓基层党建工作述职评议考核实施方案》。组织12县市基层办，采取交叉检查方式对软弱涣散基层党组织进行整顿，对贯彻落实地委文件、基层党建责任落实等情况工作进行调研督查。

【党员干部教育培训】 2014年，地委基层办在8个县市设立村级组织骨干示范培训班，对617名村级后备干部进行为期2个月的实践锻炼。在11县市设立实践点，实行为期50天的跨县锻炼，各县市培养村党组织书记后备人选805名，培养村“两委”副职后备干部4300名。抓好基层干部双语学习培训，将双语能力与绩效奖励、基层补贴、考核定等、评先选优、提拔任用挂钩，作为选拔乡镇干部特别是党政正职的硬指标。

【基层党组织整顿】 2014年，地委基层办3月摸排确定软弱涣散基层党组织，逐一建立台账，跟踪落实整顿实效。先后下发《关于进一步加强软弱涣散基层组织整顿建设工作的意见》《关于进一步强化软弱涣散基层党组织整顿工作的通知》《关于建立健全软弱涣散基层党组织整顿建设工作台账的通知》，按照“一村（社区）一页”原则，健全完善软弱涣散基层党组织整顿台账。11月3日，自治区整顿软弱涣散基层党组织工作会议召开后，指导各县市第三次对所有村社区进行“地毯式”摸排，以3年为一个周期，坚持“一村（社区）一策”，分类提出整治、巩固、提升方案，排出具体时间表和路线图，做到整顿目标、工作措施、完成时限、整改责任“四落实”。全面实行地区领导包联一个重点乡镇、县市四大班子领导兼任软弱涣散基层党组织第一书记制度。调整党组织书记61名、配备20名，其中从乡镇机关下派到村任职11名；调整副职125名、配备副职86名。坚持党组织整顿与群团组织整顿同步进行，调整团支部书记109名、配备团支部书记163名；调整妇女主任28名、配备妇女主任15名。

【基层党组织综合保障能力】 2014年，地委基层办将村级阵地续建工程作为“书记工程”，各县委书记亲自抓、组织部门牵头抓，结合“访惠聚”活动，整合各类项目、资金、力量等资源，加强统筹规划，采取实地调研、建立台账、专项督查等方式，强力推进村级阵地续建工程。各县市整合资金14.77亿元完成村、社区阵地标准化建设。按照自治区社区信息化建设现场会要求，制定《喀什地区社区信息化建设实施方案》，确定喀什市、叶城县为试点县市，启动开展视频平台建设，提升社区服务管理水平。

【基层干部队伍建设】 2014年，地委基层办制定《喀什地区关于加强村党支部书记考核工作的指导意见》《喀什地区关于加强担任过村党支部书记老干部考核工作的意见》。差别化落实村干部报酬待遇，村“两委”正、副职工资报酬由每人每年1.2万元、9000元分别提高到2.5万元、1.4万元。向自治区党委推荐9名优秀村党支部书记考录乡镇公务员，选聘186名优秀村社区党支部书记享受县聘干部待遇，推荐12名优秀社区工作人员考录镇、街道公务员。采取财政转移支付、县市财政补助、壮大集体经济等方式保障村级运转经费，2335个村运转经费均在10万元以上，每个社区2014年工作经费均达到15万元以上。加快推进乡镇干部安居安心工程建设，大多数乡镇都为干部宿舍配齐室内设施。

【大学生村干部工作】 2014年，地委基层办推荐39名大学生村干部考录自治区选调生，选派64人赴自治区参加能力建设示范培训班。7月，为11名村支部书记、1名村委会主任、51名村“两委”副职、19名村“两委”委员发放村干部基本报酬，为1411名大学生村干部发放村干部绩效考核报酬。397名大学生村干部进入村“两委”

班子，11 名担任村党支部书记，1 名担任村委会主任。做好 2014 年大学生村干部选聘动员、报名和审核工作，符合条件 1525 人，参加考试 721 人。

（杜　江）

宣传工作

【概况】 2014 年，喀什地委宣传部管理单位有地委讲师团、地委外宣办、地区社会科学界联合会、地区文明办、地区国防教育办公室、地区文化市场管理领导小组办公室、地区网络安全管理办公室；内设科室：办公室、宣传科、理论科、文教科；有编制 79 人，实有 38 人，其中男 26 人、女 12 人。9 月 26 日，成立地区互联网信息管理办公室，核定全额事业编制 30 名。

【主题宣讲活动】 2014 年，地委宣传部组建由理论工作者和基层宣讲骨干组成的地区巡回宣讲团，赴各县市、乡镇和村社区开展学习宣传第二次中央新疆工作座谈会、自治区党委八届七次全委（扩大）会议和地委扩大会议精神示范性宣讲 24 场次，直接向干部群众宣讲 1.1 万人。加强对基层宣讲骨干和“草根宣讲员”的培训，培训各类宣讲骨干 1650 名，并从中遴选愿讲、敢讲、会讲宣讲员 997 名纳入地区宣讲人才库。

【党员干部思想理论教育】 2014 年，地委宣传部依托“天山大讲堂”和“喀什思想理论大讲堂”平台，组织党员干部开展中国特色社会主义和“中国梦”、文化改革发展、新疆“三史”等学习活动，组织征订维、汉版《六个“为什么”——对几个重大问题的回答（2013 年修订版）》《马克思主义哲学十讲（党员干部读本）》《世界社会主义五百年（党员干部读本）》，向地委理论学习中心组赠送《中心组学习》《学习活页文选》《墨玉大围捕》等资料。

【主题宣传活动】 2014 年，地委宣传部下发《关于进一步深化“热爱伟大祖国　建设美好家园”主题教育活动安排意见》，确定 2014 年主题教育重点是：“热爱伟大祖国　建设美好家园”围绕主题教育活动目标任务，学习贯彻中共十八大、第二次中央新疆工作座谈会、全国宣传思想工作会议和地委工作会议精神，深化“中国梦”、民族团结、社会主义核心价值体系教育，开展自治区 11 号文件精神宣传教育。

2014 年，地委宣传部结合主题教育搜集整理编印《自治区 11 号文件百题问答》（15.1 万册）、《喀什地区农村社区宣传教育手册》（104.62 万册）、《学习贯彻全国宣传思想工作会议精神百题问答宣传册》（1000 册）、《以现代文化引领文化强区建设百题问答宣传册》（1000 册）、《反对民族分裂维护祖国统一应知应会宣传册》（15.1 万册）5 本宣传册。收集整理归纳编印《以现代文化为引领，实现“中国梦”青少年集中教育活动手册》近 60 万册。编发以现代文化为引领，实现“中国梦”青少年集中教育活动简报 13 期，61 条信息。其中总结交流类信息 52 条、简讯动态类信息 9 条。被自治区党委宣传部采用8条，被中宣部采用1条。编发《喀什宣传工作》简报54期，345条，编发社会舆情信息45条，被自治区党委宣传部单采29条，综采10条；单采约稿1篇，综采1篇；被自治区党委办公厅单采1条，综采2条。

2014年，地委宣传部组织策划第四届亚欧博览会、第十届“喀交会”、首届中国喀什农业博览会、塔什库尔干县成立60周年、中国光彩事业南疆行、塔克拉玛干婚礼等重大主题宣传活动。

【文明创建活动】 2014年，地委宣传部在全地区科级以上领导干部中开展民族团结“五个一”（即：联系一名村居民、一名教师或医生、一名基层干部、一名宗教教职人员和一名个体工商业者）结对子、交朋友活动，全地区12县市、122个地直单位和垂直管理单位计1011名处级干部结对子4890人，9252名科级干部结对子43447人。创新精神文明单位评选方式，将民族团结进步模范集体作为文明创建前提条件，制定民族团结“五个一”结对子、交朋友活动督查考核机制，开展最美基层干部、最美警察、最美母亲、最美家庭等评选活动，全地区有76人被自治区确定为最美新疆人候选人。

【文化建设】 2014年，地委宣传部以麦盖提县为试点，探索创新与援疆省市文化交流机制，发挥文化交流纽带作用，促进喀什与内地间文化交流交往交融；加强喀什电视频道内容建设，争取上海市提供一批生活类、时尚类电视剧节目，支持喀什电视台打造各族群众参与、融合现代元素、有较强吸引力综艺电视栏目；开展“齐鲁文化喀什行”“我们的‘中国梦’文化进万家”“和谐家园春节联欢晚会”“丝路欢歌‘喀交会’文艺晚会活动”。

【大宣讲活动】 2014年，地委宣传部开展进机关、进学校、进企业、进农村、进社会、进家庭大宣讲活动。大宣讲活动历时两年，分为3个阶段进行。2014年9—12月为第一阶段工作，宣讲9818场次，受教育群众1037.6万人次。

【网络宣传】 2014年，地委宣传部利用“喀什发布”官方微博，发布各类宣传喀什、弘扬正能量博文4000余条；组织开办喀什地委外宣办等地县官方微信平台，每日编发“访惠聚”消息；组织由全地区各级单位建立官方QQ平台838个，开办“最美喀什”“喀什微笑”“喀什故事”“民族宗教”“严打暴恐”“政府公告”等栏目，每天向各QQ群、微信群更新发布正能量消息。

2014年，地委宣传部在600名普通网评员队伍基础上，邀请新疆互联网信息办公室网络评论专家到喀什进行业务指导，通过分析典型舆情案例，提升网络舆情应对能力。

2014年，地委宣传部加快喀什大型维吾尔语门户网站建设。组织人员赴北京、山东、乌鲁木齐市学习借鉴大型网站建设运行经验，争取中宣部、自治区党委宣传部和山东省支持，争取山东省3000万元援疆资金、自治区党委宣传部310万元项目建设前期资金。

【青少年思想政治工作】 2014年，地委宣传部组织喀什籍新疆内高班大学生就业创业代表，赴各县市和乡镇学校进行巡回宣讲；通过举办报告会、开展理论宣讲、编发通俗读物、举办趣味活动等形式开展以现代文化为引领，实现“中国梦”集中教育活动，对全地区158.8万名青少年群体开展面对面宣传教育，动员各族青少年投身实现中华民族伟大复兴“中国梦”实践。

【文化市场监管】 2014年4月，地委宣传部下发《喀什地区“扫黄打非”2014年工作行动方案》，调整文化市场管理（扫黄打非）领导小组，在全地区开展为期100天的打击“三非”百日行动专项整治行动，全地区出动执法人员3500人次，出动车辆1200余辆次，以喀什市为中心，以各县县城所在地为重点，对440多家图书、报刊经营场所进行拉网式排查。是年，取缔兜售盗版及非法出版物游商地摊和无照经营者50多起，没收盗版光碟6000多张。检查中小学校周边违规经营点220个。

【宣传报道】 2014年，地委宣传部开展以现代文化为引领的文化宣传活动。编排刀郎文化电视宣传片、微电影以及小动漫，各地各版本《小苹果》风靡全地区，并与主流网站进行链接，扩大宣传覆盖面。采取“请进来，走出去”宣传模式，请区内外及援疆省市100多家媒体前来采访报道各种展会。举办援疆四省市文化周活动，先后推出30集援疆题材连续剧《同心兄弟》、先进典型《最美村官刘国忠》、歌舞剧《疏勒之恋》《麦盖提好人》《黄英杰》等，打造外宣精品。

【全民国防教育工作】 2014年，地委宣传部国防教育工作以“热爱人民军队，筑钢铁长城”为主线，以“军民共建美好精神家园”为载体，开展军民共建美好精神家园活动。年初下发《军民共建美好精神家园活动村社区文化室建设实施方案》，与各县市委宣传部签订《军民共建美好精神家园活动村社区文化室建设协议》，优先安排军民共建村社区文化室建设资金，为疏勒县巴合齐乡五村重建文化室和活动场所，投入资金30万元。

2014年，地委宣传部根据国家国防教育办公室通知要求和国防教育信息系统升级及年鉴编辑工作要求，整理喀什地区2008年1月至2013年12月国防教育工作资料上报；根据地区国动委要求制定喀什地区国防教育战备预案，配合军分区统计喀什地区心理战社会资源潜力调查数据。配合兰州军区国防动员委员会综合性调研工作，提供材料、参与接待。

2014年，地委宣传部加强各级领导干部、青少年学生、民兵和预备役人员国防教育。2月20日开始，地区及各县市电视台黄金时段连续播出“爱我中华、心系国防”为主体的国防教育电视公益广告。协调军分区，组织民兵预备役部队和各县武装部到44个军民共建村社区开展民族团结宣传教育活动。2014年，地委宣传部与自治区国教办联系，为基地争取建设补助资金3万元。做好征兵宣传工作，做好新兵思想教育工作加强全民国防意识。

【社科联工作】 2014年，喀什社科联出台喀署发〔2014〕2号《喀什地区哲学社会科学评奖办法》，组织86篇作品参加自治区第十届社科奖评选，完成自治区第十届社科奖南疆四地州80篇作品初评工作。其中，喀什地区获二等奖1个，三等奖3个，优秀奖5个，青年佳作奖1个。2014年7月25—29日，在塔什库尔干县举办曲曼遗址与帕米尔古代文明学术研讨会，编辑《曲曼遗址与帕米尔古代文明学术研讨会论文集》初稿。2014年8月7—11日，与自治区社科联科普部举办2014年新疆社科普及基层行活动，发放科普资料5000余册。

（殷　浩）

精神文明建设

【综述】 2014年，喀什地区精神文明建设工作的重点是以培育和践行社会主义核心价值观为根本，坚持以现代文化为引领，以平安建设和民族团结建设为两大支撑，以精神文明建设为平台，以访民情、惠民生、聚民心活动为有效载体，加强公民道德建设，传播社会正能量，提升精神文明创建水平，不断夯实社会稳定和长治久安基础，提高公民文明素质和社会文明程度。全地区有精神文明单位（村、社区）1204个，其中国家级文明单位（村、社区)8个，自治区级文明单位（村、社区）316个，地区级文明单位（村、社区）513个，县市级文明单位（村、社区）367个。

【公民道德建设】 2014年，喀什地区以建设美丽喀什为主题，通过面对面宣讲、座谈会、演讲比赛、中小学生征文比赛、志愿服务等形式，推动喀什责任进机关、进学校、进社区、进家庭、进企业、进乡村；组织开展为谁种地、让谁致富和为谁建房、让谁安居大讨论活动；在电视台、广播电台分别开设道德与文明、民族团结专栏、我身边的雷锋等专栏，对加强公民思想道德建设工作中好经验、好做法及典型人物和典型事迹进行宣传推广。

2014年，喀什地区在公益广告宣传工作围绕社会主义核心价值观24字，发挥媒体作用，制作公益广告；在各县、市政府信息网新闻区开设讲文明树新风专题，依托地、县、市电视台和广播，在黄金时段将6组建大美新疆、筑道德高地系列公益广告广播音频和电视短片持续播出3个月；利用现代网络和信息技术传播公益广告，发送200多万条。

【主题活动教育】 文明交通行动。2014年喀什地区开展文明礼让、遵章守纪教育；开展创建文明示范一条街活动；继续推行“排队日”“让座日”，坚决抵制三轮电瓶车、摩托车非法载人行为；组织文明交通志愿者参与文明交通服务引导。

文明餐桌行动。2014年，喀什地区从宾馆、饭店、酒店等各类餐饮企业抓起，普及餐桌文明知识，推广餐桌文明礼仪；宣传引导人们文明用餐、节俭用餐、科学用餐、健康用餐；在全社会倡导节俭用餐，反对铺张浪费；组织协调地区食品药品监督管理、工商、税务等部门加强督促检查。

学雷锋志愿服务活动。2014年，喀什地区健全志愿服务网络体系，推动学雷锋活动常态化；开展诚信喀什建设，开展道德领域突出问题专项教育和治理，在与人民群众生活关系密切食品行业、窗口行业和公场所3个领域下功夫，着力解决诚信缺失、公德失范等问题。

【文明创建“零基启动”评选】 2014年，地委宣传部组织下发《关于开展2014年地区、县市文明单位、文明村、文明社区“零基启动”评选工作通知》，制定《喀什地区文明单位测评体系》《喀什地区文明乡镇（村）测评体系》《喀什地区文明单位管理办法》《喀什地区文明村管理办法》，推进文明单位、文明村、文明社区“零基启动”评选工作。喀什地区2014年命名地区民族团结进步先进单位680个、先进村8个、先进社区22个。各县市命名县市民族团结进步先进集体950个、先进村600个、先进社区50个。在此基础上，喀什地区各县市新命名县市文明单位939个、文明村462个、文明社区64个，并向地区推荐申报地区文明单位513个、地区文明村258个、地区文明社区52个。

【“美丽乡村”建设】 2014年，地委宣传部下发《关于开展村容村貌整治活动通知》文件。结合“访惠聚”活动，指导、协调驻村工作组以创建十星级文明户、文明村（镇）、民族团结家庭和新建居民区“五好”（好条田、好渠道、好林带、好道路、好居民点）建设为抓手，以清洁家园、创文明为主题，重点治理垃圾乱倒、粪土乱堆、道路乱占、柴草乱垛、污水乱泼、家畜乱跑现象，组织动员村民集中治理，开展“三化”（硬化、绿化、净化）建设。

【未成年人思想道德建设】 2014年，地委宣传部制定下发《关于进一步加强未成年人思想道德建设实施意见》。在各级学校开展爱国主义教育、民族团结教育和反分裂斗争教育，开展“做一个有道德人”主题活动。以做一个有道德人为主题，组织开展清明节网上祭英烈、六一学习雷锋、做美德少年、我与诚信手拉手，文明与我结伴走诚信教育、民族团结好少年学习宣传以及世界读书日等活动；开展《三字经》《弟子规》《千字文》《论语》《唐诗宋词》等中华经典诵读活动；制定下发《关于开展新疆新童谣征集活动通知》，开展新疆新童谣征集活动，征集到作品251篇，向自治区文明办报送83篇师生原创新童谣优秀作品。

2014年，地委宣传部组织按照建、管、用相结合，推进乡、村学校少年宫建设。做好2014年中央专项彩票公益金和自治区民生工程支持乡村学校少年宫项目申报推荐工作，中央彩票公益金和自治区民生工程支持乡村学校少年宫29所，项目资金到位580万元；组织开展少年宫活动，依托农村学校现有资源通过修缮、改造、共享、闲置利用、一室多用，开展活动；筹备召开自治区乡村学校少年宫南疆片区推进会，5 月 22 日，自治区在喀什市召开乡村学校少年宫建设南疆片区推进会，自治区党委宣传部、文明办、教育厅、财政厅有关领导，南疆五地州文明办主任和南疆 2014 年拟建乡村学校少年宫学校校长等 140 余人参加会议，邀请中央文明办三局副局长吴向东出席并讲话。

2014 年，地委宣传部组织开展喀什地区民族团结好少年评选表彰活动。各县市向活动组委会推荐 44 名候选人。地区表彰 10 名喀什地区民族团结好少年，推荐受表彰的喀什地区民族团结好少年参与第三届自治区民族团结好少年评选表彰活动，喀什地区 2 人荣获自治区第三届民族团结好少年荣誉称号，3 人获得提名奖。

2014 年，地委宣传部联合文管办、公安、工商、文化、教育、城管等部门，加强校园周边环境整治，抓好网吧管理，严厉打击校园周边违法违规经营行为，查缴盗版书刊、暴力、封建迷信等有害信息和文化垃圾。

（殷　浩）

统战工作

【统战部长会议】 2014 年 3 月 4 日，喀什地区统战部长会议在喀什宾馆召开。地区政协工委主任、地委统战部部长、地委政法委副书记铁木尔·买买提作工作报告。各县市统战部部长、副部长、统战民宗干部、地区工商联、地区政治学校负责人等 80 多人参加会议。会议总结 2013 年度工作，安排部署 2014 年统战领域各项工作。

【宣传教育】 2014 年，喀什地委统战部由 2 名部领导带队分 2 组赴各县市开展以现代文化为引领实现“中国梦”青少年集中教育宣讲活动。各县市也组成由统战部部长为组长、机关干部和宗教教职人员为成员的宣讲团到各乡镇宣讲。发放宣传资料 19.95 万余份（册、张），开展宣讲 1971 场次。5 月 17 日，喀什地委统战部在泽普县组织召开宗教管理现场观摩会。8 月 27 日，在泽普县组织召开全地区落实“两项制度”工作推进会，地区政协工委主任、地委统战部部长、地委政法委副书记铁木尔·买买提出席会议并要求统战部门要认真贯彻落实自治区党委 11 号文件和 28 号文件。

【宗教教职人员培训】 2014 年，喀什地委统战部在地区社会主义学院举办 14 期培训班，培训 2800 人。选送到自治区培训 10 期 900 人。

【统一战线干部培训】 2014 年，喀什地委统战部组织乡镇、街办统战干事赴自治区培训。选送 10 期 84 名基层统战干事参加自治区党委统战部组织的培训班。先后组织 8 名县市统战部部长参加中央统战部举办民族宗教理论学习培训班，并赴沿海省市考察学习。

【服务经济发展】 2014年5月7—12日，自治区党委统战部组织8家媒体到喀什地区采访宗教界依靠科技勤劳致富宗教教职人员。喀什地委统战部坚持思想教育、典型示范和政策引导相结合，引导宗教与社会主义社会相适应。组织开展宗教界依靠科技勤劳致富现场观摩会、树立典型示范户、制定优惠政策等措施，大大激发宗教教职人员脱贫致富奔小康性。6月19日，自治区工商联到喀什举办非公有制经济人士法律知识讲座，喀什20家商会所属企业，非公有制经济人士200人聆听讲座。8月11日，喀什地区召开“光彩事业南疆行”活动，中央、自治区、地区领导、喀什地区各商会、各县市工商联一行300人对非公有制企业进行观摩。

【民族团结教育】 2014年，喀什地委统战部认真落实，扎实推进地委提出的加强民族团结“五个一”工程，组织专门人员编写宣讲稿，组织宗教教职人员巡回宣讲团赴各县市及部分乡镇宣讲，重点开展中央新疆工作座谈会后，对口援建喀什带来大开发、大建设、大发展机遇和美好前景形势教育，增强宗教教职人员及广大信教群众“四个认同”感。

（地委统战部）

机关党建

【发展党员工作】 2014年，喀什地直机关工委培养发展党员75名，预备党员转为正式党员40名。

【基层组织建设】 2014年，喀什地直机关工委所辖24个直属党委、9个直属党总支、8个直属党支部，各党组织都达到组织健全，分工明确，有专兼职领导分管党建工作。

【党员统计工作】 2014年，喀什地直机关工委完成对2012年度地直机关24个党委、9个党总支、8个党支部和党员信息统计工作，并形成年报表及时上报。

【拥军优属工作】 2014年，喀什地直机关工委在“八一”建军节，地直机关工委参加由地区人社局组织的慰问团，慰问驻疏勒县某部，并与部队官兵进行座谈。

（地直机关工委）

党员干部现代远程教育

【集中轮训】 2014年，地区远程教育集中轮训基层干部26期培训班中，组织学习培训站点1716个，组织学习培训24515场，参训人数386529人。

【教学资源建设】 2014年，地区党员干部现代远程教育管理中心制定下发《2014年喀什地区党员干部现代远程教育教学资源制作计划》，摄制一批符合喀什地区实际的乡土教材。做好自治区《群众路线先锋谱》党员教育“七一”展播片报片和组织收看工作，报送3部专题片参加展播，其中优秀党员事迹片《探路先锋马英军》在新疆电视台播出。筹备喀什地区《榜样力量》电视专题片展播活动，对各县市上报展播片进行督促审核，及时反馈意见建议，严把展播片质量关，提前编排节目表，提醒党员群众收看；《榜样力量》电视专题片展播活动播出"七一"展播片25部（含汉、维吾尔两种语言）。制作DVD宣传光盘作为重要学习资料留存。

【网络项目建设】 2014年，喀什地委组织部制定《喀什地区远程教育网络项目建设规划》，计划用5年时间分期分批完成喀什地区远程教育教学平台和县市党员干部在线学习平台、网络视频直播系统建设；整合全国党员干部现代远程教育卫星数字专用频道、新疆昆仑数字卫星专用频道，建立IPTV有线电视远程教育点播频道和少数民族维吾尔语教学资源译制中心等。该项目得到上海、山东、深圳、广东等援疆省市在资金、技术等方面支持，实施两年来，援疆省市拨付项目资金2795万元（上海市援建资金1254万元、山东省援建资金1063万元、深圳市援建资金478万元），其中投入626万元基本建成地区远程教育教学基础应用平台，投入1119.3万元完成县市党员干部在线学习平台部分建设，投入1050.2万元完成798个远程教育终端接收站点更新任务等。

（地区党员干部现代远程教育管理中心）

党校教育

【综述】 2014年，喀什地委党校内设办公室、教务科、党建法律教研室、政治理论综合教研室、经济学教研室、双语教研室、学员管理科、公务员培训科、总务科、电教中心、科研资料室11个科室，设定人员编制为112人。在职教职工81人。其中教师45人，高级讲教师11人，讲师21人，助教13人。其他专业技术人员7人。参照公务员管理人员16人，其中县处级干部4人。工勤人员12人。外聘部分领导干部、专家、学者为客座教授。有6200平方米教学办公楼一幢，教室26间；综合教学楼一幢（4716平方米）待用；学员公寓楼一幢，面积3518平方米，可容纳220人住宿。有图书4.5万多册。

2014年3月17日，地区远程教育管理中心赴喀什市荒地乡七村慰问"访惠聚"驻村工作，送去办公桌椅和蔬菜水果等慰问品

【教学工作】 2014年，地委党校完成地委、行署下达的10个培训班次理论培训任务。重点突出中共十八届三中全会、第二次中央新疆工

作座谈会、习近平总书记系列讲话精神、自治区党委八届七次全委（扩大）会议、地委扩大会议精神等专题培训。对口援喀省市领导干部和地直单位部门领导、乡镇领导为培训班学员授课25场。开设教学专题136个，其中新增专题31个，完成县处级领导干部学习贯彻习近平系列讲话精神培训班3期、初任公务员培训班2个班次（142人）、春季双语班2个班次（102人）和自治区招录山东高校优秀毕业生到喀什乡镇工作公务员（104人）双语等在内10个班次1170人次培训任务，其中培训县处级领导干部741人次。做好自治区党校在职研究生班53名学员教学管理工作。

【科研工作】 2014年，地委党校组织教研人员申报2014年度全疆党校系统百名骨干教师培养计划课题1个，上报2014年度自治区社会科学基金课题申请书3份，参加国家级课题研究3个并已结项，主持省级课题研究4个，2个已结项，参与省级课题研究6个，其中3个已结项，主持地级课题研究9个；组织8名教师配合地委宣传部在有关媒体开展理论阐释；参加新疆社会科学界2014年青年学者论坛征文活动，提交论文21篇；参加全国党建研究会“中国梦”与中国共产党——学习习近平总书记系列讲话专题研讨会征文活动，提交有关论文8篇；在省级研讨会上5篇理论文章获奖，荣获新疆科社学会与新疆大学联合举办中国特色社会主义法制建设与新疆长治久安理论研讨会组织奖。向自治区党校第十四届理论研讨会上报论文27篇，其中11篇获奖；参加地区社科联组织、践行喀什责任维护社会稳定科研活动提交论文61篇；举办喀什地区党校系统学习宣传贯彻第二次中央新疆工作座谈会精神理论研讨会，收到53篇论文，其中47篇入选、12篇获奖，营造了浓厚学术氛围。

（刘国敬）

信访工作

【综述】 2014年，喀什地区地、县市信访部门接待和处理群众来信来访总量件次，同比下降25.5%，其中来访件次人次，同比分别下降45.8%和35.9%，来信同比上升580.3%；重复上访件次人次，同比下降29.5%和18.8%；集体访件次人次，同比下降43.3%和36.6%。

【信访制度改革】 2014年，喀什地区信访工作制度改革稳步推进，在加强传统办信、接访工作基础上，紧密结合自身实际，推进信访信息化建设进程，推广县市长热线、民生服务网站、政务微博、民生微信、民情QQ群等建设，打造“阳光信访”。全地区协调群众电话、信件诉求同比增长580.3%；贯彻落实《信访条例》，引导群众遇事找法、解决问题靠法，依法主张权利，自觉遵守信访秩序；引导群众依法逐级反映诉求，严格落实《喀什地区关于规范信访事项受理办理程序引导来访人依法逐级走访实施细则》，各县市、各部门以引导群众以理性合法方式逐级表达诉求，宣讲18

场次、发放宣传册2600余份。

【领导干部接访下访】 2014年，喀什地委、行署、检法两院领导定期接待来访群众、阅批群众来信，对重点案件亲自上门走访。有45名地区领导到喀什人民群众来访接待中心接待上访群众，带案下访、走访群众23批（次），督促指导了解案件33件。地区信访联席会议办公室定期督查督导，初信初访1142件次3107人次，了解或办结1071件，办结率93.8%；重信重访280件次2456人次，了解或办结219件，了解办结率78.2%；了解11件特殊疑难信访问题。建立第三方信访工作机制。对一些重大疑难重复信访、缠访闹访等，采取公开听证方式，邀请人大代表、政协委员、法律工作者及其他社会知名人士参加听证会，进一步查明事实、分清责任，找准适用依据，作出公正处理。全地区信访事项调解委员会受理各类矛盾纠纷326件，成功调解219件。强化督查督办工作。地区联席会议办公室领导先后7次赴县、乡、村督导信访工作落实情况和相关案件办理情况，使73件重点难点案件得到有效了解。对领导不重视、工作不得力的4个县市给予通报，对1个县市主要领导进行约谈。

【规范工作机制】 2014年，喀什地区信访局规范来访接待中心工作机制。地区下发《喀什人民群众来访接待中心管理办法》，加强对进驻联合接访场所责任部门动态管理，接待中心进驻地区15个责任部门、喀什市8个责任部门，有序退出信访问题少的3个责任部门，强化依法处置。开展法制宣传教育，全年开展基层法制宣传6次，发放宣传资料2000余份。

（地区信访局）

保密工作

【定密规范管理】 2014年，喀什地区保密局根据中央、自治区有关定密工作方针政策，结合喀什地区实际，制定出台喀什地区定密工作办法，从制度上对定密进行规范；开展定密责任认定、培训工作，年内规范定密责任人，完成相关培训，启动定密授权工作。

【涉密人员管理】 2014年，地区保密局结合新保密法学习宣传工作，在2013年进行大规划系统培训基础上，对全地区涉密人员进行梳理备案，通过征订法规汇编、教材、通报案例等形式进一步强化涉密人员管理。

【保密宣传教育】 2014年，地区保密局加强对党政领导干部保密宣传教育，利用党委理论中心组集体学习、机关大会等时机，组织学习有关保密规章制度、通报失泄密案例；抓保密大课堂工作，以党课形式对各级党员干部开展保密教育；以党校为阵地，在县处级领导干部进修班、新晋职领导干部培训班、乡镇领导干部培训班等干部培训中加入保密教育课程；加强专兼职保密干部培训；在全地区地县各单位征订

《保密工作》杂志专刊，要求各单位订刊、学刊、用刊，发挥《保密工作》杂志指导宣传教育作用。

（地区保密局）

党史地方志工作

【综述】 2014年，地委史志办有编制12人，实有8人。1人抽调到地委督导组工作，5人进驻帕克太克里乡四村开展“访惠聚”工作。4月初，对单位内设科室科级职位进行竞聘上岗考核，有1人通过竞聘上岗。采取以干代训方式对喀什市、疏附县2名业务骨干进行培训。

【党史工作】 2014年，地委史志办制定下发《喀什地委党史2013—2017年编辑研究工作规划》；完成《中国共产党喀什地区2013年历史大事记》编写工作；完成《2013年自治区党委纪实——喀什篇》供稿工作。审定《中国共产党岳普湖县组织史资料（1997年12月至2013年6月）》；开展《喀什地区党委工作纪事（2013卷）》资料征集编辑工作。

【地方志工作】 2014年，地委史志办出版《喀什年鉴（2012版）》；完成《喀什年鉴（2013版）》《喀什年鉴（2014版）》初稿报送自治区年鉴处审定；编辑审定12县市年鉴。开展二轮续志工作，修订《喀什地区志（续志）》篇目。完成《新疆通志（简志）——喀什篇（1985—2005年）》供稿工作；完成上海地方志办公室编写《上海援助喀什四县市》中关于喀什地情资料等内容供稿任务。

（任学燕）

档案工作

【综述】 2014年，地区档案局（馆）履行《中华人民共和国档案法》等相关法律法规，坚持依法治档。开展党的群众路线教育实践活动。抽调5名干部成立工作组，进驻帮扶点疏附县吾库萨克镇七村开展访民情、惠民生、聚民心工作。组织局（馆）副科级以上干部开展民族团结“五个一”结对子活动。迎接自治区档案局局长吴志强，山东省委副秘书长、省档案局局长杜文彬和国家档案行政执法检查组长、国家档案局副局长段东升等到喀什地区调研和执法检查工作。

【业务工作】 2014年，地区档案局（馆）按照自治区档案局部署，在第二季度对地直173家单位和12县市开展档案信息安全保密专项大检查，并形成检查情况材料上报自治区档案局，做好迎接自治区档案局对地区抽查各项准备工作；按照《喀什地区重大活动档案管理办法》规定，完成第十届“喀交会”档案材料和电子文件收集归档工作；对地直24家单位进行档案行政执法检查，并形成检查情况材料上报地委、行署和自治区档案局；培训各级各类档案专业人员160人次；与地区住建局和质量技术监督局联合，对全地区住建系统和质量技术监督系统档案管理工作进行档案执法检查；指导和帮助山东省“援疆喀什前方指挥部”完成档案整理工作；对12县市档案工作进行档案目标管理工作考评；与地区国资委协商，接收地区改制企业新疆第六运输公司档案约4000卷进馆。地区人力资源和社会保障局、地区住建局、地区水文水资源勘测局向地区档案馆移交档案1583卷；向社会各界提供利用档案11728卷（件），1231人次。

（郑明明）

老干部工作

【老干部党组织建设】 2014年，地委老干局持续抓好离退休干部党支部建设，实现老干部党组织全覆盖。将全地区离退休老干部党员纳入各级老干部党组织，统一服务、管理、教育、活动。根据新组电明字〔2014〕105号文件精神，按照层层推选好中选优方式，全地区推荐1个先进集体、2名老干部先进个人，并在2014年4月22日自治区离退休干部“双先”表彰大会上获得表彰。

【学习教育】 2014年，地委老干局扎实开展党的群众路线教育实践活动。协调地、县各级老干部工作部门通过采取报告会、集中宣讲、座谈交流、党校辅导等多种形式，组织离退休干部学习，引导离退休干部及时掌握政策、了解形势，不断凝聚思想共识，始终在政治上思想上行动上自觉与中共中央和各级党委保持高度一致。

【落实离退休干部政治生活待遇】 2014年，地委老干局坚持离退休干部政治理论学习、参加重要会议和重大活动、参观考察、走访慰问等制度。2014年，组织地厅级退休老干部60余人次参加地区干部大会和自治区南疆工作调研组座谈会；在春节和古尔邦节期间，组织走访慰问离退休老干部及老专家代表，慰问地区驻乌鲁木齐市、昌吉两个干休所老干部及遗孀；按照新党组通字〔2014〕3号规定，落实离休干部增加护理费工作，全地区离休干部生活护理费在原有基础上每人每月再增发400元。全年落实发放去世离休干部抚恤金3批次计276万余元，惠及老干部家属23户。

【老干部活动】 2014年，地委老干局抓地区老年（老干部）活动中心建设，完善活动中心绿化、硬化、亮化及工程扫尾工作，为在喀什居住离退休老干部及配偶发放老干部活动证300余张，国庆节后正式面向老干部开放；开展丰富多彩娱乐活动，在地区老年（老干部）活动中心组织开展老干部迎新春游艺会，举办喜迎建国65周年暨欢庆重阳节、古尔邦节联欢等大型活动。

【关心下一代工作】 2014年，就关工委在少数民族地区如何发挥作用和“80、90后”青少年教育培养、就业等情况进行调研。

2014年，在自治区关工委统一组织“童心创”“中国梦”第二届全疆少儿手抄报大赛活动中，喀什地区有128名中小学生荣获一、二、三等奖及优秀奖，31名教师荣获优秀指导奖，5所中小学荣获优秀组织奖。

（地委老干局）

机构编制管理

【综述】 2014年，喀什地委机构编制委员会办公室，内设3个科室：综合科（机构编制督促检查科）、机关科和事业科。所属机构喀什地区事业单位登记管理局（简称“事登局”），机构规格正科级。人员编制情况：编办核定行政编制11名，工勤编制1名，实有行政编制8名，工勤编制1名。事登局核定事业编制3名，实有人数3名。

【事业单位改革】 2014年，地委编办根据自治区分类推进事业单位改革工作领导小组办公室《关于喀什地区行政类事业单位认定意见复函》文件精神，喀什地区地、县市认定行政事业单位82个，其中地区本级6个、县市76个。190个事业单位划入公益类，其中公益一类168个、公益二类22个。

【行政审批制度改革】 2014年，地委编办根据喀署发〔2014〕58号行署第一次常务会议，研究取消行署本级行政审批事项15项；调整行政审批事项131项，其中承接自治区下放行政审批事项57项，下放县市实施行政审批事项18项，合并行政审批事项56项。根据喀署发〔2014〕229号行署第五次常务会议研究审议，取消行署本级行政许可事项2项，调整行政许可事项63项，其中确认行政许可事项1项，下放县市实施行政许可事项14项，合并行政许可事项48项。

【机构编制核查】 2014年，地委编办先后印发《喀什地区机构和人员编制核查工作实施方案》（喀党编委〔2014〕1号）、《关于地直机关、事业单位开展机构和人员编制核查联合审核通知》（喀党编办〔2014〕33号）和《关于机构编制实名制管理平台信息录入工作通知》（喀党编办〔2014〕37号）三个文件，按照实现“机构清、编制清、领导职数清、实有人员清”，对机构和人员编制核定工作进行安排部署。与纪检、组织、人社、财政、审计等部门配合开展实地核查；按照上级文件要求审核单位设置、编制、职数配备、实有人员及报送材料，确保核定工作有效。

【机构编制信息化建设】 2014年，地委编办按照自治区党委编办部署，对县市网络视频建设前期人员、场地等前期准备进行调研，督促县市做好视频施工前各项准备工作。按照自治区安排施工时间，协调县市做好视频设备及配套设备安装工作。有11个县市已全部安装调试到位。加强编制实名制数据库建设管理，严格执行机构编制管理证制度。地区12县市初步建设完成自治区与地、县市编办系统三级联网，部分业务工作实现网上办结。

【机构编制服务保障】 2014年，地委编办根据自治区编办《关于调整泽普金湖杨景区管理委员会名称和规格批复》（新党编办

〔2014〕127号)、《关于设立疏附广州工业城(园区)管理委员会批复》(新党编办〔2014〕99号)、《关于设立巴楚工业园区管理委员会批复》(新党编办〔2014〕33号)文件精神,研究拟订工业园区管理委员会"三定"规定。明确工业园区管理委员会主要职责、内设机构和人员编制。

【事业单位登记管理】 2014年,全地区有事业单位4223个,参与登记事业单位2394个,应参加年审事业单位2269个,年审合格2254个,设立登记125个,变更登记489个,注销登记15个。

(甘 勇)

政权·政治协商

喀什地区人大工作委员会

【喀什地区人大工委会议】 2014年，自治区十二届人大常委会喀什地区工作委员会共召开4次会议。

第一次会议：2014年3月31日，自治区十二届人大常委会喀什地区工作委员会在地委中心会议室召开第五次会议。地区人大工委主任阿布都克尤木·麦麦提主持会议。会议开始前，张健宣读自治区十二届人大常委会第六次会议通过《关于张洪文等6名职务任免通知》，阿布都克尤木·麦麦提为张洪文、陈晓燕、陈黛3位地区人大工委新任委员颁发任命书。会议听取和审议行署《关于2013年国民经济和社会发展计划执行情况及2014年国民经济和社会发展计划（草案）报告》《关于2013年喀什地区及本级财政预算执行情况和2014年财政预算（草案）报告》和《地区中级人民法院工作报告》《自治区人民检察院喀什分院工作报告》。

第二次会议：2014年7月8日上午，自治区十二届人大常委会喀什地区工作委员会召开第六次会议，地区人大工委主任阿布都克尤木·麦麦提主持会议。会议听取、审议地区人大工委关于《新疆维吾尔自治区法制宣传教育条例》执法检查报告，讨论地区中级人民法院两名人事任免事项。会议对地区人大工委《关于对〈新疆维吾尔自治区法制宣传教育条例〉进行执法检查报告》表示同意。

第三次会议：2014年9月26日上午，自治区十二届人大常委会喀什地区工作委员会召开第七次会议，地区人大工委主任阿布都克尤木·麦麦提主持会议。会议听取并审议地区发改委受行署委托所作《关于喀什地区2014年上半年国民经济和社会发展计划执行情况报告》和《关于调整喀什地区“十二五”规划部分指标说明》；地区财政局受行署委托作《喀什地区本级2013年度财政决算（草案）报告》和《关于喀什地区及本级2014年上半年财政预算执行情况报告》；地区审计局受行署委托所做《关于喀什地区本级2013年度预算执行和其他财政收支审计工作报告》；与会地区人大工委组成人员对各项报告提出审议意见，并表决通过《关于调整喀什地区“十二五”规划部分指标说明》和《喀什地区本级2013年度财政决算（草案）报告》。

第四次会议：2014年12月23日上午，自治区十二届人大常委会喀什地区工作委员会召开第八次会议，地区人大工委主任阿布都克尤木·麦麦提主持会议。会议组织学习《地委书记在地区学习贯彻党十八届四中全会、自治区党委八届八次全委（扩大）会议精神专题培训班开班仪式上辅导报告（要点）》，听取和审议并通过行署

《关于喀什地区教育水平提升工程实施情况报告》。听取地区人大工委《关于对〈新疆维吾尔自治区民族团结教育条例〉贯彻执行情况调研报告》。讨论并表决通过地区检察分院有关干部法律职务任免事项。

【监督工作】 2014年，喀什地区人大工委加大执法检查和调研力度，加强法律、法规实施情况监督。组织部分驻喀自治区人大代表、工委委员和有关单位开展5项专题调研和3项执法检查。先后对地区侨务工作、基层人大工作、牛羊肉生产经营保障、地区教育水平提升工程、地区重点生态防护林“80”工程情况进行调研，对贯彻落实《新疆维吾尔自治区地下水资源管理条例》《新疆维吾尔自治区法制宣传教育条例》《新疆维吾尔自治区民族团结教育条例》情况进行执法检查。针对调研和执法检查中发现问题提出意见建议，促进自治区党委和地委安排部署贯彻落实和有关法律法规贯彻执行；加大司法监督力度，促进公正司法。为加强对地区中级人民法院和检察分院监督，及时听取和审议地区检察分院和中级人民法院工作报告，全面了解其工作开展情况，对进一步做好相关工作提出意见建议。先后5次组织人大代表和地区人大工委组成人员旁听中级人民法院案件庭审，促进司法公正。坚持邀请检、法两院领导列席各次工委会议，加强对检、法两院工作联系和指导。人大工委领导及工委退休少数民族厅级领导通过在《喀什日报》上发表署名文章，带头发声亮明态度；协助全国人大常委会、自治区人大常委会进行执法检查和立法调研。2014年，喀什地区人大工委先后协助自治区人大常委会在喀什地区开展6项专题调研、2次执法检查、1项立法调研、5项法规草案征求意见工作。协助自治区人大常委会到叶城县萨依巴格乡住村开展教育实践活动调研，对喀什经济开发区建设情况和各级人大常委会工作和建设情况、劳动密集型企业就业情况、对口扶贫工作、宗教工作开展情况等内容进行调研，对《新疆维吾尔自治区民族团结教育条例》立法评估前期工作开展专题调研，对《塔里木河保护条例》进行立法调研，对贯彻执行《中华人民共和国教师法》《自治区实施教师法若干规定》《自治区实施〈中小企业促进法〉办法》情况进行执法检查，对《自治区道路运输条例（修订草案）》《公共文化服务保障法（草案）》《自治区职工劳动权益保障条例（草案修改稿）》《自治区煤炭石油天然气开发环境保护条例（草案）》《自治区宗教事务条例》等法规草案开展征求意见建议工作。

【人大代表工作】 2014年，喀什地区人大工委加强代表培训工作，指导各县市人大常委会对各级人大代表进行履职培训，组织喀什地区50余名出席自治区十二届人大二次会议人大代表进行会前培训，指导县市人大对8000余名乡镇人大代表和人大干部做好远程教育轮训工作，不断增强人大代表履职能力；加强同人大代表联系，坚持邀请驻喀全国、自治区人大代表列席地区人大工委各次委员会议，邀请各级人大代表参加地区人大工委开展各类执法检查和调研活动，组织喀什代表团代表参加自治区十二届人大二次会议，为参会代表提供会务服务，帮助协调解决人大代表履职过程中遇到具体困难和问题，为人大代表依法履职创造有利条件；发挥代表在维护稳定和促进发展中作用，向全地区各级各界人大代表发出倡议，充分发挥表率作用，团结和教育引导各族群众，同仇敌忾、众志成城，全力维护社会大局稳定，坚定不移地维护国家最高利益和各族人民根本利益、捍卫宪法法律尊严和权威；围绕促进地区经济和社会发展重大问题，协助人大代表向自治区、全国十二届人大二次会议提交议案、建议78项。其中《关于提请出台农村富余劳动力转移就业优惠政策议案》和《关于制定喀什经济开发区管理条例议案》被自治区十二届人大二次会议列为大会议案。

2014年，喀什地区人大工委向自治区十二届人大二次会议提交议案建议68项，向十二届全国人大二次会议提交议案、建议16项。

【与基层人大联系和指导】 2014年，喀什地区人大工委召开地区各县市人大工作座谈会，通报地区人大工委2014年工作要点、地区当前开展几项重点工作，交流各县市人大常委会2014年工作重点，对2014年全地区人大工作进行安排部署，提出明确要求。及时整理印发自治区十二届人大二次会议精神传达提纲及自治区人大常委会重要会议讲话、主要领导工作要求到各县市人大，对做好学习传达和宣传贯彻提出明确要求。坚持邀请县市人大常委会领导列席人大工委会议，为提高全地区人大整体工作水平提供交流平台。工委领导结合联系县市工作、督导教育实践活动、联系指导县市维稳工作、开展相关工作调研和检查活动，加强对县市和乡镇人大工作调研指导，指导和支持县市人大常委会结合工作重点，以创新精神对“一府两院”开展工作监督和法律监督，推进基层人大工作健康发展。

【信访工作】 2014年，喀什地区人大工委采取转办、转交、签收、专函等多种形式，规范人大信访案件办理工作。受理群众来信来访62件60人次，其中来信49件（含自治区人大信访局转办信件45件），来访13件。

【人大工作宣传】 2014年，喀什地区人大工委及时召开全地区人大宣传工作会议。全地区各级人大在各类报刊、网络媒体上发表稿件180余篇，稿件采用率较2013年大幅提高。先后完成自治区2012年度环境资源保护新闻作品和自治区第二十一届宣传人民代表大会制度好新闻推荐工作。

（地区人大工委）

喀什地区行政公署

【行署全体会议】 2014年1月10日，喀什地区行署召开2014年第一次全体会议，地委副书记、行署专员木太力甫·吾布力作题为《坚定信心，砥砺勇气，为全面完成经济社会目标任务而不懈努力》报告。报告回顾总结2013年工作，部署2014年目标，会议指出存在问题，就贯彻落实地委扩大会议精神，全面深化改革，推进生态环境建设，加强对口援疆工作，着力改善民生和社会事业。充分体现全面深化改革总要求，明确2014年全局工作必须坚持“围绕长治久安抓发展”导向，把发展作为解决喀什一切问题的关键，坚持两手抓、两手硬工作原则，转变作风，真抓实干，以高度政治责任和历史担当，为全面完成经济社会目标任务而不懈努力。

【行署常务会议】 2014年4月24日，喀什地区行署召开2014年度第一次常务会议：

1. 研究行署办《关于报送商贸物流产业发展目标责任分解方案等四个材料报告》。会议决定：(1) 原则同意《关于促进喀什商贸物流产业发展目标责任分解实施方案》。(2) 原则同意《喀什地区关于开通国际、国内航线专项补贴资金使用管理办法（试行)》，由喀什经济开发区、喀什市人民政府及地区口岸委、外侨办、喀什海关、喀什出入境检验检疫局、边检站、喀什机场等单位负责具体实施。(3) 原则同意筹建喀什航空有限责任公司。(4) 原则同意《关于在周边国家设立商贸联络处（办事处）建议方案》，由地区商务局牵头负责摸底并确定组建驻外联络处（办事处）企业，拿出具体操作方案，尽快实施。

2. 研究地区发改委《关于调整喀什地区天然气销售价格请示》。会议决定：原则同意将天然气汽车加气价格由原来的2元/立方米调整为2.8元/立方米，其中城市公交车、农村道路客运汽车加气价格不做调整；出租车营运价格要做进一步测算，再作调整。居民用气、商业用气、工业用气价格不做调整，即：工业用气价为0.85元/立方米，居民用气价为1.32元/立方米，商业用气价为1.8元/立方米。该项工作由地区发改委（价检局）负责落实。

3. 研究地区发改委《关于上报调整喀什市供排水价格请示》，会议决定：原则同意地区发改委《关于上报调整喀什市供排水价格请示》。将供水价格由原来居民生活用水0.7元/立方米、非居民生活用水1.3元/立方米、特种用水2元/立方米、其他用水0.3元/立方米，分别调整为居民生活用水0.9元/立方米、非居民生活用水1.6元/立方米、特种用水3元/立方米、其他用水0.5元/立方米。同意征收污水排放费，价格为：居民生活用水0.8元/立方米，非居民生活用水1.5元/立方米，特种用水5元/立方米，其他用水不计征污水处理费。居民生活污水排放量按供水量的85%计算，非居民生活和特种行业污水排放量按实际用水量计算。供排水价格调整后，对五保户、低收入家庭用水、排水按有关政策予以补贴。此项工作由地区发改委（价检局）、喀什市人民政府负责落实。

4. 研究并同意地区经信委《关于设立喀什地区中小企业服务中心请示》。

5. 研究地区人社局、工商局《关于解决工商系统垂直管理前后临时工历史遗留问题报告》，会议决定：工商系统垂直管理前后临时工问题，应由工商系统妥善解决。

6. 研究并同意地区人社局、财政局《关于喀什地区吸纳喀什籍劳动者用人单位社会保险补贴暂行办法》。

7. 研究并同意地区人社局、财政局《关于解决公益性岗位协议期满人员再就业有关问题意见》。

8. 研究地区住建局《关于喀什地区已购公有住房和经济适用住房上市出售请示》，会议决定：要坚持稳妥可行原则，由地区住建局牵头，地区财政局、国土局、地税局等部门进一步摸底、调查，拿出具体方案报行署研究后，提报地委研究。

9. 研究地区文体局《关于印发〈喀什地区参赛自治区各类运动会奖励办法〉请示》，会议决定：原则同意地区文体局《关于印发〈喀什地区参赛自治区各类运动会奖励办法〉请示》，由行署办审核印发；对奖励资金审核拨付，由地区文体局提交地区财经领导小组会议研究核拨。

10. 研究并同意地区安监局《关于将加气站移交给住建局报告》。

11. 研究并同意地区地税局《喀什地区地方税务局关于喀什地区综合治税实施办法（试行）报告》。

12. 研究行署法制办《关于取消和调整行署本级行政审批事项请示》，会议决定：依据自治区有关文件精神，同意取消行署本级行政审批事项15项，调整行政审批事项131项，以行署名义印发。

13. 研究并同意行署法制办《喀什地区2014年度依法行政工作意见》，以行署办名义印发。

14. 研究行署法制办《关于提请行署重新发布规范性文件报告》。会议决定：凡是行署发布规范性文件，行署法制办要按照程序，审核，提出修改意见，报经行署同意后予以发布。

15. 研究并同意地区工商联《吉尔吉斯斯坦—中国新疆喀什商品及技术设备展销洽谈会总体方案》。

16. 研究并同意喀什第六中学《关于拆除两栋教学楼请示》。要求：该项工作由喀什第六中学负责落实，地区国资委做好固定资产核销。

17. 研究并同意地区口岸委《关于喀什机场口岸开展口岸签证工作情况报告》。

18. 研究昆仑药业《关于增资扩股和股权合作请示》。会议决定：（1）对昆仑维吾尔药业股份有限公司进行改制，通过融资扩股，挖掘维吾尔药巨大研发潜能，扩大全国乃至中西亚市场前景。（2）行署成立昆仑维吾尔药业股份有限公司改制工作领导小组，具体负责企业改制工作。

2014年5月16日，地区行署召开2014年度第二次常务会议：

1. 研究并同意发改委《关于进一步加强产业援疆工作意见》。要求：地区发改委负责对该意见做进一步修改，经行署有关领导同意后，报地委研究。

2. 研究地区发改委《关于加强商（协）会工作意见》。会议决定：结合党的群众路线教育实践活动改进作风要求，由地区发改委牵头，地区经信委、商务局、工商联等部门、单位配合，召集商（协）会共共同研究，进一步明确具体要求，拿出具体、实用、操作性、针对性较强意见，报行署研究。

3. 研究并同意地区发改委《关于喀什地区统筹援疆资金用于重点项目前期工作经费暂行管理办法》。

4. 研究并同意地区发改委《喀什地区发展产业促进就业专项资金管理暂行办法》，要求：由地区发改委进一步修改完善，经行署主要领导审阅后报地委研究。

5. 研究地区国土局《关于喀什地区社会福利总公司地块闲置土地处置方案请示》，会议认为：地区福利公司与喀什嘉业房地产开发有限公司在履行合同中存在较大分歧，由地区民政局、国土局进行协调，督促尽快开工。

6. 研究地区银监局《关于将“喀什地区处置非法集资工作领导小组办公室”职责移交政府职能部门请示》。会议决定：鉴于目前地区金融办人员不足，由地区银监局继续履行“地区处置非法集资工作领导小组办公室”工作职责，金融工作领导小组要进一步发挥作用。

2014 年 6 月 25 日，地区行署召开 2014 年度第三次常务会议：

1. 研究并同意莎车县人民政府《关于申报莎车县为自治区级历史文化名城请示》。

2. 研究地区发改委《关于天然气价格调整有关问题请示》，会议决定，同意将工业用气价格由原来的 0.85 元/立方米调整为不超过 1.8 元/立方米；将商业用气价格由原来的 1.8 元/立方米调整为 2.4 元/立方米。

3. 研究并同意地区发改委《关于调整喀什地区“十二五”规划部分指标建议》。

4. 研究并同意地区民政局《地区民政局〈关于叶城县恰萨美其特乡撤乡建镇社会风险评估报告〉审核意见》。

5. 研究地区商务局《关于设立喀什驻周边国家商务代表处工作建议》。会议决定：(1) 在原有喀什驻伊斯兰堡办事处基础上设立喀什地区驻伊斯兰堡商贸联络处。(2) 在吉尔吉斯斯坦奥什市设立喀什地区驻奥什商贸联络处，保留原驻吉尔吉斯比什凯克办事处。(3) 上述两个商贸联络处规范运行取得初步经验后，再考虑在塔吉克斯坦杜尚别市设立喀什地区驻塔吉克斯坦杜尚别商贸联络处。(4) 新设立商贸联络处归口地区商务局管理，相关机构负责人由地区商务局委派。(5) 加强共同中国驻外使领馆联络，充分其发挥桥梁纽带作用。

6. 听取并研究如意集团喀什项目推进工作有关事宜，会议决定：将项目推进领导小组办公室设在地区商务局，由地区商务局、如意集团安排专人负责办公室日常工作；由行署副秘书长、办公室主任李平负责做好项目推进有关具体事宜协调、联络等工作。

2014 年 8 月 9 日，地区行署召开 2014 年度第四次常务会议：

1. 研究《关于组建成立喀什阳光建设发展（集团）有限责任公司请示》。会议决定，同意组建成立喀什阳光建设发展（集团）有限责任公司。下设 6 个子公司。(1) 喀什阳光国有资产经营管理有限公司。整合地区国资委原有喀什地区国有资产投资经营有限责任公司，注册成立喀什阳光国有资产经营管理有限公司，按照“委托经营、集中管理、市场运作、收益上缴”原则，在财政部门监管下，实施企业化管理、市场化运作。（2）喀什阳光物业服务有限公司。注册成立喀什阳光物业服务有限公司，依据物业法和地区物业管理规定，按照市场企业化模式，实行自收自支、自负盈亏性物业服务经营活动。（3）喀什阳光房地产投资开发有限公司。根据地直机关行政事业单位经营性国有资产闲置土地存量情况，适时注册成立喀什阳光房地产投资开发有限公司，以混合所有制形式对有关土地进行房地产开发建设，盘活国有土地资产。（4）喀什天诚融资担保有限公司。将喀什地区国资委喀什天诚融资担保有限责任公司整合划转，以喀什建设发展（集团）有限责任公司各子公司和地区财政有关扶持开发建设资金为担保，协商联合有关商业金融机构，建立地区建设发展融资平台，开展融资担保服务。（5）喀什宾馆服务管理公司。以喀什宾馆为主体，整合喀什地委招待所、地区科技宾馆、工会宾馆等经营性旅馆业，提升组建成立喀什噶尔宾馆服务管理公司，统一经营，壮大产业实力，打造地区旅馆服务业高端品牌，参与市场竞争。（6）喀什驻乌鲁木齐办事处投资经营服务有限公司。以喀什行政公署驻乌鲁木齐办事处原有经营性房产为基础，结合当地市场资源，组建喀什驻乌办投资经营服务有限公司，具体经营办事处原有和新建规模性房产业。要求：喀什阳光建设发展（集团）有限责任公司组建工作办公室暂设在财政局，行署办公室、地区发改委、财政局抽调专人负责此项工作，代表行署行使日常管理事务，协调做好各子公司实施方案制定、人员配置、工作步骤推进等组建前期工作。

2. 研究并同意地区人社局《关于喀什地区新型农村和城镇居民养老金征缴办法》请示。要求：由行署法制办进一步修改、审核后，以行署名义印发各县市、有关部门执行。

3. 研究地区人社局关于《喀什地区城镇大病商业保险实施办法（试行）》请示。会议决定：原则同意实施方案二。要求：由行署法制办进一步修改、审核后，以行署名义印发各县市、有关部门执行。

4. 听取地区安居富民办关于《喀什地区安居富民工程建设情况报告》。会议要求：富民安居工程切忌“一刀切”，应充分尊重民意，把好事办实、实事办好，尽快完善安居富民工程集中连片基础设施配套建设，解决好供水、用电等问题，切实提高入住率。

5. 研究并同意地区发改委《喀什地区车用天然气价差收入收缴使用管理办法（试行）》。在第三章使用及支出管理中加一条，即：车用天然气价差收入补贴支出，应与补贴规模收支平衡，要求：车用天然气价差收入收缴使用管理工作由地区发改委牵头，会同地区财政局、交通运输局等部门建立例会制度，适时研究解决工作中相关问题，加强对价差收入资金上交、使用、管理工作监督检查落实。

6. 研究地区金融办《关于组建地区融资性担保公司报告》。会议决定：同意组建喀什地区融资性担保公司，建立良好法人治理结构，设股东会、董事会、监事会和经营管理层，制定公司章程。对地区融资性担保公司组织架构、资金来源和运作方案等，由地区金融办再行研究。特别对牵扯到产业资金，要进行合法运作，使使用效率与担保公司利益紧连一起，通过担保、贴息撬动金融资本；要坚持存贷挂钩，对放贷高金融机构给予支持，有效为中小企业融资增信；在适当条件下可以吸收社会资金，也可以实行社会资金控股。

7. 研究并同意地区财政局《喀什地区本级党政机关事业单位工作人员差旅费实施办法（试行）》《喀什地区本级会议费管理暂行办法》。关于城市间交通费，确因工作需要，时间紧急情况下，科级及科级以下工作人员出差经领导批准可乘坐飞机，并按照五折以内飞机票价报销，超出部分个人自行承担。要求：各县市参照地区两个办法出台各县市实施办法，但差旅费、会议费不能超过地区规定标准上限。

8. 研究地区经信委《关于对喀什飞龙水泥有限责任公司异地搬迁整治意见和建议》，会议决定：根据自治区人民政府《关于印发了解产能严重过剩矛盾实施方案通知》（新政发〔2014〕8 号）要求，（1）立即停产。由地区环保局会同其他执法部门按照相关法律规定，限期 2 日停产。（2）实施搬迁。具体搬迁哪里，或者采用共同等规模置换原则，与其他水泥企业整合，由飞龙水泥有限责任公司自行决定，政府不予干预。地区将成立由地区环保局、经信委、发改委、国土局、财政局、住建局、工商局、人社局、国资委、审计局等部门组成实施飞龙水泥整体搬迁工作领导小组，协调喀什市等周围县市推进搬迁工作。喀什市人民政府也要成立相应领导小组，制定具体搬迁方案，明确任务要求，按时间节点抓紧实施搬迁工作。

9. 研究地区发改委《对接落实山东省援疆工作 25 条政策措施责任分工》《对接落实上海市支援新疆喀什推进重点领域合作会议纪要责任分工》。会议决定：由地区发改委、援疆办对照山东、上海援助项目、责任单位，逐条逐项明确对口支援地区牵头部门、配合部门，报经行署审核后，提交地委以“两办”名义印发。

10. 研究并同意地区外侨办《做好海外维吾尔族同胞工作实施方案》。要求：成立地区海外维吾尔族同胞工作联合会，做好考察调研、宣传和文化交流、建立信息沟通机制、护照办理、出入境审批、经商创业、国内归侨侨眷等工作。

11. 听取如意集团前期项目进展情况汇报。会议认为：喀什市、英吉沙县工作有实质性进展，疏勒县进展缓慢，工作相对滞后。最容易承接项目是疏勒县，要做好宏观规划，抓好道路建设，主要抓好喀什新区和疏勒新区道路连接问题。麦盖提县基础设施条件较好，要推进项目建设进度，其他县也要创造条件完善基础设施建设，着力解决好用电、供水等突出问题，为如意集团项目建设做好全方位服务。

2014 年 10 月 18 日，地区行署召开

2014年度第五次常务会议：

1. 研究地区畜牧兽医局《喀什地区畜禽养殖场（小区）管理办法（暂行）请示》。会议决定：由地区畜牧兽医局参考《新疆维吾尔自治区畜禽养殖场、养殖小区备案管理办法》进行修订，并广泛征求国土、住建等相关部门意见、建议，经行署法制办审核把关后，呈地区分管领导阅后下发。

2. 研究并同意地区财政局《喀什地区第二人民医院拆除外系楼》请示。

3. 研究地区国资委《关于对喀什新陆旅客运输有限责任公司车辆过户事宜》建议。会议决定：由地区国资委牵头、交通运输等相关部门参与企业进一步调研，拿出具体可行解决办法，由陈志江副专员协调处理。

4. 研究并同意地区环保局《关于对塔什库尔干县高原生态保护规划进行批复》请示和中国科学院新疆生态与地理研究所编制《喀什地区塔什库尔干县高原生态保护规划（2014—2030）》。

5. 研究并同意地区法制办《关于提请审议地区本级规范性文件清理结果》报告。要求：经对行署2014年以前制定108件规范性文件审核，其中继续有效87件、建议废止17件、建议失效4件。

6. 研究地区法制办《关于取消和调整行署本级行政审批事项请示》。会议决定：同意地区法制办建议取消行署本级行政许可事项2项，调整行政许可事项63项（其中确认行政许可事项1项、下放县市实施行政许可事项14项、合并行政许可事项48项）。

7. 研究地区旅游局《关于建设喀什地区旅游强区意见》（以下简称“意见”）请示。会议决定，由行署分管领导牵头负责协调，地区旅游局、住建局、文体局、交通运输局等部门密切配合，进一步对《意见》进行修改完善，提交地委研究，以地委、行署联合名义行文下发。

8. 研究《实施“四个一”工程，促进充分就业行动纲要》。会议决定，“四个一”工程由行署副专员陈志江牵头负责，各分管专员紧密配合，地区财政局、发改委、商务局、经信委、交通局、住建局、文体局、旅游局、人社局、教育局、地委农办具体落实。会议要求：要把就业作为第一战略，以“四个一”为抓手，紧紧围绕就业谋划经济工作、谋划社会管理工作、谋划地区总体工作。各相关部门要按照下列内容要求，紧扣第二次中央新疆工作座谈会精神，结合实际，进行细致调研，摸清就业现状，提出促进就业针对性、操作性、实用性强具体工作措施，工作措施要与地区“十三五”规划有效衔接。务必于11月10日前报行署。（1）地区财政局：围绕就业产业扶持资金争取和管理、拨付及相应财政支持。（2）地区发改委：围绕固定资产投资，社会资本积累，扩大就业容量。（3）地区商务局：围绕商贸流通服务产业发展和招商引资及扩张就业领域。（4）地区经信委：围绕产业培育、企业服务、营商规范、拓宽就业渠道。（5）地区交通局：围绕交通运输行业扶持和发展，扩大劳动力吸纳。（6）地区住建局：围绕建筑企业扶持和建筑工人培训。（7）地区文体局：围绕文化产业发展扶持。（8）地区旅游局：围绕旅游产业发展扶持。（9）地区人社局：围绕培训规划完善和实施，就业优惠政策兑现，增强就业能力。（10）地区教育局：围绕“双语”教育成效提高和职业理想确立，夯实就业基础。（11）地委农办：围绕“现代农业发展扶持”为主要内容进行专题调研。

9. 研究并同意地区应急办《关于上报喀什地区应急指挥中心体系建设方案请示》。

10. 研究并同意地区司法局、喀什市司法局《关于联合建设司法行政业务用房请示》。

2014 年 11 月 21 日，地区行署召开 2014 年度第六次常务会议：

1. 研究地区应急办《喀什地区通信保障应急预案请示》。会议决定：考虑到喀什地区无通信管理局，通信管理专业性比较强，由地区应急办书面向自治区通信管理局请示通信应急指挥领导小组办公室设置问题，明确预案实施主体，做进一步修改完善后，呈行署分管领导阅后下发。

2. 研究地区住建局《喀什地区已购公有住房和经济适用住房上市出售管理暂行办法》请示，会议决定：对拟出售已购公有住房和经济适用房，房屋产权证、土地使用证“两证”齐全、当地政府（县、市政府）认定可以上市出售住宅允许上市交易；对重点机关或单位住宅区共同办公场所不能完全分割且对维稳管理有影响，可暂不上市出售；相关需要缴纳土地增值税、营业税、印花税、契税、交易手续税等税收按照相关法律法规规定收取。

3. 研究并同意地区行署办公室《关于组建成立喀什阳光建设发展（集团）有限责任公司实施方案》请示。

2014 年 12 月 28 日，地区行署召开 2014 年度第七次常务会议：

1. 研究并同意地区安监局关于印发《喀什地区安全生产目标管理办法》请示。会议决定：由行署法制办审核。地区安监局向地委提交制定该办法依据、与《新疆维吾尔自治区安全生产目标管理办法》区别、设立地区安全生产专项资金必要性及资金使用范围等说明报告。

2. 研究地区交通运输局《关于“大喀什市”城市主干道规划连接线建设方案》请示。会议决定：疏附县广州新城（G314 线）至疏勒县东二环路口（G315 线）连接线方案，因线位穿越喀和铁路，形成一路三桥格局，建设投资高、征迁量大，决定由地区交通运输局、地区发改委牵头，疏附、疏勒两县及相关部门配合，对疏附县广州新城—喀什市连接线起点南延后选择适宜线位，确定建设比较方案报行署研究。

3. 研究地区卫生局《关于推进喀什地区县级公立医院综合改革实施意见》请示。会议决定：由地区卫生局依据国家、自治区相关文件规定要求，在调研基础上，反复征求相关部门意见，进一步修改完善《实施意见》，形成符合喀什地区医疗卫生实际，具有指导性、针对性、可操作性强的改革实施方案，提交会议研究。该项工作由祖穆热提·吾布力副专员牵头，适时在莎车县召开推进喀什地区县级公立医院综合改革现场会，抓好试点、示范工作，取得成功经验后，整体推进地区县级公立医院综合改革。

4. 研究并同意地区经信委《关于加快喀什地区纺织服装产业发展促进就业改善民生实施意见》报告。

5. 通报地区人社局对2014年喀什地区面向社会公开招聘事业单位工作人员情况，会议决定：尽快发布公告，并于年底前完成面向社会公开招聘事业单位工作人员工作

【喀什行署发出部分文件】

1. 喀署发〔2014〕1号《喀什行政公署2013年依法行政工作情况报告》

2. 喀署发〔2014〕7号《关于进一步促进红十字事业发展意见》

3. 喀署发〔2012〕9号《关于2013年度喀什地区安全生产目标管理考核情况通报》

4. 喀署发〔2014〕18号《关于表彰奖励2010—2011年喀什地区科技进步奖获奖项目决定》

5. 喀署发〔2014〕20号《关于2014年民兵预备役组织整顿工作通知》

6. 喀署发〔2014〕33号《关于命名喀什地区第三批“安全生产示范乡（镇、街办）”决定》

7. 喀署发〔2014〕58号《关于取消和调整行署本级行政审批事项决定》

8. 喀署发〔2014〕87号　关于印发《喀什地区发展产业促就业专项资金使用管理暂行办法》通知

9. 喀署发〔2014〕130号　关于印发《喀什地区新型农村和城镇居民养老保险费征缴实施方案》通知

10. 喀署发〔2014〕174号《关于做好地区棉花目标价格改革试点工作通知》

11. 喀署发〔2014〕230号《关于公布行署本级2014年以前规范性文件清理结果通知》

12. 喀署发〔2014〕234号　关于审批《喀什临空经济发展规划》通知

13. 喀署发〔2014〕267号《关于喀什地区行政公署专员、副专员工作分工通知》

【喀什行署办公室发出部分文件】

1. 喀署办发〔2014〕2号　关于印发《喀什地区2014年培训与就业专项工作任务责任分解方案》通知

2. 喀署办发〔2014〕7号　关于印发《喀什地区热心消防公益事业奖励制度（试行）》通知

3. 喀署办发〔2014〕14号《关于对“2013年整治违法排污企业保障群众健康”环保专项行动及污染减排工作开展情况通报》

4. 喀署办发〔2014〕17号《关于表彰2013年度喀什地区政务信息工作先进单位和先进个人通报》

5. 喀署办发〔2014〕21号《关于行署领导联系县市工作通知》

6. 喀署办发〔2014〕26号　关于印发《2014年喀什地区重点项目建设计划》通知

7. 喀署办发〔2014〕29号《关于建

立喀什地区创建教育强县工作联席会议制度通知》

8. 喀署办发〔2014〕36 号　关于印发《2013 年度地区应急管理工作绩效考评情况通报通知》

9. 喀署办发〔2014〕38 号　关于下发《喀什地区老年人优待工作实施意见》通知

10. 喀署办发〔2014〕40 号　关于印发《喀什地区客运出租汽车管理暂行办法通知》

11. 喀署办发〔2014〕61 号《关于成立喀什地区短平快项目领导小组通知》

12. 喀署办发〔2014〕106 号　关于印发《2014 年喀什地区进一步开展安全生产领域“打非治违”专项行动实施方案》通知

13. 喀署办发〔2014〕127 号《关于2013 年度喀什地区耕地保护责任目标考核情况通报》

14. 喀署办发〔2014〕179 号《关于做好政策性农业保险通知》

15. 喀署办发〔2014〕185 号　关于印发《喀什地区已购公有住房和经济适用住房上市出售管理实施意见》通知

16. 喀署办发〔2014〕192 号《关于成立喀什地区西气东输五线天然气管道工程领导小组通知》

【工作会议】

1月2日，喀什地区召开行署干部大会，地委副书记、行署专员木太力甫、吾布力，地委委员、常务副专员王立胜及地区相关部门负责人参加。

1月7日，自治区公安厅出入境管理局局长崔鹏一行前往喀什对召开地区机场签证前期协调会，行署分管领导、副秘书长、口岸委主任林宏信及地区相关部门负责人参加。

1月10日，举行行署部门领导干部双语学习开班仪式，行署秘书长艾合买提·热孜克及地区相关部门负责人 100 余人参加开班仪式。

1月10日，召开 2014 年地区住房和城乡建设、安居富民、住房公积金管理工作会议，地区相关部门负责人 160 余人参加会议。

1月20日，召开 2014 年城市经济工作会议，地委委员、行署常务副专员王立胜，地区人大工委副主任侯存尚，地区政协工委副主任阿不拉江·艾麦提，行署副秘书长周世伟、黄利东及地区相关部门负责人260 余人参加会议。

2月8日，国家新闻出版总局调研组一行到喀什调研并召开座谈会，地委副书记、行署专员木太力甫·吾布力，地委委员、宣传部部长王纯幸，行署秘书长艾合买提·热孜克及地区相关部门负责人 40 余人参加座谈会。

2月8日，中央新疆工作协调小组一行到喀什调研政权建设，地委主要领导、地委副书记、地区人大工委党组书记、副主任、地委政法委书记张健、地委委员、兵团第三师党委书记、政委姜晓龙及地区相关部门负责人参加。

2月9日，中央兵地融合调研组一行到喀什调研，调研后召开专题座谈会，行署分管领导、副秘书长、办公室主任李平及地区相关部门40人参加座谈会。

2月10日，交通部副部长翁孟勇一行到喀什召开南疆四地州农村公路发展情况专题汇报会，行署分管领导及地区相关部门40人参加会议。

2月15日，国家经济社会发展调研组一行到喀什专题调研。其间召开座谈会，地委主要领导、地委副书记、行署专员木太力甫·吾布力及地区相关部门负责人共120多人参加座谈。

3月3日，行署召开党的群众路线教育实践活动动员大会，行署副专员阿布都·克力木、行署秘书长艾合买提·热孜克及地直单位主要领导90余人参加会议。

4月1日，民政部一行调研组到喀什调研，行署分管领导参加汇报会。

4月28日，国家领导与南疆五地州在喀什召开座谈会，地委主要领导、地委副书记、行署专员木太力甫·吾布力及地区相关部门负责人参加。

6月21日，广东·新疆对口支援工作在喀什召开座谈会，中央政治局委员、新疆维吾尔自治区党委书记、新疆生产建设兵团第一政委主要领导张春贤，新疆维吾尔自治区人民政府主要领导，地委主要领导、地委副书记、行署专员木太力甫·吾布力，地直单位主要领导150人参加座谈会。

7月18日，上海·新疆对口支援工作座谈会在喀什召开，中央政治局委员、新疆维吾尔自治区党委书记、新疆生产建设兵团第一政委张春贤，新疆维吾尔自治区人民政府主要领导、地委主要领导、地委副书记、行署专员木太力甫·吾布力，地直单位主要领导150人参加座谈会。

8月15日，国家粮食局和武警总队后勤部联合调研组到喀什召开座谈会，行署副专员阿布都·克力木及地区相关部门负责人参加会议。

8月21日，中央新疆办调研组一行来喀调研，地委主要领导、地委委员、行署常务副专员王立胜，地委委员赵钢及地直单位共40余人参加座谈会。

9月27日，喀什地区召开安全生产会议，地委委员，行署常务副专员王立胜及地直单位共50人参加会议。

11月3日，自治区农村富余劳动力转移就业领导小组一行到喀什调研，行署副专员陈志江，行署副秘书长、地区口岸委主任林宏信及地直单位参加座谈会。

11月28日，喀什人民医院建院80周年暨地区健康知识讲座，地直有关单位负责人及地委、行署机关干部300余人参加讲座。

【第十届“喀交会”】 7月27—29日，第十届中国新疆喀什·中亚南亚商品交易会在喀什会展中心召开，该次“喀交会”由1个主题论坛和6场分论坛构成，聚焦中亚地区区域合作，重点关注六大行业方向，包括“丝路经济带”沿线金融合作、丝路沿线文化旅游产业发展、构建“空中丝绸之路”流通枢纽、农业产业投资合作、释放制造业新活力、新兴产业发展和新能源开发。喀什地区借助“中国—亚欧博览会”“喀交会”等展会平台，充分发挥援疆优势招商，分别设立上海喀什经济开发区服务中心、深圳喀什开发区招商服务中心和战略研究中心，宣传开发区特殊优惠政策，吸引企业来喀什投资兴业。“喀交会”期间，喀什经济开发区及各县市、对口援疆省市、商会等都通过不同形式举办各种经贸合作项目签约，集中展示近期喀什地区招商引资和对口援疆工作成果。喀什对口支援省市深圳市加大对口支援力度，加快推进深圳产业园、喀什深圳城等园区重大产业项目建设。“喀交会”上喀什经济开发区地位被凸显，展会期间举办喀什经济开发区经济政策与产业布局论坛引领“喀交会”做大做强做出特色；每个对口援疆省市都有自己相应的展示活动，援疆成果得到集中体现。展会设室内展位1000个、室外展位300个，1500名中外客商应邀组团参会，其中国外政府企业代表团600人，涉及8个国家，与往届持平，国内客商大大多于往年。截至7月28日，该届“喀交会”喀什地区签订经贸合作项目223个，签约总额505.4亿元；其中投资类项目211个，进出口贸易合同2个。

【党风廉政和作风建设】 2014年，行署加强对党风廉政建设工作的组织领导，落实党总支全面从严治党主体责任和纪检监督责任。开展理想信念和宗旨教育、党性党风党纪教育、法制教育、诚信教育，深化示范教育、警示教育、岗位廉政教育。落实凡属重大决策、重要人事任命、重大项目安排和大额度资金运作（“三重一大”）必须由领导班子集体作出决定的要求。严格执行领导干部廉洁自律有关规定，规范领导干部廉洁从政行为，着力转变工作作风，改进文风会风，坚决反对“四风”，坚决克服“门难进、脸难看、事难办”作风。坚持厉行节约，严格控制“三公”经费支出，严格遵守财务规章制度，加强车辆管理，规范接待行为，反对铺张浪费。对机关新建和维修工程项目、重大采购活动实行招投标、政府采购管理，从源头上杜绝腐败现象滋生。

【专项整治工作】 2014年，行署成立党政机关停止新建楼堂馆所和清理办公用房、治理超标、超编配备公车工作领导小组，负责指导全地区清理工作。以地委、行署“两办”名义印发《喀什地区党政机关停止新建楼堂馆所和清理办公用房的暂行办法》《关于进一步做好停止新建楼堂馆所和坚决清理办公用房的通知》，召开专题会议明确地直部门负责所属单位清理自查工作。8月中旬，自治区清理楼堂馆所、办公用房督查小组对地区清理楼堂馆所、办公用房自查情况进行督查，针对督查小组反映的情况，地委、行署领导迅速做出安排，以“两办”名义下发《关于组织开展党政机关办公用房清理整改工作专项督查的通知》，并对各县市、地直各部门、单位办公用房清理整改工作进行跟踪督查，确保专项整治各项任务落到实处。

【公共机构节能工作】 2014年，行署落实自治区公共机构节约能源资源工作电视电话会议精神，牢牢把握公共机构节能“十二五”规划主线，夯实统计基础，抓实创建工作，稳步推进全地区公共机构节能工作。以建立节约目标管理体系、节能、节水、绿色消费为重点，开展节约型公共机构示范单位创建，确定疏勒县人民政府（机关事务管理局）、喀什市人民法院、地区第一人医院、地区第二人民医院四家单位为地区第二批节约型公共机构示范创建单位。

开展乡村绿色照明试点工作，确定巴楚县、伽师县、英吉沙县26个村开展试点乡村绿色照明项目建设。做好能耗统计，完善基础数据，完成2013年度公共机构能源资源消费统计工作。

（地区行署办公室）

电子政务管理

【综述】 2014年，喀什地区电子政务管理办公室为行署直属事业单位，隶属行署办公室管理，机构规格相当副县级，全额预算管理，内设综合业务科、网络管理科、技能培训科、信息科4个机构，内设机构规格相当正科级，核定全额拨款事业编制15名。人员结构：领导职数3名，其中正职为副县级，副职为正科级；内设机构领导职数5名，后勤保障工作由行署办公室承担。同时加挂喀什地区电子政务外网管理中心牌子，在原有工作职责基础上，相应增加承担地区电子政务外网规划、建设、运行、维护、管理、业务指导、人才培训及相关工作。

【政府信息公开】 2014年，喀什地区电子政务管理办公室按照国家和自治区要求，行政许可事项和政府信息取消、调整、变更后，必须按规定及时更新。每年至少进行一次相关信息全面清理工作，优化工作流程、创新运行机制、及时更新信息；力求规范、完善、充实行署本级政府信息发布。根据《关于报送行政许可信息公开有关内容通知》要求，行署各组成部门将各自负责行政许可事项报送之后，网络科按照行署32个所属部门130余项行政许可依据、条件、程序、数量、期限、监督方式等内容进行分类整理归档，逐一发布上网，为社会各界提供相关服务。

【信息更新发布】 2014年，喀什地区电子政务管理办公室日常政务动态信息发布由数量型向质量型转变。截至2014年11月7日，发布动态信息2679篇、图片1000余张，其中今日关注563篇，政务动态392篇，县市动态1203篇，部门动态155篇，新闻聚焦330篇，通知公告36篇。制作贯彻落实地委扩大会议精神专题，学习习近平系列讲话精神、基层转变作风服务于民等7个专栏，添加专题文章550篇；制作援疆天地专题，设置产业援喀、援疆实况、援喀大事记3个分栏目，整理援疆办相关资料12篇，图片25张，添加专题文章183篇。

【网站建设】 喀什政府网站安全等级保护（二级）项目自实施以来，国家信息技术安全研究中心以及公安网监部门都进行网络渗透和扫描，结果均符合网站安全等级保护（二级）技术要求。2014年，喀什地区电子政务管理办公室拦截高危以上网络攻击行为6万多次，阻断网络病毒、木马、蠕虫以及恶意程序传播27万次，保障喀什政府信息网安全可靠运行。

【外网建设】 2014年，喀什地区电子政务管理办公室在电子政务外网纵向连接自治区、地州、县市基础上，重点落实横向接入工作。按照自治区统一安排，配合安装调试外网网络行为审计系统、入侵检测系统、数据备份系统等安全设备。政法综治专网接入电子政务外网工作启动以来，与综治办协调配合，审议施工方案，确保政法综治专网和电子政务外网横向接入工作顺利进行。2月12日，对各县市组织一次综治专网接入业务培训。对行署机关17家地直单位按照局域网方式开展接入工作，截至12月，地区财政负担56家地直单位已有50家施工完毕，光纤及设备到位率90%，其中40家单位已经通过测试验收，22家已下发用户名和密码，正式开通使用。

【政务微博及微信发布】 2014年，喀什政务微博发挥喀什政府信息网附属窗口作用，主要从经济发展、旅游文化等方面对喀什进行实时发布，截至2014年11月，发布320条，粉丝数增加4000余人。政务微信5月达到试运行1年期限，于5月12日关闭。经过一年运行，累计发布政务信息500余条，累计关注人数619人。

【全国软考组织工作及职业技能培训鉴定工作】 计算机技术与软件专业技术资格（水平）考试（简称“全国软考”）是由工业和信息化部领导下的国家级考试，实行全国统一考试，喀什地区是南疆三地州重点考点。全年参加考试66人，合格10人。

（地区电子政务管理办公室）

人防工程

【人防工程建设】 2014年，地区人防办为了切实纠正人防工程建设领域存在的违法违规问题，根据自治区人防系统预防职务犯罪暨人防工程建设领域专项治理会议精神，成立地区人防工程建设领域专项治理领导小组，制定了专项治理方案，明确了时间、任务和方法步骤，该项工作已完成基础数据的收集，将根据各类工程实际制定分类措施进行专项治理。根据国家人防应急准备工作要求，编制《喀什人防发展规划草案》，向行署和喀什市规委会提交《关于喀什地区人防应急指挥所选址的报告》。

【人防指挥通信工作】 2014年，地区人防办根据地区国动委军事应急体系建设要求，向喀什军分区提交《喀什城市防空袭预案》进行审议，将人防应急预案融入军事应急体系建设中。完善人防指挥通信保障中心机构职责的设置。通过户外LED多媒体防空防灾报警系统等方式开展“9·18”人防警报鸣放活动，结合警报鸣放在喀什市艾提尕广场人防工程开展以人员掩蔽为主题的人防疏散演练。填写值勤日记，严格电台报表档案管理制度，电台会通率达到96%，认真履行通信设备和警报设施的日常维护保养，确保各通信设施处于良好的战备状态。

【人防知识宣传教育工作】 2014年，地区人防办为加强学生的人防知识教育将人防知识教育纳入秋季新生军训活动中，在喀什师范学院、喀什二中等大中院校，通过播放人防知识宣教片等形式，2000多名大中院校学生受到教育。在“9·18”人防警报鸣放期间，通过防空防灾报警系统，在户外LED多媒体电子屏播放人防宣传视频，使广大市民更加直观的熟知人防警报音响信号和防空防灾逃生技能。向相关单位赠送《中国人民防空》杂志。

【人防行政执法工作】 2014年，地区人防办针对喀什市结合民用建筑修建防空地下室工作的现状，在深入调研的基础上，查找在人防工程建设发展中的问题，向行署、编委提交《关于推进喀什地区人防事业发展的建议》，通过转变机制发展方式，改善喀什人防法制环境。完成行政许可事项的确认和政务公开的报送工作。依据人防法律法规，依法收取城市规划区内新建民用建筑建设项目人防易地建设费221.58万元。加强执法人员培训学习，利用网络平台在新疆法制网上组织执法人员进行法律知识学习，参加法制办组织的执法人员统一考试。

【人防工程维护】 2014年，地区人防办组织人员定期对早期人防工程进行检查、维护，对重点工程、关键部位、各运行设备进行安全隐患排查，通过各项管理措施确保人防工程的完好率和战备效能，增强人防工程的临战转换能力。

（地区人防办）

外　事

【外事工作】 2014年，喀什地区外事侨务办公室围绕中心工作，提升对外开放服务水平。第十届“喀交会”邀请并接待来自巴基斯坦、塔吉克斯坦、吉尔吉斯斯坦、阿富汗、土耳其等6个国家的中外使节、外国政府官员、商会、华人华侨协会代表32个团，446人到喀什参会，其中大使2人，总领事2人，省部级官员7人，并为365名国外参会参展商发放签证邀请函电，系历届“喀交会”外宾邀请规模最大、级别最高、参会人数最多一次；涵养外事资源，扩大对外友好交往渠道。地区外侨办于2014年4月和6月分别邀请塔吉克斯坦空特集团首席执行官以及吉尔吉斯斯坦天空比什凯克航空公司总经理来喀就开通喀什至塔吉克斯坦和吉尔吉斯斯坦直航航班进行考察。在喀什期间，地区外侨办安排代表团赴喀什国际机场实地考察，并与地区领导及相关部门座谈交流，双方就加强配合，共同努力开通国际直航航班达成识，签署相关协议；2014年，接待美国驻华大使、阿富汗驻华大使、孟加拉国驻华大使、土耳其智库学者、巴基斯坦吉尔吉特——

巴尔蒂斯坦省首席部长、吉尔吉斯斯坦奥什市市长，中国驻巴基斯坦大使、外交部机关党校培训班、巴基斯坦议会友好人士等46个中外来宾代表团到地区考察访问；2014年，办理新办护照团组15个团53人次；再次出国境团组20个团27人次，办理外商邀请函648人次；对中巴边境通行证进行全面升级改版并按计划完成机房建设。4月10日，新版中巴边境通行证经外交部授权正式启用。

（地区外事侨务办公室）

喀什地区政协工作委员会

【喀什地区政协工委会议】 2014年3月3日，自治区十一届政协常委会喀什地区工作委员会召开喀什地区政协工作会议。地区政协工委党组书记、副主任高建军主持会议，地区政协工委党组副书记、主任、地委政法委副书记、地委统战部部长铁木尔·买买提作题为《围绕实现长治久安统筹推进政协工作 为开创地区稳定发展改革的新局面贡献力量》的工作报告，下发《政协喀什地区工委党组2014年工作要点》。

2014年9月4日，喀什地区工作委员会在喀什宾馆召开地区政协工作会议，下发《关于贯彻落实地委委员扩大会议精神，围绕社会稳定和长治久安发挥政协职能优势的实施意见》，会议要求工委班子成员、各县市政协和机关干部、各界别政协委员始终做到“四个深刻认识”和“六个坚持”，在维稳工作中切实发挥作用。

【政协委员工作】 2014年，组织开展2期委员学习会、7次座谈会，围绕工委委员如何在喀什改革发展稳定中发挥积极作用、推进依法治区、依法行政履职、维护社会稳定和长治久安、反映社情民意、化解群众难题等方面进行了沟通交流和讨论。贯彻落实上级政协和地委有关要求，紧紧围绕地区社会稳定、改革发展和民生改善方面的重点任务，认真履行政协职能，积极建言献策、撰写提案；按照精简提案数量、提高提案质量的原则，向自治区政协十一届二次会议提交提案70件，经会议审查，立案66件，立案率94%，4件未立案提案，当场向委员进行了解释。

自治区政协十一届二次会议住喀委员提案立案66件，向全国政协十二届二次会议提交提案8件。

【加强基层政协的联系和指导】 2014年，喀什地区政协工委健全完善自治区下拨的基层政协专项补助经费分配办法，形成制度，进一步调动各县市政协工作的积极性。及时整理印发自治区政协十一届二次会议精神传达提纲及自治区政协常委会重要会议讲话、主要领导工作要求到各县市政协，对做好学习传达和宣传贯彻提出明确要求。全年紧紧围绕地委中心工作和各阶段工作重点，认真履行政协工作职责。

【宣传工作】 2014年，按照自治区党委和地委宣传工作会议要求，紧紧围绕社会稳定和长治久安及履行政协职能，鼓励和引导政协委员、政协干部职工创新宣传形式，丰富宣传内容，积极参与并开展社会主义核心价值观、法制宣传教育、民族团结“五个一”结对子、“中国梦·喀什梦”、公民道德建设等宣传活动，促进民族团结、宗教和谐，营造和谐稳定的法治社会环境。

（地区政协工委办公室）

法 治

政法委及综治

【地区政法工作会议】 2014年2月13日，喀什地委政法工作会议召开。地委主要领导参加会议并作讲话。地委副书记、地区人大工委党组书记、地委政法委书记张健作政法工作报告。

【政法队伍建设】 2014年，喀什地委政法委开展政法机关要做党和人民的“刀把子”的主题教育活动。加强政法机关领导班子建设，提高领导班子政治意识、群众意识、忧患意识、法律意识、责任意识。加大政法队伍专业化建设；开展“三学三比三提升”活动，开展教育培训，重点加强基层一线干警教育培训；开展政法队伍反腐倡廉建设。

【集中整治工作】 2014年，喀什地委政法委集中整治工作主要以推进重点乡镇、重点村社区为重点，配强工作组长，实行由“访惠聚”工作组组长统一协调指导的“三位一体”工作机制。

【社会治安综合治理】 2014年，喀什地委政法委把平安建设工作作为加强社会管理、维护社会稳定的重要载体，将平安创建目标纳入《社会稳定暨社会管理综合治理工作责任书》。全地区有平安县市10个、优秀平安县市2个、优秀平安乡镇7个。铁路沿线突出治安问题得到有效整治，平安铁路创建取得实效，荣获中央平安铁路示范路段先进集体称号。

（喀什地委政法委）

法治政府建设

【概况】 2014年，喀什地区行署法制办公室同时挂喀什地区行政公署复议办公室牌子，定编10人，内设综合科、政策法规科、执法监督科（行政复议办公室）。有工作人员8名，其中县级领导1名。

【依法行政工作】 2014年，喀什行署法制办公室调整地区依法行政工作领导小组成员单位，形成政府主要领导负总责，分管领导亲自抓的工作格局。起草《2014年度喀什地区依法行政工作意见》（喀署办发〔2014〕98号）。贯彻落实依法行政工作报告制度，向自治区政府、地区人大工委报告地区2013年度依法行政工作情况。

【行政审批制度改革】 2014年，喀什地区行署法制办公室在清理、确认、公告地直46个部门331项行政审批事项基础上，编制地直部门行政审批事项目录，凡未经政府确认并向社会公告的行政审批事项，部门一律不得擅自实施。为营造无障碍“一站式”审批环境提供服务。地区成立行政服务中心，行署法制办审核确认地市两级67个行政执法单位637项行政审批事项。开展违规设定行政许可规范性文件清理工作，从源头上杜绝违法实施行政审批。对2013年之前发布的现行有效65件规范性文件进行逐一审查，没有违法设定行政许可的情形；组织地区清理规范性文件584件，其中废止14件、修订5件，现行有效规范性文件中未有违法设定行政许可的情形。在2013下放县市26项行政审批事项的基础上，2014年，经行署第一次常务会议研究审议，行署下发《关于取消和调整行署本级行政审批事项的决定》（喀署发〔2014〕58号），取消行署本级行政审批事项15项；调整行政审批事项131项，其中承接自治区下放行政审批事项57项、下放县市实施行政审批事项18项、合并行政审批事项56项。行署第五次常务会议决定取消行署本级行政许可事项2项，调整行政许可事项63项，其中确认行政许可事项1项、下放县市实施行政许可事项14项、合并行政许可事项48项。

【规范性文件管理工作】 2014年，喀什行署法制办公室建立规范性文件立项、起草、审查、决定、公布、备案和定期清理工作机制，并做程序上规定。审查行署出台规范性文件32件，提出修改意见40余条，内容涉及国有资产管理、畜牧业管理、动物防疫、环保、防震减灾等方面工作。规范性文件报备。以行署名义向自治区政府和地区人大工委分别报备规范性文件32件；受理县市规范性文件备案38件（含地直单位1件）。做到件件有审查，件件有报备。法律、法规和规章征求意见工作。办理自治区法规、规章征求意见7件，提出建议15条；审查行署本级规范性文件10件，提出修改意见21余条，内容涉及公共安全、民族团结、结核病防治、公路用地、基层老龄工作及地区旅游管理等各方面。办理地直部门规范性文件征求意见9件，提出建议14条。规范性文件清理。制定《喀什地区开展规范性文件清理工作实施方案》（喀署办发〔2014〕73号），对2013年12月底之前行署出台的108件规范性文件进行清理，经清理，拟保留87件，失效4件，废止17件。清理结果已提交行署第五次常务会议审议通过。

【法制人员培训管理】 2014年7月，喀什地区行署法制办公室在行署机关举办1次依法行政专题讲座，邀请国务院法制办援疆干部进行授课，行署机关各部门领导及工作人员238人聆听讲座。加强行政执法人员资格管理，坚持岗前培训，持证上岗，规范执法。建立地县两级行政执法人员电子信息档案库，完成地区9000多名行政执法人员电子信息录入。地区本级完成1000余名行政执法人员信息录入，10月，组织地直部门700余名行政执法人员参加自治区行政执法人员网上测评。贯彻实施《行政复议法》，依法受理行政复议案件。办理行政复议案件4件。

【行政执法体制改革】 2014年，自治区人民政府下发《关于疏附县开展相对集中行政处罚权的工作批复》（新政函〔2014〕57号），同意疏附县开展相对集中处罚权工作，有力地推动了地区行政执法体制改革工作。

（李军玲）

公安

【打击暴力恐怖犯罪】 2014年，喀什地区公安系统提前发现并及时打掉危安组织团伙，维护社会稳定。

【安全保护工作】 2014年，喀什地区公安局按照《全国打击盗窃破坏电力电信广播电视设施违法犯罪专项斗争的工作方案》要求，在全地区开展打击盗窃破坏电力、电信、广播电视设施的违法犯罪专项斗争。

【刑事追逃】 2014年，喀什地区加强在逃犯信息录入工作，做到符合上网条件在逃人员一律在规定时间内及时、规范录入全国在逃人员信息系统，确保填报信息质量，增加网上比对抓捕概率，健全日常工作追逃工作机制，把追逃工作同其他业务工作相结合，尤其是把追逃工作同人口、场所、行业等各项治安管理相结合，树立民警日常追逃意识。健全组织保障机制，保障追逃工作顺利开展。

【打击经济犯罪】 2014年，喀什地区公安机关相继开展“打假”“打传”“打击假发票”“打击非法集资”等专项行动。全地区公安机关受理经济犯罪案件43起；其中立案42起，破案32起；涉案总价值14963.58万元；挽回经济损失524.7万元。

【人口管理】 2014年，喀什地区公安局多次联合政法委对全地区无户籍人员落户工作进行调研，并提出具体解决办法，制定《喀什地区公安机关开展无户籍人员落户专项工作方案》和《喀什地区开展去向不明人员落地查找和无户籍人员落户大会战工作实施方案》，办理便民联系卡284463张；推进居民身份证登记指纹工作，完成指纹登记系统建设工作，覆盖全地区户籍办证大厅及基层派出所。全地区累计采集指纹信息276380条，受理二代身份证信息制证242304张；开展户口清理整顿工作。清理纠正户口登记错误信息81365条。开展普通高等院校考生户籍审查工作，指导各县市公安局配合教育部门做好考生身份鉴定、背景审查等相关工作。

【行业场所管理】 2014年，全地区697家旅馆，年审率100%，印章业20家，年审率100%，典当行9家，年审率100%。全地区旅馆业纳入系统管理709家，系统覆盖率100%。通过旅馆业治安管理信息系统查处治安案件42起，抓获网上逃犯48人；印章业纳入系统管理20家，系统覆盖率100%，刻制印章7463枚；机动车修理、报废机动车回收拆解业纳入系统管理322家，系统覆盖率100%，停业22家，新摸排待安装机修业系统82家，上传机动车修理信息5326条，系统预警并确认误报信息1条。喀什地区公安局组织暗访检查各县市旅馆311家，其中无证入住情况12起，一证多住19起，他人身份证入住25起；下发整改通知书48份，停业整顿6家。

【禁毒工作】 2014年，喀什地区公安机关严厉打击涉毒违法犯罪活动。全地区破获毒品刑事案件115起。

【道路交通事故】 2014年，喀什地区发生一般程序处理道路交通事故77起，与2013年同期相比下降52.27%；死亡39人，与2013年同期相比下降57.14%，受伤101人，与2013年同期相比下降47.12%；直接经济损失145850元，与2013年同期相比下降65.81%。四项指数呈全面下降趋势。喀什地区发生生产经营性车辆道路交通事故21起，死亡12人，受伤31人，直接经济损失48400元。与2013年同期相比事故起数下降66.13%；死亡人数下降72.73%；受伤人数下降51.56%；直接经济损失减少97750元、下降66.88%。生产经营性车辆道路交通事故四项指数呈全面下降趋势。另外发生较大道路交通事故5起，喀什市、巴楚县、伽师县各1起，莎车县2起，造成16人死亡，13人受伤，直接经济损失96000元。

【危险物品管理】 2014年，全地区公安机关加大对涉爆单位和民爆物品监管工作力度，从人力防范、实体防范、犬防、技防、储存库房安全设施、单位人员安全防范意识等43项逐一对照检查，其中检查涉爆单位43家，查封涉爆单位16家，下发督办通知书23份，提出整改意见60余项。举办涉爆单位从业人员培训班2期，410人次；开展爆破作业管理秩序和执法突出问题专项治理，全地区取得非营业性爆破作业资质许可单位13家、民爆物品销售单位1家、备案登记营业性爆破作业单位3家，营业性爆破作业单位为23家未取得非营业性爆破作业资质单位从事爆破作业；开展非营业性爆破作业单位资质许可申请工作。采取超常规措施管控，严管烟花爆竹、火柴、管制刀具、高锰酸钾、铝粉、管箍等制爆物品。贯彻落实《进一步加强危爆物品安全管理工作通知》《关于对部分管制器具实施管制暂行办法》，制定《喀什地区二手手机市场管理工作意见》和《喀什地区治安要素管埋工作意见》，各县市公安机关通过电视、报纸、广播、网络、手机短信、出租车LED滚屏宣传广告、商场大屏等方式宣传《关于收缴非法枪支单位、爆炸物品、管制器具严厉打击涉危涉爆违法犯罪活动通告》和有关法律法规、政策，做到人人皆知、家喻户晓。

【社会治安防控体系建设】 2014年，地区公安机关联合印发《关于尽快落实各县市公安局巡逻防控大队机构编制工作的通知》（喀党编办〔2014〕8号），并专门召开各编办主任会议，对公安机关巡逻防控大队机构编制、级别设定工作进行安排部署。全年救助困难群众1887人，处理治安案件2137起、扒窃172起、诈骗1起、打架斗殴 661 起、盗窃 246 起、携带易燃易爆物品 7 名，抓获盗窃违法犯罪嫌疑人 61 人，查获海洛因 0.5 克，抓获网络危安犯罪嫌疑人 1 名、卖淫嫖娼人员 2 名、酒驾人员 1 名。收缴仿真枪支 479 把，大麻 10786 克。

【出入境管理】 2014 年，全地区出入境管理部门受理批准 9266 人因私出（国）境材料（因私出国 5528 人、赴港澳 3019 人、赴台湾 719 人），比 2013 年同期的 10227 人减少 9.39%。异地办证核查 1505 人，比 2013 年减少 11.57%。

【交通管理】 2014 年，地区公安机关按照 2014 年全地区公安交通管理工作要点，以开展党的群众教育路线实践活动为契机，结合《严厉打击暴力恐怖活动专项行动工作方案》工作要求，紧紧围绕“一降两保”工作目标，科学谋划、狠抓落实，确保辖区道路平安、畅通。加强和改进道路交通管理工作局面，通过全警投入方式，加强路面管控，狠抓交通事故隐患排查，全力遏制重特大交通事故；全力做好《新疆维吾尔自治区电动自行车管理办法》实施工作。

【警卫勤务】 2014 年，地区公安局警卫处按照《2014 年新疆公安警卫工作要点》完成全年各项警卫任务。其中特级任务 31 起，重要会议、重大活动警卫任务 5 起，一般警卫任务 71 起。

【指挥中心】 2014 年，喀什地区公安机关 110 接警台接警 60 余万起，有效接警 10.4 万起，占 17.3%。违法犯罪类警情 34440 起、火灾类 874 起、交通事故 23122 起、纠纷 21605 起、群众求助 14721 起，其他 9643 起。走访报案群众、拨打骚扰电话群众 1000 余人次。

【公安专项审计】 2014 年，地区公安机关根据公安厅《全地区公安机关厉行节约反对浪费审计调查实施方案》通知精神，制定《喀什地区公安机关厉行节约反对浪费审计调查实施方案》。通过专项审计工作，促进公安经费、涉案财物管理机制进一步规范、完善。

【科技信息化工作】 2014 年，地区公安机关在全地区设立便民服务联系卡办理点 233 个，383177 人次办卡，办理 359604 人。以平台为载体，服务严打专项行动。

【“平安喀什”微信公众号】 2014 年，喀什公安开通“平安喀什”微信公众订阅号，通过微信平台发布各类公安信息、预警提示、好警好事等，在社会上取得较好效果。全地区公安机关累计发稿 3200 余篇，策划疏附县公安局八里桥卡点年夜饭坚守故事、特警支队警营开放日、伽师县公安局 7 对新人派出所婚礼、岳普湖县公安局阿洪鲁库木派出所 3 对民警集体婚礼、向反恐一线民警女儿捐助白血病救助费、喀什特警故事等一系列宣传工作，选树全国特级优秀人民警察邓峰等基层一线先进典型。做好先进典型选树推广工作，组织开展全地区公安机关“最美警察评选推介”活动，塔什库尔干县公安局比比热汗·艾克木江获首届新疆公安机关最美警察和全国民族团结模范个人荣誉称号，喀什地区公安局特警支队民警王文祥、龚江荣获首届新疆公安机关最美警察提名奖。

（地区公安局）

检　察

【综述】 2014年，喀什地区有13个检察院，其中1个分院、12个县（市）检察院。分院有17个部门：侦查监督处、公诉处、反贪污贿赂局、反渎职侵权局、职务犯罪预防处、控告申诉检察处、民事行政检察处、监所检察处、案件管理办公室、政治部、办公室、法律政策研究室（含人民监督员办公室）、技术处、计划财务装备处、纪检监察处、机关党委、警务处。

【审查逮捕】 2014年，两级院受理审查逮捕案件同比分别上升140.4%和137.1%；批准逮捕和决定逮捕同比分别上升157.4%和157.6%。

【审查起诉】 2014年，两级院受理审查起诉案件同比分别上升86.4%和85.9%；提起公诉案件同比分别上升92.1%和93.7%。

【反贪污贿赂】 2014年，两级院重点查办民生建设等领域职务犯罪案件，立案侦查贪污贿赂犯罪案件50件51人。

【反渎职侵权】 2014年，两级院立案侦查渎职侵权犯罪案件7件16人。通过办案追缴赃款赃物折合人民币566.3万余元。

【职务犯罪预防】 2014年，两级院受理行贿犯罪档案查询，做好录入工作，参加全疆检察机关首届惩治和预防职务犯罪年度报告评比活动，分院获最佳年度报告奖。

【控告申诉检察】 2014年，两级院受理群众来信来访514件，其中受理首次举报184件，首次控告107件，受理申诉223件。

【民事行政检察】 2014年，向审判机关提出民事抗诉9件，提出再审检察建议3件，审判机关已采纳2件。

【监所检察】 2014年，喀什检察分院加大对提请减刑、假释、保外就医工作监督力度。其中发现暂予监外执行不当10人，发现侦查机关超期羁押50人，均及时提出纠正意见。针对监管改造场所违法情况，提出书面纠正意见15次。

【人民监督员】 2014年，喀什分院提请人民监督员监督案件9件9人，均为拟不起诉案件，人民监督员同意检察机关处理意见9件9人。

【案件管理】 2014年，喀什分院推行使用统一的业务应用系统，确保正常运行。实行全程监控，规范执法办案行为。同时，按照上级规定做到案件信息公开，实现信息化建设和执法规范化建设有机结合。

（马玉萍）

法院

【综述】 2014年，喀什地区中级人民法院（简称“地区中院”）辖1市、11县，12个基层人民法院，下设64个人民法庭。内设机构：审判管理办公室、立案庭、民事审判庭、刑事审判庭、行政审判庭、审判监督庭、执行局、政治部、纪检监察室、研究室、机关党委、办公室、法警支队。全年，两级法院受理各类案件27617件，审执结26304件，同比分别上升14.35%和13.71%。案件质量综合指数达到88.94，同比上升3.34；中院审判质效评估综合指数得分88，同比提升8.2。

【法院改革】 2014年，地区中院召开两级法院司法公开三大平台建设推进会，成立司法公开三大平台建设领导小组，研究制定《推进司法公开三大平台建设工作方案》《关于推进司法公开三大平台建设试点工作的实施细则》并上报高院批准《喀什地区两级法院三大平台一体化建设和整体推进方案》。推进裁判文书上网工作，在中国裁判文书网上公布裁判文书333份，12县（市）法院在门户网站公布维、汉文裁判文书，公布率达到100%。落实人民主体地位，扩大司法民主，实施人民陪审员“倍增计划”，选任人民陪审员355名，与上一届相比增加220人，两级法院人民陪审员一审案件参审率普遍达到80%，同比提高15.05%。贯彻落实《关于进一步推进涉诉信访问题依法处理工作的意见》和7个配套文件。

【刑事审判】 2014年，两级法院受理刑事案件同比分别上升70.38%和61.85%。受理并审结减刑假释案件同比上升2.55%。

【民（商）事和行政审判】 2014年，两级法院受理商事案件4701件，审结4436件，同比分别上升27.71%和32.22%。受理民事案件14399件，审结13900件，同比分别上升3.88%和3.89%。受理行政案件111件，审结102件，同比分别上升122%和112.5%。受理国家赔偿案件3件，审结2件。依法为困难当事人缓、减、免交诉讼费83.1万元。

【案件执行】 2014年，两级法院受理执行案件2466件，执结2392件，同比分别上升1.27%和0.84%，执结涉案标的额4.52亿元，同比上升192.92%。

【基础设施建设】 2014年，喀什中院完成综合审判楼建设任务，中院在喀什监狱、莎车县法院在县看守所建成具有远程提讯功能的科技法庭。

【司法廉洁教育活动】 2014年，两级法院开展司法廉洁教育活动、党风廉政教育月活动和“增强党性、严守纪律、廉洁从政”暨整治“六难三案”专题教育活动，完善惩防体系，落实党组主体责任和纪检部门监督责任。针对“门难进、脸难看、事难办”“立案难、诉讼难、执行难”“关系案、人情案、金钱案”等“六难三案”问题，综合运用全国四级法院举报网站、司法公开、司法巡查、审务督查、举报核查、任职回避等方式，加强司法作风整改。对两级法院院貌院纪、庭审规范等7个方面37个问题进行通报，对两级法院13起差错案进行责任追究，受理举报信件35件，给予行政警告处分1件1人次。

（喀什地区中级人民法院）

司法行政

【普法教育】 2014年，喀什地区司法局开展普法教育工作。利用“12·4”宪法日、自治区第十一个宪法法律宣传月、与法同行万人宣讲、“送法下乡”、法律法规纪念日、颁布日等时机，开展以宪法为核心的“一反两讲”为主要内容的各类法律法规宣传教育，免费向全社会发放法制宣传册（单）55万本（张），光碟2000余张，组织全地区8.5万名干部参加公职人员学法考试。召开全地区流动人口法制宣传教育工作现场观摩会，总结推广喀什市等地开展流动人口法治宣传教育工作的好经验和做法。动员全地区各级党政、司法行政机关采取多种形式开展大宣讲活动，全地区开展7000余场次宣传教育活动，受教育群众达200万余人次；开展以现代文化为引领，实现“中国梦”为主题的青少年群体法制宣传教育活动，抽调多名律师现场宣讲，采取文艺会演等多种形式，在全地区开展410余场次宣讲，发放法制宣传手册13万余本，100余万名青少年受教育。开办“平安喀什”等一批法制宣传专栏。

【法律服务】 2014年，地区司法局加强和巩固律师队伍建设，组织执业律师开展政治思想、职业道德、执业纪律教育培训。指导重大群体性案件、危安案件律师代理工作，保证全地区危安案件和严打案件在辩护、代理上万无一失。做好全地区律师协会换届选举、律师执业考核和律师事务所年度检查考核工作，促进律师行业稳步发展。实施法律援助民生工程，加强法律援助便民服务窗口建设和“12348”法律援助专线服务工作，降低援助门槛，扩大覆盖范围，全地区13个法律援助中心面向社会提供法律咨询9135人次，办理法律援助案件2959件，其中刑事案件904件、民事案件2055件，挽回经济损失4194万元，实现法律援助“能援则援、应援尽援”目标。司法鉴定工作循序渐进、稳中有升，2014年，完成鉴定数3489件，其中法律援助司法鉴定91件，无有效投诉案件。公证管理工作进一步加强，各级公证机构办理公证6437件，其中国内公证5344件，涉外公证1090件、港澳台公证3件，为群众就学、就业、养老、医疗、社会保障等民生问题提供及时有效的法律服务。

【社区矫正与安置帮教】 2014年，喀什地区司法局加大特殊人群教育，有效预防和减少重新违法犯罪。组织全地区55名基层社区矫正工作人员参加国家心理咨询师培训。加强对重点人员的调查摸排，做到底数清、情况明。推进社区矫正工作信息平台和刑释人员安置帮教管理系统建设。不断加强行业性、专业性调解组织建设，大调解工作格局逐步构建。

【矛盾纠纷调处】 紧紧围绕喀什社会稳定和长治久安，开展矛盾纠纷排查工作，全地区建立各类人民调解委员会2746个，开展矛盾纠纷排查1315次，预防矛盾纠纷479件。全地区各级调解委员会调处矛盾纠纷18949件，调解成功18811件，成功率达99%，调处案件数量比同期减少10329件，实现小事不出村（社区）、大事不出乡镇（街道），把矛盾化解在基层。完善人民调解、行政调解、司法调解为一体行业性、专业性人民调解机制，全地区建立行业性、专业性人民调委会（室）158个，聘请专职调解员137人，兼职调解员431人，调解案件3923件，调解成功3889件，成功率达98.9%。

【监所管理】 2014年，地区司法局加强对各监所的监管安全检查，完善各项安全防范措施。协助自治区第一监狱、自治区第四监狱、吐鲁番监狱等开展亲情互动帮教工作，做好监狱和地方之间的协调工作。

（李兴祥）

军 事

武警新疆总队南疆指挥部

【党委班子建设】 2014年，武警新疆总队南疆指挥部坚持党委机关绑在一起建，以“四个一”为抓手，党委中心组带机关组织研讨式、课题式理论学习，提升领导机关综合素质。坚持把党的群众路线教育实践活动作为继承军队优良传统和实现强军目标战略之举来抓。在主要领导部队调研基础上，确立“坚持严字当头，强化问题导向，教育与实践并重，纠风与立制并举”的活动思路。坚持把“学习教育，理论武装”作为增强党性修养、加强作风建设的基础环节来抓。同时，始终坚持敞开大门搞活动，贯彻整风精神抓“靶子”，广泛征求官兵意见建议。坚持把教育实践活动整改落实、建章立制第三环节作为教育活动出成果、见成效关键来抓，制定“六项整治工作”方案和推进表，通过蹲点帮建抓督导、挂账销号抓整改、情况通报抓落实、盯着承诺抓兑现。

【思想政治建设】 2014年，武警新疆总队南疆指挥部紧跟形势统思想增强政治意识，坚持用国家一系列决策指示统一官兵思想，用中央第二次新疆工作座谈会精神引导各级官兵充分认清南疆维稳形势，着眼坚定官兵政治信仰、政治信念，严格落实“四反”工作五项机制，突出政治纪律、拒腐防变等重点内容，打好隐蔽斗争主动仗。注重任务牵引强化战斗精神培育。开展形势任务教育、“强化战斗精神，历练军人血性”系列教育和干部队伍“重学习、尽职责、讲道德、守法纪”专题教育和主题教育，开展战斗力标准大讨论，强化广大官兵使命担当、守卫边疆、建设边疆的信心和决心。联系实际，做实经常性思想工作。坚持把密切内部关系作为经常性工作重点，结合新兵“第二适应期”，严密组织“密切内部关系，打牢安全基础”教育整顿和“了解矛盾、帮困解忧”大谈心活动，跟进抓好经常性思想工作、预防犯罪、心理（法律）服务工作。

【执勤工作】 2014年，武警新疆总队南疆指挥部形成地区有指挥部副职督勤、片区有支队领导管勤、面有大队领导组勤、线有中队干部带勤组勤的模式。始终把执勤工作作为“饭碗工程”紧抓不放，定期组织两级参谋长网上研讨。抓好临时勤务组织实施，严格执行兵力调动批准权限，坚持勤务部署、一线管理、指导帮带、设施检查四到位，落实干部查控、骨干管控、邻近人员互控、对讲机联控要求，确保各类临时勤务万无一失。

【部队正规化建设】 2014年，武警新疆总队南疆指挥部贯彻总部依法从严治警集训会议精神，坚持“重法治、严纪律、抓经常、正风气”的思路，按照“坚持标准、严在平时、保持经常”要求，全面规范基层一日生活秩序，提高部队正规化管理水平。深化隐患治理。以“群众性创安”为载体，以“五个过一遍”为抓手，采取“三个不定”方法对所属部队实施点对点检查。同时，抓好士兵补选退工作，尽最大量保留兵员实力和人才队伍。坚持从源头抓起，在入伍新兵中开展教育训练和“三查一除”工作。

【基层建设】 2014年，武警新疆总队南疆指挥部开展《纲要》在岗培训和“大练基本功”活动，采取两级机关联动，充分利用局域网、干部大会、过“三日”等方式，分层分类对所有干部骨干进行经常性培训。学习贯彻武警部队1号文件和总队“考帮建”长效机制，研究制定《指挥部2014年逐级考察、重点帮建实施方案》，持续抓好党委常委教育实践活动联系点、机关干部当兵蹲中队、基层干部住班活动，推进基层建设协调发展。注重示范引路。充分利用南指部队在部队建设和战斗中涌现出来的先进集体、先进个人、英模典型资源，开展学样板、学典型、创先进活动，不断激励部队士气、浓厚创先氛围；坚持以强军目标为引领，指导基层开展“双争”“双向讲评”等活动。

【后勤综合保障】 2014年，武警新疆总队南疆指挥部全面加强后勤应急保障力量建设，协调上级为基层部队补充配发单兵食品和部分物资器材。采取网上授课与集中培训相结合，严密组织战勤参谋、军械干部骨干、汽车修理工和卫生员培训，提高后勤专业队伍素质。落实总部后勤部长集训和卫生工作会议精神，分别在喀什、和田两个方向召开后勤应急保障队和卫生队建设现场会。组织医疗服务队为基层官兵和任务分队进行医疗服务，发放药品。

（武警新疆总队南疆指挥部）

新疆公安消防总队南疆指挥部

【综述】 2014年，新疆公安消防总队南疆指挥部从各级财政争取资金，发挥服务保障作用。开展对人员密集、高层和地下建筑等场所30余次专项治理行动，全地区共检查单位12168家，发现和整改火灾隐患23688处。全地区共确定重大火灾隐患单位27家（其中提请各级政府挂牌督办21家），销案26家。全地区共发生火灾872起，死亡4人，受伤6人，直接经济损失711万元。接警3516起，出动车辆13490辆次，人员15828人次，抢救疏散被困人员365人，抢救财产价值5000万元。

【反腐倡廉教育】 2014年，新疆公安消防总队南疆指挥部完善官兵诉求渠道，保障官兵权益。开展“讲党性、守党规、严党纪”反腐倡廉教育、消防执法领域突出问题专项整治，确保部队正规有序，未发生安全责任事故和违法违纪案件。

【经费保障】 2014年，新疆公安消防总队南疆指挥部不断加大对营房设施改造资金投入，改善指挥中心建设和各项设施，对七里桥中队营房设施进行改造，对各基层单位营区安防建设进行改造。

【安全防护】 2014年，新疆公安消防总队南疆指挥部创新营区安全防范模式，提出营区“人防、物防、技防、犬防”四位一体和“三道防线”相结合安全防护体系，并组织承办全地区营区安防建设示范会；与公安各警种、友邻部队建立联动机制，创新提出“三人快反小组”勤务模式，形成快速反应、快速出动、快速处置作战体系。

【社会消防安全管理】 2014年，新疆公安消防总队南疆指挥部建立建（构）筑消防员管理、备案等机制，组织研发建（构）筑消防员职业化管理系统软件，推动社会消防从业人员职业化；提请地区公安局召开派出所消防工作例会，完成各县（市）执法档案室建设，规范各级消防受理窗口，一个大队被评为自治区级消防监督执法示范单位。

【政治工作】 2014年，新疆公安消防总队南疆指挥部建立规范思想政治教育、党建带团建、示范基层党组织建设3个试点，制定《示范基层党组织创建手册》等规范性文件，并通过召开政治建警经验交流会等方式推广试点经验。2014年，共有巴楚、麦盖提2个中队获集体三等功，1人获个人二等功，10人获个人三等功，25人获个人嘉奖，一个官兵家庭被评为自治区最美家庭，并入围全国候选行列。

（新疆公安消防总队南疆指挥部）

武警新疆总队第四支队

【党委班子建设】 2014年，武警新疆总队第四支队党委围绕学习贯彻习近平主席系列讲话精神，聚焦强军目标，紧盯“三个绝对”，按照“稳、实、精、严”四字要求，抓紧抓实举旗铸魂、能打胜仗、从严治警、夯实基础、改进作风、搞好保障六大任务，继续倡导“团结、快乐、拼搏”和谐理念，一手抓任务，一手抓建设，确保部队内部安全稳定，部队全面建设呈现稳步发展良好态势。特别是4月27日，高标准、高质量完成迎接习近平主席视察任务。支队党委贯彻“四个坚持”要求，以作风建设为突破口，着力增强党委班子创造力、凝聚力、战斗力。精心组织党委中心组理论学习，通过专题学、课题牵、集体研“三位一体”方法，提升学习质量。贯彻民主集中制，充分发扬民主，用制度规范权力运行，提升党委决策科学性。严格执行《廉政规定》，自觉做到执行号令不打折扣，严守纪律不找借口，落实制度不打擦边球，充分发挥表率作用。畅通民主渠道，公开承诺“20个严禁”，主动接受官兵监督。开展党的群众路线教育实践活动，总结“基本抓法二十条”，开展“倾听官兵心声、答复官兵意见、回应官兵期盼”活动，从基层反映问题。反思党委机关责任，确保解决问题针对性，已经落实购买配发文体器材等24件实事。

【思想政治建设】 2014年，武警新疆总队第四支队始终聚焦强军目标，在铸牢军魂意识、深扎思想根基、坚定理想信念上持续用力。把学习贯彻习近平主席讲话精神纳入干部理论学习、党课教育和部队思想政治教育之中，开展“牢记深情嘱托、献身强军实践、内化讲话精神、岗位再立新功”系列活动，将激励、鼓舞转化为官兵履行职责使命。采取大课领导讲、小课分层上、班排抓讨论等办法，开展主题教育，组织开展主题演讲、强军战歌歌咏会和“战斗力标准大讨论”等活动，增强思想政治教育时代性和感召力。开展“强军风采”系列文化活动和中国梦·强军梦·我的梦“学英模、当标兵”等主题实践活动，锤炼官兵“一不怕苦、二不怕死”战斗精神，提振精气神。倡导“团结、快乐、拼搏”和谐理念，开展“深知兵、真爱兵”和心理文化法律服务等活动，妥善处理解决6人涉法问题，确保官兵思想纯洁稳定。开展誓师动员、立功创模、战地文化等活动，任务官兵始终保持高昂士气和旺盛斗志。开展团村结对、捐资助学和“三学一唱”等群众工作，开展“10·17”扶贫日系列活动，援建站敏乡15村千亩核桃林，资助慰问困难群众10户，用实际行动赢得驻地群众信任和支持。

【中心任务】 2014年，武警新疆总队第四支队注重把遂行多样化任务作为能打仗打胜仗实践平台，着力提升核心军事能力。协助公安机关处置各类治安事件283起。

【安全发展】 2014年，第四支队结合新一轮正规化建设，严格按照条令条例和规章制度管理部队，落实两个《正规化管理规定》，持续开展条令学习月活动，强化法治理念、遵规守矩意识、组织纪律观念，促进部队各项工作依法规范有序运转。在局域网创办群众性创安活动专栏，制作安全倒计时牌，人人写安全警句，营造随口可讲、随手可写、随处可见、随时警醒安全氛围，形成群防群治良好局面。每周短信预警提示，每月下发《预防工作动态》，形成“月初安全宣告、月中安全教育、月末隐患排查、每月安全风险预测评估”安全工作循环机制。

【基层建设】 2014年，第四支队针对部队超分散驻守、超常规用兵、超负荷运转、超范围考验、高风险作战，任务与建设矛盾突出的实际，抓好强基层、固根本、蓄底气工作。以《纲要》《党支部工作条例》等基本法规和总部、总队党委首长指示精神为重要内容，集中组织《纲要》培训，开展“过三日”活动，抓好总队《纲要》网上培训成果转化，采取以会代训、岗位练兵、课题研讨、难题会诊等方法，干部骨干能力素质明显提升。组织常委和机关干部下队当兵、蹲队住班，一线查实情、了解难题，申请发放特困官兵救助金21.8万元，下派工作组对基层中队党支部进行普遍考察、蹲点帮建，采取跟会、跟训、跟课、跟事、跟餐，帮弱“五跟一帮”方式，推动部队建设协调发展，基层“四自”能力明显增强。坚持季度工作党委会统、月工作办公会统、大项工作抓基层领导小组统、周工作交班会统、临时性工作值班首长统“五统”工作机制，正规抓建秩序，形成抓建基层合力。

【后勤保障】 2014年，第四支队深入贯彻“天津会议”精神，坚持面向基层、服务中心，全面推进现代化后勤建设。按照“一组五队”抽组模式，突出抓好应急保障力量体系建设，及时修订完善后勤应急保障预案，开展野炊、战地救护、车辆抢修等针对性训练演练，圆满完成南指部队应急保障能力课目演示任务，提高应急保障能力。抓集中培训和岗位练兵，严密组织司务长、驾驶员、炊事员、军械员等专业培训，推开后勤专业兵“一专多能、一兵多用”训练，为部队培养输送一大批后勤业务骨干。严格执行预算编制，坚持公开招标、集中采购、验收把关和公务卡结算，持续开展厉行勤俭节约专项整治，开展伙食管理年，严把采购、验收、加工、卫生等环节，官兵对伙食普遍满意。严格落实“五共同五控”“六位一体”和“十条禁令”等规章制度，确保枪弹、车辆绝对安全。

（武警新疆总队第四支队）

喀什地区公安消防支队

【综述】 2014年，喀什地区公安消防支队全年共接警出动1943起，出动车辆4191辆，出动警力19010人，抢救被困人员207人，疏散被困人员176人，抢救财产价值6045.25万元。其中火灾1020起，抢险救援181起，反恐排爆3起，公务执勤641起，社会救助20起，其他互动143起。完成喀什市木材加工厂、疏附县冷冻保鲜库火灾扑救任务，并参与处置三十里营房“7·20”涉外救援，完成各项急、难、险、重任务。完成国家领导人警卫、“喀交会”及节假日等各类执勤保卫任务。

【政治工作】 2014年3月，喀什地区公安消防支队调整重组党委班子。5月，支队以“一核心、三加强”“三试点、一巩固”为总体工作思路，组织召开政治建警经验交流会，在喀什市大队建立规范思想政治教育工作试点，将疏附县中队列为党建带团建活动试点，将特勤中队培育为示范基层党组织建设试点。支队与20余家单位签订警民共建协议书，与共建单位适时开展联谊晚会、青年志愿者服务、文体竞赛等活动。年内，支队投入2万余元为亚克艾日克乡捐赠防爆头盔、盾牌、防刺服等防爆器材；投入1万余元慰问岳普湖县、英吉沙县等地基层驻村干部和困难群众；全支队各级单位共组织开展各类扶贫帮困活动60余次，慰问困难群众116家，发放慰问品及慰问金价值10万余元。

【创建工作】 2014年，支队组织开展学雷锋、民族团结教育、“牢记强警目标、践行消防使命”、向全国爱民模范集体——库车县公安消防大队学习、学习贯彻公安现役部队政治会议工作精神、中共十八届四中全会会议精神等教育活动。支队完善干部考核评价机制，巴楚、麦盖提、莎车3个中队获集体三等功，2人获个人二等功，22人获个人三等功，60余人获个人嘉奖，1人被部局评为十佳杰出消防卫士候选人，1人被评为全地区优秀人民警察，1个官兵家庭被评为自治区最美家庭，并入围全国候选人，多名个人受到各级党委政府表彰。

【培训演练】 2014年，喀什地区公安消防支队从实战化练兵、基层指挥员训练等六个环节入手，狠抓执勤岗位大练兵工作，全年共举办支队级体能、技能、智能比武1次，召开比武示范会1次。支队对基层指挥员、执勤中队长助理、班长骨干、攻坚战队员、新训驾驶员、通讯员等各岗位人才进行集中培训、轮训，不断加强专业队伍建设，提高官兵综合业务素质；支队及所属部队进一步修订重点单位预案和辖区水源信息，共修订预案700余份，更新水源信息800余处，确保灭火救援基础材料真实好用。全年开展灭火救援演练400余次，地震拉练4次。

【培训教育】 2014年，喀什地区公安消防支队开展"环喀战区"大型灭火救援实战化演练4次。组织举办基层指挥员、执勤中队长助理、攻坚组队员和驾驶员培训班5期，培训人员120余人。开展灭火救援安全教育、战例研讨、灭火救援系统使用等各类培训7次。开展冬春执勤训练、执勤岗位练兵等活动。举办支队级"打造消防铁军暨基层指挥员比武竞赛"活动。

【正规化管理】 2014年，喀什地区公安消防支队按照正规化建设要求，按照总队"抓基层、强素质、保稳定、谋发展"工作总要求，推进部队管理教育专项整治工作。开展"五无"创建活动，狠抓部队安全管理工作，创新提出"四个一遍"督查要求，全年开展督导检查16次。加强对基层部队"远程"管控，每周下发督察通报，切实提高部队安全管理成效，确保全年部队内部高度安全稳定。

【信息化服务】 2014年10月，喀什地区公安消防支队新营区搬迁至疏附县广州新城，加大对作战指挥中心建设，共投入各类经费近438万元，实现"119"集中接警，图像、语音综合集成及应急通信保障等功能。加强车辆GPS管控系统、营区管控系统、武器弹药管理系统、图像综合集成系统；开展支队级应急通信保障演练，开展各类通信业务培训、轮训工作和信息化应用视频培训6次。

【制度建设】 2014年，喀什地区公安消防支队提请行署召开消防工作联席会议4次，制定《喀什地区消防安全责任制实施办法》《喀什地区公共消防设施管理办法》和《常态化火灾隐患排查整治制度》等文件，下达全年消防重点工作投资计划。对各县（市）政府年度消防工作进行考核。国务院消防工作考核期间，推动各县（市）填补800余万元消防经费欠账。先后与住建、教育、公安、民政、文物等部门联合部署开展10余次消防安全专项治理行动，推动各级政府投入专项资金100余万元完成4个国家、自治区重点乡、镇和13个工业园区、开发区消防专项规划编制。全年新建成市政消火栓505个、消防水鹤30个。

【消防安全】 2014年，喀什地区公安消防支队先后部署开展第二次“清剿火患”战役、重大火灾隐患集中整治、消防安全“打非治违”、劳动密集型企业和公共娱乐场所消防安全专项整治等10余次专项治理行动，集中整治重点场所和重点区域火灾隐患，并在“两节”“两会”“五一”、国庆和大风天、夏收等重要节点和时段分别开展消防安全专项检查。全年各级公安消防机构共检查单位1.45万余家，发现和整改火灾隐患2.7万余处，临时查封单位139家，责令三停单位200家，罚款300余万元，行政拘留41人。提请各级政府挂牌督办重大火灾隐患27家，投入整改资金600余万元成功整改喀什银瑞林国际大酒店等一批典型重大火灾隐患。全年全地区共发生火灾1020起，死亡5人，受伤6人，直接财产损失818万余元，与2013年同期相比，火灾起数下降10%，死亡人数上升25%，伤人数上升500%，直接财产损失上升42.1%。

【后勤工作】 2014年，喀什地区公安消防支队贯彻《新疆维吾尔自治区武警消防业务经费管理办法》。协调地方争取业务经费1802万元，争取高危行业补贴242.8万元。全年共协调解决消防装备经费623万元，购置宣传车7辆、通信指挥车1辆、装备1000余件（套）。完成支队辖区装备评估论证工作。

（喀什地区公安消防支队）

武警喀什地区边防支队

【部队训练】 2014年，武警喀什地区边防支队建立实战化训练师资人才库，开展“送教上门”活动。注重常态化实战对抗演练，组织实战化演练。制定考核评价系统，对大练兵活动实行分级考核排名通报，将练兵结果运用与“双争”活动挂钩。筹措专项资金，采购训练装备，编写印制汇编资料。提高和规范基层单位全面建设水平，展示练兵活动成果，推进练兵活动。

【双拥工作】 2014年，喀什边防支队爱民固边模范县通过喀什地区考核验收，党员流动服务队、劳务输出队、爱心幼儿园、高原救助站、法律服务站等民生品牌效应影响深远，全面扛起服务驻地社会发展“三面旗帜”。8个乡（场）、17个村、11个单位被命名为爱民固边模范乡（场）、爱民固边模范村和爱民固边模范单位，塔县爱民固边模范县顺利通过喀什地区考核验收。对接“访惠聚”工作组联合工作，整体推进“三访四见”活动，启动巡回义诊进村队活动，为驻村干部和140余名群众提供医疗服务，被《人民日报》等中央级媒体报道。帮助140余名群众到驻地企业务工，人均增收万余元；与喀什地区红十字会建立扶贫帮困长效机制，争取扶贫资金20余万元；携手社会爱心团体为辖区弱势群体、困难儿童捐赠14万元衣物、桌椅和书籍。

参与抢险救灾21起，救援伤病人员10人，挽回经济损失100余万元。全年接处警141起（其中刑事案件5起，查破5起；治安案件11起，查结11起），案件查破率达100%。在警务室设立法律服务站，解决涉法涉诉问题百余个。完成执法功能区改造，在考核验收中均为优秀。

【规范管理】 2014年，喀什边防支队完成第四届中国—亚欧博览会、“喀交会”边防安保及自治区部署开展“访惠聚”活动等各类急难险重任务，部队安全无事故。开展专题教育等活动，层层签订安全保密责任书，成功召开规范化建设推进会，部队实现“三型”目标。筹集资金160万余元用于购买警用装备及安防设施建设，提高官兵战斗能力；筹措经费138万余元完成信息化建设和改造升级。出台体系建设要则，加强应急处置战术研究，开展指挥技能训练，提高部队快速反应和制胜能力。

【政治育警】 2014年，喀什边防支队筹措经费240万余元为基层办实事，打造“石头文化、温室文化、高原文化、长廊文化和阁楼文化”，战斗精神文化初步建成。启动主题教育，跟进做好战时经常性思想工作，组建心理服务队深入一线开展咨询疏导。牵头抓好协作区政治工作，开展系列活动，邀请党校专家解读十八届三、四中全会、第二次中央新疆工作座谈会精神，成立宣讲团深入一线宣讲。设立爱心基金，帮助3名官兵家属解决13.5万元治疗费，累计筹资30余万元慰问基层单位、烈士家属和困难官兵，为官兵解决家属就业、子女入学、法律援助等难题。启动“双争”活动，举办课件展、板报展、书法展等风采展。坚持用典型引领部队、激励官兵，典型培树实现新突破，2名代表参加总队巡回报告会，4名官兵分别荣获全国边海防先进个人、全国爱民固边·感动边疆人物、优秀带兵骨干及十佳边防卫士称号，1名家属获评十佳边防警嫂。2014年，5个单位分别荣记集体一、二、三等功，38名官兵立功受奖，一大批集体和官兵受到各级各类表彰奖励。

【综合保障】 2014年，喀什边防支队花园式警营逐步实现，赢得地方支持和优惠政策，争取地方资金391万元。投入经费20余万元完成物资库建设，筹资160余万元购买警用装备及安全防护设施建设，实现物资装备“一体化”。争取资金391万元为机关钻探210米深井，改善吃水用水问题。强化审计监督，完成各类审计21次，审计金额达4300余万元。完成官兵及家属巡回体检工作，组建流动党员服务队下基层开展检修、巡检活动，开展驾驶员复训。推行被装直发直供模式，实现直达供应，提高被装发放准确率和适体率。完成基层单位附属设施和防护网建设，争取塔县政法委拨付20万元修建执勤用房，筹资18万元为条件艰苦单位新建设施。落实“四化”要求，自筹资金100余万元筑起观景长廊、广树育警石、摆放园艺花盆、推广工艺护栏、打造阁楼和庭院文化，花园式警营逐步实现。

（武警喀什地区边防支队）

群众团体

喀什地区工会

【宣传教育】 2014年，喀什地区开展“‘中国梦’·劳动美·我与改革创新”主题演讲比赛。地区开展演讲84场次、参赛选手334人，覆盖职工16210人，地区推荐参赛选手胡梦菌在自治区演讲比赛中获得三等奖，地区工会被自治区评为优秀组织奖；组织开展2014年“我推荐、我评议最美企业职工”活动；根据地委《关于今冬明春在青少年重点群体中开展“以现代文化为引领，实现‘中国梦’集中教育活动意见》安排”，向各县、市和地直各基层工会下发通知，抓具体宣传、指导、检查、落实，陆续开展感恩教育、民族团结教育、实现“中国梦”、践行“喀什责任”和社会公德、职业道德、家庭美德等为主题宣传教育；开办道德讲堂、开展学雷锋义务劳动，以迎新春、庆“五一”、庆国庆等为契机，组织各级工会举办冬季万人长跑比赛、职工群众运动会、职工青年歌手大赛、职工书画大赛、刀郎麦西来甫表演等丰富多彩职工文体活动。

【基层组织建设】 2014年，新增基层工会组织115个、新增会员15269人。地区基层工会总数达到2091个，职工总数253952人，工会会员总数251788人；加强企业和机关事业单位工会建设、乡镇（街道）、开发区（工业园区）工会建设、区域（行业）基层工会联合会建设、基层工会干部队伍建设，“五一”国际劳动节选树表彰喀什远方实业发展有限公司等33家企事业单位为地区级模范职工之家，疏勒县喀什万家高低压电气成套有限责任公司高低压柜车间工会小组等3家车间（班组）被评为地区模范职工小家。

【民主管理】 2014年，喀什地区加强厂务公开民主管理工作，健全以职工代表大会为基本形式的企事业单位民主管理制度。制定《2014年地区厂务公开民主管理工作指导意见》，评选出地区级厂务公开先进单位23家、示范单位11家。喀什市总工会、巴楚县利民供排水有限公司、喀什九州通药业有限责任公司、叶城天山水泥有限责任公司被自治区厂务公开领导小组评为“厂务公开民主管理先进单位”并表彰，喀什市供排水有限责任公司被自治区厂务公开民主管理工作小组评为示范单位；7月9—23日，自治区总工会对喀什市、泽普、塔什库尔干及2县、1市所属12家基层工会进行抽查检查；全年，厂务公开民主管理工作建制746家，建制率达91.4.%，职代会建制率达94%。

【集体合同工作】 2014年，喀什地区加大劳动法律法规宣传，将集体合同示范本、工资参考文本、企业工资集体协商工作流程、双方协商代表委托书等相关内容在地区工会网站、工会QQ群打包推出；4月初，印发《关于在地区开展工资集体协商“集中要约行动月”活动的通知》，加强对工资集体协商指导服务；联合地区人社局召开地直企业劳资集体合同、工资集体协商推进会，推动地直46家企业集体合同工资集体协商签订提质扩面；举办3期劳动保障法律法规业务培训班，培训企业法人、基层工会主席、人力资源负责人730人；9月上旬，与地区人社局分2组，12县市、36家企业，对集体合同、工资集体协商跟踪检查推进，形成工资集体协商调研材料，对劳动合同、集体合同签订情况进行通报。地区发出集体合同511份、签订358份，覆盖职工27997人。截至年底，816家企业签订集体合同807家。

【保障工作】 2014年，联动开展“送法进企”活动，联合地、县市人社局、企业、工业园区，发放维权资料1200余份，对企业管理者、工会负责人、职工代表进行培训；推动“六五”普法活动开展，通过座谈、讲课、知识竞赛等形式，对《中华人民共和国宪法》《中华人民共和国工会法》《中华人民共和国劳动法》《中华人民共和国劳动合同法》等法律法规进行宣传；维护职工权益。开展农民工工资支付情况专项检查，联合有关部门检查用人单位638家，为3541名农民工补发工资和赔偿金1000多万元；推进信访矛盾化解，建立工会主席信访接待日制度，落实信访首问接待制、办理负责制，各级工会接待信访64次181人，其中来访41次84人、电话访8人次、集体访15次89人，信访和来访问题得到妥善解决；聚力民生工程，工会品牌帮扶效果显著。地区各级工会投入“三节”送温暖资金300多万元，慰问各族困难职工、劳动模范、农民工共6246人；发放“金秋助学”金140余万元，扶助700余名困难家庭子女圆梦大学；发放大病救助金18万元，对121名患重大疾病困难职工实行特殊救助；地区投入20余万元将地区帮扶中心补贴标准由原20%提高到30%，使常态化帮扶惠及近千名困难职工。由自治区、地区、县三级工会发放特困创业职工小额借款65.5万元，帮助25户特困职工脱贫致富；推动职工就业创业。以“春风行动”“就业援助月”“阳光就业行动”等活动为平台，推动转移就业、再就业和培训就业服务工作，各级工会提供免费就业服务18900余人次：跨地区有组织劳务输出4540人次，成功介绍农村富余劳动力转移就业3143人次，组织参加职业技能培训7771人次，提供维权服务和法律援助1854人次，1600人实现就业和再就业；利用地区职业技能实训基地开展家政服务技能培训，培训下岗职工、未就业大中专毕业生、困难职工、农民工1200人；推进职工服务体系建设。健全困难职工帮扶中心和工会服务站联动建设机制，推动乡镇、街道社区和企业建成工会服务站641家，建制率达94%；利用工会援疆机遇，协调争取四省市工会建成地县职工服务中心

11 个，地区工会服务职工阵地建设基本完成；"安康杯"竞赛活动全面展开。2014 年，地区报名参加安康杯竞赛单位 216 家、1780 个班组、25205 名职工，企业职工参赛率达 90% 以上。以"安康杯"为抓手，开展以宣传、咨询、培训、提建议、安全检查为主要内容"十个一"活动做好农民工维权工作。按照自治区六部委联合下发的《关于开展农民工工资支付情况专项检查》的通知精神，参与地区专项检查活动检查用人单位 638 家，涉及职工人数 4.03 万人、农民工 3.19 万人，支付工资及赔偿金 1056.6 万元。

【评先树优】 2014 年，喀什地区开展当好主力军、建功"十二五"奋力促跨越创先争优主题竞赛活动，以创建工人先锋号活动为载体，开展行业性、技能性、创新性劳动竞赛。全年开展各类劳动竞赛企业 134 家，参赛职工 3518 人，通过劳动竞赛提出合理化建议 211 条，实施技术革新 79 项，技术攻关 44 项。地区各级工会在充分听取职工和基层党政领导意见的基础上，经所在县、市，产业工会、基层工会考核审查和公示后进行申报，经过层层推荐，在"五一"前夕，巴楚县公安局民警刘成获全国"五一"劳动奖章；疏勒县财政局国库支付中心获全国工人先锋号称号；中国电信喀什分公司、喀什地区道路运输管理局获开发建设新疆奖状，伽师县双语教师帕提麦木·那斯尔和铜辉矿业总工杨锡祥获开发建设新疆奖章；喀什市自来水公司水厂等 7 个单位获自治区工会先锋号；喀什市委办公室等 32 个单位获地区级工人先锋号称号；喀什市新隆集团等 4 家企业荣获地区援疆工程劳动竞赛先进集体，曹江峰等 7 名个人获地区援疆工程劳动竞赛优秀建设者。加强劳模管理工作；抓全国劳模专项补助资金管理使用情况专项检查和省部级以上劳模调查摸底工作，对其基本信息、收入情况、就业情况、保险情况、住房情况等 8 大类进行专项调查，建立劳模动态管理制度；落实党和政府对劳模的关怀，建立疆外生活劳模定期联系慰问制度，为 16 名全国劳模和 180 名自治区级劳模发放"三金"50 多万元；组织 8 名劳模参加全总和区总组织的疗休养活动，促进劳模间交流；命名首批地区级职工（劳模）创新工作室 2 个，推动职工技术创新水平提升。

【工会援疆工作】 2014 年，地区在第二次全国工会对口援疆工作座谈会召开后，力促四省市工会代表团集中到喀什，与四省市工会商定《2015—2018 年工会援疆工作规划》，涉及项目 48 个，达成新一轮援疆意向资金 6000 多万元。

【教育工会工作】 2014 年，喀什地区有各级各类学校 2142 所，其中大学 1 所、中等专业学校 27 所、普通高中 44 所、初级中学 167 所、小学 976 所、特殊教育学校 3 所、工读学校 1 所、幼儿园 923 所。地区直属学校 13 所。在职教职工 6.26 万人，工会会员 6.25 万人，占总教职工的 93%。针对基层教育工会建设，制定《关于进一步规范模范教职工之家创建工作的通知》《关于进一步规范学校教职工代表大会相关工作的通知》，在各县（市）教育工会、地区直属学校工会组织实施；组织完成地区教育工会会员情况调查表和教育工会组织状况调查，形成《关于进一步加强县级教育工会建设的意见》调研报告，地区教育工会李泉源、麦盖提县教育工会王建蓉、岳普湖县教育工会郇红云撰写的论文和调查报告分别获得二、三等奖；抓教职工帮扶工作。地区教育工会慰问地区直属学校困难教职工37人，发放慰问金18500元。为19名特困教职工发放困难职工帮扶证，每月享受米、面、油、盐等定额帮扶物资。为700名困难职工和异地务工人员子女发放助学金近140万元；评先创优。2014年，岳普湖县第二中学双语教研组、塔什库尔干县中学教务处、喀什地区第六中学高三年级组、伽师县夏普吐勒乡中学双语办公室、莎车县恰热克镇中学双语教研组、疏附县第二中学德育处、英吉沙县第二小学数学教研组、喀什财贸学校专业课教研室、麦盖提县第一小学二年级组、喀什第二中学内初部、喀什市第十一中学办公室、疏勒县八一中学语文教研组12个集体荣获自治区教育先锋号称号；开展第七届自治区“三育人”先进个人评选工作。8月12日，根据新教工〔2014〕17号《关于表彰自治区教育系统第七届“三育人”先进个人的决定》，喀什地区受表彰的有阿米娜木·艾山、古丽再拜尔·阿布都力艾拉获教书育人先进个人，刘宁、阿不都外力·阿不来提获管理育人先进个人，阿力木江·艾麦提、热汗古丽·吾甫尔获服务育人先进个人称号。颁发2014年30年教龄奖牌709块。根据新教工〔2014〕27号表彰决定，喀什地区受表彰的有喀什地区师范学校工会、喀什水利水电学校工会、岳普湖县色也克乡中学工会、叶城县乌夏巴什镇中学工会、塔什库尔干县城乡寄宿制小学工会荣获先进工会组织，米热姑·艾买提、穆合特尔·麦麦提尼亚孜、阿依努尔·阿布来提、阿布来提·麦麦提、郭晓霞、买买提艾力·帕沙、王大营获优秀工会工作者，柴波、卢建雄、王莉、阿力木江·乃司尔丁获优秀工会分子称号；根据新教工〔2014〕28号表彰决定，喀什地区受表彰的有塔什库尔干县中学工会女职工委员会、岳普湖县第一小学工会女职工委员会获先进女职工委员会，蒋丽娜、吐逊古丽·吐尼亚孜获先进女职工工作者，赵叶汎、古海尔尼沙·麦麦提、朱书娟获先进女职工称号。

（田　翰）

中国共产主义共青团喀什委员会

【综述】 2014年，喀什地区有青年99.3万人；团员22.9万人，少年儿童47万人，少先队员42万人；少先队组织1243个，其中小学1072个，中学171个。全地区有基层团委428个，其中县（市）团委12个，学校团委218个，乡镇（街道）团委171个，地直单位团委27个。地区辖团总支258个，团支部6721个。全地区专职团干部2436人，兼职团干部7192人。

【基层活力攻坚年活动】 2014年，地区团委以基层团组织为中坚力量，以乡、村、社区团支部为重点阵地，推进基层团组织活力建设。全地区2296个行政村、社区拥有图书阅览室、青年活动场地比率70%。在“三级联创”工作开展过程中，着力向基层团组织和奋战在稳定第一线干部倾斜，全地区选树地区级五四红旗团委84个，团支部96个，优秀青团干部50个，优秀共青团员50名。

【教育实践活动】 2014年，地区团委以学雷锋志愿服务活动为载体，在各族青少年中开展“我的中国梦”主题教育实践活动。动员全地区各中小学在“3·5”学雷锋日期间开展学雷锋主题班队会活动、清理城市垃圾、慰问敬老院老人等志愿服务活动。通过对重点青少年调查摸排和建档造册，对牵手行动辅导员结对登记，关爱、教育、服务重点青少年群体权益，开展预防重点青少年违法犯罪“牵手行动”。

2014年，喀什地区团委联合各级力量，开展青少年法制宣传警示片教育活动。全地区167个乡镇场、街道，2296个行政村、社区累计开展宣传2412场次，受教育青少年达到95万余人。2014年，地区团委号召各族青少年开展“我与国旗合个影，我对祖国说句话”主题教育活动，动员各族青年、西部计划志愿者与国旗合影10万余人次，增强各族青年爱国主义情怀。以中秋节、古尔邦节等节日为契机，组织以“你到我家吃月饼、我到你家吃馓子”为主题的融情实践活动，加强民汉青年交流，增强民族团结。

【民族团结宣传教育】 2014年，地区团委以“民族团结大家show”活动为载体，组织各族团干部带头开展互学语言、互学文化、互学习俗等活动；以“唱团歌·传视频”活动为载体，组织青年开展唱团歌活动；以开展援疆省市“手拉手、结对子”活动为载体，与山东团省委、广东团省委对接当地中小学开展“手拉手、结对子”活动；以VVA排球联赛和VBA篮球联赛为载体，丰富青年文化体育生活，激发青少年群体活力。

【现代文化与青年同行活动】 2014年，地区团委以开展青年麦西来普、舞动《小苹果》活动为契机，展现地域风采。叶城县编排并拍摄《最美小苹果舞动青春叶城》宣传片；泽普县举办“麦西来普”活动151场次，参与群众达8万余人；麦盖提县各乡镇、村、社区开展麦西来普活动70余场，参与青年5万余人；疏附县《小苹果》走进校园，《小苹果》舞蹈成为孩子们课间操。组织返乡大中专学生编入“访惠聚”工作队，参加社会实践活动，为在读大学生以及待业青年作报告，教育引导广大青年树立“只有努力才能改变、只要努力就能改变”思想意识。

【援疆工作】 2014年，喀什地区团委与支援省市团委对接，争取各类助学金、爱心书籍、少先队鼓号队器材、希望小学建设资金、医疗器械等约200余万元，其中上海团市委远东宏信公益基金孤残儿童视听治疗专项活动120万元，青团系统思想政治工作骨干赴山东培训39万元，“粤疆同行，青春同心”优秀青年代表赴佛山交流培训项目50余万元，广东省健康直通车为喀什捐献药物和医疗器械价值30万元。新接收171名西部计划大学生志愿者。

（侯　朋）

喀什地区妇女联合会

【综述】 2014年，喀什地区有地区级妇联1个；县（市）级妇联12个；乡镇（街办）妇联171个；村妇代会2335个，社区妇代会166个。全地区有专兼职妇联干部2774人，地、县、乡、村四级妇女组织健全率为100%，组建非公有企业妇委会190个，新社会组织妇委会12个。全地区有地区级妇女儿童工作委员会1个，县级妇女儿童工作委员会12个，各级妇儿工委办公室设在妇联，有17名专职工作人员。

【知识、技能培训】 2014年，地区妇联组织354名妇联干部参加自治区妇干校培训，县（市）妇联培训干部3126人次。争取自治区妇联为71个乡、村妇联干部配备电动摩托车；喀什市、巴楚等四县（市）落实“人均一元钱”工作经费92万元。

2014年，喀什地区妇联落实地区培训与就业专项任务，制定印发《喀什地区妇女职业技能培训工作实施方案》，落实5万名刺绣女能手及6000名家政技能人员培训工作，全地区培训41205人，其中刺绣技能培训37981人、家政技能培训3224人。

【主要活动】 2014年，地区妇联开展纪念“三八”妇女节104周年，评选表彰40名先进个人，10个先进集体，在《喀什日报》上设立光荣榜，宣传先进妇女典型，各县（市）妇联表彰先进集体94个，先进个人403人，五好文明家庭70户。

喀什地区妇联在全地区开展第一届“寻找最美家庭、最美母亲”活动，2347个妇女之家开展最美家庭评选活动，参与率达到94%，母亲节期间召开表彰大会对17户最美家庭、15名最美母亲进行表彰。

地区妇联组织参加全国少年儿童“心中有祖国、心中有他人”主题教育活动，英吉沙县社区儿童活动中心获全国少年儿童“双有”主题教育活动优秀集体奖，英吉沙县二小1名学生获全国少年儿童“双有”主题教育活动先进个人奖。组织13名贫困儿童免费赴北京、天津参加“民族团结一家亲——新疆儿童与北京、天津儿童手拉手夏令营”活动。开展“六一”儿童节活动433场（次），23.9万名少儿参加活动。

【靓丽工程】 2014年，地区妇联将自治区“靓丽工程”的80%专项资金向就业和民生倾斜并以循环金形式发放到各县（市），扶持手工编织刺绣行业发展，举办喀什地区民族服饰、妇女刺绣作品设计展示活动，建立刺绣编织示范基地、合作社32个，带动6万余名妇女就地就近就业。各县市妇联举办技能大赛、手工艺品展等活动720余场次，激发妇女干事、创业热情。

【现代文化示范村社区创建】 2014年，地区妇联争取项目资金75万元在喀什市创建自治区级现代文化示范村13个、示范社区2个，各项目村（社区）开展形式多样、妇女群众喜闻乐见厨艺大赛、服装展演等文化活动。

【项目建设】 2014年，地区妇联实施“短平快”项目。争取31个适合妇女创业就业服装加工、编织刺绣等项目落地，争取资金6690万元带动8925名妇女实现就业。2014年，喀什地区妇联实施妇女儿童关爱16个公益项目，争取项目资金572万元。为356名受艾滋病影响儿童发放57.7万元救助金；为97名贫困“两癌”患病妇女发放救助金97万元；为喀什市、巴楚县、泽普县15名单亲贫困母亲争取15万元建房补助金；争取“蓝天春蕾计划”项目资金37.44万元，292名女童受益；实施“爱心一元捐”助学项目，资助127名贫困女大学新生25.4万元。

2014年，地区妇联争取援疆项目11个，援疆资金1043万元。推进免费婚检工作，90625人参加免费婚检，婚检率100%；与上海市妇联联合举办沪·喀姐妹情2014年古丽绣项目培训，培训四县85名刺绣女能手；与山东省妇联对接，组织4县50个民族家庭100名家庭成员赴山东参加2014年鲁·喀维汉一家亲结对联谊活动；上海市妇联为援建四县230个“妇女之家”配备音响设备；援疆省市妇联开展“百万家庭亲情一线牵”恒爱行动，为3000多名孤残儿童捐赠爱心毛衣。

【宣传工作】 2014年，地区妇联开展以法律温暖家庭幸福为主题“三八”维权周宣传活动16场次，发放宣传单5万余份（册），接受群众咨询500余人次。喀什地区妇联开展妇女维权工作，充分发挥“12338”维权热线、信访代理制作用，各级妇联接待妇女来信来访2085件，处结率达95%以上。喀什地区妇联开展“两项行动”。制定《喀什地区妇联婚姻领域违法行为综合治理工作实施意见》，对婚姻领域违法行为按照相关规定进行处理。加大《中华人民共和国婚姻法》《中华人民共和国妇女权益保障法》宣传力度，印制宣传资料15万份，开展法制宣传1549场（次），24.9万人受益。

（袁仙歌）

喀什地区工商业联合会

【非公有制经济发展】 截至2014年10月，喀什地区有私营企业8853户、从业人员17.4万人、注册资本226.9亿元，与上年同比分别增长9.1%，6.7%和10.7%。个体工商户7.2万户、从业人员34.5万人，注册资金187.4亿元、与上年同比分别增长4%、12%和9.6%。商（协）会18个、会员企业3115个，新增366个。全地区完成工业总产值270.21亿元、增加19.41%，非公经济占比重66%以上，规模以上非公有制企业实现工业增加值47.2亿元，与上年同比增长15.5%，非公有制经济占总量63.2%。

【参政议政】 2014年，喀什地区工商联充分发挥统战性、民间性职能，开展政治协商、参政议政，发挥桥梁纽带作用和参谋助手作用。地区工商联向地委上报《关于加强新形势下工商联工作的实施意见》。报送《发展软环境的建议》《民营企业在丝绸之路建设中的作用及建议》《关于在非公企业中签订用工合同保障员工权益》3个调研报告。各县（市）工商联、商（协）会及非公有制经济人士参加政策咨询会、座谈会和听证会，为工商联、商（协）会及非公有制经济人士建言献策、反映社情民意及诉求搭建平台、畅通渠道。开展民营企业评议县（市）职能部门、行风评议等活动。对非公有制经济代表人士进行政治安排，在全地区人大、政协担任代表、委员非公有制经济人士31人，担任人民陪审员1人、特约监察员4人、特约检察员1人、行风评议员2人、绩效管理监督员1人、工商局行风监督员1人、质监局行风监督员1人。

【基层组织建设】 2014年，喀什地区有18家商（协）会，有会员企业3115个。非公有制企业党委17个、总支、支部385个，党员2826名。打造川渝商会党委、南达集团党委、远东集团党委、新隆集团党委4个地区级非公党建示范点，叶城非公经济组织党委、河南商会党委被推荐自治区非公先进党组织。

【工商联工作】 2014年，地区工商联向地委、行署上报《关于加强和改进新形势下工商联工作的实施意见》；召开表彰奖励非公经济组织先进党组织、先进商会大会，表彰非公经济组织先进党委4个、先进党支部12个、先进商会6个；节假日期间，开展慰问老干部、劳动模范、先进工作者、解放军、武警、公安干警活动，非公经济组织商会为开展助残、扶贫、维稳等慰问活动捐款、捐物折合人民币约433万多元；召开工商联第五届执委、常委会议，总结工作，安排新一年工作任务，补选、调整缺额执委、常委6人；分4次在非公经济组织和民营企业家中开展调研、问卷，征求意见及开展对政府部门在党的群众路线教育实践活动、《发展软环境建设》《民营企业在建设丝绸之路中的作用、存在问题及建议、意见》《关于在非公企业和商会中层层签订用工合同、社会保险、农民工工资三个签订协议100%》等调研，地委召集有关部门会议专题研究有关问题；向全国工商联上报光彩事业扶贫资金项目并争取“光彩事业南疆行”主体活动在喀什举办，光彩事业促进会向喀什捐款扶贫项目资金1400万元；举办非公有制经济组织党员培训班、工商联基层组织干部培训班、非公经济组织商会会长、企业家、少数民族企业家等培训班六期，培训骨干约500人次，组织基层工商联干部、非公经济组织人士、企业家到自治区工商联参加专题培训班共培训5批17人次；在非公有制经济组织中开展“热爱伟大祖国、建设美好家园”“理想信念”“群教活动”“爱国、诚信、守法、感恩”等教育活动1246场次，参加活动企业246个，参加人数6万多人次；接待全国统战部、工商联，自治区统战部、工商联、内地省市工商联等18批单位和领导到喀什调研、检查以及参加大型会议、招商引资等会议1624人次（其中“光彩事业”来宾690人次、第十届“喀交会”365人次）。

（地区工商联）

喀什地区科学技术协会

【科普宣传工作】 2014年，喀什地区全面启动喀什地区第二十五届“科技之冬”活动。全地区各县（市）举办各类技术（技能）培训班7261期，其中3天以上培训班840期，3天以内培训班6322期；受训人员977574人次，投入资金405.34万元，出动车辆3123辆（次），发放各类科技书及实用技术手册53.1万册，音像制品13673盒，宣传板报365370张，张贴挂图34781幅。

【青少年课外科技活动】 2014年，喀什地区举办航模比赛、青少年书法比赛、科技节（周）活动、硬笔书法比赛、科普报告会、机器人比赛，培训科技辅导员、参加自治区创新大赛，取得较好成绩。巴楚县第二中学教师罗凯和刘娟芝、叶城县第一中学高煜兴等科技辅导员教师撰写的《探究丝路遗址　弘扬丝路文化》《走进问卷调查法》《想找长寿果　请到这里来》3篇论文在第二十八届自治区青少年科技创新大赛科技辅导员创新成果竞赛项目分别荣获一等奖和三等奖；叶城县第一中学学生夏依但阿不力米提发明的防盗门铃在第二十八届自治区青少年科技创新大赛青少年科技创新竞赛项目中荣获二等奖；地区科协与自治区科协联合在疏勒县、叶城县农村实施联合国儿童基金会非正规教育项目，继续实施《2013—2015年中国科协与联合国儿童基金会农村青少年非正规教育项目》。开展青少年科技创新活动、科技周活动、全国骨干科技辅导员培训活动；2014年5月2日，地区科协组织27名中学生和辅导员参加自治区在克拉玛依举办的自治区青少年科技节活动。

【科普项目推广】 2014年，喀什地区提高基层科普行动计划工作在新农村建设中的显示度，抓科普“站、栏、员”建设。加强农技协、科普基地、科普带头人、少数民族科普队、科普惠农服务站、社区科普管理和业务指导服务，对已命名技协、基地、带头人、科普队、惠农服务站进行调研普查并建立档案。对已获得基层科普行动计划项目表彰全国先进对象进行绩效追踪，提高服务质量、发挥其辐射带动作用。

【科普项目评选】 2014年，喀什地区抓基层科普行动计划及科普资源项目、科普奖项目工作、推荐科技人员、优秀论文的申报工作。收到各县（市）、地直学会上报项目书38个，上报农村专业技术协会、科普基地、科普带头人、少数民族科普队、科普先进社区等项目单位32个，科普资源共享与开发项目4个、学会资源资助项目4个。地区上报项目单位中，7个项目单位获全国和自治区项目资金65万元。

（喀什地区科协）

喀什地区文学艺术界联合会

【业务工作】 2014年，争取自治区文联、作家协会支持，为喀什捐赠主旋律书籍万余册，价值30余万元；协助新疆电视台启动以喀什老城区改造为背景的百集维吾尔语室内情景影视剧《老城故事》（暂命名）；组织参加自治区举办的首届新疆小品大赛，完成地区内初赛节目审核18部，推荐参加自治区节目11部，有10部节目参加正赛。

【文化交流】 2014年7月，地委宣传部、地区文联组织喀什地区美术家协会、书法家协会、摄影家协会与山东省联合举办齐鲁文化喀什行美术、书法、摄影作品联展，喀什地区参展书法20幅、美术43幅、摄影45幅；8月18—21日，联合北京市文联组织首都文艺家代表团一行96人，赴塔什库尔干县及红其拉甫边防哨所、明铁盖哨所、盖孜检查站开展“话京疆情，共筑‘中国梦’”文艺慰问演出与文化交流，演出4场、笔会5场，并与喀什书法、美术家进行交流；接待广州大学副校长徐俊忠一行、上海作协党组书记王滥一行到喀什调研考察工作；10月18日，应泽普县委宣传部邀请，地区文联组织书法、美术两协会创作书法、美术作品40余幅在泽普金胡杨节期间举办喀什地区美术书法作品展。

（郑　重）

喀什地区残疾人联合会

【残疾人康复工作】 2014年，喀什地区组织实施关爱工程项目。完成精神病服药300人、肢体残疾康复100人、无障碍环境改造120户、脑瘫儿童康复30例、成人听障服务120例。实施完成“十二五”康复项目盲人定向行走训练150人、聋儿助听器适配补助12例、精神病防治康复补助经费7.07万元；“七彩梦行动计划”项目脑瘫儿童康复15例、聋儿（助听器）听力语言康复12例、肢残儿童矫治手术25例、残疾儿童辅助器具适配40例。与喀什地区卫生局、财政局联合实施900例白内障患者免费复明手术。指导喀什市、疏勒县、疏附县、泽普县、叶城县和莎车县开展社区康复工作，下发社区康复站器材17套。筛查转介20名符合项目条件聋儿赴自治区申请国家人工耳蜗项目。

【残疾人教育就业工作】 2014年，喀什地区7个部门联合下发《喀什地区关于进一步促进残疾人按比例就业的实施意见》（喀地残字〔2014〕36号），将地区聋儿康复机构30名残疾人儿童纳入学前教育补助范围，补助资金6万元。对全地区0～18岁残疾儿童、青少年进行调查；执行“爱心天使助学基金”项目，扶助全地区24名通过全国统一考试残疾考生实现大学梦；协调地区公安局、运管局、车管所等部门，与鑫达驾校达成协议，对地区符合条件的51名残疾人进行驾驶培训，该项工作开创喀什地区残疾人驾培工作先河；组织全地区6名盲人参加自治区盲人按摩资格考试。完成全地区残疾人就业和职业培训实名制录入工作。

【残疾人扶贫工作】 2014年，喀什地区残联将4150户农村贫困残疾人纳入富民安居项目。结合自治区残联“阳光助残扶贫基地”建设项目，加大对各县市残疾人扶贫就业基地建设支持力度。创建县级扶贫就业基地6个，拨付就业基地建设补助资金130万元，实现残疾人就业130余人；实施基层党组织助残扶贫工程。与地委组织部共同完成4900余户帮扶任务；开展万村千乡市场工程项目，向莎车、泽普、伽师、岳普湖4个县10户下拨10万元补助资金。为2775名有机动车残疾人发放燃油补贴资金72.15万元。

【残疾人文体活动】 2014年，喀什地区举办第二十四次“全国助残日”和第23个“国际残疾人日”活动。组织开展走访慰问、政策咨询、健康检查、残疾预防、宣传教育等活动；组织25名残疾人参加自治区第四届残疾人职业技能竞赛。参加5个大项15个小项比赛，3名残疾人取得珠宝制作一等奖、程序设计一等奖及室内摄影项目二等奖，地区残联获得优秀组织奖；组织34名优秀残疾人运动员参加自治区第六届残疾人运动会暨第三届特殊奥林匹克运动会。通过6个大项60多个小项比赛，喀什代表队获得18枚金牌、22枚银牌、15枚铜牌，获得团体总分第四，取得优秀组织奖和体育道德风尚奖项，创造喀什地区代表队参加自治区残运会的历史最好成绩。

【专项调查】 2014年，地区残联对持有二代残疾人证和未持证的0～15岁9.6万名残疾人入户专项调查，为2015年1月1日在全地区正式开展入户调查工作提供数据。

【援疆工作】 2014年，地区残联与对口援疆省市主动对接、沟通。广东省残联为地区残联系统援助160万元资金，并达成实施“长江新里程计划项目”，由广东东莞残疾人康复中心援助地区残疾人综合服务中心脑瘫康复部建立脑瘫儿童引导式教育服务模式。

【业务办理】 2014年，地、县市残联均成立法律援助工作站，工作人员参加各级司法部门组织业务培训。2014年，地区接待来信、来访56起，办复率达100%，为困难来访残疾人补助交通费2万余元。抓残疾人第二代残疾人证核发工作，全年完成第二代残疾人证核发计8347本。

（杨丽萍）

喀什地区红十字会

【综述】 2014年，选派3名干部进驻麦盖提县巴扎结米乡贝勒克其村开展“访惠聚”活动。投入2.7万元帮助新建一口机井；向村贫困户、五保户发放慰问物资3.5万元、发放救助款2.1万元；其他帮扶资金

10.3万元。

【应急救护培训】 2014年，喀什地区培训应急救护专业人员1896人，完成总任务的91.9%。开展应急救护培训进机关、进厂矿、进社区、进农村等工作，为喀什山友救援队20名队员、深业丽笙酒店分公司62名酒店员工进行两期应急救护知识培训。

【应急救援工作】 2014年，喀什地区救灾备灾库占地面积5亩，库房面积1133.56平方米，是南疆唯一一个备灾救灾中心，承担阿克苏、克州、和田等地灾害救援任务。5月22日，国际联合会和中国红十字会总会应急物流评估调研组一行8人通过实地察看、听取汇报、座谈等方式，重点了解喀什地区备灾救灾中心硬件建设、仓库管理、物流运输、制度建设等基本情况及今后发展思路，受到国际联合会及中国红十字会总会领导高度评价。

【救助工作】 2014年1月17日，喀什地区举办2014年"红十字博爱送万家"活动启动仪式。采取上级红十字会下拨、援疆省市支助、地、县红十字会自筹等多种方式筹集大米1413袋价值10万元、"家庭包"480箱价值9.6万元、肩周型药贴800包价值20.6万元、面粉650袋价值5.46万元，总价值45.66万元，全部发放到贫困户家里；1月22日，联合各有关部门看望15名麻风病患者，送去棉衣、棉被、杯子等价值10170元的慰问物资；紧急驰援于田7.3级地震灾区。2月12日17时19分，新疆和田地区于田县发生7.3级地震。喀什在第一时间启动紧急预案，组织力量装备60顶棉帐篷、800床棉被等价值20万元的救灾物资在凌晨2点50分连夜赶赴灾区，于13日中午12时抵达地震灾区最严重的于田县阿羌乡皮什盖村，向100户受灾群众发放救灾物资，是到达灾区最早的一批救灾物资；开展云南鲁甸地震募捐活动。云南鲁甸县发生6.5级地震后，喀什地区红十字会及时下发通知，并通过政府网站、广播电视、微信、宣传单等发出呼吁书，募集善款293744.6元；申请各类救助基金。2014年，为14名白血病患儿向自治区红十字会登记上报申请"小天使基金"，6名得到资助，其中1名是5万元，5名各3万元；为6名先天性心脏病儿童申请"天使阳光基金"，3名得到资助；帮助4名脑瘫患者申请中国红十字基金会蓝飘带项目，得到资助，每名2万元；申请嫣然天使基金项目1人，得到治疗，新增加合生元母婴救助项目，已为3名患者申请项目帮助。

【"三献"工作】 2014年，喀什地区红十字会邀请自治区红十字会中华骨髓库新疆分库工作人员对全地区红十字会工作人员和部分志愿者开展造血干细胞捐献知识培训；加强宣传，发动群众参与"三献"活动，全年募集造血干细胞捐献志愿者287人，超额完成250份任务。同时，接自治区红十字会新疆分库任务，采高分辨5人、再动员6人、体检1人。

【宣传工作】“5·8”博爱周期间，喀什地区红十字会利用展板、横幅、出租车滚动屏、移动短信等宣传红十字会基本知识。5000余辆出租车于5月7—14日、每天在4个时间段滚动播出红十字公益广告，发放宣传材料170266份、LED屏127条，新闻报道13条，制作横幅14条，公益短信43万条，投入金额达到27170元；采集造血干细胞血样265份，无偿献血量达48000毫升；投入3300元慰问贫困户，收到定向捐款13815元，非定向捐款5511元；5100名学生参加防灾减灾答题活动，部分县（市）红十字会开展公益大讲堂、博爱一日捐、免费义诊、访贫问苦等活动。

2014年“世界急救日”，地区红十字会开展系列宣传活动。利用宣讲日、电教日向各族群众宣讲、播放急救知识、减灾防灾知识等。制作悬挂关于“急救与日常及灾难中危险”宣传板报、宣传横幅，宣传急救常识；在各级各类学校开展应急救护培训和防灾减灾演练；印制发放急救方面宣传资料，开展应急救护进村社区、进警营、进农贸市场活动；开展免费义诊和防病知识宣讲。

【志愿服务】2014年，喀什地区红十字会在国庆节、重阳节、古尔邦节到来之际，开展看望、慰问、关爱65岁以上“一批长寿老人、一批特困老人、一批空巢老人”和培训一批老年志愿者“四个一批”活动。慰问250名特困户老人、15名长寿老人、25名“空巢”老人、25名“四老”人员，发放面粉、清油、大米、棉被、药品等慰问品价值5万余元慰问物资，培训老年志愿者30名；组织志愿者为喀什市吾斯塘博依街道办3处“空巢”老人提供精神关怀服务；看望慰问获得世界最长寿人荣誉的（疏勒县库木西力克乡）阿丽米罕·色依提。设立博爱奖学金，将筹集到的10000元奖学金发放给英阿瓦提乡卡帕小学品学兼优贫困学生。

【援疆工作】2014年10月13—17日，山东省红十字会党组书记、常务副会长曹怀杰带领援疆工作考察团一行5人赴喀什地区受援地红十字会开展调研，举行药品、资金援助活动。向喀什地区红十字会及下辖4县捐赠价值61.3万元药品、23万元人民币。10月18—21日，广东省红十字会党组书记、常务副会长梁健一行到伽师县团结路社区、疏附县托克扎克镇古力巴格社区考察调研，对计划援建两县博爱家园项目、地区备灾救灾库维修项目（计100万元）进行实地考察，与社区、居民代表座谈，并对两县曾去广东做过先天性心脏病手术患儿进行回访慰问，援助复查费用3.7万元。

（曹　红）

对口援疆

对口援疆工作综述

【基本情况】 截至2014年10月下旬，落户喀什地区产业援疆项目达到568个（其中过亿项目131个），计划投资787亿元，累计完成投资257亿余元。山东省对口支援实现落地产业项目295个（过亿元项目62个），完成投资91亿多元，分别占全部项目和完成投资的51.9%、35%；上海市对口援建四县，落地产业项目108个（过亿元项目28个），累计完成投资45.5亿元，分别占全部项目和完成投资的19%、17.7%；广东省对口支援两县，落地产业项目131个（过亿元项目27个），累计完成投资的92亿多元，分别占全部项目和投资的23%、35.8%；深圳市对口支援一县一市，落地产业项目累计34个（过亿元项目14个），完成投资29亿多元，分别占全部项目和完成投资的6%、11%。产业援疆促使援疆工作从“输血”向“造血”转变，三次产业结构由2009年的37∶29∶34优化为2013年的27∶28∶45，初步形成适合喀什地区现行发展阶段的产业体系。借助援疆省市的力量，喀什地区11个工业园区和1个商贸园区正在打造新型产业集群，并全部升级为自治区级园区。一批产业项目建设投产，初步形成以山钢、鑫慧铜业为主的冶金业，以石油化工、硼化工为主的化工业，以水泥、页岩砖、宝钢金属制品为主的建材业，以正阳纺织、裕隆华顺为主的纺织业，以果品核桃、面粉为主的农副产品加工业，以嘉纳仕摩托、鲁英专用车制造为主的机械组装业，形成适合喀什地区发展阶段的工业体系。工业增加值由2009年的54.3亿元增长到2013年的185亿元，增长241%。同时，带动第三产业快速发展，第三产业在国民经济中比重从2009年的34%提高到2013年的45%，增长11个百分点。促进三大经济圈产业聚集，即：以喀什市为中心的一市两县经济圈，以莎车县为中心的南四县经济圈，以巴楚县为中心的经济圈落地产业项目。拉动就业成效初显，产业援疆项目直接或间接带动近4万人实现就地就近就业，尤其是第二产业项目集中、资金密集，带动3.3万人就业，有效缓解了喀什地区的就业压力。

2014年，喀什地区对口援疆工作重点围绕就业、教育、人才三大任务，统筹富民安居、城乡基础设施建设、医疗卫生、基层组织阵地建设、规划等方面安排资金，安排援疆资金45.1145亿元，实施项目267个。

【四省市援疆工作情况】 2014年，山东省坚持“用政府资金保民生、用社会资金促产业”的援疆理念，2014年安排援疆项目82个，援疆资金10.14亿元。其中，疏勒县25个项目，资金3.23亿元；英吉沙县

15个项目，资金2.5亿元，岳普湖县19个项目，资金1.53亿元；麦盖提县21个项目，资金2.36亿元。2014年，广东省围绕“一个龙头，两翼齐飞”，2014年度安排援疆项目43个，援疆资金8.54亿元，较2013年增加0.63亿元（增长8%）。其中，疏附县18个项目，资金3.73亿元；伽师县19个项目，资金4.3552亿元。2014年，上海市本着民生为本、产业为重、规划先行原则，2014年安排援疆项目103个，援疆资金19.46亿元。其中，莎车县30个项目，资金7.9亿元；泽普县17个项目，资金2.11亿元；叶城县23个项目，资金4.6亿元；巴楚县17项目，资金3.55亿元。2014年，深圳市坚持规划先行、分步实施、注重民生、全面发展的基本思路，2014年安排援疆项目39个，援疆资金6.96亿元，较2013年增加0.57亿元（增长9%）。其中，喀什市24个项目，资金5.93亿元；塔什库尔干县12个项目，资金0.47亿元。

（对口援疆协调领导小组办公室）

山东省对口援疆工作

【综述】 2014年是第八批援疆工作开局之年。山东援疆指挥部投入援疆资金10.14亿元，实施援疆项目109个，帮助受援地引进产业合作项目57个，四县新增就业27314人，培训受援地干部人才8270人次，圆满完成年度目标任务。受援四县经济实现两位数增长，农民人均纯收入增加1100～1300元。省指挥部继续保持新疆维吾尔自治区文明单位和山东省省直机关文明单位称号，获喀什地区文明单位和民族团结进步模范单位称号。

【民生建设】 2014年，山东援疆指挥部投入援疆资金8.18亿元，组织实施安居富民住房、乡村环境整治、小城镇改造提升、教育卫生基础设施等93项民生工程。建成安居富民房2.47万套，改善11.13万名群众居住生活条件，荣获喀什地区突出贡献奖。投入4000万元完成23个村庄环境综合整治和6个小城镇改造提升工程，建成3个“三区共建”乡村产业社区，水电路垃圾处理等基础设施配套完善。投入1.28亿元实施26所中小学、幼儿园和职业技能学校新建、改造提升和校园文化建设。新建疏勒县职业学校实训综合楼1.2万平方米，新建牙浦泉镇寄宿制中心小学、岳普湖一中、英吉沙第三小学等教学楼、宿舍计1万多平方米。完成疏勒、麦盖提农村小学及幼儿园危房改造，受援四县中小学危房全部销号。实施疏勒实验学校、八一中学、英吉沙县技能培训中心等一大批学校基础配套设施建设及设备购置和校园文化建设。投入2448万元新建麦盖提县疾控中心、英吉沙县城关乡卫生院7020平方米；为麦盖提医院急救中心、疏勒县疾控中心和残疾人综合服务中心以及岳普湖福利园区等完善基础设施和设备配套。投入1500万元建设麦盖提万亩防沙生态林，投入2519万元建设粮库9栋，总库容3.6万吨。

【产业合作】 2014年，山东援疆指挥部组织实施产业援疆固定资产投资类项目24个，撬动地方配套资金和社会投资2.5亿元。设立产业发展扶持资金3000万元，支持受援县49家企业，拉动社会投资7.3亿元，直接增加就业3000多人；举办山东企业喀什行、山东农业龙头企业喀什行、山东国有重点企业喀什行等产业对接专项活动，鲁喀两地在产业、金融、信息化合作等方面达成上百亿元投资意向。组织150家山东省企业在“喀交会”上参会参展，签订合作项目33个，签约金额达248亿元，占“喀交会”签约总额的49%；促成山东如意科技纺织产业园项目、中兴集团手套出口加工项目以及阿里果果等9个农副产品加工项目落地受援4县；制定《山东省援疆产业发展扶持资金管理办法》《山东省援疆劳动力技能培训专项资金管理办法》，协调省有关部门出台《关于金融支持山东与新疆产业合作意见》。

【人才援助】 2014年，山东援疆指挥部实施“三带”工程，全年从山东引进各类柔性人才637名，培训受援地各类专业技术人才5303人次，其中组织教师、医生、农村致富带头人等赴鲁培训704人次，在受援地培训教育、卫生、科技、企业管理等专业技术人才4599人次。协调山东省高校新增喀什定向招生计划130名，首次计划外在山东开办对口喀什内高班，面向喀什地区招录学生49名。援疆医生累计诊疗患者2.7万余人次，完成手术1162台。

【交往交流】 2014年，山东援疆指挥部开展结对交流、人员培训、学术论坛等交往交流交融活动。鲁喀两地40所学校、12所医院、8个产业园区、6个乡镇建立结对建关系，启动互访交流。援疆干部人才与当地626名干部群众结成对子，开展“一对一”帮扶。山东省30多名专家、企业家到喀什与受援地200多名企业家进行联谊对接。首次开展“维汉一家亲”活动，组织受援地50个维吾尔族家庭106人到山东交流访问。“六一”儿童节期间，在山东、喀什举办鲁疆青少年“手拉手”和“大手牵小手，幸福跟党走”活动，省市指挥部组织有关援疆企业向12所学校和430多名孤残儿童捐赠80多万元学习生活用品，组织50名喀什青少年到山东参加夏令营活动。

【文化援疆】 2014年，山东援疆指挥部开展电视送农户，文化进万家活动。从2014年起，3年内向受援地农户赠送12万台液晶电视，首批1万台已送到农户手中；规划外捐助资金3000万元建设大型维吾尔语门户网站，并协调大众网提供技术支持；首次开展“齐鲁文化喀什行”活动。举办鲁喀两地书画摄影艺术家采风联展和山东新疆美术写生采风团作品展，山东艺术家捐赠100万元支持喀什文化建设，编印1万册维吾尔语版《安徒生童话》赠送喀什中小学。组织山东省大型京剧意向杂技剧《粉墨》到喀什慰问演出；支持麦盖提县在京举办刀郎农民画展，促成麦盖提县被确定为全国农民画创作基地，支持疏勒县编排维吾尔族版梁祝——《疏勒之恋》大型歌舞剧。

【基层阵地工作】 2014年，山东援疆指挥部启动实施农村基层堡垒工程。投入1300万元实施农村社区信息化建设，新建农村党员远程教育网络；投入500万元培训农村支部书记、后备干部、党员等2967人次；调剂安排援疆资金1255万元。

【队伍建设】 2014年，山东援疆指挥部按照省委组织部对第八批援疆干部人才提出要求，结合党的群众路线教育实践活动和新疆维吾尔自治区开展"访惠聚"活动，省指挥部党委在全体援疆干部人才中开展以"学上级文件和要求，看思想觉悟和精神境界；学援疆经验和制度，看能力水平和作风形象"为主题的"双学双看"活动。省指挥部建立健全指挥部纪委、机关党委、工会等组织机构，与各市指挥部签订党风廉政建设和作风建设责任书、项目管理承诺书，提出"不让一个同志掉队，不让一个项目出问题"的目标要求，强化内部管理和制度保障。全体援疆干部人才在地区组织的年度考核中全部获得优秀等次。

（山东省对口支援新疆前方指挥部）

上海市对口援疆工作

【综述】 2014年，上海援疆工作突出就业、教育、基层基础和社会稳定等工作重点。全年确定108个项目、资金194626万元，已竣工项目97个，项目完工率约90.11%；完成投资量184062.62万元，约占当年投资的94.57%。已有37个项目完成资金决算审计，审计资金48857万元，审定投资（审定资金费用）48384.34万元。有11个交支票项目需要结转下年度实施。

【产业援疆】 2014年，上海援疆指挥部起草《喀什地区发展农民专业合作社工作推进方案》。对口四县新引入项目76个，到位资金27.5亿元。四县安排1.3亿元援疆资金建设工业园区配套设施，工业园区新增建成面积4.2平方千米，新增项目60个，新增到位资金17.4亿元，新增就业2392人。援疆指挥部引入服装、循环经济、电动车等劳动密集型项目6个，投资额1.18亿元，可吸纳就业1000余人。协调推进喀什农副产品与上海家乐福、大润发、世纪联华等商超对接，协商减免进场费、条码费等。组织14家重点企业赴沪参加2014年西部农产品迎春博览会，协议金额1.15亿元；组织28家农产品企业参加中国喀什首届农业博览会，与喀什神恋公司、巴楚绿色天地合作社、疏勒西圣果业等就干果收购、投融资、物流配送、仓储保鲜等达成合作；"喀交会"、亚欧博览会实现成交额2000多万元。上半年巴楚红海湾景区被评为国家AAAA级旅游景区，泽普开展国家生态旅游示范区创建工作，叶城规划创建宗朗灵泉AAAA级旅游景区，莎车叶尔羌文化旅游景区完成AAA级旅游景区申报检查。引入创业型股权投资项目1个，投资额2亿元；协调推动喀什5家企业在上海股权交易中心挂牌，1家企业在新三板上市；国泰君安喀什营业部、东方证券乌鲁木齐分公司项目正在推进。开展合作社、商贸服务、战略性新兴产业等专题培训，覆盖党政干部、企业人员400余人。

【教育援疆】 2014年，上海援疆指挥部选拔组织近700名教师开展培训，将教师培训费标准提高到1.15万元，对受援四县200名双语教育优秀教师进行表彰奖励；推广普通话动漫教程，扩大普通话教育辐射面；投入资金500万元，在4县180所小学、817个班级推广普通话动漫教程，惠及3万多名学生；选派上海优秀校长、专业教师来喀支教，选派当地教师到上海集中培训。在莎车县设立职业教育奖教金和奖学金。在2014年新疆维吾尔自治区职业技能大赛中，莎车第二职业学校和巴楚职业学校获得5个一等奖、4个二等奖，泽普职业学校获得2个三等奖；制定《关于上海援疆资金资助人力资源开发项目指导意见》，组织培训班近200个、培训2.5万多人，统筹项目组织培训班34个、培训2000多人；2014年9月，由上海援疆教师工作队负责筹建喀什师院电气工程专业、土木工程专业获教育部批准正式招生，同年9月30日，喀什师院土木工程系正式成立，填补该校没有二级工科教学单位空白，上海援疆教师担任该系首任负责人。

【卫生援疆】 2014年，上海援疆指挥部以喀什第二人民医院“创三甲”为龙头，提高对口四县整体医疗和管理水平。援建喀什第二人民医院新综合楼于2014年8月投入使用，教学和科研工作通过新疆医科大学教学医院评审，获自治区级科研项目立项20项。填补60多项喀什地区医疗技术空白；推进“三降一提高”（降低传染病发病率、孕产妇死亡率、婴幼儿死亡率、提高人均寿命期望值）工作。从上海选派7批36名公卫生专家到对口四县指导工作并进行培训、带教、手术示范等教学工作，受训人数达3000多人次，投入资金1.06亿元。

【规划建设】 2014年，上海援疆指挥部安排3.37亿元资金用于建设安居富民房，建造农民安居房30280户，牧民安居房745户。投入1.46亿元用于新建安居富民点水、电、路等基础设施配套建设。确定莎车城南教学园区体育中心、叶城妇女儿童医院、巴楚“市民之家”、泽普文化教育中心4个项目，2014年9月初全部开工，计划2015年年底前竣工。上海代建巴莎高速公路项目历时3年多，于2014年10月建成通车交付使用，比概算节约近20亿元；第七批（2010—2013年）援疆项目安排援疆资金51.86亿元、419个项目均已全部进行资金决算审计，完成投资审定核对工作，项目已具备销项条件，审定结余资金1.1亿元。

【文化援疆】 2014年，上海援疆指挥部确定电视频道内容建设、拍摄电视系列短片、制作电影等一系列文化援疆项目。促成世界非物质文化遗产莎车十二木卡姆演出团队，参加上海国际艺术节展演。巴楚分指和静安区有关部门共同策划多项歌舞、书画、美术、摄影文化交流活动，配合巴楚县成功举办第五届胡杨文化节，先后组织34名维吾尔族青少年赴沪参加夏令营活动，筹建南疆地区首家社区学校，开设软陶、手工、阅读、计算机等培训班，组织暑期活动，丰富青少年课余生活，共同举办“浦江叶河心相连，民族团结一家亲”沪疆师生书画艺术作品交流活动。协助泽普县成功举办第七届金湖杨旅游文化节，亚斯敦长寿民俗文化村获得“中国最美村镇牵手建设奖”。开展爱心捐款和结对互助等活动。喀什师院10名援疆教师与附中学生开展“沪喀手拉手，民汉一家亲”结对互助活动。叶城分指开展“四个一”活动，即援疆干部人才每人联系一名贫困户、一名贫困生、一个基层单位、一名维吾尔族干部，加强与基层、外界交流，分指全体援疆干部人才为贫困户、贫困学生累计捐款捐物5万余元。泽普分指以“三个一”开展互助建，即建一村、互助一工作组、扶持一合作社，计35万元，牵头西部计划志愿者组织开展“一次打钱、一套新文具”众筹公益活动，为改善当地薄弱学校学生学习条件募集7万元。莎车分指组织援疆干部人才开展爱心捐款活动，建立公益基金；10名党政干部个人出资7万多元与当地29名应届考入大学学子结对，资助每名学生2500元，直至毕业。

（上海市对口支援新疆前方指挥部）

广东省对口援疆工作

【工作规划】 2014年，广东省制定实施就业、教育、人才三项规划和2014—2016三年工作计划。第二次中央新疆工作座谈会后，优化调整援疆总体规划，突出就业、教育、人才、扶贫和三师两化建设等重要内容。2014—2015年，就业、教育、人才援疆资金由2.32亿元调整增加到6.41亿元。2014年年底，根据国家发改委和自治区要求，抓紧编制“十三五”援疆规划。全年安排援疆资金13.59亿元，实施项目58个，安排用于直接服务民生类资金达11.13亿元，占援助资金的81.9%。

【促进就业】 2014年，广东省对口援疆指挥部以产业发展实现就业。受援地援疆项目直接为当地创造就业岗位8600多个，带动就业4万多人。引进思科、大运等劳动密集型企业，用工数超过1000人。引进155个创业对象入驻4个创业孵化基地。协调粤喀两地人社部门，促进“两县一师”疆内转移就业近8万人次，疆外4000多人，其中输送广东就业1062人。加强校企合作，喀什金成电子科技公司与伽师职业技术学校合作，每年就可为伽师县培训熟练电子技术人才1000人。实施“百名能工巧匠培训计划”，每年可培训农民手工艺人300人次。

【四大工程】 2014年，广东省对口援疆指挥部启动广东省15家三甲医院对口支持喀什地区第一人民医院18个重点专科项目建设，全年该院门诊量达到68万人次，手术量3.51万人次，综合实力位居各地州之首；柔性引进各类人才331名，选派122名干部人才到广东挂职，培养培训人员近3万人次；实施教育教学能力提升工程。选派75名教师到喀什师范学院等4所学校任教、支教，发挥示范带动作用；协调广东省选派网安专家建立境外暴恐信息监控专用通道。当地选派5批公安一线领导干部和反恐、刑侦、网安、技侦业务骨干到广东学习考察，广东选派16名公安特警到喀什参加实战交流。

【两化建设】 2014年，广东省对口援疆指挥部结合兵团转型需要，建立广东与兵团结对援建模式，完成7个团场城镇化援建项目，启动5个团场城镇化援建工作。推进草湖广东纺织服装产业园项目。该项目总目标为200万锭棉纺及配套产业，实现产值249亿元，解决就业47760人，计划于2023年建成。首期投资约10.2亿元30万锭棉纺示范工厂2016年年底建成。已完成园区土地规划和土地基础设施“七通一平”建设。

【合作交流】 2014年，广东省对口援疆指挥部加强经贸对接，举办粤新产业合作论坛，做好“喀交会”和亚欧博览会各项工作，协调兵团在粤设立招商处。发动广大援疆专业技术人才对当地特色产业、医疗卫生等领域进行科研，立项课题59项，获得广东省科研经费485万元。加强文化交流，组织广东艺术家到喀什演出，举办两地书法美术作品联展。增加援建资金4000万元支持喀什地区青少年活动中心、图木舒克市图书馆建设。举办喀什宗教教职人员赴粤培训班，增进民族团结。

（广东省对口支援新疆工作前方指挥部）

深圳市对口援疆工作

【综述】 2014年是深圳市实施“十二五”援疆规划的关键一年，也是第七批和第八批援疆干部人才轮换之年。援疆前方指挥部围绕民生，突出就业、教育、人才、扶贫等开展援疆工作。全年，计划内投入对口支援资金6.96亿元，加上计划外喀什大学援建资金2亿元，实际投入8.96亿元，实施项目44个，资金到位率100%。深圳市委市政府高度重视援疆工作，多次召开市委常委会议和市政府常务会议研究部署援疆工作。

【“一城一园一校”建设】 2014年，“一城一园”基础设施不断完善，喀什大学筹建工作顺利推进，正式开工建设。深圳城2.7万平方米商业中心和3栋10万平方米甲级写字楼建设已经完成，即将投入使用；深业丽笙酒店建成并正式营业，深圳产业园内14.2万平方米标准厂房、10千伏双回路供电线路、产业综合服务中心、食堂和配套人才公寓投入使用，协调为园区生产企业免费开通市区定点公交，13家企业入驻投产；深圳城和深圳产业园已入驻企业35家，计划投资总额159.2亿元，累计完成投资40.2亿元，预计2015年为当地实现10000余人就业；重点引进赛尔丝亚服装生产公司、雨凡服装加工公司、梦卡迪公司等一批纺织服装企业，计划总投资1.5亿元，项目建成后可实现年产400余万套（件）服装，年产值超过7亿元；城市公共设施配套不断完善。深圳城外围4条支路和内部7条支路地下综合管线已完工，产业园东西区道路基本建成。深喀教育园区南北两个校区、喀什市图书馆、东城市民服务中心等公共配套基本建成，2015年年初即将陆续投入使用；喀什大学援疆项目开工建设。深圳前方指挥部与自治区、喀什地市专门成立工作组筹建喀什大学，完成项目选址、征地拆迁、前期规划和一期工程建筑概念方案设计，第一批援建资金2亿元已经拨付到位，新校区已于2014年8月正式动工建设。

【民生项目建设】 2014年，深圳援疆前方指挥部用于民生援疆资金比例为78%。稳步推进安居富民工程。2014年，安排安居富民工程资金7340万元为喀什市和塔什库尔干塔吉克自治县新建、改扩建安居房6640套，安排700万元资金用于完善乡村水、电、道路等基础设施。指导受援地建立健全市、乡镇、村组、建筑企业等七级工程质量监督体系，完善目标考核与责任追究制度，将工程质量管理责任落实到人；喀什市、塔什库尔干塔吉克自治县安居富民房均按年初计划完成建设任务，竣工率达到100%，深圳前方指挥部获2014年喀什地区安居富民特别贡献奖；开展教育援疆，深喀教育园区南北校区基本建成，2015年具备招生条件；深圳企业捐赠资金建设四所乡村小学“共同心教学楼”建成投入使用。2014年，深圳市选派13名教师组成支教队到受援地学校任教，支教教师除常规课程外，完成校级、市级公开课26节，听课并指导教课933节，开展校级、市级讲座28次，参加各类教研活动108次。派驻喀什市支教教师对全市10个乡镇、85所村小学逐一开展专项调研，形成专题调研报告，为改进受援地教育教学水平提供决策依据；开展医疗援疆。投入援疆资金1000万元为喀什市人民医院购置一批急需的高科技医疗设备。选派10名医生组成援疆支医队，共参与门诊诊疗1510余人次、疑难门诊手术156人次、疑难病例咨询420人次，完成示范手术100例，开展新技术运用2项。开展短期支医名医坐诊工作，协调深圳市各区卫生局选派12名社康专业人员到喀什市街道社区卫生服务中心进行为期3个月医疗服务，选派4名医疗卫生专家到塔什库尔干塔吉克自治县开展为期1个月坐诊和指导。邀请2名深圳市专家到喀什就疟疾防治进行为期10天“诊断式”技术帮扶指导；推进农业产业化。加快深喀现代农业示范园建设，项目一期占地面积3000亩，已完成投资9500万元，其中绿色无公害蔬菜生产区能够提供喀什市20%的蔬菜，解决300多人就业；畜牧标准化养殖示范区已建成25座养殖圈舍及各项基础配套设施，存栏数可达1.25万头，整个项目建成后，能够解决2500人就业。支持“维吉达尼”农民合作社推广实施农业电子商务，已建成合作社30多家，参与合作农户已达2000户。

【旅游文化援疆】 2014年，深圳援疆前方指挥部着眼于发挥受援地独特自然和人文资源优势，组织开展系列文化援疆活动。

深圳市委宣传部、市文体旅游局、市文联先后组织8批专家和学者赴疆对接旅游和文化援疆工作；双向开展文化交流活动，促进民族交流交往。指挥部与深圳市文联、喀什市联合举办“四季喀什”摄影展，在深圳市文博会及第十届“喀交会”期间展出，出版《魅力喀什》摄影作品集。协助深圳市文体旅游局组织文工团参加塔县成立60周年文艺晚会。支持深圳前海泰东文化传媒有限公司赴塔县拍摄反映帕米尔文化儿童故事影片《鹰笛·雪莲》，支持援疆企业乾亨文化传播有限公司制作104集宣传维吾尔民族文化3D动画片《天香公主》；组织深圳高校和市旅游协会、华侨城集团专家学者，对喀什市和塔县创建国家AAAAA级旅游景区提出指导意见，助力喀什、塔县成功通过国家AAAAA级旅游景区景观评审，旅游援疆取得突破。安排援疆资金2000多万元用于塔县旅游业发展，增加850万元用于慕士塔格冰川公园建设。

【社会援疆】 2014年，深圳援疆前方指挥部坚持政府主导、社会参与、市场运作、多元投资原则，不断创新援疆工作模式和运作机制。在2014年10月全国民政系统对口支援新疆工作会议上，深圳市民政局作经验发言，深圳特色社会援疆工作得到民政部高度肯定。创新社工工作机制，推进喀什社工站本土化进程，使喀什社工队伍逐渐从“植入”到“本土化”转变。催生南疆三地州首家本土社工机构——阿凡提社会工作服务中心。支持指导社工站实施“深喀学生‘1+1’交流活动”等八大社会工作服务项目，服务对象主要为民族残疾人、困境未成年人、老年人、妇女等，农村社区发展项目成功获得民政部“大爱之行”社会工作服务项目奖励，喀什地区视力残疾人士就业帮扶项目获得第三届中国慈善公益项目大赛金奖；支持社会力量参与援疆。继续资助支持喀什残友、巾帼家政等深圳社会企业在喀什开展残疾人、妇女免费就业培训。喀什残友共培训残疾人631人次，其中548人次通过职业资格鉴定，实现就业168人次。2014年，喀什残友被授予全国民族团结进步模范集体荣誉称号。巾帼家政经过3年多发展，拥有16个家政分公司，共培训学员15426人，鉴定合格学员8910人，85%以上学员实现就业，被新疆维吾尔自治区授予促进就业优秀企业称号。与海惠基金合作开展“小母牛”资助项目，2014年，新增项目农户350户，发放种羊1750头，该项目已累计发展项目农户780户，发放种羊3856只头，每户项目农户年均增收额超过10000元；搭建公益援疆平台。发动深圳民间力量和深圳市青少年发展基金、深圳市服装行业协会、松禾成长关爱基金等公益机构参与援疆，组织开展“飞越彩虹·民族童声合唱团”公益行、“民族团结一家亲·深喀家庭心连心”助学活动，发放第一期12万元贫困大学生圆梦助学金等，帮助少数民族青少年实现梦想。号召深圳市民、爱心企业和机构为喀什市和塔县贫困学生和贫困人员捐助6批300多万元现金和物资；协调深圳市宝安区残联与喀什市残联联合开展“阳光助行”活动，为喀什市腿部有残疾150名残障人士解决出行问题；联合深圳市创维集团在南疆地区开展“南疆公益万里行”活动，为喀什市2万名残障人士家庭每户发放500元电器代金券，并为15户特别困难家庭捐赠洗衣机等家电。

【智力帮扶】 2014年，援疆前方指挥部开展干部人才交流培训。组织开展深塔干部人才交流培训，选派93名县、乡、村业务骨干和专业技术人员赴深圳及其周边培训；继续开展深喀教育人才交流培训、喀什市在岗双语教师再提高轮训、喀什市双语师资培训和深喀医疗卫生人才交流培训等项目，共培训教育和医疗卫生人才1742人次。2014年，共投入304万元完成首轮培养未就业大学生培养任务。3年以来，总计投资3784万元，累计培养未就业大学生931人，其中98%以上已经实现就业。积极开展各领域交流交往。前方指挥部全年联系协调市直各部门和各区领导及有关人员30余批次赴喀什一线了解情况，对接联系援疆工作；组织受援地各有关部门业务骨干赴深圳开展考察交流、跟班学习等活动。

【援疆干部人才队伍管理】 出台《深圳市对口支援新疆工作前方指挥部领导分工和内设机构及工作组职责》，成立喀什经济开发区、喀什市、塔县、喀什大学4个工作组，构建指挥部二级架构运作机制，印发《深圳市2014年援疆项目跟踪落实分工表》，把援疆项目管理责任落实到人。制定《深圳援疆项目管理实施办法（试行）》，进一步明确援疆项目和资金管理。结合新援疆项目主要是“交支票”项目新情况，指挥部全年全面加强对项目督促检查，定期组织对各援疆项目进展情况、基本建设程序履行情况、质量安全状况、竣工验收情况、财务决算及档案管理情况等进行全面检查，及时推动项目进展；建立健全前指纪检机构，增补前指纪委委员，制定《深圳市对口支援新疆工作前方指挥部厉行节约反对浪费暂行办法》，贯彻落实中央和省市有关廉政规定，查找廉政风险点，全面规范物资采购、公务接待、公务出差等工作，从严控制经费支出。采取个别谈心、集中授课等多种形式加强廉政教育；加强调查研究，提供决策参考。组织援疆干部人才结合工作岗位和具体业务，开展调查研究，完成各类学术论文和调研报告20余份，其中《喀什市学校管理专项督导调研组赴农村小学调研报告》等调研成果为当地制定相关政策提供重要参考。

（深圳市对口支援新疆工作前方指挥部）

农 业

农业和农村工作

【综述】 喀什地委农村工作办公室（简称“农办”）是地委、行署综合协调全地区农业和农村工作的议事协调部门。2014年，内设机构有综合科、政策研究科、市场信息科。行政编制为10人，工勤人员事业编制2人，实有12人，其中研究生1人，本科9人，高中2人；领导职数3人，非领导职数1人，科级领导职数5人；少数民族1人，妇女1人，工人2人。事业单位：喀什地区农产品销售办公室，事业编制为4人，其中本科2人，大专1人，高中1人。领导职数2人，工勤人员岗位1人。2014年，喀什地区全年实现一产增加值211亿元，增长7.4%。实现农民人均纯收入7133元，增长16.1%，增收990元。

【粮食和主要农产品产量】 2014年，喀什地区夏粮生产实现七连增，总产134.96万吨、收购商品周转粮35.8万吨；特色林果业提质增效步伐加快，补植补造113.2万亩，挂果503万亩，果品产量162万吨；现代畜牧业稳步发展，完成肉产量40.33万吨、奶产量28.67万吨、蛋产量9.15万吨。

【农村改革】 2014年，喀什地区棉花目标价格改革进展顺利。新型农业经营主体培育速度加快，农业产业化取得新成果，龙头企业达到95家，其中自治区以上25家；农民专业合作社达到1024家，新增380家；建成900座杏烘干房，制作杏干2569吨。

【农业基础设施建设】 2014年，喀什地区阿尔塔什、卡拉贝利水利枢纽工程建设加快推进，内陆河智力、大型灌区续建配套与节水改造等重点项目加快实施。完成水利基础设施投资18.82亿元，新增高效节水灌溉2.96万公顷，防渗渠道552.84千米，改造中低产田2.33万公顷，平整土地2万公顷，改良盐碱地1.74万公顷。农机总动力379万千瓦，拖拉机保有量15.2万台。

【农产品品牌和外向平台建设】 2014年，喀什地区《品味新疆·从喀什开始》在地县主流媒体常态化播放，在喀什机场和地县宾馆设立农产品享受、体验窗口，170余家企业、合作社使用“喀什”十大地理标志证明商标。在援疆省市农产品销售平台和网络建设加快推进，11家企业在内地大中城市设立直销店。成功举办首届中国·喀什农业博览会，签约总额26.7亿元。

【农村民生】 2014年，喀什地区发展短平快项目搭建农民就业增收平台，带动2.24

万名劳动力就地就近转移就业。农村劳动力转移就业93万人次，劳务创收61.8亿元。完成扶贫对象识别和建档立卡工作，争取财政扶贫资金5.9亿元，实施123个整村推进规划，14.4万人稳定脱贫。“五好”新农村和美丽乡村建设全面铺开，新建安居富民房8.24万套、定居兴牧房1970套，改造国有农牧场危旧房483套。建设农村公路1689千米，解决13.86万农村人口安全饮水和3.23万名无电人口用电问题，集中连片营造重点生态防护林0.34万公顷，实施30个村环境综合连片整治。建设乡镇粮库64座，总库容15.1万吨。农村低保补助标准提高新农保参保率97.9%。落实农业四项补贴9.18亿元。

（曾满英）

种植业

【综述】 2014年，喀什地区农作物总播种面积121.08万公顷，正播面积89.12万公顷（按棉花种植折实面积52.47万公顷计算），其中粮食作物种植面积43.54万公顷，小麦种植面积22.66万公顷，玉米种植面积17.80万公顷，水稻种植面积0.4万公顷，其他粮食作物种植面积2.66万公顷（豆类2.49万公顷、青稞0.17万公顷）；经济作物种植面积73.76万公顷，其中棉花种植面积52.47万公顷（棉花实际种植面积54.22万公顷，折实面积52.47万公顷），蔬菜种植面积为6.44万公顷（含设施蔬菜0.64万公顷，薯类0.68万公顷），瓜类种植面积为6.4万公顷，油料作物1.02万公顷，特色农作物种植面积为7.47万公顷。青饲料（苜蓿）种植面积3.77万公顷。

【粮食生产】 2014年，喀什地区粮食作物总播种面积43.54万公顷，较2013年43.58万公顷减少0.04万公顷。总产278.66万吨，较2013年280.06万吨减少1.4万公千克（因玉米种植面积减少0.25万公顷，总产减少0.9万吨，水稻种植面积0.4万公顷，较2013年减少0.28万公顷，总产减少2.55万吨），产值328926.45万元，较2013年330859.75万元减少1897.3万元。其中冬小麦种植面积22.49万公顷，较2013年22.41万公顷增加0.08万公顷。单产398.32千克，较2013年397.8千克增产0.52千克。总产134.39万吨，较2013年133.68万吨增产0.71万吨。玉米种植面积17.8万公顷，单产502.86吨，较2013年499.23千克增产3.63千克，总产134.29万吨；水稻种植面积0.4万公顷，单产634.88千克，总产3.87万吨；豆类种植面积2.49万公顷，单产132.41千克，总产6.04万吨。青稞种植面积0.17万公顷，单产221.23千克，总产0.58万吨。

【棉花生产】 全地区棉花种植面积达到54.22万公顷，折实面积52.47万公顷，亩均单产皮棉120.10吨，较2013年115.3吨增产4.8吨，总产皮棉94.52万吨。总产值413641.45万元，较2013年354025万元增59616.26万元（按二轮土地延包22.81万公顷计算总产值）。全地区棉花目标价格补贴核查种植面积中基本农户种植面积为41.34万公顷，折实面积为39.75万公顷（含二轮土地延包22.81万公顷）。

【蔬菜生产】 全地区蔬菜种植面积达到6.44万公顷，总产315.28万吨，较2013年289.1万吨增产26.18万吨，蔬菜总产值411771.35万元，较2013年371195.97万元增产40575.38万元；其中露地蔬菜种植面积5.15万公顷，较2013年4.93万公顷增加0.22万公顷，增长3.2%，设施蔬菜种植面积0.61万公顷，较2013年0.47万公顷增产0.14万公顷。

【西（甜）瓜生产】 全地区西（甜）瓜种植面积达到6.36万公顷，总产281.24万吨，较2013年283.36万吨减少2.13万吨，西（甜）瓜总产值424615万元，较2013年393069.5万元增加31545万元；其中西瓜种植面积3.92万公顷，较2013年3.61万公顷增加0.31万公顷。甜瓜种植面积2.44万公顷，较2013年2.65万公顷，减少0.21万公顷。

【油料作物种植】 全地区油料作物种植面积达到1.02万公顷，较2013年0.52万公顷增加0.5万公顷，亩均单产86.72吨，较2013年147.69吨减少60.97吨（油菜面积增加），总产1.33万吨。较2013年1.15万吨增产0.18万吨。总产值4049.63万元较2013年3471万元增长577.87万元。

【特色农作物种植】 2014年，全地区特色农作物面积7.47万公顷，较2013年9.34万公顷减少1.87万公顷；总产值89113.8万元，较2013年125554.13万元减少36440.33万元。其中色素辣椒种植面积0.1万公顷，总产量5.05万吨；加工豇豆种植面积0.15万公顷，总产6.75万吨；万寿菊种植面积0.34万公顷，总产19.7万吨；小茴香种植面积6.68万公顷（其中单作面积0.34万公顷），总产3.45万吨。甘草种植面积0.16万公顷，总产2万吨。

【设施农业建设】 2014年，喀什地区新建温室1230座，其中喀什市250座、疏勒县535座、疏附县196座、莎车县30座、泽普县69座、麦盖提县50座、巴楚县100座；新建拱棚14447座，其中英吉沙县13332座、疏附县1115座。维修改造温室2032座，改造温室骨架逐步由木架结构向钢架结构转变，后坡仰角加大，厚度加厚，部分温室墙体内侧加砌成砖墙，温室更保温且牢固。

【苜蓿种植】 2014年，全地区苜蓿种植面积达到3.77万公顷，亩均单产810.45吨，总产46080万吨，总产值23040万元。

【种植业总产值、增加值、人均收入】 2014年，全地区农作物总播种面积121.08万公顷，其中正播面积89.11万公顷（按棉花种植折实面积52.47万公顷计算）；农作物总产量1055.61万吨，较2013年1009.42万吨增产46.19万吨；按2013年同期不变价计算总产值1676755.07万元（棉花产值按22.81万公顷计算）较2013年1601439.72万元增加75315.36万元；增加值为906620.1万元，较2013年881727.06万元增加24893.04万元；增加值率为54.06%，较2013年55.06%减少0.99%；按农业人口291.53万计算种植业农民人均纯收入3109.84元，较2013年3037.13元增加72.71元。

（地区农业局）

畜牧业

【综述】 2014年年末，喀什地区牲畜存栏865.63万头（只），同比增长3.03%，牲畜出栏907.01万头（只），与上年同比增长8.47%。肉产量达40.33万吨，与上年同比增长6.02%；奶产量28.67万吨，与上年同比增长10.14%；蛋产量9.15万吨，与上年同比增长14.37%。完成畜牧业产值109.08亿元，畜牧业增加值44.7亿元，牧业人均收入1482元，与上年同比增加116元。2014年，地区畜牧局制定《喀什地区开展真抓实干促农增收畜牧业工作细化责任实施方案》，按照扩饲草、优畜禽、重防疫、惠民生总体思路，加快以养殖园区建设为主要内容现代畜牧业发展，着力改造提升传统畜牧业水平，并以召开现代畜牧业养殖园区建设现场推进会、饲草料基地建设现场会为切入点，落实各项重点工作，全力推进各项农民增收致富工程，努力实现农民增收目标。2014年，喀什地区和12县（市）出台并制定涉及畜禽品种繁育体系建设、动物防疫体系建设、饲草料基地建设、饲料加工机械购置、标准化棚圈改造、农民专业养殖合作组建等方面补贴和奖励各项优惠政策、措施达29个，投入发展畜牧业资金23.5亿元。

【畜牧业项目建设】 2014年，地区畜牧局组织申报、实施中央预算内标准化规模养殖场（区）建设项目、中央现代农业生产发展项目等8大类80个项目，到位资金3.6亿元。并加强和规范项目管理，开展2014年“畜牧业项目监督检查年”活动，对2011—2013年安排实施3大类48个畜牧业建设项目进行重点抽查，切实保障落实政策不缩水、执行规划不拖延、专项资金不滞留。

【畜禽标准化规模化养殖】 2014年，地区畜牧局标准化规模养殖以突出养殖园区建设，实施标准化规模生产为抓手，切实加快产业转型升级。成功承办南疆五地州“四良一规范”现场交流会，为促进南疆五地州畜牧业生产推行良种、良料、良舍、良养、动物防疫规范运行和推进南疆畜牧业发展起到重要作用。坚持建管并重，加快养殖园区以及配套设施建设。2014年年末，地区已有10个县（市）开工建设养殖园区，叶城县、喀什市等7个养殖园区已初具雏形，总投资7亿元，占地面积达4900公顷。以示范创建活动为抓手，推进标准化规模养殖场建设。2014年年末，地区动工建设标准化养殖场（区）331个；被国家和自治区授牌畜禽养殖标准化示范场22个，其中国家级示范场10个、自治区级示范场12个。

【重点民生工程】 2014年，地区畜牧局发放草原补奖资金12520.65万元；着力抓好国有牧场危房改造项目，4个国有牧场开工建设265户；开展游牧民定居兴牧工程，全地区1970户建设任务全部开工；落实肉羊贴息贷款政策，对969个贷款场户发放贴息贷款5003.5万元，贴息资金250万元已发放到位；狠抓"两县一市"菜篮子规模化养殖项目建设，完成22个标准化规模养殖场建设；狠抓肉牛肉羊生产发展补奖项目建设，完成区外引进生产母畜15080头（只），扩增生产母畜23600只；推广生产秸秆颗粒配合饲料3.4万吨。

【基础能力建设】 2014年，地区畜牧局严格落实每年拿出1.3%耕地面积用于种植优质饲草料的规定，全地区新种植苜蓿面积达8360公顷，制作青贮442.38万吨。推广颗粒日粮饲喂新技术，全地区有颗粒饲料机440台，开展颗粒饲料饲喂技术养殖场（户、小区、合作社）达162个。全地区624个黄牛冷配站点完成黄牛冷配30.33万头，完成绵羊选种选配487.42万只；引进多胎生产母畜33940头（只）。良种畜数量显著增加，良种畜比例达到74.66%。已拥有种畜场19个，育种核心群达9725头（只），为推进产业发展提供稳定种源保障。全年，累计培训各类人员41.33万人次，有效提高全地区畜牧技术人员和养殖人员技术水平和科技意识。

【动物疫病防控】 2014年，地区畜牧局累计调进各类动物疫苗7038.45万毫升/头（只、羽）份，完成各类畜禽免疫10144.35万头（只、羽）次，其中重大动物疫病免疫8496.2万头（只）次。检测血清6.16万份，合格率均达到国家规定标准70%以上；已建成动物报检点527个，畜禽屠宰检疫402.48万头（只、羽），产地检疫1324.2万头（只、羽），调入调出动物84万头只，禽类37万羽，动物产品5900吨。地区和12县（市）投入5629.27万元经费保障畜牧业健康发展，至年底，全地区村级动物防疫员每人月平均收入1423元，多可拿到2000多元。

【畜产品质量安全监管】 2014年，地区畜牧局切实加强畜产品质量安全监管。以"日常监管"与"集中整治"相结合，开展兽药、饲料、瘦肉精、生鲜乳、种畜禽和牧草种子等专项整治活动；进一步加大畜牧业投入品监督检查力度，严厉打击养殖环节违法行为；切实加强畜产品经营、销售、饲养等环节监督管理；开展饲料、生鲜乳质量安全监测和"瘦肉精"等违禁添加物抽样检测。多措并举，有效防止畜产品质量安全事件发生。

（地区畜牧局）

林 业

【造林与森林资源】 2014年，喀什地区重点生态防护林造林合格面积达到0.34万公顷，完成计划任务的101%。全地区森林覆盖率4.63%，绿洲森林覆盖率23.15%。

【苗木生产】 2014年，喀什地区林业局全年实际完成育苗面积1230公顷，其中生态林苗木1076.67公顷（杨树720.13公顷、沙枣145.2公顷、柳树110.07公顷、悬铃木15.2公顷、观赏苗木53.93公顷、其他苗木8.27公顷）、经济林苗木153.33公顷（核桃74.73公顷、桃38.93公顷、红枣5公顷、其他苗木34.73公顷）。

【林果补植补造与嫁接改优】 2014年，全地区完成大田实生劣质果树嫁接改造3.83万公顷、756.05万株。

【林果业产量、产值】 2014年，喀什地区特色林果各项生产管理措施得到有力落实，红枣、核桃、巴旦姆、“521”单产提升目标全面实现。经测产核算，2014年，全地区林果总面积达39.6万公顷，其中结果面积33.53万公顷，林果总产量达162万吨，实现林果产值达125亿元，增加值75.8亿元，农民人均林果增收413元，全面完成林果增收任务。

【义务植树】 2014年，全地区实际参加义务植树人数147.97万人次，义务植树尽责率90.8%；完成义务植树1120.74万株，人均植树7.6株；全地区累计建立各级义务植树基地1776个，其中新建230个。

【林业有害生物防控】 2014年，全地区林业有害生物发生面积17.54万公顷，完成防治面积16.05万公顷。林业有害生物测报准确率94.27%、无公害防治率91.22%、成灾率0.08‰，种苗产地检疫率、复检率达100%，全面完成“四率”指标，喀什地区在自治区政府及林业主管部门林业有害生物防治目标管理责任考核中获得双优秀佳绩。在叶城、巴楚、英吉沙、麦盖提4县高质量超额完成春尺蠖、杨梦尼夜蛾、枣瘿蚊等飞机防治面积4.2万公顷，开创经济林利用飞机大面积防治病虫害工作先例。高位推动，基本建成覆盖全地区156个林果乡镇的专业技术服务队伍，为维护林果产业健康发展和生态安全和提供坚实保障。

【林业执法】 2014年，地区林业局受理林业行政案件537起，查处462起；立刑事案件27起，查处27起，实现立案数量、办案质量新突破。

【野生动物保护】 2014年，地区林业局紧紧围绕“保护野生动植物，建设鸟语花香美丽喀什”为主题，组织开展2014年喀什地区“爱鸟周”暨“野生动物保护宣传月”系列宣传教育活动以及联合森林公安和工商等有关部门，开展野生动物保护执法专项行动，严厉打击乱捕滥猎、违法经营、食用倒卖野生动物及其产品违法行为，重点检查喀什市各大酒店、餐厅、东西亚贸易市场、艾提尕尔广场等。

【森林防火】 2014年，喀什地区各县市及地区林业局出动宣传车21辆，人员2000余人次，散发各类宣传单6万余份，举办护林防火培训班6期，悬挂横幅200余幅，整修宣传墙30余个，在重点林区设立护林防火检查点20余个。

【集体林权制度改革】 2014年，全地区31.33万农户，确权达标面积30.6万公顷，已通过地区、自治区级验收。

【林地征占用管理】 2014年，地区林业局依法做好工程项目征占用林地审核审批工作，办结征占用林地13宗，面积144.47公顷，上缴森林植被恢复费788.56万元。引进森林资源卫片定期监测管理技术，位居全疆前列。

【乡镇林业站基础设施建设】 2014年，喀什地区乡镇林业站基础设施建设任务有36个，其中疏附县13个、莎车县8个、叶城县10个、英吉沙县5个。截至年底，完成5个，其余在招投标阶段。

【项目资金】 2014年，全年到位以特色林果丰产栽培、生态建设、资源保护、科技支撑、基础设施等为建设内容的各类项目资金2.16亿元。

【自然灾害】 2014年4月22—28日，连续出现大风、沙尘暴天气，喀什地区12县市均遭受沙尘灾害，其中英吉沙县、泽普县、伽师县、麦盖提县、喀什市、疏勒县、疏附县、岳普湖县受灾较为严重。经统计，喀什地区受灾损失计13851.75万元，其中结果树受灾面积3.09万公顷、800.3万株，经济损失13584.88万元。两年以下幼树受灾面积0.1万公顷、91.36万株，经济损失260.92万元。苗圃苗木受灾面积0.02万公顷、4.96万株，经济损失5.95万元。

（喀什地区林业局）

【特色瓜果】

伽师瓜 伽师瓜因产地在伽师县而得名。伽师紧靠塔克拉玛干大沙漠，具有适宜独特气候和水土的条件，因而伽师瓜糖分含量高，香甜可口肉厚汁丰，风味独特，营养丰富。瓜肉中蛋白质、脂肪、钙、磷、铁含量都优于其他地方同类产品。伽师瓜种类繁多，不同种类有不同特点和成熟期，特别是晚熟品种，可越冬储存，宜于长途运输，其中重者达4～5千克。伽师瓜闻名区内外，被称为中国瓜王、西域珍品。

伽师瓜

石榴 石榴是喀什特产之一，营养丰富，风味甘甜，深受人们欢迎。据史书记载是张骞出使西域时带回来树种。石榴果外形独特，果实圆球形、果皮薄、光滑、紫红色，紫红色果皮下有晶莹剔透白里透红、犹如珍珠玛瑙般籽粒。汁水呈淡紫红色，清香味甜，风味独特，食用后回味无穷。从果肉上分有紫红籽和白籽两种。从

石榴

味道上分有甘石榴和酸石榴之分，一般都以甘石榴作食物，以酸石榴入药。据测定：该果含糖量15%～20%。含有多种人体所需微量元素和维生素，国外曾多次报道：食用石榴有预防高血压、冠心病之功效。而酸石榴则以其皮、根、叶、花入药，主治多种疾病，所以，石榴是一种既具有食用价值，又有药用价值果中之王。其中以素有石榴之乡美称叶城县和疏附县石榴最为有名。其品种多、面积大、产量高、品质优，闻名全国。

杏　喀什杏子品种繁多，其中以英吉沙县色买提杏、叶城县黑叶杏为最佳。肉厚汁多、味道甜美，营养丰富，品质上乘，种植规模大，号称新疆第一杏。杏子除鲜食外，还可以晒制杏干，有地方还加工成杏包仁。

杏产品加工

桑葚　喀什栽桑有着悠久历史，至今喀什人民仍然重视栽种桑树。桑葚是喀什成熟比较早的果实，被称为“瓜果中的报春花”。喀什桑葚有白、紫两种，既可作水果食用，味道甘甜，也可入药，有补肝肾、明目、生津等功能。桑葚除鲜食外，当地少数民族群众还用来熬桑糖，制果酱或酿酒。

桑葚

无花果　喀什盛产无花果。无花果果形扁圆，皮很薄，果肉细软，米黄色，且与果肉不易分离，果味甘甜，营养丰富，

无花果

兼有食用和药用价值，含糖量高达24%，有健胃清肠、清肿解毒、降低胆固醇等功效。无花果除鲜食外，还可以制成果脯和果酱。另外，由于无花果叶片硕大，枝干光洁，树冠整齐，姿态美观等特点，人们往往乐于把它栽在庭院、花圃或培育成盆景放在室内，美化环境。

蟠桃　蟠桃是喀什比较珍贵的水果之一，主要产于叶城县等地。蟠桃是桃子的一种，叶和花与普通蜜桃一样，成熟季节也大致相共同，但果实却完全不同。蟠桃形状扁圆，类似无花果，但比无花果要大一些，顶部凹陷形成一个小窝儿。其果皮呈深黄色，顶部有一片红晕，果肉为黄色。蟠桃不但好看，而且好吃，色味兼备，被称为“仙桃”。

蟠桃

农牧业机械化

【综述】　截至2014年年底，全地区农机总动力达到352万千瓦，较2013年增长18%；拖拉机保有量14.47万台，较2013年增加1.7万台；配套农机具28.06万部，较2013年增加2.62万部，与上年同比增长10%。

【农机化作业】　2014年，喀什地区农机局落实农机化生产目标管理责任制，层层签订目标管理责任书，强化服务措施，组织农机技术人员基层乡、村，及时督促做好机具检修、保养、调试和人员培训等各项准备工作，开展农机化服务。实现春、夏、秋三季机耕面积63.87万公顷，机械化程度100%；全地区春耕生产投入各种农机具209277部，其中拖拉机121255台，配套农机具88022部，有力保障春季农业生产任务完成。全地区在三夏生产前检修、准备各种农机具192878部，其中拖拉机117069台，收获打场机械28686台，耕整、播种机械47123台。全地区三秋生产前检修各类机具197400台套，投入三秋生产136000万台，玉米联合收割机457台，水稻联合收割机12台，播种机械9544台。

【农机购置补贴】　2014年，地区农机局争取补贴资金，制定实施方案，与各县市农机局签订中央农机购置补贴项目实施责任书，并与地区财政、监察、纪检等部门联合，对农机补贴政策执行及资金管理使用情况进行全面督查和指导。地区农机局向地委、行署承诺争取中央农机购置补贴资金2.04亿元，经过努力2014年争取中央农机购置补贴资金2.54亿元。使用中央农机购置补贴资金2.31亿元，带动农民投入资金5.56亿元，受益农户16401户。

【农机科技推广】 2014年，地区农机局林果业机械方面：新增修剪机械919台，实现机械修剪作业面积21.08万公顷；植保机械（专用植保机械和通用植保机械）保有量达到5790台。棉花播种机械方面：新增机械式精量播种机3023台，保有量达到11567台，实现棉花精量播种面积19.42万公顷。玉米收获机械方面：引进示范推广玉米联合收获36台，实现玉米机械化收获面积0.1万公顷。畜牧机械：青贮铡草机保有量达8401台，加工青贮玉米429.44万吨；粉碎机保有量达547台；青贮圆捆包膜机保有量达965台，青贮打包32.13万吨（448.62万包）；颗粒饲料机保有量达到395台。保护性耕作机械方面：新增19台，保有量达到893台，实现免耕玉米面积0.61万公顷、免耕小麦面积0.21万公顷。

【农机社会化服务】 2014年，自治区财政扶持农机化发展项目下达地区项目34个，资金总额690万元，均为自治区财政扶持农机化发展专项资金。

【农机市场监管】 2014年，地区农机局抓好农机“三大”市场监督管理工作。与地区发展改革委员会、工商局等部门沟通，制定地区《农机产品市场明码标价执行情况专项检查治理活动实施方案》，成立农机产品市场明码标价执行情况专项检查治理活动领导小组。截至年底，全地区各级农机管理部门受理农机质量投诉45起，完结45起，涉案金额达132.4万元，为农民挽回经济损失28.8万元。发放各种宣传材料10000多份，受理咨询1240人次。全面普查本辖区农机营销企业，建立农机营销企业档案。严格按照《自治区农业机械管理条例》和《农业机械营销企业开业技术条件、等级划分及市场行为要求》等规定，对农机营销企业实行准入资格审查，对符合准入条件农机营销企业核发农业机械经营服务技术合格证，规范经营行为。开展农机维修企业（维修点）摸底调查，全面检查和依法换发农机维修技术合格证。对农机维修质量、维修设备和检测仪器技术状态、维修档案等进行监督检查，规范农机维修行为，打击维修质量低劣、用废旧件非法拼装农业机械等违法行为。

【农机安全监理】 2014年，地区农机局严格落实安全生产责任制，切实做好农机安全生产工作，层层签订安全生产责任书，落实安全生产责任制和责任追究制。开展农机年度检审验工作，2014年应检审验拖拉机145082台，已检审验拖拉机129292台，检审验率91.98%。结合继续开展农机安全生产年活动，完成对全地区“无牌无证拖拉机、联合收割机”摸底及注册登记、上牌和拖拉机注销业务。截至年底，办理注销拖拉机台7385台。抓农机安全生产宣传教育。全地区组织检查126次，派出检查人员471人次，检查无牌无证拖拉机1908台次，补检验拖拉机121台，其他违法行为483起，检查生产经营单位271个，查处安全隐患995处，整改872处，投入资金27950元。截至年底，地区发生农机事故20起，死亡4人，受伤16人，直接经济损失6.22万元。

【农机培训和信息宣传】 2014年，地区农机局开展农机科技之冬活动。举办各种农机实用技术培训班797期，培训人员424622人次。2014年，地区完成各类农机人员培训358542人次，其中培训农机管理人员2613人，农机技术人员4154人；培训农机操作人员145404人；新训拖拉机手17906人。其他培训188464人次。组织全地区监理执法人员进行业务培训，提升监理人员执法水平。2014年2月，全地区20名监理人员参加农机安全技术检验员培训班，3人参加自治区安全生产执法培训班；5月，分两批组织各县市监理人员参加考验员培训，培训28人；6月，培训全地区农机安全监理站长、办证员和档案管理员45人。结合地区2014年“科技活动周”活动要求，开展农机法律、法规，农机科技、农机购置补贴、农机安全生产宣传和普法咨询活动。收集各类信息资料，全面、准确了解和掌握农机化工作新动态。2014年，收集农机信息815篇，分别向中国农机化网、自治区农机化网报送并被采用102篇和213篇。向广播、电视媒体及报刊选送农机化工作新亮点，向喀什广播电台报送稿件17篇，向《喀什日报》报送稿件31篇，向行署信息科报送农机信息20余篇。

【工作创新】 2014年，全地区配备拖拉机电子桩考仪29套，全面普及电子桩考仪。

（杨国亮）

扶贫开发

【综述】 2014年，喀什地区扶贫工作围绕新纲要提出“两不愁、三保障”总体目标，按照民生建设年总体安排，加大扶贫开发工作力度，争取到位资金5.92亿元，比2013年增加1.4亿元，同比增长31.2%。落实小额贴息贷款资金3.94亿元，扶贫龙头企业贴息贷款1584万元。实施扶贫项目644个、完成整村推进验收村132个，实现14.36万人脱贫。

【集中连片扶贫开发工作】 2014年，喀什地区对17个片区同步推进民生工程、基础设施和增收致富特色产业建设。投入财政扶贫资金1.87亿元，整合投入其他资金12.531亿元，其中援疆资金1.3亿元、行业部门资金6.13亿元、以工代赈资金0.2亿元、社会扶贫资金0.04亿元、自筹资金1.85亿元、其他资金1.141亿元，项目覆盖301个行政村、198个贫困村、3.31万户贫困户。

【边境山区扶贫工作】 2014年，喀什地区扶贫工作坚持按照“一线守边、二线固边、三线服务”和“立足安居、改善民生、兴牧为主、生态良好、稳定脱贫、持续发展”的发展思路，投入边境（山区）财政扶贫资金1.1亿元，新建富民安居房940套、牲畜棚圈1064座、饲草料基地933.33公顷，牲畜养殖1.8万头（只）、庭院经济602户、低质土地整治60.67公顷、新打机井26眼、桥闸涵512座、建温室大（拱）棚485座，明显提高边境山区贫困农牧民生活条件。

【造血式扶贫工作】 2014年，喀什地区扶贫工作以产业扶贫为根本、转移就业为关键，支持特色林果业、种植业、畜牧业、设施农业和扶贫龙头企业发展，推进农业现代化进程。贫困村新增经济林面积2813.33公顷、嫁接改造3.05万公顷，发展设施农业1.5万座、特色种植1486.67公顷、新购牲畜6.66万头只、支持2256户发展庭院经济。购置900台杏热风烘干房。新增乡村农（牧）家乐旅游点355个。支持23家扶贫龙头企业扶贫贴息贷款457.32万元，扶贫龙头企业发展到45家，发放到户贴息贷款3.49亿元，落实贴息资金1745万元。争取扶贫培训资金1314万元，培训贫困劳动力达6.3万人次。“雨露”培训试点补助资金405万元，补助2700人。

【社会帮扶工作】 2014年，喀什地区扶贫工作完善“四位一体”大扶贫格局，推行地直单位对口帮扶机制。启动实施爱心包裹项目，现场募集资金31.68万元，为3000余名贫困学生送去爱心。举办地区第一个全国扶贫日活动，捐款捐物计1632.2万元。通过社会帮扶和“访惠聚”活动，协调落实民生项目935个，完工交付使用项目571个，落实帮扶资金5799.62万元、结对帮扶15.17万贫困户。

（阳红俊）

水 利

水利监督管理

【综述】 2014 年，喀什地区水利局有编制数 57 人，内设办公室、计划财务科、水政水资源科、建设与管理科、水利管理科、水土保持科、农村水利科 7 个科室，行政编制 24 人，局领导职数 5 人（含纪检组长），总工程师 1 人，内设机构领导职数 12 人。内设防汛抗旱办公室、水产渔政管理中心、水政监察支队、流域规划设计管理中心、水利水电工程质量监督站等参照公务员管理科室，编制 21 人。事业科室有防病改水办公室、机关服务中心，编制 12 人。2014 年，喀什地区水利局完成水利基础设施建设投资 18.82 亿元。

【水情及灌溉】 2014 年，喀什地区五大河总来水量为 105.6 亿立方米，与上年同比下降 24.9%。喀什地区灌区累计引水 100.37 亿立方米，与上年同比多用水 1.4%。全地区各种作物累计灌溉亩次达到 399.52 万公顷次，与上年同比多灌溉 13.2%。

【重点项目】 2014 年，喀什地区水利局建立地区水利项目前期动态储备库。内含防洪、人畜安全饮水、小农水、高效节水、大型灌区、病险水闸加固、病险水库加固、水土保持、中小河流等计 181 项工程。启动《喀什地区水利发展“十三五”规划》编制工作，配合做好《南疆水资源利用和水利工程建设规划》编制工作，推进山区控制性骨干工程等重点项目前期工作，阿尔塔什水利枢纽工程列入国家重点项目。叶尔羌河防洪治理工程开工建设，地县层面可研审批前置文件办理工作全部完成，水规总院、中咨公司先后对整体可研报告进行审查，确定叶尔羌河喀什地方重点防洪工程 68 项，治理总长度 236.24 千米，总投资 29.46 亿元。

【重点工程建设】 2014 年，喀什地区水利局重点工程项目建设：1. 塔河项目：计 121 项，开工建设 120 项，完工 111 项，完成竣工验收 97 项，累计完成建设投资 13.5 亿元。2. 病险水库除险加固工程：完成 11 座水库竣工验收。3. 内陆河治理项目：完成建设项目 9 项，完成投资 15120 万元。4. 中小河流治理项目：英吉沙县依格孜牙河河势控制工程、疏附县吐曼河阿克塔什防洪堤工程、叶城县柯克亚河普萨防洪工程已完工并完成竣工验收，喀什地区老八里桥至大桥段防洪工程主体已完工。5.“定居兴牧”水利工程：塔什库尔干县塔提库力干渠防渗改建工程全部完工。6. 山洪灾害非工程措施项目：总投资 3040 万元分别为塔什库尔干县、叶城县、莎车县、英吉沙县、疏附县和伽师县山洪灾害防治县级非工程措施建设项目及地区山洪灾害建设平台，已完成全部项目建设任务。

【防汛抗旱工作】 2014年，全地区累计新修和维修加固重点及险工险段防洪堤325处，维修加固长度691.45千米。2014年，地区水利局针对春季抗旱工作各种不利条件状况，根据水文、气象部门预测预报信息，组织农口部门召开水情会商会议，提前研究部署有关抗旱工作；考虑旱情严重事态，地区召开农业抗旱工作电视电话会议，专门安排部署抗旱工作；从“开源”着手，加大提取地下水力度，充分发挥机电井抗旱作用；向“节流”要效益，严格落实用水定额灌溉管理制度；进一步加大水管督查工作力度，保证地区各项抗旱措施落实到位，采取各项有效措施确保把旱情损失降至最低。

【农田水利工作】 2014年，喀什地区水利局完成全地区农田水利基本建设总投资139874.24万元，其中国家投资105379.77万元、地方配套及群众投资34494.47万元。全地区累计投入劳动积累工日286.22万工日，累计完成土石方6434.16万立方米，累计完成混凝土方26.88万立方米；新、改建防渗渠道552.84千米，维修灌溉渠道1661.01千米；平整土地1.2万公顷，改造中低产田1.99万公顷，改良盐碱地1.74万公顷，新增灌溉面积0.18万公顷，改善灌溉面积2.81万公顷；新增机井67眼，维修改造机井6762眼；修复水毁工程65处，加固加高堤防684.92千米。第五批重点县建设和第六批重点县申报工作。巴楚县列入国家第五批重点县计划，完成0.13万公顷高效节水建设重点县建设任务；完成地区第六批重点县申报工作，申报岳普湖、伽师、疏勒、叶城4个县，工程总计划投资6400万元，每个县1600万元。高效节水建设。地区2014年新建、改建高效节水灌溉面积2.96万公顷，其中滴灌面积7.71万公顷、低压管道灌溉面积0.39万公顷。超额完成自治区下达1.87万公顷、地区下达2.33万公顷高效节水建设目标。

【农村饮水安全工作】 2014年，地区水利局超额完成农村饮水安全任务。完成投资1.27亿元，新增自来水入户1.89万户，解决农村饮水不安全人口13.86万人，超额完成地区下达计划。

【水政水资源管理工作】 2014年，地区水利局开展最严格水资源管理“三条红线”控制指标分解工作，联合兵团第三师水利局共同向自治区水利厅上报控制指标分解方案。

【工程建设管理工作】 2014年，地区水利局已完成9个塔河项目和4个水库除险加固工程竣工验收任务。与地区建设局交易中心签订进场协议，7月1日后，各县市、各流域管理处水利工程全部进入自治区或地区交易市场开展招标投标工作。疏附县卡甫卡水电站增效扩容工程和栏杆卡甫卡水电站增效扩容工程已完工并完成机组启动验收，完成投资 1057.17 万元。

【水利工程质量监督】 2014 年，地区水利局对防洪工程、农田水利基本建设项目、防病改水项目、小农水重点县建设项目等 69 项工程进行强制性质量监督。完成泽普县四乡一镇农村饮水安全改扩建工程，岳普湖县下巴扎乡艾西曼镇中心水厂管网延伸、巴楚县民生渠首引水枢纽上游护岸、伽师县小农水重点县工程、塔县牧区水利、莎车县、麦盖提县防洪工程等 24 项工程施工档案资料检查、核定和质量监督报告编写。按照自治区水利厅要求，在全地区范围内开展水利行业重要管线工程安全专项排查整治和冬、春两季及春节、“两会”期间水利安全生产检查，以及 2014 年水利行业安全生产领域“六打六治”“打非治违”专项行动。

【水土保持】 2014 年，地区水利局全面开展征收水土保持设施补偿费工作，完成 105.02 万元设施补偿费征收工作。在世界水日、中国水周期间，在各县市开展《中华人民共和国水土保持法》和自治区实施《水土保持法》办法宣传活动。推进小流域水土保持综合治理，完成英吉沙县芒辛乡喀腊巴什水库周边水土保持综合治理工程，治理水土流失面积 500 公顷。

【水产渔政】 2014 年，地区水利局水产品产量达到 12450 吨（每千克 /15 元计），生产大规格鱼种 2050 吨（每千克 /16 元计），实现渔业经济总产值 21955 万元，比 2013 年增加 3805.7 万元。增加值 6586.50 万元，与上年同比增长 81.50%，渔业人均纯收入 26272.44 元，与上年同比增长 56.8%。完成“三证合一”改革试点工作。本着精简证书、简化程序、方便渔民、提高效率原则，实行渔业船舶证书“三证合一”改革，发证率达 100%（“三证合一”是将渔船检验证书渔船登记证书和渔业捕捞许可证 3 种证书合为一本）。

（张远明）

塔里木河流域管理

【限额用水】 2014 年，塔里木河流域喀什管理局根据 2014 年度叶尔羌河流域 51.11 亿立方米限额用水指标，本局采取限额总量控制，制定行之有效水量调度预案，实时修订用水计划，严格按比例分水，在保障灌区农、牧业灌溉正常用水情况下，向塔河干流域输水，截至 2014 年 10 月 20 日，叶河流域各主要河流共来水 68 亿立方米，比 2013 年同期少 25.62 亿立方米。灌区实引水量 49.18 亿立方米，从艾里克塔木断面向塔河下泄水量 4.07 亿立方米（其中包括艾里克塔木渠首汛期泄水 2.87 亿立方米、非汛期下泄 3000 万立方米，小海子水库下泄 9000 万立方米），向黑尼亚孜断面下泄水量 1.95 亿立方米（其中非汛期 3501 万立方米，汛期 1.65 亿立方米）。

【灌溉管理】 2014 年，管理局输送生态水同时，还确保灌区灌溉用水需要，较好完成年初灌溉计划。叶河流域完成总灌溉面积 52.01 万公顷（含 11.27 万公顷复播面积），较 2013 年同期少 10.67 万公顷。冬小麦冬灌面积 12.26 万公顷，与 2013 年基本持平。由于灌溉制度健全且采取科学合理抗旱措施，较好完成年初制订灌溉计划。

【水资源统一调度管理】 2014 年，管理局制订并下发流域性水库供水计划，组织召开 2014 年流域防汛抗旱协调会议，为流域安全度汛打下坚实基础。管理局开展限额用水宣传工作，使以供定需，以水定地，总量控制，滚动修正等限额用水政策深入民心。将流域各用水单位限额用水指标，按总量控制，以供定需原则将用水指标逐月、逐乡（镇、团、场）进行分解，层层签订责任书，并把限额用水工作纳入年度考核之中，同时做好“四源一干”河段输水损失分析基础性工作。

年初与下坂地建管局召开联席会议，协调下坂地水库农业春灌供水与叶尔羌河灌溉限额用水、生态补水、平原水库反调节蓄水供需水关系，制订科学合理水量调度运行计划，最大限度发挥下坂地水利枢纽工程春旱供水及生态补水、结合发电三大效益，实现流域山区水库反调节作用，2014 年春季，下坂地水库调节用水 2.6 亿立方米，有效缓解春旱灌溉工作。

【流域防汛抗旱工作】 2014 年，管理局从“民生优先、群众第一、基层重要”出发，2014 年汛期，管理局及时组织召开叶尔羌河流域防汛抗旱协调会议，加大对流域防汛工作协调、调度、监督检查力度，防汛抗旱指挥管理能力明显提升，保证工程安全度汛；在流域用水矛盾十分突出情况下，为灌区提供优质高效供水服务，及时为大风沙尘等极端天气受灾灌区解决用水矛盾，有力地支持灌区开展生产自救，将灾害损失降到最低程度，维护社会大局稳定。

【水政监察】 2014 年，管理局结合第 21 届“世界水日”、第 26 届“中国水周”，开展水法宣传活动。加强水资源监督管理，定期、不定期对流域各取（引）水口、分（配）水口进行监督检查，依法调解流域内水事纠纷，查处各类水事违法行为 32 起，维护流域正常用水秩序。

2014 年，对 134 本取水许可证进行年审；执行河道采砂许可制度，开展流域内水资源费、水土保持补偿费、河道采砂管理费征收工作；落实水行政许可制度，对管理局管辖范围内 5 起新、改、扩建涉河项目依法严格实施审查。

完成所管辖范围内河道上取水口、抽水泵站、机电井、开荒面积调查统计工作并上报塔管局；开展河道行洪通道清障疏浚工作，保证河道输水、行洪通道畅通；参加水行政执法人员换证培训，并在 11 个基层站点成立水政监察大队，增强壮大水政执法队伍；多次组织、参与联合执法工作，针对叶河上游山区、平原灌区和下游老河道及生态水下放等重点工作开展联合执法检查工作，妥善调处或依法查处各类违法水事行为，为顺利下放塔河生态水保驾护航；为确保叶河水质安全，对叶河上游、下游开展重金属污染、排污口专项调查，并定期对叶尔羌河、提孜那甫河入河排污口进行专项调查监测，及时向塔管局提交入河排污调查报告。

【水利工程建设】 2014年，管理局按照“续建工程抓进度，新建工程抓启动，预备工程抓前期”要求，2014年管理局围绕塔河项目、项目前期、水闸除险加固、防洪工程、集资建房、已建工程竣工验收为重点，攻坚克难，切实推进水利工程建设管理水平。

储备一批重点项目及前期工作 2014年，喀什管理局做好喀群、民生渠首除险加固工程项目建设资金协调工作。喀群渠首除险加固工程项目建设已落实资金3000万元。民生渠首除险加固工程建设总投资1.41亿元，该工程初步设计报告已通过水利厅、黄委审查并通过自治区发改委审批。《新疆叶尔羌河流域灌区续建配套与节水改造骨干工程项目总体可行性研究报告》已于2014年1月通过水利部审查。继续做好勿甫、依干其及其他引水枢纽除险加固工程前期工作。

喀群引水枢纽除险加固工程初步设计报告及招标方案已通过自治区发改委审批，工程总投资16978.01万元，已到位资金3000万元，招标前准备工作已完成；叶尔羌河中游渠首工程概算报告2014年5月通过水规总院复审，初步确定修改概算投资约5500万元。现阶段正在进行已完工程结算造价审核并利用贷款资金开展部分未完工程续建工作；叶尔羌河下游河道疏浚工程优化设计变更部分于2014年2月通过自治区发改委审批，批复概算投资1356万元。该项工程4月完成招投标工作，9月底工程基本完工，在开展竣工结算工作；完成库木库勒防洪工程（二期），该工程批复概算投资2932万元，5月底主体工程已完工，完成投资约2100万元，完成库木库勒一期、包尔克拉克一期、托乎拉克下段竣工验收准备工作；按照塔管局要求做好维修养护工程（第一批、第二批）建设任务，第一批工程已完成；配合塔管局做好基层站点独立光伏发电系统（一期）竣工验收工作及维修工程质量监督工作；协调兵团第三师完成小海子水库进水闸工程建设及四十八团渡口至艾力克塔木之间河道疏通工程并投入运行，为灌区灌溉引水及生态水下放提供保障。

【财务监督管理】 2014年，管理局本着开源节流、增收节支原则，加强预算执行和监督管理，严格控制“三公”经费；进一步建立健全各项财务管理规章制度、财务收支审批制度，严格控制经费支出；促进财政补助资金到位，确保财政资金安全、有效使用；加强对项目资金管理和使用，做到专款专用；根据计收水费实际情况，对本局水费重新进行水价测算；做好政府采购、水费征收等工作；完成两个企业内部审计和津贴补贴发放工作；配合水利厅对克州3个水利基建项目进行稽查。

（塔里木河流域喀什管理局）

喀什噶尔河流域管理

【水利规划工作】 2014年，喀什噶尔河流域管理局完成《喀什噶尔河流域水资源利用规划报告》编制工作；在珠江委支持下，启动《喀什噶尔河流域防洪规划报告》编修工作，已基本完成初稿。同时委托珠江委设计院编制完成《喀什河流域2014—2016年应急防洪项目可研报告》。组织完成《库山河山区中游河段水电建设规划报告》自治区报审工作；完成水利部对《流域大型灌区“十二五”期间总体可研报告》审查；组织完成喀什噶尔灌区续建配套及节水改造工程八至十二期可研报告立项批复，并完成八至十期实施方案审批工作，同时开展喀什噶尔灌区续建配套及节水改造工程八期、九期工程施工、监理招标工作。在防洪工程建设中，完成恰克玛克河吐尔尕特口岸应急防洪工程实施方案审批和招投标工作。组织完成流域内陆河治理项目大可研报告修改工作，已报黄委待复审；在病险水闸除险加固前期工作上，完成自治区对克孜河布哈拉引水枢纽、盖孜河塔什米力克引水枢纽、库山河木华里引水枢纽三座中型病险水闸除险加固工程安全鉴定核查工作，完成克孜河布哈拉引水枢纽病险水闸除险加固工程《初步设计报告》编制和审查工作，启动克孜河阿瓦提引水枢纽病险水闸除险加固工程《初步设计报告》编制工作。

【流域骨干水利工程建设】 2014年，喀什河流域管理局基本完成天南维其克渠首病险水闸改造工程建设任务，完成总投资3000万元；完成喀什噶尔灌区续建配套及节水改造工程七期工程建设任务；六期、八期工程已完成95%建设任务。三项工程2014年计划完成投资6999万元；完成大型灌区改造克孜河天南维其克引水枢纽改建工程、五期库山河干渠改建工程、英济克、皮拉力支渠改建工程竣工验收前各项准备工作，并报送水利厅申请竣工验收；完成恰克马克河塔古堤段应急工程竣工验收工作。

【防汛抗旱】 2014年，喀什噶尔河流域管理局落实防洪行政领导负责制、保闸护堤责任制、坚持24小时水情通信值班和领导带班制。及时开展汛前工程隐患排查和水毁修复工作，对渠首、堤防险工险段做好巡查、检查工作，实现五大渠首等流域骨干工程安全度汛；完善《喀什噶尔河流域抗旱预案》。流域全年抽取地下水6.42亿立方米，从克孜河向盖孜河跨流域调水2685万立方米；协调盖孜河布仑口水库管理单位广西电业克州公司，枯水期增大水库下泄流量，相比2013年同期来水量多下泄1.096亿立方米。会同喀什地区、柯尔克孜克孜勒自治州水利部门，枯水期到灌区指导服务抗旱工作，汛前投入50万元对引克济盖跨流域调水工程进行水毁修复。全流域在平水偏枯年份仍然亩灌溉次数达3.4次；推进关系民生防洪工程建设。恰克玛克河吐尔尕特口岸应急防洪工程顺利开工建设，总投资1200万元，2014年完成投资420万元。

【水资源配置和管理】 2014年，喀什噶尔河流域管理局配合喀、克两地州、兵团第三师做好流域各县市、团场“三条红线”控制指标分解工作，并按照《流域水资源利用规划》开展“三条红线”指标分解复核工作。开展用水“总量控制、超限额加价”“三条红线”过渡方案研究和准备工作。2014年，完成直配水量18.29亿立方米（不含泉水），保障灌区供水；加强依法行政，发挥流域水行政职能。完成《克孜河夏特水电站建设项目水资源论证报告》《新疆塔日勒嘎水电站水库调度运行方案及防洪应急预案等报告》《疏附县克孜河木苏曼段防洪工程规划同意书》等10余项报告预审工作。按照“电调服从水调，水调电调均服从于防洪调度”原则，推进流域水资源统一管理。全年组织监督检查4次；推进流域高效节水示范工作，抓好中德扶贫赠款项目一期、二期修复改造工程验收工作，组织开展相关培训，做好水土监测和扶贫监测工作。完成中德项目终期评估工作。

【水利运营管理】 2014年，喀什噶尔河流域管理局推进水价改革和水费征收工作，全年完成水费征收943.79万元；加强财务核算管理，对水费和其他经营性收入资金坚持一级账务核算管理，站级经济收支实行二级核算，对工程项目专项资金严格按照基本建设要求，做到专款专用、专账专户、专人管理，严禁资金挪用。全年实现总收入2492.02万元；按照巩固、改革、提高、可持续发展工作方针，继续推动水利产业和多种经营发展。依法完成对阿瓦提生态园承包权收回工作。

【安全生产】 2014年，喀什噶尔河流域管理局加强安全生产法律法规、政策文件精神宣传教育培训，加强警示教育，开展安全生产年、安全生产月、青年安全生产示范岗活动；抓全保卫、消防、水利工程施工、五大渠首度汛、交通车辆等重点领域安全生产工作，开展安全生产大检查4次，发现隐患14处，投入整改排查资金200余万元。

（喀什噶尔河流域管理局）

盖孜库山河流域管理

【综述】 2014年，喀什地区盖孜库山河流域管理处落实“三条红线”，按制度分水、合理调配机动水。加强基层水管站规范化管理，加强对分水配水工作监管和检查力度，杜绝私自配水现象。

【冬蓄冬灌】 2014年，喀什地区盖孜库山河流域管理处为缓解春旱，保证灌区农作物灌溉，抓冬蓄冬灌工作，与灌区用水单位签订目标责任书，制定用水计划，流域白地冬灌计划总面积9.38万公顷，到2月底实灌白地面积9.31万公顷，完成灌溉计划的99.27%。流域全灌区计划蓄水17532万立方米（包括西克尔水库），实际完成冬蓄16062.10万立方米，与上年同比减少

8.47%，完成计划的91.53%。

【水情】2014年，喀什地区盖孜库山河流域管理处克孜河卡普卡渠首来水量为170813.41万立方米，与上年同比减少18.1%；盖孜河塔什米力克渠首2014年来水量为104744.88万立方米，与上年同比减少5.1%。库山河木华里渠首2014年来水量为57188.25万立方米，与上年同比减少14%。全年灌溉用水量为332746.53万立方米（包括河水、泉水、库水、井水，含英吉沙县），与上年同比减少13.7%。

【灌溉管理和抗旱工作】2014年，喀什地区盖孜库山河流域管理处抓好以抗旱、节水为中心的水管工作，全灌区有抗旱机井5167眼，其中完好可利用机电井4149眼，机井提水量与上年同比大幅增加，据统计2014年与上年同比多提水15400万立方米。基本上保证流域农作物适时适量灌溉。

【防洪工作】2014年，完成2处险工险段防洪堤和重要防洪点维修加固任务，总长5.6千米，投资19.5万元。全流域维修防洪坝141.28千米，修复丁坝192个。

【水政执法】2014年，喀什地区盖孜库山河流域管理处加强对河道巡查监督管理工作，在水行政执法过程中，严格查处河道保护范围内非法开荒种地、种树、修建房屋等违法案件。处理涉河水事违法案件6起，查处违法侵占水利工程保护范围开荒、种地、种树案件5起，河道清障1起，现场查处违规采砂40余次，解决水事纠纷9次。通过和国土局、安监局联系沟通，联合取缔石料厂5座。

【水利工程建设和前期规划】2014年，喀什盖孜河三道桥上游下段防洪工程（57+200～59+900）《初步设计报告》2013年12月获自治区发改委批准，总投资2502万元。工程建设2014年3月1日正式开工，6月15日完工，12月底通过工程阶段验收验。盖孜河三道桥渠首病险闸口除险加固工程完成立项，将于2015年9月动工。

（刘思源）

下坂地水利建设管理

【水库调度运行及抗旱防洪工作】2014年，下坂地建管局全面完成2014年抗旱补水及春灌供水工作。春灌期增加供水量2.62亿立方米，超额完成2.5亿立方米任务目标，并使叶河灌区灌溉保证率从12%提高到76%；汛期严格按照度汛方案规定，完成2014年度防洪度汛工作。

【生产发电及安全生产】2014年，实现全年安全生产目标，累计安全生产1679天；完成年度发电量5.11亿千瓦时，累计完成发电22.3亿千瓦时。

（下坂地水利枢纽工程建设管理局）

叶尔羌河流域水利水电开发

【综述】2014年，新华叶河公司完成阿尔塔什水利枢纽工程可行性研究审批报告的工作；完成阿尔塔什水利枢纽工程初步设计阶段的基本工作；导流洞工程顺利贯通、1号永久跨河大桥、库克鲁克大桥、阿尔塔什达坂交通洞、阿克尧勒达坂交通洞顺利通车、左岸交通洞顺利贯通、综合楼工程顺利完工、右岸交通工程进展顺利；项目融资成果显著，确保了工程建设的资金需求；全年实现安全生产无事故；齐热哈塔尔水电站工程建设按计划正常进行。

【《阿尔塔什水利枢纽工程可行性研究报告》审批工作】 受国家发展改革委员会委托，中国国际工程咨询公司组织专家组于2013年11月和2014年1月在北京对《新疆叶尔羌河阿尔塔什水利枢纽工程可行性研究报告》进行了两次咨询评估。从2013年11月至2014年6月30日，促成中咨公司以咨农发〔2014〕1031号文正式将阿尔塔什水利枢纽工程项目（可行性研究报告）的咨询评估报告报送国家发改委。国家发展改革委于2014年9月3日以发改农经〔2014〕2034号文正式对新疆阿尔塔什水利枢纽工程项目可行性研究报告进行了批复。至此，历时2年4个月，完成了国家发改委待批的所有准备工作，阿尔塔什水利枢纽工程可研阶段的工作顺利完成。

【阿尔塔什水利枢纽工程的初步设计工作】 2014年，完成《泥沙冲淤物理模型试验专题报告》《阿尔塔什水利枢纽工程水工模型试验》《叶尔羌河阿尔塔什水利枢纽工程节能评估报告》《阿尔塔什右岸高陡边坡稳定性专题报告》《阿尔塔什水利枢纽工程电站接入系统报告》等相关初步设计阶段的准备工作。2014年10月26日，《新疆阿尔塔什水利枢纽工程初步设计报告》上报水利厅进行审查；10月30日，自治区水利厅以新水厅〔2014〕94号文向水利部上报阿尔塔什阿尔塔什水利枢纽工程初步设计报告，初步设计前期准备工作基本完成。

【13号路延伸段工程】 13号路延伸段工程分为两段，延伸Ⅰ段5165.037米；延伸Ⅱ段887.362米，共6052.399米，由中水四局集团有限公司承建。工程投资922万元。已完成延伸Ⅰ段3830米路基土石方开挖和填筑施工任务。2014年，完成投资220万元，累计完成投资220万元。

【导流前期工程】 导流前期工程主要承担施工期间原河道水流的导流作用，以保证工程在干地上施工。该工程于2012年11月开工，由中水四局集团有限公司承建。工程投资8928万元。2014年9月27日，导流洞工程实现全面贯通。2014年，已完成投资5560万元，累计完成投资7694万元。

【右岸上坝交通工程】 右岸上坝交通工程由中水四局集团有限公司承建。工程投资3410万元。工程于2013年11月23日开工建设，已完成600米洞内石方开挖和初期支护工作。2014年，已完成投资1628万元，累计完成投资1628万元。

【左岸上坝交通工程】 左岸上坝交通工程主要承担施工期大坝上下游的交通运输任务和泄水建筑物闸井施工、管理的交通任务，避免施工期通行车辆对导流洞、泄水建筑物及坝体施工的影响和干扰。工程投资4358万元。工程于2012年12月开工建设，由中铁十五局集团有限公司承建，2014年9月30日，左岸上坝交通洞工程主洞实现了全线贯通。2014年，已完成投资2415万元，累计完成投资4006万元。

【1号永久跨河大桥工程】 1号永久跨河大桥承担着枢纽工程施工期间物料运输和运行期进场的任务，线路全长1116米，主桥全长360米，宽11.5米，路面宽9米。该工程于2012年8月开工，由中铁五局集团有限公司承建，已完成合同工作施工任务，并于2014年10月24日完成合同工程交工验收工作。2014年，已完成投资688万元，累计完成投资2249万元。

【阿尔塔什达坂交通洞工程】 阿尔塔什水利枢纽工程地处偏远，交通极其不便，尤其是阿尔塔什达坂和阿克尧勒达坂是严重制约施工材料和大型设备运输的“瓶颈”。工程于2012年11月开工，由中铁十一局集团有限公司承建，工程投资1476万元，完成合同工程交工验收工作。2014年，已完成投资680万元，累计完成投资1429万元。

【阿喀尧勒达坂交通洞工程】 阿喀尧勒达坂交通洞长328米。工程投资1525万元。本工程由中铁十一局集团有限公司承担该工程施工任务，已完成合同工程交工验收工作。2014年，已完成投资1200万元，累计完成投资1238万元。

【库克鲁克跨河大桥工程】 库克鲁克大桥承担着阿尔塔什水利枢纽厂房施工期和运行期外来物资及管理的任务。该桥位于阿尔塔什水利枢纽电站厂房下游约2.1千米处的叶尔羌河上，连接左岸甘加特沟永久进场道路及右岸5#道路。桥长281米，桥总跨径270米，每跨30米，共九跨。该工程由中铁五局集团有限公司承建。工程投资1366万元。已完成合同工程交工验收工作。2014年，已完成投资1382万元，累计完成投资1382万元。

【4号道路工程】 4号道路承担着连接厂房的任务，由中水八局集团有限公司承建，工程投资310万元。已完成1860米道路土石方开挖、填筑施工任务。2014年，已完成投资180万元，累计完成投资180万元。

2014年，阿尔塔什水利枢纽前期费用共完成10750万元，前期费用累计完成24477万元。2014年，完成建设投资29298万元，累计完成65178万元。

【工程占地及移民搬迁工作】 2014年，阿尔塔什移民安置大纲已获得水利部和自治区人民政府联合批复，移民安置规划报告已编制完毕，施工区前期“三通一平”工程移民安置及建设征地已全部完成。

【矿产压覆工作】 库区专项工程压覆矿产工作已完成21个探矿权变更，2个矿权补偿协议已签订，并补偿完毕，1个采矿权正在进行资产评估，力争年底完成最终补偿协议签订。库区道路恢复工程已获自治区、州、县有关主管部门同意，正在开展前期工程可研报告编制工作，建设征地、林地报批、环保、水土保持等一系列工作正在有序地推进。阿尔塔什水利枢纽工程移民工作未发生一起群体到省、州、市集体上访事件。

（新疆新华叶尔羌河流域水利水电开发有限公司）

水文水资源勘测管理

【测站管理】 2014年，喀什水文水资源勘测局对2013年年初整资料进行验收；完成卡拉贝利专用站3个断面洪水调查和阿尔塔什专用站克孜勒阿孜水电站尾水断面设立及水位流量关系线率定工作；完成水文事业发展规划修编和水文站网基础信息汇总上报工作。

【水情测报预报】 2014年，水文水资源勘测局在汛前对喀什地区叶尔羌、克孜河两大流域大河来水情况进行分析，绘制大部分报汛站历年线和该年度水位流量关系线，计抄收水情电报3748份，报送水情高达119926份。

【水质监测】 2014年，水文水资源勘测局开展对各类水质站日常水环境监测和地下水常规观测井基础数据监测工作，喀什水环境监测分中心对外监测样品442个，其中全分析80个、简分析208个、其他154个。

【基础设施建设项目】 2014年，水文水资源勘测局完成中小河流一期三站改建项目设备安装和工程结算、工资料整理工作；完成中小河流二期5个水文测站工程项目前期规划选址、环评、土地预审工作；完成危房改造一、二期六站工程结算、决算审计和工程资料档案整理工作；完成水资源简报和地下水数据编制、汇总、上报工作；完成喀什噶尔河天南维其克渠首自动测报系统工程项目建设工作。

【水监测系统工程项目】 2014年，水文水资源勘测局在喀什地区建成布设131眼地下水监测井网，其中利用世行二期项目资金建设51眼人工监测井，利用2008—2010年南疆地下开发项目资金建设80眼自动监测井。

（努尔麦麦提·艾麦提）

工　业

工业经济综述

【工业经济发展情况】 2014年度，喀什地区实现工业增加值119亿元，与上年同比增长13%，工业用电量完成19.87亿千瓦时，与上年同比增长3.3%，顺利完成工业领域固定资产投资173亿元目标任务，工业领域新增就业岗位容量22400人。

【工业园区建设】 2014年，争取自治区纺织服装产业园区基础设施建设补助资金4000万元，加快巴楚、喀什等纺织工业园基础设施建设；争取园区标准厂房建设补助资金400万元扶持莎车、麦盖提、泽普等县园区标准厂房建设；2014年，园区企业实现工业总产值260亿元，与上年同比增长15.35%；规模以上工业企业实现增加值32.5亿元，与上年同比增长2.94%；园区新签约项目108个，与上年同比增长5.88%，签约金额340亿元，与上年同比增长101.18%；园区入驻企业达到1520户，与上年同比增长19.87%；就业人员达到48475人，与上年同比增长2.88%。

【产业发展情况】 2014年，按照喀什地委、行署固定资产投资促进年安排部署，从园区建设、重点项目、“短平快”项目等方面进行细化分解，确定重点工业项目64个，其中17个被列入自治区重点项目。

【民生项目建设】 2014年2月，自治区启动南疆三地州“短平快”项目工程，喀什地区向自治区建议用项目承接扶持资金，自治区调查研究后予以采纳。最终确定对喀什专项扶持资金计划由2.7亿元调整至4.18亿元。2014年，累计到位扶持资金24719万元，扶持项目178个，项目涉及12县市，覆盖民族特色手工业、纺织服装、农副产品加工及食品加工、商贸物流、新型建材及组装加工五大行业。2014年，“短平快”项目累计带动完成投资45亿元，已完成项目64个，新增就业岗位容量2万人以上。

【纺织服装产业】 2014年，喀什地区修改完善《喀什地区纺织服装产业发展规划（2014—2023）》，制定《关于加快喀什地区纺织服装产业发展促进就业改善民生的实施意见》，成立促进纺织服装产业工作领导小组；争取自治区纺织服装专项资金10508万元，扶持纺织服装项目71个；2014年10月，喀什地区组团参加第十一届“中博会”，在广州、成都两地组织召开纺织服装产业转移推进会，广泛宣传新疆喀什发展纺织服装产业特殊政策，达成合同和意向15个，计划总投资10.85亿元，可新增就业1.71万人。

2014年，喀什地区有纺织服装企业48家，其中棉纺项目26个，折合总规模为198万锭（其中在建118万锭）；服装针织家纺类项目22个，服装生产总规模为2300万件（套）（其中在建1300万件）；针织类项目（在建）设计规模为240万件针织品、4.5亿双高档棉袜、600万打手套、5000万米面料；家纺类项目（在建），设计规模为5万套家纺。

【中小企业服务中心建设】 2014年，喀什地区累计为中小企业申报项目7个，争取扶持资金325万元用于扶持重点县市示范平台、综合服务、公共服务网络平台等方面建设；与山东援疆前指组织开展鲁喀企业家联谊暨培训活动。

【信息化工作】 2014年，喀什地区完成政府主要信息系统和重点领域信息安全专项检查活动；启动《喀什地区信息化发展专项规划（2015—2020年）》《喀什地区电子地图与高分辨率遥感影像图》编制绘制工作，启动喀什地区首批智慧示范小区建设前期工作；争取信息化专项资金150万元重点扶持4家企业，带动食品加工、电力能源、矿产冶炼等重点领域两化融合进程。

【淘汰落后产能工作】 2014年，喀什地区配合自治区淘汰落后产能项目核查组对泽普县雪鹰水泥有限责任公司（Φ2.5×42.5米窑外预热分解窑生产线1条）、英吉沙县浙兰水泥有限责任公司（Φ3.3×12米机立窑生产线1条）、英吉沙县雅森水泥有限责任公司（原英吉沙县海洋水泥厂Φ3.2×11米机立窑生产线1条）、叶城县兴祚矿业开发有限责任公司（78立方米高炉1座）四家落后产能情况进行现场验收，完成2014年地区淘汰落后产能工作，原有企业员工基本上得到妥善安置。

【项目建设】 2014年，喀什地区争取自治区各类产业扶持资金30489万元，从“短平快”项目、纺织园区基础设施、战略性新兴产业、企业服务体系、园区基础设施、重点技术创新、电子信息7个方面扶持项目200个，带动新增就业岗位容量20000人以上。

（地区经信委）

电力工业

国网新疆电力公司疆南供电公司

【综述】 疆南电力有限责任公司成立于1998年11月，担负着喀什、克孜勒苏柯尔克孜自治州16个县市及兵团第三师24.6万平方千米、142.2445万户的供电任务。截至2014年年末，国网疆南供电公司职工人数2909人。

2014年，完成售电量57.55亿千瓦时，与上年同比增长12.36%；完成综合线损率9.99%，与上年同比下降0.85个百分点；电费回收率100%；平均售电单价499.8元/千千瓦时；上缴税金6375万元。

【安全生产】 2014年，疆南电力有限责任公司层层签订安全生产责任书，组织安全生产法、安规等各类考试282次，整改事故隐患454项；开展反违章检查工作362次，处罚573人；春检、秋检查出问题730项，整改725项，剩余5项列入2015年技改大修计划。协调两地州开展电力设施保护环境治理专项活动，整改隐患18392处，外力破坏案件与上年同比下降30%，175座变电站全部办理消防验收手续；设备状态监测诊断率、缺陷消除率达100%；实现110千伏设备“账、卡、物”一致和联动；10千伏配网跳闸率控制在0.99155次/百千米；开展带电作业579次，多供电3998万千瓦时；完成技改大修项目324项；首次发现并消除两个220千伏智能变电站装置重大隐患；解决9.65万户低电压问题，城网、农网电压合格率达到99.96%、98.84%；首次开展变电设备和配网三类带电作业，上报带电检测案例11例，3项带电检测案例被国网公司收录，入选总数全疆排名第三；配合自治区“短、平、快”项目，保障970座杏热风烘干房可靠供电；建立领导干部接访和下访制度，新发生信访事项当年办结率达100%；出动保电人员1345人次、车辆504台次，完成国家领导人在喀什调研、全国“两会”等126次重大保电任务。

【电网建设】 2014年，喀什地区成立以地委副书记为组长的电网建设协调领导小组，将电网建设工作纳入各县市年度考核指标；完成电网五年规划滚动修编工作，编制“十三五”农网发展规划报告，完善公司电网建设项目规划库，合理规划220千伏及以下项目；2014年，疆南电力有限责任公司完成专利申请22项，7项科技创新成果获国家专利授权，储备科技项目7项，上报QC成果7项；2014年，国网疆南供电公司巴楚至喀什750千伏输变电工程开工建设；麦盖提220千伏输变电工程及4个110千伏续建工程竣工投运；2014年，新开工6个110千伏工程均按时间节点稳步推进；按时完成全疆无电地区电网建设60%的通电任务，提前15个月解决两地州7.1万户、29.4万无电人口用电问题，实现疆南电网覆盖范围内户户通电；2014年，哈拉峻110千伏输电线路工程获得新疆公司项目管理流动红旗和创优示范优胜工程荣誉称号，26项110千伏及以上工程被国网公司评为优质工程，优质工程率达100%，10项35千伏及以下农网工程被新疆公司评为优质示范工程，4项工程获新疆公司2014年度110千伏输变电工程优秀设计奖。

【经营管理】 2014年，疆南电力有限责任公司调控中心按月编制经济调度方案，优化电网运行方式，发现经营异动指标6163条，完成数据补录230万条；客户服务中心受理故障报修等业务40.4万件、投诉157件、举报120件；治理配网高损线路168条、台区1461个，开展“零购电、零走码”用户专项稽查，完成2.6万户零电量用户清查工作；开展反窃电活动，发现违约、窃电用户687户，追回电量2110

万千瓦时。开拓用电市场，市场占有率达97.45%，同比上升2.87个百分点；与塔西南公司签署合作协议，将石油基地纳入营业区域。付费购电比重达99.167%，全年位居全疆第一。推进“营配贯通”工程，完成营销数据普查37.6万户，营销稽查异常问题发起及整改完成率全疆并列第一；加强“两率”管理，安装智能表139万只、集中器1.1万台，实现112万户低压用户用电信息全采集。与43家发电企业签订并网购售电协议，持续保持新疆公司小电源管理标杆。结合“两个提升”工程，开展标准化供电所创建，叶城零千米、英吉沙芒辛供电所通过新疆公司验收。

2014年，疆南电力有限责任公司打造“十分钟缴费圈”，设置百事联、便利圈代收点454个，安装自助终端379台，配置POS机1253台；开通“微信、微博”服务平台，实现187个缴费网点百度地图检索。深化“一口对外”协同机制，新报装接入电网容量1761兆伏安，高压客户平均送电效率提升32%。按期完成利民工程送电工作。

（杨　琦）

新疆华电喀什热电有限责任公司

【综述】 2014年，新疆华电喀什热电有限责任公司总装机容量94万千瓦，其中火电装机90万千瓦，光伏装机4万千瓦，是南疆最大火力发电厂。一期工程两台5万千瓦机组于2002年双投。二期工程两台5万千瓦机组相继于2006年底、2007年年初投产发电。三期两台35万千瓦超临界热电联产机组于2014年实现“双投”。2014年1月23日、12月26日，三期工程两台35万千瓦超临界热电联产工程5、6号机组分别实现无燃油、无尾工、零缺陷、绿色、经济、高效启动投产目标。是新疆首个获得核准35万千瓦机组，是疆内单机容量最大、参数最高、指标最优、能耗最小火电电源项目。

【安全稳定】 2014年，新疆华电喀什热电有限责任公司以夯实项目建设安全基础管理工作为重点，开展本质安全型企业建设、AAA级文明诚信工地建设工作，#5、#6号机组顺利通过并网安评验收；通过“安全生产周”、安全大检查、安全生产月活动，增强员工安全“红线”意识，注重标本兼治，对不安全事件坚持按照“四不放过”原则进行处理，对影响发电、供热安全重点隐患制定防范措施重点消除，高质量完成“两节”“两会”等重要时段保电、保热工作，履行社会责任；重视环保安全，加大环保设施治理、投入力度，完成#3、4机组脱硝系统改造，改造后各项性能指标良好，顺利通过环保竣工验收。其中氮氧化物排放、脱硝效率等指标均达到国家《火电厂大气污染物排放标准》，氮氧化物年排放量减少1958.83吨。2014年，累计连续安全生产365天，累计安全生产3337天。

【生产经营管理】 2014年，新疆华电喀什热电有限责任公司优化供暖布局，在供暖期停运城南、城西11台供热小锅炉，累计供热面积1274.69万平方米，同比增加164.97万平方米供热面积。

【环保成效】 2014年，新疆华电喀什热电有限责任公司建立供热智能化监控和分布式变频系统，实现供热集中控制和调度，有效提高供热质量，降低人工成本，节约原煤3.54万吨，折合标煤2.86万吨，节约用电3042.37万千瓦时，折合标煤0.91万吨，实现减排二氧化碳10.52万吨，二氧化硫1151.81吨，氮氧化物668吨。

（新疆华电喀什热电有限责任公司）

石油销售

【综述】 2014年，中国石油天然气股份有限公司新疆喀什销售分公司（以下简称“喀什销售公司”）销售成品油44万吨，非油业务收入、润滑油销售均超额完成预算；油气回收改造18座站；2014年，下达投资计划8415万元，新建网点5座，续建6座，扩建2座，技术改造77座；针对地震、洪灾、雪灾等自然灾害，塔县方向等特殊地域建立完善应急保供机制，遇有突发情况，主动协调、行动，送油上门，为抢险救灾提供坚实油料保障；“春耕”“三夏”期间，全面开通“绿色通道”，拓宽小车外送业务服务面，确保农柴及时足量供应，履行企业责任。

【社会责任】 2014年，喀什销售公司投入120余万元资金改善基层生活条件，坚持薪酬向一线岗位关键岗位倾斜；开展扶贫帮困工作。在春节、古尔邦节等节日期间慰问困难家庭146人次，发放慰问资金54.25万元；落实社会责任。抓扶贫单位帮扶、工作，捐赠资金21.7万余元。

（陈　萍）

建筑业

【综述】 新疆第六建筑公司成立于1956年。2008年，按自治区党委政府部署，移交喀什地区管理，更名新疆建工集团第六建筑工程有限责任公司。2014年，公司内设市场营销部、生产综合部等10个职能部室，公司下设二级单位16个；公司具有房屋建筑工程施工总承包壹级、古建筑维修维护壹级、市政公用工程施工总承包贰级、堤防工程专业承包叁级、河源整治工程专业承包叁级、水利水电工程总承包叁级、钢结构总承包叁级资质。

【经营情况】 2014年，承揽任务7.3亿元，与上年同比增长28.5%；实现经营总产值6.67亿元，与上年同比下降24.4%；上缴地方各项税费4533万元；实现净利润262.8万元。

【质量安全管理】 2014年，未发生重大安全生产事故。全年竣工工程159个，房屋竣工面积56.46万平方米，工程质量一次交验合格率继续保持100%。

（新疆建工集团第六建筑工程有限责任公司）

盐业管理

【综述】 2014年，喀什地区盐产品购进19230.11吨，与上年同比增加1954吨。其中“绿色”食盐购进为8894.16吨，扶贫碘盐7082吨，肠衣盐购进1109.05吨，三项相加食盐购进为17085.2吨，完成食盐计划94.91%。工业盐购进1891.9吨，畜牧盐购进253吨。全地区盐产品销售19180.887吨。其中绿色食盐销售8961.637吨，扶贫碘盐销售7082吨，肠衣盐销售1074.8吨，三项相加为17118.437吨，与上年同比增加1804.437吨，完成自治区食盐年计划95.1%。工业盐销售1735.35吨，畜牧盐销售227.15吨，主营业务销售收入3980万元，三项费用总额752万元，上缴税金306万元，经济增加值246万元，利润总额395万元。

【经济运行监测】 2014年，地区突出抓好计划和产销衔接，对联系点购销存回款等经营过程中不合理因素进行摸排查找，集中力量重点督导个别企业出现的问题，通过库存结构调整，从消化积压食盐，培育网络信誉度入手，强化盐货两清管理，扭转了经济不良经营状况。

【规范化管理】 2014年，地区盐务局规范行业管理，抓资金回流。针对个别企业长期严重拖欠盐款，销量上不去，采取果断措施，进行彻底整顿，收回170余万元欠款。

【优化网络建设】 2014年，地区盐务局优化网络建设，以年度审核入手，增设20个碘盐直营店；对已取得资格，长期没有购进，不服管理，代销私盐者，取缔30余个；设立专职数据库管理员，加强电访，信息统计，并按头天要货计划把盐配送到每个直营店。

【食盐转型】 2014年，地区盐务局召开“喀什地区非盐工作会议”，明确专营与非盐经营利益链关系，确立明确“重专营、改观念，抓非盐、抢商机，占市场”方针，促12县市分公司和企业内部员工销售非盐性。主要集中以消化原库存积压产品为主，再进行10送1或10送2配送。最大限度调动三级批发企业性。年末销售14万余元；开发非采集商品经营。紧盯着市场，寻求商机，看准政府实施菜篮子工程，由政府和企业共同投资组建配套设施齐全物流配送中心，既巩固食盐专营网络，也增加非盐经营收入。

【盐政管理】 2014年，地区盐务局围绕“日常监管与节日专项整顿行动相结合、源头治理与日常监管相结合、网络维护与重点行业检查相结合”3条主线开展地区性专项整顿市场，维护网络，促进销售行动；针对假冒伪劣碘盐倾销县市，扰乱经营秩序现状，加大源头查堵、打击查处力度；深化边界治理，继续加强与毗邻边界盐务局协调合作。由自治区盐政处组织喀什、克州、和田三地州联合执法对入疆藏盐实施设卡，堵截行动，查获藏盐240吨，天津肠衣盐 20.5 吨，截至 12 月底，全地区查获案件 361，办结案 274 起，查获私盐 42.21 吨，罚款 16373 元。

【扶贫盐发放管理】 2014 年，地区盐务局将 7082 吨扶贫碘盐发放到 141.64 万贫困人口家中。坚持分工组织到位、宣传教育到位、资金运费补贴到位、督查指导到位、市场监管到位、发放人口到位。

【宣传工作】 2014 年“5·15”是第 21 个防治碘缺乏病宣传日，地区盐务局组织 12 县市分公司、地、县乡卫生局（所）、疾控中心，在繁华乡镇、街道巴扎、学校悬挂横幅、设立咨询台、发放宣传单、宣传画、设置流动宣传车等形式，向过往群众、学生宣传坚持食用（绿色）碘盐、多品种营养盐和倡导科学食用碘盐方法，详细讲解碘缺乏病危害、辨别合格碘盐、非碘盐、劣质盐常识，解答群众各种咨询。

（刘拓疆）

乳品加工

【综述】 2014 年，南达新农业全年完成销售收入 15936 万元，实现利税 831 万元，乳品实现工业总产值 12330 万元，完成固定资产投资 1486 万元，企业总资产达到 31331 万元，企业净资产 18119 万元。2014 年，公司被国家认定为中国学生饮用奶生产企业、国家学生饮用奶奶源基地。

【畜牧产业】 2014 年，南达新农业按照国家对奶牛养殖基地标准化、规模化、精细化管理要求，在奶牛饲喂、牛群结构、奶源品质等工作上抓落实，依据有机产品生产标准，从土壤培育、播种施肥、收割贮存、饲喂管理、奶源运输等环节严格执行有机产品标准和程序组织实施。全年完成有机牧草种植和饲草料储备 4.5 万余吨；年内牛群存栏增长 13.7%，牛群防疫率 100%，鲜奶合格率 100%，全年生产鲜奶 7188 吨，销售有机肥 5000 余立方米，实现销售收入 3595 万元；新建 14760 平方米标准牛舍及配套设施设备，新建二期养殖基地青贮窖、上下水管道、高压线路及平整路面和种植防护林带；加大沼气项目投入，修建沼气管道输送沼液直接到设施大棚，新购进发电设备等；全年生产安全零事故。

【乳品产业】 2014 年，南达新农业生产液态奶产品 1.22 万吨，奶粉 370.72 吨，新增香蕉牛奶、喀什味道酸乳两款产品，产品生产合格率为 99.84%；通过技术改造，实现八连杯、十二连杯酸奶灌装设备改造和技术升级，生产效率提高，利乐设备排蒸气改造管道外接，大幅减少能耗同时提升管道使用寿命，成本节约明显，同时加强设备维护保养，设备维护保养率达到 90% 以上，维修率控制在 5% 以内。

【林果产业】 2014 年，南达新农业河内农场改良土地种植作物 66.67 公顷，植树造林 4 万株，铺设戈壁土路基 2 千米，完成农场界址规划 10 千米，完成 1466.67 公顷地形测绘；畜牧基地种植青贮玉米 100 公顷，完成2.4万吨青贮和1200吨苜蓿收购任务。

【设施农业】 2014年，南达新农业完善南达有机农业观光采摘基地建设，新修路基6千米，开挖鱼池1.73公顷，新建沉淀池3.2公顷，新开果园26.67公顷，种植核桃树苗1.87公顷，嫁接苹果树2.27公顷；完成22座蔬果大棚增温、保温和3座沼液调配池建设，新建一栋设施农业管理用房及配套设施。2014年，红枣、黄桃、葡萄、梨等果树已开始挂果，当年收获有机红枣30余吨；设施大棚辣椒、西红柿、圣女果、黄瓜、西葫芦等有机蔬菜已全面上市销售，有机农业观光采摘已初见成效，为打造以“观光采摘、垂钓、休闲、娱乐”为一体开心乐园奠定坚实基础。

【南疆果业】 2014年，南达新农业南疆果业产品完成销售152万元，亏损86万元。

【市场开拓】 2014年，南达新农业新增开发顺丰嘿客渠道、友好集团商超渠道；新增开发上海、深圳、长沙、重庆等地客户，疆外销售市场得到进一步巩固和拓展，全年疆外市场实现全部正向增长；“音苏提酸奶酪”在杭州、长沙、深圳直航销售。年内推进电商及互联网营销平台建设，有效利用疆外实体店、微信、微博、天猫平台，初步形成大营销框架，把南达“音苏提”有机产品逐步推向全国市场。

（南达新农业）

非公有制经济

综 述

截至2014年10月，喀什地区有私营企业8853户、从业人员17.4万人、注册资本226.9亿元，与上年同比分别增长9.1%,6.7%和10.7%。个体工商户7.2万户、从业人员34.5万人，注册资金187.4亿元、与上年同比分别增长4%、12%和9.6%。商（协）会18个、会员企业3115个，新增366个。全地区完成工业总产值270.21亿元、增加19.41%，非公经济占比重66%以上，规模以上非公有制企业实现工业增加值47.2亿元，同比增长15.5%，非公有制经济占总量的63.2%。南达新农业在上海证券交易所新三版挂牌，火炬燃气也将于近期挂牌上市。帕米尔冰川国际生态旅游保护开发有限责任公司等6家企业在上海股权托管交易中心挂牌。

（地区工商局）

商 会

【喀什温州商会】 喀什温州商会于2002年7月2日成立，商会会长李庆顺。在喀什发展温州客商达到3万多人，大小企业300多家，涉及医院、乳业、房地产、商贸、服装、家电、日用百货、餐饮等众多领域。分布在喀什地区12县市。商会有党委2个，党支部11个，党员538名，解决当地下岗职工1000多人。

【喀什河南商会】 喀什河南商会成立于2005年8月28日，有会员企业200余家，经营领域涉及房地产开发、农林牧渔、工程建设、宾馆餐饮、咨询评估、能源环保、塑料制品、消防器材、运输物流、珠宝玉器、旅游娱乐、肉联加工、装修建材等行业。2014年3月20日，喀什河南商会党支部被中共喀什地区非公经济组织工作委员会批准成立党委。

【喀什陕西商会】 喀什陕西商会正式登记成立于2007年2月，会长康少勋。商会成立7年来，商会会员企业从最初100多家发展至341家，企业在喀什地区遍布12个县市，商会企业投资上10亿的3家，5000万～1亿元的8家，3000万～5000万元的9家，1000万～3000万元的17家，其他企业在1000万元以下。商会企业从事建筑、房地产、金融、加工制造、餐饮、超市、物流、物业、宾馆、矿产开发、酒类专卖、养殖业、医疗垃圾处理、家具、广告装潢、精品玉石、汽车销售、锅炉生产、肉类加工、建筑材料、电脑销售等行业。企业拥有资产100多亿元，为当地先后提供就业岗位5万多个。陕西商会会员企业中有中共党员124名；基层党委1个；党总支2个；党支部13个；团员40多个，团支部3个；工会会员618名，基层工会7个，工会小组16个。

【喀什川渝商会】 喀什川渝商会成立于2008年5月24日，有企业会员340家。位于喀什市城东大道川渝大厦25楼。商会下设9个行业分会，主要经营市场、房地产、矿产、农牧业开发，建筑安装、建筑材料、加工制造、电动车组装，商贸超市、商铺经营、餐饮宾馆、物业物流、交通运输，电力、油气、家具、广告及职业技能培训等20多个行业，业务范围辐射南疆各地州。商会于2010年2月6日建立党支部。2012年5月16日成立喀什川渝商会委员会，有9名党委成员。商会党委下属基层党支部12个，有正式党员143名。党委成立后，商会党支部改建为喀什川渝商会机关党支部。2013年4月20日成立喀什川渝商会工会联合会，有基层工会8个，会员528名。

【喀什广东商会】 喀什广东商会成立于2010年6月，会长由喀什新怡发投资集团董事长黄苏诺担任。商会组织机构设置：设有监事会、秘书处（办公室）、会员发展部、法律维权部、宣传策划部、对外联络部、财务部，办公地址设在喀什市世纪大道新怡发二楼。商会会员在喀什主要投资行业有市场开发、房地产、建筑、建材、IT、家电、餐饮、酒店、灯饰、办公设备、制冷设备、音响设备、电力建设、旅游、二类口岸国际商贸城、国内国际货物贸易、商贸、物业、物流、电梯、照明工程、林果业等。

【喀什湖南商会】 喀什湖南商会成立于2012年10月30日，会长唐柏林。湖南人在喀什经商办企业的有7500多家，从业人员达4.5万多人，资产达亿元以上的企业有6家，上千万元资产的30多家，有入会会员企业260多家。经营范围主要有市场开发、房地产开发、矿产开发、建筑安装、加工制造、电子电信、食品、医疗、商贸家具生产、物业物流、广告、养殖种植等20个行业。

【喀什山东商会】 喀什山东商会于2011年6月28日正式揭牌成立，会长：山钢莱芜钢铁新疆有限公司董事长曲为壮。有会员企业71家，经营项目涵盖钢材水泥、矿产、矿山机械、油气、物流、纺织、餐饮酒店、房地产、绿色农业、特色旅游、服务贸易等多个行业。

【喀什甘肃商会】 喀什甘肃商会成立于2011年12月18日，商会成员121家。商会涉及国际出口贸易、物流业房地产开发、商品贸易、金融投资、工程建设管理及咨询、文化艺术产业、书画采风基地等产业。

【喀什安徽商会】 喀什安徽商会于2012年6月16日成立。有团体和个体会员180余家，会员分别从事和经营房地产、建材五金、建筑安装、宾馆旅游、医疗卫生、矿山开发、医药销售、百货批零、农资配送、路桥工程、文体用品、彩印包装、食品餐饮、软体食品生产销售、文化娱乐、棉业加工、红砖生产、彩钢土建、塑钢门窗、市政工程等20余家行业。

【喀什浙江商会】 喀什浙江商会成立于2012年6月28日，有会员企业与（个人）200余家（人）。据不完全统计在喀什地区投资创业浙商已达3万余人。会员主要从事房地产、矿产开发、建筑安装、装修装饰、建材家具、五金机电、时装百货、商贸物流、农产品加工、宾馆酒店、汽车配件销售、医疗医药、广告传媒、棉花销售、纺纱织布等行业和领域。

【喀什河北商会】 喀什河北商会成立于2012年6月，已发展会员企业56家，会员82家。会员企业涉及矿业开发、矿产交易、建筑、建材、汽车、医药、餐饮酒店、农机配件、租赁、机械加工等行业。龙头行业为矿业，拥有南疆唯一一家矿产资源交易中心，以矿产交易，矿业开发为主。会员企业累计投资约20亿元。

【喀什克州江苏商会】 喀什克州江苏商会成立于2013年7月12日，有会员66人，会员企业38家，涉及建筑、建材、房地产开发、酒店餐饮等众多领域。

【喀什湖北商会】 喀什湖北商会成立于2013年8月成立，有会员企业112家。

【喀什商会】 喀什商会2013年9月9日召开第一届会员大会，宣布成立，11月28日召开喀什商会成立暨揭牌仪式。其主要宗旨是：遵守国家宪法，法律法规和国家政策，遵守社会道德、风尚，以经济建设为中心，保护公平竞争，维护国家利益和会员合法权益，为会员服务，为社会服务，协调行业关系，发挥喀什工商企业特色和优势。

（喀什噶尔商会）

协 会

【喀什区内外投资企业家协会】 喀什区内外投资企业家协会成立于2007年11月，是喀什地区第一家打破地域界线的社会团体。协会涉及行业有农业科技开发、林果业加工、测土配方化肥、工程建筑、工程监理、景观设计、保险、餐饮、酒店、旅游、货运等。协会聚集喀什地区以及地区以外包括浙江、上海、江苏、乌市及台湾等地企业家。

【喀什玉石珠宝行业协会】 喀什玉石珠宝行业协会成立于2012年，喀什玉石珠宝行业协会有会员160多个，协会以“服务企业、规范行业、发展产业”为宗旨，以团结玉石珠宝企事业单位（厂商）和广大从业人员，促进行业健康、稳定发展为己任，是政府与企业之间的桥梁和纽带。

【喀什棉花加工企业协会】 喀什棉花加工企业协会成立于2013年8月，有近60家涉棉企业。主要负责涉棉企业在棉花收购、加工、销售、储存等经营过程中与政府、农发行、农民的沟通协调，稳定棉花市场，做好信息提供，组织培训、维权服务等工作。

【喀什市旅游饭店业协会】 喀什市旅游饭店业协会于2013年9月17日正式揭牌成立。喀什市旅游饭店业协会由喀什银瑞林国际大酒店董事长王家林担任会长兼协会常务理事长、深航国际大酒店董事长程其木担任协会副会长兼秘书长、6名协会副会长兼常务理事（天缘国际酒店总经理袁志军、温州国际大酒店董事长陈克平、其尼瓦克宾馆董事长陈志龙、新隆大酒店董事长李永强、西域假日酒店董事长韩文强和金座大酒店麦麦提艾力·吾普）；12家协会理事（塔西南邦臣酒店总经理杨杰、蓝天海鲜大酒店总经理王大伟、三运宾馆总经理赵良波、色满宾馆总经理依木拉音·木沙、恒元大酒店总经理罗海、五洲大酒店总经理张丽、新德商务酒店总经理刘富碧、吐曼河大酒店总经理孔雪梅和凯斯尔总经理吾布力卡斯木·艾买提）；以及10家协会会员（紫冬宾馆总经理乔芳兰、铁路乐园宾馆总经理于家赢、海尔巴格宾馆总经理阿依努尔、水文大酒店总经理顾海华、蓝盾商务酒店总经理王岩齐鲁大酒店总经理顾纳和张家港宾馆总经理姜桂红）。

（地区工商联）

交通·运输

交通运输管理

【综述】 2014年，地区交通运输局内设8个机构：办公室、政工科（纪检监察室）、综合规划科、运输管理科（城市客运管理办公室）、财务审计科、路政管理科（路政稽查支队）、安全监督科（应急办公室）、总工程师办公室。行政编制23名，实有人数20人。研究生学历1人、占总人数的5%，大学本科学历17人、占总人数的85%，大专学历2人，占总人数的10%。

【高速公路、国省道建设】 2014年1—10月，喀什地区高速公路及国、省干线公路建设项目完成投资42.8亿元。其中高速公路项目：阿克苏—喀什项目完成投资11.31亿元；三岔口—莎车项目完成投资9.91亿元；麦盖提——喀什项目完成投资13.17亿元。麦盖提—喀什、三岔口—莎车两条高速公路项目已于11月6日正式试运行，阿克苏—喀什项目喀什境内段全部完工，预计11月底将试运行。国省干线公路项目：国道314线奥依塔克—布伦口改建项目完成投资7.77亿元，S215线叶尔羌河阿尔斯兰巴格大桥项目完成投资0.64亿元。年底，建成以喀什市、疏勒县、疏附县为中心，以高速公路连接所有县市（塔县除外）高速公路网，实现喀什、克州一小时经济圈（包括2个市、7个县、6个团场）快速通达交通运输网络。

【一市两县交通一体化建设】 2014年，地区交通运输局编制完成《喀什地区一市两县城市道路交通发展规划》并组织相关部门人员赴“一市两县”现场调研论证，形成《喀什市、疏勒县、疏附县城市客运一体化发展实施方案》，提交行署常务会议研究；喀什综合客运枢纽站主体工程已完工，喀什北部大型服务区项目完工投入使用，喀什国际客运枢纽站、疏勒南部大型服务区项目已开工建设；“一市两县”道路连接线项目已进入前期工作。

【农村公路建设】 2014年，计划新改建农村公路1500千米，总投资6亿元。实际争取到农村公路建设项目1688.75千米，总投资6.3386亿元，其中重要农村公路10个项目、建设里程186.16千米，投资1.2625亿元；一般通村油路158个项目、建设里程1242.3千米，投资4.5555亿元；通达公路12个项目、建设里程260.3千米，投资0.5206亿元。2014年农村公路建设项目中，重要农村公路6个完工，其余项目工期为两年，2015年完工；一般通村油路和通达公路项目11月全部完工。

【农村公路养护管理】 2014年，地区交通运输局安排农村公路小修养护工程资金484万元，养护里程542千米。利用农闲时节，开展两次农村公路日常管理养护周活动，出动人员2.57万余人次，进行路肩边坡修整等工作。创建县道示范路12条，乡道22条，示范乡镇24个。加强路政管理，维护路产路权。2014年1—10月，全地区农村公路路政执法办理赔补偿和超限运输案件396起，收缴金额50.53万元，路政案件查处率100%。

【道路运输市场管理】 2014年1—10月，喀什地区发生生产经营性道路交通事故30起，死亡20人，受伤40人，三项指标与上年同比分别下降21%、26%、9%；道路运输完成客运量5701万人、旅客周转量32.23亿人千米；货运量2259万吨、货物周转量44.32亿吨千米，发放2013年度城市公交和出租汽车油价补贴9184万元；开工建设中心客运站2个，完成27个四级客运站和700个招呼站并交付使用。

【职业技能培训】 2014年，地区交通运输局举办从业人员各类培训班70期，培训人员4112人。向自治区争取到公路养护工职业资格培训计划。

（胥新宇）

公路管理

【综述】 2014年，喀什公路管理局编制980人，在岗在编777人。其中干部274人、工人503人（编制外聘用制收费员216人），离、退休职工1207人，遗属540人；县处级领导干部7人，正科级干部30人，副科级干部32人。下设党办（行办）、组织人事科、纪委（监察室）、财务审计科、养护管理科、收费稽查科、设备管理科、监控通讯科、劳动保障科、安全监督保卫科、工会、后勤服务科、离退休人员管理科13个科室和部门。

【公路养护工作】 2014年，喀什公路管理局根据路况调查结果，区分病害类型路况（良好区段268千米、一般区段441千米、较差区段825.6千米），合理制定养护方案，开展以畅安舒美为主题公路养护示范工程创建活动，对喀—叶高速全程推进示范化建设；成立大中修项目执行办，对2个大中修工程，11座危桥改造工程，57道危小桥涵改造工程，1个灾害防治工程，7个安保工程项目从项目施工、材料采购等方面进行全方位控制，实施精细化管理。确立3个高速公路应急抢险队伍，形成以8个分局为分布点高等级公路养护管理网络。全年喀什公路管理局管养公路发生水毁16次；加强重点桥梁巡查和定期观测以及灾后应急检查，完成9座危桥、58道危涵改造工程，对10座三类桥进行裂缝封缝处理，10座三类桥技术状况均提升为二类；2014年，全年投入公路养护资金15495.7524万元。截至2014年12月，喀什公路管理局养护公路总里程为2048.498千米，其中普通国道736.275千米、高速公路537.611千米、省道615.203千米，专用公路159.166千米；匝道里程94.581

【收费管理工作】 2014年，喀什公路管理局贯彻安全畅通、依法征费、文明服务、应征不漏工作原则，编写《喀什公路管理局收费管理规程》，力争实现“两转身带微笑”“九秒钟”快速通行模式；对克孜勒服务区经营权进行招标；推进监控信息系统应用建设，配合完成南疆片区收费站车道计重收费改造工程。

（沈莎莎　阿孜古丽·阿卜杜克热木）

铁路运输

【综述】 喀什车站截至2014年11月20日，实现安全生产4406天。2014年客运运输收入计划13458万元，实际完成9539.77万元，完成计划的71%。旅客发送计划60.76万人，实际完成57.56万人，完成计划的95%，旅客达到81.07万人。行李发送计划569万件，实际发送1221万件，完成计划的214.5%。包裹发送计划6918万件，实际发送16423万件，完成计划的237.3%。到达行李计划1725万件，实际到达3736万件，完成计划的216.5%。到达包裹计划2.2955万件，实际到达11.6604万件，完成计划的507.9%。

【制度建设】 2014年，喀什车站规范文电管理，每日指定一名管理人员，根据车务段流转各类公文和目录式管理要求，对各类文电做好登记、存档，按照科室进行留存，需组织学习传达文电做好登记和签名，并在3日内由车间管理人员进行复查和学习效果验证；做好规章与实际作业相抵触条款修改意见的收集，每日利用交班会对不易执行规章进行汇总和记录，及时做好规章修改意见整理、反馈；规范各工种交接班内容，重点对站调、车号检修车、交班基础和值班员调度命令交接进行细化；根据车务段验收标准，确定车间对班组验收规范验收标准，同时，把各班组日常动态管理纳入检查内容，更全面对班组实施考评，保证测评结果更真实反映班组管理现状。

【专项整治活动】 2014年，喀什车站细化整治内容，将接发列车、调车、施工、防洪、劳动安全、装载加固安全专项整治作为工作重点，逐条细化落实；严格分工负责，成立车间安全专项整治工作小组，明确具体职责，将整治责任细化到班组岗位，按照整治内容分工负责抓好落实；明确推进计划，对各专项整治工作进行分类，细化整治方案，制订具体推进计划，组织实施；强化问题整改，对活动中检查发现问题，按类分析梳理，制定整改措施，做好复查整改和汇总上报，保证按期销号；加强重点问题分析，将专项整治工作列为车间月度安全分析会重要内容，分析存在问题根源，严肃问题追责，确保专项整治工作扎实推进。

【安全管控】 2014年，喀什车站推行日闭环管理制度。按照车务段“一提前、七必到”要求，车间管理人员每日提前30分钟到岗，对当日重点工作进行了解，并在早交班对每名管理人员一日工作重点进行分工；开展安全信息分析，由车间值班干部对一日作业中发生违章违纪进行分析，找出发生问题原因，梳理违反规章条款，从源头规范职工作业行为；坚持安全分析会制度，每月车间召开月度分析会，对上月工作和突出安全问题进行分析，查找作业层和管理层存在突出问题，确定警示帮促对象和关键控制内容，并有针对性地对下周期工作进行重点安排。

【防洪工作】 2014 年，喀什车站按照 2014 年防洪工作安排，管内各班组分别开展防洪演练，管理人员及主要行车工种全面掌握下去重点防洪区段；根据天气变化情况，利用交班会对有雨情区段进行重点布置，要求提前做好防洪各项准备工作；加强对重点防洪区段盯控，针对下达各类防洪警戒，利用电话及时抽查站长到岗及通知相关单位情况，严格落实防洪警戒处置预案要求，严把信息传递、调度命令审核、交递关，确保防洪工作万无一失。

【客运服务】 2014 年，喀什车站强化客运人员服务意识教育，按照“三个出行”要求，提高对服务质量重要性认识；定期开展卫生评比检查。对客运室对客运大厅、厕所、股道垃圾及站前广场环境卫生定期进行清扫，各班组健全日常卫生清扫包保制度，为旅客提供干净、清洁卫生环境，最大限度改善旅客候车环境；强化客运服务设施质量，对客运设备设施定期进行检查，对使用不良设备设施及时进行整修，保证设备质量良好，正常使用；规范服务标准。对客运人员着装、言行、了解答旅客问事等方面进行规范，保证“问必有答”，规范文明用语，切实提高服务质量。

【春、暑运和冬运安全】 2014 年，喀什车站按照车务段春、暑运、冬运工作安排，及时制定细化措施，并对设施设备及安全隐患进行细致排查和整改，并密切与公安及相关地方单位协调和沟通，保证客流激增等突发情况旅客组织有序；严格售票组织。根据客流变化，及时调整售票时间，通过增设窗口、延长营业时间等举措，尽最大可能缓解旅客拥堵现状；做好卡堵工作。严格“三品”查堵，保证旅客携带品 100% 过机，把“三品”堵在站外车下，做好站台卡堵和旅客乘降组织工作；做好应急处置。遇列车晚点等突发情况，及时与列车调度员联系，做好旅客宣传公告和退票了解释工作，了解旅客情绪，减少路风投诉问题发生，保证春、暑运及冬运旅客组织及客车安全。

（喀什车站）

路政海事

【综述】 喀什路政管理局成立于 2011 年 5 月，下属 7 个县级局、2 个治超站和 1 个路政执法大队，人员编制数为 81 人，有在职干部职工 72 人。缺编 9 人，退休人员 14 名。有 5 个党支部，32 名在职党员，离退休党员 9 人。

【路政管理】 喀什路政管理国省干线公路

共有17条，总里程为2410千米（其中高速公路里程为755千米）。辖区线路为：G3012线阿—喀、喀—叶高速公路、国道314线、国道315线、S13线三—莎高速公路、S16线麦—喀高速公路、省道213线、省道215线、省道234线、省道310线、省道311线、专用公路Z680线、Z681线、Z693线、Z687线、Z688线、Z697线、Z698线。喀什路政管理局依照法律法规，依法对辖区内国省道干线和专用线进行路政管理、治超管理、行政许可和行政处罚工作，行使监督和管理权。

【海事管理】 2014年，喀什地方海事局人员编制数为7人，有海事执法人员7人。负责监管喀什地区308.5平方千米水域17个水库以及克孜勒苏柯尔克孜自治州398平方千米水域18个水库，共706.5平方千米水域、35个水库，辖区水域共拥有9艘快艇，9名船员。喀什地方海事局隶属于自治区地方海事局，具体负责管理喀什地区和克孜勒苏柯尔克孜自治州各水域上水上安全监管、船舶检验、船舶发证、船员培训工作。海事业务科负责日常海事管理工作，县级局只有莎车地方海事局，在工作上接受海事业务科指导、监督、检查、考核、培训。

（喀什路政管理局、喀什地方海事局）

民航运输

【综述】 2014年，喀什机场未发生飞行事故、航空地面事故、空防事故以及各类事故征候；完成春运、“喀交会”、亚欧博览会以及各类专机包机运输任务；安检检查出港旅客55余万人次，免检旅客4人，VIP旅客126人，冒名顶替36人，伪造身份证6人，非法宣传讲经及反动多媒体卡23张，各类子弹82发。公安查获国保在逃人员1人，拐卖儿童犯罪嫌疑人1人，3人移交国保大队审核。确保了喀什机场安全稳定运行。

【运输生产】 2014年，喀什机场共保障航班起降10904架次，其中专机18架次，公务机32架次。完成旅客吞吐量为1170593人次，货邮吞吐量5663.7吨，与上年同比分别增长30.1%、22.7%、28.5%。

【市场开发】 2014年8月，乌鲁木齐航空有限责任公司正式开通乌鲁木齐—喀什航线；运营喀什机场航空公司共有11家，喀什经乌鲁木齐航飞往内地航线共15条。

【服务工作】 2014年，共受理旅客投诉47起，反馈满意率100%。全年开展顾客满意度调查，落实顾客投诉查处工作，扩宽服务内容宣传渠道，转变服务投诉管理理念及时为旅客提供优质服务。

【航空安保】 2014年，喀什机场加强候机楼区域治安管控，强化候机楼商业网点治安防范工作。机场自4月起持续启动航空安全威胁预警二级响应，机场入口处设立治安卡点常态有效；推动航班快速过站、岗位规范手册、标准检查单“三个项目”

重点工作；优化航线，严格掌握运行标准。喀什机场联合民航新疆空管局重新制定喀什机场运行标准；完成飞行区内“生态治鸟”经济林试种植工作和规划绿化面积3000余亩、近11万株核桃树主管网铺设工作，并完成飞行区内东侧场地平整工作；加强FOD防范。针对夏季高温时期、冬季除冰时期和航班密集时期等外来物入侵高发期，组织专项治理行动，增加滑行道巡检频次，防止道面破损物损伤航空器；加强跑道入侵防范工作，成立FOD防范管理委员会。针对喀什机场航班起降架次增多、高峰小时密度增大等实际情况，将机场飞行区与空管建立长效协调机制，严格执行各项通报制度，推进技术防控手段，杜绝跑道入侵事件发生。

【机场建设】 2014年，喀什机场在中航材招标公司协助下，完成喀什机场卫生保洁项目招标工作；由机场独立完成防雷系统改造等12项工作竞争性谈判等工作，经招标签订经济合同29份，其中费用类16份，涉及资金400多万元。

（喀什机场）

邮政·通信

邮 政

【综述】 2014年，喀什地区邮政全年业务收入完成年预算94.2%。成本费用累计完成1.3亿元，完成年度预算100.2%；净利润总额完成-1128.8万元，完成年度预算99.7%；邮储银行喀什分行全年业务收入完成收入预算73.5%，与上年同比下降26.3%；喀什邮政速递物流分公司全年业务收入完成收入预算75.5%，与上年同比下降3.1%。

【经营工作】 2014年，喀什邮政业务发展步伐逐步加快，代理金融业务推动余额快速增长，全年新增余额2.44亿元，与上年同比多增1.84亿元，代理速递业务把“11185”投诉查询平台转型升级为集上门服务、查询投诉为一体综合服务平台；组建15支119人揽收团队做好速递揽收服务。增值业务稳步发展，代开税票、短信业务和代收石油款取得长足发展，代收电费、电话费全面开通，为群众提供更加便利、优质邮政综合服务；“自邮一族”新增会员80户，累计在网会员达150户；报刊发行业务重点做好报刊征订服务，接发《喀什特区报》，促进喀什特区文化事业发展；函件业务全地区寄递社保账单累计17万枚；集邮业务抓住新疆生产建设兵团成立60周年、图木舒克市成立10周年、塔什库尔干县成立60周年和“喀交会”等重大活动开发主题邮品。分销业务不断提升快消品产品市场占有率。落实地委、行署安排社会活动和公益事业，与地区扶贫办组织“爱心包裹”捐赠活动，募集善款达33万元。

【改革创新】 2014年，喀什邮政局设立邮件赔偿基金，全年使用基金累计赔偿6.2万元，对5笔积案及时清理完毕。全年受理各类申诉与上年同比下降12.1%，服务质量有明显提升；实现以产品为中心到以客户为中心的转型，为党政机关、通信、金融、保险、电商等行业客户提供签约服务，累计签订大客户用邮协议112份。发展社会代办点和代投点，签约社会代办点2个、社会代投点20个，妥投邮件4.59万件。

【邮政能力建设】 2014年，喀什邮政局能力建设不断提速，基础发展进一步夯实，10个危旧楼房、129个西部普服、喀什三级邮区中心局仓储中心等改造项目全面启动、分批实施。完成金融专厅和网点改造、迁址，邮政速递揽收营业厅改造和25个综合类建设项目，增加金融服务面积1714平方米；新增17台自助设备有15台为CRS。空白乡镇局所补建工作有序稳妥推进，全地区65处（含兵团4处）补建网点已接收具备运营条件32处。实物网络支撑能力持续提升。加强网路运行组织，保障农牧区乡镇党报党刊及邮件传递时限；加大投递设备投入，全年累计配备投递用车6辆、三轮电动车29辆、手持终端60部，增强投递服务能力。着重优化县乡支线邮路，传递时限加快24～48小时，全面推行邮件分拣到段，加快邮件传递时限。信息支撑保障水平有所增强。优化核心网络结构，完成中心网络改造，网络分层更加合理；加强业务支撑，完成天珣系统、储蓄逻辑集中工程、金融个人客户营销系统升级和上线，集成全地区网点视频监控系统，增强安全系数。

（王　硕）

电　信

【综述】 2014年，中国电信股份有限公司喀什分公司（以下简称“喀什电信”）下属全地区13个县级电信分公司，本部12个部门，10个中心，党支部6个，团委1个，团支部3个，在职员工553名。喀什电信下属自办合作营业厅211个，代办渠道3718个，通过有线、无线两种方式，解决1571个行政村电话通信问题，其中771个行政村完成宽带接入。2012—2014年，全地区网络投资达到5.8亿元，全地区城市宽带网络覆盖率达99.5%，农村乡镇宽带网络覆盖率达到95.62%，团场连队宽带网络覆盖率达到99.49%；全地区城市2G移动网络覆盖率达到98%，乡镇覆盖率达到95%，行政村覆盖率达到83%，连队覆盖率达到90%；全地区城市3G移动网络覆盖率达到93%，乡镇覆盖率达到91%，行政村覆盖率达到83%，连队覆盖率达到84%；喀什电信有固定资产原值14.72亿元，净值5.02亿元，实现利润8837.86万元，上缴利税4203万元。城乡用户总数达93.3万户，宽带用户数达14.7万户，移动用户数达47.1万户，固定电话用户数达31.5万户。

【电信经营】 2014年，喀什电信以“规模发展、服务领先、打造卓越绩效企业”为引领，持续推进信息化建设、新农村建设，着力提升客户服务水平，持续加大党建、精神文明建设力度，全面提升企业价值。喀什电信业务收入及用户规模持续扩大。重点产品规模化发展，移动、宽带业务持续推进。移动3G全面推进，无线上网需求全面普及；城市全力推广3G业务，推进电信流量经营；农村市场加大移动用户发展，实现移动业务规模发展；结合光纤到户网络建设推进，全面开展宽带提速活动，凸显全业务融合竞争优势。

【信息化建设】 2014年，喀什电信开展平安联防、综合办公、警务E通、数字医院、数字学校、数字城管、数字社区、总机服务、翼机通、手机办公等行业应用项目，全力以赴助力地方政府信息化建设。全地区新建4200个平安城市监控点位；完成258个平安联防项目合作；加快农村信息化建设步伐，以农村支局为销售服务单元，逐步改善农村服务；加快“光进铜退”，提升电缆障碍修复能力，解决停电停用等问题，提升农村客户满意度。重点关注兵团市场，加强协同营销，推广平安联防、手机看店、警务e通、数字校园等行业应用，继续开展团场综合信息平台试点，推进兵团移动、宽带和行业应用快速发展。

【通信保障】 2014年，喀什电信配合地方政府完成“两会”“喀交会”、全国工商联500强光彩事业南疆行工作会议、第四届“中国—亚欧博览会”、克孜勒苏柯尔克孜自治州成立60周年庆典活动等重大会议及活动通信保障任务；完成党委专线局、交通局、兵团司法局、学校等重点通信保障工作20余起；协调麦盖提、莎车光缆资源建设，完成塔克拉玛干婚礼电路开通及保障任务；完成自治区标准化考场建设项目巡检及保障任务。

【网络支撑】 2014年，喀什电信在坚持注重实效，惠及百姓原则，加快重点民生通信工程建设，增强全业务支撑保障能力。全地区累计完成网络及建设投资7000万元。其中完成一市九县警务室825条有线VPN，896条无线VPN建设，投资1000万元；完成15000户光网用户建设，投资600万元；完成平安城市建设网点2077个，投资4393万元；完成5个驻村移动基站建设，投资1007万元；加强网络深度覆盖，科学布局移动网络建设，2G网络行政村覆盖率达到86%，连队覆盖率达到91%，3G乡镇覆盖率达到93%，行政村覆盖率达到73%，连队覆盖率达到85%。加强网络优化，重视移动网日常维护作业，将维护、网优、建设有机结合，不断完善维护标准和障碍处理流程，保证网络安全运行。

【客户服务】 2014年，喀什电信深化为民服务，创先争优，以民生为重、服务为先导向，聚焦宽带、移动、互联网业务中热点、难点投诉问题，集中资源迅速解决，做好后期服务跟踪、整改及通报工作，切实改进服务质量；针对服务难点设立评选标准，定期评出服务明星，利用奖罚分明牵引服务工作整体提升；理顺客户维系工作流程，加强客户维系与天翼俱乐部资源享。2014年，喀什电信落实网络服务“三个面向”要求，持续提升巩固宽带、3G、行业应用服务领先优势。优化FTTH流程，缩短开通和修障时限，提升装维人员技能；加快EVDO网络精确优化，及时增加能力，保持优质品牌形象；加强政企客户和行业应用服务支撑体系，建立专业化支撑队伍；采用“工维合一”模式，结合光进铜退分阶段完成客户端清网排障；加强预检预修，确保基础网络质量持续稳定可靠。

（洪　黎）

移　动

【综述】 喀什移动公司成立于1999年12月28日，公司下设综合部、人力资源部、党群工作部、计划财务部、市场部、网络部、工建中心、政企客户部等8个职能部门及13县市分公司。2014年，有在册职工580人。

【移动通信管理】 2014年，喀什移动公司紧抓FTTH、WLAN、乐播TV3项重点业务，在FTTH农村试点基础上，开展WLAN、FTTH宽带建设，围绕体系建设、资源整合、流程再造、架构优化等，推进与广电、铁通和第三方协同发展，构建网络电视产品体系，建立家庭宽带完整装、拆、移、维工作流程和服务标准；夯实片区、网格、渠道联盟建设，加快营销服务体系转型。围绕转型业务发展、客户保有、渠道建设重点工作，通过不断优化区域结构、完善各项规章制度、开发区域化管理平台及客户端、开展片区网格经理能力提升培训等，为片区发展做好支撑；重视实名制登记管理，推进实名登记工作长效化。实名制登记工作已完成，新入网客户、存量客户实名制登记均达100%。

【移动服务】 2014年，喀什移动公司以市场需求为导向，不断提升网络协同发展水平和服务能力。建立片区化管理模式，在12县市成立由工程建设片区经理、各县产品经理和网络管理员组成建设维护队伍，开展属地化服务，加快建设和维护支撑响应速度，提升全业务接入售前、售中、售后技术支撑和服务保障能力；组建专业化装维队伍，为FTTH业务发展提供有力支撑，提高客户满意度。落实集中运维管理，将“精、细、严、实”工作要求落实到基础网络管理各个环节，推行“包干到人”代维管理模式，开展各类短板整改及网络结构优化整改，对弱覆盖、资源调整、结构优化、网络质量等突出问题进行专项整治；通过端到端优化平台分析用户数据、及时优化调整各类网络资源，使2G、3G、WLAN流量业务承载能力均衡负载。

【完善监督体系】 2014年，喀什移动公司完善以纪检、审计、法务等监督为主体，各职能部门各司其职、密切配合、整体联动反腐倡廉监督体系。同时围绕生产经营中心、服务大局，聚焦重点领域，开展卡号销售费用和广告费用效能监察；对各部门业务招待费、客户服务费使用进行审计，加强离任审计及交接工作管理、考核；加强采购工作规范管理，对入围、招标、决策等关键环节加大监督力度。规范经营、管理、建设行为。

【通信网络】 2014年，喀什移动已建成遍布喀什城乡、团场和公路沿线信号优良通信网络，实现100%乡级网络覆盖，93%村级网络覆盖，95%公路、国道（219国道除外）网络覆盖，截至2014年年底，喀什分公司交换机总容量达到320万门，两个关口局负责喀什、克州两地互联互通及专网业务工作。公司现网2G基站达到2000多个，载频数1万多套。同时，喀什移动还承担社会责任，“死亡之海”和“生命禁区”在塔县大共同乡、叶城西合休乡等612个偏远村建设移动基站；启动“边防110”工程，实现塔县红其拉甫口岸边防哨所、叶城三十里营房等37个边防站、点通信畅通。

（中国移动通信集团新疆有限公司
喀什地区分公司）

联 通

【综述】 2014年，喀什联通完成主营业务收入3.016亿元，与上年同比增长-1.76%，其中2G主营收入1.34亿元，与上年同比增长-14.27%；固网主营收入2862.19万元，与上年同比增长12.5%；3G主营收入1.78亿元，与上年同比增长10.19%；4G主营收入136.82万元。全年成本费用支出2.99亿元，实现利润7120万元，完成年利润计划的65.66%。

【通信生产、运维支撑能力】 2014年，喀什联通通信生产、运维支撑能力大幅提升。2014年，工程建设总投资2.14亿元，同比增幅25.36%。全年新增基站807个，新增室内分布88个站点；新增各类光缆3986皮长千米；新增主干道路通信管道219.56管孔千米；新增大客户专线432条；新增营帐电路81条；新增FTTH覆盖用户1226户，改造端口3816个。全年享电信基站57处，传输杆路145千米；享移动基站16处，传输杆路320千米；享部队传输杆路293千米，节约投资6009.4万元。推进网络资源优化和调整，进一步加强网络故障管理、基站设备维护、重点提高重大故障响应和处理速度，减少断站时长，做好支撑工作，保障全网高速优质运行，各类指标均在达标范围内。顺利完成各类应急通信保障工作。

【服务质量管控体系建设】 2014年，喀什联通完善服务质量管控体系，服务质量大幅改善。全面打造“卓越100、好用不贵”全新服务品牌，拓宽维系渠道，做实做细客户维系工作，全年累计续约客户15556户，续约率为88.71%，较2013年同期提升19.4%，高出全疆平均水平7.42%，2014年续约客户预计一年可为公司创收1634.4万元；规范投诉处理流程，有效降低申诉和重复投诉率。严格贯彻“四个一”工程，2014年，投诉中心处理各类工单43752件，全年投诉处理及时率达到100%，增长5%，客户投诉处理结果满意率达到99.86%，增长7.46%；重复投诉率由年初12%下降2.28%；移动网投诉量由2013年平均380起降低至2014年平均320起，降幅达到15%，全年业务收入合计119.14万元。

（喀什联通）

城乡建设

住房和城乡建设

【综述】 2014年，喀什地区住房和城乡建设局（简称“地区住建局”）下设办公室、建筑市场监管科、房地产市场监管科、城乡建设科、城乡规划科、计划财务科、住房公积金监督管理科7个行政科室；喀什地区招投标管理办公室、喀什地区建设工程质量安全监督中心站、喀什地区工程造价管理站、喀什地区住房公积金管理中心4个参照公务员事业单位；喀什地区建设局机关服务中心1个全额拨款事业单位；喀什地区有形建筑市场管理中心、喀什地区建筑企业劳保费用行业统筹管理站、喀什地区建筑勘察设计院3个自收自支事业单位。2014年，喀什地区住建局有在职职工133人，其中公务员14人，参公人员69人；事业人员50人；工人16人。1个党组，1个党总支，6个党支部，有党员58名，离退休党员16名。

【保障性住房建设】 2014年，喀什地区开工各类城镇保障性住房95356套（占全疆任务的1/3），开工率101%，完成投资304699万元，其中公租赁住房66861套，开工率102%，完成投资185574万元，城市棚户区改造28339套，开工率100%，完成投资118055万元，国有工矿棚户区改造156套，开工率100%，完成投资1070万元。争取已到位国家、自治区保障性住房补助资金50.38亿元。其中中央补助资金43.27亿元、自治区补助资金7.10亿元，包括公租赁住房（含廉租住房）基础设施配套中央预算内补助资金100657万元；城市棚户区改造基础设施配套中央预算内补助资金55570万元；中央及自治区保障性安居工程补助资金344390万元；国有工矿棚户区改造资金合计398.48万元；定居兴牧工程专项配套自治区补助资金1970万元；国有垦区危房改造及配套基础设施建设中央基建投资资金492.6万元；国有农牧场危房改造自治区补助资金289.8万元。

【城乡规划】 2014年，自治区批复喀什市城市总体规划，11县城市总体规划已由地区行署审批完成，并通过自治区验收。完成19个建制镇、131个（含两个农林场）乡总体规划，2181个村庄建设规划（部分村庄在城市总体规划或乡镇总体规划中已覆盖）。乡镇、村规划按城乡规划编制程序进行编制，并依法进行审批，并将以上成果按自治区要求以电子版方式录入专业软件中。争取自治区规划编制项目专项奖励资金2590.6万元并全额下拨到各县市。

【城镇基础设施建设】 2014年，喀什地区开工建设各类城镇基础设施项目142项，完成总投资18.92亿元，其中城市道路、桥梁工程38项，完成投资94035万元；供水工程13项，完成投资6200万元；排水及污水处理工程26项，完成投资17700万元；环卫工程13项，完成投资5072万元；集中供热工程16项，完成投资20900万元；燃气工程18项，完成投资25370万元，园林绿化工程16项，完成投资19958万元。争取城镇基础设施建设中央和自治区预算内资金211280万元；2014年，喀什地区住建局开展“喀什地区城乡一体化”课题工作，争取课题经费80万元。完成喀什“一市四县”安全饮水工程及巴楚县饮水工程规划选址批复，完成自治区水利厅对《喀什城市安全引水工程水土保持方案报告书》和《喀什城市安全引水工程水资源论证报告书》审查批复；完成自治区发改委立项批复，组织3次实施主体招投标，正在进行地下水源详勘工作和项目一期实施工作；2014年，喀什地区住建局开展宜居小镇、宜居村庄申报工作，将泽普县奎依巴格镇、麦盖提县刀郎画乡（七乡）、疏勒县牙甫泉镇、喀什市帕哈太克乡九盘水磨村申报为国家级宜居小镇、宜居村庄。

【房地产开发与投资】 2014年，喀什地区有房地产企业245家，其中二级资质企业2家、三级资质企业8家、四级资质企业110家、其余为暂定资质企业。企业房地产管理人员（包括销售人员）约6000余人，从业人员（包括劳务工人）约40000余人。2014年，全地区完成房地产投资61.88亿元（含2013年结转2014年完成投资、商业营业用房、商业公建筑及其他开发和代建项目），房屋施工面积439.9万平方米，与上年同比增加23.2%。其中商品住房175.8万平方米，与上年同比减少13.62%。房屋销售面积55.54万平方米，与上年同比减少40.5%，销售额37.02亿元，与上年同比增加37.9%。

2014年，按完成房地产投资比：与全疆各地州相比，低于乌鲁木齐市（301.36亿元）、新疆建设兵团（219.15亿元）、伊犁州（127.85亿元）、巴州（83.2亿元）、昌吉州（68.26亿元）位居第六位。与南疆五地州相比位居第二位，其次为阿克苏（50.48亿元）、克州（5.99亿元）、和田（4262万元）。地区完成房地产投资较高县市为:喀什市（19.78亿元）、莎车县（8.19亿元）、疏勒县（6.25亿元），其他依次为：疏附县（5.5亿元）、岳普湖县（4.02亿元）、巴楚县（3.79亿元）、麦盖提县（3.4亿元）、泽普县（3.1亿元）、叶城县（3.01亿元）、伽师县（2.15亿元）、塔什库尔干县（1.36亿元）、英吉沙县（1.33亿元）。

2014年，喀什地区住建局实施喀什地区住宅小区综合管理“三年”行动计划。喀什地区具有资质物业公司140余家（近100家在喀什市），其中三级企业98家、其余为临时资质企业。喀什地区小区320个，城镇物业服务覆盖率不足50%，覆盖建筑面积1300万平方米，其中住宅1100万平方米，办公楼20万平方米，商业营业92万平方米，工业仓储2.4万平方米，其他约50万平方米。物业管理企业从业人员

3100人。

【建筑业管理】 2014年，喀什地区有建筑企业229家，其中本地建筑企业187家，在喀什从业外地施工企业42家，完成建筑产值631.7亿元，房屋施工面积3158.7万平方米（包括上年结转工程）。加度整顿监理市场，对监理企业进行清理，鼓励地区实力强企业到区外开拓市场，实施走出去战略。完成2014年度自治区建筑施工企业动态核查工作，对34家建筑施工企业进行资质核查，及时发现企业资质方面存在各类问题，并督促企业对自身存在问题进行整改。建立建筑、勘察、监理企业资质数据库，对各类建筑业企业信息进行采集。

2014年，地区住建局开展喀什地区2014年建筑节能专项检查工作（范围喀什市）。上报2013—2014年既有居住建筑供热计量及节能改造验收合格项目和2015年既有居住建筑供热计量及节能改造项目。安排专人在地区信访大厅、清欠办受理及时解决群众来访反映拖欠工程款和农民工工资问题。全年接待上访农民工980余人次，涉及农民工1780余人，涉及拖欠民工工资780万元，解决农民工工资740万元，已解决集体上访23件，主要案件7起，现场解决案件6起，切实做到“不形成热点，不激发矛盾”。

2014年，喀什地区住建局做好劳保统筹费收取、拨付和上了解工作，全年收取建筑工程社会保险费1.73亿元，并及时返拨付至施工企业，用于退休人员各类社保。完成自治区下达全年收费任务216%。组织冬季岗位、“三类人员”、继续教育培训等3258人次。

【工程质量和安全生产管理】 2014年，喀什地区住建局进一步提高喀什地区建筑施工安全生产管理水平，强化建设工程安全生产各方主体落实安全生产责任体系，突出重大民生工程、深基坑等薄弱环节质量监管，狠抓工程质量突出问题专项治理，开展建筑领域“六打六治”打非治违专项行动，加大检查督查力度，指导督促各县市、各建筑施工企业、各市政公用行业落实2014年工程质量和安全生产工作。对全地区保障性住房和重点民生工程进行专项检查，对工程项目存在质量安全隐患逐一查处整改。

2014年，喀什地区住建局开展建设系统安全生产月活动，开展建筑施工安全隐患排查治理，突出对重点项目、重点企业和重点时期监管，严肃查处建筑安全生产违法违规行为，减少一般性安全事故，严防重特大安全事故发生。重点抽查在建项目96项，发现各类质量安全隐患508条，发出停工整改通知书19份，执法建议书3份，挂“黑旗”1面，对6家施工企业进行通报。鼓励企业争创优质工程和自治区文明工地，是年已有19项工程通过文明工地初验，申报并获得自治区建筑工程天山奖（自治区优质工程）2项、昆仑杯奖项11项。

【喀什阳光小区和乌鲁木齐市银川路小区项

目建设】 2014年，喀什地区住建局完成12县市及相关单位（部门）105平方米、120平方米房源约7100户住房分配工作。前往住建部争取两批既有居住建筑热计量及节能改造补助资金1605万元；为喀什阳光小区争取清洁可再生能源供热资金1400万元。乌鲁木齐市银川路住宅小区项目工程已全面竣工，协调办理破路施工、燃气管道施工、给水管道接入、双回路用电架设等手续。9月27日，有序推进和完成500户住房分配工作。

【老城区改造和危旧房改造】 喀什市老城区改造工作自2010年启动，截至2014年年底，项目累计开工改造危旧房30983户，占需改造总任务65.6%。2015年，计划全面完成核心区危旧房改造、基础设施配套及特色街巷风貌保护等工作，实施改造危旧房10875户、127万平方米，其中核心区391户、3.94万平方米；外围片区10484户、123.1万平方米；回填地道5千米；同步完成相关片区供排水、供气、供电等急需内部配套基础设施建设和老城区AAAAA级旅游景区创建工作，2017年，全面完成外围片区危旧房改造工程。2014年11月，莎车县老城区改造工作启动。

（黎小群）

住房公积金管理

【住房公积金归集】 截至2014年年底，喀什地区住房公积金缴存职工达到14.08万人，累计归集（缴存）96.86亿元，余额64.83亿元。1—12月，归集（缴存）21.83亿元，与上年同比增长11.47%。

【住房公积金提取】 截至2014年年底，地区住房公积金管理中心累计有12.66万名职工支取公积金30.02亿元，占累计归集额的33%。其中，3.89万名职工购建房提取10.45亿元；3.31万名职工偿还住房贷款本息提取公积金9.17亿元；2.31万名离、退休职工销户提取6.27亿元。1—12月，提取8.85亿元，与上年同比增长38.2%。

【住房公积金贷款发放】 截至2014年年底，地区住房公积金管理中心已累计向54184户家庭解决住房资金困难发放贷款52.63亿元。贷款余额为26.89亿元，贷款余户20044户，个贷率为41.47%。当年发放贷款0.46万笔，计8.73亿元。

【缴存基数调整】 2014年，喀什地区住房公积金管理中心缴存基数上限为统计部门公布2013年喀什地区职工月平均工资3817元3倍，即为11451元；缴存基数下限按社平工资60%试行，即2290元。缴存比例最低各不得低于5%，最高各不得高于12%。

【住房公积金增值收益分配】 2014年，地区住房公积金管理中心业务收入、业务支出、增值收益分别完成19845.46、15552.06和4660.59万元。截至2014年年底，已累计提取政府用于城市廉租住房补充资金7235.69万元（已上缴地区财政专户），提取贷款风险准备金10873.14万元。

【适时调整业务】 2014年，地区住房公积金管理中心根据上级部门有关要求适时调整业务政策。职工购买新建商品住房，夫妻双方均可提取本人及配偶住房公积金账户内余额，支付首付款，同时可以申请住房公积金贷款，支取公积金付首付款职工，最少保留本人账户内6个月公积金余额。职工购买住房已经办理住房公积金贷款，可以按年提取本人或配偶住房公积金用于归还贷款，但必须住房公积金借款人已按月足额归还贷款在1年以上，且上一年度借款人及其配偶住房公积金正常足额缴纳（封存、停缴、欠缴在2个月以上单位职工除外），借款人及其配偶可以申请支取2013年度缴存公积金按月归还贷款。职工使用住房公积金用于购买商品房，享受以上政策不限首套住房。

（郑金剑）

旅 游

旅游管理

【综述】 2014年，喀什地区旅游局以“把旅游业培育成为国民经济战略性支柱产业、改善民生富民产业、实现社会稳定和长治久安动力产业”为目标。确定8大类20项全年重点工作。截至2014年年底，全地区有42处A级旅游景区，新增5处，增长率为13.5%；星级饭店37家，新增3家，增长率为8.8%；星级“农家乐”46家，新增3家，增长率为6.9%；接待国内外游客350万人次，与上年同比下降17.6%；旅游收入27亿元，与上年同比下降22.8%。

【创建国家旅游综合改革试验区】 2014年，地区旅游局制定政策，谋划长远发展。在充分征求各县市和地区旅游产业发展领导小组各成员单位意见和建议基础上，制定《喀什地区关于建设旅游强区意见》。《意见》已通过行署常务会研究，需征求地委意见后批准。创建国家旅游综合改革试验区，制定喀什地区“国家丝绸之路文化和民族旅游综合改革试验区”创建工作方案，该方案行署已经同意并正式行文下发。

【创建国家AAAAA级旅游景区】 2014年，地区旅游局实施旅游精品和品牌带动战略，做好创建国家AAAAA级旅游景区工作。推进喀什噶尔老城和塔什库尔干帕米尔景区创建国家AAAAA级旅游景区工作，筹备召开喀什地区AAAAA级旅游景区创建推进会。对泽普金湖杨AAAAA级旅游景区质量提升和喀什市、塔什库尔干县创AAAAA级旅游景区工作提出具体整改和推进工作要求。

【创建五星级饭店】 2014年，喀什银瑞林大酒店通过国家旅游局五星级饭店初评。向自治区旅游局申报1处AAAA级、10处AAA级旅游景区，其中巴楚县红海湾景区被评定为国家AAAA级旅游景区。本级权限内评定5处AA级旅游景区，3家三星级饭店和3家三星级农家乐。争取自治区旅游发展专项项目资金，在景区基础设施建设，乡村旅游示范乡镇、示范基地、优秀农家乐等方面争取项目资金达1350万元。

【旅游市场拓宽】 2014年，地区旅游局与乌鲁木齐晚报社、凤凰网、人民网、新华网、天山网等疆内外知名媒体联合启动喀什旅游形象宣传口号和标识有奖征集活动。宣传喀什作为历史文化名城、歌舞之乡、瓜果之乡、美食之乡、长寿之乡、玉石之乡魅力与风采，体现“不到喀什不算到新疆”丰富内涵。该活动从2月24日开始，共征集到2800多条口号。组织各县市旅游局和旅游企业参加2014年上海旅游节、广东国际旅游产业博览会、四川国际旅游交易博览会等活动。宣传喀什丰富旅游资源和旅游产品，与国内外旅行商对接交流、洽谈合作事宜，推介和宣传“风情喀什”旅游品牌。向自治区旅游局推荐各县市100种“新疆礼物”旅游商品，争取自治区专项项目资金。筹备全疆“爱新疆、游家乡”淡季旅游促销活动和第九届新疆冬季旅游产业博览会。

【旅游援疆】 2014年，地区旅游局加强与援喀省市旅游业界之间交流与合作，向各援喀省市前方指挥部和旅游局申请委派挂职干部到地区旅游局挂职。山东省、上海市、广东省旅游局各派一名干部到地区旅游局挂职。做好援疆省市旅游业界之间对接交流和推介活动。组织“鲁喀旅游产业合作交流考察活动”和“广东省旅行社业界代表考察交流活动”。与援疆省市在旅游项目建设、人才培养、旅游宣传促销、客源输送等方面达成多项合作意向。组织喀什地区旅游管理骨干（30人）和导游（10人）赴山东培训，组织喀什地区酒店中高层管理人员（10人）和特色餐饮业管理人员（30人）赴广东培训。

【旅游执法和培训】 2014年，地区旅游局加大旅游执法力度。全年对星级酒店、旅游景区、旅行社和旅游汽车公司等旅游企业进行2次旅游市场检查活动，检查导游120人、旅游汽车60辆；受理旅游投诉2起，处理2起，办结率100%；对旅游企业存在管理不规范，服务不到位问题，进行现场督促整改。围绕打造富民产业，最大限度增加岗位、扩大就业。加强与人事劳动和职业院校沟通与协调，做好导游员、景区讲解员、旅游汽车司机、饭店服务员和管理人员培训。开展《喀什地区旅游服务质量提升活动》和旅游系统“六打六治”打非治违专项活动。培训导游员、景区讲解员172人，旅游汽车司机118人。

（地区旅游局）

【第七届中国·泽普金湖杨旅游文化节】 2014年10月18—28日，第七届中国·泽普金湖杨旅游文化节在泽普县举办，区内外各界嘉宾及泽普县各族各界2900人参加开幕式，区内外11家媒体及摄影家协会进行宣传报道。其间，举办长寿健康论坛，生态长寿产品推介展示拍卖，长寿餐饮美食展示，“金湖杨杯”农民“好声音”，金湖杨微摄影比赛，金湖杨戈壁汽车越野赛，自行车骑行比赛，千人徒步叶尔羌河湿地公园，全国最美村干部刘国忠，民族团结教育基地揭牌等主题活动19项。其中，长寿健康论坛、“金湖杨杯”农民“好声音”、金湖杨微摄影比赛、金湖杨戈壁汽车越野赛均为首次举办。在“金湖杨杯”农民“好声音”歌唱比赛中，89人参加比赛，24名选手获得一、二、三等奖。金湖杨微摄影比赛收集摄影作品1000余幅，确定参展作品600余幅，对优秀作品进行奖励。在汽车越野赛中，新疆越野E族俱乐部100辆越野车、200名赛车手参与活动，其中20多辆越野车参加场地越野赛，泽普2名车手参加比赛。

（黄志斌）

【金湖杨风景区】 泽普金湖杨国家森林公园位于泽普县城西南36千米处，三面环水。公园内天然胡杨林面积1333.33公顷，构成“胡杨、碧水、绿洲、戈壁”四位一体独特风貌。公园内有胡杨王、圣树、金杨湖、湖心岛、情人园、知青大院、长寿民俗文化村、叶河人家、水上拓展训练场、跑马场等主要景点，形成“二桥映雪、舟岛晨曦、晚荷送香、江南水韵、醉美枣香、叶河玉缘、金湖泛舟、苇岛鹤影、胡杨晚唱、柳堤水溪”10景，是集森林生态、田园风光、水上娱乐、民族风情、红色教育为一体旅游风景区。

2014年，景区吸纳社会资金4000万元，增加电瓶观光车、休闲自行车。新建木屋别墅17栋，作为长寿天香村景点对外开放。实施民俗村至中心景区、餐厅游廊、金杨湖沿岸等夜景亮化。增设卡丁车、碰碰车游乐项目，扩充水上娱乐项目，景区游览、餐饮、住宿条件进一步提升。2014年，金湖杨景区接待游客12.5万人次，实现收入173万元。

（黄志斌）

全国重点文物保护单位

【托库孜萨来遗址】 托库孜萨来遗址由托库孜萨来古城遗址、托库孜萨来佛教遗址、托库孜萨来墓地等组成。主体属汉唐时期。托库孜萨来古城遗址地处托库孜萨来山东南端和山脚下。山上多为裸露岩石，缺乏植被；托库孜萨来山山下地势平坦，土质疏松，土壤含碱量较高，生长有红柳、芦苇、罗布麻等耐盐碱植物，有野兔、蛇、骆驼、蜥蜴等野生动物。托库孜萨来遗址地理位置十分重要，是当时古丝绸之路上重要补给站，从巴楚出发向东，或是从阿克苏向西进发必经之路。托库孜萨来遗址见证安西、北庭两大都护府建立，见证西域诸国统一于中央王朝史实和西域文明辉煌。托库孜萨来遗址在了解巴楚、西域、中国历史文化方面具有较高价值。托库孜萨来遗址出土大量不同时期文物。19世纪英国斯坦因、法国伯希和从这里先后发掘并带走不少珍贵文物；我国考古学家黄文弼在这里也发掘出不少文物；新疆博物馆考古队在这里发掘出4000多件文物，其中有汉代五铢、钱范、古代木简以及写有汉、回鹘文、阿拉伯文的纸片，并有古代粮种、棉籽、瓜果核。

托库孜萨来遗址还出土大量精美的佛教造像艺术品，这些造像雕刻绘制技术娴熟，形态逼真，体现古代雕刻工匠们丰富想象力和创造力。20世纪50年代末，中国社会科学院考古研究所与新疆社科院及新疆文化厅联合组队调查托库孜萨来遗址，在托库孜萨来古城内一处北魏时期寺院遗址内挖掘出婆罗谜文木简残纸数十件，同时发现五铢钱和汉怯二体钱以及铸造五铢钱残损陶质钱范。1962年，该遗址被自治区人民政府公布为自治区级文物保护单位。同年，划定保护范围，设立保护标志，建立保护档案。1983年12月，由文化部文物局与新疆维吾尔自治区博物馆组成的联合调查组对托库孜萨来古城进行考古调查。1990年，全国第二次文物普查喀什地区文物普查队对该遗址进行调查。2009年，全国第三次文物普查时，喀什地区文物普查队对托库孜萨来遗址进行复查。2001年6月25日，国务院公布该遗址为全国重点文物保护单位。2010年，自治区人民政府拨付专款，由喀什地区文物局为该遗址更换保护标志。

【石头城】 石头城遗址位于喀什地区塔什库尔干塔吉克自治县塔什库尔干镇塔西卡拉社区塔什库尔干路东段以北约50米处。海拔高度3112.8米。城址地处阿拉尔草原西部一座石山上，北侧为塔什库尔干河西岸高台地，台地上有民房；城址东侧山脚下阿拉尔草原和塔什库尔干河边有居民点，县城阔纳派斯巴扎路沿城脚从西往东穿过；南侧是山丘；西侧有一小片林带，林带西北为一片墓地。石头城遗址是一处晋至清代古城遗址，城址依地势而筑，由城墙、城门、寺院、居住遗址、清代城址等组成。总面积10.07万多平方米，城垣周长约1285米。石头城依山而建，因受自然环境限制，呈不规则四边形。北面城墙约380米，土坯结构，筑墙方法为平铺错缝，现尚存马面五处。靠西面三个马面为土坯结构，边长6米×6米，保存较好；靠东面为石砌，坍塌严重。马面间距基本在60米左右，墙底宽约1米，高约2～3米。东墙长约350米，是修在断崖上，现仍然可见用石头砌成的墙壁。南面和西面城墙分别长375米和180米，城墙已被破坏，现只可见墙基和坍塌后剩下砾石。石头城西面有一个城门，已无建筑遗迹。

除20世纪80年代对石头城遗址进行过试掘外，石头城遗址没有进行过考古发掘，其遗物多为采集所得。文献资料中常见出自石头城遗物有：石质人身怪面兽雕像，长12.7厘米，残高8.2厘米，底座为长方形束腰，呈“Z”字形，刻有砖形方格。怪面兽为俯身仰首，其身态像人，腰部和底座一端有人脚，似一人物踩在怪面兽身上。雕像现保存于塔什库尔干县文物保护管理所。此外，在古城遗址内发现和出土有马鞍形石磨盘、古钱币、织品、梵文文书，零星散布有陶片，采集陶片有夹砂和泥质两种，口沿为圆唇圆沿，稍有下凸棱，泥质红陶上有花纹。

石头城遗址地理位置十分重要。石头城遗址地处中西交通线中段，位于丝绸之路新疆段要冲，是中道、南道必经之地和重要补给站。

石头城遗址内保存下来的遗存对研究汉至清时期当地政治、经济、文化、民俗、建筑等各方面具有重要现实意义，对了解边疆和中原地区交往具有重要意义，为研究当地古代居民经济生活、风俗习惯等提供重要依据。石头城遗址独特地理位置以及丰富文化遗存使得它成为一处重要爱国主义教育基地。

1980年，自治区社会科学院考古研究所在石头城遗址西北角进行试掘。1990年8月，由自治区博物馆、新疆文物考古研究所、喀什地区文管所联合组织调查队，在喀什地区开展全国第二次文物普查时对石头城进行调查，并建立档案，调查资料刊登在《新疆文物》1993年第3期上。1990年，自治区人民政府将石头城遗址列为自治区级文物保护单位。

2001年6月25日，国务院公布该遗址为第五批全国重点文物保护单位。2009年2月18日，自治区文物局为石头城遗址做出保护设施规划方案。同年，第三次全国文物普查时，喀什地区文物普查队对遗址进行复查。2010年，自治区文物局拨付专款，由喀什地区文物局为石头城遗址更换保护标志牌。

【莫尔寺遗址】 莫尔寺遗址位于喀什地区喀什市伯什克然木乡开普台尔哈纳村东北约4500米处。海拔高度1244米。遗址地处古玛塔格山南，恰克玛克河流域北黄土平原一带，遗址东、北、西三面为沙砾戈壁，地貌基本以石子戈壁为主，地势有高有低，高地方都是2～3米或是4～5米的石子丘。莫尔，维吾尔语意为“烟囱”。现保存两座寺塔，寺院殿堂屋子已成废墟，位于两塔之间，两个塔一北一南，圆顶塔在南，梯形塔在北，相距65.5米。莫尔寺遗址西、西南、南部是坎儿井遗址，东面有两间砖房，砖房是莫尔寺遗址保护管理组办公室和保卫室。

莫尔寺遗址是一处汉唐时期佛教寺院遗址。遗址地表自北向南分布有梯形塔、寺院遗址、圆顶塔。莫尔寺遗址是喀什地区保存较好佛教寺院遗址之一，对于研究佛教在喀什传播、发展以及中西文化交流有重要意义。

莫尔寺遗址佛塔建筑颇具特色。莫尔寺遗址上圆顶塔在疆内极为少见，带有典型犍陀罗艺术风格。此外，莫尔寺遗址上佛塔，为泥土建筑，距今已有1500～1800年历史，至今屹立不倒。

1990年8月，由自治区博物馆、新疆文物考古研究所、喀什地区文管所联合对莫尔寺遗址进行调查，调查资料刊登在《新疆文物》1993年第3期《喀什地区文物普查资料汇编》上。

1999年，喀什市文管所在莫尔寺遗址保护范围竖立水泥柱、铁丝保护围栏。2001年6月25日，莫尔寺遗址被国务院公布为第五批全国重点文物保护单位。2009年全国第三次文物普查时，喀什地区文物普查队对该遗址进行复查。2010年，自治区人民政府拨付专款，由喀什地区文物局为莫尔寺遗址更换保护标志。

【艾提尕尔清真寺】 艾提尕尔清真寺位于喀什市解放北路中段西侧艾提尕尔广场西侧，北距吐曼河约1000米；东部是艾提尕尔广场，广场以东是解放北路；清真寺南墙与北墙外紧靠一排商铺，西墙外是商铺和民宅，商铺主要是手工艺品店和快餐店。在清真寺南北方向有艾提尕尔大巴扎。艾提尕尔清真寺由门楼、庭院、教经堂、礼拜殿等部分组成，南北长140米，东西宽120米。总占地面积16800平方米，大门门楼用砖砌成，两边是两个18米高邦克楼。教经堂位于前面部分，由南北两边延伸对称修建房屋和教室组成，东北角是厕所和浴室。院内有两个水池，水池四周绿树参天。礼拜殿坐落在清真寺西侧，由140根木柱支撑，有木屋约100间，规模宏大，气势壮观。

从清真寺选位、规划、建筑到设计构造，都是建筑艺术与科学方法结合的产物，全寺布局合理，工艺精细。该寺门楼由黄砖砌成，风格古朴厚重，同当地自然环境和谐地融为一体。建筑采用雕刻、镶嵌、彩绘等多种技法，使建筑整体显得既古朴又典雅，充分显示出古代先民高超的建筑艺术。

清真寺布局建筑形式、建筑构造和花纹图案等外观，都具有浓厚的地方特色。研究艾提尕尔清真寺建筑方式及风格，对于了解喀什地区建筑发展史具有较高的参考价值。

1955 年新疆维吾尔自治区成立时，对清真寺进行过一次全面维修。1982—1983 年，维修正门门楼和东墙店铺。1983 年，国家拨专款进行全面维修，新建浴室、净身间、卫生间等配套设施。1985 年，修复麦德里斯（经文学院）。1994 年，国家拨款进行一次较大规模维修，新盖 23 间砖房和 53 间店铺。1999 年，将内殿两侧外殿房顶进行一次修复。2008 年，喀什作为新疆 4 个奥运火炬传递城市之一，艾提尕尔广场为喀什火炬传递起点。同年，由新疆维吾尔自治区人民政府拨款 20 万元，对清真寺门楼及穹顶进行维修。2010 年 4 月，国家投资 1000 多万元对艾提尕尔清真寺进行维修。

【阿巴和加麻扎】 阿巴和加麻扎（香妃墓），位于喀什市东北部约 5000 米浩罕乡艾孜热提村。占地面积约 4.8 万平方米。阿巴和加麻扎东部、东北部为穆斯林群众公墓地，南面是一个小型广场和圣水池，再往南是停车场和旅游纪念品商店，西面是民居，还有一条通往市区道路，北面、西北是学校。整个麻扎内外白杨、榆树、桑树等大树参天，加之各种花卉点缀，景色诱人、壮观。

阿巴和加麻扎建筑群以浓郁的民族特色体现先民高超的建筑技巧和艺术才能。整个建筑造型稳重而简洁，宏伟而肃穆。建筑内外装饰体现浓郁的民族风格和地方特色。在装饰上多采用木雕、石膏雕花，彩绘砖拼花饰，木棱花窗，琉璃砖和花瓷砖相结合等形式，使整个建筑装饰丰富多彩，协调统一，美观精致。

喀什地区处于丝绸之路要道之上，自古以来就受到多种文化的影响。在历史上多种宗教在这里流行传播，多个民族在这里融合，不同宗教、不同民族带来的文化观念在这里相互碰撞。

1949 年中华人民共和国成立后，为贯彻党的民族、宗教政策，保护有价值的文物古迹，在“修旧如旧”原则下，国家、自治区曾多次拨款维修。1956 年，自治区人民政府拨款对主墓室穹顶进行修复。1982—1983 年，对阿勒屯代尔瓦扎（大门）进行过一次加固扶正。1985 年，对加满清真寺、高低礼拜寺房顶铺过一次草拌泥，并疏通雨水流通设施。1996 年 4 月至 1997 年 10 月，国家文物局拨专款 400 万元，由新疆维吾尔自治区文化厅文物古迹维修办公室具体负责，对阿巴和加麻扎主墓室进行维修。穹顶全部拆除重建，主墓室外部琉璃砖也全部拆下。穹顶维修完成后，琉璃砖（花砖）按照拨下来的顺序重新贴上。维修期间，对教经堂、加满礼拜寺进行仔细测量，为后续维修工作提供依据。2010年4月，作为丝绸之路大遗址保护项目，启动实施维修工程，投资2147万元，2012年年底完工。

阿巴和加麻扎于1988年1月13日被国务院公布为第三批全国重点文物保护单位。作为全国重点文物保护单位，保持了浓郁的维吾尔建筑艺术风格，成为新疆喀什地区旅游胜地，年接待游客10多万人次。

【叶尔羌汗王陵——阿勒屯鲁克麻扎】 叶尔羌汗王陵地处莎车县莎车镇第三居委会境内。位于老城区繁地段阿勒屯路东面，王陵北面、东面是莎车镇民居，南面有民居、小路、镇政府办公楼。王陵西面阿勒屯路两侧有小饭店、杂货铺、修车行、书店等商铺。地理坐标为北纬38° 24′ 56″、东经77° 15′ 12″，海拔高度1231米。叶尔羌汗王陵也叫“阿勒屯”麻扎，维吾尔语为“黄金”，引申为“贵—尊贵”之意，以示该麻扎地位至尊。王陵中葬有地方性政权叶尔羌王国12位国王及王室成员。著名的《十二木卡姆》整理者、诗人阿曼莎汗就葬于该陵内。叶尔羌汗王陵由3部分组成，西边是阿勒屯鲁克清真寺，东南边为阿曼尼莎汗墓，中间是阿勒屯麻扎。总占地面积1.5万平方米。

叶尔羌汗王陵——阿勒屯鲁克麻扎具有较高的建筑艺术，尤其是墓冢上石膏雕花，更是精美绝伦，为研究维吾尔建筑艺术提供了宝贵资料。

1990年12月，新疆维吾尔自治区人民政府公布叶尔羌汗王陵为自治区重点文物保护单位。1993年，自治区人民政府拨专款42万元，由文化厅古迹维修办公室负责，对王陵进行维修。2006年5月，叶尔羌汗王陵——阿勒屯鲁克麻扎被国务院公布为第六批全国重点文物保护单位。2011年6月3日，新疆安达孜文物保护工程设计有限公司派专家提出维修方案。

【麻赫穆德·喀什噶里墓】 麻赫穆德·喀什噶里墓（麻扎建筑）位于喀什地区疏附县乌帕尔乡毛拉木贝格村西北900米处的艾孜提毛拉木塔格山东南端。附近有多处泉眼。北面有林带和公墓。北约200米为托库孜卡孜那克兹寺院遗址；东面是通往乌帕尔乡巴扎的公路和民居，东南约60米为麻赫穆德·喀什噶里教经堂遗址；南面是农田、零星农宅和公墓；西侧为穆斯林公墓区。陵墓内树木林立，有杨树、榆树、桑树、葡萄、槐树等。麻扎由主墓室、大门、庭院、祈祷室、诵经室、小清真寺及其他建筑组成。

麻赫穆德·喀什噶里墓修建于12世纪初期，是著名回鹘学者、《突厥语大词典》的作者麻赫穆德·喀什噶里的陵墓，至今有900多年的历史。陵墓建筑面积1160平方米，保护面积67万平方米。

麻赫穆德·喀什噶里麻扎建筑雕刻艺术具有鲜明的时代特征，遵照麻扎原有的建筑风格修缮并按原有古老木雕花纹的艺术雕刻。这些木雕上有木线、木雕、平面木雕、反凹木雕等形式。主墓室椽木、高梁、柱子所雕图案有水仙、花蕾、叶子、葡萄、巴旦木叶子等10余种花草植物。麻赫穆德·喀什噶里麻扎建筑完全保留了喀喇汗王朝修建时的原始风格，是维吾尔建筑风格的代表之一。

麻赫穆德·喀什噶里墓，其主要价值不全体现在文物本体上，而体现于墓主人所编写的巨著《突厥语大词典》上。该词典收录7500个词条，其中民歌242首，格言、谚语220余条。

麻赫穆德·喀什噶里墓于1983年12月1日由新疆维吾尔自治区人民政府公布为自治区级文物保护单位。2006年5月26日，被国务院公布为第六批全国重点文物保护单位。1985年，新疆维吾尔自治区人民政府拨专款50万元，对麻扎建筑设施以不改变原样为原则进行重修。1983—1987年，喀什地区文管所派两名专业干部对文物进行管理。1985年，由喀什地区疏附县文化馆接管。1992年成立疏附县文管所之后，文化馆把麻赫穆德·喀什噶里墓管理权移交给疏附县文物保护管理所。2005年4—9月，为迎接麻赫穆德·喀什噶里诞辰1000周年国际学术研讨会，对整个陵墓做了一次整修。2006年12月19日，制定并颁布《麻赫穆德·喀什噶里墓保护管理条例》。2008年，该麻扎被列入中国世界文化遗产预备名单。

（地区文体局）

商　务

招商引资

【综述】 2014年，喀什地区实现社会消费品零售总额148.38亿元，与上年同比增长13.01%，市场运行基本平稳；实现外贸进出口总额12.07亿美元，与上年同比增长7.39%；喀什地区落实执行招商引资项目507个，落实执行项目到位资金总额255亿元，与上年同比下降5.63%，完成2014年调控目标296.4亿元。

【商贸流通及市场建设】 2014年，地区商务局开展直销店建设，“菜篮子”工程惠民力度加大。直销店建设覆盖全地区12县市，2014年，新增147个。截至12月底，12县市147个蔬菜直销店建设基本完工并开始投入运营，有效缓解各族群众买菜难、菜价高的问题。地区储备肉投放县市由原先2个，增加到7个，总计投放储备肉868.54吨，其中春节投放活体羊411.33吨、肉孜节投放冻肉154.55吨、古尔邦节投放冻肉302.66吨；储备蔬菜10000吨，补贴资金450万元。

喀什地区成品油市场稳步发展、酒类流通秩序态势良好。2014年，全地区成品油零售网点参加年检企业有188家，其中社会加油站74家、中石油加油站87家、中石化加油站27家。2014年，新增加油站10家，注销1家。地区商务系统加强酒类流通监管力度，开展摸底检查行动62次，检查批发企业100余家，零售企业1600余家，重点检查随附单落实情况，对出现问题的企业进行批评教育和严令限期整改，并对酒类批发经营场所进行检查监管，规范酒类批发零售企业市场秩序。

地区商务局把发展特色餐饮业作为重点民生工程，按照“挖掘、提升、吸纳、创新”八字方针和“政府推动、政策驱动、品牌拉动、产业联动”原则，狠抓政策落实，截至12月底，全地区各类餐饮点7314户，其中清餐占98%，直接就业人员7.5万人。地区发展家庭服务业，截至12月底，地区培训7523人，其中织绣1237人、家政服务员6000人、酒店服务员76人、美发58人、客房服务员152人，帮助2340人实现就业。

2014年，地区商务局创新市场体系建设，全年喀什地区新建乡镇商贸中心7个、新建配送中心5个、新建农家店45家，经自治区商务厅和财政厅审核通过3个乡镇商贸中心、6个配送中心、59个直营店。升级改造12个县乡农贸市场，申报项目资金2400万元，通过自治区商务厅、财政厅和专家评审10个项目确定为自治区2014年农贸市场升级改造扶持项目，并获批1140万元专项扶持资金。

2014年，地区商务局按照商务部、自

治区商务厅关于“西果东送”农产品现代流通综合试点建设项目工作要求，配合商务厅对地区三家“西果东送”试点企业进行自治区验收和国家级评估。2014年，继续申报12家企业为“西果东送”试点企业、已有6家企业通过自治区专家评审，落实扶持资金840万元。通过“西果东送”试点项目实施，为地区红枣、杏干、巴旦木、核桃等特色林果产品销往内地市场打开一条极为有效通道，在一定程度上缓解喀什地区林果产品“买贵卖难”问题。“西果东送”项目促进“公司+基地+农户”经营模式，提升本地水果知名度、解决农民卖难问题，直接带动当地经济发展。

2014年，地区商务局对喀什地区二手车交易市场进行专项清理整顿，制定管理办法；实施放心肉工程和严厉打击私屠滥宰和销售注水肉、病害肉等违法行为，加大屠宰企业监督和管理，对个别县市因城市规划搬迁、拆迁屠宰企业提出资格保留尽快建设方案，成效显著；完成对喀什地区典当行、拍卖行年审初审工作，喀什地区5家典当行被评为自治区A类典当行、5家拍卖行通过自治区年审，通过对拍卖行、典当行风险排查，未发现典当拍卖企业非法集资、吸收或变相吸收公众存款等违法违规行为；地区商务局本着“依法治理，统筹规划、规范经营”原则，整合现有再生资源回收网络，加强喀什地区资源配置和综合利用，争取国家和自治区资金支持，加强对废旧塑料、废纸、废橡胶等再生资源回收和利用。2014年，喀什地区申报自治区内贸流通资金支持，建设再生资源回收利用加工项目2个，投资总额1500万元，申报资金400万元。升级改造回收网点10个，通过自治区商务厅、财政厅和专家评审1个项目确定为自治区2014年扶持项目。

【对外贸易】 2014年，地区商务局按照“扩大总量、优化结构、夯实基础、提升水平”的要求，加大政策扶持力度，力促外贸进出口平稳增长。截至12月，全地区162家公司实现外贸进出口业绩，较2013年同期增加40家。申请落实2013年度自治区出口奖励资金862.85万元；其中出口500万元以上企业37家，奖励资金789.72万元；过亿美元企业享受1家，出口奖励70万元，企业经营性进一步增强；做好2013年度102家中小企业国际市场开拓资金拨付工作，拨付资金621.45万元；做好2013年度对新疆雅戈尔棉纺织有限公司申请加工贸易进口增量补助申报工作。争取2014年项目资金。新疆叶力达、喀什宝林农牧业、岳普湖县农产品进出口公司3家出口型生产企业获得外贸区域协调发展促进项目资金扶持，资金总额340万元；自治区边境地区转移支付资金692万元，其中边贸进口补助企业2家，补助资金15.6079万元；完成泽普县泰润果业有限公司申报自治区农产品示范出口基地认定工作，申请自治区农产品出口示范基地建设资金179万元；为73家外贸企业申请中小企业国际市场开拓资金585.84万元。

2014年5月，应吉尔吉斯共和国奥什州政府邀请，地区商务局组织地区生产加工型企业、外贸企业58家113人参加2014

年吉尔吉斯斯坦—中国新疆喀什商品及技术设备展销洽谈会，申请展位50个，共计签约项目20个，签约金额近2.5亿美元；组织25家企业37人参加第七届中国—塔吉克斯坦出口商品展洽会，申请展位23个。主动做好外经贸日常工作，实行对外贸进出口合同免费提供服务98份；审核外贸合同72份；办进出口经营资质企业164家；自动进出口许可证终端打印办理103份；旅购贸易申请企业9家;加强与海关、国检、外汇、国税等部门工作交流与联系，与地区国税局协调部分外贸企业上访出口退税问题；配合运管、海事等部门妥善处置76辆涉外运输车辆严重超载超速、聚集抗拒执法涉外案件。

【协调与服务】 2014年，地区商务局加快边贸经济发展，充分发挥疏附县广州新城边民互市贸易区、塔什库尔干县边民互市贸易区优势作用，指导相关县市及企业加快边贸经济发展。加强对外协调与联络，做好“喀交会”等重大涉外活动外商接待、考察与宣传工作。已有近百家周边国家外商落户广州新城经商。发挥职能作用，做好协调与服务，促成塔吉克斯坦共和国科纳特控股有限公司与喀什地区重点物流、外贸企业开通喀什至塔吉克斯坦共和国杜尚别客货运航班、客车线路项目建设以及其他经贸合作项目达成协议。抓好企业培训工作，增强企业主体作用，配合海关、出入境检验检疫局、国税局、自治区边贸局、商务厅先后在喀什市、乌鲁木齐市组织企业参加2014年喀什地区进出口企业培训、入境农产品检验检疫监管培训班、南疆片区外贸企业培训班。

【招商项目】 2014年，地区第三产业稳步发展，投资贡献显著。地区商务局落实执行项目中，三产项目个数占比46.1%，到位资金150.7亿元，占到位资金总额的59.1%。围绕西进东销商品集散基地和面向中亚、西亚、南亚区域性商贸中心城市建设，开发区双子塔，喀什中亚商贸城、深圳城，远方国际物流港，泽普山陆林市场、美达综合市场，叶城海逸建材城、中泰汽修城，巴楚天合汽车机电产业园等一批商贸物流项目相继动工建设；围绕旅游中心城市建设，福鑫文化产业园、千岛湖旅游开发、刀郎文化产业园等文化旅游项目相继开工建设。

地区商务局推动就业强、民生改善好劳动密集型项目落户喀什。伽师思科电子产品，疏附昊王皮具箱包，英吉沙新大新服装、东昶纺纱、新金利纺纱、兴隆服装加工、中兴手套项目，泽普恒泽实业成衣生产、阿塔美拉斯织布，伽师菲一达纺织针织品、袜子生产，巴楚图力帕袜业、金博针织、迪蒙尼服饰、泓亮服装等一批带动就业多“短、平、快”项目相继落户地区，全地区竣工投产招商引资工业项目84个，解决就业4446人。喀什经济开发区落实项目13个（新履约项目6个），到位资金12.8亿元，占喀什市到位资金总额的29.47%。双子塔免税广场一期，福鑫文化旅游产业园一期，鑫宏门业、浙商、天宏、陕西总部经济大厦等一批新履约项目陆续动工建设；深圳城、川渝总部经济大楼、祥瑞总部经济大楼、拓日光伏等一批结转项目加速推进。产业援疆带动作用明显，投资贡献显著。1—12月，对口援喀四省市投资项目97个，占落实执行项目总数的19.13%；到位资金74.34亿元，占到位资金总额的29.15%。对口援助四省市投资97个项目中，新履约项目43个，占全地区新履约项目数的15.87%;到位资金20.8亿元，占新履约项目到位资金总额的18.04%。

【各类会展】 2014年，地区商务局组织筹办第十届“喀交会”，组团参加第十八届西洽会、第四届亚欧博览会及第十八届厦门投洽会。其中第十届“喀交会”签约投资项目221个，签约总金额497.9亿元；第四届亚博会签约投资项目110个，签约总金额254亿元；第十八届西洽会签约投资项目25个，签约总金额57.5亿元。同时，参与筹备全国“光彩事业南疆行”活动，组织各县市做好项目对接、宣传推介。

地区商务（招商）局

供销合作

【概况】 2014年，喀什地区供销合作社联合社（简称“地区供销社”）机关内设8个科室：行政办公室、组织人事科、财务科、审计科、基层工作科、安全保卫科、党委办公室、监事会办公室（纪检监察室）；核定事业编制28名，其中领导职数6名，科室领导职数14名，工勤人员岗位1名，在职人员21人。

【主要经济指标】 截至2014年底，地区供销社全系统实现商品销售12.5亿元，与上年同比增长7%，其中县级社和基层社组织销售4.6亿元，与上年同比增长7%。实现利润1520万元，与上年同比增长6%。招商合作企业喀什大唐国际物流公司出口货值达到10亿元。

【农产品外销】 2014年，地区供销社打造“喀什”系列地理标志品牌，与广州、济南、上海、北京、成都等农产品龙头企业建立业务合作关系；在环疆干果市场统一使用“喀什”地理标志证明商标包装，并与快递企业协商优惠干果发送价格。地区供销社边贸公司在地区率先进口塔吉克斯坦车厘子、巴基斯坦芒果，实现进口水果零突破；连续4次购进巴基斯坦海产品，满足市场需求，平抑海产品价格。在推介喀什特色农产品同时，各县供销社也发挥引领作用，伽师县供销社引领销售商品瓜24万吨，销售额5.04亿元；销售新梅1.4万吨，销售额1.96亿元;销售鲜杏6000吨，销售额0.2亿元；销售红枣4.1万吨，销售额0.9亿元；冬令蔬菜30万吨，销售额1.5亿元；英吉沙县供销社8个杏烘干房加工杏干20余吨，质量效果比较好，现已售罄。塔县供销社在争取县财政资金900余万元，启动“六乡一村”配套服务商贸中心建设，为农牧民建设惠民（爱心）超市、惠民旅馆、农贸市场、活禽交易市场、牲畜物资供应站等民生工程。

【市场建设】 2014年，行署制定下发《关于印发喀什中亚南亚农副产品批发交易市场运营管理方案的通知》（喀署办发〔2014〕100号），地区供销社直属企业喀什金园果业有限责任公司邀请东门干果商户、七里桥蔬菜批发市场商户等进驻。预订店铺163个，中国农业科技网、新疆锦臻专业合作社、喀什西域明珠配送有限公司、喀什鸿运（航空）物流公司已入驻开展业务。喀什西域明珠配送有限公司已为喀什市区和附近县60余个网点、单位实施蔬菜、副食配送业务，每天配送蔬菜10吨以上；建成25个干辣椒经营店铺建设主体。

【“新网工程”建设】 2014年，地区供销社加强“新网工程”重点项目建设，鼓励、支持各县市供销社，新建、改造各类经营网点90个，累计达到1274个。通过网络建设，搭建市场购销平台，切实解决农产品“卖难”和市场进入难问题，塔什库尔干县投资900多万元新建11个市场，日用消费品经营网点全部交给县社管理经营。

【“喀什”十大地理标志宣传】 2014年，地区供销社协调企业参加新疆亚欧博览会、喀什中亚南亚商品交易会、阿克苏农展会、喀什农展会及疆外其他展会；完善“喀什”十大地理标志证明商标包装，发展新合作伙伴，在各大城市销售鲜无花果；环疆干果市场2014年使用“喀什”十大地理标志证明商标包装箱，2014年年底前使用2万个新包装，销售干果达100吨以上；使用“喀什”十大地理标志证明商标本地企业、专业合作社、协会共82家。

【农村合作经济组织】 截至2014年10月底，各县市供销社完成新建5个农村专业合作社、2个示范农民合作社目标任务。全地区供销社系统发展各类农村合作经济组织67个，登记总数67家。其中专业合作社61个、农产品协会6个，直接带动农户10889户，实现销售收入1524万元。开展农村经纪人培训工作，在自治区供销学校和县社努力下，共培训2586人。

（马玉峰）

烟草销售

【概况】 喀什地区烟草专卖局、新疆维吾尔自治区烟草公司喀什地区公司成立于1999年7月。喀什地区烟草公司管辖区域覆盖喀什地区、克孜勒苏柯尔克孜自治州和兵团第三师图木舒克市。2014年，喀什地区烟草专卖局（公司）内设办公室、财务管理科、卷烟营销中心、专卖监督管理科、安全物业管理科、物流配送中心和监督科、经济信息中心和督察考评中心9个职能科室。其中经济信息中心与卷烟营销中心合署办公；督察考评中心与监督科合署办公。

【卷烟销售】 2014年，喀什地区卷烟零售客户总数为5394户，其中城网3311户，新增598户；农网2083户，新增486户。使用终端信息系统客户1366户。喀什地区实现网上订货率100%，网上配货客户41户。客户综合毛利率由11.44%升到11.76%。全年销售卷烟79183箱，与上年同比增加1218箱，与上年同比增长1.6%；卷烟单箱销售收入达到20507元，与上年同比增长6.15%。全年实现销售收入16亿元，与上年同比增长7.8%；实现税利1.7亿元，与上年同比增长14.11%。

【案件查处】 2014年，全年查处各类案件90起，其中非法渠道进货案件44起、无证经营案件19起、其他案件2起。销售非法生产烟草制品案件25起，其中追刑案件2起、走私案件2起，查处真品卷烟20.55万支、假冒卷烟4.86万支、走私卷烟3.22万支、烟丝17.82吨，涉案金额67.4万元（含莫合烟58.56万元），收缴罚没款3.77万元，判刑2人。

【对标工作】 2014年，喀什地区烟草专卖局（公司）对标指标为11项，其中人均劳动效率、单箱销售费用、物流费用占销售收入比重、单箱物流费用四项指标为全地区先进指标，人均销售收入、三项费用率、人工费用占销售收入比重、单箱人工费用、单箱管理费用、总资产贡献、成本费用利润率7项指标优于全地区平均指标。通过与2013年数据对比，总资产贡献率同比减少10.74%；其中人均卷烟销售收入指标增长39.92%，增幅较高；费用指标中，其中三项费用率和单箱销售费用，同比2013年分别减少0.08%、0.29%。说明2014年经营情况同比2013年有降低。

（张　静）

粮食管理

【粮食收购】 2014年，喀什地区粮食局通过与乡镇签订夏粮收购责任书保证粮食收购，粮食部门与农户签订粮食收购订购卡近56万份。截至10月底，全地区收购小麦40.6282万吨，支付价款11.13亿元，其中直补资金12188.4万元，全面完成自治区和地区下达收购计划。

【科学储粮】 2014年，地区粮食局推广农民科学储粮设施。2014年10月13日，根据喀什地区财政局《关于下达2014年农户科学储粮专项中央基建投资预算（拨款）通知》，下达全地区6600套储粮箱任务，2014年中央基建投资预算（拨款）资金158.4万元（每套240万元）。

【规范化管理】 2014年，地区粮食局为加强仓储规范化管理，粮食行政管理部门以粮油仓储企业规范化管理为抓手，加强对粮油仓储行业指导和检查，确保储粮安全和生产安全；紧抓新建粮库和附属设施验收工作。

【军供管理】 2014年，地区粮食局落实军供粮源，严把军粮质量关，做好军供粮油库存储备，及时下达供应计划，下拨差价补贴，主动加强与部队沟通、联系，根据部队需求，提供全方位优质服务。做好军供网点维修改造工作。

【依法管粮】 2014年，地区粮食局抓好粮食收购资格核查工作，全地区具有粮食收购资格证企业及个体工商户有160家，其中国有粮食购销企业100家，占总数的63%；私（民）营和个体工商户60家，占总数的37%；抓好粮食库存检查，确保粮食库存真实可靠；抓好全地区粮食供求平衡调查，按照市场需求，适时供应，确保成品粮价格相对稳定。

（赵荣杰）

经济管理监督

宏观调控

【概况】 2014年，喀什地区发展和改革委员会（以下简称“地区发改委”）下设地区援疆办、地区价格监督检查局、地区重点项目管理办公室、地区全社会节能监察办公室4个单位。内设办公室、综合法规科、经济体制综合改革科、固定资产投资管理科、农村经济科、产业协调科、能源和环境保护科、交通运输科、社会发展科、经济贸易财政金融科、收费管理科、农产品及医药服务价格管理科、能源交通和资源价格管理科、价格成本监审科、农牧产品成本调查科、地区国民经济动员办公室、地区以工代赈办公室、地区价格认证中心、地区价格监测中心、地区工程咨询和投资项目评审中心20个科室（中心）；地区援疆办内设综合科、项目管理科、经济协作科3个科室；地区价格监督检查局内设综合科、收费检查科、市场价格检查科、价格监督举报中心4个科室（中心）；地区重点项目管理办公室（地区西部开发办公室）内设项目建设管理科、项目稽查科、西部开发科3个科室。编制98名，其中行政编制59名（含价格监督检查局），参公编制15名，全额事业编制8名，自收自支事业编制6名，工勤编制10名（含价格监督检查局）；地区发改委领导职数9名（含纪检组组长），总经济师1名。截至2014年年底，实有干部职工80人，其中干部72人、工勤人员8人；研究生学历1人，本科学历51人，大专学历22人，中专学历2人，高中及以下4人；中共党员60人。

【国民经济和社会发展计划执行情况】 2014年，完成地区生产总值688亿元，增长10.2%。工业增加值119亿元，增长13%；公共财政预算收入50.8亿元，增长10.9%；社会固定资产投资702.68亿元，增长12.37%；社会消费品零售总额148.3亿元，增长13%；进出口总额12亿美元，增长7.1%；城镇居民人均可支配收入17310元，增长12%；农村居民人均纯收入7133元，增长16.1%；居民消费价格指数涨幅2.5%。

（综合法规科）

【经济体制改革】 2014年，地区发改委加大简政放权力度。会同有关部门取消地区本级21个部门审批事项15项；调整审批事项131项，下放县（市）实施审批事项18项，合并审批事项56项，清理规范性文件584件。2014年，承接自治区下放政府投资项目审批权限9类，委托审批权限3类，累计下放行政审批37类165项；推进投融资体制改革。探索PPP、BT等投资方式，鼓励发展混合所有制经济。按60∶40股权比例，如意集团与喀什市投资公司正式成立混合所有制齐鲁如意科技纺织工业园。长江经济联合发展（集团）股份有限公司与喀什经济开发区共同建立上海股权托管交易中心长江经济联合发展集团喀什挂牌企业孵化基地，按1∶1比例设立首期规模1亿元长江联合喀什产业基金。推行金融机构存贷款挂钩机制，设立发展产业促进就业专项资金。南达乳业在新三板挂牌，5家企业在上海股权交易中心挂牌，7家企业在新疆股权交易中心挂牌；地直党政机关、法人团体、事业单位经营性资产清产核资基本完成，地区国有资产经营管理公司正式成立。喀什市新供排水价格正式执行，非居民用气价格调整，自治区级园区企业和大工业电价优惠政策落实。172个基层医疗机构实现基本药物制度全覆盖。莎车佰什坎特镇、伽师巴仁镇、疏附托克扎克镇和喀什市夏马勒巴格镇等小城镇发展改革试点工作稳步推进。棉花目标价格改革试点工作推进，改革政策落实。

（经济体制综合改革科）

【重点民生工程建设】 2014年，地区发改委统筹推进安居富民、住房保障、就业再就业、教育文化、医疗卫生、社会保障、惠农补贴等25类120项民生工程建设。落实到位资金230亿元（中央自治区预算内资金、财政专项资金以及各类补助资金176亿元、地方自筹配套资金54亿元）。24类78项普惠类项目完成投资206亿元；42项地直、县市民生改善工程完成投资24亿元。其中争取教育、医疗、保险、农业、科技、文化、技能培训等各类补助资金70.8亿元。

建成富民安居房81203户，入住72020户；新建游牧民定居房1970户；开工各类保障性住房95356套，开工率101%；完成7个山区建制村通达公路69千米，平原区通村油路800千米，重要农村公路136千米；新建、改建高效节水农田2.96万公顷，其中滴灌2.57万公顷、低压管道灌溉0.39万公顷；农村饮水安全工程入户20005户，解决10.35万人农村饮水安全问题；解决62859户、259899人用电问题；扶贫开发工作实际减贫143588人，超额完成计划任务；132个整村推进村全部通过验收，达到“九通”“九有”和贫困户“九能”标准；452个扶贫项目全部启动；71.55万名城乡低保对象享受低保，基本实现低保对象动态管理下应保尽保、分类施保；累计救助城乡困难群众145302人次，解决城乡困难群众就医难问题；各类教育补助落实国家、自治区资金17.22亿元，全部按计划执行完毕；消除“零就业”家庭535户、实现“一户一人”就业；各类补贴资金通过一卡通已全部发放到农民手中。

（重点项目管理办公室）

【社会固定资产投资】 2014年，地区完成社会固定资产投资702.68亿元，增长12.37%。150个重点项目完成投资332.5亿元，完成年度任务110.8%，占社会固定资产投资的47.3%。叶尔羌河流域防洪治理工程得到国家特殊支持，2014年10月正式奠基开工；卡拉贝利水利枢纽工程全面开工建设，阿尔塔什水利枢纽工程可研获国家批复；内陆河综合治理工程、叶尔羌河灌区续建配套与节水改造工程、大中型病险水闸除险加固工程进展顺利。莫莫克、库尔干水利枢纽工程、卡回水库前期工作推进。麦喀、三莎2条高速公路建成通车；“大喀什市”交通一体化建设推进；喀什至疏勒绕城高速公路可研性报告已上报国务院。中吉乌铁路喀什至乌恰铁路可研通过咨询评估；中巴铁路预可研报告在编制。莎车机场获国务院、中央军委批复立项；塔什库尔干帕米尔机场选址报告在编制；《喀什机场总体规划》上报国家民航局；《喀什临空经济区发展规划》上报自治区人民政府。重大能源项目建设取得成效。阿克苏—巴楚750千伏输变电工程建成投运，巴楚—喀什750千伏输变电工程增容扩建核准工作正在进行；华电喀什二期热电联产扩建项目5号机组投产运营；齐热哈塔尔水电站即将建成；辛滚沟水电站项目前期工作基本完成；喀拉图孜煤矿区规划获得国家批复；总规模220兆瓦10个光伏项目全部开工建设。

（固定资产投资管理科）

【节能减排】 2014年，地区万元GDP能耗1.2989吨标煤，与上年同比下降1.23%。“十二五”规划前4年已累计完成节能目标任务89.8%，超额完成9.8个百分点。2014年，地区削减化学需氧量4617.38吨、氨氮2060吨、二氧化硫19105.49吨、氮氧化物5063.72吨，完成主要污染物减排任务。地区发改委全年完成98个新建项目节能评估登记表审查工作，5个新建项目节能评估报告表、报告书预审及上报工作；加强重点用能单位节能管理，喀什地区万家企业有8家，“十二五”节能量为42968吨标准煤，“十二五”规划前3年已累计完成节能量78708吨标准煤，超额完成节能任务35740吨标煤。2014年，争取节能改造、农业清洁、循环经济、资源综合利用等项目补助资金2762万元。截至2014年，喀什地区水电装机规模增加到31万千瓦，光电装机规模增加到44万千瓦，清洁能源发电占总装机规模的48%，地区能源结构得到进一步优化。

（能源和环境保护科）

物价监督管理

【物价运行情况】 2014年，喀什市居民消费价格总指数（简称“CPI”）与上年同比累计上涨2.1%，涨幅低于年初地区确定的3.5%调控目标，其中生活费用价格指数与上年同比上涨2.1%，食品类价格指数比上年同比上涨3.5%，消费品价格与上年同比上涨2.1%，服务项目价格与上年同比上涨2.0%。2014年，喀什市城镇低收入居民基本生活费用价格指数（简称“SCPI”）与上年同比累计上涨3.2%。

2014年1—12月，喀什市居民消费价格总体保持温和上涨态势。分类别看，2014年1—12月，八大类商品呈现“6升2降”。其中食品类价格与上年同比上涨3.5%，居住类与上年同比上涨2.5%，衣着和家庭设备用品及维修服务类价格均与上年同比上涨1.6%，医疗保健和个人用品价格与上年同比上涨1.0%，娱乐教育文化用品及服务与上年同比上涨0.9%；烟酒类价格与上年同比下降0.3%，交通和通信类与上年同比下降0.5%。食品是推动CPI上涨最大动力，但与2013年同期相比，食品价格涨幅收窄4.1个百分点，由2013年7.6%回落至3.5%，对CPI贡献率由2013年同期的84%回落至65%。与2013年同期相比，居住类推动作用有所减弱，同比涨幅由3.8%回落至2.5%。

【价格管理】 2014年，喀什地区、各县（市）居民消费价格指数涨幅控制在3%以内。安排援疆资金1.5亿元，加快乡镇粮库项目建设；投资4000万元建设一市两县“大菜篮子”设施农业大棚1000座，争取以工代赈项目资金2596万元支持一市两县“大菜篮子”工程配套设施建设。争取项目补助资金930万元，推进“一市两县”畜禽规模养殖场建设，补贴养殖合作社46个，养殖企业（场）17个，养殖繁育大户87户；争取流通产业发展专项资金1000万元，申报建设集预冷、贮藏、包装和加工为一体2个集配中心项目，支持4家骨干企业新建改造农产品冷库（气调库）及配套设施；投资1500万元加大放心肉、蔬菜、蛋等农副产品直销店建设，开辟农副产品直销专区。累计建成政府蔬菜、肉、副食品直销店190个，配置蔬菜配送销售车50辆，建成农贸市场160个。全地区投入800余万元适时补贴政府储备肉、蔬菜价格、政府蔬菜肉直销店运营费用；监测4类179种生活必需品和重要生产资料价格。对涉及民生的“米袋子”“菜篮子”“餐盘子”“交通出行”“询医问药”“水电暖气”及涉农收费价格进行专项调研。加大对交通客运、医疗、教育、电信局、海关、动植物检验检疫局、环保、消防、工商、银行等部门收费价格行为专项检查。全年受理价格举报和案件135件，纠正不规范价格行为100余起，查处价格违法案件74件，查出违规收费727万元，实行经济制裁511.4万元。

（价格监督检查局）

国有资产监督管理

【监管企业保值增值目标】 截至2014年年底，全地区51户国有企业资产总额312550.9万元，与上年同比增长11.16%；净资产98505.7万元，与上年同比增长29.99%；实现营业收入209380.3万元，与上年同比下降11.22%；利润总额3428.7万元，与上年同比增长144.85%；上缴税金8002.4万元，与上年同比下降2.08%；固定资产投资28746.2万元，与上年同比增长84.73%；在职职工4608人，全年职工薪酬19432.6万元，与上年同比增长27.04%。

地直监管企业10户，资产总额129805.5万元，与上年同比增长4.6%；净资产42928万元，与上年同比增长37.5%；实现营业收入81948.8万元，与上年同比下降30.16%；利润总额4824万元，与上年同比增长194.99%；上缴税金5866.5万元，与上年同比下降12.84%；固定资产投资6782.4万元，与上年同比增长101.15%。

【管理服务】 2014年，地区国资委加强企业资产统计评价，规范监管企业财务统计制度。落实监管企业财务快报工作。2014年，纳入统计51户企业实行财务快报工作；建立完善企业年度财务决算报告。

2014年，地区国资委编制完成2014年度地直4户国有企业资本经营预算建议草案编审、收益上缴工作。并将应缴款总计36.5万元，足额上缴国库，按规定按期返还企业。

2014年，地区国资委建立完善向重点国企委派监事制度。为进一步加强对国有及国有控股企业监管力度，继续委派监事对企业进行有效监管。聘请中介机构对新疆六建进行资产清产核资工作。核销六建移交库车工程处及六建职工医院净值为151.18万元资产，按有关财务制度规定做账务处理，核销呆坏账。同意原有资产基础上增加资产6389.01万元，按财务制度规定相应增加所有制权益。根据评估事务所评估结果增加资产1752.14万元。

【产业援疆】 国资委主动与援疆两省两市前方指挥部对接，配合相关部门，协调解决项目建设过程中对企业用地、资金、劳动用工等方面存在困难和问题，努力营造让项目无障碍落地、企业无顾虑发展良好环境和氛围。截至2014年年底，两省两市总投资额277.13亿元，涉及27个产业项目。其中，山东国有企业投资项目13个，投资总额123.67亿元；广东国有企业投资项目3个，投资总额110.76亿元；上海国有企业投资项目8个，投资总额26.9亿元；深圳国有企业投资项目3个，投资总额15.8亿元。

【投融资平台建设】 2014年，地区国资委推进投融资平台建设，提升服务企业能力和水平。发展实体经济，推进重点项目建设。地区企业发展瓶颈之一仍然是融资贷款难。2014年，天诚担保公司依据国家相关优惠政策扶持，拓展服务功能，为缓解小微企业贷款难提供担保服务。天诚担保公司累计提供担保业务485笔，担保金额4449.6万元，其中2014年办理贷款担保业务1笔，金额200万元，缓解部分小微企业融资难和下岗职工再就业、大学生创业、妇女创业资金困难，促进地区再就业工作开展。与自治区开发银行、农信社、建行等金融机构加强沟通与联系，建立合作框架，力求在扶持小微企业融资扶持上有所突破。

【改制企业遗留问题处理】 2014年，地区国资委落实各类保障资金发放。为地直32家企业、11951人次退休职工发放医疗保险951.71万元；52名遗孀、74名20世纪60年代精减下放人员生活补助费45.43万元；完成农机厂片区及外贸肠衣厂片区保障性住房和廉租住房分配、安置工作。为地直企业532户无房职工安置工作（其中危房户为120户）。其中农机厂片区安置344户（其中危房户120户），肠衣厂片区安置188户。涉及地直企业18家；补办下岗失业人员档案26人份。交通运输企业改制时国有职工身份没有进行置换，涉及1980人，工龄补偿金没有兑现，地区国资委与企业协商，向地委行署专题报告提出解决意见。

（地区国资委）

安全生产监督管理

【综述】 2014年，全地区发生各类事故1265起，死亡115人，受伤283人，直接经济损失913万元。与2013年同期相比，事故起数下降8.6%，死亡人数下降14.18%，受伤人数上升2.17%，直接经济损失上升19.59%。

【生产安全事故】 2014年，全地区发生生产安全事故608起，死亡62人，受伤94人，直接经济损失633.65万元，与2013年同期相比事故起数下降21.9%，死亡人数下降27%，受伤人数下降5.1%，直接经济损失下降48.7%。

【行业监管许可】 2014年，地区安监局规范非煤矿山建设项目“三同时”工作，严把安全生产许可证发放工作。办理非煤矿山企业安全生产许可证38个，规范危化品建设项目安全审查行为，严把危化品许可证发放。严格标准，把好危化品安全使用许可证发证关，颁发危险化学品许可证89个（核发危险化学品安全生产许可证3个、危险化学品经营许可证86个）。

【“打非治违”行动】 2014年，地区安监局开展“打非治违”专项行动，全地区打击非法违法、治理纠正违规违章行为8533起，其中道路交通3940起、消防1721起、非煤矿山726起、危险化学品695起、建筑施工535起、煤矿35起、烟花爆竹25起、其他行业856起。

【安全生产大检查】 2014年，地区安监局抓好重点时期安全监管工作。组织开展以“全覆盖、严执法、见实效”的安全生产大检查，排查出道路危险路段2086处，危险路段总长度480840米；针对生产企业开展10次隐患排查专项治理行动，提请地县两级挂牌督办重大火灾隐患26家，及时销案22家，投入整改资金600余万元整改喀什银瑞林国际大酒店等一批重大火灾隐患；对11个县市油气管道安全进行检查。2014年，全地区排查治理事故隐患生产经营单位1775家，其中非煤矿山企业470家、危险化学品企业718家、烟花爆竹企业19家、工贸企业223家、其他345家，排查治理一般事故隐患10159项，进一步提高事故预防控制水平。

【基础培训】 2014年，地区安监局坚持培训工作面向基层、贴近实际，开展各类安全生产培训，不断提高特种作业人员安全技术水平和从业人员安全素质。举办全地区危化企业培训班、培训1168人，烟花爆竹培训72人。培训非煤矿山企业主要负责人335人、安全管理人员348人、特种作业人员104人。举办特种作业人员培训班62期，考核发证3945人。

【安全标准化】 2014年，喀什地区安监局推进标准化工作，召开非煤矿山企业和工矿商贸企业开展标准化宣传，督促企业严格按照标准进行建设，开展危险化学品、金属非金属矿山、工贸企业安全标准化达标工作。中石油、中石化加油站全部完成二级标准化达标创建工作，个体加油站全部完成三级标准化达标。金属非金属矿山达到安全生产标准化企业36家。

【安全生产责任追究】 2014年，地区安监局严格按照“四不放过”原则，调查处理各类生产安全事故，按照安全生产有关法律法规对相关责任单位和责任人进行严肃查处，并实行倒查问责，建立完善事故结案跟踪督办制度，严格结案期限，全地区生产安全事故结案率达到100%。

（喀什地区安全生产监督管理局）

食品药品监督管理

【机构改革】 2014年12月31日，地区举行新组建的喀什地区食品药品监督管理局揭牌暨喀什地区食品安全委员会办公室挂牌仪式。明确将原食品安全委员会办公室职责、食品药品监督管理部门职责、卫生部门食品安全综合协调职责、工商行政管理部门和质量技术监督部门食品安全监管和药品管理职责进行整合，由新组建的地区食品药品监督管理局履行对生产、流通、消费环节食品安全和药品、医疗器械、化妆品安全性、有效性实施统一监督管理，并承担地区食品安全委员会日常工作。

【市场整治】 2014年，地区食品药品监督管理局部署开展医疗器械“五整治”和农村食品市场“四打击四规范”专项整治。2014年，全地区查办药械案件112起，其中药品案件79起、医疗器械案件33起，罚没款31.5万元。向工商部门移送违法广告14起。“3•15”期间，组织销毁假冒过期药械400余种，价值197万元。加强药械不良反应上报工作。全地区上报不良反应报告1634例（其中药品不良反应报告1526例，新报告222例，严重报告7例；医疗器械不良事件报告108例）。加强对药品监督抽验管理，加大抽验力度，接受自治区局下达三类抽验任务1123批次，实际完成抽验检品1125批次。监督抽样830批，全检率69%，其中不合格14批次，不合格率为1.3%；基本药物及自治区增补基本药物168批次，全检率100%，检验均符合规定；中药饮片127批次，全检率100%，不合格检品15批次，不合格率为11.8%。

在医疗器械“五整治”专项行动中，检查单位341家，累计查处违法违规单位38家，其中立案14起，查处违法经营、使用医疗器械53种，计2815支（瓶）；下达责令整改通知书30份；对2家擅自变动和撤销仓库行为进行查处；注销医疗器械经营企业许可证7家。集中销毁过期失效医疗器械产品70件，总价值14176.1元。在农村食品市场“四打击四规范”专项整治工作中，检查农村集贸市场23个，检查食品经营户1411户，立案查处销售超过保质期食品案件3起。组织开展学校食堂、旅游景区餐饮服务食品安全专项检查、餐饮服务环节鲜肉和肉制品安全整顿治理等工作，责令整改272家餐饮服务企业，下达监督意见书56份，立案查处4家。检查学校周边餐饮服务单位1087家次，圆满完成中、高考期间餐饮服务食品安全保障工作。完成10次地区重大餐饮服务食品安全保障工作。推进餐饮服务食品安全监督量化分级管理，全地区持证餐饮单位7106家，完成动态等级评定单位5909家，完成率83.1%。

【主题宣传教育】 2014年，喀什地区食品药品监督管理局按照《喀什地区食品药品安全用药科普宣传工作实施方案》，继续开展法制宣传系列活动，利用法律法规颁布实施纪念日，开展“食品药品安全走基层”及“全国安全用药月”等法制宣传活动。全地区建立饮食用药科普宣传站152个。组织开展大型宣传活动3次，在乡镇、社区、学校组织开展“食品药品安全知识大讲堂”24场，发放食品药品宣传资料、图片、饮食用药安全手册等4类8个品种约3万余份，邀请医药专家志愿者接待群众咨询2900余人次，展示假劣药品100多种。在喀什电视台播放安全用药公益广告和“12331”投诉举报电话，提高公众科学饮食用药、安全饮食用药自我保护和依法维权意识。

（喀什地区食品药品监督管理局）

审计监督管理

【概况】 2014年，喀什地区审计局人员编制53名，其中事业编制12名；实有43人，其中行政在编32人、事业在编11人。设有行政办公室、法制科、财政审计科、金融外资审计科、行政事业审计科、农林水牧审计科、固定资产投资审计科、经济责任审计一科、经济责任审计二科、人事教育科、审计督察科、社会保障与经贸审计科。

【审计工作】 2014年，地区各级审计机关完成审计项目952个，查出主要问题金额357214万元，其中违规金额18995万元、管理不规范金额338219万元；损益（收支）不实10229万元；审计处理处罚金额47520万元，其中应上缴财政2617万元、应减少财政拨款或补贴15229万元、应归还原渠道资金10465万元、应调账处理金额18286万元；审计发现非金额计量问题711个；审计促进整改落实有关问题资金18191万元，其中增收节支13584万元、已调账处理金额2611万元、审计促进拨付资金到位190万元、审计后挽回（避免）损失28620万元。出具审计报告和专项审计调查报告1003篇，被批示、采用2篇。移送处理事项6项。提出审计建议1828条，提交审计信息361篇，被批示、采用24篇。

【财政（预算执行）审计】 2014年，地区审计局围绕推动健全政府预算体系、改进预算管理制度、规范资金分配管理、盘活财政资金存量、优化财政资金增量、调整财政支出结构、促进资源优化配置和提高资金使用绩效目标等方面，组织各级审计机关对共同级财政部门预算执行和其他财政收支情况以及地方税收征管情况进行审计，并对叶城县人民政府2013年度财政决算和其他财政收支情况进行审计。各级审计机关把一般预算、政府性基金预算、国有资本经营预算和社会保险基金预算等政府预算执行管理作为重点，在关注财政、财务收支真实性、合法性基础上，对预算批复、预算编制、预算执行、专项资金管理、国库资金管理以及存量资金结余、结转及形成原因进行审计，并将预算单位“三公经费”使用情况纳入重点审计范畴，同时围绕中央八项规定精神、国务院“约法三章”要求和厉行节约反对浪费条例等规定贯彻落实，加大对“三公经费”使用和楼堂管所建设检查力度，全地区对61个预算执行单位进行延伸审计和审计调查，有力推动财政资金合理配置、高效使用。开展“稳增长促改革调结构惠民生”跟踪审计工作，组织全地区13个审计机关对35个部门（系统）、12个县市、19个方面57项具体政策措施进行逐笔调查和核实，并对全地区取消和下放行政审批、行政许可情况、国家重大项目建设情况和棚户区改造进行审查核实。

【经济责任审计】 2014年，地区审计局贯彻落实《党政主要领导干部和国有企业领导人员经济责任审计》规定，按照“全面推进、突出重点、健全制度、规范管理、提高质量、深化发展”工作要求，坚持离任审计和任中审计相结合，统筹整合审计资源，采取“上审下”和“交叉审”方式，以领导干部经济决策权为重点，加强对项目投资、政府采购、资产处置等重大经济事项审计监督，并对被审计单位“吃空饷”“三公经费”支出情况监督，逐步实现经济责任审计由财务收支审计向重大工程、转移支付、土地出让、国有资产管理、执行财经纪律和廉洁自律等领域拓展，促进领导干部依法履行经济决策、经济管理权。全年全地区审计机关接受经济责任审计任务63项114人，其中地直单位10项20人、乡镇15个45人、县级部门单位36项54人、事业单位7项10人，组织部门临时追加交办12项16人。地区本级完成对地区教育局、地区扶贫办、地区民政局、地区商务局、地区药监所、地委统战部、地区社会主义学院等部门单位党政主要领导履行经济责任情况审计，并采取“上审下”方式对15个乡镇党政正职任期履行经济责任审计情况进行审计。通过审计查出问题金额126838万元，其中违规金额5692万元、管理不规范金额121145万元。

【金融审计】 2014年，地区审计局按照自治区审计厅统一部署和授权，由地区审计局金融外资审计科牵头，对喀什市、疏勒县、英吉沙县、巴楚县、泽普县、岳普湖县6个农村信用社开展审计调查，通过审计调查，查出主要问题金额3413万元，其中违规出借资金20万元，财务收支核算不实871万元，其他2521万元。全面摸清贷款投放总体情况，掌握信贷投放结构变化情况以及执行宏观调控政策情况。

【固定资产投资审计】 2014年，地区审计局结合国家政策着力点和资金投向要求，为确保发挥投资拉动经济增长作用，地区审计局采取审计主审和工程造价委托中介机构审计相结合方式，切实加强对水利、交通等重点建设项目竣工决算审计监督，全年全地区各级审计机关累计完成投资审计项目781个，工程送审价633370万元，审定价595354万元，审计查出主要问题金额53521万元，其中工程结算款不实多计价款35313万元，超规模超标准项目2157万元，其他15573万元，通过审计核减投资额38016万元。通过审计，加强建设工程资金监管，保证工程质量，提高政府资金使用效率，节约财政性资金。

【社会保障审计】 2014年，地区审计局根据行政公署安排，由地区审计局社会保障审计科组织，对地区本级2011—2013年住房公积金进行审计调查，审计查出主要问题金额543万元。通过审计，全面掌握地区住房公积金管理中心2011—2013年住房公积金总体规模、使用方向、管理状况和使用效益情况及主要成效，重点检查住房公积金缴存归集情况，住房公积金使用、增值收益分配情况，个人贷款发放情况，提取管理费用财务收支情况。审计出住房公积金管理、使用方面存在问题，提出提高住房公积金使用绩效等方式，进一步加强和规范对住房公积金监督和管理，确保住房公积金安全有效管理和相关政策落实。

【专项资金审计（调查）】 2014年，地区审计局按照自治区审计工作会议精神，喀什地区把城镇保障性安居工程跟踪审计、定居兴牧项目审计、安居富民、对口援疆等列入各类民生工程和民生资金审计重点范围，加强审计资源整合力度，按照上级审计机关各个时间节点要求，围绕政策执行、资金分配及管理使用、项目实施效果，密切关注损害和影响群众利益问题，组织全地区各级审计机关全面铺开保障性安居工程、定居兴牧、2013年安居富民等专项审计工作，同时组织地区各级审计机关开展2014年安居富民专项审计工作。全地区开展专项资金审计项目36个，审计专项资金总额1068085万元。通过审计，着力揭示和反映政策落实不到位、政策目标未实现以及资金分配、管理、使用方面存在问题，查出主要问题金额51425万元，其中未按规定征收缴纳收入202万元，未落实收支两条线和专户管理涉及资金444万元，资金滞留闲置250万元，资金落实不到位1083万元，未按进度支付工程款499万元，其他10695万元。

（刘　军）

质量技术监督管理

【概况】 2014年，喀什地区质量技术监督局主管喀什地区标准化、计量、质量、特种设备安全监察工作，履行综合管理、行政执法和安全监察三大职能。地区质监局下辖11县、1市质量技术监督局和喀什地区质量技术监督稽查队以及产品质量检验所、计量检定所、纤维检验所、特种设备检验检测所四个直属技术机构。

【质量安全监管】 2014年，地区质量技术监督局报请行署印发《喀什地区贯彻落实〈国务院质量发展纲要〉2014年行动计划实施方案》，将产品质量安全和特种设备安全相关指标纳入地区对各县市政府年度绩效考核体系中。完成《2013年度喀什地区产品质量分析报告》，经行署审定，印发各县市政府和地直部门。组织召开喀什地区产品质量安全风险研判分析会议，制定喀什地区产品质量安全风险排查专项整治方案，确定整治重点，明确任务时间。组织推荐7家企业9个产品申报新疆名牌，“喀春牌”面粉通过新疆名牌复验。开展建材、食品等567批次产品定期检验和农用地膜、复混肥、掺混肥、滴灌带等163批次产品统一监督检查，总体合格率为89.47%，较年初确定88%合格率绩效目标高出1.47个百分点；检查企业590家，查处产品质量问题41起，分别以限期整改、约谈、复检、行政处罚等方式，消除产品质量安全隐患，确保全地区产品质量水平稳步提升和安全有效。

【特种设备安全监察】 2014年，地区质量技术监督局召开全系统特种设备监管安全分析研判会议。在进一步落实生产、使用单位、检验检测机构、监管单位三方责任基础上，推进特种设备动态监管体系、重点场所重点设备分类监管体系和车用气瓶电子监管系统项目建设。完成67家加气单位车载气瓶信息登记。组织举办南疆片区气瓶充装单位管理人员取证培训班，培训企业人员103人；完成19家天然气充装单位加气机改装工作和3万个电子标签初始化工作。对全地区20家车载气瓶安装单位进行监督检查，开展车用气瓶电子标签启动工作，已完成20700只气瓶核验及标签粘贴。制定《关于开展液化石油气气瓶充装环节专项整治工作意见》，进一步明确专项整治工作重点。全年办理开工告知1146台（件）、压力管道50.78千米。办理注册登记特种设备1901台、压力管道58.98千米。办理车用气瓶注册登记、过户、变更12260个。排查特种设备隐患700起，下达安全监察指令书150份。与喀什公安、综治等部门加强联合，查处报废气瓶8621只，均做技术处理，消除社会安全隐患。

【依法行政】 2014年，地区质监系统办结涉及农资、建材、计量器具、特种设备、纤维制品等行政执法案件190起。受理行政许可业务1168件；办理车用气瓶使用登记业务14031件。12365受理投诉案件199起，办结率达100%。

【标准化工作】 2014年，地区质量技术监督局制定《喀什地区标准化项目库建设管理办法》。启动建立地县两级标准化项目库，地区旅游局等4个单位9项标准化建设项目被纳入地区级标准化项目库，11个标准化项目被纳入县级标准化项目库。塔西南勘探开发公司和喀春粮油标准化良好行为示范企业通过复查。完成岳普湖县达瓦昆旅游标准化体系建设，制定115项标准，收集形成完善标准体系。完成喀什、巴楚、麦盖提、莎车等县市景点解说词起草和制定。《巴楚县主要景区景点解说词规范》等14个标准通过专家评审，完成57项农业地方标准和13项地方特色养殖标准评审。

【计量工作】 2014年，地区质量技术监督局组织集贸市场、加油站、医疗机构等282家单位实现计量自我承诺。对8家重点耗能企业进行能源审查，对计量数据进行能效对标，在全疆率先完成直报工作。推进“计量惠民生、诚信促和谐”双十工程，全年检定各类计量器具67198台（件），其中为53个涉农集贸市场免费检定计量器具9775台（件），免收30万元计量检定费用。对89家中小学校和社区乡镇开展免费计量服务。

【认证认可监管工作】 2014年，地区质量技术监督局对全地区48家资质认定获证实验室进行专项执法检查，进一步规范检验检测市场秩序。组织全地区50家获证实验室率先完成检验检测机构数据直报工作。地区质监局实验室资质认证认可监管工作在自治区质监系统中荣获第三名。

【纤维检验工作】 2014年，地区质量技术监督局围绕新疆棉花目标价格改革试点工作，做好棉花质量监管和检验。与69家棉花加工企业签订棉花质量管理责任书。为提升棉花生产企业内部管理，组织喀什地区棉花加工企业棉检员培训班5期，培训人员596人。对全地区124家棉花加工企业进行监督检查。棉花仪器化公证检验47万吨。地区纤检所首次被国家纤检总局表彰为先进集体。同时，被自治区纤检局评为纤检系统业务工作目标管理优秀单位。

（地区质量技术监督局）

工商行政管理

【概况】 2014年，喀什地区工商行政管理局下辖12个县市工商局、37个工商所，在职干部641人。地区局机关在职干部56人，其中中共党员51人，研究生2人，本科41人，专科13人。

【服务发展】 截至2014年12月底，全地区企业、个体户、农民专业合作社总量分别发展到13830户、74658户、2162户，与上年同比分别增长16%、3.2%、60%。

2014年3月1日，地区全面启动注册资本登记制度改革，与全疆同步实施。注册资本认缴登记制、简化住所（经营场所）登记手续、放宽经营范围登记落实到位，其中在实施“先照后证”登记制过程中，严格执行国务院决定改为后置审批工商登记前置审批事项目录（计31项）。先行先试，在喀什行政服务中心试点，探索实施以“工商受理、分送相关、流程跟踪、并联审批、统一发证”为主要内容审批机制，出台《喀什行政服务中心并联审批管理办法（试行）》。

【行政执法】 2014年，地区工商机关以营造公平、竞争、有序市场环境为重点，将重心放在打假治劣、反不正当竞争执法、企业信用建设等工作上来。开展为期4个月“打击假冒伪劣行为，依法规范市场秩序”专项行动，查办不正当竞争案件36起，商业贿赂案件5起，不正当有奖销售案件2起，伪造产地案件1起。按照打击传销规范直销工作要求，会同公安、质监、食品药品监督管理等部门联合开展普法宣传工作，在人流较为密集广场、市场，开展宣传咨询活动；在农村市场流动播放宣传打击传销音像材料；对“无传销社区、村”进行回访；会同喀什地委综治办制定《喀什地区打击传销联席会议成员单位职责及联席会议工作制度》等文件，补充《喀什地区打击传销活动领导小组名单》，制订《喀什地区创建无传销城市实施方案》。喀什市工商局查处5起传销行为案。地区工商局相继制定下发《喀什地区工商局2014年“扫黄打非”行动方案》《进一步打击非法销售地面卫星接收设施专项行动方案》及《2014年全国工商系统打击知识产权和制售假冒伪劣商品工作要点》等10项专项整治，出动执法人员6620人次，检查相关市场经营主体29037户次，检查各类集贸市场422个（次），没收各类仿冒他人商标洋酒1500余瓶，没收“三无”食品、过期食品554.5千克，下发责令改正通知书91份，取缔无照经营42户，向公安、司法部门移交案件6件。

【市场监管】 2014年，全地区在册市场有105个，其中农村集市104个；有农资一级、二级批发商1625户，包括连锁配送企业及分支机构；有品牌汽车经营主体62户。宣传、贯彻《企业信息公示暂行条例》及配套规定，市场主体年报工作进展顺利。针对节日市场消费特点，集中力量开展大检查，整治扰乱市场秩序、危害消费安全和社会稳定突出问题，严厉打击制售假冒伪劣、消费欺诈、不正当竞争等违法行为。全地区有农资经营主体425户，企业分支机构1341户，个体1219户，全年检查经营主体7703户次，市场411个（次），查处农资案件139件，受理农民投诉113件，为农民挽回经济损失59.05万元。地区工商局下发《喀什地区工商系统2014年红盾护农工作方案》，开展以《中华人民共和国消费者权益保护法》《中华人民共和国公司法》《中华人民共和国种子法》《农药管理条例》《生产资料市场管理暂行办法》等法律、法规为主要内容宣传活动，发放各类宣传资料1.5万余份。做好网络商品交易市场监管工作，开展网络交易平台交易规则规范管理、清理网络商品交易市场垃圾数据、网络商品交易市场电子标识管理等工作。

【消费维权】 2014年，地区工商行政管理局着力营造安全放心消费环境。加强“12315”体系建设，继续开展好“12315”的“五进”工作，及时受理消费者咨询申诉举报，加速分流转办，进一步提高办结率。加强“大维权”工作。通过召开协调会、工作部署会、新闻发布会、曝光典型案例、销毁假冒伪劣商品等强化部门间联动，举办新《中华人民共和国消费者权益保护法》培训1.4万余人次，面向社会普法宣传活动85场次。加强申诉热点问题整治。开展交通工具、农资、通信产品等市场专项整治，解决相关纠纷1325件。全年受理申（投）诉、举报3752件，为消费者挽回经济损失787.6万元；办结维权网络服务平台投诉52件，为消费者挽回经济损失2万元。在“3·15”国际消费者权益保护活动中，全地区12个县市相关执法部门分别在驻地统一销毁12个大类124个品种，标值达461.6万元假冒伪劣商品。地区工商局下发《关于在全疆中小学校开展“‘12315’消费维权进校园”教育活动通知》《关于进一步加强老年人消费维权工作意见》《关于进一步加强残疾人消费维权工作意见》《关于取缔餐饮业禁止自带酒水和包厢最低消费等行为通知》。

【商标监管】 2014年，地区工商行政管理局采取措施加大商标注册指导力度，帮扶企业申请注册商标。喀什地区商标总数5255件，2014年申报561件，注册件数286件。其中驰名商标1件，新疆著名商标16件，喀什知名商标77件，地理标志证明商标12件，全地区建立商标品牌指导站32个。地区工商系统开展以“实施知识产权战略，支撑创新驱动发展”为主题“保护知识产权宣传周”活动。推进以“尊重知识、崇尚创新、诚信守法”为核心知识产权文化建设，结合自身实际，组织开展形式多样宣传活动，同时开展专项执法行动，散发商标法律宣传资料27319余份、接受咨询6000余人次，向市民展示假冒伪劣产品20余品种。

【广告监管】 2014年，喀什地区各级工商机关加大广告监测力度，强化对广告发布环节监管，将广告监测制度延伸到工商所进行日常监测，建立监测记录，发现问题及时报告、予以查处。召开地区级、县市级虚假广告整治联席会议，加大虚假违法药品、医疗、保健食品、化妆品广告整治力度。深化广告发布环节监管力度工作，加大对各县市工商局广告发布前法律咨询服务工作指导。加强各类媒体广告发布环节监管，提升广告市场监管效能，扩大广告发布前法律咨询服务广告数量、范围和覆盖面。加大电视购物、医疗、食品、保健品、药品、房地产等领域广告监管力度，监测各类广告28372条次，监测重点广告6852条次，登记户外广告384件。

【合同监管】 2014年，地区各级工商机关对2010—2012年度国家级守重企业进行复查复验，新增3家企业为国家级守重企业，全地区有国家级守重企业11家。全地区加大格式合同检查工作力度，对47项不公平格式条款、苹果等电子产品企业合同格式条款进行重点检查，查处利用合同格式条款侵害消费者合法权益等合同案件21件，下发行政建议书26份，责令改正通知书43份，发出责令改正42份。检查银行业、电信业累计63户，向区局反映工作建议3条。

（张　帆）

海关监督管理

【监管体系建设】 2014年，喀什海关进一步优化业务操作流程，修订、完善《喀什海关通关作业操作流程》，编制《监管查验工作规范化操作手册》和《综合业务规范化操作手册》，加强口岸、机场、邮办等旅检行邮工作制度建设，统一执法尺度，推进执法规范；推进监管创新。全面启动乌鲁木齐关区物流监控系统和安全智能锁系统上线运行，继续深化“集中查验”模式，推进“选查分离”作业模式，全面推动无纸化通关改革。对内进一步提升业务技能、加强协调配合，对外加强宣传、主动引导，促使无纸化报关单量呈逐月增长良好态势。自9月以来，喀什海关通关作业无纸化报关单占比单周皆在95%以上，截至10月31日，无纸化报关单量占比达79.96%，并持续呈增长趋势。严格落实通关监管环节3个100%查验要求，做好运输工具申报审核，提高机检和监装监卸比例，加强对运输工具登临检查力度；不断提升打私工作效能。及时向乌鲁木齐海关申请口岸海关缉私科办理行政案件职能授权，理顺案件移交、执法反馈、信息共享等工作，联合各口岸海关、职能处室以及口岸联检单位和地方公安部门先后开展打击武器弹药、缉毒、“守卫者”“绿风”等专项行动。

2014年1—10月，喀什海关监管进出口货物92.07万吨、贸易额52.25亿美元，与2013年同比分别增长0.2%和16.5%；监管转关货物11.2万吨，同比下降13.8%；监管进出境人员112809人次，同比增长14.4%；监管进出境运输工具92352辆次，与上年同比增长3.8%。立案办理各类行政案件376起，提前完成全年指标任务数；侦办刑事案件1起，查获涉案黑池龟229只，该案被海关总署缉私局列为一级挂牌督办案件。

【服务工作】 2014年，喀什海关按照总关提出“三个有利于”和“两个全心全意”工作要求，紧密围绕喀什地区外经贸发展战略，做好服务工作。推进《乌鲁木齐海关 喀什地区行政公署关于进一步促进喀什地区开放型经济发展合作备忘录》落实；加强与地方党政机关联系，及时反映外贸动态，提供政策咨询，坚持向南疆地方党政编报《海关工作专报》；开展送教上门，开展外贸培训4期，310人参加培训；全力支持重点项目建，加强喀什综合保税区、广州新城、喀什临空经济区、南疆口岸经济、中巴自由贸易区、丝绸之路经济带建设政策研究；主动服务于“喀交会”以及广州新城“广州商品交易会”会展经济发展；高位推进喀什综合保税区建设与发展。成立综保区工作推进机构，专司综保区申报程序、组织机构、管理模式等规划工作，为综保区业务发展储备人力资源。

（喀什海关）

口岸监督管理

【概况】 截至2014年年底，喀什地区有国务院批准开放的国家一类口岸3个（航空口岸1个、陆地边境口岸2个）；航空口岸为喀什机场航空口岸；陆路口岸有与巴基斯坦边境口岸红其拉甫口岸、塔吉克斯坦边境口岸卡拉苏口岸。有1个自治区批准开放的二类口岸喀什新怡发二类口岸。喀什地区口岸管委会为喀什地区行政公署派出机构。2014年，内设7个科室：办公室、出入境车辆货物管理科、外事接待科、红其拉甫口岸管理办公室、卡拉苏口岸管理办公室、喀什航空口岸管理办公室、新怡发二类口岸管理办公室。

【口岸工作】 2014年，喀什地区各口岸出入境人员55324人次，比2013年增长0.37%。进出口货物量46.44万吨，增长0.29%。实现贸易额179345.9万美元，同比下降0.13%。

红其拉甫口岸 2014年，出入境人员18469人次，比2013年增长16%。其中入境9176人次，出境9293人次。进出口货物量5万吨，增长2%。其中进口0.4万吨，出口4.6万吨。实现贸易额20799.1万美元，同比下降6%。其中进口1520.3万美元，出口19278.8万美元。

卡拉苏口岸 2014年，出入境人员28275人次，比2013年增长46%。其中入境14225人次，出境14052人次。进出口货物量41.4万吨，增长33%。其中进口0.8万吨，出口40.6万吨。实现贸易额158546.8万美元，增长16%。其中进口1735.8万美元，出口135292.6万美元。

喀什航空口岸 2014年，出入境人员8580人次，比2013年增长68%。其中入境4106人次，出境4374人次。进口货物量384万吨，增长150%。

喀什新怡发二类口岸 2014年，查验百货19.6万吨，与上年同比下降5%；水果食品4.8万吨，与上年同比下降55.5%；其他物品1.4万吨，与上年同比下降69.6%。

【口岸发展建设】 2014年，地区口岸管委会争取自治区口岸基础设施及配套设施建设项目资金2600万元，地方财政资金近80万元，完成红其拉甫口岸、卡拉苏口岸联检大厅防风保暖、检验检疫隔离留观室、无害化处理三项核心能力建设工程，开展联检厅旁道路硬化工程，为绿色环保安全快速通关提供有力保障。卡拉苏口岸通过海关总署国家口岸管理办公室、外交部、公安部、质检总局等联合验收，正式对外开放。喀什航空口岸成为新疆第二个进境水果指定口岸，成为新疆进口中亚、南亚等周边国家水果、干果重要始发地。完成喀什机场航空口岸签证处待签证区域基础设施、信息工程设施、工作人员办公设备配备及生活场所建设，通过自治区公安厅验收。

（丛　磊）

出入境检验检疫监督管理

【概况】 2014年，喀什检验检疫局在编人员105人，其中公务员78人、行政工勤人员8人、事业编制19人。

【检验检疫】 2014年，喀什检验检疫局累计出境植物及植物产品674批次、1257.5万美元。检疫查验监管国际航班162架次；对85架次航空器进行卫生处理。检疫查验出入境人员10154人次，其中出境人员4709人次、入境人员5445人次，发现8例发热病例，并已妥善处理。检疫查验出入境旅客行李物品15922件，截获销毁或退运禁止进境动植物产品71批、573.66千克；截获禁止携带进境水果中检出外来有害生物2起，经喀什检验检疫局综合实验室检疫鉴定为蚧壳虫、柑橘溃疡病，其余均进行截留销毁处置。查验监管出入境货物89批、421.34千克。在喀什地区国际邮检中心查验监管出入境国际邮包1351件13422千克。

【外贸发展】 2014年，喀什出入境检验检疫局制定出台便利化南疆口岸进口干坚果检验检疫监管方案、出境水果果园注册登记程序和对果园实行分类管理等办法、南疆口岸进口塔吉克斯坦樱桃检验检疫工作实施方案等系列措施，检验检疫全申报智能通关系统率先在南疆三地州检验检疫辖区范围内正式运行；推进广州新城出口机电产品备案工作。广州新城2014年完成ISO质量认证工作，全年包括小松、日立、斗山、紫金矿业等24家主要大型商户已进行备案申请；组织召开进境食品检验检疫法律法规宣贯会、伊克萨克商贸公司作为定点进境水果水产品仓储库相关人员业务培训、进口农产品检验检疫知识培训、出口红枣质量安全管理培训、出口水果蔬菜应对国外技术贸易壁垒知识培训、出口备案食品生产企业培训、全申报智能通关系统培训等培训工作，培训人员400余人。

（李江龙）

【信息宣传】 2014年，喀什检验检疫局拓宽信息报送渠道，将《新疆经济报》、亚心网、喀什日报等疆内主流经济媒体纳入报送范围，增强检验检疫对外宣传面。为有效做好疫病疫情防控工作，严防疫病疫情传入，对周边国家疫病疫情信息主动收集整理，编辑和报送125期周边国家疫病疫情信息简报。为有效掌握周边国家政治经济动态，服务外贸发展，编辑和报送64期周边国家动态信息。

（耿锋锋）

【出口水果注册基地】 2014年，喀什检验检疫局辖区南疆两地区（喀什、和田）注册登记出境水果企业有8家、15个果园，面积0.47万公顷，7家包装厂、仓储能力6万吨。完成注册果园及包装厂日常监督、抽查监管及风险监控工作。全年累计送检出境苹果、梨样品25份，其中重点监控样品15份、一般监控样品6份；根据吉尔吉斯斯坦“关于新鲜水果蔬菜安全”要求抽样送检样品4份。计检测项目180项次。

【检验检疫监管】 2014年，喀什检验检疫局针对进口干果、坚果数量剧增，实验室检测周期长，货物通关速度慢情况，撰写《喀什三局两办进境干果、坚果检验检疫监管方案》，并上报新疆局植检处审核通过后正式实施。使进口干坚果检验检疫周期从原来的7～15天缩短到1～3天。

【有害生物监测】 2014年，喀什地区安排监测点38个对外来有害生物监测，在喀什市内及泽普县示范区及和田二二四团示范区设置监测点诱集到300余头各类昆虫。首次监测到中国关注检疫性有害生物。针对监测到检疫性有害生物后研究制定对策，及时将样品送喀什技术中心鉴定。

【风险监控】 2014年，喀什检验检疫局对进口巴基斯坦松子、冷冻水产品、芒果，对塔吉克斯坦鲜食樱桃开展监控工作，计检测样品5批，检测项目涉及重金属、农残、卫生指标、添加剂等近80项次，未发现超标情况。2014年，喀什检验检疫局完成国家局、新疆局风险监控任务6批。其中国家局出口食品安全风险监控任务4批，分别为水果罐头2批、大米2批；新疆局出口食品安全风险监控任务2批，为干红枣。检测项目为食品添加剂、重金属、农残、毒素等29项、55项次，未发现超标情况。

喀什检验检疫局针对辖区出口食品生产企业成品及原料、示范区农产品送检样品36份，涉及产品种类有杏子、红枣、干红枣、马铃薯、洋葱、苹果、核桃、石榴、葡萄、面粉、杏仁、杏干等，检测项目近350项次。其中承担泽普出口食品农产品质量安全示范区农产品样品7份，承担和田二二四团出口红枣示范区样品2份；承担麦盖提县农产品样品9份，部分检测结果未反馈，未发现超标情况。

【安全示范区建设】 2014年，喀什检验检疫局进一步推进出口食品农产品质量安全示范区建设，泽普出口示范区马铃薯首次出口哈萨克斯坦、洋葱顺利出口吉尔吉斯斯坦。全年泽普县出口水果325批、7797.52吨，出口马铃薯1021.33吨；为切实做好麦盖提县出口食品农产品质量安全区域化建设，促进地区食品农产品出口，喀什检验检疫局起草并与麦盖提县人民政府签署《喀什出入境检验检疫局 麦盖提县政府关于共同建立出口食品农产品质量安全示范区工作备忘录》；针对该县发展实际，推动示范区建设，制定《麦盖提县创建国家级出口食品农产品质量安全示范区指导性意见》，并与麦盖提县示范区建设领导小组成员单位联合召开出口食品农产品质量安全风险会。

【进口水产品指定口岸建设】 2014年1月2日，喀什检验检疫局向喀什行署提交《关于进一步加强进口冰鲜水产品口岸能力建设建议》（喀检办〔2014〕1号）。2月8日，喀什检验检疫局向新疆局申请对喀什机场口岸进境冰鲜水产品检验检疫保障能力考核验收。3月19日，新疆局动检处《关于对喀什机场口岸进境冰鲜水产品检验检疫保障能力考核批复》（新检动发〔2014〕83号），要求对5方面问题进行完善和补充。

【出口动物产品检验检疫】 2014年，喀什检验检疫局和喀什地区畜牧兽医局签署《喀什出入境检验检疫局、喀什地区进出境检验检疫突发重大动物疫病防控、动物源性食品残留物监控信息沟通协作机制》。2014年3月，监管科再对辖区出口蛋禽养殖场鸡蛋进行监控中检出禁用药物——金刚烷胺，喀什检验检疫局立即按照合作机制要求将此情况及时通报喀什地区畜牧兽医局，双方迅速对该事件进行调查处置，消除安全隐患，收到良好效果。

喀什检验检疫监管科与新疆九州熏蒸消毒有限责任公司吐尔尕特分公司协签订《动植物应急物资储备管理协议》，实施应急物质共享，互为依托。完成出口动物源性食品残留监控国家局任务2批，检测样品为鸡蛋，检测项目为农兽药残留及添加剂，检测7项次，在鸡蛋中检出国家禁用药物金刚烷胺。

2014年，巴基斯坦入境动物及其产品4批、货值0.6万美元，主要为冷冻鱼、虾等。

【出口商品检验监管】 2014年，喀什检验检疫局提高出口商品质量，转变出口商品检验监管职能和管理方式，从重微观质量检验监管调整为重宏观质量管理、从普遍检验监管调整为重点检验监管；抓好高风险及较高风险商品监管；严打逃漏检行为；做好风险监测工作。全年检出不合格商品24批，确保进出口商品质量，未出现贸易国退货、索赔及投诉事件。清退监管货场高风险商品23批，风险监测抽样64批次，涉及240余个项目，检验不合格19批次。

【诚信管理】 2014年，喀什检验检疫局检务科切实将信用管理系统应用到日常监管中，有72家企业纳入诚信管理系统，其中代理企业备案约22家，自理约50家。结合2014年喀什检验检疫局党组工作要点，通过对诚信企业有效服务和对失信企业严格管理，引导企业诚信经营，加大对违规企业惩戒力度。依据《出入境检验检疫报检单位诚信管理办法》，1—10月，检务科对7家外贸企业9名报检员报检行为进行差错登记，累计扣13分。2014年，喀什检验检疫局备案企业436家，其中2014年办理157家自理企业办理相关备案登记、注销、变更手续，为3家新增代理报检企业进行受理、初审、现场考核工作，完成3家代理报检企业行政许可手续和3家代理报检点备案登记手续。

【传染病监测】 2014年，喀什检验检疫局脊髓灰质炎监测工作。对1723人次来自脊髓灰质炎疫情国家人员进行监测。开展口岸埃博拉出血热疫情防控工作，严格落实各项防控工作部署。对喀什航空口岸霍乱监测工作进行常态化管理，对出入境人员、出入境货物（水产品为主）、饮用水、沉淀池排放水及口岸食品行业开展霍乱监测工作。2014年5—10月，采集外环境水样24份、食品15份、进口冷冻海产品4份、旅客携带入境圣水2份送喀什检验检疫局技术中心实验室和保健中心实验室，对霍乱弧菌、沙门氏菌、志贺氏菌、细菌总数、大肠菌群、金黄色葡萄球菌等项目进行检测，上述样品均未检出霍乱等相关致病菌。

【传染病检疫查验】 2014年7月9日，喀什检验检疫局机场筹备处工作人员在对巴基斯坦PK1856国际航班旅客经红外线自动测温仪进行体温检测时发现一名巴基斯坦旅客体温超标，现场检疫查验工作人员对该名旅客进行体温复测，体温39.1℃。通过体征检查，发现该名旅客有上呼吸道感染症状，现场检疫查验人员对该名旅客采集咽拭子标本进行甲型/乙型流感病毒抗原快速检测，检测结果：甲型流感病毒抗原强阳性。并将患者样本送自治区卫生厅指定具备检测资质喀什地区疾控中心病毒核酸确认检测实验室进行检测，检测结果为甲型H1N1流感。上述甲型H1N1流感病例确诊，是喀什航空口岸2012年4月恢复国际航班后在现场检疫查验过程中发现首例传染病确诊病例。

2014年11月5日，喀什检验检疫局机场筹备处工作人员对来自巴基斯坦入境航班一名男性旅客进行检疫查验时，发现红外体温检测仪超标报警，报警温度为37.5℃。经过详细询问和专家分析后，确诊该旅客为左侧胸膜炎、支气管内膜结核，属开放期，具有较高传染性。根据规定，该旅客被阻止入境。该例开放性肺结核确诊病例是喀什航空口岸开通国际航线以来首次通过检疫查验工作现场检出。

【卫生监督】 2014年，喀什检验检疫局按卫生行政许可时限流程为5家饮食服务企业办理卫生许可。对口岸食品生产经营单位实施分级管理，其中2家餐饮单位和1家食品经营单位A级管理，3家餐饮单位B级管理，并按分级管理要求实施日常卫生监督。强化航空口岸餐饮、服务设施、废物处理、生活饮用水及供水方面监督检测各项工作。对辖区内食品经营单位开展口岸食品卫生监督中开展快速检测，未发现不合格。采集样品送实验室检测，其中6份食品样品细菌总数、大肠菌群严重超标，均未检出致病菌。采集航空口岸饮用末梢水1份送技术中心实验室进行水质全分析。对喀什航空口岸国际大厅等场所进行微小气候常态监测后监测（10个点各10个项目）4次，结果较往年有明显改善。对喀什航空口岸中央空调系统（重点冷凝塔）布局备案，并首次对航空口岸候机大厅中央空调冷凝水、冷却水进行军团菌检测。结果为阴性。

【医学媒介监测】 2014年，喀什检验检疫局按照全国口岸及相邻边境线医学媒介生物本底调查和监测专项工作方案要求，分别于2014年5—12月计60天时间在喀什机场口岸范围内开展以鼠类及体表寄生虫（蚤、蜱、螨等）、蚊类和游离蜱类等5类中媒介生物本地调查和监测工作。捕获鼠13只，鼠密度0.63%、经鉴定，11只为褐家鼠，2只为小家鼠；检出25只蜱，其中6只鉴定为短小扇头蜱、19只待鉴定，未检出蚤、螨；捕获蚊212只，初步鉴定为库蚊179只、按蚊13只、伊蚊20只，总密度为0.98%；未捕获游离蜱类。制作鼠类标本2种，蚊类标本6种、42只，采集医学媒介生物样品86份，并送喀什检验检疫局保健中心实验室进行病原体检测，检测结果为阴性。喀什检验检疫局工作人员在喀什航空口岸对入境飞机进行检疫查验时，在航班客舱内发现医学媒介生物（蝇类）6只。

【保健中心业务数据】 2014年，喀什检验检疫局综合技术服务中心保健中心出入境健康体检人数3443人次，预防接种（霍乱、流脑、流感）7547人次，检出HIV感染者5例，梅毒阳性3例，丙肝抗体20例，乙肝表面抗原阳性204例，肺结核2例，高血压、心脏病、胆结石等非传染性疾病260例。保健中心微生物实验室对南疆各口岸区5—10月采集119批外环境水样进行检测。

（廖　凌）

【区域中心实验室建设】 2014年，喀什检验检疫局保健中心南疆口岸传染病监测区域中心实验室充分利用有人员技术优势，在加强实验室硬件建设及设备配置同时，完成5—10月口岸媒介生物携带病原体血清学及核酸检测工作，其中酶联免疫检测鼠疫F1抗原、F1抗体及汉坦病毒（HV-IgG）抗体计216批次；核酸检测伯氏疏螺旋体201批次；核酸检测黄病毒属中乙型脑炎病毒及登革热病毒各2批次；其余检测结果均为阴性。通过对该轮本底调查数据进行风险研判，确定口岸医学媒介生物监测重点区域和重点对象，提高口岸卫生检疫工作针对性和有效性。

（廖　凌）

【综合实验室建设】 2014年，喀什检验检疫局加强对综合实验室建设力度，完成伊尔克什坦媒介生物鉴定实验室、综合实验室集中供气系统建设。媒介鉴定实验室修缮为口岸提供专业快速媒介生物鉴定活动奠定基础。综合实验室集中供气系统，系统优化实验室供气系统，增强实验室安全性，减少因供气设备产生噪音及震动，使得实验室布局更加科学，气瓶管理更加规范。2014年，按照中国合格评定管理委员会要求，综合实验室根据新版化学领域应用说明，对技术中心质量手册、程序文件相关内容进行修改，并颁布实施技术中心新版质量体系。此外，综合实验室定期向三局两办业务部门征集检测需求，提前做好技术储备和执法保障工作，充分发挥有设备效能，结合业务需求拓展新检测项目，暂不能开验项目给予及时解释，并联系具备资质外包实验室，保证口岸业务部门送检渠道畅通。

【依法行政和法制工作】 2014年，查处违法案件1起，行政处罚罚款0.12万元，无行政复议和行政诉讼案件。

（李江龙）

统计服务

【“四大工程”建设】 2014年，地区统计局根据国家、自治区统计局“四大工程”（基本单位名录库、企业一套表、数据采集处理软件系统和联网直报系统）建设工作总体安排部署，抓好“四上企业”扩增和培育申报工作，全地区共有“四上企业”393家，较2013年新增13家。及时研究提出“四上”企业拓展范围，履行审批程序，及时报批。做好符合标准企业及时审批入库工作，确保入库单位信息真实准确、适时更新。恪守联网直报“四条红线”，加强对企业填报工作指导，加大统计数据抽查力度，确保源头数据真实准确，实现联网统计“一套表”上报率达百分之百。

【第三次全国经济普查工作】 2014年，地区统计局根据《国务院关于开展第三次全国经济普查通知》和自治区人民政府《关于自治区开展第三次全国经济普查通知》有关要求，基本完成《第三次全国经济普查实施方案》各阶段工作任务。

【专业统计和调查工作】 2014年，地区统计局做好各项常规统计工作。组织实施农业、工业、建筑业、批发和零售业、住宿和餐饮业、房地产业、重点服务业等行业，以及能源、投资、消费、人口、劳动、文化、科技、资源、环境、信息化等领域各项定期报表和年报等常规统计工作；进一步加强对统计数据审核评估工作，推进服务业统计工作。加大对各县市经济社会发展指标评估和监测，加强对各县市统计数据质量核查和基础统计数据评估力度，完善数据评估方法和质量控制措施。进一步落实GDP核算“下管、下算一级”制度，确保地区数据与自治区核定数据衔接一致，切实提高数据协调性和匹配性。按照国务院办公厅转发《关于加强和完善服务业统计工作意见》要求，推进服务业统计工作，统一规范服务业统计调查制度，逐步开展服务业全行业统计；做好城乡住户一体化调查。地区城乡住户一体化调查工作严格按照国家住户收支与生活状况调查方案和调查制度落实住户调查各项工作，确保调查数据真实性和可靠性，落实自治区人民政府办公厅《关于开展全地区城乡住户调查一体化改革工作通知》，确保全地区、分县市抽样调查数据总体匹配。严格进行数据质量检查评估，确保居民收支数据真实可靠；开发统计产品，加强统计分析研究。针对新形势下对统计工作新要求，切实打破传统数据收集汇总、分析比较简单固有模式，从分析研究内容更深、服务价值更高、针对性更强出发，围绕地区中心工作、经济发展热点、领导关注焦点问题，做好进度统计分析，重点做好季度宏观经济运行预警监测统计分析，打造紧贴地区中心工作、服务发展大局统计分析产品；新开发《喀什统计月报》小册子、《喀什统计专报》，《喀什统计月报》编辑发行5期，《喀什统计专报》编辑发行7期，编辑发行《2014年喀什地区领导干部手册》，编辑完成《2014年喀什地区统计年鉴》工作。

（李庄辉）

财政·税务

财　政

【综述】 2014年，喀什地区实现生产总值688亿元，增长10.2%;第一产业、第二产业、第三产业分别达211亿元、210亿元、267亿元，比2013年增长13.2%、13%、10.1%；实现工业增加值119亿元，增长13%；社会固定资产投资700亿元，增长12%；实现进出口总额12亿美元，增长7.1%；社会消费品零售总额148.3亿元，比2013年增长13%；居民消费综合价格涨幅控制在2.5%以内；城镇居民人均可支配收入17310元，增长12%；农民人均纯收入达到7133元，增长16.1%。

【财政收支情况】 2014年，喀什地区全口径财政收入完成84.15亿元，比2013年84.59亿元减收0.44亿元，下降0.5%，其中地方财政收入完成63.68亿元，增长2.32%;上划中央、自治区收入20.47亿元，较2013年下降0.33%。地方财政收入中：公共财政预算收入完成50.8亿元，较2013年增长10.94%；基金预算收入完成12.88亿元，较2013年下降21.69%。2014年，地方财政支出完成378.78亿元，同比增长9.26%。其中公共财政预算支出完成363.25亿元，较2013年增加支出38.4亿元，同比增长11.82%，占全自治区公共财政预算支出的10.93%，高出自治区公共财政预算支出增速3.5个百分点。公共财政预算支出中：人员支出116.77亿元，占公共财政预算支出的32.15%；基本公用支出21.6亿元，占公共财政预算支出的5.95%；项目支出224.88亿元，占公共财政预算支出61.91%；政府性基金支出15.53亿元，较2013年下降28.83%。财政自给率13.99%，较2013年增长0.02个百分点。

【财政监督】 2014年，喀什地区财政局规范理财行为，坚持按制度、程序、权限办事，继续扩大财政资金绩效目标管理和绩效评价覆盖面，严格预算审核、投资评审；加大会计监督工作力度，开展重点行政事业单位会计信息质量监督检查；开展风险防控、审计整改、严肃财经纪律和治理“小金库”等专项监督检查；财政监督监管能力得到进一步提升，确保财政资金、人员“双安全”，增强财政监督警示和威慑作用。

（令金柱）

国家税务

【概况】 2014年，喀什地区国税系统下设12个县市国家税务局，县市局下设3个税务分局，5个税务所。总编制数835名，其中行政编制820名、事业编制15名。2014

年，国税系统有干部职工755人，其中公务员717人、工人38人。

【税收收入】 2014年，两级国税系统坚持组织收入原则，努力实现税收收入应收尽收。2014年，全系统累计实现税收收入21.37亿元，其中中央一般预算收入15.37亿元、地方一般预算收入6亿元；计划考核口径税收收入完成19.42亿元，完成区局下达任务的102.2%。在组织收入的同时，落实结构性减税等各项税收优惠政策，减免企业所得税1.28亿元，减免增值税1.51亿元。

【规范执法】 2014年，喀什地区国税系统落实税务行政审批事项目录清单制度，向社会公开75项继续有效税务审批事项和42项已取消行政审批事项；开展税收法制宣传报道和“法治六进”活动，先后被《中国税务报》、人民网、天山网等主流媒体连续报道；发挥稽查职能作用，继续开展打击发票违法犯罪活动，整治虚假发票“买方市场”，全年查补税收收入6480万元。

【服务环境优化】 2014年，喀什地区国税系统开展便民办税春风行动，推行“一窗通办”、限时办结制、首问责任制；对税务登记、发票管理等六大类108项税收业务进行清理，取消报送资料90份、审批项目40项，限办改为即办86项，对8类26种文书提供免填单和“一机双屏”服务。

【征管工作】 2014年，喀什地区国税系统贯彻实施铁路运输、邮政业和电信业“营改增”扩围工作，主动加强与财政、地税等部门沟通协调，开展政策效应分析和调研，扩围工作稳步推进；全面推行新《税收征管业务岗责体系及操作规范》；探索和实践风险管控机制，加强税收风险分析、指引和应对。2014年，开展纳税评估623户，补缴增值税3942.95万元，入库企业所得税2148.06万元，加收滞纳金354.9万元；增值税进项税额转出132.47万元，冲减留抵税额9382.33万元，调整应纳税所得额2773.01万元；加大信息管税力度，加强对数据综合分析和挖掘利用，推行网上申报8642户、财税库银横向联网8149户、电子发票5824户；加强税种管理，加大增值税优惠政策效应分析，加强抵扣凭证管理；开展消费税和增值税联动分析，完善车购税征管方式，加强企业所得税汇算清缴管理，加强出口退税管理，加大对骗取出口退税行为打击力度，办理出口货物退（免）税2.48亿元。

（吴永洪）

地方税务

【税收收入】 2014年，喀什地税系统各项收入411283万元，与上年同比增长1.93%，增收7790万元。其中税收收入390097万元，同比增长1.79%，增收6858万元；地方级税收收入323570万元，与上年同比增长2.99%，增收9407万元，完成年度计划366000万元88.41%。基金及非税收入

21186万元，与上年同比增长4.6%，增收932万元。

【税收收入特点】 2014年，喀什地区地方级税收收入总量与上年同比略有增长，受固定资产投资对税收增长贡献度下降、房地产市场低迷、“营改增”范围扩大、上年一次性收入较多等多重因素影响，地方级税收增幅大幅下滑，呈现出以下特点：

地方级税收累计增幅同比大幅下滑。受固定资产投资增速放缓及对税收增长贡献度下降、房地产市场低迷、“营改增”范围扩大、上年一次性收入较多等多重因素影响，喀什地区地方级税收收入增速持续下滑，1—10月，地方级税收累计增幅仍为负增长，在喀什地税系统采取各项征管措施，加大征管力度特别是争取当地党委、政府支持，对以前年度集资房、富民安居工程等政府类投资项目税收进行集中清理，全年地方级税收收入同比略有增长，但增幅较2013年同期大幅下滑25.22个百分点，增幅仅为2.99%。

各税种增减各异。2014年，喀什地税征收12个税种中，营业税收入与上年同比下降1.47%，减收2527万元；个人所得税收入与上年同比下降10.56%，减收7416万元；耕地占用税收入与上年同比下降41.65%，减收14152万元，三税种合计减收24095万元，拉动税收下降6.29个百分点。其余9个税种收入均呈现增长态势。其中城镇土地使用税收入与上年同比增长196.77%、增收11832万元；契税收入与上年同比增长86.26%、增收9225万元；土地增值税收入与上年同比增长39.55%，增收3270万元，三税种合计增收24327万元，拉动整体税收增长6.35个百分点。

各县市地税局地方级税收收入总体情况不佳。2014年，喀什地区11个县市地税局中8个地税局收入与上年同比呈增长态势，有4个局收入增幅超10%，分别为伽师县地税局增长23.21%、英吉沙县地税局增长16%、叶城县地税局增长12.33%、麦盖提县地税局增长10.64%。莎车县地税局、疏勒县地税局及岳普湖县地税局3个县局地方级税收收入与上年同比下降，其中莎车县地税局地方级税收收入同比下降19.93%。从地方级税收计划完成情况看，全地区11个县（市）地税局中仅有伽师县地税局完成全年地方级税收收入计划，完成年度计划比例为108.45%。其余10个县（市）地税局中有4个县局完成年度计划比例在90%以上，5个县市局完成年度计划比例在80%以上，完成年度计划比例最低莎车县地税局仅完成年度计划的68.99%。

分产业看，第二、三产业税收收入增减各异；分行业看，主体行业建筑安装业税收、房地产业税收增减各异。分产业看，第二产业税收受建筑业税收下滑影响，2014年收入185412万元，与上年同比下降0.64%，减收1185万元，占整体税收比重下降1.16个百分点，为47.53%；第三产业税收收入202916万元，与上年同比增长3.42%，增收6703万元，占整体税收比重上升0.82个百分点，达52.02%。分行业看，房地产业、建筑业税收增减各异，两行业税收占全地区整体税收比重由

2013年的61.59%上升为61.73%，仍占据主导地位。其中建筑业税收收入159214万元，与上年同比下降3.03%，减收4977万元，负向拉动税收1.3个百分点，占总体税收比重由2013年同期的42.84%下降为40.81%；房地产业税收收入81600万元，与上年同比增长13.54%，增收9730万元，拉动税收增长2.54个百分点，占总体税收比重由2013年的18.75%上升为20.92%。交通运输、仓储及邮政业税收受交通运输业、邮政业营改增政策调整大幅下降57.85%，减收6839万元，负向拉动税收1.78个百分点；租赁和商务服务业受2013年一次性增收因素影响（股权转让所得税）大幅下降46.57%，减收9437万元，负向拉动税收2.46个百分点；公共管理和社会组织税收收入受清理入库以前年度税收人幅增长影响，与上年同比增长71.14%，增收7721万元，拉动税收增长2.01个百分点。其他各行业税收增减各异，但对整体税收增减影响不大。

2014年，喀什地税系统争取党委、政府支持，对以前年度集资房、富民安居工程等政府类投资项目税收进行集中清理。全年清理入库以前年度地方级税收合计62023万元，同比增长78.10%，增收27199万元，占全年地方级税收收入比重达19.17%。

【税收征管】 2014年，喀什地税局被确定为新疆地税系统征管改革试点单位。制定《喀什地区地税系统征管改革工作方案》《喀什地区地税系统税收业务部门及岗位职责设置》及征管改革实施方案。召开全地区地税征管改革动员大会，在区局确定喀什市地税局为配套改革试点单位同时，地区局确定各县地税局同步进行征管改革试点。《喀什地区地税系统税收风险管理办法》《喀什地区地税系统税源分类管理实施办法》《喀什地税系统税收数据综合管理办法》《喀什地区地税系统纳税服务质量评价标准》《喀什地税系统纳税服务工作考核办法》等税收征管改革配套制度陆续出台。对软件进行多次升级测试和全员实际操作培训，征管改革顺利进行。有效推进信息管税和社会综合治税，争取行署支持，通过《喀什地区综合治税实施办法》。集资房税收应收尽收，已清理入库集资建房各项税款5000多万元。2014年，喀什地税实施区、地两级8批次462户税收风险应对管理，入库税费及滞纳金5439万元，罚款174万元。对涉及金融、保险、电信、建安、房地产行业432家重点税源企业，集中进行约谈整改，补缴税款5520万元。加强和提高税种管理能力。重点加强跨区经营汇总纳税企业所得税管理和对高收入者个人所得税征管，全地区个人所得12万元以上自行申报纳税人1323人，完成区局下达计划的132%，比2013年增加173人，应纳税额近5000万元。加强企业兼并、债务重组、股权收购、企业清算等特殊事项备案管理力度，动态跟踪监控。与地区财政局、地区国税局协同配合，2014年，有48户电信业和46户邮政业、铁路运输业纳税人纳入“营改增”范围。结合喀什实际，出台《喀什地区地税局关于进一步做好土地增值税清算工作通知》和《喀什地区地税局关于土地增值税有关政策问题公告》，入库土地增值税8423万元，与上年同比增长32.4%。

【税务稽查】 2014年，喀什地税稽查局累计立案检查71户，查结案件73户，累计查补入库税收收入9475万元，与上年同比增长23.84%，增收1824万元；查结上百万元大要案10起，与上年同比增长7户，查补税款3257.5万元；组织房地产、建筑安装业等行业426户企业开展自查，自查税款5464万元，同时抓好自查税款及滞纳金及时、足额入库，成效显著。

【依法行政】 2014年，喀什地区地税局规范税收执法，2014年审理6件，案件涉税金额2300万元。修改制定《喀什地区地税系统行政处罚自由裁量权实施办法》《喀什地区地方税务局2014年税收执法督察工作方案》及《税收执法重点督察实施意见》。全面清理税收规范性文件推行税收执法权力清单制度，清理税收规范性文件52件，在网站、办税服务厅进行公告。依法减免税收2.2亿元。严厉打击税收违法行为，检查案件54起，查结案件50起，查补收入比2013年同期增长66.26%，实际入库收入比2013年同期增长46.53%，完成上级下达稽查收入任务118.36%。

【纳税服务】 2014年，喀什地区地税局紧紧围绕“便民办税春风行动”工作主题，加强税收宣传和咨询了解答工作。开展第23个税收宣传月活动。依托喀什地税网站，开展纳税人诉求调查和在线访谈。发挥喀什电视台以及基层局子网站等主渠道作用，利用群众经常关注电视台天气预报栏目宣传税收知识，提高税收服务和宣传效果。运用电子邮箱、语音服务、手机短信、网上微博、QQ群等便捷服务手段，方便纳税人。推行和完善“一窗式”办税服务。开展征管资料储存电子化和“免填单”服务，逐步推行涉税事项审批无纸化。出台《喀什地税系统纳税服务质量评价标准》和《喀什地税系统纳税服务工作考核办法》。

（刘　瑾）

喀什地区地税系统分税种收入情况表

表2　　单位：万元

序号	项目	本月				累计			
		收入额	上年同期	同比增减额	同比增减（%）	收入额	上年同期	同比增减额	同比增减（%）
1	各项收入总计	60596	60995	-399	-0.65	411283	403493	7790	1.93
2	一、国内税收收入合计	58287	59207	-920	-1.55	390097	383239	6858	1.79
3	其中地方级税收收入	50346	53489	-3143	-5.88	323570	314163	9407	2.99
4	1. 营业税	26375	20249	6126	30.25	169822	172349	-2527	-1.47

续表 2

序号	项目	本月				累计			
		收入额	上年同期	同比增减额	同比增减(%)	收入额	上年同期	同比增减额	同比增减(%)
5	其中(1)建筑业	17534	14488	3046	21.02	94389	105214	-10825	-10.29
6	(2)交通运输	18	99	-81	-81.82	380	5457	-5077	-93.04
7	(3)邮政	6	5	1	20.00	58	183	-125	-68.31
8	(4)住宿餐饮	232	312	-80	-25.64	2851	3203	-352	-10.99
9	(5)电信	10	519	-509	-98.07	2995	5516	-2521	-45.70
10	(6)金融业	355	334	21	6.29	16441	11887	4554	38.31
11	(7)房地产业	2045	2248	-203	-9.03	33468	21818	11650	53.40
12	(8)租赁和商务服务业	331	388	-57	-14.69	2005	3030	-1025	-33.83
13	(9)其他	5844	1856	3988	214.87	17235	16041	1194	7.44
14	2. 企业所得税	5540	3522	2018	57.30	44878	42331	2547	6.02
15	其中地方级收入	2208	1407	801	56.93	17798	16925	873	5.16
16	其中预缴	5489	3394	2095	61.73	40912	37421	3491	9.33
17	汇算清缴	26	-8	34	-425.00	806	2999	-2193	-73.12
18	其中(1)工业	33	70	-37	-52.86	957	638	319	50.00
19	(2)商业	13	24	-11	-45.83	3306	2694	612	22.72
20	(3)金融业	1		1		504	212	292	137.74
21	(4)交通运输					370	1346	-976	-72.51
22	(5)建筑业	5153	3191	1962	61.49	32754	28096	4658	16.58
23	(6)电信								
24	(7)住宿餐饮	6	10	-4	-40.00	151	115	36	31.30
25	(8)租赁和商务服务业	6	3	3	100.00	916	1148	-232	-20.21
26	(9)房地产	63	82	-19	-23.17	2825	5134	-2309	-44.97
27	(10)其他	265	142	123	86.62	3095	2948	147	4.99
28	3. 个人所得税	7339	5990	1349	22.52	62826	70242	-7416	-10.56
29	其中地方级收入	2933	2396	537	22.41	25130	28097	-2967	-10.56
30	其中(1)工资薪金所得	1753	1124	629	55.96	18554	16835	1719	10.21
31	(2)利息、股息、红利所得	15	83	-68	-81.93	5980	7189	-1209	-16.82
32	(3)个体工商户生产、经营所得	717	948	-231	-24.37	6605	10424	-3819	-36.64

续表 2

序号	项目	本月				累计			
		收入额	上年同期	同比增减额	同比增减（%）	收入额	上年同期	同比增减额	同比增减（%）
33	（4）劳务报酬所得	1416	915	501	54.75	9095	6267	2828	45.13
34	（5）财产转让所得	36	39	-3	-7.69	374	8023	-7649	-95.34
35	其中房屋转让所得								
36	限售股转让所得					24	44	-20	-45.45
37	4. 资源税	361	530	-169	-31.89	5668	5274	394	7.47
38	其中原油	133	262	-129	-49.24	2100	1883	217	11.52
39	天然气	139		139		1744		1744	
40	煤炭	4	19	-15	-78.95	128	74	54	72.97
41	铁矿石	18		18		547	619	-72	-11.63
42	5. 土地使用税	7843	82	7761	9464.63	17845	6013	11832	196.77
43	6. 投资方向调节税								
44	7. 城市维护建设税	2307	1712	595	34.75	16999	16227	772	4.76
45	其中地方级收入	2104	1703	401	23.55	15248	14702	546	3.71
46	8. 印花税	627	560	67	11.96	5594	4912	682	13.88
47	9. 土地增值税	1059	663	396	59.73	11539	8269	3270	39.55
48	10. 房产税	515	544	-29	-5.33	8977	7297	1680	23.02
49	11. 车船税	507	486	21	4.32	6205	5654	551	9.75
50	12. 烟叶税								
51	13. 契税	1202	2332	-1130	-48.46	19920	10695	9225	86.26
52	14. 耕地占用税	4612	22537	-17925	-79.54	19824	33976	-14152	-41.65
53	15. 其他税收								
54	二、非税收入合计	2309	1788	521	29.14	21186	20254	932	4.60
55	1. 教育费附加	1290	904	386	42.70	9238	8784	454	5.17
56	2. 文化事业建设费	16	22	-6	-27.27	176	264	-88	-33.33
57	3. 地方教育附加	861	604	257	42.55	6174	5801	373	6.43
58	4. 残疾人就业保障金	117	194	-77	-39.69	2114	2062	52	2.52
59	5. 工会经费	1	33	-32	-96.97	3246	3095	151	4.88
60	6. 税务部门其他罚没收入	24	32	-8	-25.00	238	248	-10	-4.03
61	附：直征局划转税收收入	3168	5851	-2683	-45.86	25202	40723	-15521	-38.11

续表 2

序号	项目	本月				累计			
		收入额	上年同期	同比增减额	同比增减（%）	收入额	上年同期	同比增减额	同比增减（%）
61	其中石油税收	1038	890	148	16.63	12972	11629	1343	11.55
62	重点工程税收	2130	4961	-2831	-57.07	12230	29094	-16864	-57.96
62	直征局划转地方级税收收入	3058	5818	-2760	-47.44	21988	38104	-16116	-42.29

喀什地区地税系统税收收入分县市情况表（全口径）

表 3　　单位：万元

地区	本月收入				累计收入			
	收入额	上年同期	同比增减额	同比增减（%）	收入额	上年同期	同比增减额	同比增减（%）
地区合计	21186	59207	-38021	-64.22	390097	383239	6858	1.79
喀什市地税局	8598	35321	-26723	-75.66	152333	153561	-1228	-0.80
莎车县地税局	1492	4580	-3088	-67.42	29067	35785	-6718	-18.77
叶城县地税局	2091	1958	133	6.78	34873	31068	3805	12.25
疏勒县地税局	1241	2623	-1382	-52.69	28419	29365	-946	-3.22
巴楚县地税局	1308	1254	54	4.27	28395	25925	2470	9.53
麦盖提县地税局	680	2964	-2284	-77.06	18849	17121	1728	10.09
疏附县地税局	889	2668	-1779	-66.68	20931	21457	-526	-2.45
泽普县地税局	2590	1832	758	41.38	24385	22554	1831	8.12
伽师县地税局	1303	2653	-1350	-50.89	26560	22300	4260	19.10
英吉沙县地税局	494	1551	-1057	-68.15	13504	11637	1867	16.04
岳普湖县地税局	500	1801	-1301	-72.23	12781	12465	316	2.54

金　融

银　行

中国人民银行喀什地区中心支行

【综述】 2014年，喀什地区金融运行总体平稳。存款规模突破千亿元，贷款总量稳步增加，非信贷融资逐步拓展，对地区经济社会发展形成有力支撑。截至2014年底，全地区各项存款1047.4亿元，较年初增加105.9亿元；同比增长11.3%。贷款余额458.8亿元，较年初增加51.3亿元，同比增长12.6%。微型企业贷款增速27.4%，高于地区贷款增速14.8个百分点。新增涉农贷款20.8亿元，占新增贷款总量的40.4%。“两居”、民贸民品贴息贷款等民生金融指标稳居全疆前列，喀什“两居”贷款余额38.9亿元，累计支持22万名农户安居致富；办理民贸民品贷款贴息1.6亿元，惠及78家企业，被兵团第三师评为落实民贸民特优惠政策先进集体。加大支农再贷款优惠政策支持力度，共向11家机构累计投放支农再贷款50.4亿元，与上年同比多投27.1亿元，对促进农业生产、安居富民以及县域经济发展起到作用。丰富跨境贸易人民币结算业务品种，贸易结算国由3个扩大至12个，跨境人民币结算自试点以来累计结算金额31.13亿元，较试点之初增加30.14亿元，是试点之初的30倍。

【支持地方经济发展】 2014年，进一步加强与上级行、地方政府、兵团、承销银行和企业有效对接，开辟融资新渠道，加大债务融资工具推广，有效促成前海集团9亿中期票据注册，并成功发行5亿元。抓住开发区基础设施建设融资需求，以银证定向融资方式成功融入资金2亿元。配合推动地区首家企业在“新三板”挂牌，推动5家企业登录上海股权交易中心挂牌，填补喀什乃至南疆三地州场外市场发展空白；按照国家七部委《关于全面做好扶贫开发金融服务工作指导意见》要求，由人民银行牵头，成立以地区分管领导任组长，财政局、银监局、扶贫办、团委、各家银行、证券、保险等单位主要负责人为成员的金融支持扶贫开发领导小组，加快分县市、分机构金融扶贫基础数据库建设，出台推动实施方案，确定示范县和重点支持产业，设计开展“1+2+X”杠杆扶贫模式，推动“输血”式扶贫向“造血”式扶贫转变；加快外汇管理理念和方式转变。在2013年增加21家经营即期结售汇网点基础上，2014年辖区新增13家即期结售汇网点，总数达到41家。指导塔县农行在帕米尔高原开办西联汇款业务。

【金融服务】 2014年，中国人民银行喀什地区中心支行按照“服务型央行”目标，提高金融服务与管理水平。完成喀什市农信社改制为农商行；开通“12363”金融消费权益保护咨询投诉热线；试点开展金融综合统计和影子银行统计监测，挂牌成立中华人民共和国国家金库喀什经济开发区支库；现代化国库3T系统与二代支付系统对接运行，地市财政集中支付业务实现网上办理。反洗钱监管力度继续加大，现代化支付体系加快推进，中央银行会计核算数据集中系统（ACS）推广上线。金融服务群众“最后一千米”成效显著，银行卡助农取款服务乡镇、团场覆盖率分别达95.24%和45.45%。科技服务功能明显提升，在巴楚县成功试点新疆首个金融IC卡公交应用项目基础上，正式启动叶城、伽师等3个县公交应用项目，并在煤、电、气等领域进行探索应用。金融服务兵团力度加大，图木舒克市代理发行库建成运行。

（韩红艳）

银行业监督管理

【综述】 中国银行业监督管理委员会喀什监管分局（简称“喀什银监分局”）于2004年3月28日挂牌成立。截至2014年年底，喀什地区银行业各项存款余额为1046亿元，比年初增加106亿元，增长11.3%，存款首次突破千亿元大关；各项贷款余额为459亿元，比年初增加51.5亿元，增长12.7%，高于地区GDP增速2.5个百分点。

【贷款情况】 2014年，全地区涉农贷款余额197.8亿元，较年初增加50亿元，增长34%，高于全部贷款平均增速21.3个百分点；小微企业贷款余额为62.4亿元，较年初增加5.2亿元，增长9%，申贷获得率为92.52%。综合金融服务覆盖率为71.75%。对喀什开发区基础设施建设新增贷款9.68亿元。截至2014年12月末，辖区银行业不良贷款较年初减少0.78亿元，不良贷款率较年初减少0.47个百分点，实现“双控”目标。

【监管工作】 2014年，喀什银监分局加强监管工作，对某银行违规问题给予20万元行政处罚。制定《行政许可工作实施细则》《行政许可工作流程图》，严把高管审核关，全年不予核准高管4人。加强非现场监管预警，发现17个存贷比超标和资产负债比例期限错配问题，向被监管机构发出风险提示通知书8份。

【银行业机构改革】 2014年7月28日，喀什农村商业银行正式开业。进出口银行和国家开发银行在喀什设立分支机构已进行选址等前期准备工作。

【重点领域风险防范】 2014年，喀什地方政府融资平台贷款比2013年年末增加8.7亿元，风险总体可控。产能过剩行业信贷余额比年初减少3.23亿元，下降43%。房地产贷款稳步下降，住房按揭贷款17.58亿元，较2013年同期减少3.73亿元，降幅为17.5%。

（中国银行业监督管理委员会喀什监管分局）

中国农业发展银行喀什分行

【概况】 中国农业发展银行喀什地区分行（简称“农发行喀什地区分行”）。2014年，全系统有12个机构，其中1个地区分行机关，下辖疏附、疏勒、英吉沙、莎车、泽普、叶城、麦盖提、巴楚（下设图木舒克市客户服务组）、岳普湖、伽师10个县级支行、1个地区分行营业部，支农服务网络遍布喀什地区12个县市。农发行喀什地区分行内设办公室（党委办公室）、资金计划部、客户服务部、信贷管理部、风险管理部、财务会计部、信息科技部、人力资源部（党委组织部、工会、团委）、监察室（保卫）9个部室。在职员工254人，其中中共党员144人。

【信贷支农】 2014年，累放各项贷款908843万元，年末各项贷款余额604570万元，占全地区金融机构年末贷款余额的13.2%。其中累放中长期贷款91962万元，与上年同比增加79782万元，增幅655%；年末贷款余额101852万元，比年初增加71762万元，增幅238.5%。累放商业性贷款36000万元，与上年同比减少830万元，减幅2.25%；年末贷款余额960万元，比年初减少4010万元，减幅19.32%。

【粮棉收购资金】 2014年，累放粮食收购贷款95496万元，与上年同比多放1.38亿元，增投16.89%；支持企业收购小麦38.5万吨，与上年同比多收小麦6.6万吨，增收20.69%；累放棉花收购贷款637569万元，支持企业收购皮棉47.74万吨、棉籽47.83万吨。

（张振威）

中国工商银行股份有限公司喀什分行

【概况】 2014年，中国工商银行股份有限公司喀什分行（简称“工商银行喀什分行”）辖疏附县、疏勒县、英吉沙县、莎车县、泽普县、叶城县、麦盖提县、巴楚县、阿图什市9个县市支行、1个喀什分行本部以及23个网点，全行从业人员591人。

【负债业务】 2014年，工商银行喀什分行加大结构调整力度，存款稳步增长。2014年全部存款余额为202亿元（含克州），较年初增加18.8亿元，其中对公存款余额为114亿元，较年初增加12亿元；储蓄存款余额为88.1亿元，较年初增加6.8亿元。

【资产业务】 2014年，工商银行喀什分行为重点项目开辟“绿色通道”，争取更多信贷政策支持和资源倾斜，加快项目贷款投放。重点支持实体经济发展，贷款主要投向高等级公路、水利水电项目、光伏发电、农网改造、钢铁冶炼、农业产业化龙头企业、中小企业、进出口企业等行业。当年累计发放贷款20.6亿元，各项贷款余额43亿元，较年初增加11亿元。

【中间业务和新兴业务】 2014年，工商银行喀什分行巩固传统中间业务优势，拓展新兴中间业务，扩大重点产品规模，确保中间业务收入快速增长。持续推动银行卡业务发展，扩大芯片借记卡发卡规模，加大公务卡推广力度，提高社保卡启用率，开展以商友卡、POS 商户为重点宣传营销活动和银行卡积分消费兑换活动，继续扩大理财产品销售、重点基金营销和推进代理保险销售工作，通过客户体验活动提高本行电子银行品牌影响力和客户认知度、使用率。

【电子化建设】 2014 年，工商银行喀什分行面对电子化和网络化发展趋势，加大投入新型自助设备以及相关金融产品，改善金融服务环境。2014 年年末，在全地区投放 216 台自动柜员机（ATM），其中存取款一体机（CDM）108 台、多媒体自助终端（BSM）104 台，销售终端（POS）3642 台、自动叫号机 23 台，为全辖区 23 个营业网点开通互联网 WiFi 服务，实现柜面金融服务向网上金融服务延伸。

（施　令）

中国农业银行股份有限公司喀什分行

【概况】 2014 年，农行喀什分行下辖 12 个县市支行，有 37 个营业网点（其中县域网点 24 个），是喀什地区唯一一家在县域都设有分支机构的国有大型股份制商业银行。

【经营情况】 2014 年，农行各项存款余额 180.67 亿元，增长 12.18%，全行各项贷款余额为 37.64 亿元，较年初净增 5.3 亿元，全行累计投放贷款 38.02 亿元，增长 16.56%。全年实现净利润 2.23 亿元。

【优化服务环境】 2014 年，农行推进网点标准化建设。改建营业网点 4 个并投入使用，新建离行式自助银行 14 个，精品网点占比达到 54%，网点功能完备，服务能力持续提升。加大自助设备投放力度，新投农行产现金类自助设备 48 台、查询终端 19 台，投入正常运行自助设备 191 台，重点布放在 12 个县市乡镇和城乡接合部、工业园区、居民区、新城区等金融空白区域，自助设备、网点网络、电子渠道布局显著优化，金融服务能力和覆盖面明显提升。推进金穗“惠农通”工程，有“农行惠农通”金融服务点 200 个，其中智能支付通 192 台、离行式自助终端 8 台，覆盖 57 个乡镇、118 个行政村，惠及农户 10 万户。

（舒明祥）

中国银行股份有限公司喀什地区分行

【概况】 中国银行股份有限公司喀什地区分行（简称“中国银行喀什分行”）成立于 1986 年 1 月。2014 年，内设 9 个职能部门。辖属 3 个县支行（莎车县支行、巴楚县支行、疏勒县支行）、1 个直属经营机构（泽普塔西南油田支行）。喀什市区 1 个营业部、7 个城区支行（人民西路支行、解放北路支行、解放南路支行、西域大道支行、艾尔斯兰汗路支行、克孜都维路支行、色满路支行）。2014年，职工总数217人，较2013年增加13人，内退9人。截至12月末，资产、负债总额较2013年略有提升。其中资产总额为73.33亿元，较2013年增加6.42亿元，增幅为9.60%，负债总额为71.68亿元，较2013年增加5.79亿元，增幅8.79%。

【存款业务】 2014年，全行新增存款6.96亿元，完成分行年计划的58.40%。

【贷款业务】 2014年，全行各项贷款余额24.63亿元，当年新增5.07亿元，增幅25.93%。贷款不良余额242万元，较年初减少6971万元，不良率0.10%，较年初下降3.59个百分点。

【信用卡业务】 2014年，信用卡发卡29651张，与2013年同期相比增长7761张；收入1026万元，比2013年年（815万元）增长26%。

【国际结算业务】 2014年，办理国际结算量10541万美元，较2013年新增6.94%，市场份额46.74%，较2013年提高20.62个百分点。跨境人民币结算业务量2834万元，比2013年增长2.24%，市场份额86.01%，提高32.78个百分点。

【小微企业贷款】 2014年，累计投放1.04亿元小微企业贷款，新增8户小微企业客户，小微企业贷款余额2亿元，小微企业贷款增速28.34%。

【“三农”贷款】 2014年，累计投放“三农”贷款9.1亿元，年末“三农”贷款余额13.2亿元，较2013年增加3.3亿元，增幅33.83%，高于全部贷款增幅7.91个百分点；“三农”贷款余额占比53.67%，较2013年提高3.17%。

（中国银行股份有限公司喀什地区分行）

中国建设银行喀什地区分行

【概况】 2014年，中国建设银行喀什地区分行有营业机构12个（含本部直属营业室），其中县级支行7个、城区支行5个。本部10个部门，其中经营部门6个、非经营部门4个。在职人员209人。

【资产业务】 2014年，中国建设银行喀什地区分行加大项目储备和贷款投放力度，增强与地方政府合作，为喀什地区经济建设提供金融支持。增强与地方政府沟通、联系，拓宽信息渠道，筛选喀什地区重点项目、三师重点项目，形成重点项目储备库；紧紧抓住城镇化建设贷款机遇，丰富信贷品种，为客户提供综合化金融服务方案等措施，使城镇化建设贷款在图木舒克市得到突破。

（刘伟平）

中国农业银行喀什兵团分行

【概况】 喀什兵团分行成立于1992年，是喀什地区唯一一个在兵团第三师各农牧团场设立营业网点的国有股份制商业银行，业务范围横跨巴楚县、麦盖提县、伽师县、疏勒县和喀什市、图木舒克市，全行有营业网点22个，在岗员工275人。

【业务工作】 2014年，喀什兵团分行各项存款余额93.41亿元，较年初增加8.7亿元；各项贷款余额27.87亿元，较年初净增8.28亿元，实现中间业务收入2464万元，拨备前利润和拨备后利润分别完成1.72亿元和1.58亿元。

【运营服务】 2014年，喀什兵团分行累计投放贷款22.36亿元，其中流动资金贷款17.77亿元，投放畜牧业项目贷款7000万元；累计办理银行承兑汇票54笔，金额8469万元，重点支持师属农资流通企业、农产品收购加工企业和畜牧业发展；全行涉农法人贷款余额较年初增加7.4亿元，新增优良客户4户，“三农”存款余额22.81亿元；推广“龙头企业+基地建设+农户”产品模式，为国家级农业产业化龙头企业新疆叶河源果业投放生产经营贷款1.7亿元，用于基地建设和红枣收购；为新疆疆南牧业投放1.1亿元，用于养殖基地建设；为新疆叶河阳光投放6000万元用于设施农业建设。

【经营管理】 2014年，喀什兵团分行个人贷款余额11957万元，较年初增加6208万元；新发放个人贷款11126万元，其中涉农贷款5000多万元；以惠农卡为载体，以电子渠道为平台，开展“惠农通”工程建设，代理财政补贴资金项目，设立流动服务站1个、助农取款服务点5个；布放电子机具553台，电子机具在团场和连队覆盖率均达100%。

（中国农业银行喀什兵团分行）

新疆喀什农村商业银行股份有限公司

【概况】 1954年11月，喀什农村信用社成立。1958—1978年，农村信用社由人民银行管理，成为人民银行在农村的基层金融机构。1978年，交由农业银行代管。1996年12月，农村信用社与农业银行脱钩，成立喀什市农村信用合作社联合社，实行独立经营、独立核算、自负盈亏。2006年12月28日，经银监部门批准，喀什农村信用合作社联合社取消下属21个法人社法人资格，实行统一法人核算，更名为喀什市农村信用合作联社，隶属自治区联社垂直管理。2014年7月，经中国银监会、新疆银监局、喀什银监分局批准，完成股份制改造，正式更名为新疆喀什农村商业银行股份有限公司（简称“喀什农商银行”），7月28日正式开业。2014年年底，喀什农商银行企业股本金39000万元。2014年，喀什农商银行有职工367人，其中正式在岗职工275人、劳务派遣工27人、退休职工65人。

【主要业务指标】 2014年，喀什农商银行各项存款716910万元，比2013年增加58119万元，增长8.8%；各项贷款余额501371.7万元，增加71746万元，增长16.7%，各项资产总额840507.9万元，增加129552.3万元，增长15.4%；净资产总额81246万元，增加38399万元，增长89.6%，资本充足率由10.7%提高到15.48%；各项负债总额759261.9万元，增加91153.5万元，增长13.6%；向中央银行借款30000万元。利息收入43325万元，占76%；金融机构往来收入1.14亿元，占20%；中间业务收入1026万元，占1.79%；投资收益及其他占2.21%，从收入结构来看，营业收入对贷款依赖较为严重。

【经营管理】 2014年，喀什农商银行把提高财务收支质量、保障可持续发展列为工作重点。通过提高成本管理水平的手段控制各项费用支出，大力开拓贷款业务，扩大资产规模，增加业务收入，努力提高资本回报率。全年实现营业收入5.72亿元，比2013年增加1.15亿元，增长25%。各类拔备余额4.29亿元，其中贷款减值准备2.31亿元、非信贷资产减值准备0.45亿元、一般风险准备1.53亿元；各类拔备比2013年同期增加1.08亿元，增长33.44%；不良贷款覆盖率277.85%，贷款拔备率4.61%，贷款总拔备率7.65%。

【银行卡业务】 2014年，喀什农商银行发行金融IC卡5503张、玉卡24598张，卡存款余额127861.41万元，卡均存款余额5.2万元；发展特约商户844户，新增特约商户335户；布放POS机具987台，新增机具378台。POS机具交易30.08万笔、金额112889万元，实现手续费收入43.35万元；布放自动柜员机55台，比2013年增加23台；取款机44台、存取款一体机11台。

【电子银行业务】 2014年，喀什农商银行开办企业网上银行业务574户，发生业务35914笔、交易金额33.84亿元，其中行内转账笔数13050笔、金额14.74亿元，跨行转账18583笔、金额19亿元，代发业务4281笔、金额0.1亿元。个人网上银行业务4998户，发生业务笔数40841笔、交易金额15.4亿元，其中行内转账笔数16792笔、金额6.86亿元，跨行转账24002笔、金额8.52亿元。开通手机网上银行2751户，发生业务笔数1710笔，交易金额0.03亿元。

（王海燕）

乌鲁木齐市商业银行股份有限公司喀什分行

【综述】 2014年，乌鲁木齐市商业银行喀什分行（简称“喀什分行”）存款余额101703.84万元，其中对公存款90977.58万元、储蓄存款10677.26万元，完成率131.2%。各项授信总额133470.01万元，其中贷款余额97703.9万元，贴现余额10153.27万元；银行承兑汇票余额25612.84万元，存贷比106%。实现拨备后利润3494.11万元（其中2亿元“定向银证资管”业务实现利息收入570万元，金镶玉利息收入84.33万元），完成率101.05%，人均净利润139.77万元。

【经营管理】 2014年，公司类存款余额69445.79万元，完成目标任务的94.87%，实现公司类贷款利息收入5025.74万元，完成目标任务的97.09%；公司贷款余额84100万元，较年初新增12900万元，完成目标任务的73.22%；公司类中间业务收入157.69万元（其中金镶玉利差83.33万元），完成目标任务的332.47%

【小企业业务】 2014年，小企业贷款余额11789.92万元，较年初新增4527.92万元，完成新增小企业贷款任务150.93%，实现利息收入737.36万元，完成计划任务的94.2%。

【零售业务】 2014年，零售业储蓄存款余额10677.26万元，较年初增加5176万元，完成任务的131.2%；新增POS收单商户数64户，完成任务的800%；刷卡金额46522万元，实现手续费收入10.57万元。新增借记卡完成率201.07%；网银交易量完成率34.76%。4台跨行理财POS机实现交易笔数94笔，金额5370.55万元。

保 险

中国人民财产保险股份有限公司喀什地区分公司

【业务发展】 2014年，公司累计承担各类保险风险约1625亿元；全年累计处理各类赔案32000件。

【服务】 2014年，中国人民财产保险喀什地区分公司把服务作为发展核心竞争力，通过强化客户信息管理，完善客户服务体系，提升基层网点服务品质，着力打造差异化服务体系和一体化服务平台，在全地区范围内推进服务界面标准化全面落地，做好优质客户差异化服务，切实降低投诉量，加快推进以客户为中心全面转型，打通全地区服务群众“最后一公里”问题；公司重点做好服务满意和理赔提速增效工作。提高现场查勘率，进一步加强“警保联动”工作力度，有效发挥信息技术远程查勘定损作用，缩短理赔周期，提高结案率和客户满意度。

（人保财险喀什地区分公司）

中国人寿保险股份有限公司喀什分公司

【综述】 2014年，喀什分公司下辖7个县支公司、4个县级营销服务部，均属D3类，8个营销服务部；分公司本部设9个职能部门。全地区共有合同制员工116人，派遣制员工8人。2014年，实现总保费3.5亿元，同比增长14.47%。

【风险监管】 2014年，喀什分公司组织开展公司效能监察、反洗钱检查、审计整改检查、关键岗位检查、缺陷整改检查、销售职场检查、县支公司评估等现场检查及非现场专项检查，对发现的问题及时指出并下发整改通知书及确定整改验收期限；针对反洗钱工作，与人民银行沟通，完成人民银行要求反洗钱专项自查自纠工作；开展客户洗钱风险等级划分工作，加大反洗钱宣传力度。

（中国人寿保险股份有限公司喀什分公司）

环境保护·国土资源

环境保护

【综述】 2014年，喀什地区落实“环保优先、生态立区”和“两个可持续”战略，开展主要污染物总量控制、推进重点流域污染防治等工作，不断提升农村环境保护水平，加大环境执法监管力度，维护群众环境权益。

【控制总量目标】 2014年，喀什地区削减化学需氧量4617.38吨、氨氮2060吨、二氧化硫19105.49吨、氮氧化物5063.72吨。

【防治大气污染】 2014年，地区环保局完成4家水泥企业除尘设施改造、更换收尘布袋工作，关停拆除喀什区域35家砖厂，依法关停不符合产业政策的2家立窑水泥生产线；完成喀什市大气污染自动监测预警应急体系建设，开始启动PM2.5等6项指标监测，完成各县空气质量自动监测子站建设前期工作；抓好机动车尾气检测和环保标志核发工作，建成喀什地区机动车尾气检测和标志核发监管平台，对喀什地区3家检测机构10条检测线参检车辆进行实时监控，实现从参检车辆进场到检测合格后发放环保标志全过程监控，核发环保标志123311套，其中核发绿标93347套，黄标29964套。加快“黄标车”更新淘汰进度，全年注销车辆14499辆。2014年，实际监测363天，除异常天气（扬沙、浮尘、沙尘暴)168天外，实际天数为195天，其中一、二级优良天数为87天，占实际天数的44.6%，三级轻度污染天数为131天，占总监测天数的36%。

【生态和农村环境保护】 2014年，地区环保局完成塔什库尔干县高原生态环境保护规划，申报塔什库尔干县和泽普县生态修复资金项目，实施“以奖促治”政策措施，开展农村环境综合整治。成功申请农村环境连片整治示范专项资金4132万元，10万人从中受益。启动生态乡镇、生态村创建工作，塔什库尔干县和泽普县获得自治区级生态文明建设试点示范区命名。完成20个地区级生态村、1个地区级生态乡镇创建命名工作。

【建设项目监管】 2014年，地区环保局严把准入关，依据国家产业政策和准入条件，严把审核审批关，严格落实建设项目环境影响评价和污染防治设施“三同时”制度。全年地县两级审批项目843个，其中地区审批项目326个。

【环境执法监管】 2014年，地区环保局严格日常巡查和全过程监管，推进联合执法、区域执法、交叉执法等执法机制创新，严厉打击各类违法行为。开展各类现场检查4792人次。环保专项行动期间检查680家排污单位，对其中工业园区、城镇环保基础设施环境问题比较突出22家单位，全部下达限期整改通知书，已整改19家，正在整改3家。依法处罚10家，处罚62万元。接受群众对环境管理与监督，全年受理信访案件236件，全部办结，办结率100%。

【日常监测工作】 2014年，地区环保局开展环境质量例行监测、重点污染源监督监测、应急监测等工作。完成37家国控、区控企业监督性监测、吐曼河、叶河、克孜河3条河流和12个县市水源地例行监测，12县市饮用水源地水质均未受到污染，除部分县市饮用水总硬度、硫酸盐（因自然条件所致）超过国家标准外，均达到地下水质量三类标准值，水质达标率为100%；经地表水监测断面监测，塔什库尔干河达到国家Ⅱ类水质标准，叶尔羌河、盖孜河、提孜那甫河、库山河、喀什噶尔河、吐曼河、克孜河7条河流达到国家Ⅱ～Ⅲ类水质标准82.5%。

（喀什地区环保局）

国土资源监督管理

【综述】 2014年，喀什地区国土资源局上报自治区国土资源厅和行署审批建设用地项目210个，面积4126.67公顷。全地区供应国有建设用地455宗，面积1216.26公顷，出让合同价款14.81亿元。全地区储备土地面积1139.3公顷，采用招拍挂方式出让储备地10.13公顷，土地出让价款1215.97万元。受理前期建设项目，开展前期工作报件201个。预审初审建设用地报件95个，总面积1365公顷。

【资源保护和集约利用】 2014年6月，地区行署完成对各县市耕地保护目标责任履行情况考核，并将考核结果通报各县市。地区国土资源局组织实施土地整治项目。预算总投资3.425亿元，建设规模1.99万公顷，31个土地整治项目已开工；组织行业专家对在建34个土地整治项目进行初验复验，对存在问题，责令限期整改。强化节约集约用地，继续实行建设用地审批与供地率挂钩，地区2012年和2013年已批新增建设用地供地率分别88.67%和78.27%。执行国家节约集约用地政策，核减超出行业土地使用标准土地面积33.25公顷。按照自治区国土资源厅安排，开展地区产能严重过剩行业用地核查工作，对全地区12家钢铁和水泥生产项目用地进行产值和节地评价。矿山共缴存治理恢复保证金1.16亿元。完成地质环境治理工程4个，总投资1734万元。

【矿产资源管理】 2014年，国家和自治区在喀什安排地质勘查项目33个，总投资5700万元；社会出资勘查项目278个，总投资9500万元。在接受报件起10日内完成审查，保证矿山企业正常延续、变更、转让，共受理延续探矿权报件113家。委托喀什市土地（矿产）交易中心出让矿业权12个，成交总价款1443.59万元。启动喀什地区一、二、三类设置方案修编工作。

【执法监察】 2014年，行署召开专题会议部署卫片检查工作，对县市卫片工作开展督导4次，下发文件34份。地区违法占用耕地比例降至3.06%。

【民生工作】 2014年，全地区供应“三类住房”用地131.13公顷，占实际住房供应总量的78%。开展地下水动态监测，及时上报监测数据，确保城乡居民用水安全。做好地质灾害气象预警工作，编发地质灾害气象信息153期。争取国土资源厅支持，启动莎车、叶城、塔什库尔干县地质灾害详查项目，总投资1350万元；完成4个地灾防治项目，总投资1030万元。联合地区住建局制定《关于喀什地区征地拆迁工作当中损害群众利益突出问题治理办法》。接待群众来访，受理信访案件47件，办结率95%。

【土地调查与确权管理】 2014年，地区国土资源局完成上年度土地变更调查，变更图斑7178个。开展县城外建制镇地籍调查工作，17个镇完成权属调查宗地数2252宗。全面完成农村集体土地确权登记发证工作成果整改。完成两县一市（疏勒县、疏附县、喀什市）5个村庄共4.49平方千米、2640宗地权属调查与测量工作。加强土地登记规范化管理，全年办理国有土地使用权登记7173宗。制定下发《喀什地区乡镇国土资源标准化建设工作实施方案》。

【测绘地理信息】 2014年，地区国土资源局完成测绘资质复审换证工作。查处各类非法测绘案件。完成2014年1∶1万基础测绘成图计划，主要涉及塔什库尔干县测绘面积4500平方千米，共180幅1∶1万地形图，总投资566.6万元。

（地区国土资源局）

国土资源执法监察

【综述】 2014年，共立案查处国土资源违法案件401件，收缴罚没款1075.22万元。其中土地案件立案283件，已全部结案，结案率100%；矿产案件立案118件，已全部结案，结案率100%。催缴土地出让金2000万元。

【四项制度】 2014年，监察支队按照“审批、备案、督办、会审”4项制度要求，共会审、备案401件，大队报支队立案审批14件，支队报总队立案审批、备案8件，总队督办3件，支队督办23件，已全部落实到位。

【非法开荒案件查处】 2014年，监察支队查处开荒案件103件，涉及面积2133.33公顷。收缴罚没款284.18万元。

【卫片执法工作】 2014年，国家下发喀什地区土地违法用地图斑774个，涉及面积952.88公顷（耕地面积212.82公顷），移交84个兵团图斑，上报14个军事用地图斑。对下发图斑进行合并、分割后形成地块334宗，经核实判定，确认合法用地91宗，面积641.17公顷（耕地105.79公顷），其中违法未立案处理宗地66宗。177宗需立案处理违法用地已全部立案，结案140宗，正在处理37宗；国家下发喀什地区矿产卫片疑似图斑95个，通过外业核查和内业判定，其中违法图斑77个、合法图斑14个、伪图斑2个、兵团图斑2个。涉及无证开采62个，越界15个。立案查处50个、非立案处理27个。

【案件查处】 2014年，监察支队筛选1起适用于公开通报案件，2起适用于挂牌督办案件。

【专项清理】 2014年，监察支队根据行署办公室《关于加强地区天然气加气站项目建设管理通知》文件要求，核查天然气加气站52个，涉及面积67.03公顷，其中判定合法47个、违法5个，全部查处到位。

【动态监管】 建设用地批前核查工作自2011年由喀什地区首创并实施3年，2014年共实地交叉核查报批件166个，涉及土地面积1921.56公顷，发现案源12件；根据总队《关于做好新增建设用地批后核查工作通知》文件要求，开展批后核查工作，发现3起批少占多行为，面积0.79公顷。

【采矿权年检】 2014年，监察支队与地区国土资源局紧密配合，结合2013年度采矿权年检工作，对储量年报工作中存在违法行为的75家矿山企业进行查处，关闭13家，查处62家，收缴罚没款83.85万元。

【信访工作】 2014年，监察支队发挥“12336”举报电话作用，受理举报并了解答群众提出问题23个，接待群众来信来访27人次；以受理英吉沙县某乡农民非法越界开垦莎车县国有未利用地案、岳普湖县某镇农民违法开荒越级上访到自治区人民政府信访事项、麦盖提县群众反映重点项目征迁补偿费过低信访事项，采取全程介入、全程服务理念参与处理。

【联合执法】 2014年，监察支队发挥“三级联动”优势，对麦盖提县某砖厂越界开采案、麦盖提县群众电话举报某乡政府占用基本农田用于畜禽养殖案、英吉沙县农民越界开垦国有未利用土地案、巴楚县某砖厂无证开采案等案件进行查处。

（地区国土资源执法监察支队）

科学技术

科 技

【综述】 2014年，喀什地区科技局执行国家级科技富民强县项目4个，自治区级科技富民强县和“一把手”项目7个；科技特派员工作发展，813名科技特派员科技服务和农村创新创业活动覆盖地区100%乡镇。

【决策咨询服务】 2014年，喀什确定重点咨询调研课题16项，组织8个专题调研组分赴喀什经济开发区、12县市、33个乡镇、7个县市工业园区和2个纺织企业、地县市30多所学校开展实地调研工作。全年编审印发专家论坛13期，刊登地区专家顾问提供咨询调研报告13篇，向地委、行署提出咨询建议和意见70条，提交专题咨询调研报告9篇。

【农村科技服务】 2014年，地区科技局推进农牧业现代化，喀什市、疏勒县、麦盖提县农业科技示范园区被自治区人民政府正式批准为自治区级农业科技示范园区，待两年考核验收合格后将正式挂牌为自治区农业科技示范园区。叶城县建立起自治区级核桃科技成果转化示范基地；科技部门围绕现代农业基本要求，以产业需求为导向，对农业科技领域先进适用科技成果开发、引进、推广应用工作支持力度。通过科技项目扶持，先后有24项先进适用农业科技新技术在喀什地区转化推广。

【科技培训宣传】 2014年，地区科技局抓农牧民科技培训宣传。以“科技之冬”“科技活动周”“科技下乡”等活动为载体，新编素质培训教材3个，新建自治区级科技兴新素质工程培训基地1个，累计培训农牧民105万人次，发放各类科技书刊及实用技术手册53万余册，音像制品1.3万盒。

【网站信息】 2014年，地区科技局坚持抓喀什地区科技信息双语网站建设，提高网站信息更新速度，丰富实用技术信息，全年发布科技信息3564条，年度网站访问量2.11万人次，网站文章阅读数达到21.2万篇次；利用粤—喀“三农”直通车网络平台，宣传喀什地区特色农产品、民俗风情、旅游资源等，全年发布宣传、农产品供求信息47条，实用技术信息717条。

【企业创新发展】 2014年，地区科技局通过强化企业科技项目申报辅导服务工作，进一步强化企业技术创新主体地位，全地区20多家企业新产品、新技术研发创新活动获得国家、自治区中小企业创新基金等项目扶持。高新技术产业发展取得重大突破，南达新农业有限公司经自治区评审已正式入围拟认定高新技术企业名单，科技部正组织审定，喀什地区即将实现高新技术企业零突破。经自治区专家实地勘验，喀什市中亚南亚工业园区、岳普湖县泰岳工业园区、疏勒县南疆齐鲁工业园区被正式确定为自治区高新技术园区后备园区。

【项目实施】 2014年，喀什地区争取到新立项科技计划项目69个。其中国家级科技项目9个、自治区级项目46个、地区级科技项目14个，投入财政扶持资金计2213万元。

【平台建设】 2014年，喀什师范学院新疆特色药用植物资源化学实验室被认定为自治区级重点实验室，结束了喀什地区长期以来没有一家高水平科研机构的历史。建设疏勒县国家肉牛改良中心科研基地、麦盖提县土特产品研发中心、英吉沙县云鼎新能源研究院、岳普湖县新疆驴产业工程技术研究中心、泽普县全国硼化物重点实验室5个产业技术研发中心。

【创新人才队伍建设】 2014年，地区科技局4名高层次少数民族科技人才科研工作得到自治区科技项目支持；7名基层青年科技人员创新活动纳入自治青年科技创新人才培养计划获得支持；先后选拔45名青年科技英才赴援疆四省市接受为期3个月的培训；与清华大学紧密合作，组织5名清华大学博士到喀什基地顺利开展暑期社会实践活动。

【科技合作与交流】 2014年，地区科技局开拓科技援疆合作与交流，先后在山东省、广东省、上海市各举办3期科技创新管理专题培训班，培训喀什地区各类科技人才80人次。主动与广东省援疆前方指挥部沟通联系，举办2014年地区少数民族科技骨干培训班，有14名学员统一赴广东参加为期两个月的培训。主动与对口援疆省市前方指挥部和援疆省市科技管理部门沟通对接，向山东省科技厅提交5个科技合作平台建设项目建议书，抓住广东省、深圳市对口援疆工作代表团在喀什地区调研就经济开发区“深喀科创中心”“粤喀科技合作平台”建设有关事宜进行对接。

（地区科技局）

知识产权保护

【计划、合作协议实施】 2014年，喀什地区知识产权局制订印发《喀什地区2014年知识产权战略实施推进计划》，起草《喀什地区关于加强专利工作促进技术创新的意见》。喀什地区知识产权局与新疆兵团第三师科技局签署知识产权合作协议。2014年2月18日，喀什地区知识产权局与新疆兵团第三师科技局在喀什行署会议室举办知识产权合作协议签字仪式。

【专利申请】 2014年，地区知识产权局专利申请量为114件。其中发明15件，实用新型52件，外观设计47件。职务发明专利申请27件，占申请量的34%，非职务发明申请100件，占申请量的23%。2014年，地区专利授权量为99件，比2013年同期增加5%，其中发明4件，实用新型件49件，外观设计46件，职务发明专利申请67件，非职务发明申请32件。

【专利执法】 2014年，喀什地区出动专利执法人员50人次，检查商业场所24次，检查商品540件，在喀什市主要商品批发市场、超市、药店开展清理整治活动，发放保护知识产权宣传资料1310余（份、册），立案查处假冒专利15件，下达整改意见10份，立案处理专利侵权纠纷4件，已全部结案，与区内外知识产权局协作2次，接受咨询近200人次，受理“12330”及内部投诉电话10次。

【知识产权宣传工作】 2014年4月20—26日，在喀什地区开展第十四个保护知识产权宣传周活动。集中开展知识产权广场宣传咨询活动，在宣传活动中紧紧围绕《新疆维吾尔自治区知识产权战略纲要》和《新疆维吾尔自治区专利促进与保护条例》进行宣讲并发放知识产权宣传单3000份，接受咨询人数500余人次，给专利人发放专利资助资金1.4万元，使33名专利人受到专利申请资助；地区知识产权局结合知识产权局实际，开展“12·4”法律宣传活动，宣传知识产权法律法规，接受群众咨询。

【专利申请和资助】 2014年，喀什地区组织推荐地区3家科技型专利企业申报自治区专利实施项目资金，岳普湖新疆西域田园肥业科技有限公司、岳普湖天瑞生物工程有限公司、新疆源水科技开发有限公司和晨光集团喀什天然色素有限公司4家企业引进企业专利实施自助资金300000元。鼓励发明创造性，提高申请数量和质量，喀什地区申报专利申请资助资金并争取自治区专利申请专项资金10.65万元。

（喀什地区知识产权局）

地　震

【综述】 2014年，喀什地区地震局为参照公务员单位，事业编制17人。分为地震局机关和塔什库尔干地震台，实有15人。局机关内设办公室、科技监测科、震害防御科、应急救援科。

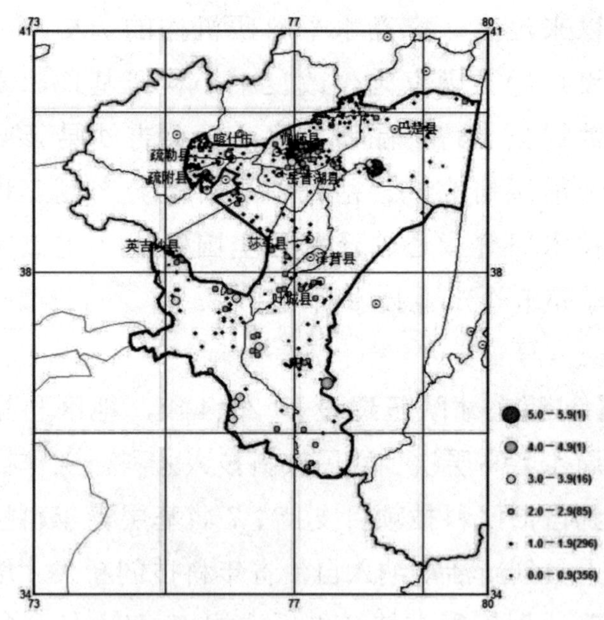

新疆喀什地区2014年地震活动情况

根据新疆地震局正式地震目录，2014年，在喀什地区共发生755次地震，其中0～0.9地震356次，1.0～1.9地震296次，2.0～2.9地震85次，3.0～3.9地震16次，4.0～4.9地震1次，5.0～5.9地震1次，最大地震为7月9日麦盖提5.1级地震

【地震监测预报】 2014年，地区地震局加强地震监测管理，确保地震观测数据连续准确及时。加强地震应急能力，完善各项配套设施，建立地震资料库，提高工作人员业务能力和应急能力。

【地震监测项目建设】 2014年，地区地震局配合新疆地震局，协调台站选址、前期立项、工程建设指导监督、质量把关、竣工验收等相关事宜，协助新疆局开展塔县温泉流体观测项目、四十六团深井测震项目、喀什一级电站强震台项目。塔县温泉流体观测项目、喀什一级电站强震台项目已经通过自治区地震局验收，已经投入监测使用。四十六团深井测震项目建设土建工程已完工。对巴楚县和莎车县两个应力点进行改造。

【群测网点建设和管理】 2014年，地区地震局加强对地区群测点的建设和管理，根据需要适当调整，强化地震群测点数据报送，及时更新地区“三网一员”数据和地震应急基础数据，提高地震宏观点数量和质量。

【震情会商制度】 2014年，地区地震局坚持震情、趋势会商制度。按时举行“两地一台”三方会谈，分析处理各种观测资料。

【防震减灾宣传教育】 2014年，地区地震局通过媒体（电视台、报社）播放防震减灾影视作品，制定宣传计划将喀什地区地震局宣传材料、地震避震小手册、挂图和音像制品计10万余册，按照人口数量和年度危险区划定为依据，发放到县市科技局（地震局）。供他们在县市和乡镇开展地震知识和避震知识宣传，切实防震减灾知识宣传到乡镇各族群众。对中小学进行防震减灾讲座教育，提高在校师生应对地震灾害和避震能力。同教育局联系组织中小学校学生到地震科普基地参观学习。通过微博、短信等信息平台，将防震减灾工作信息进行公布，并经新浪、腾讯官方微博对震情进行及时发布，以及防震减灾法律法规科普宣传。

【地震应急救援演练】 2014年4月，地区地震局开展地震应急、救援演练。通过桌面推演、救援队伍集结、地震现场搜救、地震救援装备展示、查看救援物资储备等一系列贴近地震现场救援演练，展示喀什地区充分做好地震应急救援准备。以校园为重点与喀什地区红十字会、喀什地区教育局、喀什地区公安消防支队联合下发《关于在学校开展应急救护及防灾避险知识与技能培训工作通知》，使防震减灾科普知识宣传和应急避险演练纳入常态化管理。指导各县（市、区）学校举办学校地震消防应急疏散演练。对喀什地区地震局地震应急预案进行修改补充，修订地震应急工作流程，将各项任务分配落实到具体人员。

（地区地震局）

气 象

【综述】 喀什地区气象局成立于1950年，是中华人民共和国新疆第一个气象站。2014年，喀什地区气象局本级内设办公室（人事政工科）、业务管理科、计划财务科、政策法规科4个职能科室和气象台、国家基准气候站、人影办（雷达站）、农业气象服务中心、喀什市气象局、防雷安全检测中心、防雷工程中心、气象服务中心、气象信息网络与装备保障中心等直属单位。下设巴楚、莎车、塔什库尔干、叶城、泽普、麦盖提、伽师、岳普湖、英吉沙、吐尔尕特10个县局站。

【基本业务】 2014年，喀什地区气象局基本业务有大气探测，包括2个国家基准气候站，4个国家基本站，5个国家一般站，1个高空探测（GCOS）站，1个太阳辐射一级站，1个酸雨观测站，1个紫外线观测站。农业气象观测及试验研究（包括5个农业气象观测站，14个土壤水分自动监测站，1个农业气象试验站）。天气预报（包括长期、中期、短期及紫外线、舒适度、火险、污染指数等环境气象预报）。气象服务（包括公益服务，决策服务，城镇、旅游景点、重大社会活动保障、棉花、林果业等专业服务，防雷检测、防雷工程、声像影视等科技服务）。以气象卫星综合业务系统为主（CMACAST县级卫星小站）、公用互联网为辅通信网络传输系统。人工影响天气（包括1个新一代天气雷达站、人工增水、人工防雹等）。

【气象卫星站建设】 2014年，莎车天气雷达项目和塔县光球色球望远镜项目批准立项。岳普湖局争取到地方资金推进为农服务“两个体系”建设，建立优质高产红枣示范基地和2个林果站，安装为农服务设施10个。建立多部门气象灾害会商与应急联动机制。自主开发预报助手平台得到进一步完善和推广应用，预报技巧和准确率评分稳步提高，乡镇天气预报覆盖率逐步提升达40%。综合观测体系不断完善，装备保障能力得到提高，全地区地面气象观测质量综合指数99.97%。

【气象保障服务】 2014年，地区气象局准确预报大风、沙尘、冰雹、暴雨、高温等16场重大灾害性天气过程。全年发布预警信息46条，发布短信450余次，手机短信预警信息接收达22万人次，微博发布气象信息200余条，气象预警短信及电视受众190余万人次。

【气象依法行政】 2014年，地区气象局成立气象灾害防御指挥部，启动重大工程项目以及光伏电站、钢铁项目雷击灾害风险评估工作。开展塔县机场建设前期气象环境评估。启动探测环境保护规划编制前期准备工作，推进彩球施放社会化管理。

【人影工作】 2014年，行署召开2014年地区12县市人影工作会和喀什、克州人影联防座谈会。地委委员赵钢督导，农办、编办牵头，气象局与人社局督查督办，解决地方事业编制32人，已选招22人从事人影专职工作。集训地县乡人影作业人员80

人。喀什新一代天气雷达站为喀什、克州发布雷达预警单 82 次，电话预警 120 次。作业 158 次，发射火箭弹 823 枚，协调 2 架次飞机进行增雪作业。

【气象科普和宣传工作】 2014 年，地区气象学会利用“3・23”世界气象日、“7・1”活动，开通“喀什气象”官方微信，平均点击率达 7000 多人次。

【2014 年气候评价】 2014 年，天气气候主要特点：天气气候总体呈暖湿型。年平均气温略偏高，年总降水量大部地区偏多，有效积温偏多，热量条件好于常年，光照大部分地区偏多；冬、春、秋季气温明显偏高，夏季气温部分地区略偏低；年内大风、沙尘、暴雨、冰雹等灾害性天气少于历年。

一、基本气候概况

1. 气温

=1*GB2（1）年平均气温特征

2014 年，绿洲平原地区年平均气温在 12.2℃～12.7℃，除喀什、巴楚较历年偏低 0.1、0.2℃外，其他各地较历年偏高 0.2℃～0.7℃，其中泽普偏高幅度最大。南部山区年平均气温为 4.9℃，较历年略偏高 1.2℃；北部山区年平均气温为 -2.8℃，较历年略偏高 0.2℃。

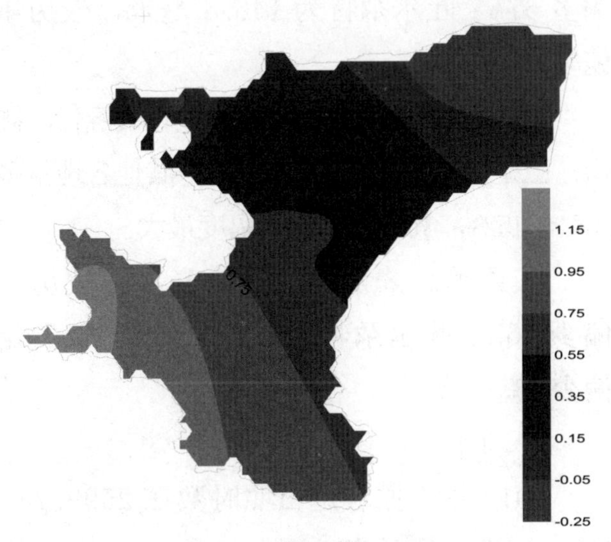

2014年气温距平分布图

=2*GB2（2）极端最高气温

平原地区极端最高气温为 38.7℃，出现在 7 月 24 日（伽师县）。南部山区塔县最高气温达 30.1℃（7 月 24 日），北部山区吐尔尕特为 18.7℃（7 月 24 日）。

高空 600 百帕温度：最高达 8.9℃，出现在 7 月 24 日。

0℃层高度：最高达 5506 米，出现在 7 月 23 日。

极端最低气温：平原地区极端最低气温为 -16.1℃，出现在 12 月 16 日（巴楚县）。

南部山区塔县最低气温达 -22.9℃，出现在 1 月 7 日，北部山区吐尔尕特为 -27.2℃，出现在 2 月 8 日。

=3*GB2（3）季、月平均气温特征

冬季（2013 年 12 月至 2014 年 2 月）平原地区平均气温在 -2.8℃～-2.0℃，除喀什较历年偏低 0.2℃。其他各地偏高 0.3℃～1.9℃，其中叶城县偏高幅度最大。

塔县冬季平均气温为 -7.2℃，较历年偏高 2.9℃，其中 12 月、1 月、2 月均偏高。

吐尔尕特冬季平均气温为 -13.5℃，较历年偏高 0.1℃，12 月、2 月偏低，1 月均偏高。

春季（3—5 月）：春季平原地区平均气温在 15.0℃～15.8℃，各地较历年偏高 0.2℃～0.8℃，其中伽师、岳普湖、莎车和泽普县偏高幅度最大。

塔县春季平均气温为 5.6℃，较历年偏

高 0.1℃。

吐尔尕特春季平均气温为 -2.6℃，较历年偏高 0.2℃。

夏季（6—8 月）：夏季平原地区平均气温在 24.3℃～25.0℃之间，英吉沙接近历年，喀什、岳普湖和巴楚较历年分别偏低 0.1℃、0.1℃、0.7℃外，其他各地较历年偏高0.2℃～0.6℃，其中泽普县偏高幅度最大。

塔县夏季平均气温为 15.5℃，较历年偏高 0.3℃。

吐尔尕特夏季平均气温为 6.8℃，较历年偏低 0.1℃。

秋季（9—11 月）：秋季平原地区平均气温在 12.1℃～13.0℃，除巴楚接近历年外，其他各地较历年偏高 0.7℃～1.3℃，其中泽普偏高幅度最大。

塔县秋季平均气温为 6.2℃，较历年偏高 1.9℃。

吐尔尕特秋季平均气温为 -2.0℃，较历年偏高 0.5℃。

2. 降水

=1*GB2（1）年降水量分布特征

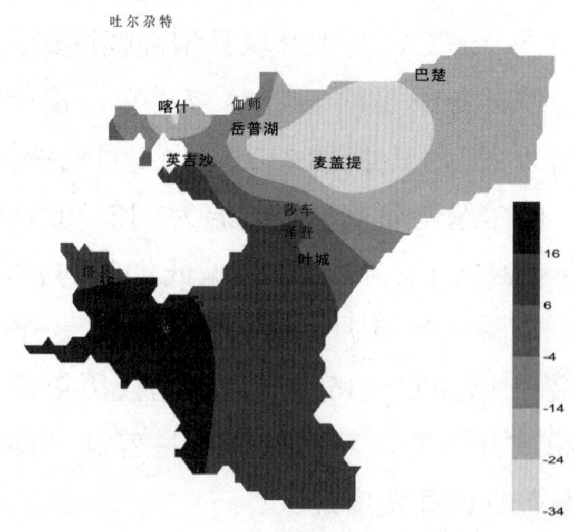

2014年降水百分率距平分布图

年降水量平原地区除喀什、伽师分别偏少 3% 和 8% 外，其他地区偏多 19%～149%，其中叶城偏多幅度最大。塔县较历年偏多 4%，吐尔尕特偏少 12%。

=2*GB2（2）季降水量分布特征

冬季（2011 年 12 月至 2014 年 2 月）：季总降水量除喀什、英吉沙偏多 44%、27% 外，其他各地偏少 36%～100%。

塔什库尔干县季总降水量为 0.0 毫米，较历年偏少 100%；吐尔尕特为 1.9 毫米，较历年偏少 84%。

春季（3—5 月）：季总降水量普遍偏少 77%～100%，其中岳普湖、麦盖提和巴楚整个春季未出有量降水，较历年偏少 100%。

塔县季总降水量为 16.2 毫米，较历年偏少 2%；吐尔尕特为 84.2 毫米，较历年偏多 12%。

夏季（6—8 月）：夏季平原地区总降水量除喀什、岳普湖和麦盖提较历年分别偏少 7%、9%、9% 外，其他各地普遍偏多 22%～83%，其中叶城偏多幅度最大。

塔县季总降水量为 71.0 毫米，较历年偏多 57%；吐尔尕特为 146.4 毫米，较历年偏多 17%。

秋季（9—11 月）：季总降水量除喀什、伽师、巴楚偏少 9%、74%、62% 外，其他各地偏多 36%～152%，其中莎车偏多幅度最大。

塔县季总降水量为 4.9 毫米，较历年偏少 46%；吐尔尕特为 42.8 毫米，较历年偏少 8%。

3. 日照

2014 年平原各地日照时数在 2599.7～3338.2 小时，除英吉沙、巴楚、莎车分别

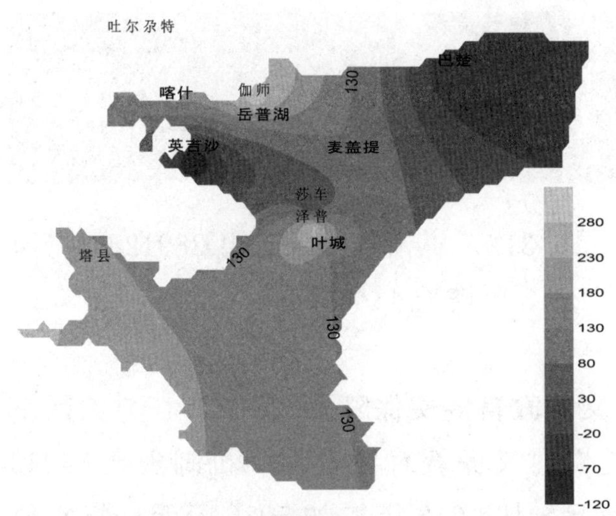

2014年日照时数距平分布图

偏少47.3、29.2和211.9小时外，其他各地偏多133.7～654.0小时，其中泽普偏多幅度最大。

热量：地区≥10℃积温为4600℃·d～4900℃·d，比历年偏多300℃·d～400℃·d，≥15℃积温为3950℃·d～4150℃·d，比历年偏多300℃·d～500℃·d，≥20℃积温为2600℃·d～2950℃·d，较历年偏多200℃·d～400℃·d。

4. 特殊项目

入冬期：各地在2013年12月3日前后，较历年推后4天左右。

开春期：各地在2月20日前后，与历年持平。

终霜期（最低气温≤0℃）：大部地区出现在3月3日前后，较历年偏早5天左右。

初霜期：大部地区出现在11月下旬末，较历年偏晚10天左右。

【2014年重大天气气候事件】 2014年，喀什地区局地气象灾害频繁发生，但强度较历年明显偏弱。

暴雨：6月16—23日，各地降中量以上雨，部分地区达大到暴量，7月16—18日，各地降小量以上雨，麦盖提达大到暴量，8月2—4日各地降小量以上雨，偏北局地大到暴雨；8月28—30日各地降小量以上雷阵雨，偏南偏北局地达大到暴雨。

冰雹：6月22—23日，偏北地区连续出现冰雹，受此影响，疏勒、伽师和岳普湖县部分乡镇农作物受到一定损失。

7月17日下午，岳普湖县岳普湖乡、铁力木乡部分区域出现强对流天气，出现短时小冰雹。造成该县1723人受灾，棉花315.3公顷、玉米28.7公顷、西瓜4.0公顷受灾。

8月30日22时，伽师县自北向南3个乡依次遭受冰雹袭击，同时伴有雷暴、阵雨天气，初步调查该次强冰雹灾害性天气造成伽师县克孜勒苏乡、和夏阿瓦提乡、铁日木乡受灾，农作物受灾面积达6万余亩，经济损失6000余万元。

大风、沙尘暴：4月22日、5月21—22日各地出现大风、沙尘暴天气，受该次大风影响，莎车、伽师、泽普、麦盖提、叶城、岳普湖及英吉沙县等部分地区作物受到一定损失。

高温：6月14—16日、27—30日，各地出现35℃以上高温天气过程。

7月1—3日、14—16日、22—29日各地出现35℃以上高温天气，其中伽师24日最高气温达38.7℃，伽师、岳普湖大于35℃高温天数为14天。

8月23—25日，各地出现35℃以上高温天气。

（地区气象局）

教 育

综 述

【综述】 2014年，喀什地区有各级各类学校、幼儿园2178所，在校在园学生、幼儿总数达87万人，教职工6.6万人。其中小学957所，在校生42.6万人，教职工3.1万人，专任教师2.8万人;普通中学208所，在校生26.1万人，教职工2.5万人，专任教师2.4万人（初中166所，在校生19.4万人，专任教师1.8万人；普通高中42所，在校生6.7万人，专任教师5521人）；中等专业学校27所，在校生3.5万人，教职工2094人，专任教师1715人；特殊教育学校5所，残疾适龄在校生540人，教职工129人，专任教师116人；工读学校1所，在校生646人，教职工118人，专任教师26人；教育学院1所，在校生141人，教职工158人，专任教师108人；幼儿园979所（其中私立幼儿园19所），在园幼儿14.6万人，教职工7214人，专任教师6487人。小学学龄儿童入学率99.7%，初中学龄儿童入学率99.35%；小学毕业升学率99.34%，初中毕业升入普通高中升学率48.24%，完成高中阶段教育毕业升入大学阶段升学率86.14%。

【教育投入】 2014年，喀什地区教育财政拨款事业支出887699万元，比2013年增长15.31%，其中专项支出289128万元，比2013年增长43.64%。

【义务教育经费保障】 2014年，自治区下达农村义务教育经费保障机制资金64943万元，比2013年增加5036万元。将农村小学、初中学生公用经费标准分别从500元、700元提高到600元、800元，所有农村义务教育在校生受益。下达农村义务教育阶段贫困生生活补助17296万元，115451名贫困寄宿生受益。拨付免费教科书12510万元，为60余万名中小学生免费提供教科书。拨付免除城市义务教育阶段学生学杂费514万元，31866名学生受益。落实进城务工人员随迁子女接受义务教育中央奖励资金653万元。落实中小学校舍维修资金15807万元，将特殊教育学校学生及区内初中班学生全部纳入新机制保障范围。

【学生资助】 2014年，中职资助国家助学金：地区中职学校累积有32517人次享受国家助学金，国家、自治区累计下达资金2142.9万元（包括地县市配套资金104.83万元）；国家免学费补助：有22525人享受国家免学费补助金，上级下达资金4486.65万元；住宿费、教材费补助：全年13438人享受免住宿费、教材费政策，上级下达资金4715.45万元；其他资助：自治区财政对中职招收新疆籍学生给予300元/生/年补贴，用于学校公用经费、改善办学条件等支出。自治区下达资金1257.64万元；普通高中资助：喀什地区120318人次享受普通高中国家助学资金，上级下达资金9023.85万元；春季学期有51788人享受助学金，发放金额为3886.05万元，已按要求全部通过银行卡发放到学生手中。秋季学期，60159人享受助学金。2014年，上级下达普通高中学费补助资金7438万元。

【农村义务教育营养改善工作】 2014年，喀什地区1167所中小学465300人享受营养改善计划政策。自治区给喀什地区下拨营养改善计划资金9.3亿元。2014年第一批下达22天资金1511.62万元，第二批下达178天资金24751.96万元，合计下达资金2.63亿元。结合喀什地区实际情况，受食堂条件限制，当前主要采取两种模式组织供餐，在具备食堂供餐条件学校实行食堂供餐，有119742名学生；不具备食堂供餐学校采取以县为单位集中配餐模式供餐，有381993名学生。按照每周5天，保证每天每生食用一枚鸡蛋（大于55克）、一袋牛奶（200毫升）、一块糕点或馕（大于50克）；学生饮用奶计划在喀什市区25所学校义务教育阶段在校生中实施。普通学校和喀什聋哑学校补贴标准按每人每天1袋，每袋补助1元，补贴天数为195天，经费由自治区财政承担。地区儿童福利院和市儿童福利院补贴天数为365天，全额补贴。享受“学生饮用奶计划”学生人数为33870人。

【义务教育】 2014年，喀什地区有小学957所，在校生42.6万人；初中166所，在校生26.1万人。小学学龄儿童入学率99.7%，初中学龄少年入学率99.35%；小学毕业升学率99.34%，初中毕业升入高中阶段升学率86.14%。特殊教育学校5所，残疾适龄在校学生540人；工读学校1所，在校生646人。

【高中阶段教育】 2014年，喀什地区有普通高中42所，在校生6.7万人。普通高中入学率48.24%。完成高中阶段教育招生54271人，升学率达到86.14%。

【职业教育】 2014年，筹建喀什职业技术学院，成立上海·喀什职业教育联盟，签订合作项目；开展自治区示范性中职院校对口帮扶计划，喀什地区13所中职学校与9所自治区示范性中职院校开展对口帮扶。通过各种渠道补充职业学校教师154人；中等职业教育中等专业学校27所，在校生3.5万人。喀什地区中等职业教育实际招生23404人。喀什地区中等职业学校占地面积166.67公顷，国家计划投资31460万元，建设总面积183700平方米，在校生规模11000人。

【双语教育】 2014年，喀什地区有双语幼儿园960所，在园幼儿13.7万人，学前5～6岁幼儿7万人；幼小衔接率为95.32%，比2013年增长9.22个百分点；

双语教育中小学有1392所，开设双语班12438个；接受双语教育学生（幼儿）48.7万人，占少数民族在校生（幼儿）总数的62.43%，中小学双语班学生人数为31.9万人，比2013年增加5.4万人，增长20.2%；全地区中小学有模式一学生27.4万人，模式二学生4.6万人；汉语系中小学民考汉学生2.82万人。MHK考试人数24829人。

【内学工作】 2014年，内高班学生分布在全国14个省份93所办班学校。2014年，喀什地区内高班报名人数10182人，录取人数2850人，另外，还完成区内高中班招生254人、对口班招生49名。喀什地区为内高班输送学生1.99万人，内高班在校学生人数达1.02万人。内高班经费投入情况：办学经费分为一次性经费和经常性经费。一次性经费主要由中央财政按在校生数10万元/生标准投入，经常性经费由办班城市财政列专项负责解决，年生均在8000元以上，大部分学校达到万元以上，自治区人民政府承担学生探亲交通费以及部分学习、生活费和医疗保险费，年生均2300元。按学生家庭经济情况，分为特困生、贫困生和非贫困生，特困生免交学习生活费，贫困生和非贫困生每生每学年分别交450元和900元学习生活费用。相当于国家、办班省市和自治区累计为喀什地区各族群众投入内高班经费15.45亿元；内职班从2011年起，在9个经济发达省市32所国家级示范中等职业学校举办内地新疆中职班（简称“内职班”）。2014年，喀什地区内职班报名人数2787人，录取人数728人。喀什地区为内职班输送学生4230人，内职班在校生2530人。内职班经费投入情况：内职班经费实行中央财政支持与内地办班省市财政、新疆财政投入相结合的办法。国家一次性投入基建费5000元/年/生，生活补助费6500元/年/生，学费2000元/年/生，另外，自治区还补助交通费1000元/年/生。国家、办班省市和自治区累计为喀什地区各族群众投入内职班经费1.08亿元；2014年，喀什地区内初班报名人数13642人、录取人数2865人。喀什地区为内初班输送学生1.68万人，内初班在校学生人数达7200余人。学生经常性经费标准7000元，每年拨付内初班教师补贴生均1800元，另外学生还享受学生营养餐和学生饮用奶计划600元/生。相当于自治区、办班城市累计为喀什地区各族群众投入内初班经费5.69亿元。

【招考工作】 2014年，地区教育工委、教育局始终坚持公平、公正、公开工作原则，狠抓考试安全，规范考务管理，严肃考风考纪，不断提高招考工作组织和管理能力。研究生招生考试946人，普通高考21765人，成人高考4870人，自学考试9304人。普通高考南疆四地州体育术科测试1346人，美术统考809人。全国计算机等级考试3142人，全国大学英语四六级考试5268人，普通高中学业水平考试21221人97047科次，初中学业水平考试46250人。参加双语特岗教师招聘考试11113人。

【教育建设项目】 2014年，喀什地区实施教育工程项目13大项、1874个项目（含续建），总投资32.2亿元，建设面积208.9万平方米。完成“全面改薄”项目规划编制、审核、上报工作，规划总投资51.26亿元。加强对各类教育专项资金管理。2014年，国家、自治区累计下达各类教育专项资金28.7亿元。

【教育援疆工作】 深化对口援疆交流合作，落实教育援疆资金近4亿元。实施“千校扶千校”一对一结对帮扶工程。争取援疆招生计划583个，接受援疆支教教师164人。与山东省、广东省、上海市、深圳市开展师生互学互访、教师学术研讨和青少年“手拉手”“结对子”联谊，写书信、夏令营交朋友等活动。不断拓展教育援疆广度和深度，在职教对口帮扶、校园文化建设、教育信息化平台建设及资源共享等方面加强交流合作，效果明显，为喀什地区教育事业注入新动力。教育援疆建设项目2013—2014年62个项目，总投资79980万元，建设面积723724平方米。援疆教师培训2014年协助援疆省市做好各类教师培训工作，培训1044人（山东329人、上海715人）。

【教师培训】 2014年，选派9424名教师参加各类培训。其中，国家级培训2999人，自治区级培训4423人，地区及援疆省市各类教师培训1044人，双语培训958人。完成教师计算机考核1608人、专业理论考核51832人。开展“双向挂职”，2014年选派70名骨干教师赴鲁培训，30名高中管理人员骨干教师赴上海参加20天培训，举办山东省对口支援喀什地区四县129人双语教师培训班和上海市对口支援喀什地区四县685人双语教师培训班。

（地区教育工委、教育局）

基础教育

喀什二中

【综述】 2014年，喀什二中有2个校区，即校本部和疏勒校区。校本部占地面积4.67公顷，合46669平方米，校舍建筑面积52499平方米。疏勒校区占地面积34.6公顷，合346372.1平方米，已建成一期校舍面积96868.27平方米。两个校区建筑面积合计149367.27平方米。绿化面积达161198.96平方米；在校生总数为8644人，160个班级，其中疏勒新校区有99个教学班级，学生人数为5435人，其中疆内初中有40个教学班，人数为2138人，少数民族学生1676人，占总人数的78.6%；高中部有59个教学班，其中4个双语教学班，人数为163人，汉语教学班55个，总人数3134人，少数民族学生683人，占总人数的21.8%;学校有党政办、政教科、教务科、教研室、保卫科、总务科、电教中心、内初办、德育办、团委、工会、妇委会，内设科室有效能办、信息中心、督导室、心理健康教育教研室、艺体教育中心。

【师资队伍】 2014学年，学校实际在编教职工612人（另有山东援疆教师20人、特岗教师37人、免费师范生3人）。在编人员中，专职教师521人，其中初中教师187人，高中教师334人。新校区2014学年有教职工530人，其中专任教师人数309人，各科室工作人员41人，塔县教师31人，民汉餐厅职工122人，公寓楼管理人员6人，保洁人员21人。

【教育教学】 2014年，二中首届内初公费生总人数114人，上线人数104人，上线率91.3%，塔县班有20人考入内高，中职以上上线率为100%；高考上一本线人数314人，二本线人数372人，高考总上线率为97.99%；双语109人参加高考，一本上线人数44人，二本上线38人，总上线率100%。

（喀什第二中学）

喀什第六中学

【综述】 喀什第六中学始建于1956年，占地面积9.22公顷，原称喀什高中。1971年，实行民汉合校，更名为喀什第六中学。1979年，喀什第六中学由民汉合校分离为喀什地区维吾尔高级中学和喀什市十二中，2005年7月，喀什地区维吾尔高级中学和喀什市十二中合并为民汉合校，称为喀什第六中学，开办民、汉语系初、高中教育，重点开办双语教学；全校有教职工354人，退休教职工120人，其中汉族教职工108人，少数民族教职工246名；有76个班级（双语班51个、民语系普通班15个、汉语班10个），其中初中6个班，高中70个班，共3600余名学生（其中寄宿生1500余名）。双语教学班学生数占民语系班级学生总数的75.4%。学生中有维吾尔族、汉族、塔吉克族、柯尔克孜族、乌孜别克族等13个民族。

【教育教学】 2014年，第六中学狠抓教学质量，完善教学管理制度，严格按照教学大纲要求开齐课程。重视课堂教学过程管理，通过教学大检查和形式多样评教活动，促进学校教学质量提高。宏志班一本升学率达到100%。

【教学研究】 2014年7月，第六中学课题小组向教育部关工委“新时期中小学家庭教育立德树人综合研究”总课题组申请，获得子课题“探析喀什地区维吾尔族家庭教育在中学德育工作中作用”批准立项；政治教师李晓木论文《民汉合校普通高中多样化特色化办学模式探析》获第六届全国中小学教师论文大赛一等奖、《民汉合校教师成长记》获第六届全国中小学教师论文大赛二等奖；历史教师姚艳娟论文《讲究方法细节去影响学生》获第六届全国中小学教师论文大赛二等奖。

（喀什第六中学）

职业教育

新疆喀什水利水电学校

【综述】 新疆喀什水利水电学校是1985

年5月经自治区人民政府批准成立，隶属自治区水利厅、喀什地区教育工委双重管理。坐落在喀什市大众路3号，占地面积50669.2平方米，其中校舍建筑面积2804平方米，教学及辅助用房面积4408.5平方米，生活住宅建筑面积10615平方米，建有19618平方米标准田径场1座。有5个实验室、6个校外实训基地，实训设备总值达到100万元，有藏书3万册，设校园局域网。2014年，有教职工75人，专任教师57人，其中高级讲师25人，讲师17人，初级讲师15人，研究生1人，本科学历教师54人，大专学历1人。行政管理人员11人，工勤人员7人。党员48人，在校生1182名。其中函授生853名，中专生329名。

【专业建设】 2014年，新疆喀什水利水电学校开设农业水利技术、水利水电工程施工技术、水电站电气设备、水利水电工程概预算、乡镇给水排水、计算机技术与应用、工程测量、通信设备维修等专业。

【教学工作】 2014年，新疆喀什水利水电学校三年制初中毕业生教学管理模式是一年汉语预科准备汉语授课、培养一年半专业基础和专业技术技能，半年在企业进行定岗实习。在执行教学大纲和实施教学计划方面文化基础课教学大纲按照教育部教学大纲进行、专业基础课教学大纲按照教育部教学指导书，学校结合各专业技术技能特点，制订实施灵活、开放的教学计划。

（新疆喀什水利水电学校）

喀什地区体育运动学校

【综述】 喀什地区体育运动学校于1987年经自治区人民政府批准成立，是新疆维吾尔自治区南疆唯一一所中等体育运动专科学校。2014年，按照国家体育总局、教育部第14号令《中等体育运动学校管理办法》和自治区重点项目布局，以及《中等体育运动学校教学大纲》要求，开设训练项目由13个减至11个，基础理论课和专业技术课仍为20科。实行半训半读三集中和“读训并重”办学模式。学制为三年。2014年，教职工人数73人，在校生人数208人。

【政治思想工作】 2014年，喀什地区体育运动学校深化思想政治建设，坚持用中国特色社会主义理论体系武装头脑，指导实践，推动工作，提升党组织凝聚力、战斗力。严格落实中央八项规定、自治区和地区十条规定，兑现“四不承诺”，开展校风校纪、统一着装和规范仪容仪表、校园环境卫生和“两个不得、五个严禁”等专项整治活动。

【训练工作】 2014年，喀什地区体育运动学校全力以赴完成自治区第十三届全运会备战和比赛任务。根据《喀什地区参加自治区第十三届全运会方案》，组织173名运动员、25名教练员，从2014年1月10日至8月25日，参加自治区第十三届全运会田径、足球、排球、沙滩排球、摔跤（自由式、古典式）、柔道、跆拳道、拳击、武术散打8个大项集训和比赛，获得金牌66.5枚、银牌35枚、铜牌32枚，奖牌总数133.5枚，团体总分1487分，较好地完成地区下达的全运会参赛任务。并向自治区专业队和高校创办高水平运动队培养输送35名竞技体育后备人才。全年选派8名教练员分赴疆内外参加国家、自治区体育局举办的教练员岗位培训。

【教学工作】 2014年，喀什地区体育运动学校结合教学工作实际，继续调整优化课程设置、课时比例，合理调配教师资源，重点加强专业技术课、双语课、基础文化课教学工作。抓到校率、出勤率，加强教学常规管理工作，注意对学生进行学习兴趣培养，将学生流失控制到最低。鼓励和支持教师参加各类学习培训，全年选派4名教师参加自治区举办岗位培训。

【招生工作】 2014年，喀什地区体育运动学校招收新生177名，完成2014年招生工作任务。

【俱乐部工作】 2014年，喀什地区体育运动学校充分利用国家体育总局给予的经费、器材、政策等方面支持，落实《全民健身计划纲要》，利用有专业技术人才和场地条件，为体育爱好者提供健身指导和场地器材。同时，利用寒暑假为少年儿童开办篮球、足球、乒乓球等项目培训，受训人数近千人次。协助各系统开展各类培训、比赛活动，收到较好社会效益和经济效益。

【项目工程建设】 2014年，喀什体育运动学校由山东省体育局援助200万元，开展喀什地区拳击馆项目建设，3月15日开工，已竣工投入使用。

（封保华）

喀什地区技工学校

【综述】 2014年，喀什地区技工学校全年招收技工、中专新生人数为2400余人，秋季注册新生达到1029人。喀什地区技工学校学制教育在册学生总数为1559人，大专函授和远程教育招收学员122人，在册生总数为506人。学生就业率达到93.7%。

【培训工作】 2014年，喀什地区技工学校举办汽车修理工、农机修理工、装饰装修工、砌筑工、服装缝纫工、汽车驾驶员、保安7个工种短期培训。培训8532人次。

【基础设施建设】 2014年，喀什市政府在中亚南亚工业园区划拨土地29.33公顷作为技工学校新校址，一次性投入1.7亿元新建5万平方米校舍和其他辅助设施项目10月已开工建设，预计2015年年底交付使用。

（喀什地区技工学校）

喀什财贸学校

【教学常规管理】 2014年，喀什财贸学校严格执行教学规范，加强反馈检查。对全校教师编写教案、听课记录和作业批改等情况进行集中检查并进行及时总结和反馈；加强教学资源管理和开发。发挥多媒体教室作用，充分利用现有现代电教设备，制作课件，丰富教案内容，提高教育教学水平；以科研为龙头，促进学校教学整体工作；申报职业教育与教学改革工程项目，成功申报小企业会计准则精品课、2014年新疆维吾尔自治区支持职业学校提升专业服务能力项目。

【招生工作】 2014年，喀什财贸学校完成中职招生321人。

【培训就业工作】 2014年，召开毕业生小型供需见面会，邀请10家企业近140个岗位供实习学生选择，其中现场签约59人。另有57名学生与喀什展博电子科技有限公司达成就业意向；进行2011级150名实习生及上海奉贤中等职业学校2011级顶岗实习学生实习跟踪及家访工作。完成新疆大学、新疆师范大学、新疆财经大学1000余人抽考面授任务；完成喀什地区财会人员继续教育培训工作8000余人次；完成635人次全国计算机等级考试报名及考试工作。完成323人次国家汉语水平MHK报名工作。与地区卫生局合作举办卫生系统专业技术人员继续教育培训班，23个班培训学员3304余人次；完成酒店服务培训123人次；为莎车县培训再就业劳动力114人次；承担喀什市教育局委托双语教师培训教学管理工作，培训470余人次。

【教师培训】 2014年，喀什财贸学校先后派出58名教师参加国家级、省级等各级各类师资培训。

【项目资金】 2014年，喀什财贸学校争取中央财政职业教育项目资金50万元。

（喀什财贸学校）

喀什艺术学校

【教师队伍建设】 2014年，喀什艺术学校通过地区、自治区、国家业务培训，实行专业带头人校团双聘任制度，完善师资培训机制。53名教师参加国家、自治区培训；“双师型”教师新增20个，培养和聘请专业带头人6名，骨干教师6名，聘请行业专家12名；现有自治区级教学团队1个，校级教学团队2个。

【示范校建设】 2012年8月，申报国家中等职业教育改革发展示范学校建设计划项目。2013年8月27日，根据国家三部委下发教职成厅函〔2013〕25号文件第三批补充项目学校建设方案及任务书通知，成为第三批中职示范校立项学校。2014年11月25日，喀什艺术学校接受自治区专家组的示范校建设达标各项工作中期督查验收。喀什艺术学校舞蹈表演、音乐、美术（民间工艺美术方向）3个重点建设专业和校园文化特色项目、校园信息化建设2个特色项目建设验收要点187个，已完成126个，完成率67%，其中3个重点建设专业共168个验收要点，完成119个，完成率71%，两个特色项目验收要点共19个，完成7个，完成率36.8%。

【基础建设】 2014年，项目建设资金共1886万元，到位资金1586万元，到位率84.09%。执行资金419.98万元，资金执行率31%；争取国家专项资金710万元修建4500平方米多功能教学楼，该工程已动工建设。

【招生就业】 2014年，喀什艺术学校招生计划200名，实际招生210名；在校学生人数656名，毕业学生155名，就业率90%。

（喀什艺术学校）

喀什师范学校

【综述】 喀什师范学校始建于1935年，具有80年办学历史，与喀什地区实验中学、喀什地区少数民族小学教师培训中心，实行一个机构、三块牌子管理体制，实行自治区教育厅和喀什行署双重管理，以喀什行署管理为主。2014年，学校有维吾尔族、汉族、回族、柯尔克孜族、俄罗斯族5个民族。在编教职工321人，其中汉语、学前、教育、音乐、美术等各类专任教师278人，研究生学历10人，本科学历256人，其中高级职称39人、中级职称82人、初级职称98人，自治区、地区级特级教师和优秀教师6人。有学历教育学生1510人，培训学员479人。

【教育教学工作】 2014年，师范学校为强化教学质量意识，切实规范教学管理，全面提高教育质量。不断强化和规范教师备课、批课、授课、参加教研活动等常规制度，加强领导联系教研组活动和教学常规检查力度，并定期选派专业教师各实习基地进行调研和实习指导，促使教研活动质量和课堂教学情况有所好转，教师业务能力和教学质量不断提高。2014年，完成授课71214节，组织听评课7235节，召开教研组长会议30次，开展教研活动200次，对专任教师教案进行两次大检查，教案合格率达97%。

【师资队伍建设】 2014年，师范学校开展师德承诺、教师基本功大赛、教研活动、校内外培训等活动，以比赛促学习、促提高，切实增强教师专业技能。开展教师职业道德、班主任培训和多媒体课件制作等校本培训工作。加大“师德标兵”“优秀教师”“优秀班主任”评选和表彰力度。开展先进事迹活动，抓好中青年教师、干部选派培训工作。投入7万元外聘教师，投入12.9万余元选派41名教师参加区内外组织各级各类培训、调研及考察学习；投入近5万元用于表彰奖励优秀教师、班主任及各类工作中涌现出先进个人，进一步激发教师爱岗敬业工作热情，有力地促进学校教师整体素质稳步提升。

【培训工作】 2014年，师范学校承担山东省对口支援喀什地区四县少数民族小学（学前）双语教师“两年制”培训和喀什地区新疆小学（幼儿园）少数民族双语教师“两年制”培训班。圆满完成山东班123

人，2013级骨干班238人，2014级骨干班242人，计603人培训任务和100人次自治区小学书记校长培训。

【办学条件】 2014年，师范学校投入192.3万元用于配备电脑、液晶电视、投影仪、书柜、储物柜等教学设备、办公设备及生活用品；投入284万元对教学楼及其附属设施进行粉刷和维修，对家属院地面和综合实习基地车棚（车库）进行硬化。一系列新设备、新设施配备和校园环境改造，使得学校办学条件和育人环境得到明显改善。

【校园文化建设】 2014年，师范学校坚持以现代文化为引领，有计划、有组织开展好各项活动。协助地区教育局成功举办喀什地区教育系统组织校园集体舞大赛，在比赛中，喀什师范学校教师队获得特等奖、学生队获得一等奖。成功举办第四十届校园运动会，开展体育竞技比赛10次、7次个人专场音乐会和4次大型文艺演出等活动。在自治区中等职业学校第八届文明风采活动中，喀什师范学校65份作品在自治区文明风采活动中获得优异成绩，其中在征文类比赛中，《梦想照我前行》获得自治区三等奖1个；在展演类比赛中，中华才艺作品获得自治区二等奖3个、三等奖16个；摄影类比赛中最美中国作品获得自治区一等奖5个、二等奖18个、三等奖22个，3名教师获得优秀指导老师奖。

【德育和民族团结教育工作】 2014年，师范学校始终坚持育人为本、德育为先理念，巩固自治区德育达标校创建成效，做好课前5分钟民族团结教育、升旗仪式、主题班会和政治理论学习，切实做好学生入学教育、安全教育、爱国主义教育和民族团结教育等常规教育，坚持常规教育与创新活动相结合，结合教师节、中秋节等重大节日汇报演出，创新国旗下献礼等形式，提升学生道德素质。德育教师参加自治区中等职业学校德育课第四届精彩一课比赛，并获得优秀奖。举办心理健康宣传及讲座17次，道德讲堂2次、民族团结教育讲座4次，德育专题讲座2次，仪容仪表规范教育和法制教育4次，不断提高学生道德水平，塑造高尚人格。重视学生学业成绩提升，开展优秀学生、三好学生和优秀班（团）干部评选活动，加大贫困生帮扶力度，60名家庭困难学生获得重返校园机会。喀什师范学校被地区授予民族团结先进集体荣誉称号。

【群团工作】 2014年，师范学校群团组织发挥宣传优势，组织广大学生开展爱国主义主题教育36次;“结对子”“手拉手”“美丽中国，我的中国梦”主题教育5次，开展感恩主题教育23次；文化艺术类宣传教育活动20余次。组织3个师资班同3个骨干班开展“结对子 促团结 学双语”活动，组织32名团员代表，到喀什地区福利院开展“手拉手 献爱心”慰问活动。校工会代表学校对68名家庭困难和因病住院教职工进行慰问，发放慰问金16900元整。教师节、国庆节、古尔邦节对14名教职工，19名退休干部、7名教职工遗孀进行慰问，及时把党把关怀送到他们心里。

（喀什师范学校）

高等教育

师范学院

【喀什大学更名】 2011年9月，喀什师范学院提出建设喀什大学的思路，并着手开展论证工作。2012年5月12日，向自治区党委上报《关于在喀什师范学院基础上建设喀什大学的请示》。2013年9月，国务院将以喀什师范学院为基础按程序推进综合性大学建设正式纳入《喀什经济开发区建设总体规划》。2014年4月14日，自治区党委、人民政府成立喀什大学筹建工作领导小组。2014年6月22日，自治区党委书记张春贤和中共中央政治局委员、广东省委书记胡春华等领导，现场考察喀什大学东城校区建设规划，深圳市委书记王荣向自治区教育厅移交喀什大学规划设计蓝图，深圳市市长许勤将援建喀什大学的10亿元资金交予学校。2014年12月，教育部高等学校设置评议委员会专家对学校更名喀什大学工作进行实地考察。2015年4月28日，教育部下发《关于同意喀什师范学院更名为喀什大学的函》（教发函〔2015〕63号），同意喀什师范学院更名为喀什大学，同时撤销喀什师范学院建制。2015年5月29日，自治区党委副书记、自治区主席雪克来提·扎克尔，对口支援学校南开大学、华中师范大学，对口援疆四省市前方指挥部领导亲临学校，为喀什大学揭牌。

【师资队伍建设】 2014年，师范学院共引进新教师53名，其中博士6人、硕士38人；鼓励和支持中青年教职工在职提升学位层次，有23名教师考取博士研究生。

【大学生思想教育】 2014年，喀什师范学院开展马克思主义“五观”“四个认同”“三个离不开”思想教育，组织专家、学者、教授、思想政治和德育课教师，经常性开展有针对性的主题宣讲，深度解读党和国家的方针政策，以现代文化为引领，提高大学生思想文化修养。加强对大学生现代文化观念的教育，弘扬现代文明生活理念和生活方式。通过开展丰富多彩的校园文化活动，营造现代文化气息浓厚的校园环境，教育和引导学生形成尊重差异、包容多样、相互欣赏的现代文化心态，树立进步、开放、包容、文明、科学的文化理念，培养大学生健康向上的生活情趣。弘扬爱国爱疆、团结奉献、勤劳互助、开放进取的新疆精神，开展民族团结教育活动，推进和搭建“民汉混住”“混合编班”“班级联谊”“友谊宿舍”“互学语言”等有利于促进民汉学生交流交往和互相学习的平台；重视就业工作。通过建立毕业生就业指导工作评估机制，加强就业政策宣传，开展形式多样的就业指导活动，加强校企合作，建设毕业生就业、创业孵化基地等多种手段和措施，促进大学生就业创业。2014年，毕业生就业率达到 87%。

（喀什师范学院）

教育学院

【综述】 2014 年 10 月 14 日，学院整体搬迁至喀什地区中等职业学校。核定编制 296 名，在编 278 名。行政管理层有院办公室、组织人事科、教务科、教学督导室、招生就业指导科、学生科、总务科、保卫科、团委和德育办公室 10 个科室和 8 个教研室。有 9 个党支部，其中在职教职工党支部 7 个，离退休教职工党支部 2 个；学院学历教育在校生总数为 6272 人。

【教育教学管理】 2014 年，喀什教育学院建立教育督导体系，对学院各级各类教学实施状况进行跟踪管理，形成督导检查限期整改制度、督导检查结果公报制度、教学事故问题监测报告制度，教学制度不断完善，教学过程进一步规范；因校制宜、扬长避短，统筹推进教育教学运行管理；做到学期初制定工作计划、教学校历、任课教师安排、教材发放、编制课表等，学期中抓好教学运行管理、教学质量监控、组织实施计划中各项工作，学期末核定教师工作量、组织期末考试、下学期教材征订、教学计划、任课教师安排等工作；加强对外交流，加强内涵建设。修订 5 个重点专业教学标准及 80 余门课程标准。编撰民族团结校本教材《阳光沐浴下喀什》及 PPT 课件；选派 15 名教师赴内地高校参加“双师型”教师培训；选派 14 名教师赴疆内外参加国家级、自治区级骨干教师培训；选派 1 名教师赴疆外参加专业转型培训；与吉尔吉斯斯坦奥什农学院建立友好合作关系。建成家畜养殖场、家禽养殖场、家禽繁育孵化中心、蔬菜种植基地、林果种植基地；新增校外实训基地 61 家；加强专业建设。开设专业有畜禽生产与疾病防治、畜牧兽医、设施农业生产技术、现代农艺技术、果蔬花卉生产技术、园林绿化、植物保护、农产品保鲜与加工、农村经济综合管理、计算机应用、实用汉语等 11 个专业；根据新疆维吾尔自治区《发展纺织服装产业促进百万人就业意见及政策建议》、自治区“十二五”纺织工业发展规划布局、《喀什地区国民经济和社会发展第十二个五年规划纲要》，以及重点发展和推进“喀什市纺织工业园区”规划，地区统筹安排，由上海援建学校纺织服装类专业，已按计划逐步实施，预计 2015 年秋季开始招生；向中央电大申请塔什库尔干县为本科考点，全程参与喀什职业技术学院筹建工作；申报 2014 年度自治区支持职业学校提升专业服务能力项目“畜牧兽医专业”、自治区级精品课程“畜禽繁育技术”“喀什农业中职教育专业设置及建设初探”XJZJXH2014-39 获新疆职业教育学会科研规划课题立项。

【招生工作】 2014 年，喀什广播电视大学注册新生 1368 人，完成招生任务的 114%。喀什广播电视大学在校生总数达 4030 人。喀什地区中等职业学校普通中专注册新生 852 名，完成招生任务的 106.5%。成人教育招生 776 人，其中喀什地区中等职业学校成人中专招生 582 人；教育学院成人脱产大专招生 96 人；新疆农业大学函授大专招生 98 人。承担地区初中双语教师 2 年制脱产培训任务，2014 年，招生 199 人，在校培训学员 392 人。对全地区农业类 10 个工种进行初级职业技能鉴定，鉴定 17633 人次，完成签订任务的 293.9%。

【建设项目】 2014 年，新校区核准用地面积 166.67 公顷，其中 66.67 公顷为项目建设用地，100 公顷为实验实训用地，实际划拨 66.67 公顷。喀什地区中等职业学校项目建设争取追加资金 5537 万元，《项目可行性研究报告》已经过自治区级评审。2014 年，完成 143715 平方米校舍工程，并通过决算审计；后期 39985 平方米校舍工程主体已完工，2014 年 8 月底前交付使用。地区协调由喀什市暂借 5000 万元用于项目附属配套建设，实际到位资金 2500 万元。除 1.6 万平方米道路和运动场项目未完工，其余水、电、路、暖、天然气、监控、围墙、绿化、亮化等均已完工。经自治区发改委、自治区政府投资项目评审中心核定，后续补充建设项目总投资 5573 万元，其中室外体育用地 154000 平方米，校园集中绿化 55000 平方米，校园围墙 3400 米，校园大门 2 座，实训设备 816 台（套）及校园安监系统 1 套。

（喀什教育学院）

文化·体育

文化

【综述】 2014年，喀什地区文化体育新闻出版局内设办公室（组织人事科）、文化艺术科、体育工作科、新闻出版科、市场科5个科室，事业单位有地区体育总会，参照公务员管理事业单位有地区文化市场稽查支队。直属差额事业单位有地区歌舞剧团；直属全额事业单位有地区图书馆、地区文化馆、地区体育馆、地区博物馆；直属参照公务员管理事业单位有地区文物局。2014年，全地区有文化行政机构13个，地、县、乡三级公共文化设施256个，其中公共图书馆13个，文化馆17个，博物馆7个，乡镇和国营农林牧场综合文化站219个。有国有专业艺术表演团体14个，民营文化艺术团体8个，中等专业艺术学校1所，行政村、社区标准文化室2448个，农家书屋2464个。全地区文化体育新闻出版系统干部职工总数2319人，其中地区直属244人，县市直属1661人，乡镇文化站363人；全地区列入国家和自治区级非物质文化遗产名录“非遗”项目分别有20项、68项，地区级“非遗”项目238个。有文物保护单位480处，其中全国重点文物保护单位7处，自治区文物保护单位35处，县市文物保护单位411处。建成全国文化先进县3个，自治区文化先进县5个；国家一级图书馆1个，二级图书馆2个，三级图书馆5个，自治区三级图书馆4个。国家二级文化馆1个，国家三级文化馆10个；全地区有地县两级体育馆2座，体育运动场6个，150个乡镇有简易篮排球场，占乡镇总数的89.8%；500个行政村有简易活动场，占行政村总数的21.7%；地区有一所体育运动学校，在校学生410名，县市业余体校12所，在校学生1895名；有16个单项协会及两个单项俱乐部；有46所国家青少年足球校园布局重点学校；有7所国家命名体育俱乐部，国家级传统体育项目学校2所，自治区级传统体育项目学校8所，自治区足球示范学校20所；全地区有46个晨晚练点，1316名各级社会体育指导员；建成全国体育先进县4个，自治区体育先进县1个，有50个乡镇被自治区命名为体育先进乡镇；全地区文化出版物市场主要有网吧、音像、娱乐、出版物、印刷、演出、艺术培训、文物8个经营门类1498家经营单位，其中出版物经营单位908家（音像制品经营单位236家、图书经营单位75家、印刷经营单位39家、打字复印店558家），民营艺表团体6家，歌舞娱乐场所203家；网吧121家；其他文化经营单位260家，从业人员4734人。

【文化艺术】 2014年，喀什地区歌舞剧团编排完成大型歌舞晚会《丝路欢歌》第十届“喀交会”文艺晚会，分别于诺鲁孜节、第十届“喀交会”期间与观众见面；举办喀什地区“多彩喀什”歌唱才艺大赛；由地区歌舞剧团改编维吾尔语话剧《马市巷子老院子》和原创话剧《被净化灵魂》参加自治区文化厅举办庆祝中华人民共和国成立65周年文化惠民演出，分别在乌鲁木齐和南疆各地巡演。

【社会文化】 2014年，喀什地区组织各县市参与第七次乡村百日文体竞赛活动和第十三个百日广场文化活动，全地区累计投入766.919万元用于两项活动，举办文艺演出、知识竞赛、演讲比赛、宣传讲座、群众体育（趣味）活动等各种类型文体活动6258场次，直接参演群众近26万人次，观众达350万人次。喀什地区获自治区第七次乡村百日文体活动竞赛组织奖。

【专业培训】 2014年，喀什地区协助自治区文化馆举办两期社会艺术考级舞蹈专业师资培训班，进一步推动全地区舞蹈专业化水平；举办2014年喀什地区标准麦西莱甫舞蹈培训班，承办2014年喀什地区庆“十一”标准麦西来甫舞蹈大赛，地、县市文化馆开展我的中国梦主题美术、书法、摄影展、暑假青少年艺术培训、朗诵会、专题讲座等群众性文化活动；地、县市图书馆举办送红色经典图书到基层宣传教育活动；地、县市博物馆、文管所、“非遗”保护部门开展以弘扬优秀文化遗产、实现我的“中国梦”为主题历史文物展、“非遗”作品展、历史图片展活动，充分利用文化阵地，发挥文化引领作用，开展形式多样、内容丰富、群众喜闻乐见文化体育活动，弘扬主旋律，营造良好社会文化氛围。

【公共文化服务示范区建设】 2014年，喀什地区推进公共文化服务体系示范区创建工作，在全地区确定25个乡镇文化站、24个行政村社区文化室、24个农家书屋作为第一批基层公共文化示范点，并于10月底，在英吉沙县召开公共文化服务示范点现场会，交流经验，以点带面促进示范区后续创建工作，在示范点率先实现公共文化服务“标准化、均等化”；2014年，全地区累计开展各类文体活动2.13万场次，参加人员332.6万人次，观众累计810万人次。

【文化产业】 2014年，喀什地区文化产业发展环境明显改善，文化产业发展意识不断增强。喀什中坤土陶制品有限公司荣获“自治区文化产业示范基地”称号；喀什乾亨文化产业发展有限公司原创三维动画片《天香公主》入围文化部第二届“动漫奖”。喀什市香妃故园、塔县塔吉克民俗村、喀什福鑫文化产业公司、疏附县阿凡提乐园、疏勒县丝绸之路文化产业园、麦盖提刀郎文化产业园、英吉沙县木雕土陶小刀村等重点文化产业项目建设进展顺利。

【文化交流】 2014年，喀什地区开展文化交流活动。8月20日，“齐鲁文化喀什行”活动启动仪式暨鲁喀书画摄影名家联展开幕，山东艺术家捐款100万元用于支持喀什文化艺术发展，其中捐助喀什地区文化馆“民族优秀文化传承保护”30万元，捐助喀什地区歌舞剧团专业设施配套40万元，捐助喀什地区美协、书协、摄协重点作品创作30万元。本次展览，有178名鲁喀书画摄影名家223幅精品力作参加展出。10月14日，由广东省文化厅、文明办、对口支援工作前方指挥部、自治区文化厅主办，广东省文化馆、喀什地区文化体育新闻出版局承办“春雨工程”——广东省文化志愿者边疆行、粤喀文化交流活动正式启动。广东和喀什书法家、画家创作124幅书法美术精品参展，吸引各族群众前来观赏。粤喀两地书法美术作品联展交流笔会上粤喀两地书法家现场挥笔泼墨，切磋技艺，交流感情。广东省书法、歌唱名家讲座让喀什文化艺术爱好者受益匪浅，大舞台、大展台、大讲堂活动增进粤喀文化交流，为喀什各族群众提供丰富文化大餐。

【文化市场管理】 2014年，喀什地区开展以查处互联网经营场所接纳未成年人违规行为为重点加大监管力度；开展“两节”、寒暑假及“两会”期间文化市场专项保障工作、第四届“亚欧博览会”及国庆节文化市场专项行动；开展文化出版物市场严厉打击暴力恐怖音视频专项整治；开展“打非治违”专项治理整顿；开展3.18法律法规知识宣传。2014年，全地区出动文化市场执法人员10902人次，检查经营单位12127家，警告246次，责令改正305家次，受理举报40次，立案调查22件，责令停业整顿17家，没收违法所得13000元，没收非法出版物为76263张。

【“非遗”保护】 2014年，喀什地区成功申报一项国家级非物质文化遗产项目《阿凡提故事》，新增《维吾尔热瓦普弹唱》等16项自治区级“非遗”项目。2014年，全地区已有国家级“非遗”项目20个，自治区级“非遗”项目68个，地区级“非遗”项目133个。有国家级代表性传承人20名，自治区级代表性传承人87名，地区级代表性传承人238名，位居全疆首位。

【文物保护】 2014年2月17日，喀什地区开展喀什地区全国第一次可移动文物普查工作在巴楚县召开。2014年，完成巴楚县、叶城县、泽普县、麦盖提县、伽师县、岳普湖县、疏附县、疏勒县8个县普查工作，调查文物及标本2629件。喀什地区新增12处区保单位（伽师县2处、莎车县1处、疏附县2处、塔县2处、叶城县3处、英吉沙县2处），现在全地区有自治区级文物保护单位45处。协助中国社科院考古所巫新华博士在塔县“曲曼遗址”考古发掘工作；8月，完成《喀什文物志》出版发行工作。

【图书事业】 2014年，地区文化体育新闻出版局采选、加工、整理出各类文献9833册，免费开放，接待读者45520人次，接待咨询6081人次，借出图书、期刊103569册次，新办理读者卡496个，装订、录入合订期刊2583册；重视地方文献采集、整理、加工工作，清查、整理、汇总、上报馆藏各类维汉文地方志书目资料490种。

（地区文化体育新闻出版局）

图书发行

【综述】 2014年，喀什地区实现图书销售总额2.4亿，较2013年的2.25亿元增长6.25%。其中教材教辅销售2亿元，较2013年的1.68亿元增长16%，一般图书销售达到4000万元，较2013年的3383万元增15.42%，实现利润总额1500万元，较2013年的1440万元增长4%，全地区总资产1.93亿元，总资产增长率20%。上缴各种利税2000万元。

【图书征订销售】 2014年，民文重点图书征订发行《马列主义经典著作选编》17200套，码洋168.6万元；《论文化建设重要论述摘编》6600册，码洋13.07万元；《文明美德伴我成长》（中、小学部分）65000册89.7万元；《诸先知列传》5900册、码洋70.8万元；《诸王传》900套、码洋24.3万元;《汉维大词典》1000套，码洋36万元，总发行码洋506万元。

【免费赠阅出版物发行】 2014年，喀什地区新华书店按时将免费图书、期刊、音像制品等出版物发送到全地区1市、11县、167个乡镇、4个街道、138个社区、2297个行政村。累计发放东风工程免费赠阅图书、音像制品、期刊34万册，发放《热爱伟大祖国建设美好家园》主题连环画，价值460万元左右。

（喀什地区新华书店）

体　育

【竞技体育】 2014年7月，喀什地区派出教练员、领队35人，运动员173人参加新疆维吾尔自治区第十三届运动会11个大项比赛。经过激烈角逐，获得金牌66枚、银牌35枚、铜牌32枚，奖牌总数133枚好成绩，其中足球、沙滩排球、排球等项获得团体第一，1人打破赛会纪录，36人达到国家一级运动员标准，115人达二级运动员标准；为自治区专业队输送女子足球运动员13名、男子足球运动员16人、田径运动员5人、摔跤运动员3人；举办喀什地区校园足球联赛，喀什市第一中学、夏马勒巴格镇中心小学分获中学组、小学组第一名；喀什地区参加自治区青少年足球联赛（南疆片区决赛），喀什市第一中学、喀什市第八小学、疏附县萨依巴格中学分别获得初中男子组第一名和小学组第二名；初中女子组第三名好成绩；5月28日至6月2日，喀什地区参加在西宁举办的全国校园足球西北赛区冠军杯比赛，喀什市第十四中学小学部和喀什市第一中学分别获得小学和初中组第一名的好成绩;7月中旬，喀什市第十四中学小学代表队代表喀什地区参加在北京举行校园足球全国冠军杯总决赛，获得全国校园足球比赛小学组冠军好成绩；10月，举办“谁是球王”中国民间足球争霸赛喀什地区海选赛，有104支队伍参加比赛。选派比赛中表现优异团队代表喀什地区参加“谁是球王”新疆赛区总决赛，喀什市夏马勒巴格镇中心小学代表队获得“谁是球王”新疆赛区总决赛冠军，取得总决赛资格；并于12月在银川参加“谁是球王”全国西北赛区决赛取得小学组冠军。

【国民体质监测】 2014年，喀什地区开展国民体质监测工作，根据自治区国民体质监测中心确定喀什市、疏勒县、疏附县为喀什地区国民体质监测点，安排监测对象与样本量，完成8640人监测指标。

【群众体育活动】 2014年2月25日至3月1日，在岳普湖县举办新疆维吾尔自治区第八届少数民族传统体育运动会选拔赛暨2014年喀什地区农牧民运动会。比赛设置押加、民族式摔跤（搏克、且里西、格、北嘎、绊跤、朝鲜族式摔跤、库热斯）、马术（速度赛马、走马）、刁羊、国际象棋、健身气功等项目。选拔确定47名运动员、教练员及领队，代表喀什地区参加9月12—17日在昌吉举办的新疆维吾尔自治区第八届少数民族传统体育运动会，参加马术、民族式摔跤、押加、国际象棋4个项目比赛，获得一等奖5个、二等奖12个、三等奖6个，以及体育道德风尚奖；4月29日，组织举办庆“五一”老年人体育健身秧歌、腰鼓交流赛，有4个健身队100多名选手比赛，近千名体育好者参与观看；5月13日，喀什地区选派9名运动员参加在吐鲁番举办自治区第四届健身气功交流展示大会，获得集体项目1个一等奖、1个二等奖，个人项目1个一等奖、2个二等奖、1个三等奖；7月20—23日，举办喀什地区团结杯农牧民和返乡大学生男子篮球赛，全地区10支代表队参加比赛，叶城、巴楚、英吉沙代表队分获前三名。9月21日，举办喀什地区庆“十一”体育舞蹈锦标大赛。

【体育彩票】 2014年，喀什地区体育彩票销量累计达到9919.42万元，其中电脑型彩票销量6451.54万元，即开型彩票销量3467.88万元，完成全年任务的132.26%，同比增长5.99%。

（地区文化体育新闻出版局）

爱国主义教育基地

【喀什市人民广场】 喀什市人民广场位于喀什市市中心，北沿人民东路，南邻人民公园，占地面积12公顷。是全疆唯一以毛泽东塑像为中心的建筑广场，成为喀什政治集会、文体娱乐、旅游观赏、休闲憩息为一体的文化广场。

喀什市人民广场以高12.26米的毛泽东巨型立像为制高点和中心点，塑像背后建有巨型诗碑屏墙，高10米，宽62米，花岗岩贴面，毛主席诗词《沁园春·雪》凹刻镏金，嵌刻在正中，磅礴雄浑，气势不凡。诗碑屏墙东西两端是嵌刻着这首词维文译稿及人民广场简介的座碑。塑像下的观礼台、主席台建筑面积2500平方米，可容纳3000余人，主席台两侧各设8根高18米的不锈钢旗杆。主席台构思巧妙，结构开放，造型新颖，具有现代建筑风格。

主席台正南面为广场中心区，跨越60

米宽的人民东路，广场中心矗立着高30.3米的电镀主旗杆；旗杆两侧是东西对称的汉白玉华表，高8米，洁白庄严，典雅神圣。广场中心区混凝土硬化11000平方米，花岗岩硬化2800平方米，彩色砖铺装人行道4300平方米，广场东、西、南三侧建有宽阔绿化带，总面积12000平方米，绿化带内树木葱郁，碧草如茵，生机盎然，和毗邻的人民公园相连，气象深邃。广场南端是三个彩光音乐喷水池，三池相通，总长150米，面积达2300平方米，有八座拱形桥坐落在三个音乐喷水池之间，如八条蛟龙盘踞水上，浪漫壮美。广场东、西两侧各矗立25米高杆灯1个、60组彩色花灯。夜晚，广场上彩灯交相辉映，流光溢彩，随着悦耳动听音乐声，彩光映照下喷泉，忽高忽低，变幻莫测，美不胜收，令人流连忘返。

喀什市人民广场充分体现喀什地方特点和中华民族传统文化特色，聚雄浑、凝重为一身，集美化、绿化为一体，既有古典建筑古色香韵，又不乏现代建筑新颖气派，在西北城市广场中享有盛名。为这座闻名遐迩历史文化名城增光添彩，充分展示喀什各族人民团结奋斗豪迈情怀，已成为中外游客观光景点之一，列入自治区级爱国主义教育基地。

（喀什市史志办）

【红色稻乡帕哈太克里乡】 帕哈太克里乡位于喀什市西南郊，居于克孜河、天南维曲克河之间，地势平坦，平均海拔1291.4米。2014年，全乡辖6个行政村、34个村民小组，总面积25平方千米，耕地1330公顷，总户数3634户，人口15330人。以种植水稻为主，种植面积为767.7公顷。

帕哈太克里乡是毛主席、江泽民亲笔回信的地方。帕哈太克里乡于2001年12月被新疆维吾尔自治区、喀什地区命名为青少年爱国主义教育基地。帕哈太克里乡保存大量土改时期、毛泽东、江泽民为帕哈太克里乡亲笔回信及各级领导到帕哈太克里乡视察时珍贵照片。

（帕哈太克里乡政府、喀什市史志办）

【疏勒县烈士陵园】 疏勒县烈士陵园由新疆维吾尔自治区南疆军区建于1967年7月，位于疏勒县城西南7千米处克孜勒河畔，面积约3.33公顷，保护面积58263.41平方米，是爱国主义、革命传统教育和悼念革命烈士的重要场所。园内安葬着1959年以来战斗、西藏平叛、对印自卫反击战、平息暴乱、反恐维稳、训练执勤和参加社会主义建设中英勇牺牲、病故的人民解放军、武警官兵及职工家属、地方人员427人，其中革命烈士157名（含中印自卫反击作战烈士5名、执行援外任务牺牲烈士50名、工作中牺牲90名、武警10名、地方公安干警1人、政府工作人员1名）。烈士陵园四周有砖基土培围墙环绕，大门朝东，面向315国道公路。园内正中有一座纪念碑，碑座高2米，宽3米，碑高12米，下宽1.5米，上宽1米，为四方梯形立柱。碑身四面刻有汉、维两种文字碑文，正面是“保卫祖国边防的烈士永垂不朽！”左面是“为有牺牲多壮志，敢教日月换新天！”背面是“成千上万的先烈，为了人民的利益，在我们前头牺牲了，让我们高举他们的旗帜，踏着他们的血迹前进吧！”每逢清明节和重大节日，广大官兵、青年学生和社会各界纷纷前往祭奠凭吊，缅怀革命先烈丰功伟绩，表达对英雄的敬仰之情。

（疏勒县史志办）

【叶城县烈士陵园】 叶城县烈士陵园是新疆维吾尔自治区党委和新疆军区为永久纪念1962年10月在中印边境西段自卫反击作战中光荣牺牲的革命烈士而修建，于1965年10月由叶城县和新疆维吾尔自治区南疆军区协同建成，是新疆维吾尔自治区唯一具有国防性自卫反击战的烈士陵园，也是南疆国防教育和爱国主义教育重要基地。烈士陵园安葬着48名在中印边境自卫反击作战中及和平时期反分裂斗争而牺牲的烈士，其中有舍身滚雷国家级战斗英雄罗光燮、爆破英雄王忠殿和全国战斗英雄司马义·买买提等烈士遗骨；另外还安葬有为革命牺牲、不幸因公殉职和病故军人163人。1995年4月，被自治区民政厅命名为爱国主义教育基地。2001年12月，被青团新疆维吾尔自治区委员会命名为青少年爱国主义教育基地。2009年2月，被确认为全国重点烈士纪念建筑物保护单位。

（叶城县史志办）

【巴楚县革命烈士纪念碑】 巴楚革命烈士纪念碑位于巴莎公路东侧，据县城1.5千米。是1952年10月驻巴楚县的中国人民解放军第一野战军四师十二团为纪念这些为国捐躯的烈士所建。十二团是1942年由山西省文水、汾阳两县抗日游击队合并组建。抗日战争时期活动在晋中、晋南地区，参加过晋冀鲁豫地区保卫战，延安保卫战。在解放大西北的战斗中，参加过瓦子街、蟠龙、青化砭、羊马河和攻占运城、文水、宝鸡、韩城、永丰等战斗。在近千次战斗中，该团官兵英勇作战，奋勇杀敌，屡建奇功，有近1500名指战员为中华民族自由与解放献出自己了生命。

巴楚革命烈士纪念碑初系木质，因年久朽蚀，巴楚县委与县政府于1977年在该重新修建。纪念碑坐落在约4公顷的林区中心砖坪上，碑体坐东向南，呈2米见方立柱形，高13米，以砖砌成，巍然肃立。碑体东西两面分别用汉、维吾尔文雕刻着“革命烈士永垂不朽”“中国人民了解放军步兵十二团司令部、政治部1952年10月1日立”。南北两面分别用汉、维吾尔文刻着“在人民了解放战争和人民革命中牺牲的人民英雄们永垂不朽！”现在这里已成为爱国主义教育基地，每年清明节，巴楚县各族干部、职工、学生、社会各界人士及附近兵团农业第三师团场职工都自发到烈士纪念碑悼念烈士英灵，缅怀先烈事迹，学习烈士精神，激发建设社会主义革命热情。2002年，被新疆维吾尔自治区人民政府确立为爱国主义教育基地，是巴楚县重要文化遗产。

（巴楚县史志办）

【巴楚抗震纪念馆】 2003年2月24日北京时间10时03分42秒，巴楚—伽师境内发生里氏6.8级、烈度9～10度强烈地震。地震造成268人死亡，4848人受伤，23947户、11万名居民家园被毁，直接经济损失12亿元。在中共中央、国务院、自治区党委、人民政府，喀什地委、行署正确领导和全国各族人民支援下，从抗震救灾资金中拨出100万元，由巴楚县财政配套50万元，在巴楚县琼库恰克乡艾什勒克村（五村）修建巴楚抗震纪念馆。2006年“2·24”地震3周年之际，纪念馆建成开馆。2008年5月，巴楚抗震纪念馆被国家民委命名为全国民族团结进步教育基地，是全疆唯一一座抗震救灾民族团结进步教育基地。

抗震纪念馆占地面积3526平方米，建筑面积569.84平方米，由倒塌水塔、纪念碑、浮雕、展览厅、报告厅5部分组成。有工作人员2名。

（巴楚县史志办）

新闻·出版·广播电影电视

报刊新闻

【综述】 喀什日报社成立于1956年7月1日，位于喀什市解放南路136号，主要出版发行中喀什地委机关报——《喀什日报》（维吾尔文、汉文两种文版），彩色印刷。《喀什日报》维文版为对开四到八版，汉文版为四开八版至十六版。2014年，内设办公室、总编室、采通中心、汉文编辑部、维文编辑部、专刊部、广告中心、翻译中心、《喀什噶尔》杂志编辑部9个机构，附属单位报社印刷厂。2014年，核定差额拨款事业编制110个，在职108人，其中在编人员95人。县级领导职数6人，有正县级2人，副县级4人（其中上海援疆干部1人），科级干部21人；设首席记者2名，首席编辑3名。其中正高级职称2人，副高级职称13人，中级职称43人，初级职称23人，工勤岗位7人；离退休职工72人。报社所属印刷厂有在职职工30余人，离退休人员170余人。

【报纸发行】 2014年，《喀什日报》以维吾尔文、汉文两种文字出版，为周五刊，其中汉文报为四开8个版，每周出4开64个版；维吾尔文报为对开四个版，每周出对开28个版。主要发行到喀什地区、兵团农业第三师及驻地武警和了解放军部队，辐射人口达430余万人，每期发行约6万份，同时面向全国发行。全年出版汉文报纸260期，叶城周刊49期，叶城时报24期，特区周刊51期，泽普周刊17期。为有效提升报纸质量等核心内容，策划落实“喀什噶尔微笑”栏目69个，其中汉文报36个、维吾尔文报33个；“讲喀什好故事”栏目59个，其中汉文报33个，维吾尔文报26个；“讲喀什好故事”有10个典型被区党委宣传部主办庆祝新疆维吾尔自治区成立60周年活动“万个故事献祖国”大型展览提名。

【刊物】 喀什日报社主办喀什地区唯一综合类文化期刊《喀什噶尔》，其中以维吾尔文版每期印刷4000份，面向全国发行。汉文版作为内部交流刊物每期印刷1000份。

【社会影响】《喀什日报》是一张集政治、经济、服务、娱乐、生活等内容为一体的综合性报纸，每逢节假日或地区重大活动、重大事件，随时增版、增栏，所开办“关注”“社会万象”“喀什噶尔微笑”“讲喀什好故事”“万个故事献祖国”“丝路风”“旅游文化”“法制天地”“百姓故事”“社会扫描”等版面贴近百姓，深受读者喜爱。《喀什日报》连续3次（6年）获自治区报纸评比“双十佳”，一大批优秀作品获得全国、新疆维吾尔自治区等奖项殊荣。2014年，在地区年终考评考核中被评为优秀。

【党报宣传工作】 2014年，喀什日报社严把政治关，确保政治合格；严把采写关，要求采写稿件必须政治观点准确、事实准确，并经主管领导审定；落实审稿、审版措施，2014年，喀什日报社抓两报协调，确保导向一致。按照“一张党报，两种文版，统一领导，各有特色”要求，确保报纸宣传口径一致、时效一致、编报思想一致。

【报业经济】 2014年，喀什日报社稳定报纸广告收入和发行收入，加强报纸联办专刊经营管理，《叶城周刊》《叶城时报》《特区周刊》《泽普周刊》全年出报222期、922个版，专刊收入与2013年相比增加200万元。

（谷新文）

出　版

【概况】 喀什维吾尔文出版社是直属新疆人民出版总社管理的正县级文化事业单位，也是维吾尔文、汉文两种文字出版图书综合性出版社，单位占地面积19314平方米。出版社下设编委会、内设总编室、办公室、编辑部、审读室、发行科、财务科、印刷厂、工会。2014年，出版社有职工137人，其中在职职工92人，退休职工45人。在职职工中出版社机关有44人，印刷厂48人。专业技术人员26人，其中高级职称6人，中级12人，初级8人；技术工人48人，其中高级工24人，中级7人，初级17人。

【出版发行工作】 2014年，喀什维吾尔文出版社发行《发展中新疆》系列、国家出版社基金项目《喀什噶尔》系列，带动图书发行。完成《维吾尔族妇女传统服饰文化》《维吾尔古典文学常用名词了解释词典》《不平凡人生》《福乐智慧3》《福乐智慧4（美术版）》5种国家及自治区项目图书出版。2014年，出版新版图书901种，重印图书177种，发行图书1880万元码洋，销售收入1050万元，印刷厂完成销售收入300万元。完成年度选题41种，完成率92%，增列选题201种，完成率75%。中标“东风工程”项目图书6种，141万元码洋；“农家书屋”项目图书13种，116万元码洋；“新三农”图书76种。

（高　磊）

广播电影电视

【主题宣传】 2014年，喀什地区广播影视系统以学习宣传贯彻中共十八大精神为主线，解读中共十八届三中、四中全会、第二次中央新疆工作座谈会、自治区党委八届七次、八次全委（扩大）会议、地委扩大会议和地区干部大会精神，不断创新宣传方式，丰富报道内容，提高舆论引导能力，全力打好弘扬新疆精神、践行喀什责任、民生建设、对口援疆四大宣传战役，充分展示地区发展变化巨大成就和各族人民群众良好精神风貌，着力营造了解放思想、抢抓机遇、团结稳定、爱国感恩舆论氛围。

【重大活动宣传】 2014年，喀什地区广播电影电视局精心组织、宣传第二批党的群众路线教育实践活动、“访惠聚”活动、第十届“喀交会”、全国及自治区“两会”和地委扩大会议等重大活动宣传报道。圆满完成南疆网络春晚、新年音乐会、小品大赛、“多彩喀什，和谐家园”歌唱比赛等大型活动录制播出。配合地委宣传部不同时期宣传重点，加强组织策划，确保要闻实时安全播出。通过增加节目容量，丰富节目内容，增强宣传贴近性、可视性，用群众听得懂、看得好、易接受方式，拉近与各族群众距离，达到良好宣传效果。

【对外宣传】 2014年，喀什地区广播电影电视局围绕总目标和地区中心工作，在“新、精、活”上下功夫，各级电视台在中央台上稿40件；在新疆电视台上稿429件。

【影视创作】 2014年，喀什地区维吾尔语影视译制中心年译制生产430部（集），莎车县维吾尔语影视译制中心年译制生产420部（集）电视剧。在2014年度全疆少数民族语言优秀影视译制片评比中，由喀什地区维吾尔语影视译制中心选送译制片《将军》《真情母子》获得二等奖，《杜鹃女儿》获得三等奖；由莎车县维吾尔语影视译制中心选送译制片《甄嬛传》《锁定美军特使》分别获得一、三等奖。

【惠民工程】 2014年，喀什地区广播电影电视局实施广播电视户户通工程建设任务为359281户，落实项目建设资金1796万元。除莎车县受断网限制外，其余各县265125户工程建设任务已全部完成；推进农村公益电影放映工程，落实电影放映资金550万元，放映电影30660场，观众近800万人次，个别县已实现“一村一月放映多场电影”目标，超额完成2964场放映任务；争取国家200万元资金投入对全地区168套数字电影服务器进行更新改造；英吉沙县、岳普湖县两县完成高山无线发射台站基础设施建设工程，喀什市、塔什库尔干塔吉克自治县广播电视台完成高山无线发射台站基础设施建设项目初步设计及评审。

【广播影视广告管理】 2014年，地区广播电影电视局开展对广播影视播出机构监管、卫星电视传播秩序专项整治、广播影视广告专项治理、互联网传播影视节目等作为行业管理重点，坚持做到依法行政，依法管理；加强非法卫星地面接收设施专项整治，拆除收缴非法卫星地面接收设备9894套，为广播电视节目安全传入千家万户提供有力保障；加强安全播出管理，完善应急预案，加强预案演练，强化常态安全管理，圆满完成重大活动、重大节日、重要节点、重要节目、重点时段广播电视安全播出任务。

（地区广播电影电视局）

卫 生

卫生工作

【综述】 2014年，喀什地区有医疗卫生机构873个。其中，医院125个，卫生院166个，疾病预防控制机构14个，妇幼保健机构13个，卫生监督所13个，采供血机构1个，其他医疗卫生机构541个；全地区实有床位18475张，其中医院、卫生院实有床位18101张，卫生人员总数为18781人。其中卫生技术人员15921人，其中执业（助理）医师5082人、护士5258人、其他技术管理员515人、行政管理人员921人、工勤人员1424人。

【重点服务便民改革】 2014年，喀什地区人均基本公共卫生服务经费标准提高到35元，服务内容进一步拓展。全地区共建立城乡居民健康档案366.12万份，建档率为90%；为10.14万名新生儿提供访视服务，新生儿访视率89.41%；免费为25.78万名0～3岁儿童提供体格检查、生长发育和心理行为发育评估等健康管理服务，儿童系统管理率78.53%；提供孕产妇健康管理服务。为9.86万名孕妇提供5次产前检查服务，产前健康管理率86.84%。产后访视10.38万名产妇，产后访视率91.48%；提供老年人健康管理服务。辖区65岁及以上老年人口数共为24.2万人，其中接受健康管理数17.9万人；提供高血压、Ⅱ型糖尿病健康管理服务。登记高血压、Ⅱ型糖尿病患者14.22万人和3.2万人，规范管理高血压、Ⅱ型糖尿病患者13.1万人和2.9万人，规范管理率分别达到92%和91%；提供重性精神疾病患者管理服务。登记管理重性精神疾病患者5297人，规范管理重性精神疾病患者4969人，规范管理率94%。

【卫生领域重大民生工程】 2014年，喀什地区实施“春苗工程”，免费为100名先天性心脏病患儿进行手术，对全地区农牧区贫困家庭白血病患儿治疗予以补助，医疗救助白血病患儿62名，新型农村合作医疗基金为其补助医药费用60.29万元；落实“四免一关怀”政策，全地区累计治疗艾滋病病人1291例；加强结核病防治，地县两级为结核病防治提供配套经费35.9万元，共接诊疑似病例25759例，病人就诊率为6.21%；建立山区乡镇支医支教和重点帮扶工作长效机制，先后选派两批33人赴塔县、叶城乡村开展支医工作，累计共向塔县、叶城选派3批50人次开展支医队伍工作。

【疾病防控】 2014年，喀什地区推广“三降一提高”工作，在莎车县召开全地区“三降一提高”现场推进会，加强预防H7N9禽流感疫情防控工作，采取加大监测力度、强化宣传教育、实行日报制、规范预诊隔离措施、加强疑似病例服务和管理和加大学校、医院、农贸市场等公共场所防控工作等措施，全地区未发生感染H7N9禽流感病例。鼠疫防控措施得到有效落实，全地区连续20年未发生鼠疫。

【卫生应急】 2014年，喀什地区建立卫生应急体系，组建应急救治队伍，制定和完善各项应急预案，完善应急储备物资库，加强人员培训和应急演练，及时处置多起突发公共事件和重大交通安全事故医疗救治工作，完成各项重大活动医疗卫生保障工作。

【科研项目】 2014年，喀什地区共申报科研项目110项，其中申报青年科研项目55项、征集本地区基层实用推广项目43项；地区第一人民医院首次获自治区级科研课题，有2个实用项目经自治区审核通过。

【中医民族医药工作】 2014年，喀什地区投资937万元新建5010平方米英吉沙县维吾尔医院业务综合楼，床位增加至99张。加强维吾尔医药人员培训，抓维吾尔医药推广普及，开设民族医专科。设置中成药房和草药房，其中医院中草药目录达到508种，中成药目录达到120种，常备中草药200余种、中成药75种，乡镇卫生院常备中成药达10余种。

（喀什地区卫生局）

疾病预防控制

【综述】 2014年，喀什地区疾病预防控制中心编制数126人，实有人数127人，其中专业技术人员104人，其中主任医师3人，副主任医师12人，主管医（护、技）师36人，医（护、技）师53人。高级政工师1人，研究生学历3人，本科学历27人，大专学历49人，中专学历37人。

【传染病疫情】 2014年，喀什地区疾控中心报传染病病例数41677例，发病率为1031.77/10万，比2013年发病率1032.32/10万下降0.05%。其中甲类传染病无病例报告，乙类传染病报告15种，病例报告39916例，发病率为998.17/10万，比2013年发病率992.89/10万下降0.41%；死亡报告196例，死亡率为4.85/10万，比2013年死亡率4.49/10万上升8.02%；丙类传染病报告8种，病例报告总数1761例，发病率为43.60/10万，与2013年同期发病率39.43/10万上升10.58%，无死亡病例上报。及时处理喀什市流感突发公卫生事件1起；2014年，全地区16个哨点医院各监测门诊总病例数为355777例，登记腹泻病例数为8609例，占监测门诊总病例数的2.42%。采集标本1873份，其中粪便标本1857份、血液标本16份，未检出霍乱阳性菌株，检出伤寒沙门氏菌4份，检出痢疾阳性菌株44份。

【免疫规划】 2014年，喀什地区疫苗基础免疫接种率均在99.66%以上，其中卡介苗、糖丸、三联和乙肝全程疫苗报告接种率均为别为99.66%、99.80%、99.80%、99.72%。报告接种扩大免疫规划疫苗接种率均在99.61%以上，其中A群流脑疫苗1针次、2针次接种率分别为99.74%和99.71%；A+C群流脑疫苗1、2针次接种率分别为99.67%和99.61%；甲肝、麻疹类疫苗报告接种率分别为：99.67%、99.78%。报告加强免疫接种率均在99.61%。其中糖丸99.61%、三联99.69%、麻疹疫苗99.78%、二联疫苗99.69%。

2014年，喀什地区报告疑似麻疹996例，进行个案调查981例，采集血标本963例，其中麻疹阳性468例、风疹阳性143例。

2014年，喀什地区报告AFP病例24例，AFP15岁以下儿童发生率2.29/10万，达到2/10万指标。报告后48小时调查率95.83%，14天双粪便采集率79.17%，合格便标本采集率70.83%，7天内标本送达率83.33%。

2014年，喀什地区对2014年9月新入学儿童开展预防接种证查验工作。实际查验2179所，查验覆盖率为100%；应查验儿童177309人，实查验儿童172128人，查验率97.08%；查验时无证人数12590人，查验后已补证9867人，补证率78.37%；查验时需补种人数24757人，已补种人数19489人，补种率78.72%。

【地方病防治】 2014年，喀什地区开展鼠疫防治，受教人数2000余人，发放宣传材料5000余张；采集牧犬血100份、红旱獭血37份。检测采集牧犬血阳性11例，经自治区复检（血液凝集法），9份为阳性；地区检测采集旱獭血1份阳性，经自治区复检为阴性。

根据自治区黑热病监测方案要求，2014年，对6个项目县市普查38952人，未发现阳性；对黑热病重病区进行黑热病药物灭蛉喷洒5086户；全地区前来诊治疑似病人数159例，确诊27例。

为进一步做好消除碘缺乏病工作，实现消除碘缺乏病目标。全地区采集盐样3600份，其中合格3369份，不合格174份，非碘盐42份，合格碘盐食用率92.52%；对全地区720名8～10岁学生进行甲状腺B超检查和儿童尿样检测，甲状腺肿大率为2.78%，儿童尿样检测均合格，对入户182名孕妇尿样进行尿碘含量检测，尿碘中位数为200.38微克/升；口服碘化油强化补碘工作，应投服总人数131432人，实际服药130775人，服药率99.50%；完成中央转移支付农村饮水水质卫生监测7个项目县240份水样采集及结果反馈和审核工作。

麻风病防治：开展麻风病线索调查、督导，检查密切接触者278例，其中发现1例新麻风病患者，高度怀疑3例；按照全国麻风病知晓率工作要求，完成调查1150人工作任务。

【慢性病防治】 2014年，喀什地区疾病预防控制中心为贯彻落实中国慢性病防治工作规划工作要求，制定下发喀什《全民健康生活方式行动实施方案（2013—2015）》，该项工作正循序渐进逐步开展。

2014年，喀什地区12县市疾控中心开展上报疾控系统慢病与营养重点工作进展报告。报告内容有基础信息、慢性病防控与营养工作队伍及能力建设、死因监测与肿瘤登记、慢性综合防控示范区创建、全民健康生活方式行动启动县市、高血压患者管理、糖尿病患者管理、营养与慢性病监测、控烟9项内容。

2014年，喀什地区以“和谐我生活、健康中国人”为主题，以“日行一万步，吃动两平衡，健康一辈子”为内涵，以“我行动、我健康、我快乐”为口号传播健康生活方式，结合全民健康生活方式宣传日等各类健康主题日，开展宣传活动。开展有高血压防治宣传日、脑卒中宣传日、联合国糖尿病宣传日等慢性病防治宣传活动。宣传发放资料2000余份，免费测量血压500余次，接受咨询群众1000余人。

2014年，地区疾病预防控制中心根据中国疾控中心《2014年全国慢性病预防控制能力调查方案》和自治区统一部署，开展全地区慢性病预防控制能力调查工作。该次调查范围包括12县市疾控中心，5个乡镇卫生院。调查内容包括政策能力、基础配置能力、教育培训与指导能力、合作与参与能力，监测能力、干预与管理能力、8个模块。调查采用现场访谈煌形式进行，调查表通过网络平台直接录入上报，为保证调查真实性，被调查单位要求填写诚信说明书，并全部邮寄自治区疾控中心。

【卫生监测】 2014年，喀什地区疾病预防控制中心为进一步加强对食源性疾病有效控制，完成各类大、中、小型公场所和饮食服务行业2200名从业人员预防性健康体检工作。开展食品、水质委托检测工作，完成320份食品、城乡生活饮用水及农村饮水安全项目水质样接收及发放报告工作。按照国家和自治区食品安全风险监测评估中心要求完成食品安全风险监测项目工作污染物平台188份样品、微生物平台100份样品信息审核及3456条监测数据上报任务。参与全疆食品安全风险监测工作中承担常规监测项目工作任务，在6个地州中排在第一位；对喀什市5所小学、英吉沙县1所小学7～9岁7364名学生口腔疾病进行筛查工作；参与对喀什市、疏附县、泽普县5所中学3所小学7～18岁48个年龄组5760名学生体质健康检查调研工作任务；根据《新疆农村义务教育学生营养改善计划营养健康状况监测评估技术方案》安排部署，完成喀什地区制定一个重点监测县和11个常规监测县的项目工作开展及技术指导工作；根据自治区《2014年农村环境卫生监测工作实施方案》要求，完成地区被选定3个项目的县市（喀什市、疏附县、泽普县）实施《农村环境卫生监测项目》工作中，被选定乡镇、行政村农村环境卫生监测工作相关信息录入、300户家庭基本信息及环境卫生监测相关信息录入、60个监测点土壤样品采集上报工作；按照“食源性疾病监测项目”工作要求，完成对地区4家哨点医（地区第一人民医院、喀什市人民医院、莎车县人民医院、巴楚县人民医院）167名病例信息审核上报，检验结果录入、上报等工作任务。

2014年，完成84家公立、私立医院115台医用诊断X射线装置放射卫生防护检测，684名放射工作人员放射性个人剂量监测，52名放射工作人员职业健康体检工作。

2014年，完成职业性健康检查工人

1735名，诊断壹期尘肺病32人，诊断为尘肺观察对象50人。

（喀什地区疾病预防控制中心）

医疗服务

第一人民医院

【综述】 2014年，喀什地区第一人民医院已发展成为喀什地区最大，集医疗、急救、教学、科研、预防、康复、保健于一体综合三级甲等医院，承担着喀什地区、兵团第三师农牧团场及周边地州近600万人医疗保健服务，服务半径400多千米。有编制床位1400张，平均开放床位2000张以上，有职工3200人，其中在编人员1300人，聘用人员1900人；副高职称以上专业技术人员200多人；研究生以上学历100余人。拥有各类大型医疗设备400余台（件），价值近3亿元。一批重点援疆专科、特色学科得到迅速发展和提升，医院骨科、血液科等10个专科被评为自治区（省）级重点专科，重症护理和急诊急救护理被确定为自治区级专科护理培训基地，南疆医疗行业首个博士后工作站落户第一人民医院，有37项科研项目获得自治区科研资金支持，21项合作课题获得广东科技厅立项，医院业务量和综合实力在全疆综合医院中位列第三，在全疆地州级医院中居第一。

【业务指标】 2014年，喀什地区第一人民医院全年门诊量68.04万人次，出院人次达到7.77万人次，手术量3.51万人次，平均住院日8.92天，术前平均住院日3.34天，药占比37.13%，疑难危重病比例34.91%。

【教研情况】 2014年，喀什地区第一人民医院围绕转型发展和内涵建设，努力推进医教研同步提高。开展各类学术讲座、培训、继续教育194场。其中国家级项目4项，自治区级项目14项，地区级项目30项，完成自治区指令性培训2期，协助上级举办继续医学教育项目12项，院内讲座108期，有1万多人次参加培训学习；喀什地区第一人民医院加快推进“科研强院”战略，全年申报各级科研项目61项，其中自治区级科研课题48项，地区级科研课题13项，有13项科研课题通过立项或相关资金支持（其中10项自治区级科研课题、3项地区级科研课题），争取到科研资金118.5万元。2014年，医院还在原有16名计划援疆专家基础上，启动广东省15家三甲医院对口援建医院重点专科柔性援疆计划，有26名广东专家到第一人民医院对心胸外科、消化内科、病理科、护理等专科进行援建，专家开展教学查房79次，指导手术125台，远程医疗26次，讲座授课45场，培养喀什本地医护骨干人才近40人。

【支援协作】 2014年，喀什地区第一人民医院针对喀什地区医疗资源严重不足，万人占有医疗资源位居全疆倒数第一现状，发挥行业辐射能力，依托三甲医院技术、资源优势，面向喀什地区公立医院开展地、县、乡三级远程医疗服务平台。2014年，覆盖喀什地区、克孜勒苏克尔克孜自治州以及兵团农业第三师团场医院、监狱系统医院、石油基地医院等66家医疗单位，全年完成各类远程会诊3825例，远程学习班24期，远程网络讲座20次。喀什地区第一人民医院还与地区妇幼保健院、地区肺科医院、地区维吾尔医医院建立技术协作帮扶关系，为协作单位解决技术难题，共同提高医疗水平；喀什地区第一人民医院作为国家卫计委公布第一批450家住院医师规范化培训基地之一，充分发挥基地优势，接收南疆四地州规培学员194名，接收助理全科医师85名，接受基层进修人员132人。喀什地区第一人民医院举办全地区乡镇卫生院院长培训班、乡镇卫生院护士长护理管理培训班、喀什地区基层医疗机构医学影像使用技术培训班，有160多名乡镇卫生院院长、250名护士长、80名影像骨干参加培训，提高了乡镇卫生院医疗质量管理能力。

【公益慈善】 2014年，喀什地区第一人民医院坚持公立医院公益性，组织开展各类慈善项目，以实际行动回报社会。坚持“三甲医院的服务，二甲医院的收费”承诺不变，仅此一项，向患者让利9000多万元，根据新农合减免政策，累计为农民患者减免费用1000多万元，作为多个公卫生项目和慈善项目基地医院和协作单位，开展“2014年脑卒中干预项目”，全年脑卒中高危人群筛查6000余人次；2014年，国际“微笑行动”免费对喀什地区102名先天性唇腭裂患儿进行治疗，“复明23号”工程、百万复明工程，将救治区域辐射到和田地区和阿克苏地区等地，让775名贫困白内障患者重见光明，“中西部口腔疾病综合干预项目窝沟封闭”针对全地区5391名7～9岁少年儿童开展窝沟封闭，完成12000颗牙齿预防性治疗；参与实施艾滋病免费治疗、重性精神疾病治疗管理项目、贫困肢体残疾儿童矫治手术项目、中华慈善总会“微笑列车”行动、广东省“健康直通车”行动、中央专项补助“肝包虫免费治疗”等项目，累计有18377人受益。

（喀什地区第一人民医院）

第二人民医院

【业务指标】 2014年，喀什地区第二人民医院成立规范综合ICU、肾病科、血透室、新生儿科等，整合并组建影像中心。全年门急诊244517人次，总收入3.93亿元。接待医疗投诉较2013年下降28%。

【便民服务】 2014年，喀什地区第二人民医院重点加强门诊服务流程，建设、优化综合型便民服务平台；推进预约诊疗工作，已实现以现场预约为主、电话和网络预约为辅预约诊疗模式，自6月开通此项服务预约患者1055人；11月安装排队叫号系统，同时开展预检工作，为第一次到院就诊患者进行预检，指导患者挂号、缴费等。便民服务中心已具备分诊、预约、投诉接待、报告查取及病假、体检和医保审核等行政办理功能。

【护理服务】 2014年，喀什地区第二人民医院推进优质护理服务工作，优质护理服务病房覆盖率100%。优质护理服务已形成长效机制，并进入常态阶段，同时建立横向到边，纵向到底网格式护理质量安全管理体系，修订护理制度28个；新增订制度98个、流程82个、职责18个；新制订应急预案113个，对32个护理单元进行12次二级质控、4次三级质控。

【医联体建设】 2014年，喀什地区第二人民医院组织专家2次赴四县筛查先天性心脏病患儿，筛查850多例患者，确诊90例，完成手术16例，让“爱佑童心”惠及喀什地区各族先心病患儿。进行远程会诊32例。

【科研成果】 2014年，喀什地区第二人民医院提交、申报自治区级科研项目是2013年的2.5倍。其中自治区卫生厅2014年青年科技人才专项科研项目立项1项；自治区卫生厅2014年适宜技术推广项目立项1项。自治区科技厅少数民族特培项目立项2项，地区科技项目立项4项。全年开展40项新技术新项目，其中多项填补地区、南疆乃至自治区空白。在上海援疆专家全力支持下，获批4个自治区临床重点专科，并组织申报2014年10个自治区临床重点专科；发表论文99篇，其中核心期刊28篇。其中1篇被国际上最具影响力介入心脏病学大会——2014年9月举行美国TCT大会接受进行会议交流。

（地区第二人民医院）

喀什地区维吾尔医医院

【综述】 2014年，喀什地区维吾尔医医院设有门诊部、皮肤病研治中心（包括皮肤病优势病种专科、综合皮肤科和皮肤病特色诊疗中心）、维吾尔医心血管内科、综合内科、妇女专科、综合妇科、骨伤科、骨病科、急诊科、康复理疗和非药物治疗中心、学术经验继承专家工作室、米扎吉咨询及治未病专家室，肛肠科、手术麻醉科等15个诊疗部门和放射科、特检科、检验科、药剂科、供应室、维吾尔医药研究室、煎药房、制剂室和实验药厂（喀什昆仑维吾尔药业股份有限公司）等辅助诊疗部门和维吾尔医药研发及研制部门。是集维吾尔医、西医结合治疗，预防保健、临床教学、科研及维吾尔医药研究、研制和生产维吾尔医药为一体的综合性三级甲等维吾尔医医院。2014年，医院编制309人，有人数455余人，其中在编人员285人，聘用人员170人，各类专业技术人员占职工总数的83%。正高级职称5人、副高级职称23人、中级职称50人、初级职称58人；研究生学历3人、本科学历68人、大专学历100人，中专学历208人（大专及以上人员占35%）。维吾尔医药专业技术人员占所有专业技术人员的78%。医院编制床位300张、床位平均使用率达150%以上。

【医疗服务】 2014年，地区维吾尔医医院应用维吾尔医诊治各种顽固性皮肤病、心血管疾病、脂质代乏紊乱、消化系统疾病、胆道和泌尿系统结石、慢性肾脏疾病、骨伤疾病、妇科疾病、男科疾病等疑难杂症；通过维西医结合手段诊治普通外科疾病、骨伤疾病和内科急诊；医院开展有孜马得疗法（药物外敷疗法），药浴疗法，足浴疗法、拔火罐疗法、药物灌肠、日光疗法、激光疗法、热敷疗法、外阴熏蒸疗法、针灸疗法、推拿疗法、湿敷疗法等30多种疗法。诊治白癜风等各种皮肤顽症是维吾尔医医院一大特色和专长。

【喀什昆仑维吾尔药业股份有限公司】 2014年，维吾尔医医院喀什昆仑维吾尔药业股份有限公司生产3个国药准字号药品（复方驱虫斑鸠菊丸、消白软膏和玫瑰花口服液）和13种剂型、100余种医院制剂。

（喀什地区维吾尔医医院）

结核病防治

【综述】 喀什地区结核病防治所暨肺科医院是全疆唯一一所集预防、医疗、教学、科研和保健为一体的以治疗肺部疾病为主地区级结核病防治专业机构。2014年，有床位编制300张，人员编制200个，由维、汉、回、乌、蒙5个民族组成。在职职工198名，设置防治科、门诊部、结核科等8个业务科室，检验科、放射科等4个医技科室，院办、医务部、护理部等8个职能后勤科室。

【结核病防治】 2014年，全地区开展结核病防治“三位一体”项目，地区结防所项目办对县市定点医院、疾控中心、乡镇卫生院及其他医疗机构834名结防人员进行“三位一体”知识培训。2014年，总诊疗病人36151人次，贫困农牧民救助病人3202人。每日为所有住院病人免费供应营养早餐（牛奶250克、鸡蛋1个、馒头1个），惠及14.6万人次，价值达37.9万元。

【医疗、护理工作】 2014年，喀什地区结核病防治所暨肺科医院狠抓医疗护理质量，开展“三好一满意”和“优质护理服务示范工程”活动。加强医德医风教育，狠抓医疗服务质量，优化服务流程，落实便民、利民措施，方便群众看病就医；改善就医环境，公开医药价格，实行公开透明服务，保障群众看病就医知情权；加强医患沟通，构建和谐医患关系，履行社会职责和义务，赢得各族群众信任和赞誉。

（李丫丫）

妇幼保健

【综述】 2014年，喀什地区妇幼保健院为副县级、公益性、非营利性全额拨款事业单位。开设有妇女保健门诊、儿童保健门诊、妇科门诊、产前门诊、内科门诊、产科病房、妇科病房、儿科病房、新生儿监护室、检验科、药剂科、放射科、功能科、预防保健科等临床、医技科室。有职工170人（包括聘用人员）。高级职称5人，中级职称16人，初级职称38人；拥有四维彩超，X光机，五分类全自动血球分析仪，全自动生化分析仪，酶标仪，电了解质分析仪，成人、儿童骨密度测定仪，听力筛查仪、儿童牙科综合治疗机、口腔医用消毒炉、儿童发展评价系统、多床位无线探头胎监工作站、红外线乳腺诊断治疗仪，阴道镜，宫腔镜等诊疗设备。

【妇幼保健管理】 2014年，喀什地区妇幼保健院执行农村孕产妇住院分娩补助项目、农村妇女两癌筛查项目、艾滋病—乙肝—梅毒母婴阻断项目、增补叶酸防治出生缺陷项目、贫困地区儿童营养改善包项目，实行全地区统一规范、统一标准、统一管理。

【预防艾滋病母婴传播】 2014年，喀什地区136912例孕妇在孕产期接受艾滋病相关咨询，咨询率为99.74%，孕妇HIV抗体检测率为98.30%，其中孕期接受HIV抗体检测人数为94716人，检测率69%。感染产妇抗病毒药物应用比例85.84%，新生儿抗病毒药物应用比例93.02%。

【预防乙肝、梅毒母婴传播】 2014年，喀什地区接受梅毒检测产妇数为136088例，检测率为99.15%，其中孕期接受梅毒检测人数为95482人，检测率70.49%。孕期接受乙肝表面抗原检测产妇数135572例，检测率为98.77%，乙肝表面抗原阳性孕产妇3872例，其中2531例孕期感染，感染比例为65.36%。

【新生儿疾病筛查】 2014年，喀什地区总活产数为138087例，新生儿遗传代谢病筛查数45488例，筛查率为32.9%，不合格血片补采率为16.72%。听力筛查数17414例，筛查率为12.61%。

【重大公共卫生项目】 2014年，喀什地区农村产妇数109651人，享受农村孕产妇住院分娩补助项目人数102648人，项目补助经费总额5126.80万元，补助率93.61%；农村适龄妇女孕前和孕早期新增叶酸服用人数117528例，全地区增补叶酸知识调查人数107562例，依从数90705例；全地区农村妇女宫颈癌检查63387人。农村妇女乳腺癌检查2818人。全地区孕产妇死亡率2014年42/10万、5岁以下儿童死亡率15.54‰、新生儿死亡率7.08‰、住院分娩率98.7%，孕产妇和儿童系统管理率持续稳步提高，全地区妇幼保健工作和服务水平有显著提高。

【贫困地区儿童营养改善项目】 2014年，喀什地区营养包发放数量258841盒；库存数量113977盒；应领取儿童数168187盒，实际领取人数162865盒，任务完成率为96.8%；儿童有效服用率达到90%以上。

【保护妇女儿童健康权益】 2014年，喀什地区妇幼保健院强化出生医学证明等法律证件管理和使用工作，保留存根做到有登记有制度，进一步规范新出生医学证明管理，避免办证难，有效提高出生当月开证率，保证家长及时落户。2014年，发放出生医学证明171600份。

【临床工作】 2014年，喀什地区妇幼保健院门诊人数63325人次、住院人数3648人次、总诊疗人数67993人次、出院病人数3735人次、分娩数1038例、手术455例、平均住院天数4.3天。

（喀什地区妇幼保健院）

民族·宗教

民族事务

【综述】 2014年，喀什地区牢牢把握“共同团结奋斗，共同繁荣发展”主题，全面贯彻落实党的民族宗教政策，依法加强对宗教事务的管理，开展民族政策和民族知识普及教育宣传；健全完善涉及民族因素突发事件的预防和处置机制，排查涉及民族因素矛盾隐患；协助上海、山东、广东、深圳、武汉等省市民宗委为喀什籍少数民族群众解决经商务工过程中实际困难。

【少数民族发展资金项目】 2014年，喀什地区民宗委落实国家关于促进少数民族和民族地区经济发展优惠政策。落实少数民族发展资金项目66个8151万元，较2013年增加828万元，同期增幅11.3%。

【民贸民品企业扶持】 2014年，喀什地区加大对地区民贸民品企业在优惠政策方面扶持力度。将民族贸易企业审批及年审权限下放至各县市，强化政策宣传，提高行政效能，提供优质服务；推进民族贸易和民族特需商品生产贷款贴息工作。

宗教事务

【宗教事务管理】 2014年，喀什地区贯彻落实《全国宗教工作系统法制宣传教育第六个五年规划》；开展“发挥正能量共筑中国梦”为主题的宗教政策法规学习活动；开展宗教教职人员认定备案、宗教活动场所财务监督管理“两个专项工作”。

【专项行动】 2014年，喀什地区民宗委配合宣传、文体、工商、经信委等牵头部门和单位，开展查缴非法书籍、规范物流等专项行动；在青少年中开展以现代文化为引领，实现“中国梦”集中教育活动。

【民族宗教事务行政许可】 2014年，喀什地区民宗委开展“深化法律六进、推进依法治国”法制宣传教育及“六五普法”工作。修订完善《喀什地区涉及民族宗教事务突发事件应急预案》。梳理汇总涉及民族宗教和语言文字工作11个行政许可审批、3个非行政许可审批和19个行政处罚事项，全面推行服务承诺、首问负责、限时办结等“六项制度”，做到严格、公正、文明执法。

（喀什地区民宗委）

社会民生

人口和计划生育

【综述】 截至2014年9月30日，喀什地区总人口4156657万人（不含第三师），新出生人口87476人，出生率21.31‰，自增率15.44‰，政策符合率97.85%，长效节育率为70%，出生性别比连续多年保持在105。全民领证率为27.12%，其中农牧民领证率24.87%。

【计划生育奖励优惠政策】 2014年，喀什地区累计享受《计划生育奖励扶助制度》28572人，兑现奖励金2057.2万元；享受《独生子女死亡伤残家庭特别扶助制度》12411户，兑现奖励金334.2万元；享受《南疆三地州特殊奖励制度》累计51579人，兑现奖励金11868.8万元；“少生快富”奖励制度2337人，发放奖励金612.9万元，全地区合计发放计划生育各项奖励资金14873.1万元。

【计生优质服务】 2014年，指导育龄群众选择安全、适宜、有效避孕方法，做好随访，农村已婚育龄妇女90%以上可享受到免费计划生育技术服务。组织实施“三大干预工程”，免费孕前优生健康检查完成85%以上。做好药具调拨、储存、发放。流动人口计生服管理基本实现属地化管理、市民化服务。

【计生宣传教育】 2014年，地区人口和计划生育委员会以宣传教育为主。通过广播、电视、人口文化建设、新家庭文化屋等途径，向广大群众宣传计划生育各项政策、知识；把婚育新风进万家活动、关爱女孩行动融入精神文明建设，统一部署，统一表彰。通过宣传标语、公益性广告，宣传品、纪念品，开展宣传引导，形成良好舆论氛围；举办集体婚礼、演讲比赛，利用“科技之冬”和农闲季节、重大节日，结合“四下乡”开展集中宣教、培训活动。据统计，2014年，喀什地区投入宣传经费861万元，占经费支出的23%。

【依法行政工作】 2014年，喀什地区人口和计划生育委员会推进依法行政。召开政风、行风监督员座谈会，征求群众意见，开展计划生育“三评”活动，不断完善社会监督，提高群众满意度；完善“首问负责、限时办结、服务承诺”制度，规范行政执法行为，推行计划生育村务公开、政务公开和基层办事公开制度，主动接受广大育龄群众监督，杜绝乱收费、办证难问题；制定《政策外生育专项治理方案》《依法治理非法宗教活动、打击宗教极端势力干预婚育专项行动方案》等措施。

【计生协会工作】 2014年，喀什地区有各级协会组织2833个，其中村级2471

个，企业、流动人口协会 178 个；会员小组 30982 个，会员 351296 人，占总人口的 8.5%。各级计生协会围绕人口计生中心工作，以加强基层协会组织建设为重点，以推动计划生育村（居）民自治为主线，充分发挥协会会员来自群众、联系群众优势，将计生宣传融入“三下乡”、科学文明进社区等群众性大型活动中，营造良好社会舆论氛围。推进农牧民生殖健康项目实施。2014 年，自治区财政给喀什地区 12 个县市下达项目专项经费 385 万元，有项目乡 17 个乡、140 个村、49661 户，受益人群 183101 人。

【流动人口管理】 2014 年，喀什地区人口和计划生育委员会加强对流动人口属地化管理，全地区有流动人口 117922 人（计生口径统计），其中区内流动人口 64004 人，区外流动人口为 53968 人。为流动人口发放宣传品、避孕药具、开展免费技术服务等投入资金约 97 万元，服务 82000 余人次。

【药具管理工作】 2014 年，喀什地区人口和计划生育委员会加强药具规范化。在全地区范围内开展违法销售计生免费避孕药具专项整治工作。加强药具调拨、发放、在库养护仓储等全过程管理与监督，按要求对药具品种进行季抽检，做好药具不良反应监测上报工作。制定出台《喀什地区计划生育药具乡村版信息化建设实施方案》，推进药具乡村版信息化建设步伐。强化新型药具推广和宣传普及工作，把新型药具推广和宣传融入“人口文化建设”中，普及新型药具推广和宣传工作。

【人口和计划生育信息化建设】 2014 年，喀什地区人口和计划生育委员会加强人口计生信息化建设。充分发挥信息化在降低生育水平、统筹解决人口问题中的重要作用，强化统计基础工作，注重平时服务中信息采集，提升全员人口信息系统覆盖面。

（喀什地区人口和计划生育委员会）

人力资源和社会保障工作

【就业】 2014 年，喀什地区新增就业 12.25 万人，2013 年、2014 高校毕业生就业率分别达 99.43%、90.71%，城镇登记失业率 3.92%；农业富余劳动力转移就业 93 万人次，完成职业技能培训 18.7 万人。

【社会保险】 2014 年，喀什地区建立统一城乡居民养老保险制度，将全地区 3.9 万名公务员、村“两委”班子成员纳入工伤保险制度；出台《喀什地区城镇大病商业保险实施办法》；实现全疆异地就医即时结算；喀什地区各项社会保险参保人数达 292.09 万人次，其中城镇职工基本养老保险 15.94 万人，基本医疗保险 72.07 万人，工伤保险 20.72 万人，失业保险 16.21 万人，生育保险 18.13 万人。新农保 138.01 万人，城镇居民养老保险 11.01 万人。

【人才工作】 2014 年，喀什地区人社局推荐国家级农业推广研究员 1 人、2014 年度自治区高层次人才引进工程人选 13 人、地区西部明珠英才人选 23 人，推荐少数民族科技骨干特培人员 64 人，培养高技能人才 467 人，其中高级工 351 人、技师 64 人、高级技师 52 人，建立地区高层次专业技术人才库 300 名；喀什地区技工学校获国家级高技能人才培训基地，麦盖提县技工学校获自治区级高技能人才培训基地，喀什中坤土陶制品有限公司高台土陶工作室、莎车县技工学校民族服装设计与制作室、疏附县民族乐器制作室获自治区级技能大师工作室。

【劳动关系】 2014 年，喀什地区人社局推进集体合同和工资集体协商机制建设，集体合同签订率达 75.54%，劳动合同签订率 85.59%；全年开展 3 次农民工工资清欠专项行动，解决拖欠工资 1298 万余元；加强劳动保障监察“两网化”和仲裁院建设；加大劳动人事争议调解仲裁和信访矛盾纠纷了解工作力度，喀什地区受理劳动人事争议案件 246 件，结案率为 92%；受理各类来信来访 233 件，办结率为 90%。

【劳动保障公共服务】 2014 年，喀什地区人社局累计发放城镇社会保障卡 67.05 万张，发放率达 98%；成功提交农村社会保障卡信息 110.97 万条；地区技师学院建设全面启动，全地区 8 所技工学校、55 所民办职业培训机构、31 个通用语言培训点形成培训能力，劳动保障公共服务能力得到明显提升。

（程勋彬）

社会保险管理

【社会保险】 2014 年，喀什地区各项社会保险参保人次达到 292.08 万人次，较 2013 年净增 4.75 万人次，增长 1.65%。其中城镇职工基本养老、城镇职工基本医疗、城镇居民基本医疗、失业、工伤、生育保险参保人数分别达到 15.94 万人、26.24 万人、45.82 万人、16.21 万人、20.72 万人、18.13 万人，比 2013 年分别增加 4749 人、6631 人、-13807 人、6385 人、43900 人、6841 人，增幅分别达到 3.07%、2.59%、-2.93%、4.1%、26.89%、3.92%。新农保和城居保参保人数分别达到 138.01 万人和 11.01 万人，参保率分别达到 98.26% 和 98.29%，续保率分别达到 94.26% 和 99.5%，除医疗保险外，各项指标均达到历史最好水平。

【社保基金收入】 2014 年，喀什地区各项社会保险基金总收入、总支出和累计结余分别达到 48.93 亿元、37.85 亿元和 44.07 亿元，基金收、支、结余比 2013 年分别增加 6.23 亿元、4.37 亿元和 11.08 亿元，分别增长 12%、11% 和 25%，为地区社会保险制度可持续发展奠定坚实资金基础。

【增资调待工作】 2014 年，第十次调整企业退休人员养老金，喀什地区 55881 名符合调资退休人数月人均养老金由 2013 年年底的 1664.06 元调整至 2014 年的 1889.99 元，月人均调资 226 元。为 1401 名企业离休干部和中华人民共和国成立前老工人调整护理费，护理费标准由原来每人每月600元提高到每人每月1000元，月人均增资400元。连续4年提高失业保险待遇水平，2014年人均失业金水平由原来的634元提高至728元，人均月增资94元。连续10年调整工伤保险待遇，2014年，月人均伤残津贴达到2431元；一次性工亡补助金标准达到53.91万元。落实提高城镇居民基本医疗保险财政补助标准政策，2014年，人均补助标准达到330元。

【社会民生】 2014年，喀什地区贯彻落实新政办发〔2014〕34号文件精神，将灵活就业人员最低缴费基数下调10%，减轻参保人员缴费负担。取消城镇企业职工基本养老保险退休人员养老金最低保证数规定。按照喀署办发〔2013〕171号文件要求，做好公务员、村“两委”班子、协警等群体参加工伤保险工作，截至12月底，全地区已纳入公务员、村“两委”班子等人群4万余人，全地区工伤保险参保人数达到20.72万人。贯彻落实人社部发〔2014〕17号文《城乡养老保险制度衔接暂行办法》和新政办发〔2014〕76号文《自治区建立统一城乡居民养老保险制度实施办法》完善社会保险关系转移接续政策。消除户籍制度带来城乡养老保障差异，建立更加公平和可持续社会保障体系。贯彻落实喀署办发〔2013〕74号文件精神，统筹解决农村离岗代课教师问题。截至12月底，全地区计纳入离岗代课教师2963人，补费收入4520万余元，解决长期以来部分离岗代课教师社保问题。宣传新人社发〔2014〕85号《关于贯彻实施，〈社会保险法〉补缴基本养老保险费有关问题通知》文件精神。85号文补费政策是继“五七工”政策之后出台又一项重大惠民政策，地区逐步着手解决部分群众反映中断补费、漏保补费等利益诉求。

【民生工程建设】 2014年，喀什地区加强异地就医即时结算管理，完善异地就医即时结算制度、扩大实施异地就医即时结算时点范围，开通陕西和海南异地就医即时结算工作。截至12月底，地区为96546人次。城镇职工参保人员在异地医院住院、普通门诊、药店购药提供异地就医结算，结算资金8776.6万元，为993人次城镇居民提供异地住院即时结算，结算资金420万元。截至12月底，地区制卡总数量已覆盖全地区城镇职工和居民参保人数，实际发放社会保障卡67.98万张，卡发放率为93.78%。

【稽核清欠】 2014年，清理回收企业基本养老保险欠费3720万元。书面稽核与实地稽核相结合，查出少缴社会保险费1352.28万元，发现重复享受社会保险待遇401人，重复领取资金222.62万元，已追回资金137.28万元。

（叶海涛）

民政工作

【综述】 2014年，喀什地区民政局内设7科1室：救灾科、优抚安置科、社会福利和社会事务科、社会组织科、社会救助科、区划地名科、基层政权和社会工作科、局办公室。有两个县级单位隶属地区民政局管理，即地区老龄工作委员会办公室和地区城乡居民最低生活保障中心。有干部职工41人、其中民族干部14人、占34.1%；女干部12人、占29.2%；大专以上学历40人，占97.5%；党员38人，占92.1%。有9个直属单位，即地区康宁医院、地区儿童福利院、地区社会福利院、地区救助管理站、地区福利彩票发行中心、喀什军队饮食供应站、地区军休服务管理中心、地区居民家庭经济状况核对中心和地区福利总公司。

【社会救助】 2014年，喀什地区覆盖城乡社会救助体系基本建立，全地区下拨城乡社会救助资金17.3亿元。成立居民家庭经济状况核对中心和社会救助工作领导小组，建立部门联席制度；开展《社会救助暂行办法》宣传活动，编译并印发维、汉语宣传材料1.2万份；全地区71.55万名城乡低保对象享受低保，城市低保月人均补助275元，农村低保月人均补助140元；开展社会救助专项整治和侵害群众利益专项整治工作，全地区清退低保人员163045人，新增低保人员163314人；发放取暖救助和一次性生活补贴58.1万人次，计9031.94万元；落实医疗救助补助资金1.5851亿元，累计救助城乡困难群众171311人次；争取自治区下拨临时救助资金1947万元，启动地区临时救助工作。

【救灾减灾工作】 2014年，喀什地区民政局应对雪灾、冰雹、大风和洪涝等35次自然灾害，下拨救灾资金5112万元（其中冬春生活补助4260万元）、25.23万人（次）；争取救灾物资储备库建设资金1325万元新建4个县级救灾物资储备库；争取救灾专用帐篷、棉大衣等价值260余万元救灾储备物资；开展“国家防灾减灾日”和“国际减灾日”宣传活动，发放宣传资料10万余份；完成全国综合减灾示范社区申报工作，2014年度，全地区申报综合减灾示范社区14个。

【社会福利】 2014年，喀什地区民政局全年下拨专项资金3994万元，按集中供养孤儿最低养育标准每人每月不低于900元、社会散居孤儿不低于600元发放基本生活补助，惠及孤残儿童4806名；下拨资金2601.74万元，为全地区30003名80岁以上老年人按标准发放基本生活补贴；争取14.7万元支持社会化养老服务，为2家民办养老机构发放运营补贴；开展实施“光彩明天”工程，全地区完成困难家庭患儿唇腭裂手术72例，疝气手术110例，为272名城乡低保贫困家庭、福利机构供养残障孤儿装配假肢矫形器等300多万元康复辅具；实施特殊困难群众殡葬救助工作，下拨125.72万元为城乡低保困难群众实施殡葬救助；康宁医院门诊接诊病人5329人次，入院病人1257人次，有住院病人294人（其中政府供养90人），开展12县市巡回义诊活动，义诊患者1474人，免费发放药品68000余元；全地区销售福利彩票3.93亿元，较2013年增加3.84%，筹集福彩公益金1.38亿元，筹集地区本级福彩公益金3144万元，为社会福利事业发展提供有力支持。

【优抚安置】 2014年，喀什地区民政局落实《军人优待抚恤条例》；审核上报自治区新评残26人，评烈11人，新增参战、烈士遗属、烈士子女等享受待遇18人；在疏勒县烈士陵园开展首个烈士纪念日活动。

【“双拥”工作】 2014年，喀什地区开展“双拥”模范城（县、区）创建活动，完成对申报全国和自治区“双拥”模范城县市检查验收和申报工作；协调筹备组织老年艺术团到驻喀部队开展“八一”拥军巡回演出9场，为部队购买慰问品价值511.98万元，协调上级“双拥”办和军区部队免费帮助塔什库尔干县拉运安居富民、定居兴牧工程建材1.503万吨，完成计划任务的100.02%，为塔县农牧民节约建材运费180余万元。

【社会治理工作】 2014年，喀什地区民政局加大村务公开和民主管理工作推进力度；开展“读书进社区”活动，向社区赠送书籍30000余册；组织完成2014年度社会工作者职业水平考试报名及资格审查工作，全地区取得社会工作资格证书有6名；与上海前方指挥部、上海市民政局合作举办一期喀什地区社会工作培训班，全地区128人参加培训。

2014年，喀什地区民政局明确四类社会组织直接登记工作，不再经由业务主管单位审查和管理；下放社会组织登记权限简化审批程序，将异地商会登记权限和非公募基金会登记权限下放至各县（市）民政部门。全地区全年依法审批登记17个社会团体、13个民办非企业单位，全地区社会组织达870家；开展社会组织年检工作，参加年检社会组织有840家，年检合格社会团体有696家，民非单位有60家，注销14家；摸排地区社会组织中党政领导干部任职情况，经过摸底全地区有66名领导干部在社会组织中兼职（其中在职60名、离退休6名）。

【区划地名工作】 2014年，喀什地区民政局完成疏附县阿克喀什乡划归喀什市管辖工作，莎车县新设叶尔羌街道办事处，莎车县古勒巴格乡、岳普湖县铁热木乡、疏附县乌帕尔乡、伽师县夏普吐勒乡撤乡设镇等行政区划调整事项审核上报工作；开展平安边界创建工作，完成塔县—叶城县、莎车县—叶城县、莎车县—英吉沙县、疏附县—疏勒县、喀什市—疏附县5条县级界线联检任务；会同国土部门及时调处6起行政界线纠纷和争议。

【救助管理工作】 2014年，喀什地区民政局全年救助各类人员1175名；开展接回内地新疆籍流浪未成年人专项行动，接回8批185名内地新疆籍流浪未成年人，组织8名大龄流浪儿童参加职业技能培训。

【婚姻管理】 2014年，全地区办理结婚登记50044对，离婚12316对，补发结婚证

5896对，补离婚证195人次，开具无婚姻登记记录证明2323份，撤销婚姻登记7对，办理涉外结婚登记93对；查处违法婚姻69例，处理61例，协助公安部门查实假证678例；印制发放《中华人民共和国婚姻法》维、汉文宣传单6万份，配合政法、公安部门对调查真假结婚证进行鉴别，严厉打击利用宗教干涉婚姻行为。

【资金项目工作】 2014年，喀什地区民政局争取各类民政资金20.42亿元，受益服务群众达119.8万人；2014年，落实各类民政福利建设项目52个，落实到位项目建设资金9487万元；2014年，全地区有16个民政项目纳入四省市对口支援“十二五”总体规划，其中福利机构建设项目11个，配套设施设备项目5个，总投资2.05亿元，16个项目已竣工投入使用。

【专项整治活动】 2014年，喀什地区民政局开展社会救助专项整治和侵害群众利益专项整治活动。针对群众普遍反映较多、关注较多城乡低保问题，设立13部举报电话，全地区清查受理群众举报、媒体曝光“人情保”“错保”34件，调查办结34件，其中反映情况属实21件。

喀什市老城区改造

【项目总体进展情况】 截至2014年年底，喀什市老城区改造项目累计开工改造危旧房30983户，占需改造总任务的65.6%。其中核心区完成9958户（其中1841户不愿改造、需改造10449户），占核心区需改造任务的95.3%；外围片区完成21025户，占外围片区总任务的56.2%。项目累计到位补助资金30亿元，其中国家补助资金18亿元，自治区补助资金12亿元，项目累计完成投资314594万元。2014年，喀什市老城区计划开工改造危旧房11274户，其中核心区504户，外围片区10770户。截至11月底，累计大修开工建设6176户，修缮开工5170户。其中核心区开工建设511户，完成计划的101.4%；外围片区大修开工5665户，完成计划的101.2%；修缮开工5170户，完成计划的100.8%。2014年，计划完成投资113307万元，资金来源为国家和自治区补助71130万元，居民自筹42177万元。截至11月底，完成投资116400万元，其中使用国家和自治区补助资金74200万元，居民自筹资金42200万元，完成年度投资计划的102.7%。

【AAAAA级旅游景区创建】 2014年，在快速推进老城区保护治理工作同时，按照“创建一个景区、美丽一座城市”和“老城改造完成之日就是创建国家AAAAA级旅游景区成功之时”要求，集中力量和资金加快喀什老城景区硬件建设工作。2014年年底喀什老城景区通过国家景观质量评估，列入国家旅游局创建AAAAA级旅游景区预备名单。

（喀什市老城区危旧房改造综合治理指挥部办公室）

市　县

喀什市

【概况】 喀什，古称疏勒，全称为喀什噶尔，其含义有“玉石集中之地”“玉石建成城市”等解释。是古丝绸之路上一颗璀璨明珠，中国最西端一座城市。位于新疆维吾尔自治区西南角，帕米尔高原东北麓，塔里木盆地西缘，地理位置为北纬39° 24′ 21″～39° 37′ 28″、东经75° 48′ 56″～76° 21′ 41″。东部与疏附县阿克喀什乡相接，西部与疏附县兰干乡相接，北倚古玛塔格山与克孜勒苏柯尔克孜自治州阿图什毗邻，南隔克孜勒河与疏勒县相望。总面积1058.8平方千米，建成区面积61.77平方千米。市区距乌鲁木齐市公路里程1473千米。

2014年，辖2个镇、9个乡、1个农场、4个街道办事处。年末全市常住人口67.7万人（不含兵团人口），其中户籍人口60.7万人，城镇人口31.64万人，乡村人口29.06万人；人口出生率19.23‰，户籍人口自然增长率15.3‰。耕地面积21473.33公顷（区划调整，2014年11月，阿克喀什乡从疏附县划归喀什市管辖），粮食播种面积19580公顷，蔬菜播种面积7013.33公顷。重要自然资源有天然气、玉石、铜、铁等矿产资源63种，石膏储量居全国前茅，蛇纹岩储量居全国第三位。森林覆盖率18.85%、林地面积23797公顷、活立木蓄积量613974立方米。国家AAAA级旅游景区（艾提尕民俗文化旅游风景区）1家，AAA级旅游景区（西山民俗风情园、高台民居景区、香妃故园文化旅游风景区）3家，AA级旅游景区（盘橐城、福乐智慧园）2家。当地名优特色产品名单石榴、甜瓜、西瓜、葡萄、杏子、苹果、梨、核桃、红枣、巴旦木、酸梅。属暖温带大陆性干旱气候。

【国民经济与社会发展】 2014年，完成生产总值1889000万元。其中第一产业增加值80800万元，比2013年增长0.9%；第二产业增加值629000万元，增长8.86%；第三产业增加值1179200万元，增长19.11%。

农林牧渔业总产值193700万元，比2013年增长6.6%。其中农业产值94400万元，林业6400万元，牧业87000万元，渔业1100万元，农林牧渔服务业4700万元。主要农产品产量：粮食12.28万吨、棉花3.2574万吨、水果9.81万吨。年末牲畜存栏49.45万头（只），全年牲畜出栏率2.72%。全年肉类总产量3.3493万吨，羊肉1.81万吨，牛奶1.981万吨，禽蛋1.015万吨，水产品880吨。年末农业机械总动力68600千瓦。

工业总产值1357800万元，比2013年增长14.64%。全部工业增加值473800万元

（规模以上工业增加值170700万元），增长12.68%（规模以上工业增长11.6%）。主要工业产品产量：小麦粉7.15万吨，发电量14.09亿千瓦时，商品混凝土76万立方米，水泥熟料135.13万吨，水泥186.32万吨，供热总量586.63万吉焦，啤酒20097千升，棉纱0.1930万吨，乳制品1.33万吨。建筑业完成施工产值455700万元，建筑企业房屋施工面积4493100平方米，竣工面积1351200平方米。

全社会固定资产投资1387000万元。完成邮政业务收入2346万元，电信行业业务收入49100万元。年末固定电话用户104400户，移动电话用户594000户，计算机互联网用户82000户。社会消费品零售总额630400万元，其中批发、零售贸易总额592300万元，住宿餐饮业零售总额35200万元。进出口贸易总额68205.6万美元，其中出口额66962.3万美元、进口额1243.3万美元。接待旅游人数212万人次，旅游收入120800万元。地方财政收入216310万元，地方财政支出546853万元。年末城乡居民储蓄存款余额1522700万元。

有各类专业技术人员10709人，其中中级以上3050人。

市属中等职业教育学校1所，在校学生993人（民族993人）；普通中学6所（高级中学2所、完全中学3所、十二年一贯制学校1所），在校学生7160人（民族6171人）；小学104所，在校学生68962人（民族58486人）；特殊教育学校1所，在校学生234人（民族228人）；各类教师8831人（民族7259人）。

有医疗卫生机构245个，其中医院47个、基层医疗卫生机构15个（包括社区卫生服务中心、卫生院、门诊部等）、专业公共卫生机构4个，卫生技术人员6699人，卫生机构床位6593张。

年内在全国、自治区举办重大体育比赛中各取得1枚金牌。

全年城镇居民家庭人均可支配收入18644元；农村居民家庭人均纯收入8532元。在职职工年均货币工资48061元。

2014年年底，喀什市就业人员18070人。城镇登记失业率3.6%。截至年底，喀什市参加城镇失业保险30351人，市（区）参加城镇职工基本养老保险72106人，参加城镇基本医疗保险298803人，城镇职工参加基本医疗保险91673人，参加工伤保险61732人，参加生育保险58852人。参加新型农村合作医疗297798人，参合率99.72%。参加新型农村养老保险130873人，已领取养老保险待遇21578人。城镇居民中有88424人得到政府最低生活保障救济。

说明：行政区划面积调整，新增阿克喀什乡，人口指标不包含阿克喀什乡。

（喀什市史志办）

疏附县

【概况】 疏附县位于新疆维吾尔自治区西南部帕米尔高原北麓，塔克拉玛干大漠西缘，东辖喀什市与伽师县毗连，南与疏勒县，阿克陶县相接，西以砾石戈壁和阿图什县相望，疏附县地处中亚大陆腹部，属暖温带荒漠气候带。

疏附县建县以来，隶属于疏勒直隶州。维吾尔语称该地名，即喀什噶尔阔尼夏尔（喀什噶尔老城），又因疏附县城内大部分居民信奉伊斯兰教，故当地亦习称之为“四城”。距乌鲁木齐市公路里程1482千米。2014年，辖4个镇、6个乡、年末总人口27.6万人，少数民族人口27万人，农村人口24万人。耕地面积3.13万公顷。农作物种植面积6.36万公顷，粮食作物播种面积3.34万公顷，棉花种植面积1.2万公顷，瓜菜种植面积1.54万公顷，重要自然资源矿产资源有黄金、石油、石膏、石灰岩、苜岩。动植物资源有狐狸、黄羊、刺猬、斑鸠等；有阿月浑子、油光桃、石榴、大樱桃、红枣等。著名地方产品有木亚格杏、木纳格葡萄，主要旅游景点（区）有麻赫穆德喀什噶里陵墓。

【国民经济与社会发展】 2014年，完成生产总值34.56亿元。其中第一产业增加值14.67亿元，比2013年增长7.4%，第二产业增加值6.54亿元，增长18.23%，第三产业增加值13.35亿元，增长10.78%，农林牧渔及其服务业总产值36.91亿元，同比增长3.52%，其中农业产值193812万元，林业产值6981万元，牧业产值91778万元，渔业1305万元。主要农产品产量，粮食22.21万吨，棉花2.3万吨，蔬菜40.57万吨，果品产量9.5255万吨，其中杏子产量7.13万吨，红枣产量1.91万吨，石榴产量0.02万吨，瓜类产量40.36万吨，小麦12.01万吨，年末牲畜存栏84.3万头，肉类总产3.7万吨。牛奶3.86万吨，禽蛋1.2万吨。羊毛产量0.13万吨，年内完成造林面积15.47公顷（不包括水果林）。年末拥有农业机械总动力34.21万千瓦，工业总产值76034万元，工业增加值233730万元，增长18.11%，棉纱产量43.1万吨，发电量4600万千瓦时，供热80万平方米，自来水104万立方米，全社会用电量17646万千瓦时，同比增长21%，全年建筑业实现产值36560万元。全社会固定资产投资44.74万元。全年完成邮政业务总量498.83万元，电信业务总量926万元，年末固定电话用户7460户，手机用户27422户，计算机互联网用户3449户。社会消费品零售总额26653万元，全年接待旅游者20.22万人次，旅游收入1080.7万元，全县共有营运汽车1308辆，其中客运汽车516辆、货运汽车792辆。全年地方财政收入36460万元，同比增长-30.5%，地方财政支出250623万元，同比增长15.7%，年末金融机构各项存款余额379697万元，各项贷款余额159831万元。有各类专业技术人员5391人，职业高中1所，在校学生779人（民族779人），普通高中3所（完全中学2所），在校学生人5855人（民族4961人），初级中学9所，在校学生11192人（民族10953人），小学86所，在校学生24203人（民族23816人），各类老师4560人（民族4184人），当年教育基建投资15984万元，年末广播人口覆盖率98.5%，电视人口覆盖率99%，有线电视用户2700户，有医疗卫生机构38个，拥有专业技术人员656人，农民人均纯收入7068元。全年保费收入4287.7万元，人寿险保费收入527万元，全年已赔付额201.9万元，财产险保费收入440万元，财险已赔付额148万元，全年人寿险、财险已赔付额2884.9万元。2014年年底，已有8853名职工参加失业保险，13521名职工参加医疗保险，6187名职工参加基本养老保险。

备注：1.本公报为初步核算数据，GDP增长速度为可比增长速度。其他数据增长为现价增长速度。

2.2014年年末人口数据为年末公安户籍10个乡镇实际数据，公安报表数据为11个乡镇人口，共28.88万人。

（疏附县史志办）

疏勒县

【概况】 疏勒县位于塔里木盆地西面，喀什噶尔绿洲中部，县城距乌鲁木齐市公路里程1484千米。2014年辖3个镇、12个乡。年末总人口36.88万人，其中农村人口28.87万人；人口出生率21.8‰，自然增长率14.18‰。耕地面积51672公顷，粮食播种面积37993公顷（含复播），经济作物播种面积37745公顷（含复播）。重要自然资源全县主要河流为克孜勒河、盖孜河和库山河及排孜阿瓦提河、岳普照河，其余为少量泉水。在全县不同土壤类型上，分布着与局部小区域生态环境相适应各种植被类型，如：荒漠植被、草甸植被、沼泽植被、盐生植被、沙生植被和农田植被。野生和栽培植物分属30多个科属、100多个品种。种植植物分为农作物、林作物、观赏植物以及药用植物；野生植物除一小部分为木本植物（乔木和灌木）外，绝大部分为草本植物。森林覆盖率15.79%、林地面积29045.2公顷、活立木蓄积量517406立方米。AA级旅游景区牙甫泉镇沙漠胡杨、AAA级旅游景区张骞公园。属暖温带大陆性干旱气候。

【国民经济与社会发展】 2014年，完成生产总值668747万元。其中第一产业增加值216589万元，比2013年增长10.9%；第二产业增加值323931万元，下降8.7%；第三产业增加值128227万元，增长10.6%。

农林牧渔及其服务业总产值419887万元，比2013年增长20.74%。其中农业产值261838万元，林业14547万元，牧业142352万元，渔业600万元，服务业550万元。主要农产品产量：粮食26.1417万吨，棉花3.0569万吨，水果6.6701万吨。年末牲畜存栏89万头（只），出栏87.94万头（只）。全年肉类总产4.2647万吨，羊毛0.1556万吨，牛奶4.0481万吨，禽蛋2.122万吨，水产品600吨。年末农牧业机械总动力517300千瓦。

工业总产值554632万元，比2013年增长8.71%。全部工业增加值205214万元（规模以上企业工业增加值26663万元），增长2.04%（规模以上企业工业增长39.09%）。主要工业产品产量：水泥69.5423万吨，商品混凝土153011立方米，精制食用植物油0.8699万吨，饲料10.1627吨，水泥混凝土27106根，石灰3.8425万吨。建筑业总产值359749万元，全县建筑业增加值为11.87亿元，按可比价计算，下降21.1%。

全社会固定资产投资780000万元。完成邮政业务收入486万元，电信业务收入10693万元。年末固定电话用户14300户，移动电话用户157955户，计算机互联网用户4029户。社会消费品零售总额73289万元。出口额256.1万美元。接待旅游者16.8万人次，旅游收入1720万元。地方财政收入42262万元，地方财政支出238046万元。年末城乡居民储蓄存款余额274636万元。

有各类专业技术人员4990人，其中中级以上1102人。有职业中学1所，在校学生4102人（民族4100人）；普通中学17所，在校学生22400人（民族21206人）；小学88所，在校学生34513人（民族32999人）；各类教师5382人（民族4561人）。全年教育基建投资1.2521亿元。

有医疗卫生机构18个，其中医院2个、基层医疗、卫生机构14个（包括社区卫生服务中心、卫生院、门诊部等）、专业公卫生机构2个（包括专科疾病防治院/所/站、妇幼保健院/所/站等）、其他机构（疗养院等），卫生技术人员758人，病床828张。

年内在国际、全国或自治区举办重大体育比赛中取得14枚金牌、5枚银牌、9枚铜牌。

全年城镇居民人均可支配收入17404.15元，城镇居民人均消费性支出14349.52元；农村居民人均纯收入7255元，农村人均生活消费性支出4157.83元。在职职工年均货币工资40450元。

2014年年底就业人员7756人。城镇登记失业率3.65%。截至年底，参加城镇失业保险10189人，参加基本养老保险8746人，城镇职工参加基本医疗保险15561人，参加工伤保险13641人，参加生育保险11639人。参加新型农村合作医疗293944人，参合率99%。参加新型农村养老保险120344人，已领取养老保险待遇25022人。城镇居民中有9183人得到政府最低生活保障救济。

（周　萍）

英吉沙县

【概况】 英吉沙县位于昆仑山北麓，塔里木盆地西缘。县城距乌鲁木齐市公路里程1541千米，铁路里程1654千米。2014年辖1个镇、13个乡。年末总人口30.05万人（少数民族29.59万人），其中农村人口25.97万人；人口出生率21.23‰，自然增长率15.65‰。耕地面积2.9万公顷，粮食播种面积3.12万公顷，经济作物播种面积0.78万公顷。野生植主要有红柳、黑果枸杞、骆驼刺、沙枣等。野生动物主要有大头鱼、雪鸡、黄羊、新疆白条鱼、啄木鸟等。著名地方特产有英吉沙色买提杏，国家级非物质文化遗产保护产品有英吉沙小刀、木戳印花布、土陶、达瓦孜技艺等。属大陆性暖温带干旱气候。

【国民经济与社会发展】 2014年，全县完成生产总值295000万元，比2013年增长10.13%。其中第一产业增加值112000万元，比2013年增长8.97%；第二产业增加值80000万元，增长11.16%；第三产业增加值103000万元，增长10.69%。第一、二、三产业增加值占国内生产总值比重分别为38%、27.1%和34.9%。人均国内生产总值9915元。

农林牧渔业及服务业总产值237735.62万元，比2013年增长19.64%。其中农业产值169384.02万元，林业产值4453.23万元，牧业产值57197.38万元，渔业产值168万元，农林牧渔服务业产值6533万元。主要农产品产量：粮食20.32万吨，棉花2.97万吨，蔬菜产量16.7万吨，油料161吨，瓜果22.31万吨。年末牲畜存栏39.2万头（只）。全年肉类总产2.15万吨，羊毛590吨，奶产量2.25万吨，禽蛋2300吨，水产品140吨，牛羊皮36.26万张。年内完成造林面积1200公顷。年末拥有农牧业机械总动力173562万千瓦时。

工业总产值108952万元，比2013年增长28.74%。工业增加值27020万元，增长30.8%（可比价）。其中规模以上工业增加值9148万元。主要工业产品产量：水泥91.4万吨，硅酸盐水泥熟料91.4万吨，自来水600万立方米，发电量8850万千瓦时，砖4.3亿块，面粉2.1万吨，饮料0.08万吨，小刀3.8万把。建筑业创产值8191万元。

全社会固定资产投资55.27亿元，完成邮政业务总量328万元，电信业务总量5711万元。年末固定电话用户8100户，移动电话用户84650户，国际互联网用户2850户。社会消费品零售总额5.04亿元。对外贸易完成3031万美元。接待旅游者35.2万人次，旅游收入4100万元。地方财政一般预算收入17823万元，地方财政支出232577万元。年末金融机构各项存款余额305143万元，年末金融机构各项贷款余额114563万元。

全县有各类专业技术人员4877人，其中中级以上804人。有职业中学1所，在校学生1248人（民族1248人）；普通高中1所，在校学生3185人（民族3165人）；完全中学4所，初级中学9所，九年一贯制学校2所，在校学生11843人（民族11737人）；小学56所，在校学生27929人（民族27466人）；幼儿园59所，在园幼儿9885人（民族9760人）。各类教师3940人（民族3776人）。全年开设双语教学学校58所，双语教学班461个，全县各中小学校接受双语教学学生16967人，占学生总数的38.4%。2013—2014学年，小学适龄儿童入学率为99.6%，小学升初中99.89%，初中升高中85.55%。全年教育基建投资16900万元。年末广播人口覆盖率98%，电视人口覆盖率98%，模拟电视用户2700户，数字电视用户2400户，户户通用户53626户。

全县有医疗卫生机构19个（不含个体诊所），专业卫生技术人员649人，病床804张。

2014年，全县农村居民人均纯收入6016元。在职职工年均货币工资4.65万元。

2014年年底，就业人员6136人，城镇登记失业率3.71%，截至年底，参加失业保险7632人，参加基本养老保险3225人，参加基本医疗保险12530人，参加工伤保险9196人，参加生育保险7613人，参加新型农村合作医疗24.14万人，参合率99.9%。参加新型农村养老保险110436人，已领取养老保险待遇15863人。城镇居民养老保险人数4332人，已领取养老保险待遇446人，城镇居民中有11083人得到政府最低生活保障救济，农村居民中有56699人得到政府最低生活保障救济。

（韩西斌）

莎车县

【概况】 莎车位于新疆维吾尔自治区西南边陲，地处喀喇昆仑山西北麓，塔里木盆地西南部叶尔羌河冲积扇地带。东南以叶尔羌河为界，与泽普、叶城县隔河相望，东北与麦盖提县为邻，北与巴楚县阿瓦提镇相接，西北与岳普湖县巴依阿瓦提乡及疏勒县阿拉甫乡毗邻，西接英吉沙及克孜勒苏柯尔克孜自治州阿克陶县，西南与塔什库尔干县相连。县城距乌鲁木齐市公路里程1666千米。

2014年，辖7个镇、22个乡、1管委会（英阿瓦提管委会）。年末总人口84.6413万人，其中维吾尔族人口81.0885万人，农村人口70.9595万人；人口出生率22.54‰，自然增长率16.61‰。耕地面积14，23万公顷，粮食播种面积8.87万公顷（含复播），经济作物播种面积12.62万公顷（含复播）。重要自然资源有石灰石、煤炭、石膏、石棉、青玉、云母、水晶、硫黄、金、铁、铜、铅、锌、镍等。境内地表水年径流量72亿立方米，地下水动储量10.52亿立方米。野生药用植物主要有甘草、罗布麻、贝母、党参等。国家级保护动物有雪豹、新疆大头鱼、天鹅、尖嘴鱼、鸢红隼等。森林覆盖率15.6%、林地面积13.9万公顷。主要旅游景点（区）有：达木斯乡原始森林、喀拉苏乡沙漠景观、东方红水库度假村、阿曼尼沙罕纪念陵（国家级文物保护单位）、阿热勒乡巴依都瓦村祈富台（自治区级保护文物）、亚克艾日克乡烽火台旅游景区、叶尔羌河喀群水利枢纽等。当地名优产品有巴旦姆、核桃、红枣等。属暖温带大陆干旱气候。

【国民经济与社会发展】 2014年，完成生产总值750879万元。其中第一产业增加值388415万元，比2013年增长3.66%；第二产业增加值113043万元，增长2.74%；第三产业增加值249421万元，增长4.5%。

农林牧渔及其服务业总产值798418万元，比2013年增长9.6%。其中种植业产值598617万元，林业38500万元，牧业135821万元，渔业3850万元。主要农产品产量：粮食56.3万吨，棉花10.593万吨，油料0.5075万吨，蔬菜49.0451万吨，水果14.2903万吨，瓜类30.7632万吨。年末牲畜存栏128万头（只），全年出栏129万头（只）。全年肉类总产5.716万吨，牛奶3.2万吨，禽蛋1.35万吨，水产品0.3万吨。年末农牧业机械总动力74.08万千瓦。

工业增加值51562万元，比2013年下降2.35%。规模以上企业工业增加值27862

万元，比2013年下降10%，主要工业产品产量：原煤40.3841万吨，食用生物油0.283954万吨，硅酸盐水泥熟料27.8278万吨，水泥76.7255万吨，十种有色金属5.1412万吨，铅3.9768万吨，锌1.1644万吨，砖42710万块，自来水959万立方米，发电量24483万千瓦时。建筑业总产值67885.5万元，建筑企业施工房屋建筑面积57.0753万平方米，竣工面积42.8926万平方米。

全社会固定资产投资525455万元。完成邮电业务总量16877.3万元。年末固定电话用户2.3309万户，移动电话用户29.9525万户，计算机互联网用户1.4540万户。社会消费品零售总额136101万元。进出口贸易总额10790万美元（均为出口贸易），接待旅游者45万人次，旅游收入4329万元。地方财政收入65662万元，地方财政支出558685万元。年末城乡居民储蓄存款余额555749万元。

有各类专业技术人员1.4243万人，其中农业技术人员429人。有各级各类学校383所，在校学生16.4948万人；普通高中4所，完全中学1所，初中32所，九年一贯制学校13所，小学160所，幼儿园168所；各类教师1.1541万人。

有医疗卫生机构653个，其中医院21个、乡镇卫生院29个、专业公共卫生机构2个，卫生技术人员2701人，病床2584张。

全年全县参加各种体育比赛中取得11枚金牌、4枚银牌、6枚铜牌。

全年城镇居民人均可支配收入1.7189万元；农村居民人均纯收入0.6153万元。在职职工年均货币工资5.4591万元。

2014年年底，就业人员1.7250万人。城镇登记失业率3.63%。截至年底，参加城镇失业保险2.0777万人，参加基本养老保险9642人，城镇职工参加基本医疗保险3.1252万人，参加工伤保险2.9005万人，参加生育保险2.3964万人。参加新型农村合作医疗62.5161万人，参合率89.23%。城镇居民中有3.6986万人得到政府最低生活保障救济。

（莎车县史志办）

泽普县

【概况】 泽普县位于昆仑山北麓，塔里木盆地西缘，叶尔羌河冲积扇中上部。县城距乌鲁木齐市公路里程1692千米。

2014年，辖2个镇、10个乡。年末总人口22.35万人（含塔西南勘探开发公司人口16843人），其中少数民族18.69万人，农业人口12.4万人，人口出生率21.33‰，自然增长率16.22‰。耕地面积32.6千公顷，粮食播种面积25.59千公顷，农作物播种面积51.79千公顷。泽普县是喀什地区粮棉生产基地之一，盛产各种蔬菜和干鲜果品。药用植物有肉苁蓉、甘草、罗布麻、红花、麻黄、枸杞、野薄荷等。著名地产产品有“祖娜尔”果品、“雪鹰”水泥、“亚克西”棉纱、“蓝欣”油脂、“金山雪”面粉等。主要旅游景点有泽普金湖杨国家森林公园（AAAAA级）、叶尔羌河国家湿地公园、古勒巴格风景区等。喀和铁路、315国道、喀和高等级公路穿境而过。属暖温带大陆性干旱气候。

【国民经济与社会发展】 2014年，全县完成生产总值440560万元（现价，下同）。其中第一产业增加值140747万元，比2013年增长17.11%；第二产业增加值92513万元，增长8.66%；第三产业增加值207300万元，增长25%。

2014年，农林牧渔业、服务业总产值303813.95万元，同比增长14.01%，其中种植业总产值为228373.47万元，同比增长17.70%；林果业总产值为153800万元，同比增长13.49%；畜牧业总产值为66648.62万元，同比增长2.93%；渔业总产值为3960万元，同比增长3.13%。2014年，全县农作物播种面积为51.79千公顷，同比增加5.3千公顷，粮食总产达到13.7522万吨，其中小麦播种面积12.33千公顷，总产量7.3508万吨。棉花产量2.6784万吨。有温室大棚2812座，温室大棚面积0.193千公顷，蔬菜面积2.14千公顷，蔬菜总产达10.2859万吨。西甜瓜总面积1.79千公顷，总产达7.801万吨；小茴香播种面积2.55千公顷，产量615.6吨；林果业面积29.64千公顷，水果总产量17.1905万吨，同比增长15.70%；其中红枣面积12.59千公顷，核桃面积14.93千公顷，林果业结果面积28.85千公顷。牲畜存栏头数达41万头（只），同比增长1.29%，牲畜出栏头数达46万头（只），同比增长13.05%；肉产量2.8534万吨，同比增长11.78%；奶产量9000吨，同比增长11.80%；蛋产量5500吨，同比增长32.53%；渔业产量3300吨。年末农牧业机械总动力243192.3千瓦。

工业总产值147629万元，比2013年增长21.93%。全部工业增加值46185万元（规模以上工业完成增加值7916万元），增长15.32%（规模以上企业工业增长11.78%）。主要工业产品产量：水泥9.63万吨，增长48.61%；增长100%；食用植物油3080吨，增长18.37%；原煤5.52万吨，增长60.85%；自来水生产量624万立方米，增长40.54%。建筑业总产值372710万元，建筑企业施工房屋建筑面积1137808平方米，竣工面积910246平方米。

全社会固定资产投资372731万元。完成邮政业务总量499.65万元，电信业务总量8591.63万元。年末固定电话用户40000户，移动电话用户9.01万户，计算机互联网用户6600户。社会消费品零售总额56608万元。全年进出口贸易总额3215.7万美元，其中出口额3215.7万美元。接待旅游者22.5万人次，旅游收入2484万元。地方财政收入28356万元，地方财政支出213233万元。年末城乡居民储蓄存款余额340500万元。

有各类专业技术人员4567人，其中中级以上1464人；职业中学1所，在校学生778人（少数民族776人）；普通中学6所，在校学生14338人（少数民族11628人）；小学18所，在校学生17901人（少数民族16057人）；各类教师3496人（少数民族2091人）。全年教育基建投资13427万元。

有医疗卫生机构17个（不含个体诊所），专业卫生技术人员1042人，病床

984张。

农村居民人均纯收入8845元，在职职工年均货币工资48502元。

2014年，就业再就业人数6799人。城镇登记失业率4%。截至年底，参加城镇失业保险8582人，参加基本养老保险11754人，城镇职工参加基本医疗保险13909人，参加工伤保险10326人，参加生育保险10092人。参加新型农村养老保险52453人，已领取养老保险待遇11064人。城镇居民中有10262人得到政府最低生活保障救济。

（黄志斌）

叶城县

【概况】 叶城县是由“叶尔羌城”转化而来。位于喀喇昆仑山北麓，塔里木盆地西南缘，县城距乌鲁木齐市公路里程（途经喀什）1745千米。2014年，辖3个镇、17个乡、5个农场。年末总人口51.9万人（不含兵团人口），其中少数民族人口48.97万人，其中农村人口42.29万人；人口出生率20.28‰，自然增长率14.17‰（计生）。耕地面积75684.19公顷，粮食播种面积73420公顷（含复播），经济作物播种面积46220公顷。境内有4条河流，年径总流量13.79亿立方米，地下水动储量1.4亿立方米。县域内蕴藏着铜、金、银、铁、玉石、大理石、冰洲石、绿柱石、云母、石膏、石英、硫黄、煤等多种矿物。野生动物有野猪、野鸡、狐狸、狼、羚羊、旱獭、雪鸡、狗熊等，原始森林有松、柏、杉、胡杨等。药用植物主要是甘草、麻黄、紫草、党参等。森林覆盖率4.23%、林地面积150498公顷、活立木蓄积量124.8万立方米。国家AAA级旅游景点宗郎灵泉、核桃七仙园、锡提亚谜城、坡陇原始森林、邓缵先纪念馆、烈士陵园。属暖温带大陆性干旱气候。

【国民经济与社会发展】 2014年，完成生产总值70.2亿元。其中第一产业增加值31.93亿元，比2013年增长7.62%；第二产业增加值17.37亿元，增长15.45%；第三产业增加值20.9亿元，增长10.13%。农林牧渔及其服务业总产值60.94亿元，比2013年增长5.98%。其中种植业总产值17.22亿元，林业28.35亿元，畜牧业14.5亿元，渔业0.11亿元，服务业0.77亿元。主要农产品产量：粮食45.78万吨，棉花4.45万吨，油料3500吨，瓜果8.8万吨。年末牲畜存栏123.8万头（只），增长1.04%，牲畜出栏头数达114.95万头（只），增长5.54%。肉类总产5.51万吨，牛奶3.47万吨，禽蛋5500吨，水产品820吨。年末农牧业机械总动力36.42万千瓦。

工业总产值31.28亿元，比2013年增长14.69%。其中规模以上企业工业总产值12.83亿元，同比增长6.62%；规模以下企业工业总产值18.45亿元，同比增长21.39%。主要工业产品产量：2014年主要工业产品及产量：规模以上：杏酱胡萝卜酱9670吨，商品混凝土157486立方米，冶岩多孔砖9490万块，水泥111.5047万吨，玻璃纤维增强塑料制品3900吨，生铁

9.9611万吨，铁矿石原矿51.1648万吨，钢材9355吨，粗钢1.3357万吨。规模以下主要有：铁矿石原矿11.5284万吨，石灰石36.6187万吨，建筑用天然石料21.88万立方米，小麦粉7.8608万吨，大米8291吨，饲料2.8046万吨，精制食用植物油9941吨，成品糖41吨，鲜、冷藏肉300吨，熟肉制品161吨，焙烤松脆食品2011吨，糖果350吨，食醋3994吨，软饮料2.8698万吨，服装55万件，鞋1万双，人造板19085立方米，家具85010件，纸制品25吨，单色印刷品1564令，多色印刷品5对开色令，化学农药原药（折有效成分100%）9982吨，涂料9569吨，塑料制品264吨，塑料管子及其附件5567吨，水泥混凝土排水管71千米，水泥混凝土电杆900根，石膏板4万平方米，砖38638万块，沥青和改性沥青防水卷材169330平方米，铸铁件37吨，钢结构2570吨，金属门窗及类似制品1321吨，改装汽车608辆，灯具及照明装置5637套（台、个），供热量254万吉焦，自来水生产量490万立方米。建筑业总产值9.51亿元，建筑企业施工房屋建筑面积47.9671万平方米，竣工面积22.65万平方米。

全社会固定资产投资60.21亿元。完成邮政业务总量624万元，电信业务总量9512万元。年末固定电话用户9600户，移动电话用户123007户，计算机互联网用户7600户。社会消费品零售总额12.51亿元。进出口贸易总额1435万美元，其中出口额1435万美元。接待旅游者12.53万人次，旅游收入598.25万元。地方财政收入5.59亿元，地方财政支出41.04亿元。年末城乡居民储蓄存款余额36.44亿元。

2014年，全县中小学147所，其中中学28所（民族高中1所、双语高中1所、职业高中1所、完全中学2所、一贯制学校3所、初级中学20所）、小学118所、特殊教育学校1所，小学教学点14个。教学班2390个，其中高中教学班223个（职业高中78个、民族高中88个、双语高中25个、二中18个、四中6个、六中8个）、初中教学班672个、小学教学班1491个、特殊教育班4个。在校生91573人，其中普通高中6801人（少数民族6180人）、职业高中4097人（少数民族4097人）、初中29600人（少数民族28768人）、小学51040人（少数民族49277人）、特殊教育学校35人。双语班1161个班，学生42984人，其中高中班23个，学生1169人，初中班191个、学生8336人，小学班947个、学生33479人。寄宿生18047人，其中职业高中3304人，普通高中3287人，初中9601人，小学1820人，特殊教育学校35人。

全县幼儿园123所，其中县镇幼儿园7所、农村双语幼儿园114所（乡镇中心幼儿园19所、村级幼儿园95所）、民办幼儿园2所。教学班449个（小班2个49人、中班224个6813人、大班223个7400人），其中民办幼儿园教学班9个267人。在园幼儿14262人，其中农村双语幼儿园11962人、县镇幼儿园2033人、民办幼儿园267人。各类教师7811人。全年教育基建投资3023.4万元。全年组织参加自治区、地区级农牧民篮球比赛3次，2月参加在岳普湖县举办喀什地区第八届农牧民运动会获男子篮球第一名、5月获共青团南疆片乡村VBA篮球联赛冠军、7月获喀什地区团结杯农牧民和返乡大学生男子篮球比赛冠军。

2014年年末，全县医疗卫生机构391个，全县实有床位2248张；卫生技术人员1483人，执业医师290人，执业助理医师112人，注册护士412人；5岁以下儿童死亡率6.56‰；婴儿死亡率6.50‰；产妇住院分娩率99.65%。

农村居民人均纯收入8192元。在职职工年均货币工资5.61万元。

2014年，实现城镇就业再就业人数15480人，比2013年下降9.09%；全县登记失业人数1003人，下降38.95%；城镇登记失业率3.2%。截至年底，参加城镇失业保险14391人，参加基本养老保险8686人，城镇职工参加基本医疗保险22820人，参加工伤保险19267人，参加生育保险15357人。参加新型农村合作医疗387830人，参合率100%。参加新型农村养老保险127942人，已领取养老保险待遇人。城镇居民中有24504人得到政府最低生活保障救济。

（叶城县史志办）

麦盖提县

【概况】 2014年，全年完成生产总值37.6亿元，较2013年增长14.6%；其中第一产业增加值19亿元、增长5.52%，第二产业增加值7.36亿元、增长23.37%（其中工业增加值3.25亿元，增长28.65%），第三产业增加值11.24亿元、增长22.5%。公财政预算收入2.36亿元，增长11.89%；全社会固定资产投资40.91亿元，增长38%；社会消费品零售总额10.85亿元，增长22.16%；农民人均纯收入8808元，增收1318元。

【农业】 2014年，农林牧渔业总产值386480.5万元，比2013年增长26.3%。年末耕地面积6.13万公顷，全年农作物种植面积达11.63万公顷，比2013年增加1.45万公顷。

2014年，全年粮食种植面积2.73万公顷，其中冬小麦种植面积1.67万公顷、玉米种植面积1.06万公顷。

2014年，棉花种植面积全县种植棉花面积5.59万公顷，其中9个乡计4.98万公顷；麦盖提镇、园艺场、五一林场、良种场、胡杨林场、食品基地、五征集团、部队服务中心（炮团农场）、新疆军区麦盖提基地（恰斯农场）计种植面积6133.33公顷。9个乡比2013年（增加)2.05万公顷。

2014年，全县林果面积4.8万公顷，其中林果类结果面积4.1万公顷，增加0.1万公顷（其中红枣面积3.43万公顷，增加2333.33公顷；核桃面积5266.67公顷，增加666.67公顷）（注明：由于红枣、核桃面积增加，其他作物种植面积减少，故总面积增加为1000公顷）。瓜类种植面积4333.33公顷，增加66.67公顷。蔬菜种植面积2866.67公顷。

2014年，全年粮食产量16.4万吨。其中冬小麦产量9.4万吨，增产1.1%；玉米产量6.8万吨。

2014年，棉花产量10.9万吨（经济效益表）比2013年（增产）98.3%。2014年棉花补贴实际产量21.5万吨，较2013年增产289%。林果类产量12.9万吨，增产27%。瓜类产量19.9万吨，增产1.6%。蔬菜产量13.9万吨。

截至2014年年底，牲畜存栏67.9万头（只），增长14.2%。其中，刀郎羊存栏45万头，增长7.2%。全年牲畜出栏72.2万头（只），增长19.4%。全年肉类总产量2.7万吨。

截至2014年年底，全县大中型拖拉机拥有量8830台，比2013年年末增加890台。大中型拖拉机配套农具1411部，增加1650部。小型拖拉机1513台，减少308台。小型拖拉机配套农具8648部，与2013年末持平。

2014年全年化肥使用量11.3万吨，比2013年增长14.1%。农药使用量88.2吨，增长82.5%。地膜使用量3854.5吨，增长25.7%。农村用电量14797.5万千瓦时，增长20.1%。

2014年农民人均纯收入8808元，比2013年增加1318元。

【工业】 2014年全年全口径工业总产值94694.582万元，比2013年增长17.25%。其中，规模以上工业总产值20671.287万元，下降47.77%；规模以下工业总产值57823.295万元，增长45.82%。工业增加值32530.6万元，增长25.87%。其中，规模以上工业增加值7666.07万元，下降22.34%；规模以下工业增加值20814.53万元，增长56.11%。年末规模以上工业企业数量3个，与2013年末持平。

2014年，全年全县用电量21853.4758万千瓦时，比2013年增长15.48%。其中，工业用电量5684.7644万千瓦时，下降1.84%。

【固定资产投资和建筑业】 2014年，全年全社会完成固定资产投资总额409143万元，比2013年增长38%。建筑业增加值41068万元，增长25.57%。

2014年，全年公租赁住房建设任务5945套，实际完成6294套（超建349套），到位资金2.8亿元。全年棚户区改造任务是1465户，已签订协议1465户，到位资金1.27亿元。

2014年，全年安居富民工程开工5564户，竣工5564户，入住新房4765户，拆除危旧房3761户。各级建房补助资金到位14250万元，其中中央5250万元、自治区4000万元和日照援助5000万元。节能改造资金到位250万元。落实贷款户2381户，贷款金额5090.64万元。

【贸易和进出口】 2014年，全年社会消费品零售总额108500万元，比2013年增长22.16%。其中，城镇69962万元，增长19.06%；乡村38538万元，增长28.2%。

截至2014年年底，限额以上批发和零售业企业个数3个，与2013年末持平。

2014年，全年外贸进出口总额3040万美元，比2013年年末增长35.7%。

【通信】 2014年，全年电信业务总量7046.6万元。年末固定电话用户16624户，其中农村电话用户7400户、移动电话用户121417户、互联网宽带接入用户10369户。

【财政、金融和保险】 2014年，财政收入完成33105万元，增长4.2%，地方财政收入27547万元，比2013年增长7.6%。其中，公财政预算收入23611万元，增长11.89%；政府性基金预算收入3934万元，增长下降12.7%。税收收入16920万元，增长6.6%。

2014年，地方财政支出216735万元，比2013年增长4.2%。公财政预算支出210595万元，增长4.9%。

截至2014年年底，金融机构各项存款余额473712.37万元，比2013年年末增长1.7%。金融机构各项贷款余额216699.38万元，增长56%。

全年保险公司各项保费收入7902万元，比2013年增加1687万元，上升27.1%。

【教育、文化和卫生】 截至2014年年底，有职业中专1所，中小学校64所，其中完全中学1所，初级中学2所，小学31所，教学点30个。年末有中小学专任教师2605人，中小学在校学生35280人，其中小学22437人、初中8460人、高中4383人。年末全县有幼儿园45所，教师409人，学生8147人。

截至2014年年底，全县文化系统有广播电视台1座，艺术团1个，文物所1个，公图书馆1个，文化馆1个，业余体校1所，文化站10个、社区文化室7个、村文化室117个。全年开展“百日广场文化活动”58场，观众累计达7万余人次；开展激情刀郎天天乐活动250场次，参与群众达15万人次；举办书法、美术和摄影展1次，大型麦西热甫250次，展出213幅作品；举办培训班2期，培训65人次。全年刀郎艺术团演出193场次，其中乡镇、行政村演出127场次，接待演出56场、在广场演出10场。麦盖提县被列入国家级非物质文化遗产名录2个（刀郎麦西热甫、刀郎木卡姆）、自治区级7个（刀郎麦西热甫、刀郎木卡姆、刀郎民间舞蹈、刀郎乐器制作、维吾尔族曲棍球、维吾尔族服饰、刀郎乐器卡龙琴演奏技艺）、地区级9个（刀郎木卡姆、刀郎民歌、刀郎乐器卡龙琴演奏技艺、刀郎民间舞蹈、刀郎民间狩猎、刀郎乐器制作技艺、刀郎乐器制作技艺、维吾尔刀郎麦西热甫）。有刀郎木卡姆民间艺人550余名，刀郎农民画爱好者2000余名，刀郎农民画骨干380余名。

截至2014年年底，全县有医疗卫生机构16个。医疗卫生机构中，医院13个，其中国有13个；乡镇卫生院11个；门诊部9个；诊所（卫生所、医务室）23个，全部为民营；村卫生室109个；妇幼保健站1个；疾病预防控制中心1个；卫生监督所1个。国营医疗卫生机构中，有卫生技术人员561人，其中执业医师和执业助理医师153人，注册护士171人。国有医疗卫生机构有床位735张，其中医院310张，乡镇卫生院375张，妇幼保健站40张。全年乙、丙类法定报告传染病发病人数 2680 例，报告死亡 1 人；报告传染病发病率 1101.7/十万，死亡率 0.411/10 万。

【人口和社会保障】 截至 2014 年年底，全县总人口为 243259 人，比 2013 年年末增加 13634 人，增长 5.94%。

2014 年，全年出生人口 4750 人，出生率为 22.12‰；死亡人口 1044 人，死亡率为 4.86‰；自然增长率为 16.33‰。

截至 2014 年年底，全县有儿童福利院 1 个，床位 75 张，有敬老院 3 个，床位 240 张。年末有孤儿 144 人，由儿童福利院集中供养 70 人、分散供养 74 人。有五保供养人员 944 人，由敬老院集中供养 116 人、分散供养 828 人。

截至 2014 年年底，城镇居民中 12117 人得到政府最低生活保障；农村居民中人得到政府最低生活保障。全年资助 20128 人参加农村新型合作医疗，资助金额 26.4 万元。对 3766 人进行农村大病医疗救助，救助金额 690.8 万元。资助 11942 人参加城镇居民医疗保险，资助金额 63.2 万元。对 1878 人进行城市大病医疗救助，救助金额 280.2 万元。

截至 2014 年年底，全县参加城镇职工基本养老保险人数 7151 人，比 2013 年年末增加 146 人。全年为 3101 名退休人员发放养老金 6299.6 万元。参加城镇基本医疗保险人数 42674 人，其中参加城镇职工基本医疗保险人数 11025 人，参加城镇居民基本医疗保险人数 31649 人。参加失业保险人数 7523 人，比 2013 年增加 198 人。全年为 231 名失业人员发放失业保险金 71.06 万元。参加工伤保险人数 11060 人，增加 2912 人。参加生育保险人数 8323 人，增加 249 人。

2014 年，全年争取国家、自治区财政扶贫项目 17 个，总资金 2117.5 万元，帮助 1600 户、6000 人脱贫。

2014 年，全年有 8710 人实现就业。帮助返乡高校毕业生 276 实现就业，就业率达 91.09%。职业培训 13568 人，培训后就业 9160 人、就业率达 67.5%。农业富余劳动力转移就业 51000 人次。全年收缴农民工保证金 1922.96 万元，处理各类维权案件 311 起，涉案金额 4303.97 万元，涉及人员 2354 人。

【环境和安全生产】 截至 2014 年年底，国土面积 1088299.08 公顷，年末森林面积 26478.89 公顷。

2014 年，全年平均气温 12.2C，最高气温 38.5°C，最低气温 -16.1°C。年降水量 54.0 毫米，日最大降水量 18.3 毫米。全年发生 0 次沙尘暴，沙尘天气发生 104 次。

截至 2014 年年底，有污水处理厂 2 座，垃圾处理站 1 个。

2014 年，全年发生各类安全生产事故 35 起，比 2013 年增加 32 起，死亡 3 人，减少 1 人，直接经济损失 4.47 万元，增加 3.88 万元。

【对口援疆工作】 2014 年，全年山东省日照市对口援建项目 23 个，已完工 21 个，援建到位资金 25049 万元，完成投资额 22518 万元。帮助培训各级干部和专业技术人才150人次，选送名未就业普通高校毕业生赴山东日照培训。

（麦盖提县史志办）

伽师县

【概况】 伽师，维吾尔语称“排依孜阿瓦提”，意为美丽富饶地方。是丝绸之路南道久负盛名重要商埠，是著名古代西域重镇之一。伽师县位于喀什噶尔冲积平原下部，塔里木盆地西缘。县城距乌鲁木齐市公路里程1338千米。

2014年，辖2个镇、11个乡。年末总人口44.05万人（少数民族人口43.4万人），其中农村人口40.17万人；人口出生率22.04‰，自然增长率14.11‰。耕地面积96667公顷，粮食播种面积44860公顷，经济作物播种面积62500公顷。境内地表水年均流量7.2亿立方米。矿产资源有铜、铅、锌、锰、镍、石灰石、冰洲石、萤石、重晶石、石棉、石油、天然气等24种。主要旅游景点有喀什天门神秘大峡谷、西克尔湖、森林旅游度假村等。著名特产有伽师瓜、杏和酸梅。属暖温带大陆性干燥气候。

【国民经济与社会发展】 2014年，完成生产总值57.75亿元。其中第一产业增加值22.7亿元，比2013年增长6.1%；第二产业增加值17.58亿元，增长13.98%；第三产业增加值17.47亿元，增长22.26%。

农林牧渔及其服务业总产值45.73亿元，比2013年增长11.04%。其中农业产值31.05亿元，林业0.67亿元，牧业12.89亿元，渔业0.065万元，服务业1.05亿元。主要农产品产量：粮食30.29万吨，棉花8.53万吨，瓜产量48.48万吨，水果11.48万吨。年末牲畜存栏109.88万头（只），全年出栏115万头（只），全年出栏率104%。全年肉类总产4.6073万吨，羊毛1833吨，奶类2.7万吨，禽蛋4200吨，水产品500吨。年末农牧业机械总动力35.18万千瓦。

工业总产值27.2亿元，比2013年增长24%。全部工业增加值11.78亿元（规模以上企业工业增加值4.55亿元，规模以上企业工业下降28.93%，规模以下工业增加值7.23亿元，增长100.37%）。主要工业产品：金属铜，小麦粉，混凝土，农用地膜，黏土砖，纸箱、印刷品等。建筑业总产值1.46亿元，建筑企业施工房屋建筑面积122790平方米，竣工面积104260平方米。

全社会固定资产投资54.31亿元。邮政业务总量544万元，电信业务总量2095万元。年末固定电话用户6569户，移动电话用户96806户，计算机互联网用户3972户。社会消费品零售总额9.92亿元。进出口贸易总额3702万美元，其中出口额3702万美元。地方财政收入3.84亿元，地方财政支出30.88亿元。年末城乡居民储蓄存款余额45.89亿元。

全县有各类专业技术人员7256人，其中中级以上1786人。有各类各级学校124所。其中中等专业学校1所，在校学生3654人（少数民族3653人）；普通中学14所，在校学生22876人（少数民族22564

人）；小学109所，在校学生43413人（少数民族42732人）；各类教师5700人（少数民族5283人）。全年教育基建投资1.25亿元。年末广播人口覆盖率98%，电视入户覆盖率98%，有线电视用户4700户。

有医疗卫生机构353个，其中医院6个，专业公卫生机构3个（包括疾病预防控制中心、卫生监督所、妇幼保健站），乡镇卫生院13个，私营门诊部（所）34个，村卫生室297个。卫生技术人员736人，病床1237张。

全年城镇居民人均可支配收入19000元；农村居民人均纯收入6891元。在职职工年均货币工资46510元。

2014年年底，就业人员9366人。城镇登记失业率2.7%。截至年底，参加城镇失业保险10936人，参加基本养老保险6436人，城镇职工参加基本医疗保险16368人，参加工伤保险15283人，参加生育保险12711人。参加新型农村合作医疗36.32万人，参合率82%。参加新型农村养老保险16.28万人，已领取养老保险待遇2.99万人。城镇居民中有8447人得到政府最低生活保障救济。

（张勤国）

岳普湖县

【概况】 岳普湖县位于塔里木盆地西部，盖孜河下游。县城距乌鲁木齐市公路里程1560千米。2014年，辖2个镇、7个乡，境内驻生产建设兵团第三师四十二团。年末总人口17.17万人（不含生产建设兵团，少数民族16.51万人），农村人口12.67万人；人口出生率23.23‰，自然增长率16.92‰。耕地面积36666.67公顷，粮食播种面积17616.7公顷，经济作物播种面积31233.33公顷。境内多年水平均径流量4.38亿立方米。药材有甘草、红花、枸杞、肉苁蓉等150种。野生动物有狐狸、麝鼠、野鸡、野鸭、野猪、黄羊、大雕等。主要旅游景点有千年柳树王、千年胡杨王、达瓦昆沙漠风景旅游区（AAAA级）。属暖温带大陆性干旱气候。

【国民经济与社会发展】 2014年，全县生产总值31.66亿元。其中第一产业增加值9.06亿元，比2013年增长7.64%；第二产业增加值12.61亿元，增长22.47%；第三产业增加值9.99亿元，增长12.17%。

农林牧渔及服务业总产值191279.39万元，比2013年增长8.5%。其中农业产值140578.3万元，林业6698.92万元，牧业40249.94万元，渔业224.74万元，服务业3527.52万元。主要农产品产量：粮食12.15万吨，棉花7.22万吨，瓜15.95万吨，水果6.99万吨，油料240吨。年末牲畜存栏40.2万头（只），年出栏32.94万头（只），出栏率81.9%。肉类总产1.61万吨，羊毛490吨，牛奶1.35万吨，禽蛋5900吨，水产品155吨。全年植树造林142.86公顷。年末农牧业机械总动力169229千瓦。

工业总产值165430万元，比2013年增长51.98%；工业增加值47148万元，增长32.1%。主要工业产量：面粉3500吨，食用植物油2.31万吨，甘草酸635吨，塑料颗粒1830吨，造纸8000吨，色素颗粒1600吨，供热面积120万平方米。建筑业总产值1.98亿元，建筑企业施工房屋建筑面积107942平方米，竣工面积107942平方米。

全社会固定资产投资49.4亿元。完成邮政业务总量390.2万元，电信业务总量4126万元。年末城镇固定电话用户4551户，农村固定电话用户3426户；有移动电话用户75317户，其中电信公司用户11033户，移动公司用户48000户，联通公司用户16284户；计算机互联网用户4840户，其中电信公司用户3773户，移动公司用户617户，联通公司用户450户。社会消费品零售总额35160万元。贸易出口总额233.3万美元。接待旅游者12.5万人次，旅游收入5000万元。地方财政收入24211万元，地方财政支出183593万元。年末城乡居民储蓄存款余额101333万元。

全县有各类专业技术人员3484人，其中中级以上770人。有中等职业技术学校1所，在校学生940人（少数民族940人）；普通高中2所，在校学生1701人（少数民族1533人）；普通初中7所，在校学生5367人（少数民族5055人）；小学61所，在校学生13484人（少数民族12906人）；有58所学前双语幼儿园，学前双语幼儿5883名（少数民族5626名）。各类教职工2889人（少数民族2621人）。全年教育基建投资6654万元。年末广播人口覆盖92%，电视人口覆盖率92%，有线数字电视用户5600户。

有卫生机构13个（不含个体诊所、民营医院），专业卫生技术人员469人，病床663张。

2014年，全县农村居民人均纯收入7321元。职工年均货币工资37440元。

截至2014年年底，全县有5960名职工参加失业保险，4759名职工参加基本养老保险，10086名职工参加基本医疗保险，13.27万人农牧民参加新型农村合作医疗，60861人农牧民参加新型农村养老保险。

2月26日至3月1日，自治区第八届少数民族传统体育运动会选拔赛暨喀什地区农牧民运动会在岳普湖县举行。

（王龙帮）

巴楚县

【概况】 巴楚县维吾尔语县名为“玛喇巴什”，“玛喇”为鹿，“巴什”为头，合起来即是汉语鹿头之意。

巴楚县位于天山南麓，塔里木盆地和塔克拉玛干沙漠西北边缘。县城距乌鲁木齐市公路里程1255千米。南疆铁路穿越县城，境内铁路线长108.4千米。2014年，辖4个镇、8个乡、5个农林牧场。2014年年末总人口377949人（少数民族359332人），其中非农业人口79735人，农业人口298214人。人口出生率72.41‰，自然增长率68.17‰。耕地面积80000公顷，粮食播种面积31333.33公顷，农作物播种面积122420公顷。属于温带大陆性干旱气候。

巴楚县是全国植棉大县。境内地表水径流量98420.2万立方米。森林面积

65421.58公顷，是世界上罕见大面积胡杨林生长区。珍稀野生动物35种，属国家一级保护有白鹳、黑鹳、遗鸥3种，属国家二级保护有燕隼、鸢、苍鹰、灰鹤、兔狲、塔里木兔、马鹿、金雕等9种。野生药用植物有罗布麻、甘草、肉苁蓉等。矿产资源主要有石油、铁、铜、铅、磷、金刚石、岩盐等。主要旅游景点有唐代蔚头州（托库孜色来）故城遗址、马蹄山、巴楚胡杨林国家级森林公园、色力布亚巴扎、红海湾国家AAAA级旅游景区、曲尔盖金色胡杨岛等。

【国民经济与社会发展】 2014年，巴楚县地方生产总值达648321万元，比2013年增长14.04%（可比价计算，以下同）。其中第一产业增加值219348万元，增长11.81%；第二产业增加值117196万元，增长13.81%；第三产业增加值311777万元，增长17.36%。

全年农林牧渔业总产值438802.81，比2013年增长18.78%。其中种植业产值211260万元，增长10.59%；林果业产值115582.12万元，增长43.26%；畜牧业产值99350.69万元，增长15.12%；渔业产值450万元，较2013年增加190万元，增长73.08%；农林牧渔服务业产值12160万元，增长8.96%。

主要农产品产量：粮食总产量20.8213万吨，小麦总产量9.964665万吨，玉米总产量10.856639万吨；棉花总产量9.883932万吨；蔬菜总产量5.10332万吨。西甜瓜总产量25.5万吨，小茴香总产量1万吨，林果业总产量达到10.354861万吨。

牲畜存栏头数76.05万头（只），牲畜出栏头数76.67万头（只）。

肉类总产量3.45339万吨，其中牛肉产量6615吨；羊肉总产量1.44395万吨；猪肉产量1793.5吨；奶类产量2.607万吨；蛋产量8000吨；水产品产量322吨。

设施农业方面，大棚（温室）数量703座，大棚（温室）面积0.06万亩。

年末农业机械总动力477748.42千瓦特，拥有大中型拖拉机12693台；小型拖拉机1869台。

全年转移农村劳动力7.49万人（次）、创收3.2801亿元。人均劳务收入4241.24元，农村劳动力就业培训人数15310人，培训就业率达到75%。农民增收渠道拓宽，农民人均纯收入达到7725.75元，较2013年增收1323元。

全年有规模以上工业企业9家，完成工业增加值47348万元。

全县有各类企业1010户，从业人员5381人。个体工商户6582户，从业人员8288人。农民专业合作社152户，从业人员2928人。

主要工业产品产量：售电量完成27859.54万千瓦时，自来水970.22万立方米。

全年完成固定资产投资586891万元。全年社会消费品零售总额122414万元。电信业营业收入12523.76万元。其中，电信公司营业收入4009.92万元。固定电话用户达到74433户；年末移动电话用户达到58893户；互联网用户达到16571户。移动公司营业收入5047万元；联通公司营业收入3415.84万元；铁通公司营业收入51万；邮政业务总量495万元。

全年引进单个投资1000万元以上项目34个，总投资额达38.7026亿元，其中29个项目已开工建设，项目履约率约达到85.2%。新执行项目累计到位资金10.7267亿元，总到位资金累计达到20.76亿元。

个体工商户6582户，从业人员8288人，资金数额1.23亿元。

全年旅游人数达24万人次；实现旅游总收入9120万元。“第五届胡杨文化旅游节”接待游客约10万人，实现旅游收入500万元。成功举办两届新疆猎鹰路亚精英赛；成功创建巴楚红海湾国家AAAA级旅游景区目标；成功创建优秀三星级农家乐1家（心愿农家乐）；成功创建阿纳库勒乡塔拉硝尔（14村）乡村旅游示范村；成功创建三星级酒店2家（胡杨国际大酒店、万福园大酒店）。

2014年，旅游项目总投资1.1亿元，其中援建资金7000万，县财政配套4000万元，重点打造红海湾水上乐园、喀什河湿地、丝路古道驿站、胡杨海四大景观区基础设施建设。

地方财政收入40782万元，地方财政支出304817万元。年末城乡居民储蓄存款余额333546万元。

2014年，全县有专业技术人员5827人。其中高级专业技术人员262人、中级专业技术人员938人、初级专业技术人员4392人。

2014年，巴楚县有中小学135所，其中普通高中3所，在校学生4172人，（少数民族3203人）；职业高中1所，在校学生1344人；普通初中17所，在校学生13043人，（少数民族11881人）；小学113所，在校学生33757人，（少数民族31420）；幼儿园98所，在园幼儿学生12650人（少数民族12034人）；全县有中小学及幼儿园教职工4813人（少数民族3745人）。

全县有县级艺术表演团体1个。文化、艺术中心1个，公图书馆1个，博物馆1个，科技馆1个。拥有广播电视电台1座，调频转播发射台6座，广播综合人口覆盖率96.3%。电视台1座，电视转播发射台2座，电视人口综合覆盖率98%。

2014年，全县拥有医疗机构87家，其中乡镇卫生院12家，县直医院机构3家，私立医院8家，个体诊所64家。

妇幼保健机构1家，疾病预防控制机构1家，行政执法机构两家：卫生局和卫生监督所（中心）。

参加自治区第八届少数民族运动会，摔跤比赛获得2枚金牌、1枚银牌、1枚铜牌；参加自治区第十三届全运会，女子足球、男子足球分别获得第一名，摔跤比赛获得2枚金牌，拳击比赛获得3枚金牌、26枚金牌，向自治区输送24名运动员。

全县有12个乡镇文化站、5个农林牧场文化站、186个行政村文化室、25个社区文化室。

新农村居民养老保险：16～59周岁应参保人数104253人，16～59周岁已参保人数103912人，其中16～59周岁本年累计新增人数359人，16～59周岁参保率达到99.67%；应续保人数103553人，已续保人数99882人，续保率达到96.45%。

“新农保”总计应参保人数125160人，农保总计已参保人数124819人。

2014年，参加城镇职工基本养老保险人数9170人，参加职工医疗保险人数18348人，参加居民医疗保险人数27405人。

有企业退休人员3373人，参加失业保险人数11658人，参加工伤保险人数13191人，参加生育保险人数12559人。

全县城乡低保29296户、61485人。其中城市低保7312户、19669人；农村低保21984户、41816人。

农牧民人均纯收入7662元。城镇居民人均可支配收入18250元。

（杨曦东）

塔什库尔干塔吉克自治县

【基本情况】 “塔什库尔干”是一个象征性地名，得名于今塔什库尔干县城北面古石头城堡。该地传统地名为塔吉克语“色勒库尔”，意为“群山之首”“最高地方”。塔什库尔干塔吉克自治县位于帕米尔高原东部，喀喇昆仑山和兴都库什山北部，塔里木盆地边缘。县城距乌鲁木齐市千米里程1752千米。2014年，辖2个镇、10个乡、1个国有农牧场。年末总人口40369人，农村人口27973人；人口出生率17.23‰，人口自然增长率12.28‰。耕地面积0.5436万公顷，经济作物播种面积0.0226万公顷。重要矿产资源有绿柱石（祖母绿）、铅锌、云母、青白玉、青玉、墨玉、东陵石、白玉、水晶、铁、钨等。水资源有冰川水、矿泉水、温泉水。野生动物有雪豹、盘羊、青羊、棕熊、雪鸡等。主要旅游景点有古石头城堡遗址（中国三大著名石头城建筑之一，国家级文物点）、公主堡遗址、吉日尕勒遗址、香宝宝古墓群遗址、慕士塔格冰川、塔合曼温泉等。属高原山区寒温带干燥气候。

【经济与财政】 2014年，塔什库尔干县全县生产总值101224万元，增长20.63%；其中第一产业12674万元，增长24.1%；第二产业50438万元，增长18.8%；第三产业38112万元，增长21.9%；全社会固定资产投资268000万元，增长21.4%；公共财政预算收入14743万元，增长13.07%；公共财政预算支出119250万元，增长15.29%。

【农业】 2014年，塔什库尔干县农林牧业及其服务业总产值21306万元，比2013年增长26.37%。其中农业总产值5725万元，牧业14603万元，服务业978万元。主要农业产品产量：粮食1.804万吨，水果1882.55吨。年末牲畜存栏20.7万头（只）。肉类总产5792.42吨，羊毛217.6吨，山羊绒10吨，牛奶1.1526万吨。

【工业】 2014年，塔什库尔干县工业总产值54954万元，比2013年增长17.1%。工业增加值24090万元，增长33.8%。主要工业产品产量：自来水74.5万立方米，矿泉水0.2万吨，铁精粉71.2万吨，铅锌粉0.47万吨，砂石料8.955万立方米。

【社会生活】 2014年，塔什库尔干县在职职工平均货币工资62642元，城镇居民可支配收入20604元，增长21.2%；农牧民人均纯收入5135元，增收934元，增长22.23%。全县有2573名职工参加失业保险，1489名职工参加基本养老保险，5355名职工参加基本医疗保险。

完成邮政业务总量219万元，电信业务总量380万元。年末城镇固定电话用户1200户，农村固定电话用户1396户，移动电话用户12500户，计算机互联网用户1400户。社会消费品零售总额15870万元。外贸进口总额1.83亿美元。接待旅游者32.14万人次，旅游收入5877.5万元。年末城乡居民储蓄存款余额38799万元。

【教育、卫生事业】 2014年，塔什库尔干县有各类专业技术人员1167人，其中中级以上226人。有职业班4个，学生68人；普通初中2所，在校学生2418人；小学13所，在校学生3977人。各类教师679人。年末广播人口覆盖率85%，电视人口覆盖率95%，有线电视用户2300户。有医疗卫生机构17个，专业卫生技术人员258人，病床206张。

【文化、旅游事业】 2014年，塔什库尔干县成功举办建县60周年系列庆祝活动和“曲曼遗址·帕米尔古文明”学术论坛会。配合中央电视台乡村大世界栏目组完成《冰山来客，高原雄鹰——走进塔什库尔干》和新疆电视台《足迹与梦想》“拜火教起源地古文明揭秘”现场直播工作。出版发行《中国塔吉克》等6本书，电影《帕米尔新娘》成功上映，电影《鹰笛·雪莲》拍摄完成。

塔什库尔干塔吉克自治县成立60周年庆祝活动（武德全摄）

塔什库尔干县成功举办“曲曼遗址·帕米尔古文化明”学术研讨会（武德全摄）

2014年，塔什库尔干县成立景区管委会和旅游协会，帕米尔景区创建国家AAAAA级旅游景区通过国家景观资源评审，并被自治区确定为新疆重点“旅游扶贫试验区”，被新华网授予2014年构建美丽中国先锋单位和最佳生态旅游目的地。

（岳士芳）

园区建设

综　述

【机构沿革】 2010年5月，中央召开新疆工作座谈会，决定设立喀什经济开发区。2010年6月7日，中共中央办公厅印发《中共中央 国务院关于推进新疆跨越式发展和长治久安意见》（中办〔2010〕9号），明确提出“在喀什、霍尔果斯各设立一个经济开发区，实行特殊经济政策”。

2011年9月30日，国务院出台《国务院关于支持喀什霍尔果斯经济开发区建设若干意见》（国发〔2011〕33号），提出把喀什经济开发区建设成为我国向西开放重要窗口，推动形成我国“陆上开放”与“海上开放”并重对外开放新格局；建设成为推动新疆跨越式发展新经济增长点，充分发挥对当地经济社会发展辐射带动作用。赋予喀什经济开发区财政、税收、进出口、金融、投资扶持、科技人才、土地、扩大开放8个方面、10项扶持政策。

2011年10月31日，自治区机构编制委员会（新机编办〔2011〕159号）批准成立喀什经济开发区党工委、管委会，分别为自治区党委、人民政府派出机构。2012年3月16日，中央机构编制委员会（中央编办复字〔2012〕45号）批复同意设立喀什经济开发区管理委员会，规格为副厅级。2012年4月6日，新疆喀什、霍尔果斯经济开发区党工委、管委会在乌鲁木齐正式揭牌成立。2012年4月29日，自治区人民政府出台《关于加快喀什霍尔果斯经济开发区建设实施意见》（新政发〔2012〕48号），授予喀什经济开发区自治区级管理权。

2013年5月，国务院批准《喀什经济开发区总体发展规划》（2011—2020年），提出具体发展定位：“一区四心”即沿边开放创新实践区；区域重要经济中心；区域重要商贸物流中心；区域重要金融中心；区域重要国际经济技术合作中心。开发区总面积50平方千米，其中喀什主体园区40平方千米（含兵团分区6平方千米），伊尔克什坦口岸园区10平方千米。喀什主体园区划分为城北转化加工区、空港产业物流区和城东金融贸易区；伊尔克什坦口岸园区划分为进出口产品加工区、进出口商品物流仓储集散中心和商贸综合服务区。2013年9月3日，自治区办公厅印发《喀什经济开发区管理委员会主要职责、机构设置和人员规定》（新政办发〔2013〕106号），管委会设6个工作部门：党政办公室、纪律检查工作委员会、财政局（金融服务办公室）、发展改革和经济促进局、规划土地建设环保局、公共事务局；设立投资建设服务中心、特区招商中心。2014年度，开发区机构无增减变化。

【干部状况】 2014年，开发区在职干部共

81人，其中开发区领导11人（兼职领导8人）、干部70人；中共党员57人；硕士研究生学历15人、大学本科学历64人、大学专科学历2人。

经济开发

【经济指标】 2014年，全年完成生产总值8.07亿元，固定资产投资40.53亿元，公共财政预算收入1.38亿元，招商引资到位资金21.2亿元，新增就业岗位8000个。

【道路建设】 2014年，深喀大道（一期）、喀麦高速喀什城市段、阿瓦提路、华电路及新区一路、兰干路等6条城市干道全面竣工；总长28.8千米瓦普西路、瓦普东路、城东大道、纬十一路形成道路基础；深圳产业园建成道路9.1千米，东西区道路基本建成，开发区“五横五纵”干道框架基本形成。

【市政设施】 2014年，城东水厂建成投入运行，城东污水处理厂完成主体，5个换热站加快推进。深圳产业园亚工变增容、两回路10千伏供电线路、喀什220千伏电站——喀什重工业园110千伏输电线路改迁工程完工；深圳产业园西区水厂投入运营，东区水厂稳定运行，新增产业园水源井正常供水。城北水厂改扩建工程一期工程加快实施。实施北部产业园通信规划建设，开通城北公交线路并正常运营。

【公共设施建设】 2014年，喀什图书馆建成竣工。104万平方米喀什花园主体完工，部分已入驻。深喀教育园区2所中学即将竣工。完成小亚郎生态湿地公园部分水坝建设，注水形成景观。市民服务中心一期进行主体建设。基本完成特区体育中心基础施工。东城寄宿制高中开工建设并完成基础。喀什大学开工建设。

【社会项目】 2014年，深圳产业园标准厂房及产业服务中心竣工，标准厂房投入使用。总部经济区川渝、浙江等5栋总部大楼主体封顶。深圳城一期商业中心竣工，3栋写字楼实施内外装修。喀什发展商业裙楼建至地上4层。福鑫文化产业园一期生态酒店竣工投入运行。八国旅游商贸城巴基斯坦区、吉尔吉斯斯坦区即将完成主体。中航工业园4栋公寓楼及5栋厂房主体封顶。远方物流港及公路港11万平方米建筑竣工，浩元环保、鑫宏门业、拓日新能近4万平方米厂房竣工，三一重工（京泓）、拓方善水完成主体。

【产业集聚】 2014年，全年招商引资到位资金21.2亿元，开发区累计引进注册企业527家。成立现代服务业产业园区，推进楼宇经济发展。深圳产业园标准厂房入驻企业9家，其中广东思科电子等3个项目完成生产线安装并实现试运营。重点招商引资企业拓日新能150兆瓦光伏组件生产线投产；鑫宏门业3号厂房试投产；远方国际物流港物流中心（二期）项目启动，自治区交通运输物流示范基地落户远方国际物流港。

【金融创新】 2014年，引进新疆第一家互联网金融类企业新疆金信互联网金融服务有限公司，成立开发区首家中小企业金融票据公司。引入上海股权托管交易中心，建立“上海股权托管交易中心长江经济联合发展集团喀什挂牌企业孵化基地”。以银行—证券—资产管理—委托贷款方式成功融资2亿元，深喀公司成功发行企业债券10亿元。推动免税购物政策申报，RQFLP项目启动第一期境外人民币资金募集及向国家外汇总局报备。知心食品、环亚科技、民生电子商务等5家企业在上海股权托管交易中心成功挂牌，上市培育重点企业——南达乳业进入新三板挂牌辅导期。

【科技创新】 2014年，发挥深圳南山区与开发区合作共建机制，成功举办第二届“创业之星”大赛，47个创新企业和创业团队参赛。喀什乾亨文化、喀什人和果业、喀什正瑜生物科技、新疆金信互联网金融服务公司等23家科技企业入驻科创中心。完成自治区科技创新综合服务中心（孵化器）、自治区中小企业创业基地、自治区科技厅科技综合服务中心平台科技援疆项目支持、国家级孵化器等项目申报。启动《喀什经济开发区高新技术产业发展规划》和《喀什经济开发区高新技术产业示范园区建设规划》编制。

【综保区建设】 2014年，强化兵地合作共建模式，喀什综合保税区2014年9月2日获国务院批复设立，11月25日，管委会机构获自治区党委编办批复。综保区基础设施建设（一环二横三纵共11条23千米道路）实现“七通一平”，9800米围网工程完工。启动区项目包括主卡口、联检大楼、综合办公楼、海关监管库、海关查验库、保税库、集装箱堆场、停车场等工程完工，信息化监管系统安装调试到位，达到国家十部委验收标准。推进“空中丝绸之路”战略，开通喀什直飞伊斯兰堡、成都、郑州航线。

【特区论坛】 2014年7月27日，由商务部投资促进事务局、环球时报社、喀什经济开发区管委会共同主办首届丝绸之路经济带国际论坛暨环球企业领袖西部圆桌会议在喀什召开。论坛由1个主题论坛、8个分论坛构成，论坛聚焦中亚地区区域合作，重点关注“丝路经济带”沿线金融合作、丝路沿线文化旅游产业发展、构建“空中丝绸之路”流通枢纽、释放制造业新活力、新兴产业发展和新能源开发、纺织业未来发展趋势等行业。论坛邀请中国“入世”首席谈判代表龙永图，美国经济学家、2011年诺贝尔经济学奖获得者托马斯·萨金特等海内外50多名政商、文化领域精英共聚一堂，畅谈丝绸之路经济带建设。

（喀什经济开发区）

新疆生产建设兵团第三师

综　述

【概况】 新疆生产建设兵团第三师是个党、政、军、企合一特殊组织，保持着部队师、团、连建制，具有独立公检法司和监狱管理机构，师、团、连各级党组织健全。在辖区内依照国家和自治区法律法规，自行管理内部行政、司法事务。在第三师管理层级中，主要有师（市）、团（农场）、镇三级。2014 年，第三师设有 1 个“师市合一”新疆维吾尔自治区直辖县级市和 18 个“团（场）镇合一”建制镇，实行统一分级管理，“师和市”“团（场）和镇”党政机构设置均实行一个机构、两块牌子。

第三师地处新疆南部，所在区域北接天山，西连帕米尔高原，南依喀喇昆仑山脉，东靠浩瀚塔克拉玛干沙漠。西南部与吉尔吉斯斯坦、塔吉克斯坦、阿富汗、巴基斯坦、印度等国家接壤。周边有吐尔尕特口岸、红其拉甫口岸、喀什国际航空口岸、卡拉苏口岸、伊尔克什坦口岸等五个一类对外开放口岸，是我国对中亚、西亚诸国开放前沿，具有向中西亚、中东及西欧发展外向型经济巨大潜力。第三师正式成立于 1966 年 1 月，全师 18 个农牧团场（其中四十三团、五十二团、东风农场、红旗农场、莎车农场未进入团场，保留番号），195 个连队、285 个工交建商企业和行政事业单位分布于新疆喀什地区、克孜勒苏柯尔克孜自治州和阿克苏地区所辖三地州 16 个县市境内，师部驻丝绸之路重镇——喀什市，所属单位多数集中在小海子、麦盖提和喀什 3 个垦区。所在区域东西相距 408 千米，南北相间 444 千米，总面积 8042.53 平方千米，形成点多、线长、面广、高度分散特点。全师土地总面积 801553.33 公顷，其中图木舒克市域规划总面积 1901 平方千米。师市耕地总面积 7.358 万公顷，有宜垦荒地 37.35 万公顷；有水库 5 座，可蓄水 7.6 亿立方米。

图木舒克市是新疆生产建设兵团第三师建设新疆维吾尔自治区直辖县级市，实行师市合一管理体制，即师和市实行一套人马、两块牌子，兵团下辖师和新疆直辖县级行政区划统一管理。图木舒克市设立，标志第三师实现从“屯垦成边”向“建城成边”转变，丰富屯垦内涵、转变屯垦方式，推动形成以城镇化为载体、新型工业化为支撑、农业现代化为基础发展格局。

（关　尹）

【人口】 2014 年，师市年末总人口 22.16 万人，比 2013 年增长 1.8%。其中男性 11.9 万人、女性 10.26 万人，分别占 53.7%、46.3%。总人口中汉族 9.74 万人，维吾尔族 12.16 万人、其他民族 0.26 万人，分别占 44%、54.9%、1.1%。年末农业人口

13.4万人，占总人口的60.5%。全年出生人口0.16万人，出生率7.19‰；死亡人口0.08万人，死亡率为3.66‰。人口自然增长率为3.54‰，比2013年增加0.37个百分点。全年总户数6.96万户，户均人口3.18人。

（陈俊芳）

【经济建设】 2014年，师市实现生产总值90.08亿元（现价，下同），比2013年增长16.4%（2010年可比价，下同）。其中第一产业增加值33.80亿元，增长8.3%；第二产业增加值32.41亿元，增长34.7%（其中工业增加值18.33亿元，增长52.5%；建筑业增加值14.08亿元，增长11.6%）；第三产业增加值23.87亿元，增长9.0%。三次产业增加值占生产总值比重为37.5∶36.0∶26.5。三次产业对经济增长贡献率分别为21.2%、63.5%和15.3%，分别拉动经济增长3.5、10.4和2.5个百分点。人均生产总值41012元，增长14.3%。

（陈俊芳）

【农业】 2014年，全师实现农业总产值78.65亿元，比2013年增长5.2%（现价，下同）。其中种植业产值65.49亿元，增长4.2%；林业产值0.63亿元，增长21.2%；畜牧业产值7.51亿元，增长13.3%；渔业产值0.28亿元；农林牧渔服务业产值4.74亿元，增长4.8%。全年农作物播种面积191.82万亩，比2013年增长12.6%。其中粮食种植面积49.27万亩，增长42.7%；棉花种植面积91.19万亩，增长4.9%。粮食平均单产427千克/亩，增长23.8%；棉花平均单产166千克/亩，减少0.7%。

（陈俊芳）

【果蔬园艺业】 2014年，师市果蔬园艺业以“提质增效”为目标，遵循“株满园、树共同高、增投放、创优质”修建模式和农艺要求，开展单体技术专项培训和经验交流，统一创建标准和果树管理技术，全年完成造林建园7.3万亩，同比增长22.69%。其中造林面积3.0万亩，其中防护林0.7万亩。年末实有育苗面积0.65万亩，苗木产量237.8万株。实有果园总面积达53.18万亩。果品总量27.24万吨，同比增长14.66%；红枣总产由2013年的9.52万吨提高到12.99万吨。

（艾斯莱斯）

【农机】 2014年，师市进一步提升农机化作业水平，机收棉花、粮食面积大幅度提高，农机装备总量增加，质量不断提升，农业综合机械化水平达95%，提升1个百分点。师市加大对机采棉、免耕直播、深耕、深松、保护性耕作、林果植保机械化、残膜机械回收等技术推广和更新力度，淘汰老旧农机具49台（架），采购新式机具106台（架），截至2014年年底，全师拥有大中型拖拉机4053台，大中型配套农机具8106台（架），预计农机总动力29.17万千瓦，同比增长4.7%。全年完成机耕158万亩，机播158万亩，机耕、机播、机收水平达100%、100%、83%。

（艾斯莱斯）

【畜牧业】 2014年，全师年末牲畜存栏78.98万头（只），比2013年增长15%。其中大牲畜2.54万头（只），下降4.2%；猪7.68万头（只），增长9.3%；羊68.76万头（只），增长16.5%。能繁母畜存栏63.05万头（只），当年新增13.67万头（只）。建成标准规模化养殖基地33个，创建标准化养殖大户44户。肉类总产量21894吨，增长7.2%。其中牛肉2615吨，下降2.4%；羊肉9381吨，增长13.8%；猪肉8252吨，增长4.7%；羊毛1012吨，增长18.5%；生奶8659吨，增长6.6%；禽蛋2488吨，增长16.6%。全年水产品养殖面积10.3万亩，其中水库养殖10.1万亩，池塘养殖0.2万亩。水产品产量2040吨，比2013年增长14.9%。

（陈俊芳）

【工业】 2014年，全师实现工业总产值73.72亿元，比2013年增长78.4%。其中轻工业产值40.50亿元，增长138.2%；重工业产值33.22亿元，增长36.6%；全年工业产品产销率96.4%，增加0.7个百分点。主要工业品产量保持增长，发电量72695万千瓦时，增长7.1%；供电量54050万千瓦时，增长14.6%；小麦粉39633吨，增长69.1%；混合饲料404359吨，增长463.9%；食用植物油73477吨，增长146.9%；干制红枣28988吨，增长93.7%；砖53256万块，下降13.4%；水泥423745吨，增长12.3%；商品混凝土210万立方米，增长61.2%；塑料制品45407吨，增长29.7%；单铵盐160吨，下降7.0%；甘草浸膏1502吨；纱16384吨，增长131.8%；布796万米，铁矿石33803吨，下降33.4%。

（陈俊芳）

【建筑业】 2014年，全师建安企业实现施工产值62.58亿元，比2013年增长14.1%；实现竣工产值40.79亿元，增长4.4%；实现建筑业增加值14亿元，同比增长26%；房屋建筑施工面积307.43万平方米，年末职工技术装备率6292元/人，劳动生产率30.74万元/人，动力装备率1.83千瓦/人。

（陈俊芳）

【固定资产投资】 2014年，全师完成固定资产投资135.06亿元，比2013年增长26.1%；新增固定资产82.39亿元，增长40.3%；施工项目407个，其中该年度新开工项目301个。从投资行业分类看：第一产业完成12.00亿元，比2013年增长59.4%；第二产业完成39.78亿元，增长16.2%，其中工业投资完成39.78亿元，增长16.2%；第三产业完成83.28亿元，增长27.4%。其中房地产完成投资2.35亿元，下降48.6%。

（陈俊芳）

【交通运输】 2014年，民用汽车保有量8418辆，比2013年增长8.6%。其中载客汽车4198辆，增长2.0%；载货汽车1247辆，增长13.0%；农用运输车2392辆，减少2.0%。全年道路运输客运量679万人，增长23.3%；旅客周转量37623万人千米，增长22.7%；货运量597万吨，增长2.2%；货物周转量55698万吨千米，下降5.0%。全年营运业务收入47770万元，增长19.5%。交通运输业中，师独立核算运输企业道路运输货物周转量18716万吨千米，下降32.8%；营运业务收入22852万元，增长16.9%。

（陈俊芳）

【国内贸易】 2014年，全师实现社会消费品零售总额27.06亿元，比2013年增长24.0%。商品销售总额112.7亿元，增长32.2%。其中限额以上企业及个体91.41亿元，增长36.2%；限额以下企业和个体21.26亿元，增长17.3%。年末商品库存总额21.38亿元，减少20.5%。全年住宿餐饮业营业额5.56亿元，比2013年增长22.5%。其中限额以上企业及个体2.08亿元，增长44.8%；限额以下企业及个体3.48亿元，增长12.1%。年末个体住宿餐饮业网点1341个，增长38.0%。

（陈俊芳）

【对外贸易】 2014年，全师货物进出口总额89910万美元，比2013年增长7.9%。其中货物出口89422万美元，货物进口488万美元。新增外贸备案生产型贸易企业4家，经营性贸易企业2家。民营企业进出口额增长较快，喀什青青国际贸易有限公司进出口额达5.5亿美元，占师市总贸易额三分之二。口岸经济发展形势良好，伊尔克什坦海关监管库总进货10280.1吨；红其拉甫口岸物流服务平台已开工建设，主体工程基本完工；卡拉苏口岸综合服务楼已营业。

（关　尹）

【保险业】 2014年，全师保险业务收入31472.52万元，比2013年增长16.9%。其中农险实现保费收入9548.59万元、财产险实现保费收入16100.02万元、人险实现保费收入5823.91万元，分别增长7.6%、19.6%、27.0%。全年各险种赔款16000.87万元，简单赔付率为50.9%。其中农险赔款7906.84万元，简单赔付率为82.81%；财险赔款6025.46万元，简单赔付率为37.43%；人险赔款2068.57万元，简单赔付率为35.52%。

（陈俊芳）

【改革试点】 2014年，师市开展农牧团场试点改革工作，探索健全和转变团场行政职能和创新维稳戍边实现形式，形成兵地维稳工作携手建新格局。按照兵团“三个只减不增”和“两不突破”总体要求，四十一团、四十八团落实党委领导核心作用，机关落实公务员制度基本完成，国有经营性公司组建基本到位，团场社会管理体系框架基本形成，“连社合一”模式基本确立，团场财政、财务制度基本建立，管理人员调配方案基本落实；四十一团草湖镇于11月8日正式挂牌成立。争先进位绩效管理开展，企业分类划级稳步推进，事业单位分类改革顺利实施，兵团分区综合配套改革初见成效，进一步了解债务，清理历史性债务22.88亿元。

（关　尹）

【科学技术】 2014年，师市出台《第三师图木舒克市科学技术进步奖励办法》《第三师图木舒克市哲学社会科学奖评奖办法》《第三师图木舒克市科技创新人才奖励实施细则》。全年争取国家和兵团科技项目16项，安排师科技计划项目39项；表彰奖励科技进步奖22项，哲学社会科学奖5项；聘请科技特派员88人，进行棉花、红枣、畜牧和设施蔬菜生产技术指导和服务。“科技之冬”全员培训，举办各类培训班481期，培训63736人次，培训率95.0%以上。师市第七届青少年科技创新大赛，表彰奖励264项作品、21名优秀科技辅导员和12个优秀组织单位。师市35件作品在兵团获奖；全国大赛中，师市获得一等奖1项、二等奖1项，1人获全国十佳优秀科技辅导员。

（陈俊芳）

【教育】 2014年，全师年末在校学生5.65万人，比2013年增加0.12万人。其中普通高中在校生0.61万人，初中在校生1.67万人，小学在校生2.50万人。师中学高考上线率99.9%，录取率96.1%。全年师市党校举办主体培训班13期，培训2668人。其中十八届四中全会培训班3期838人，基层党务工作者培训班1期100人，基层党组织书记培训班1期120人，后备干部培训班1期80人，中青年干部培训班1期30人，党政干部大讲堂6期1500人。年末农广校教学点1个，设置专业1个，在校学生208名。全年有电大本科学历班27个，专科学历班35个，招生1480人。

（陈俊芳）

【文化】 2014年，全师争取国家5个高山无线台建设项目，建设资金1000万元；争取国家西新工程和无线覆盖工程运行资金286万元；师市广播覆盖率达94%以上，电视覆盖率达90%以上，基本消灭广播电视“空白点”。师市电视台制作《师市新闻联播》269期，刊播2254条；在兵团台刊播138条、在兵团广播刊播67条；上传兵团新闻600余条，制作专题片12部，实况录像5场（次），收集、整理资料时长600多分钟；下载数字电影2000场（次）；在中央电视台播出新闻2条。

（陈俊芳）

【卫生】 2014年，全师有非营利性医疗机构251个，其中综合医院18个，独立营级单位卫生所5个，连队卫生室227个。有营利性医疗机构39个，其中民营医院3个。有疾病控制机构14个。拥有开放病床1186张。在职卫生技术人员1602名，其中执业医生348名，注册护士560名。法定甲、乙类传染病网络报告发病率为682.72/10万。

（陈俊芳）

【人民生活】 2014年，师市在岗职工4.47万人，比2013年增长7.2%；在岗职工工资总额25.72亿元，增长17.1%；职工平均工资50853元/人，增长11.7%；全年师市城镇常住居民人均可支配收入 26613 元，增长 12.3%；连队常住居民人均可支配收入 13505 元，增长 14.9%。年末参加基本养老保险 62189 人，城镇居民养老保险 52074 人；参加基本医疗保险 55487 人，城镇居民医疗保险 136037 人；参加失业保险 30379 人，工伤保险 35694 人，生育保险 33165 人。年末有各类城镇社区综合服务中心 25 个。全年师市最低生活保障 13020 人、8818 户。有国家义务兵 74 人，伤残军人（含警察及国家机关工作人员）33 人，“两参”人员 113 人。

（陈俊芳）

【对口援建】 2014 年，师市开展经济援疆、产业援疆、人才援疆、科教援疆、文化援疆，实现对口援建全方位、全覆盖，2014 年，师市实施援疆项目 31 个，总投资 14.83 亿元，到位援建资金 5.04 亿元，重点支持伽师总场、五十三团、四十四团住房及城镇化建设和创业就业、产业援疆。基建类项目开工率 100%，非基建类项目如期实施，年底完成援建投资。开展 200 万锭服装纺织产业园方案论证和规划，进一步探索“双挂职”援疆模式，第五批援疆干部 50 名人才在各个工作岗位发挥重要作用。实施以广东省东莞市为主 1+6 模式教育对口帮扶，涵盖团场义务教育学校、高中学校中职业在内所有学校与广东省市镇学校一对一对帮扶；与广东省东莞市、江门市等 7 个地市级医疗卫生机构建立一对一结对帮扶机制，四十五团、伽师总场、四十九团医疗机构 13 名援疆医生人开展为期半年技术援疆工作。开展团镇结对交流，新增“由东莞市东坑、谢岗两个镇结对图木舒克市”，确定对接互访、人才培养、扶贫帮困、项目支持、产业合作等项考核内容。2014 年，师市历史上首次实现成规模向疆外输出富余劳动力，103 名少数民族富余劳动力赴东莞绿洲鞋业公司就业。

（关　尹）

图木舒克市

【概况】 “图木舒克”是维吾尔语，意为鹰面部突出地方。城市位于塔克拉玛干沙漠西北边缘绿洲，地处喀什、阿克苏、克州、和田四地州中心地带，周边与中亚五国接壤，有 5 个可利用国家一类对外开放口岸，是中国对中亚、西亚、南亚各国开放前沿，也是中国正在建设中喀什西延国际大通道“中、吉、乌铁路”新亚欧大陆桥沿途重要城市。

图木舒克市是新疆生产建设兵团第三师建设新疆维吾尔自治区直辖县级市，实行师市合一管理体制，即师和市实行一套人马、两块牌子。图木舒克市设立，标志第三师实现从“屯垦戍边”向“建城戍边”转变，丰富屯垦内涵、转变屯垦方式，推动形成以城镇化为载体、新型工业化为支撑、农业现代化为基础发展格局。1997 年，中央以中发〔1997〕17 号文件，批准在新疆天山南麓城镇密集区内第三师图木休克垦区（即小海子灌区）设立自治区直辖县级市——图木舒克市；2002 年 9 月 17 日，国务院下发《国务院关于同意新疆维吾尔自治区设立县级图木舒克市批复》（国函〔2002〕82 号）同意新疆维吾尔自治区设立直辖县级市，实行自治区直辖、兵团管理。2002 年 11 月 29 日至 12 月 3 日，图木舒克市召开第一届人民代表大会第一次会议、政协第一届委员会第一次会议，选举产生图木舒克市人大、政府、政协、法院、检察院领导班子；2004 年 1 月 19 日，图木舒克市正式挂牌成立。图木舒克市行政区划面积 1927 平方千米，2013 年，总人口 16 万人，其中少数民族人口占 63%。图木舒克气候宜人，风光独特，是棉花、粮食、水果生产基地。城市西南库容 7 亿立方米小海子水库，是绿洲生命之源。市域大漠、山脉、原始胡杨林浓缩西域自然风光，这里也是刀郎文化发源地之一，一年一度西域美食旅游文化节已经成为彰显图木舒克市独特地域、民族和文化特色重要品牌。图木舒克市推进城镇化、新型工业化和农业现代化建设，着力保护生态环境，改善民生，促进就业，提高公共服务和社会保障水平，各项事业取得显著成就。

图木舒克历史悠久。西汉时期，图木舒克是古西域三十六国之一“尉头国”所在地；三国北魏时属龟兹；隋属疏勒；唐朝时是安西都护府属下“郁头州”；宋时又归疏勒；元、明时期分别是察合台汗国、叶尔羌汗国、准噶尔办事大臣管辖范围。乾隆二十四年（1759），清朝政府平息大小和卓之乱后，归叶尔羌办事大臣管辖。图木舒克屯垦起源于汉唐时期，沿着图木舒克山东西两侧，发现汉唐时期炼铁、炼铜、屯田遗址；周边沙漠和原始胡杨林中还保存着肖梯木、云木拉客梯木、琼梯木等 10 多座古城及一连串烽燧、城堡、古代居民点、田畦、渠道、炼铁、烧陶、各种加工场址等遗址、遗存。到清朝，军屯、民屯、旗屯、回屯和犯屯有机结合，使西域屯垦进入大发展时期，图木舒克军台屯垦堪为典范。以成边为目图木舒克屯田，纵横两汉、魏、晋、南北朝、隋、唐、元、明、清 2000 多年，最具影响力文化遗址是唐王城。唐王城，维吾尔语“托库孜萨来依”，意为“九座宫殿”，属汉唐古城，据 2005 年放射性碳 14 测定，距今已有 2225 年历史。唐王城位于今第三师图木舒克市五十一团西面，图木舒克山南端山嘴上，又名“握赛德”“据史德城”，《突厥语大辞典》称该城为“巴尔楚克城”。2001 年 6 月 25 日，被列入第五批国家级文物保护单位名录。

图木舒克市地理坐标为北纬 40° 04′～39° 36′、东经 78° 38′～79° 50′；地貌特征表现为冲积平原、沙丘等。市辖区内图木舒克山、麻扎塔格等山呈西北走向。图木舒克市北邻阿克苏，西邻喀什，周边有阿瓦提、巴楚、柯坪三县，是古丝绸之路必经要道。年平均气温 11.6℃，光照充足、热量丰富，年日照时数 2855 小时左右，平均无霜期 225 天，年降水量 38.3 毫米。充足光热水土资源有利于棉花、瓜果生产，是自治区重要优质棉生产基地。全市有耕地面积 7.45 千公顷，待利用土地资源 5000 公顷，拥有丰富野生自然资源，有次生胡杨林面积 13.8 千公顷，野生甘草面积 31.5 千公顷，防护林面积 5.6 千公顷，同时有大片天然草场和野生麻黄草、罗布麻、大芸、苦豆子、野西瓜等中药材资源。有西北地区最大平原水库——小海子水库，年蓄水7亿立方米。图木舒克市自古是佛教、伊斯兰教、基督教三大文化交汇地，东西方文化荟萃交融，有着深厚历史文化积淀和壮美自然风光。主要旅游景点有唐王城遗址、佛教遗址、摩尼教遗址、千年古墓群、沙漠古城堡、西海湾度假村、胡杨度假村、月牙湾度假村、小瑶池、怪石沟、化石沟、千年胡杨王、小沙漠公路、胡杨长廊等。图木舒克市是一座新型军垦城市，“大空间、大水面、大绿地”“高起点规划、高标准建设、高效能管理”是建市基本原则，“现代山水园林城市、最适人居环境城市、最佳投资环境城市”是城市建设最终目标。

图木舒克市行政区总面积1901.033平方千米，城市面积近期规划14平方千米，远期92.7平方千米；行政区划包括第三师44、49、50、51、53，5个农牧团场及工建集团、小海子水管处、原种场、监狱管理局、永达水泥厂、塑料厂、自来水公司和电力公司等单位。城市人口近期规划5万人，远期规划10万人。辖区年末总人口14.67万人，人口密度26.39人/平方千米，其中市区人口3.5万人，辖区有4.26万户，少数民族人口9.531万人，占64.1%。年末从业人员5.75万人，其中单位就业人员1.94万人。2014年，辖区人口出生率6.7‰，自然增长率3.7‰。

（艾斯莱斯）

【经济建设】 2014年，全年实现生产总值（含草湖镇）60.75亿元，比2013年增长20.2%，经济总量占第三师比重为67.4%。其中第一产业增加值19.33亿元，增长7.0%；第二产业增加值28.29亿元，增长36.5%（其中工业增加值14.21亿元，增长49.7%；建筑业增加值14.08亿元，增长21.4%）；第三产业增加值13.13亿元，增长13.5%。三次产业增加值占生产总值比重为31.8∶46.6∶21.6。人均生产总值39641元，增长14.5%。全年全社会固定资产投资90.32亿元，比2013年增长21.2%。全年实现社会消费品零售总额16.50亿元，比2013年增长10.0%。全年地方财政收入35518万元，比2013年增长23.8%。公财政预算收入23514万元，增长25.9%；地方财政支出50227万元，增长14.0%，公共财政预算支出38906万元，增长14.8%。

（艾斯莱斯）

【人民生活】 2014年，图木舒克市年末常住人口15.28万人，其中市区人口3.5万人。全年在岗职工年平均工资52682元。年末参加养老保险63557人，医疗保险123133人。

（关　尹）

【财政收入】 2014年，图木舒克市公共财政预算收入23514万元，完成调整预算100%，同比增加4836万元，增长25.9%。其中税收收入21302万元，完成调整预算100%，同比增加4717万元，增长28.4%；非税收入2212万元，完成调整预算100.5%，同比增加119万元，增长5.7%。政府性基金收入12004万元，完成调整预算100%，增加1998万元，增长20%。地方财政收入（公共财政预算收入+政府性基金收入）35518万元，完成调整预算100%，同比增加6834万元，增长23.8%。上划中央税收收入8926万元。全口径财政收入44444万元，同比增加9817万元，增长28.4%。自治区财政转移支付15865万元，同比增加209万元，增长1.3%。

（艾斯莱斯）

【财政支出】 2014年，图木舒克市公共财政预算支出完成38960万元（其中上年结转安排支出65万元），完成调整预算102.5%，同比增加5021万元，增长14.8%。其中一般公共服务支出3293万元（其中人大201万元、政协145万元），公共安全支出3496万元，教育支出4661万元，文化体育与传媒支出308万元，社会保障支出803万元，医疗卫生支出804万元，节能环保支出154万元，城乡社区支出22155万元，农林水事务支出1105万元，交通运输支出176万元，资源勘探电力信息等事务支出538万元，商业服务业等事务支出560万元，金融监管等事务支出100万元，国土资源气象事务支出322万元，住房保障支出420万元。政府性基金支出11267万元，完成调整预算93.9%，同比增加1142万元，增长11.3%。地方财政支出（公共财政预算支出+政府性基金支出）50227万元，完成调整预算100.4%，同比增加6163万元，增长14%。

（艾斯莱斯）

【农业产业化】 2014年，图木舒克市棉花稳产8.5万吨，鲜枣产量突破5万吨，第一产业增加值18亿元，增长6%。牲畜存栏38.4万头（只），发展养殖基地20个，养羊36万只。成立养殖专业合作社34个，养殖特色家禽19.5万只。叶河源果业股份有限公司获得国家级农业产业化重点龙头企业和红枣农产品地理标志认证，天昆百果有限公司成为兵团唯一参与国家红枣干制标准企业。

（艾斯莱斯）

【产业结构优化】 2014年，图木舒克市按照“稳粮、优棉、精果、强畜”方针，抓好“三个示范区”（棉花全程机械化、标准精品园和现代畜牧业标准规模化养殖示范区）建设。2014年，图木舒克市实现粮食总产15.5万吨，同比增长114.7%；推进棉花全程机械化高产示范区建设，实现皮棉总产9.06万吨，同比增长4.3%；加快建设特色林果标准园，果品总产达26.7万吨；重点发展少数民族团场饲草种植和畜牧养殖，创建标准化养殖小区34个，年末牲畜存栏38.38万头（只），同比增长10.7%。通过高科技示范农业、组织富余劳动力转移、畜禽规模化养殖、扶持职工创业等措施拓宽职工增收渠道，实现职工多元增收。2014年，图木舒克市实现农牧工家庭人均纯收入16600元，同比增长18.1%。

（艾斯莱斯）

【农业现代化建设】 2014年，图木舒克市坚持“一个平台（现代农业示范区）、三个载体〔全程机采高产示范棉区；林果精品（标准）园；设施农业、设施畜牧业〕”，推进农业现代化发展。立足集约农业和高度商品化农业统一，坚持调结构、转方式，按照“稳粮、优棉、精果、强畜”方针，以“三大基地”建设为抓手，建设全程机采高产优质棉基地，林果标准（精品）示范园及优质粮草基地，加快农业产业化步伐。以叶河阳光有限公司为龙头，加快设施农业建设；以疆南牧业为龙头，加大标准化、规模化畜牧养殖基地建设力度；增加科技投入支持力度，提高农业科技进步贡献率，提升农业现代化水平。

（艾斯莱斯）

【工业】 2014年，图木舒克市通过建立政企信息平台、企业恳谈会、领导干部企业直通车等机制，形成主动为企业服务意识、氛围，为企业分忧解难，产业投资环境更趋优化。2014年，图木舒克市完成工业总产值35.17亿元，同比增长54%，实现工业增加值15亿元，同比增长51.5%。部分工业实现提档升级，天昆油脂、叶河源果业产能扩大，白鹭化纤、天昆百果果酒、果醋、奥伽酒业新生产线等项目相继投产，形成新强有力经济增长点。主要工业产品产量增加，棉纱产量1.55万吨，增长118%，红枣加工2.43万吨，增长62%，棉浆粕2万吨。全年发电7.8亿千瓦时，同比增长14.8%，全年供电4.2亿千瓦时，同比下降10.6%。工业园区实现总产值35.2亿元，增长54%。年内实现工业增加值15亿元，同比增长52%；全市用电量突破3.6亿千瓦时。棉纺规模达20万锭，特色农副产品精深加工业茁壮成长。

（艾斯莱斯）

【消费环境】 2014年，图木舒克市通过编制中心城区商业网点规划、旅游业发展规划及房地产业发展规划，保证服务产业有序发展。通过新建停车场、中心农贸市场，改造商业中心区基础设施，使得服务业基础设施更加完善。预计全年实现社会消费品零售总额15.5亿元，完成年初计划88.6%，同比增长24%；市场秩序规范、社会和谐稳定以及良好人居环境吸引更多人流、物流、信息流向市区集聚，全年实现客运量78.7万人次，旅客周转量6629万人次，同比增长18.4%，物流业发展表现良好，实现货运量290.6万吨，同比增长24.2%。金融环境逐步改善，人民币代理发行库正式挂牌成立。预计年末存款47亿元，同比增长19.9%，贷款7.63亿元，同比增长58.2%。

（艾斯莱斯）

【项目建设】 2014年，图木舒克市市区完成固定资产投资41.87亿元，完成年初计划的99.7%，同比增长14.03%。项目实现四大突破：市区国家投资项目资金争取工作取得重大突破，投资项目18个，总投资4.55亿元（其中国家资金3.9亿元、兵团本级资金0.65亿元），是2013年全年0.27亿元16.58倍，达到建市至2013年年底市政项目争取上级资金总额4.84亿元的94%；项目融资取得突破，以光华公司为融资平台，已申请1.5亿元项目贷款，5亿元企业债发行工作已成功申报至国家发改委；重大项目前期工作进展顺利。支线机场可研报告已获国家发改委正式审查、铁路专用线初步设计已通过乌铁局审查；重点项目进展顺利。城市供水管网改造及城市污水处理厂建设完成，将有效缓解市域15万名职工群众安全饮水问题，保护生态环境。一间房（G314）至图市机场快速路已全线通车。

（艾斯莱斯）

【**建筑业**】 2014年，图木舒克市全年实现建筑业增加值11亿元，完成年初计划的95.2%，同比增长35.8%。

（艾斯莱斯）

【**第三产业**】 2014年，图木舒克市唐城国际家居城、中心农贸市场开业，华鹏国际商贸城、金山农贸市场主体建成，华鑫建材市场开工。第三产业增加值14.5亿元，增长25.9%；完成社会消费品零售总额15.5亿元，增长24%。

（艾斯莱斯）

团 场

四十一团

【**概况**】 2014年，四十一团下辖基层单位16个，其中农牧林业单位5个，工业单位1个，建筑单位1个，文教卫生单位2个；年末总人口7304人，其中少数民族人口314人，在岗职工1662人，个体劳动者995人；当年人口出生率2.19‰，人口自然增长率0.15‰。

（王 龙）

【**经济建设**】 2014年，全年完成生产总值34156万元，同比增长31.57%；人均生产总值4.98万元，同比增长18.75%，其中第一产业完成增加值14780万元，同比增长23.64%；第二产业完成增加值7836万元，第三产业完成增加值11540万元，同比增长69.78%。实现利润1176万元。当年有耕地面积2106公顷，农作物播种面积3401公顷，其中粮食播种面积980公顷，公顷单产6817千克，总产0.6681万吨，同比增长-27.9%；棉花播种面积1054公顷，皮棉公顷单产2281千克，皮棉总产0.24万吨。滴灌面积2334公顷，占种植面积的68.6%。棉花套种小茴香646公顷，总产776吨；蔬菜种植面积317公顷，公顷单产19504千克，总产12600吨；瓜类面积61公顷，总产2581吨。当年植树造林147公顷；实有果园面积1373公顷，水果总产量23424吨，增长8.5%。牲畜存栏2.35万头（只），年产肉类2251吨，增长52.4%。产奶360吨，羊毛20吨，禽蛋450吨。有工业企业1家。年末拥有大中型拖拉机536台，增长11.43%，完成固定资产投资68000万元，完成房屋建筑面积201256.57平方米。

（王 龙）

【**宣传工作**】 2014年，四十一团在各类报刊刊稿320篇，其中共中央级2篇、省级

35 篇、地级 156 篇。

（王　龙）

【社会生活】 2014 年，全团在岗职工工资总额 6664 万元，职均收入 4.0095 万元，同比增长 12.96%，城镇居民人均可支配收入 2.5630 万元，同比增长 16.5%；团场农牧工家庭人均纯收入 18780 元，同比增长 31%。参加社会保险职工 1526 人，有离（退）休职工 1751 人，养老金发放率 100%；广播人口覆盖率 100%；有线电视用户 1650 户，有线电视覆盖率 92%，固定电话用户 786 户，互联网用户 698 户；文化活动中心 1 个，基层文化活动室 12 个。有幼儿园 1 所，小学 1 所，初级中学 1 所，专任教师 94 人，在校学生 1123 人，适龄儿童入学率 100%，巩固率 100%。医院 1 所，病床 50 张，基层卫生室 6 个，卫生技术人员 44 人。

（王　龙）

【草湖镇挂牌成立】 11 月 8 日，图木舒克市草湖镇挂牌仪式在四十一团团部举行。草湖镇地处喀什市、疏勒县、疏附县、阿克陶县三县一市中间地带，毗邻 6 个乡镇，东西跨度 24 千米，南北跨度 6 千米，距南疆重镇喀什市 23 千米。全镇规划面积 76 平方千米，兵团草湖产业园区占地面积 10 平方千米。全镇下辖基层单位 20 个，总人口 1 万余人，汉族人口占总人口的 95.9%，在岗职工 1500 余人。2014 年 10 月 20 日，自治区人民政府新政函〔2014〕176 号文件批复设立图木舒克市草湖镇。根据《批复》，草湖镇区划面积 76 平方千米，镇政府驻四十一团团部草湖。草湖镇实行团镇合一模式，属县级管理权限建制镇。

（杨忠帅）

四十二团

【概况】 2014 年，四十二团下辖基层单位 13 个，其中农牧林业单位 8 个，工业单位 3 个，文教卫生单位 2 个；年末总人口 3169 人，其中少数民族人口 442 人，在岗职工 1374 人，个体劳动者 235 人；当年人口出生率 2.63‰，人口自然增长率 -3.16‰。

【经济建设】 2014 年，全年完成生产总值 20118 万元，同比增长 21.5%；人均生产总值 6.3 万元，同比增长 21.1%，其中第一产业完成增加值 12757 万元，同比增长 15.9%；第二产业完成增加值 2811 万元，同比增长 68.6%，第三产业完成增加值 4550 万元，同比增长 17.2%。实现利润 1250 万元。当年有耕地面积 4133 公顷，农作物播种面积 5513 公顷，其中粮食播种面积 573 公顷，公顷单产 8715 千克，总产 0.5 万吨，同比增长 50%；棉花播种面积 3567 公顷，皮棉公顷单产 2190 千克，皮棉总产 0.7462 万吨。滴灌面积 3466 公顷，占种植面积 98%。棉花套种小茴香 2666 公顷，总产 1170 吨；蔬菜种植面积 233 公顷，公顷单产 3750 千克，总产 8750 吨；瓜类面积 120 公顷，总产 3840 吨。当年植树造林 33 公顷；实有果园面积 218 公顷，水果总产量1000吨，增长1%。牲畜存栏2.87万头（只），年产肉类904吨，增长42%。产奶259吨，羊毛45吨，禽蛋65吨。有工业企业3家，截2014年年底，加工皮棉5590吨，短绒326吨。年末拥有大中型拖拉机108台，增长2.8%。完成固定资产投资22862万元，完成房屋建筑面积1000平方米。

【宣传工作】 2014年，四十二团在各类报刊刊稿315篇，其中共中央级25篇，省级36篇，地级254篇。团与兵团驻村工作组、地方村民代表联合举行“麦西来甫”文艺演出2场次，受到当地干部群众好评；开展“创建学习型组织、争当知识型职工”系列职工文体活动，主要有军事训练、政治理论、科技文化、篮球、乒乓球、棋类等学习活动，参加人数达900余人；开展廉政文化“六进”活动，召开动员会13场次，举办廉政文化作品巡回展1场次，参观人数500余人次，观看反腐倡廉警示教育片13场次，受教育人数300余人次，组织观看廉政警示教育基地1场次，参观人数300余人次，加大宣传力度，在各类新闻媒体刊登宣传稿件11篇，营造“为民务实清廉”和廉荣贪耻浓厚社会氛围。

【社会生活】 2014年，全团职工工资总额6041万元，实现劳均收入3.9万元，同比增长2.5%，职均收入4.4万元，同比增长10%，城镇居民人均可支配收入2.9365万元，同比增长29%；团场农牧工家庭人均纯收入1.85万元，同比增长34%。参加社会保险职工1040人，有离（退）休职工689人，养老金发放率100%；广播人口覆盖率100%；有线电视用户1000户，有线电视覆盖率96%，固定电话用户308户，互联网用户523户；文化活动中心1个，基层文化活动室5个。有幼儿园1所，小学1所，初级中学1所，专任教师58人，在校学生664人，适龄儿童入学率100%，巩固率100%。医院1所，病床25张，基层卫生室4个，卫生技术人员38人。

（四十二团办公室）

四十四团

【概况】 2014年，四十四团下辖基层单位36个，其中农牧林业单位25个，工业单位1个，建筑单位1个，文教卫生单位4个；年末总人口24032人，其中少数民族人口17267人，在岗职工2516人，个体劳动者2206人；当年人口出生率8.19‰，人口自然增长率6.4‰。

【经济建设】 2014年，全年完成生产总值86926万元，同比增长29.5%；人均生产总值3.62万元，同比增长38.7%，其中第一产业完成增加值52466万元，同比增长17.4%；第二产业完成增加值16200万元，同比增长81%，第三产业完成增加值18260万元，同比增长36%。实现利润1100万元。当年有耕地面积13200公顷，农作物播种面积16681.93公顷，其中粮食播种面积4333.33公顷，公顷单产6475千克，总产2.8155万吨，同比增长85.3%；棉花播种面积6348.6公顷，皮棉公顷单产2625千克，皮棉总产1.6625万吨。滴灌面积9039.53公顷，占种植面积的84.5%。棉花套种小茴香3333.33公顷，总产4750吨；蔬菜种植面积800公顷，公顷单产43500千克，总产34800吨；瓜类面积600公顷，总产28050吨。当年植树造林307公顷；实有果园面积5562.8767公顷，水果总产量24252吨，下降20%。牲畜存栏8.62万头（只），年产肉类3003吨，下降19.5%。产奶280吨，羊毛127吨，禽蛋270吨。有工业企业12家，年加工皮棉17000吨，短绒2000吨。年未拥有大中型拖拉机185台，增长5%，完成固定资产投资83333万元，完成房屋建筑面积360200平方米。

【宣传工作】 2014年，全团在各类报刊刊稿526篇，其中共中央级8篇、省级216篇、地级302篇。

【社会生活】 2014年，全团职工工资总额11046万元，实现劳均收入33230万元，同比增长11.1%，职均收入42616万元，同比增长15.1%；人均收入16130元，同比增长15.2%。参加社会保险职工2516人，有离（退）休职工1587人，养老金发放率100%；广播人口覆盖率100%；有线电视用户2000户，有线电视覆盖率78%，固定电话用户4159户，互联网用户13679户；文化活动中心2个，基层文化活动室22个。有幼儿园2所，小学3所，初级中学3所，专任教师405人，在校学生4912人，适龄儿童入学率99.5%，巩固率99.5%。医院1所，病床30张，基层卫生室18个，卫生技术人员95人。

（黄　俊）

四十五团

【概况】 2014年，四十五团下辖基层单位45个，其中农牧林业单位23个，工业单位11个，建筑单位1个，文教卫生单位6个；年末总人口23039人，其中少数民族人口6016人，在岗职工5942人，个体劳动者4104人；当年人口出生率7.62‰，人口自然增长率2.41‰。

【经济建设】 2014年，全年完成生产总值134500万元，同比增长22.19%；人均生产总值5.84万元，同比增长18%，其中第一产业完成增加值70500万元，同比增长22.1%；第二产业完成增加值44500万元，同比增长17.24%，第三产业完成增加值19500万元，同比增长34.7%。实现利润4000万元。当年有耕地面积13068公顷，农作物播种面积19148公顷，其中粮食播种面积2907公顷，公顷单产6725千克，总产1.9551万吨；棉花播种面积10640公顷，皮棉公顷单产2579千克，皮棉总产2.7451万吨。滴灌面积13365公顷，占种植面积70%。棉花套种小茴香2967公顷，总产4895吨；蔬菜种植面积421公顷，公顷单产57121千克，总产24048吨；瓜类面积323公顷，总产15379吨。当年植树造林17公顷；实有果园面积6128公顷，水果总产量64004吨，增长47%。牲畜存栏 10.01 万头（只），年产肉类 3118 吨，增长 26%。产奶 1548 吨，羊毛 132 吨，禽蛋 650 吨。有工业企业 11 家。年未拥有大中型拖拉机 877 台，增长 3%，完成固定资产投资 76732 万元，完成房屋建筑面积 314091 平方米。

【宣传工作】 2014 年，四十五团在各类报刊刊稿 408 篇，其中省级 56 篇、地级 352 篇。

【社会生活】 2014 年，全团在岗职工工资总额 23486 万元，职均收入 4.16 万元，同比增长 5%，城镇居民人均可支配收入 2.8 万元；团场农牧工家庭人均纯收入 23132 元，同比增长 34%。参加社会保险职工 5703 人，有离（退）休职工 4618 人，养老金发放率 100%；广播人口覆盖率 100%；有线电视用户 7210 户，有线电视覆盖率 100%，固定电话用户 2710 户，互联网用户 1550 户；文化活动中心 2 个，基层文化活动室 41 个。有幼儿园 4 所，小学 2 所，初级中学 2 所，专任教师 410 人，在校学生 5100 人，适龄儿童入学率 100%，巩固率 100%。医院 2 所，病床 108 张，基层卫生室 26 个，卫生技术人员 97 人。

（曹红霞）

四十六团

【概况】 2014 年，四十六团下辖基层单位 19 个，其中农牧林业单位 13 个，工业单位 2 个，文教卫生单位 4 个；年末总人口 3575 人，其中少数民族人口 788 人，在岗职工 1034 人，个体劳动者 350 人；当年人口出生率 6.63‰，人口自然增长率 4.51‰。

【经济建设】 2014 年，全年完成生产总值 24036 万元，同比增长 34.16%；人均生产总值 6.72 万元，同比增长 34.17%，其中第一产业完成增加值 17260 万元，同比增长 33.3%；第二产业完成增加值 2196 万元，同比增长 61%，第三产业完成增加值 4113 万元，同比增长 25.9%。实现利润 1500 万元。有耕地面积 3294 公顷，农作物播种面积 2506 公顷，其中粮食播种面积 310 公顷，公顷单产 6030 千克，总产 0.187 万吨，同比增长 226%；棉花播种面积 1340 公顷，皮棉公顷单产 2220 千克，皮棉总产 0.2982 万吨。滴灌面积 986 公顷，占种植面积的 73.6%。棉花套种小茴香 146 公顷，总产 173 吨；蔬菜种植面积 7.3 公顷，公顷单产 31230 千克，总产 229 吨；瓜类面积 2.6 公顷，总产 103 吨。当年植树造林 87 公顷；实有果园面积 2842 公顷，水果总产量 27687 吨，增长 47.6%。牲畜存栏 2.82 万头（只），年产肉类 834 吨，增长 14.4%。产奶 35 吨，羊毛 30 吨，禽蛋 10 吨。有工业企业 1 家，年加工皮棉 2892 吨，短绒 3578 吨。年未拥有大中型拖拉机 10 台，增长 2%，完成固定资产投资 41209 万元，完成房屋建筑面积 72569 平方米。

【宣传工作】 2014 年，全团在各类报刊刊稿 336 篇，省级 18 篇、地级 318 篇。组织四十六团其克里克魅力枣都第一届文化艺术节，组织编写新团歌《红枣飘香地方》。

【社会生活】 2014年，全团在岗职工工资总额4458万元，职均收入3.7376万元，同比增长22%，城镇居民人均可支配收入2.350万元，同比增长24%；团场农牧工家庭人均纯收入1890元，同比增长32.5%。参加社会保险职工819人，有离（退）休职工444人，养老金发放率100%；广播人口覆盖率100%；有线电视用户1586户，有线电视覆盖率100%，固定电话用户124户，互联网用户218户；文化活动中心1个，基层文化活动室15个。有幼儿园1所，小学1所，初级中学1所，专任教师43人，在校学生612人，适龄儿童入学率100%，巩固率100%。医院1所，病床20张，基层卫生室9个，卫生技术人员7人。

（四十六团办公室）

四十八团

【概况】 2014年，四十八团下辖基层单位17个，其中农牧林业单位10个，工业单位4个，建筑单位1个，文教卫生单位2个；年末总人口6654人，其中少数民族人口117人，在岗职工1532人，个体劳动者465人；当年人口出生率4.38‰，人口自然增长率1.64‰。

【经济建设】 2014年，全年完成生产总值46800万元，同比增长20.24%；人均生产总值7.1305万元，同比增长10.38%，其中第一产业完成增加值32996万元，同比增长9.59%；第二产业完成增加值3408万元，同比增长19.8%，第三产业完成增加值9868万元，同比增长65%。实现利润1980万元。当年有耕地面积4000公顷，农作物播种面积2911公顷，其中粮食播种面积333.3公顷，公顷单产10186千克，总产0.3395万吨，同比增长50.8%；棉花播种面积1406.8公顷，皮棉公顷单产2521千克，皮棉总产0.3547万吨。滴灌面积3866.7公顷，占种植面积的85.6%。棉花套种小茴香233.3公顷，总产350吨；蔬菜种植面积153.3公顷，公顷单产37508千克，总产5750吨；瓜类面积16.3公顷，总产1030吨。当年植树造林382公顷；实有果园面积3885公顷，水果总产量43262吨，增长0.64%。牲畜存栏3.9万头（只），年产肉类1572吨，增长12.1%。产奶80吨，羊毛20吨，禽蛋60吨。有工业企业3家，年加工皮棉3547吨。年未拥有大中型拖拉机277台，增长67.8%，完成固定资产投资32820万元，完成房屋建筑面积135126.7平方米。

【宣传工作】 2014年，在各类报刊刊稿470篇，其中共中央级6篇、省级41篇、地级424篇。开展以“唱响‘中国梦’”为主题团歌比赛，全团11个单位300余人参加比赛；与兵团电视台、兵团工会联合录制《快乐一线》电视节目，团40余名来自基层一线群众业余演员排练上演《庆丰收》《夸夸咱兵团人》等11个节目，节目在兵团电视台进行连续播放。

【社会生活】 2014年，全团职工工资总额8084万元，团场农牧工家庭人均纯收入21200元，同比增长31.51%。参加社会保险职工1532人，有离（退）休职工1610人，养老金发放率100%；广播人口覆盖率100%；有线电视用户965户，有线电视覆盖率98%，固定电话用户1273户，互联网用户570户；文化活动中心1个，基层文化活动室10个。有幼儿园1所，小学1所，初级中学1所，专任教师71人，在校学生785人，适龄儿童入学率100%，巩固率100%。医院1所，病床35张，基层卫生室11个，卫生技术人员51人。

（袁火霞）

四十九团

【概况】 2014年，四十九团下辖基层单位27个，其中农牧林业单位20个，工业单位1个，建筑单位0个，文教卫生单位3个；年末总人口14910人，其中少数民族人口5652人，在岗职工3628人，个体劳动者1012人；当年人口出生率5.82‰，人口自然增长率4.56‰。

【经济建设】 2014年，全年完成生产总值78939万元，同比增长43.6%；人均生产总值5.29万元，同比增长35.98%，其中第一产业完成增加值46232万元，同比增长18.40%；第二产业完成增加值10874万元，同比增长163.50%，第三产业完成增加值21833万元，同比增长76.80%。当年有耕地面积10866公顷，农作物播种面积16239公顷，其中粮食播种面积3666公顷，公顷单产6668千克，总产2.445万吨，同比增长172.60%；棉花播种面积7439公顷，皮棉公顷单产2454千克，皮棉总产1.826万吨。滴灌面积10066公顷，占种植面积的92.64%。棉花套种小茴香5333公顷，总产2400吨；蔬菜种植面积1000公顷，公顷单产33640千克，总产33644吨；瓜类面积200公顷，总产6750吨。当年植树造林9公顷；实有果园面积3457公顷，水果总产量25789吨，增长12.02%。牲畜存栏3.32万头（只），年产肉类1538吨，增长10.56%。产奶470吨，羊毛45吨，禽蛋200吨。有工业企业1家，年加工皮棉16089.533吨，短绒2835.665吨。年未拥有大中型拖拉机195台，增长0%，完成固定资产投资54685万元，完成房屋建筑面积128763平方米。

【宣传工作】 2014年，全团在各类报刊刊稿427篇，其中省级46篇、地级381篇。

【社会生活】 2014年，全团在岗职工工资总额22183万元，职均收入5.73万元，同比增长23%，城镇居民人均可支配收入19万元，同比增长17%；团场农牧工家庭人均纯收入17000元，同比增长18.5%。参加社会保险职工5020人，有离（退）休职工1805人，养老金发放率100%；广播人口覆盖率45%；有线电视用户1800户，有线电视覆盖率56.8%，固定电话用户780户，互联网用户2100户；文化活动中心1个，基层文化活动室20个。有幼儿园1所，小学

3所，初级中学3所，专任教师204人（其中特岗教师38人），在校学生2259人，适龄儿童入学率102.6%，巩固率100%。医院1所，病床50张，基层卫生室23个，卫生技术人员66人。

（杨高敏）

五十团

【概况】 2014年，五十团下辖基层单位33个，其中农牧林业单位25个，工业单位1个，建筑单位1个，文教卫生单位4个，其他单位2个（治安联防队、城镇管理中心）；年末总人口18477人，其中少数民族人口11362人，在岗职工1834人，个体劳动者1953人；当年人口出生率7.92‰，人口自然增长率1.74‰。

（廖洁香）

【经济建设】 2014年，全年完成生产总值56869万元，同比增长14.2%；人均生产总值3.0801万元，同比增长15.5%，其中第一产业完成增加值35051万元，同比增长11.1%；第二产业完成增加值7832万元，同比增长7.5%，第三产业完成增加值13986万元，同比增长27.4%。实现利润1450万元。当年有耕地面积18605.04公顷，农作物播种面积15833.33公顷，其中粮食播种面积5380公顷，公顷单产6001千克，总产3.2284万吨，同比增长91%；棉花播种面积7200公顷，皮棉公顷2639千克，皮棉总产1.9万吨。滴灌面积11233.33公顷，占种植面积的71%。棉花套种小茴香5406.67公顷，总产2422吨；蔬菜种植面积473.3公顷，公顷单产45420千克，总产21497吨；瓜类面积340公顷，总产15750吨。当年植树造林66.87公顷；实有果园面积2771.71公顷，水果总产量15034吨，增长0.083%。牲畜存栏7.82万头（只），年产肉类1987吨，增长13.35%。产奶561吨，羊毛168吨，禽蛋228吨。有工业企业1家，年加工皮棉13128吨，短绒861.9吨。年末拥有大中型拖拉机273台，增长7.3%，完成固定资产投资45000万元，完成房屋建筑面积28.35万平方米。

（辛为民）

【宣传工作】 2014年，全团在各类报刊刊稿704篇，其中共中央级15篇、省级298篇，地级391篇。开展“庆元旦”文艺演出及职工体育比赛活动及“我与‘中国梦’·创美好家园”五好评比系列活动，营造追求先进、崇尚先进、学习先进浓厚氛围。

（辛为民）

【社会生活】 2014年，全团职工工资总额8259.17万元，职均收入4.503万元，同比增长13%，团场农牧工家庭人均纯收入14226元，同比增长14.4%。参加社会保险职工1834人，有离（退）休职工2176人，养老金发放率100%；广播人口覆盖率100%；有线电视用户705户，有线电视覆盖率62%，固定电话用户1032户，互联网用户816户；文化活动中心1个，基层文化活动室18个。有幼儿园3所，小学3所，初级中学 3 所，专任教师 216 人（其中在编教师 149 人、特岗教师 67 人），在校学生 3271 人，适龄儿童入学率 100%，巩固率 100%。医院 1 所，病床 96 张，基层卫生室 20 个，卫生技术人员 94 人。

（廖洁香）

五十一团

【概况】 2014 年，五十一团下辖基层单位 32 个，其中农牧林业单位 18 个，工业单位 1 个，建筑单位 1 个，文教卫生单位 1 个；年末总人口 45206 人，其中少数民族人口 42954 人，在岗职工 1673 人，个体劳动者 5123 人；当年人口出生率 8.97‰，人口自然增长率 5.11‰。

【经济建设】 2014 年，五十一团全年完成生产总值 68240 万元，同比增长 32.3%；第二产业完成增加值 10540 万元，同比增长 5.4%，第三产业完成增加值 19850 万元，同比增长 74.5%。实现利润 2200 万元。粮食播种面积 6210 公顷，公顷单产 6462 千克，总产 4.0128 万吨；棉花播种面积 7612 公顷，皮棉公顷单产 2680 千克，皮棉总产 20400 万吨。滴灌面积 10113.3 公顷。棉花套种小茴香 4867 公顷，总产 2200 吨；蔬菜种植面积 275 公顷，公顷单产 40725 千克，总产 11200 吨；瓜类面积 234 公顷，总产 11000 吨。实有果园面积 2722 公顷，水果总产量 14809 吨。牲畜存栏 8.38 万头（只），年产肉类 2060 吨。产奶 1600 吨，羊毛 125 吨，禽蛋 195 吨。有工业企业 16 家，年加工皮棉 20175.76 吨，短绒 2824.582 吨。年未拥有大中型拖拉机 137 台，完成固定资产投资 85211 万元，完成房屋建筑面积 31.69 万平方米。

【宣传工作】 2014 年，五十一团在各类报刊刊稿 623 篇，其中共中央级 16 篇、省级 23 篇、地级 484 篇。

【社会生活】 2014 年，全团在岗职工工资总额 9500 万元，参加社会保险职工 1738 人，有离（退）休职工 2435 人（五七工 1495 人、职工 940 人），养老金发放率 100%；广播人口覆盖率 100%；有线电视用户 1100 户，固定电话用户 2267 户，互联网用户 600 户；文化活动中心 1 个，基层文化活动室 15 个。有幼儿园 1 所，小学 4 所，初级中学 1 所，专任教师 440 人，在校学生 10172 人，适龄儿童入学率 98.8%，巩固率 98.6%。医院 1 所，病床 100 张，基层卫生室 22 个，卫生技术人员 80 人。

（吴勇全）

五十三团

【概况】 2014 年，五十三团下辖基层单位 28 个，其中农牧林业单位 22 个，工业单位 5 个，建筑单位 1 个，文教卫生单位 3 个；年末总人口 20706 人，其中少数民族人口 16031 人，在岗职工 1389 人，个体劳动者 908 人；当年人口出生率 0.8%，人口自然增长率 0.53%。

【经济建设】 全年完成生产总值 61734 万元，同比增长 25.2%；人均生产总值 3.03 万元，同比增长 25.3%，其中第一产业完成增加值 38384 万元，同比增长 17%；第二产业完成增加值 13250 万元，同比增长 55%，第三产业完成增加值 10100 万元，同比增长 26.4%。实现利润 1830 万元。当年有耕地面积 9297.75 公顷，农作物播种面积 13834 公顷，其中粮食播种面积 3893 公顷，公顷单产 6563 千克，总产 2.4928 万吨，同比增长 89.5%；棉花播种面积 6420 公顷，皮棉公顷单产 2610 千克，皮棉总产 1.673 万吨。滴灌面积 7666.67 公顷，占种植面积的 87%。棉花套种小茴香 77600 公顷，总产 1350 吨；蔬菜种植面积 580 公顷，公顷单产 39731 千克，总产 22000 吨；瓜类面积 15000 公顷，总产 45000 吨。当年植树造林 259 公顷；实有果园面积 3337.4 公顷，水果总产量 20030 吨。牲畜存栏 7.87 万头（只），年产肉类 1682 吨，增长 9%。产奶 1340 吨，羊毛 30 吨，禽蛋 160 吨。有工业企业 5 家，年加工皮棉 16500 吨，短绒 2860 吨。年未拥有大中型拖拉机 185 台，增长 5%，完成固定资产投资 57343 万元，完成房屋建筑面积 125275 平方米。

【宣传工作】 2014 年，全团在各类报刊刊稿 502 篇，其中省级以上刊稿 87 篇、地市级刊稿 415 篇；在兵团电视台刊稿 31 条，师市新闻刊稿 130 条，在新华网、兵团新闻网刊稿 432 条，制作电视新闻 415 条、广播稿件 782 篇、专题片 10 部。五十三团先后为基层单位发放维文专业技术、维汉翻译字典、《皮恰克松地》《叶尔羌文艺》等各类书籍、画册 2000 余册。充分运用广播、电视、橱窗、电子屏、公益广告等传播手段，以双语形式开展中国特色社会主义和“中国梦”宣传教育。

【社会生活】 2014 年，全团在岗职工工资总额 6990 万元，职均收入 5.0323 万元，同比增长 25.4%，团场农牧工家庭人均纯收入 1.6862 万元，同比增长 35%。参加社会保险职工 1358 人，有离（退）休职工 1676 人，养老金发放率 100%；广播人口覆盖率 100%；有线电视用户 1412 户，有线电视覆盖率 98%，固定电话用户 2093 户，互联网用户 1984 户；文化活动中心 1 个，基层文化活动室 22 个。有幼儿园 2 所，小学 3 所，初级中学 2 所，专任教师 252 人，在校学生 3924 人，适龄儿童入学率 98%，巩固率 100%。医院 1 所，病床 80 张，基层卫生室 22 个，卫生技术人员 80 人。

（魏俊明）

伽师总场

【概况】 2014 年，伽师总场下辖基层单位 23 个，其中农牧林业单位 14 个，工业单位 2 个，建筑单位 1 个，文教卫生单位 2 个；年末总人口 11653 人，其中少数民族人口 8823 人，在岗职工 2653 人，个体劳动者 1512 人；当年人口出生率 9.81‰，人口自然增长率 5.31‰。

【经济建设】 2014年，全场完成生产总值44400万元，同比增长23.81%，人均生产总值3.4192万元，增长16.7%。其中第一产业完成增加值27855万元，同比增长16.7%，第二产业完成增加值5400万元，同比增长51.96%，第三产业完成增加值11145万元，同比增长56.14%。实现利润2456万元。当年有耕地面积7631公顷，农作物播种面积7623公顷，其中粮食播种面积1517公顷，公顷单产5207千克，总产1.7964万吨，同比增长12.7%；棉花播种面积6116公顷，皮棉公顷单产2343.8千克，皮棉总产3.648万吨，滴灌面积5821公顷，占播种面积的89%；棉花套种小茴香2812公顷，总产1521吨；蔬菜种植面积76.5公顷，公顷单产31459.3吨，总产2406.6吨；瓜类种植338公顷，总产9875吨。当年植树造林246公顷；实有果园面积1027.6公顷，水果总产量3208吨，增长63%，牲畜存栏6.17万头（只），年产肉类1835吨，增长72%。产奶971吨，羊毛740吨，禽蛋410吨。有工业企业6家，年加工皮棉37704吨，短绒1100吨。年末拥有大中型拖拉机512台，增长17%。完成固定资产投资37485万元，房屋建筑面积147201平方米。

【宣传工作】 2014年，全场在各类报刊刊稿509篇，其中共中央级1篇、省级204篇，地级304篇。

【社会生活】 2014年，全场工资总额1091.65万元，职均收入3.7140万元，同比增长3%，城镇居民人均可支配收入16974万元，同比增长7%；团场农牧工家庭人均纯收入1930元，同比增长4%。参加社会保险职工2759人，有离（退）休职工1271人，养老金发放率100%；广播人口覆盖率100%；有线电视用户2236户，有线电视人口覆盖率100%，固定电话用户1920户，互联网用户896户；文化活动中心2个，基层文化活动室15个。有幼儿园1所，小学1所，初级中学1所，专任教师142人，在校学生1929人。适龄儿童入学率100%。有医院1所，病床44张，基层卫生室13个，卫生技术人员74人。

（伽师总场场办）

红旗农场

【概况】 2014年，红旗农场下辖基层单位6个，其中农牧林业单位6个，文教卫生单位4个；年末总人口3694人，其中少数民族人口3441人，在岗职工326人，个体劳动者166人；当年人口出生率8.05‰，人口自然增长率5.17‰。

【经济建设】 2014年，全年完成生产总值5896万元，同比增长23.9%；人均生产总值1.5961万元，同比增长24%，其中第一产业完成增加值4376万元，同比增长18.8%；第二产业完成增加值70万元，同比增长34.6%，第三产业完成增加值1450万元，同比增长43.8%。实现利润48万元。当年有耕地面积1266公顷，农作物播种面积2700公顷，其中粮食播种面积1467公顷，公顷单产6850千克，总产1.005万吨，同比增长23.1%；棉花播种面积1000公顷，皮棉公顷单产4673千克，皮棉总产4.7万吨。蔬菜种植面积67公顷，公顷单产11940千克，总产800吨；瓜类面积133公顷，总产2000吨。实有果园面积311公顷，水果总产量3350吨，增长1.5%。牲畜存栏2.24万头（只），年产肉类335吨，增长36%。产奶210吨，羊毛21吨，禽蛋15吨。年末拥有大中型拖拉机61台，增长1.5%，完成固定资产投资8268万元，完成房屋建筑面积30119平方米。

【宣传工作】 2014年，全场在各类报刊刊稿187篇，其中共中央级5篇、省级31篇，地级151篇。开展“道德讲堂”、“四个认同”、“唱响兵团精神”、加强民族团结、评议身边好人好事，以及道德模范评选活动等宣传教育工作，农场成立业余文艺演出队、篮球队、足球队、羽毛球队，乒乓球队，丰富职工群众业余文化生活。

【社会生活】 2014年，全团在岗职工工资总额888.5万元，职均收入2.7255万元，同比增长14%，城镇居民人均可支配收入2.15万元，同比增长24%；团场农牧工家庭人均纯收入15956元，同比增长112%。参加社会保险职工3442人，有离（退）休职工175人，养老金发放率100%；广播人口覆盖率79%；有线电视用户546户，有线电视覆盖率100%，固定电话用户23户，互联网用户18户；文化活动中心1个，基层文化活动室6个。有幼儿园1所，小学2所，初级中学1所，专任教师88人，在校学生776人，适龄儿童入学率100%，巩固率100%。医院1所，病床10张，基层卫生室5个，卫生技术人员12人。

（红旗农场场办）

托云牧场

【概况】 2014年，托云牧场下辖基层单位6个，其中农牧林业单位3个，工业单位1个，文教卫生单位2个；年末总人口891人，其中少数民族人口822人，在岗职工259人，个体劳动者29人；当年人口出生率11.76‰，人口自然增长率7.49‰。

【经济建设】 2014年，全年完成生产总值2387.6万元，同比增长40.86%；人均生产总值2.6万元，同比增长6.2%，其中第一产业完成增加值1214万元，同比增长18.3%；第二产业完成增加值463.6万元，同比增长71%，第三产业完成增加值710万元，同比增长16%。实现利润34.7万元。当年有耕地面积53.3公顷，农作物播种面积53.3公顷，蔬菜种植面积0.4公顷，总产6吨；牲畜存栏4.98万头（只），年产肉类1005吨，增长82.79%。产奶397吨，羊毛113吨，有工业企业1家，年加工肥料3298吨，完成增加值463.6万元。年末拥有大中型拖拉机8台，完成固定资产投资5774.97万元，完成房屋建筑面积16325.6平方米。

【宣传工作】 2014年，全场在各类报刊刊稿206篇，其中省级15篇、地级191篇。在节庆日期间，组织10余场文艺会演活动，开展团歌大赛、红歌演唱、民族刺绣展览、促进职工多元增收等活动，其中师市团歌大赛上，师市党委宣传部授予“三等奖、歌词创作奖”称号。

【社会生活】 2014年，全团职工工资总额956万元，实现劳均收入2.63万元，同比增长13%，职均收入3.78万元，同比增长64%；人均收入17400元，同比增长59.82%。参加社会保险职工259人，有离（退）休职工176人，养老金发放率100%；广播人口覆盖率100%；有线电视用户320户，有线电视覆盖率80%，固定电话用户300户，互联网用户60户；文化活动中心4个，基层文化活动室3个。有幼儿园1所，小学1所，初级中学1所，专任教师38人，在校学生179人，适龄儿童入学率100%，巩固率100%。医院1所，基层卫生室3个，卫生技术人员12人。

（托云牧场办公室）

叶城二牧场

【概况】 2014年，叶城二牧场下辖基层单位12个，其中农牧林业单位5个，文教卫生单位2个；年末总人口1270人，其中少数民族人口953人，在岗职工287人，个体劳动者107人；当年人口出生率13.5‰，人口自然增长率13.5‰。

【经济建设】 2014年，全年完成生产总值4220万元，同比增长85.4%，人均生产总值3.34万元，同比增长81.3%，其中第一产业完成增加值2515万元，同比增长92.4%；第二产业完成增长值345万元，同比增长97.7%，第三产业完成增长值1360万元，同比增长69.4%。实现利润30万元。当年有耕地面积232公顷，其中粮食播种面积90.7公顷，公顷单产6569千克，总产595.83万吨，同比增长5%；当年植树造林13.3公顷；实有果园面积145.3公顷，水果总产量1035吨。牲畜存栏4.42万头（只），年产肉类1340吨，增长85.4%。年末拥有大中型拖拉机2台，增长100%，完成固定资产投资4000万元，完成房屋建筑面积647486平方米。

【宣传工作】 2014年，全场在各类报刊刊稿352篇，省级22篇、地级330篇。该场以“公民道德建设月”和“道德讲堂”活动为载体，组织开展“与道德同行”主题演讲比赛和以“强党性、守党纪、展示成边卫士风采”主题知识竞赛活动。

【社会生活】 2014年，牧场职工工资总额954.9万元，职均收入2.4万元，同比增长4.8%，城镇居民人均可支配收入1.785万元，同比增长1.8%；团场农牧工家庭人均纯收入11060元，同比增长0.8%。参加社会保险职工269人，有离（退）休职工174人，养老金发放率100%；广播人口覆盖率98%；有线电视用户438户，有线电视覆盖率84%，固定电话用户66户，互联网用户72户；文化活动中心1个。有幼儿园1所，小学1所，初级中学1所，专任教师40人，在校学生340人，适龄儿童入学率100%，巩固率98%。医院1所，病床8张，基层卫生室4个，卫生技术人员14人。

（李小新）

东风农场

【概况】 2014年，东风农场下辖基层单位9个，其中农牧林业单位7个，文教卫生单位2个；年末总人口1520人，其中少数民族人口1416人，在岗职工360人，个体劳动者144人；当年人口出生率10.24‰，人口自然增长率6.4‰。

【经济建设】 2014年，全年完成生产总值3400万元，同比增长15.6%；人均生产总值22368元，同比增长6.5%，其中第一产业完成增加值2200万元，同比增长10.5%；第二产业完成增加值34万元，同比增长36%，第三产业完成增加值1166万元，同比增长18.5%。实现利润32万元。当年有耕地面积666.1公顷，农作物播种面积1205公顷，其中粮食播种面积832公顷，公顷单产7332千克，总产0.61万吨，同比增长5.2%；棉花播种面积173.3公顷，皮棉总产809.8吨。滴灌面积200公顷，占种植面积的27.3%。瓜类面积32公顷，总产600吨。当年植树造林30公顷；实有果园面积317公顷，水果总产量426吨，增长12%。牲畜存栏1.86万头（只），年产肉类220吨，增长6%。产奶20吨，羊毛13吨，禽蛋5吨。年未拥有大中型拖拉机22台，增长2%，完成固定资产投资7190万元、完成房屋建筑面积27025平方米。

【宣传工作】 2014年，东风农场在各类报刊刊稿95篇，其中省级12篇、地级83篇。开展老年健身操、团歌大赛等活动，并在师市比赛中获奖。

【社会生活】 2014年，东风农场在岗职工工资总额945.6万元，职均收入2.69万元，同比增长10.2%，城镇居民人均可支配收入2.1万元，同比增长6%；团场农牧工家庭人均纯收入12100元，同比增长6.8%。参加社会保险职工282人，有离（退）休职工252人，养老金发放率100%；广播人口覆盖率100%；有线电视用户312户，有线电视覆盖率96%，固定电话用户21户，互联网用户47户；文化活动中心1个，基层文化活动室2个。有幼儿园1所，小学1所，初级中学1所，专任教师38人，在校学生216人，适龄儿童入学率100%，巩固率100%。医院1所，病床15张，卫生技术人员9人。

（项开东）

人物·荣誉

先进人物

全国民族团结进步模范个人

吐尔买买提·马提 男、托云牧场柯尔克孜族护边员，他忠诚守护在祖国西部帕米尔高原边境线上35年，行程近13万千米；吐尔买买提·马提先后获得优秀护边员、致富带头人、优秀共产党员、全国“五一劳动奖章”等20多项荣誉称号。2014年12月27日，中华人民共和国国务院授予第三师托云牧场护边员吐尔买买提·马提第六次全国民族团结进步模范个人荣誉称号。

（关 尹）

全国劳动模范

刘成 男、汉族，1979年10月18日出生，原籍江苏省邳州市人，中共党员，正科级侦查员，大专学历，毕业于新疆警官高等专科学校公安管理专业。1999—2004年，在新疆军区某部服役。2005年，考入公安队伍。历任巴楚县公安局交警大队色力布亚中队中队长、色力布亚派出所所长。多年来军旅、警营工作练就他过硬政治素质和军事、警务技能。在部队，刘成是一名优秀战士，荣获三等功两次、优秀士兵一次。在警营，刘成工作负责，办案雷厉风行，多次受到各级党委、政府和公安机关表彰，同时也得到广大各族人民群众广泛认可。2013年，被新疆维吾尔自治区授予反恐勇士称号，荣立公安部个人一等功。2014年被中华全国总工会授予全国“五一劳动奖章”荣誉称号。

西力甫江·阿吾提 男、维吾尔族，中石油喀什分公司红其拉甫友谊加油站经理。2010年4月，获得中石油天然气集团公司劳动模范称号。2014年4月，被全国总工会授予全国五一劳动奖章称号。1994年5月，20岁的西力甫江从县贸易公司调到红其拉甫友谊加油站，当一名开小车驾驶员。他一年中大部分时间都奔波在314国道这条送油路上。314国道中国至巴基斯坦公路段一年中大半时间路面结冰，不仅要穿越海拔5400米冰雪达坂，通过险象环生“老虎口”，还要通过弯度90度以上100余个山间弯道。这里泥石流、塌方、滑坡、岩崩和雪崩等地质灾害频发，就在这样一条险象环生高海拔冰雪路上，西力甫江用生命和热血履行着一个石油人神圣职责，从没误过一回事。20年来，他累计行程40余万千米，送油35万吨，塔什库尔干几乎每个抢险救灾现场都会留下他身影，从没有出现过任何差池。他无愧于全国“五一劳动奖章”、集团公司劳动模范、中国石油榜样、优秀共产党员、中国石油品牌形象代言人、新疆销售公司岗位能手、新疆销售公司先进个人、喀什销售公司模范加油站经理、优秀员工等荣誉称号。

全国农村“五保”供养工作先进个人

朱新源 男、汉族，1977年6月参加工作。1981年1月加入中国共产党。2004年2月起，担任泽普县民政局局长。他贯彻落实《农村五保供养工作条例》，采取有效措施，提高农村“五保”供养水平。加强农村养老服务设施建设，全县敬老院均配备现代化生活、娱乐设施，“五保”供养人员衣服、被褥全部更新，生活居住环境明显改善。他组织制定《农村敬老院规范化管理暂行办法》，推动敬老院规范化建设。他平易近人，热衷于做好养老服务工作，经常去各敬老院了解掌握“五保”老人基本生活、思想状况，向“五保”人员征求意见、注重提升“五保”人员精神风貌，提升他们生活质量。近年来，有10余对敬老院院民组成新家庭，朱新源都为他们举行隆重婚礼。朱新源艰辛努力，使“五保”老人老有所依、老有所乐、老有所养，“五保”老人吃得饱、穿得暖，过上安静祥和老年生活，受到“五保”老人赞誉。2014年9月，被民政部评为全国农村“五保”供养工作先进个人。

（黄志斌）

全国教育系统先进工作者

阿布都艾尼·热合曼 男、维吾尔族，泽普县人，1972年3月出生，1993年8月参加工作，1997年5月加入中国共产党，2011年2月起，担任泽普县教育与科技局局长。在民族团结工作方面，他以身作则；在大是大非面前敢于发声、敢于亮剑；他推行人事制度改革，定期赴基层开展课堂教学专项调研，加大学校课堂教学改革力度。2013年，泽普县高分通过自治区义务教育学校均衡发展和标准化建设验收。4年来，泽普县初中升学率由2011年的50%上升至2014年的95%，双语普及率由2009年的20%上升至2014年的62.3%，高考上线率由2011年的99.06%提高到2014年的99.55%。2014年9月，被人力资源和社会保障部、教育部评为全国教育系统先进工作者。

全国法院先进工作者、全国优秀法官

艾斯卡尔·阿布都热合曼 男，1973年11月出生，中共党员、大学本科文化程度。1995年8月，毕业于新疆大学法律系。2014年，任喀什地区中级人民法院刑事庭正科级审判员。2015年3月，任喀什地区中级人民法院刑事审判一庭副庭长。

艾斯卡尔·阿布都热合曼忠于人民、

忠于法律尊严，依法严厉打击“三股势力”，维护国家安全和社会稳定。自从2000年到刑事审判庭工作以来，承办各类刑事犯罪案件600余件，主审在全疆有重大影响危害国家安全案件210余件，判决各类犯罪分子800余人，每个案件都在审限内审结，无一被上级法院发回重审或改判，更无一冤假错案出现。2014年，艾斯卡尔·阿布都热合曼先后被最高人民法院授予全国法院先进工作者、全国优秀法官荣誉称号。

（地区法院）

全国邮政系统先进工作者

阿不都艾尼·库尔班　男、维吾尔族，生于1974年9月。2013年6月，自学考试获得新疆大学法律专业专科学历。2003年9月，在喀什地区邮政分公司报刊发行投递局从事投递员工作。2007年12月，取得邮政投递员中级职业资格证，于2013年12月转聘为合同工。阿布都艾尼·库尔班默默践行着人民邮政为人民的服务宗旨，每天跑2个街道、7个部队、40多个单位，数十年如一日，为用户投递各类报刊、邮件，把党的声音、邮政的真情都投入挚爱的邮政投递工作中。10多年来，他以强烈责任感和爱心为千家万户传播文化和信息，累计行程超过8万千米，投递各类邮件、报刊1800万余份，被各族用户誉为“绿衣使者”、最美邮递员。先后获得喀什地区邮政系统优秀团员、先进个人，跨越发展突出贡献先进个人、最佳投递员等光荣称号。2014年，阿布都艾尼·库尔班被中国邮政集团公司评为全国邮政系统先进工作者荣誉称号。

（喀什地区邮政分公司）

烈　士

李红江　男、汉族，1958年11月18日出生，祖籍山西万荣县。1977年9月参加工作，1979年3月加入公安队伍，1986年7月加入中国共产党，大专文化程度，一级警督警衔。历任疏勒县公安局副局长，塔什库尔干县委常委、公安局局长，喀什地区公安局国保支队政委、交警支队支队长，曾获嘉奖一次，荣立个人三等功一次。2014年5月29日16时30分许，李红江驾车从米夏派出所前往疏勒县塔尕尔具派出所返程途中突遭暴徒袭击残忍杀害，英勇牺牲，时年56岁。2015年5月，被自治区人民政府追授革命烈士。2015年2月，被公安部授予二级英雄模范荣誉称号。

（地区公安局）

买买提艾力·莫明　男、维吾尔族，1970年9月出生，新疆疏附县人，中共党员，大专学历，二级警督警衔，1992年1月参加工作，1998年10月参加公安工作，生前系疏附县公安局党委委员、国内安全保卫大队大队长。2013年12月15日23时20分许，在疏附县萨依巴格乡十三村一组遭到暴徒突然袭击，在与暴力恐怖分子搏斗时牺牲。2014年3月16日，由自治区人民政府批准为烈士。

（地区民政局）

麦麦提斯迪克·克热木 男、维吾尔族，1977年4月出生，新疆疏附县人，中共党员，大专学历，一级警司警衔，1999年12月参加工作，生前系疏附县公安局萨依巴格派出所所长。2013年12月15日晚23时，国保大队大队长买买提艾力·莫明带领萨依巴格派出所所长麦麦提斯迪克·克热木前往萨依巴格乡十三村一组，遭到暴力恐怖分子突然袭击，在与暴力恐怖分子搏斗时牺牲。2014年3月16日，由自治区人民政府批准为烈士。

（地区民政局）

吾拉木·吐合提 男、维吾尔族，1970年1月3日出生，1988年7月参加工作，共产党员，1988年6月毕业于喀什教育学院，大专学历，生前系莎车县墩巴格乡党委副书记、乡长。2014年7月28日凌晨，为制止暴恐分子暴行，保护群众生命财产安全与暴徒搏斗时壮烈牺牲。2014年9月3日，由自治区人民政府批准为烈士。

（地区民政局）

阿布都艾尼·吐尔迪 男、维吾尔族，1977年8月7日出生，1998年12月参加工作，共产党员，大专学历，生前任莎车县墩巴格乡党委副书记、纪检书记。2014年7月28日，莎车县发生一起严重暴力恐怖案件，为制止暴恐分子暴行，保护群众生命财产安全与暴徒搏斗时壮烈牺牲。2014年9月3日，由自治区人民政府批准为烈士。

（地区民政局）

朱捍东 男、汉族，1966年12月18日出生，湖北郧县人，共产党员，1987年7月参加工作，大专学历，生前系莎车县职业技术学校办公室主任，在艾力西湖镇驻十六村工作组任组长。2014年7月28日接到镇政府紧急撤离通知后，协助其他工作组成员撤离，在遭遇暴徒围攻，为保护工作组安全撤离，与暴徒展开搏斗时，壮烈牺牲。2014年9月3日，由自治区人民政府批准为烈士。

（地区民政局）

徐文文 女、汉族，1986年1月1日出生，2008年10月参加工作，共产党员，兵团第三师四十二团人，本科学历，生前系莎车县墩巴格乡人民政府干部。7月28日8：00左右，徐文文携带有关要上报材料从墩巴格乡出发前往县城，途径艾力西湖镇诺其巴扎村时，遭遇暴恐分子围攻，为保护公文安全，与暴徒展开搏斗时，壮烈牺牲。2014年9月3日，由自治区人民政府批准为烈士。

（地区民政局）

吐尔逊·阿布里米提 男、维吾尔族，1974年1月5日出生，1997年3月参加工作，新疆疏附县人，中共党员，初中学历，生前系兰干派出所五村警务室协警。2014年6月4日在执行涉恐涉暴排查任务中，遭到暴徒持刀突然袭击身受重伤，壮烈牺牲。2014年9月3日，由自治区人民政府批准为烈士。

（地区民政局）

艾克拜尔·马木提 男、维吾尔族，1989年9月6日出生，2014年3月参加工作，新疆疏附县人，共青团员，大专学历，生前系疏附县公安局特警大队巡防队员。2014年6月5日在执行追捕涉恐涉暴逃犯任务中，不顾疲劳，连续作战，身涉险滩，因体力透支溺水窒息，英勇牺牲。2014年9月3日，由自治区人民政府批准为烈士。

（地区民政局）

库尔班·玉苏音 男、维吾尔族，1987年12月2日出生，2008年7月参加工作，新疆巴楚县人，中共党员，大学本科学历，二级警司警衔，生前系麦盖提县公安局库木库萨尔派出所教导员。2014年6月14日在执行抓捕暴恐分子任务中，遭到持刀暴徒突然袭击身受重伤，壮烈牺牲。2014年9月3日，由自治区人民政府批准为烈士。

（地区民政局）

买买提艾力·艾尔肯 男、维吾尔族，1984年10月19日出生，2009年7月5日参加工作，新疆麦盖提县人，中共党员，大专学历，二级警司警衔，生前系麦盖提县公安局国内安全保卫大队民警。2014年6月14日在执行抓捕暴恐分子任务中，遭到持刀暴徒突然袭击身受重伤，壮烈牺牲。2014年9月3日，由自治区人民政府批准为烈士。

（地区民政局）

蔺宴将 男、汉族，1988年1月5日出生，2011年10月参加工作，新疆叶城县人，中共党员，本科学历，生前系莎车县公安局伊什库力派出所民警。2014年6月21日在执行涉暴涉恐盘查任务中，遭到持刀暴徒突然袭击身负重伤，壮烈牺牲。2014年9月3日，被自治区人民政府批准为烈士。

（地区民政局）

逝世人物

艾买提江·阿里木 男、乌孜别克族，1933年5月出生，1950年1月参加工作，曾任地委财贸办副主任、地区计委主任、行署副专员，1998年5月退休。2014年5月病逝。

先进集体

全国民族团结进步模范集体
——喀什地区国税局

多年来，喀什国税局始终履行为国聚财、维护稳定神圣职责，始终把增进民族团结摆在突出位置，不断谱写出民族大家庭和睦之歌。一是日常和集中教育齐头并进。喀什国税把民族团结工作与税收业务工作共同部署、齐安排，确保民族团结教育经常化、制度化；利用每年民族团结教育月，大张旗鼓地营造民族团结大于天浓厚氛围，组织干部职工开展“三个离不开、四个认同、五观六史”教育，将创建文明科室、五好家庭、文明个人等活动与民族团结有机结合，制定出具体办法和制度，民族团结内容和形式更加充实。二是开展形式多样学教活动。不定期开展民族团结征文、演讲比赛、道德讲堂、少数民族国语诗歌朗诵会等活动，进行“热爱伟大祖国、建设美好家园”主题教育，定期举办“展风采、促和谐，彰显国税文化”等大型文体比赛，自觉成为民族团结践行者。三是爱心点亮各族群众团结心灯。各族干部为社区贫困户、城镇孤寡老人捐款捐物，帮助他们树立信心、渡过难关，让他们感受到来自民族大家庭温暖。在访民情惠民生聚民心活动中，驻村工作组把“扶危济困、温暖人心”作为工作推进重要方向，从解决各族群众最关心实际困难和难点、热点问题入手，特别是开展“五个一结对子”活动，为谋发展、民生改善、夺取民族团结和舆论宣传阵地、争取人心做大量卓有成效工作。四是发挥典型性释放团结正能量。注重培养、树立和宣传在加强民族团结、构建和谐国税工作中先进典型，用身边看得见、摸得着人和事教育影响和感动身边人。先后推出麦盖提县国税局人教科副科长牙生·吐逊10年无私照顾单位临时工郭占彪老人和莎车县国税局汉族职工何龙茂13年细致照顾卧病回族退休干部马启龙先进典型事迹；适时举办先进典型事迹报告会，发挥示范引领作用，营造“民族团结心连心”良好氛围。五是突出“政治坚强”第一标准。在民族团结教育工作中把突出“政治坚强”作为第一标准，把坚定不移地与民族分裂主义及其活动做坚决斗争作为第一要求。引导每名党员干部提高认识，解决好政治不够坚强突出问题，牢固树立像石榴籽那样紧抱在一起观念，民族团结纽带更加牢固坚韧。六是建章立制铸牢民族团结基石。把民族团结融入税收工作、纳入绩效管理，规定超过五天培训班必须加入民族团结学习内容；制定定期交流谈心制度，了解和解决好各族干部在工作生活方面存在实际困难；开展每天一句双语学习，鼓励各族干部互帮互学，取长补短，共同进步；组织各族干部在婚丧嫁娶及重大节日相互走访慰问，增进感情，构建起各民族8小时内真诚合作共同事关系，8小时外友善和睦挚友关系，各族干部在共同工作学习、互帮互助互进中由团结走向和谐，由和谐走向离不开。喀什国税民族团结教育工作硕果累累，已成为各族干部群众团结奋斗、建美好家园不竭精神动力。2014年，喀什地区国税局被国务院表彰为全国民族团结进步模范集体。

（喀什地区国税局）

全国税务系统先进集体——塔什库尔干塔吉克自治县国家税务局

塔什库尔干县税务局于1989年1月

正式从县财税局分离出来，2003年8月更名为塔什库尔干塔吉克自治县国家税务局，隶属于喀什地区国家税务局，是喀什地区唯一未分设的县局，代征地方税收，全局内设机构5个：办公室、人事监察科、纳税服务科、综合业务科、税源管理科，无派出机构和直属机构。全局有在职干部职工23名，退休干部职工7名。在职干部职工中少数民族干部9名（其中塔吉克族4名，维吾尔族5名），占全局总人数的39%；35岁以下（含35岁）干部职工14名，占全局总人数的61%；党员干部19名，占全局总人数的83%。担负着全县2.5万平方千米内934户纳税人（企业184户，其中国税161户、地税23户；个体户750户，其中国税513户、地税237户）的税收征管工作。

塔什库尔干塔吉克自治县，辖14个乡镇场，分布着60多个征税点，最远的征税点距县城约有500千米。为了给纳税人创造优质的服务环境，塔县国税局坚持人性化服务，税收收入由1994年的101万元到2012年的1.4亿元。连续10年获得塔什库尔干县先进集体荣誉称号、连续4年获得喀什地区国税系统效能管理考核第一名。2011年1月，荣获新疆维吾尔自治区国税系统税收工作先进集体；2011年3月，荣获新疆维吾尔自治区2006—2010年自治区平安建设先进单位；2011年6月，荣获新疆维吾尔自治区国税系统先进基层党组织；2011年7月，荣获新疆维吾尔自治区直属机关工委先进基层党组织；2012年7月，荣获中共新疆维吾尔自治区委员会创先争优先进基层党组织；2012年7月，荣获新疆维吾尔自治区国税系统创先争优先进基层党组织；2013年2月，被国家税务总局评为税务系统先进集体；2014年1月，被人力资源和社会保障部、国家税务总局联合表彰为全国税务系统先进集体。

（地区国税局）

全国工人先锋号——疏勒县财政局国库集中支付中心

疏勒县财政局国库集中支付中心成立于2006年6月，有职工16名，其中管理人员4名，业务人员11名，工勤人员1名；女性职工7人、男性职工9人，维吾尔族职工3人，汉族职工13人，平均年龄25岁；集中支付中心创立以来，始终坚持抓管理强素质，强化服务树形象，以加快推进财政改革为主线，建岗抓条件，活动抓创新，管理抓规范，促使中心成为财政服务文明窗口和行业形象样板。2007年5月，获疏勒县“五一”女职工文明示范岗称号；2008年5月，获疏勒县女职工示范岗称号；2009年、2011年、2012年，分别获疏勒县和喀什地区工人先锋号称号。2014年，被中华全国总工会授予全国工人先锋号荣誉称号。

（地区财政局）

全国教育系统先进集体——泽普县第二中学

泽普县第二中学1972年成立，是一所

汉语系中学。学校占地面积6公顷，建筑面积15310平方米。2014年年底，学校有教职工156人，设36个教学班，在校学生1919人（少数民族学生423人）。泽普二中狠抓制度建设，加强内部管理，建立正常教学秩序，形成“尊师、守纪、勤学、善思”浓郁学风，“教书育人，爱岗敬业”醇厚教风和“文明、和谐、奋发、进取”文明校风，得到社会各界及学生、家长认可。2010—2014年，泽普二中高考上线率均达到99%以上，本科上线率60%，高考上线率连续5年名列喀什地区12县市首位。2014年，学校594名学生参加高考，专科以上上线591人，综合上线率99.49%。学校是自治区文明单位、德育示范学校、依法治校示范学校，2013年，通过喀什地区示范性高中评估验收。2014年9月，被人力资源和社会保障部、教育部评为全国教育系统先进集体。

附 录

喀什地区“一县一品”产业发展规划 地方特色农产品

新疆维吾尔自治区喀什地区是独特的绿洲农业生态区，地方特色农产品资源丰富，是闻名中外的瓜果之乡。特定的地理位置、特殊的自然条件以及人文环境，促使喀什各县所产农产品具有特定品质。多年来，中共喀什地委、行署积极倡导发展特色优势农林牧产业，积极引导各县根据特定地域条件和农业产业优势，制定并实施“一县一品”特色产业发展规划，加快推进地方特色农产品规模化、标准化生产，在原有产业资源基础上积极培育发展一大批地方特色农产品品牌，为脱贫攻坚打下坚实基础。

叶城核桃

叶城县是闻名中外的核桃之乡，核桃栽培面积达52万亩，占据当地有效耕地面积的50%以上，核桃产业已成为叶城县域经济发展的重要支柱。

一、产业变革：叶城核桃的栽培历史悠久。据晋人张华《博物志》记载，胡桃本出羌胡（现叶尔羌河流域）。据传，明清时期叶城核桃被列为贡品，故被尊称“万岁子”。改革开放后，叶城县党政部门根据原有品种资源，引导农民逐步增加核桃栽培规模，不断优化核桃品质和产业经营层次，培育出富有声誉的地方特色农产品——叶城核桃。

二、品质特征：叶城核桃壳面较光滑美观，色较浅，缝合线结合较紧密，壳薄而不露仁，仁色浅，黄白至淡黄，内褶壁薄或退化，横膈膜膜质，易取整仁，果仁充实饱满，风味好，味香。坚果重13克～28.3克；出仁率55%～68.5%；壳厚≥1.5毫米。核桃仁含粗蛋白≥15%，含粗脂肪≥68%，水分≤4%，含有对人体有益的18种氨基酸，氨基酸总含量≥17%，具有养血补气、健脑强肾等保健功效。

三、主要产区：叶城园艺场、洛克乡、伯西热克乡、吐古其乡、加依提勒克乡、江格勒斯乡、恰其库木乡、巴仁乡、恰瓦克乡、乌吉热克乡、夏合甫乡、依力克其乡、萨依瓦克乡、依提木孔乡、铁提乡、恰斯米吉提乡、乌夏克巴什镇、宗朗乡，泽普县波斯喀木乡、依玛乡、古勒巴格乡，莎车县佰什坎特镇、巴格阿瓦提乡、依干其镇、阿瓦提镇、阿拉买提乡、阿扎提巴格乡，麦盖提县园艺场、克孜勒阿瓦提乡、尕孜库勒乡，兵团第三师四十六团。

四、社会声誉：叶城核桃在国内大中城市及巴基斯坦、吉尔吉斯斯坦等周边国家具有较高的市场知名度。1999年叶城核桃荣获昆明世博会金奖。2000年叶城县被国家林业局命名为“中国名特优经济林——核桃之乡”。2005年叶城核桃在中国国际农业博览会上被认定为名优农产品。2008年叶城核桃通过国家地理标志产品认证。2011年叶城核桃在首届中国核桃节荣获银奖。2014年叶城县被中国经济林协会授予“中国核桃之乡”称号。

五、发展远景：以核桃为主的特色林果业是叶城县域经济的重要支柱产业。近年来，叶城县积极引导核桃产业规模化发展，叶城核桃产业呈现出良好的发展态势，栽培规模、产量以每年15%～20%的速度递增，截至2014年年底，叶城核桃种植面积达52万亩，产量9.6万吨。预计到“十三五”规划末，叶城核桃栽植面积将稳定在60万亩，总产量达15万吨，产值25亿元，届时，核桃产业将成为叶城县农民脱贫致富的主导产业。

（叶城县史志办）

麦盖提灰枣

灰枣是麦盖提县农林业主导产业，栽培面积已达56万亩，实属全国红枣栽培县域中的大产区。由于该区域所产红枣在成熟变红前通体发灰，看似挂了一层霜，由此得名“麦盖提灰枣”。

一、产业变革：麦盖提县有200余年的红枣栽培史。该县央塔克、吐曼塔勒等乡镇农家小果园里，随处可见树体直径粗至40～50厘米，存活时间超百年的老枣树。据相关记载，1982年麦盖提县各乡镇有小规模枣园74处，结果枣树9600余棵。20世纪90年代，当地党政部门调整农林产业布局，根据当地特殊地理位置和自然条件，从河南新郑引进优质红枣品种与当地原有红枣嫁接杂交栽培，逐渐扩大栽培面积，培育出地方特色优质农产品——麦盖提灰枣。

二、品质特征：麦盖提灰枣果实中等大，扁倒卵形，上窄下宽，侧面较扁。平均果重12.3克，最大果重16.2克，大小较整齐。果肩较小，斜圆，梗洼小而浅。果顶宽圆，顶洼广、中等深。果面平整，果皮赭红色，皮薄，富光泽，很少裂果。果肉厚，质地脆，汁液中多，甜味浓，适宜制干、鲜食，果核较小。干枣果皮脆硬，外表美观，色泽红艳，肉厚核小，质地细密，味道甘甜，富有弹性，久储不硬。可食率97.3%，制干率58%，可溶性固形物30%，总糖含量≥84%，维生素含量≥39毫克/100克。蛋白质含量≥3.8克/100克，富含抗坏血酸、钙、铁、钾等多种人体所需微量元素。

三、主要产区：麦盖提县希依提墩乡、央塔克乡、吐曼塔勒乡、尕孜库勒乡、克孜勒阿瓦提乡、库木库萨尔乡、昂格特勒克乡、库尔玛乡等，莎车县巴格阿瓦提乡、阿拉买提乡、阿扎提巴格乡，兵团第三师四十六团。

四、社会声誉：2012年新疆农产品（北京）交易会上，一颗如鸡蛋大的灰枣被成功拍卖10万元，麦盖提灰枣的名声从此远扬神州。近年来，麦盖提县全力打造“中国灰枣之都”公共品牌，广泛宣传推广麦盖提灰枣绿色、有机、无公害农产品形象，引导当地灰枣产业链相关企业组团参加北京、上海、广州、乌鲁木齐等地的各类展会，在本县定期举办灰枣文化旅游节活动，不断提升麦盖提灰枣的社会知名度。

四、发展远景：近年来，麦盖提县党政部门重点扶持麦盖提灰枣产业发展，鼓励农民不断扩大灰枣种植栽培面积，实施科学管理和标准化生产，当地灰枣产业发展迅猛。截至2014年年底，麦盖提灰枣栽培面积达56万亩，占全县有效耕地的55%以上，年产灰枣23.67万吨，年产值达21.5亿元，麦盖提灰枣已成为当地农民增收致富的重要途径。

根据《麦盖提县国民经济和社会发展“十三五”规划》，该县将不断提升灰枣产业的经营层次和效益，推动麦盖提灰枣在脱贫攻坚中发挥更大作用。预计到“十三五”规划末，麦盖提灰枣栽培面积将稳定在56万亩，平均亩产量提升至500～600千克，年产量30万吨，年产值30亿元。届时，麦盖提县将成为全国赫赫有名的优质红枣生产、加工和出口基地。

（麦盖提县史志办）

莎车巴旦姆

“巴旦姆”实为扁桃，莎车县是中国最大的巴旦姆生产基地，享有“中国巴旦姆之乡”的美誉。

一、产业变革：莎车县历来栽培巴旦姆。20世纪50年代，中国科学院植物研究所帮助莎车县改良巴旦姆品种，栽培规模从此不断增加。改革开放以来，莎车县党政部门高度重视巴旦姆栽培，不断增加种植栽培规模，促使莎车巴旦姆产业逐渐演变成引导当地农民脱贫致富的战略主导产业。

二、品质特征：莎车巴旦姆果实呈深绿色扁桃形，上有细细的绒毛，成熟时变微红。剥去苦涩的果皮有一层黄白色的硬核，布满针眼似小孔。破壳后即见核仁，形如心，状如水滴，被一层咖啡色的薄衣包裹着。巴旦姆仁小似花生、大如鸽卵，单品净重1.5～2.5克，脆甜无味。根据科学化验，莎车巴旦姆内含植物油55%～61%，蛋白质28%，淀粉、糖10%～11%，并且富含维生素A、B1、B2以及消化酶、杏仁素酶、钙、镁、钠、钾、铁、钴等18种微量元素。常食巴旦姆有助于癌症、糖尿病、儿童癫痫的治疗康复。

三、主要产区：莎车县恰热巴格乡、英吾斯塘乡、托木吾斯塘乡、阿热勒乡、米夏乡、依什库力乡、塔哈其乡、拍克其乡、乌达力克乡、阿斯兰巴格乡、恰热克镇、英阿瓦提乡、孜热普夏提乡、亚克艾热克乡、阔什艾热克乡、艾力西湖镇、荒地镇、东巴格乡、佰什坎特镇、巴格阿瓦提乡、卡尔苏乡、依干其镇、阿瓦提镇、阿拉买提乡、阿扎提巴格乡。

四、社会声誉：1988年，莎车巴旦姆被国内各航空公司列为航空食品。1994年，莎车巴旦姆在全国名特优林产品博览会上荣获金奖。1998年，莎车县被国家林业局列为中国名优特经济林商品（巴旦姆）生产基地。1999年，莎车巴旦姆荣获昆明世界园艺博览会金奖。2007年，莎车巴旦姆通过国家地理标志产品认证。2008年，莎车巴旦姆成为北京奥运会指定商品。2010年，莎车巴旦姆在新疆特色林果产品（广州）交易会上荣获优秀产品一等奖。

五、发展远景：莎车巴旦姆是莎车县第一产业的重中之重。截至2014年年底，莎车巴旦姆栽培面积已达104.5万亩，挂果面积65万亩，平均亩产150千克，总产量9.75万吨，总产值29亿元。仅巴旦姆一项，种植户的人均收入就达2867元，巴旦姆产业已成为莎车县农民脱贫致富的支柱产业。预计到“十三五”规划末，莎车巴旦姆栽培规模将稳定在100万亩水平，挂果面积提升至90万亩（其中有机栽植面积10万亩），平均亩产增至180千克，年总产量达15万吨，年总产值60亿元。

（莎车县史志办）

巴楚蘑菇

巴楚、麦盖提县境60多万亩原始胡杨林区生产旱型野生食用菌即野蘑菇，因主产区巴楚县而得名“巴楚蘑菇”。巴楚蘑菇肉质厚实，味道鲜美，蛋白质含量高，加之产量少，在疆内外负有盛名。

一、产业变革：巴楚县农民历来就有采摘野生蘑菇，洗净晒干食用的习惯。20世纪90年代起，主产区党政部门把野生蘑菇采摘及加工、销售纳入当地农副产品产业发展规划，采摘销售量逐渐增加，产品美誉广为流传，巴楚蘑菇从此被国人广泛认知。

二、品质特征：巴楚蘑菇顶部是黑褐色的木耳状，整株形状如同蘑菇上方嫁接了木耳一般，中有凹坑。菌盖近似圆锥状，长6～7厘米，直径5～6厘米，表面分成很多片状须，皆成不规则状。菌柄乳白色，长8～10厘米，下粗上细中空，根部主体亦呈圆形，有须根。蘑菇子实体中含粗蛋白质20.87%，粗脂肪4.06%，粗纤维24.36%，无氮浸出物35.42%，粗灰粉12.91%，钙0.82%，磷0.5%，含17种氨基酸，菌盖、菌柄氨基酸含量（克/1000克）分别为19.46克/1000克和13.14克/1000克，必需氨基酸含量为9.26克/1000克和2.41克/1000克，必需氨基酸分别占各自氨基酸总量的47.58%和48.78%。矿质元素锌的含量为823毫克/1000克。油酸、亚油酸、亚麻酸组成的不饱和脂肪酸的含量为8.56%。

三、主要产区：巴楚县夏马勒林场、夏河林场，麦盖提县胡杨林场。

四、社会声誉：由于巴楚蘑菇至今无法人工栽培，生长环境特殊且产量稀少，营养价值极高，成为社会大众餐桌上的极品菜肴和珍贵的旅游纪念品，远销北京、上海、广州等国内大城市，同时出口巴基斯坦、韩国、日本数十个国家。2012年，巴楚蘑菇获得有机产品认证，认证产量3吨。2014年，巴楚蘑菇通过国家地理标志产品认定。近年来，巴楚蘑菇在疆内外各类展会上屡获重奖。

五、发展远景：近年来，在国家生态环保战略实施大背景下，原生态胡杨林资源得到有效保护，巴楚蘑菇萌发了新的生机，产量趋于上升。2014年总产量已达14.5吨，每千克均价1000元，总产值达1450万元，成为当地农民增收致富的重要途径。原产地党政部门高度重视野生蘑菇产业发展，广泛宣传巴楚蘑菇纯天然、有机、绿色品牌，巴楚蘑菇产业发展前进广阔。

（巴楚县史志办）

英吉沙杏

英吉沙杏又称色买提杏，是新疆乃至全国甜杏品种中具有较高的社会知名度，曾荣获“中国第一杏”称号。

一、产业变革：英吉沙县历来盛产甜杏。20世纪80年代以来，英吉沙县党政部门引导农民集中成片种植杏树，生产商品杏果和杏干杏脯等产品，1987年英吉沙县被农业部列入全国十大优质杏商品基地县之一。经过30多年的稳步发展，英吉沙杏产业已形成产业规模，发展势头迅猛。

二、品质特征：英吉沙杏果面光滑无毛、成熟后呈金黄色，向阳面稍带红润、色泽亮丽、果肉橘黄色、离核、肉质细软多汁、纤维少、含可溶性固形物26%，平均单果净重40克，最大单果重65克。果实皮嫩肉多，味道甜，平均含糖量18%，最高指数达25%，总酸1.3%，糖酸比适宜，果肉内含维生素、蛋白质以及磷、钙、铁等多种微量元素。

三、主要产区：英吉沙县城关乡、乔勒潘乡、芒辛乡、龙甫乡、艾古斯乡、乌恰乡、苏盖提乡、依格孜牙乡、托普鲁克乡、克孜勒乡、萨罕乡、色提力乡等，莎车县恰热巴格乡、阿斯兰巴格乡、恰热克镇，岳普湖县艾西曼镇。

四、社会声誉：长年来，英吉沙杏深加工产品远销德国、英国、意大利、俄罗斯、日本、马来西亚、澳大利等国。鲜杏及杏干销往北京，上海、广州等国内各大城市，产品享誉国内外，具有极高的品牌声誉。1999年，英吉沙县被命名为“中国色买提杏之乡”。2002年，在喀什召开的全国第八次李杏大会上英吉沙杏被授予“中国第一杏”称号。2004年，英吉沙杏在郑州举行的全国李杏评比上获得“全国优质杏”称号。2007年，英吉沙杏通过国家地理标志保护产品认定；2008年，英吉沙杏成为北京奥运会推荐果品。

五、发展远景：英吉沙杏产业是英吉沙县域经济的重要支柱产业。2014年英吉沙县林果业规模达37万亩，其中英吉沙杏栽培规模达30余万亩，年产鲜杏22万吨，产业发展已形成规模。预计到“十三五”规划末，英吉沙杏鲜杏总产量将达130万吨，年产值3.5亿元，杏干杏脯45万吨，产值16亿元。英吉沙杏产业将成为英吉沙县域经济的战略主导产业。

（英吉沙县史志办）

疏附开心果

疏附县是国内开心果类植物唯一规模化栽培区。2014年疏附开心果栽培面积大1038亩，年产量6.52吨。疏附开心果品质正宗，保健功能卓越，被称之为“干果中的极品”，深受消费者青睐。

一、产业变革：疏附开心果栽培历史悠久。1981年出版的《中国果树志》记载，新疆喀什地区疏附县是我国开心果的唯一栽培区域。20世纪90年代起，疏附县党政部门根据当地地理位置、自然条件和人文环境，引导农民扩大开心果栽培规模，开心果产业不断提质增效，逐渐成为引领当地经济发展的战略重点产业。

二、品质特征：疏附开心果为短果品种，树势中等，叶深绿色，有稀疏茸毛，椭圆形，多由3片小叶组成复叶。果壳呈卵形或广卵形，黄白色，果壳易开裂，果仁呈绿黄色，尖而细，味香甜，平均单果核重0.62克，纵横径长2.1厘米×1.3厘米，坐果率偏低，4月下旬开花，8月中下旬成熟。每100克果仁含维生素A20微克，叶酸59微克，含铁3毫克，含磷44毫克，含钾97毫克，含钠27毫克，含钙12毫克，含油率≥45%，同时还富含烟酸、泛酸等精氨基酸和多种矿物质。开心果具有改善视力、温肾暖脾、补益虚损、安神静气、护心保肝、增强体质、抗衰老等保健功效。

三、主要产区：疏附县托克扎克镇、铁日木乡、布拉克苏乡、兰干镇、萨依巴格乡、站敏乡、吾库萨克镇、木什乡、乌帕尔镇、塔什米里克乡，疏勒县牙甫泉镇。

四、社会声誉：近年来，随着区域性友好交往的不断增多和旅游业的迅速发展，到喀什观光的国内外友好人士品尝到疏附开心果，为其优异品质赞不绝口，誉称其为“西域珍果”，促使疏附开心果名声远扬，相关产业重振雄风。2014年，疏附开心果远销国内各大中城市，出口韩国、日本、泰国、马来西亚等国家，市场知名度和经济效益不断攀升。

五、发展远景：中国是开心果进口国，2002年进口量为4.2万吨，2013年增长至15.5万吨，进口增速位列全球首位。根据测算，中国种植100万亩以上开心果园的产量才能满足国内市场需求。疏附县是我国境内适宜开心果栽培的特殊地理区域，具有发展开心果产业必备的生物资源优势和自然地理、人文条件。发展疏附开心果产业，可带动种植、加工、制造、物流服务等相关产业协调发展，促进农民增收，实施精准扶贫，推动地方经济可持续发展。

（疏附县史志办）

岳普湖小茴香

小茴香是伞形花科茴香芹属作物，是常用的食品调料，烧鱼炖肉、制作卤制食品的必用之品。因它能除肉中膻味，使之变得甜香，故曰茴香。岳普湖县盛产小茴香，2014年岳普湖小茴香种植面积达18.7万亩，年产量达8585吨，年销售额达1.2

亿元，产品远销全国各地并向周边国家出口，具有较高的市场盛誉。

一、产业变革：岳普湖县具有适宜栽培小茴香的独特自然条件，当地农民历来就有年年种植小茴香的传统，但生产规模不大。20世纪90年代，岳普湖县被列为新疆小茴香三大原产地之一。岳普湖县根据当地特定自然条件和人文环境，引导小茴香产业规模化发展，产品销路不断拓展，经济效益稳步提升，岳普湖小茴香成为负有盛名的地方特色农产品。

二、品质特征：岳普湖小茴香粒大、饱满、色泽光亮、富油性。果实为双悬果，呈圆柱形，有的稍弯曲，两端略尖，长4～8毫米，直径1.5～2.5毫米。果实表面黄绿或淡黄色，顶端残留有黄棕色突起的柱基，基部有时有细小的果梗。分果呈长椭圆形，背面有纵棱5条，接合面平坦而较宽。横切面略呈五边形，背面的4边约等长。感观味觉上，岳普湖小茴香的香气非常浓郁。小茴香中含总黄酮达0.35～0.50毫克/100克，粗脂肪3.5～5.0克/100克，蛋白质15～20克/100克，含镁0.40%～0.50%，挥发油4.5毫升/100克，挥发油中枯茗醛的含量达到1.80毫升/100克，在小茴香品系中属高品质含量。

三、主要产区：岳普湖县铁热木镇、岳普湖镇、色也克乡、岳普湖乡、种畜场、农场、良种场、巴依阿瓦提乡、也克先拜巴扎镇、艾西曼镇、林场、阿洪鲁库木乡，麦盖提县希依提墩乡，巴楚县琼库尔恰克乡、阿瓦提镇、英吾斯塘乡，新疆生产建设兵团第三师第四十二团。

四、社会声誉：岳普湖小茴香以其特殊品质享誉海内外，远销国内各大城市，出口数十个国家，年出口量超过1000吨，成为岳普湖县出口创汇的重要产业。2002年，岳普湖县被命名为“中国小茴香之乡”。2007年，新疆特色农产品（上海）交易会上，岳普湖小茴香获最佳产品畅销奖。2009年，岳普湖小茴香通过有机农产品认证，认证基地面积1333公顷。2014年，岳普湖小茴香通过国家地理标志产品认定。

五、发展远景：近年来，岳普湖县党政部门积极推动小茴香产业转型升级，实现岳普湖小茴香产业规模化发展。根据产业增速预期，到2020年岳普湖小茴香平播栽植面积将达2.6万亩，套种面积达20万亩，年产量达1.8万吨，年产值1.53亿元。届时，岳普湖小茴香将成为引领岳普湖县域经济发展的战略主导产业。

（岳普湖县史志办）

泽普苹果

近年来，泽普苹果以其特有的品质优势被誉为“苹果中的绝品”，远销北京、上海、广州等大城市，出口意大利、俄罗斯、巴基斯坦等国家，深受消费者青睐。泽普苹果已成为当地地方特色优质农产品。

一、产业变革：泽普当地历来盛产苹果，虽然生产规模不大，但品质甚好、外观大红，口感脆甜，讨人馋嘴。1950年中国人民解放军进驻泽普时，当地群众曾提着一筐筐又红又大的苹果夹道欢迎解放军。

20世纪90年代起，泽普县调整农业产业化布局，逐渐扩大苹果栽培规模，实施科学管理、标准化生产，培育出具有独特品质的“泽普苹果”。

二、品质特征：泽普苹果为红富士系有机品种，外观呈圆形，色泽深红，着色面积≥75%，果面光滑细腻，单果重≥250克；切开可视果肉为米黄色，果籽呈黑色，肉质致密、细脆，果汁多，味甜，香味浓。果实硬度8.60～10.89千克/平方厘米，可溶性固形物含量≥15.3%，糖分含量≥13%，酸含量0.2%～0.4%，可滴定酸0.25%，糖酸比47∶56，维生素含量≥4.4毫克，还含有胡萝卜素、脂肪、蛋白质、Ca、Fe等多种人体必需的营养物质。

三、主要产区：泽普园艺场、波斯喀木乡、依玛乡、古勒巴格乡、赛力乡、依肯苏乡、图呼其乡、奎依巴格乡、阿克塔木乡、阿依库勒乡、布依鲁克乡、农场、奎镇，叶城县伯西热克乡、吐古其乡、加依提勒克乡，莎车县恰热巴格乡、阿斯兰巴格乡。

四、社会声誉：近年来，“苹果中的绝品”泽普苹果名声远扬，产品远销海内外，深受消费者青睐。2004年，泽普县园艺场被确定为出口苹果生产基地。2005年，泽普苹果主产区3000亩示范园有机苹果生产基地认证。2014年5月，泽普苹果通过欧盟、美国的有机农产品认证。

五、发展远景：近年来，泽普县积极引导各乡镇农场加快苹果产业发展，不断优化苹果特色优势品种，泽普苹果产业呈现出良好的发展态势。2014年，泽普苹果栽培面积达3万亩，年产有机苹果120吨，年产值达5800万元。到“十三五”规划末，泽普苹果有机栽植面积将达5万亩，年产量200吨，年产值1.2亿元。届时，泽普苹果产业将成为引领泽普县广大农民增收致富的战略主导性产业。

（泽普县史志办）

伽师羊肉

伽师县盛产羊肉，2014年全县活羊养殖存栏总量达71.2万只，羊肉生产量达1.85万吨，年产值达1.03亿元。伽师羊肉因其味道鲜嫩无膻味、脂肪含量低、蛋白质含量高而闻名于世。

一、产业变革：史料记载，生产伽师羊肉的地方羊品种是建国初期由麦盖提多浪羊与巴尔楚克羊混配杂交而成的，但当时杂交羊存活率较低，没有形成规模。20世纪80年代，改革开放的春风让伽师羊肉产业焕发生机，成熟的科学繁育技术不断推广应用，生产伽师羊肉的地方羊品种饲养存栏量不断增加，伽师羊肉的名声逐渐在神州大地传开。

二、品质特征：生产伽师羊肉的地方品种，具有生长发育快、体格较大，产肉性能高、饲料报酬高、屠宰率高、繁殖率高、遗传性稳定、肉质鲜美、性情温顺、适于舍饲和便于农牧结合的特点。成年母羊体重55～80千克，成年公羊体重65～100千克，屠宰率可达52%以上。伽师羊肉肉色深红，肉纤维细而软肌肉间夹有白色脂肪，肉质细嫩，瘦肉率较高，肌间脂肪含量13.2%～24.5%，肉中蛋白质含量26克/100克，胆固醇含量63.9毫克/100克，铁元素含量2.11毫克/100克，钙元素含量7～9毫克/100克，肉质嫩度达到22～24牛顿。伽师羊肉肉质富含多种人体必需氨基酸，其中鲜味氨基酸含量占27.58%～28.22%，甜咸味氨基酸含量占22.09%～22.83%，必需氨基酸/总氨基酸的比例达40.34%～40.74%，还有VB1、VB2、尼克酸等维生素。这些基础条件构成伽师羊肉肉质鲜嫩、富有营养的特殊品质。

三、产区范围：伽师县英买里乡、江巴孜乡、卧里托格拉克镇、克孜勒博依乡、米夏乡、夏普吐勒镇、和夏阿瓦提镇、克孜勒苏乡、古勒鲁克乡、玉代克力克乡、铁日木乡、巴仁镇。

四、社会声誉：近年来，伽师羊肉因其味道鲜嫩无膻味、脂肪含量低、蛋白质含量高等特点吸引疆内外广大消费者青睐，赢得较高的社会声誉。2007年第二届新疆特色农产品（上海）交易会上伽师羊肉荣获最佳产品畅销奖。2013年首届中国亚欧博览会上，伽师羊肉系列深加工产品荣获创新产品奖。

五、发展远景：2014年，喀什地区把“伽师羊肉”纳入“一县一品”产业发展规划，重点扶持培育伽师羊肉农产品品牌，加快推动伽师羊肉产业发展。截至2014年年末，伽师县牲畜存栏84.83万头（只），其中生产伽师羊肉的地方羊品种存栏量71.2万只，伽师县已成为喀什地区的畜牧大县。预计到“十三五”规划末，生产伽师羊肉的地方羊品种存栏量将达100万只，伽师羊肉年产量达3.5万吨，年产值突破2亿元。届时，伽师羊肉产业将成为引领县域经济可持续发展的品牌产业。

（伽师县史志办）

塔什库尔干牦牛肉

塔什库尔干塔吉克自治县是闻名中外的牦牛之乡，盛产牦牛肉。该县2014年牦牛存栏数量约3.5万头，牦牛肉产销总额达5200万元，实属新疆地区牦牛养殖第一县。塔什库尔干牦牛肉肉质鲜嫩、肥瘦适度、味道鲜美、膻味甚少、营养价值高、生产规模大、地域性品质特征显著。

一、产业变革：塔什库尔干县塔吉克族牧民历来饲养牦牛，1949年中华人民共和国成立时有牦牛6226头，2005年增加至1.1万多头。在长期社会实践中，塔什库尔干牦牛肉主产区牧民凭智慧驯服野生牦牛逐渐适应“野外放生＋舍饲圈养”的方式进行繁殖，让野生牦牛变成创造经济价值的家畜，成就了塔什库尔干牦牛肉产业。

二、品质特征：生产塔什库尔干牦牛肉地方品种，具有生长发育慢、体格较大，产肉性能高、饲料成本和繁殖率低、遗传性稳定、肉质鲜美、性情温顺、适于高山区域野外放生饲养的特点。塔什库尔干牦牛肉肉色深红有光泽，脂肪分布均匀，脂肪洁白或淡黄色，呈现大理石花纹，肌原纤维清晰，有坚韧性，外表微干或湿润，不粘手，切面湿润，煮沸后肉汤澄清透明，脂肪团聚于表面，有牦牛肉特有鲜味。塔什库尔干牦牛肉蛋白质含量22.5%，较普通黄牛肉高出近3.6个百分点，脂肪含量

3.5%，低于普通黄牛近4个百分点，失水率31.69%，比普通黄牛肉低于1个百分点。塔什库尔干牦牛肉胆固醇含量低，且热量大，蛋白质中含有多种氨基酸，可谓是高蛋白、低脂肪、低胆固醇的有机肉类，具有较好的营养性、保健性特点。

三、主要产区：塔什库尔干塔吉克自治县塔什库尔干镇、塔什库尔干乡、提孜那甫乡、塔合曼乡、柯克亚乡、达布达尔乡、库科西力克乡、班迪尔乡、瓦恰乡、马尔洋乡、大同乡，叶城县西合休乡、柯克亚乡、棋盘乡、叶城牧场。

四、社会声誉：近年来，塔什库尔干牦牛肉以其特殊品质，被称之为“牛肉中的绝品”，产品远销国内各大中城市，深受消费者青睐。2009年，塔什库尔干县帕米尔牦牛被列为新疆维吾尔自治区畜禽遗传资源保护品种。2010年，塔什库尔干县牦牛获得农业部畜牧良种补贴，为相关产业规模化发展奠定了基础。近五年来，塔什库尔干牦牛肉产品在国内各类博览会、展销会上屡获重奖。塔什库尔干牦牛肉品牌知名度不断提高，销售价格和经济价值稳步上升，有力促进塔什库尔干县脱贫攻坚大业。

五、发展远景：塔什库尔干牦牛肉是塔什库尔干县域经济的重要支柱产业。经过20多年的引导扶持，当地牦牛肉产业步入快速发展期。预计到“十三五”规划末，塔什库尔干县牦牛存栏量将达5万头，年产值1.2亿元，塔什库尔干牦牛肉产业的可持续发展远景可期。

（塔什库尔干县史志办）

泽普骏枣

泽普县盛产红枣，2014年泽普骏枣栽培面积达18万亩，全县农民人均栽培面积达1.2亩，全县年产半干骏枣9.71万吨，产值6.8亿元，占农民人均林果业纯收入的50%以上，泽普骏枣产业已成为当地农业产业化的重点产业。

一、产业变革：泽普骏枣从20世纪60年代开始发展，1988年泽普县被自治区命名为“红枣商品生产基地县”。20世纪90年代以来，泽普县党政部门引导农民集中成片种植骏枣树，生产商品鲜枣、干枣、枣片、枣夹核桃、枣饮料等产品，形成了全国名特优骏枣生产基地。

二、品质特征：泽普骏枣果形呈圆柱形或倒卵形，果皮薄嫩、深红色，果面光滑，果实大，单果均重22克，最大单果重31.5克，有“八个一尺，十个一斤”之说。果肉呈白色和淡绿色，肉质细而松脆，味甜汁多，核小。鲜枣可食率≥92.5%，含糖量28.7%，含酸量0.45%，维生素含量16毫克/100克；半干枣单果均重≥13.5克，可溶性总糖≥52%，每100克半干枣中含有维生素C≥27.1毫克，还富含钙、磷、铁等人体所需矿物质和环磷酸酯苷等物质。泽普骏枣可鲜食又可制干、加工，为大果型红枣中的罕见的优质品种。

三、主要产区：泽普园艺场、波斯喀木乡、依玛乡、古勒巴格乡、赛力乡、依肯苏乡、图呼其乡、奎依巴格乡、阿克塔木乡、阿依库勒乡、布依鲁克乡、农场、奎镇，叶城县伯西热克乡、吐古其乡、加依提勒克乡，莎车县恰热巴格乡、阿斯兰巴格乡。

四、社会声誉：近年来，泽普骏枣产品远销国内各大城市，出口巴基斯坦、阿富汗、吉尔吉斯斯坦、阿联酋等中西亚国家，一直保持畅销不衰，广泛赢得市场声誉。2008年，中国首届枣业大会上泽普骏枣荣获金奖;2010年，新疆特色农产品（北京）交易会上，泽普县晋泽枣业有限公司的骏枣产品获得金奖；泽普县亚新枣业有限公司生产的泽普骏枣在新疆特色农产品（上海）交易会上获得银奖；2011年，泽普县被国家认监委授予“国家级有机产品（红枣）认证示范县”称号。2012年，泽普县被国家质检总局授予“国家级出口水果质量安全示范区”称号。2013年，泽普县被上海吉尼斯总部授予“有机红枣种植面积最大县”称号。

五、发展远景：进入21世纪以来，泽普县依托学术科研机构的支持，不断提升泽普骏枣的品质和市场竞争力，泽普骏枣产业保持着良好的发展势头。预计到“十三五”规划末，泽普骏枣年产量将达10万吨，年产值7亿元。泽普骏枣产业将成为引领当地农民增收脱贫的主导型优势产业。

（泽普县史志办）

巴尔楚克羊

巴尔楚克羊是分布在巴楚县一带的肉毛兼用型地方羊品种，具有生长发育较快、耐粗饲、肉味鲜美等优良特性，在新疆乃至全国享有盛名。

一、产业变革：“巴尔楚克”是巴楚县的历史旧称。巴尔楚克羊是巴楚县主要畜牧品种。有人说巴尔楚克羊具有200多年发展史，但缺乏实质性的历史文献加以考证。巴楚县拥有的国家级非物质文化遗产“维吾尔族叼羊”是巴尔楚克羊分布区羊文化悠久历史的印证。新疆人爱吃羊肉，新疆地区人均羊肉消费量在全国各省市区中排名第一，约为全国平均数的3倍。巴尔楚克羊分布区巴楚县的羊肉消费量高于新疆总体人均羊肉消费量约30%左右。经过长期的自然选择和进化，巴尔楚克羊成为外貌特征明显、遗传性能稳定、肉质鲜美、肉毛兼用的地方畜牧品种。

二、品质特征：（一）外观特征：巴尔楚克羊属短脂尾肉羊，成年公羊平均体重可达72千克，成年母羊平均体重可达47千克，屠宰率平均为42%～46%，颈部长短适中，胸宽而深，四肢健壮、蹄质致密，后躯肌肉丰满呈圆筒状；大多全身被白毛，羊头大小适中，头型呈三角形，公母羊均无角；额长宽均匀，鼻梁略凸；黑色眼圈、黑色嘴轮、耳尖有黑斑，耳朵与麦盖提多浪羊等相比略小。（二）毛质特征：巴尔楚克羊毛属于异质半粗毛，是制毡、毛毯和地毯的原料。产毛量成年公羊1.61000克，成年母羊1.31000克，毛股自然长度14厘米以上，被毛异质，羊毛纤维类型重量百分比为：绒毛48.20%，两型毛11.17%，粗毛27.53%，干死毛13.10%，净毛率58%～60%。被毛稀，腹毛差。两型毛细度

44～46支，绒毛的细度在15～22微米，油汗适中。绒毛到天热时自然脱落。（三）肉质特征：巴尔楚克羊胴体各部位肌肉发育较好，羊肉肉色鲜红或者深红，肉纤维细而软肌肉间夹有白色脂肪，羊肉嫩度值较小，肌间脂肪含量6.3%～22.0%，肉中蛋白质含量26克/100克，钙含量13.9毫克/100克，肉质中还富含多种人体必需氨基酸，肉质美味多汁，富有营养。

三、主要产区：巴楚县巴楚镇、恰尔巴格乡、多来提巴格乡、阿纳库勒乡、夏马勒乡、阿克萨克马热勒乡、阿拉格尔乡、色力布亚镇、琼库尔恰克乡、英吾斯塘乡、阿瓦提镇。

四、社会声誉：随着旅游文化交流的日益增长，巴楚羊肉远销新疆各地乃至全国各大中城市，形成较高的口味声誉，巴尔楚克羊的名声远扬。在新疆各市县大街小巷，随处可见以巴尔楚克羊肉为原料的"巴楚烧烤"餐饮店。2013年7月，新疆维吾尔自治区政府畜牧工作主管部门批准设立巴尔楚克羊遗传资源保护区。2014年11月，巴尔楚克羊的新疆地方标准通过审定。2014年12月，"巴尔楚克羊"被中共喀什地委、行政公署确定为巴楚县重点培育发展的地方特色农畜产品。

五、发展远景：近年来，巴楚县加快农牧业产业化步伐，大力推动巴尔楚克羊放牧饲养产业发展，着力推动品种认定、标准化繁育、动物免疫、分布区生态环境治理相关工作，巴尔楚克羊产业得到较好发展。截至2014年年底，巴尔楚克羊养殖存栏总数达7.43万只，年经济效益达0.75亿元。预计到"十三五"规划末，巴尔楚克羊养殖存栏总数将达10万只，年产值1亿元以上。届时，巴尔楚克羊养殖业将成为巴楚县域经济发展的重要支柱产业。

（巴楚县史志办）

伽师新梅

伽师新梅属欧洲李品种，俗称酸梅、西梅、卡尔玉鲁克、艾诺拉，统称"伽师新梅"。伽师县具有适宜栽培欧洲李的独特自然条件和人文环境。2014年，伽师新梅栽培面积达29.86万亩，年产量5.7万吨，产值超过7.8亿元，实属国内大产区之一。该品种地域性品质特征显著、食之可口酸甜，保健功能卓著，享有"奇迹水果""功能水果"的美誉。

一、产业变革：据有关文献记载，伽师县历来生产酸梅，1980年全县酸梅种植面积为3800亩，亩产450千克。虽然产量少，但被当地民众捧为稀罕珍果。20世纪90年代，伽师县党政部门大力推进农业产业化进程，邀请国内顶级专家对地产酸梅品种进行杂交改良，从法国引进法兰西、新紫兰、兰密等欧洲李品种，与伽师县当地原有的卡尔玉鲁克（酸梅）品种嫁接栽培，培育出如今具有特殊品质的伽师新梅。

二、品质特征：伽师新梅外观光泽饱满，有卵形、卵圆形、多为椭圆形，呈黑紫色、紫红色、蓝紫色，其中紫红色居多；果实大，单果均重18克，最大至达30克；果实缝合线较明显，两侧果肉常不对称，果柄较长；果肉呈黄色，肉质厚，果汁多，果核小，可食率达90%，果味微酸，口感润滑。每100克果肉中，可溶性固形物占25.7%、总酸≥5.5毫克、维生素C≥32毫克、纤维素≤2.0%、β-胡萝卜素≥0.4毫克，还含有钙、磷、钾、铁等17种氨基酸或微量元素。伽师新梅品质独特、营养丰富，实属果品中的极品。近年有研究表明，伽师新梅中含有大量的抗氧化物质，且不含脂肪和胆固醇，经常食用可起到延缓机体和大脑衰老的功效。

三、主要产区：伽师县英买里乡、江巴孜乡、卧里托格拉克镇、克孜勒博依乡、米夏乡、夏普吐勒镇、和夏阿瓦提镇、克孜勒苏乡、古勒鲁克乡、玉代克力克乡、铁日木乡、巴仁镇，疏勒县亚曼牙乡。

四、社会声誉：伽师新梅以其特殊的品质，被誉为“西域珍果”，远销国内大中城市及东南亚国家，具有极高的市场知名度1999年伽师新梅荣获昆明世界园艺博览会铜奖。2000年，伽师县荣获“中国伽师新梅之乡”。2007年，伽师新梅产区被国家相关部门认定为绿色农业示范区。2007年，新疆特色农产品（上海）交易会上伽师新梅荣获最佳产品畅销奖。

五、发展远景：进入21世纪以来，伽师县积极引导农民栽培改良后的伽师新梅品种，通过科学管理、标准化生产，不断优化伽师新梅的品质优势，提高产量。预计到“十三五”规划末，伽师新梅栽植面积将达40万亩。届时，伽师新梅的品牌知名度、市场竞争力大幅提升，成为引领伽师县第一产业发展的战略主导产业。

（伽师县史志办）

岳普湖无花果

南疆各绿洲历来盛产无花果，原产地在喀什地区岳普湖、疏附、疏勒等县以及克孜勒苏柯尔克孜自治州阿图什市一带。其中岳普湖无花果栽培规模达1.85万亩，年产量1.32万吨，年产值5500万元，产量和产值均超过新疆其他县市无花果总保有量的总和，在全国也名列前茅，可谓岳普湖县是中国无花果的原产地之一。

一、产业变革：岳普湖无花果栽培史虽长但一直未形成规模。20世纪90年代以来，岳普湖县加快推进农业产业化步伐，引导农民逐年扩大无花果栽培面积，运用现代果树栽培技术不断提升品种优势，着力开拓区内外市场，培育出地方特色农产品——岳普湖无花果。

二、品质特征：岳普湖无花果外观呈扁圆形，成熟时发黄带绿色或褐青莲色，果皮薄且无毛，果大肉实，果顶不开裂，鲜果单果重50～70克，果肉呈淡黄色，食之口味农甜汁多。鲜果可食率≥96%、水分≥82.5%、糖≥12.7%、食物纤维≥0.7%、蛋白质≥0.9%、脂肪≤0.3%，果中富含维生素、天门冬氨酸、谷氨酸等人体必需的氨基酸。岳普湖无花果果干果实脱水收缩后呈深黄色，果顶隆起，果皮上形成不规则皱纹，果肉深黄色，味道甘甜，干果单果重22～37克，可食率≥100%，可溶性总糖≥45%，维生素A≥41.2毫克、钙≥158毫克、锌≥1.2毫克、铁≥0.82毫克，干枣入口绵香蜜甜。岳普湖无花果既可鲜食，又可制干、加工食用，即是水果又是常用药材。无花果有提高人体免疫力，抑制四种癌细胞发生发展的神奇功效。

三、主要产区：岳普湖县岳普湖乡、岳普湖镇、色也克乡、阿其克乡、艾西曼镇、也克先拜巴扎镇、铁热木镇、巴依阿瓦提乡、阿洪鲁库木乡。

四、社会声誉：近年来，随着国内对无花果特殊功效的医学研究的宣传推广，岳普湖无花果逐渐进入国人视野，其消费价值被广泛得到认可，产品远销国内各大城市，出口马来西亚、泰国、韩国、日本等数十个国家和地区，成为消费者普遍青睐的“抢手货”，社会知名度不断提升。2006年，岳普湖县被命名为“中国无花果之乡”。2010年，上海世博会上岳普湖无花果获得银奖。2011年，岳普湖县3500亩无花果产区通过有机食品生产基地认证。

五、发展愿景：2014年，岳普湖无花果被中共喀什地委、行政公署确定为地区“一县一品”产业发展规划重点扶持的地方特色农产品。在对口援疆省市的支持下，岳普湖无花果规模化、标准化栽培工作已全面铺开。预计到“十三五”规划末，岳普湖无花果栽培面积将达3万亩，年产量2.2万吨，年产值突破1亿元，岳普湖无花果发展前景十分广阔。

（岳普湖县史志办）

疏勒大白菜

古丝绸之路重镇疏勒县历来盛产大白菜、豇豆等蔬菜。疏勒大白菜外观匀称饱满、菜叶色泽鲜亮、菜心紧实、炖炒宜熟、味道鲜美，深受当地和周边市县各民族消费者青睐。

一、产业变革：据史料记载，1949年中华人民共和国成立时，疏勒县蔬菜种植面积只有700亩，其中大白菜只占一部分。1952年疏勒县成立农业技术推广中心，逐步推广园艺、蔬菜、桑蚕生产技术，实施病虫害防治，蔬菜种植规模从此逐渐扩大。1966年，疏勒县园艺场与良种场、蚕种场合并，主要从事瓜果、蔬菜生产。1988年起，疏勒县根据县域特定自然条件和市场需求，实施“菜篮子”工程，当地大白菜种植规模逐年增加，以特定品质优势赢得市场，成就了如今的疏勒大白菜。

二、品质特征：疏勒大白菜外观匀称饱满，菜叶色泽鲜亮，叶尖深绿色，叶片淡绿色，中脉和叶柄白色，基生叶多数倒卵状长圆形至宽倒卵形，全株无毛，株高40～60厘米，株重5～7.5千克，菜心紧实、菜叶鲜嫩，平均净菜率达80.2%，炖炒宜熟，味道鲜美。每100克疏勒大白菜可食部分含水分83～87克，蛋白质≥1.1克，碳水化合物≥2.1克，脂肪≤0.2克，钙≥120毫克，磷≥37毫克，铁≥0.5毫克。还含有丰富的维生素A、维生素B1、B2和维生素C等微量元素。

三、主要产区：疏勒县疏勒镇、巴仁乡、洋大曼乡、亚曼牙乡、巴合齐乡、塔孜洪乡、英尔力克乡、罕南力克镇、库木西力克乡、塔尕尔其乡、牙甫泉镇、艾尔木东乡、阿拉力乡、英阿瓦提乡、阿拉甫乡。

四、社会声誉：近年来，疏勒大白菜以方便的销售物流渠道不断拓展市场面，除大量销往新疆各地大小城镇外，还批量出口巴基斯坦、吉尔吉斯斯坦等国家，以其特定的品质优势，形成较高的社会知名度。2013年，疏勒县罕南力克农富种植专业合作社申报了5250亩无公害大白菜，年产量15750吨，获得无公害大白菜认证；疏勒县罕南力克镇雪域明珠果蔬种植农民专业合作社申报了7000亩绿色大白菜，年产量35000吨，获得中国绿色食品发展中心颁发的绿色食品证书。2014年，疏勒大白菜被中共喀什地委、喀什行政公署认定为疏勒县“一县一品”产业发展规划重点扶持的地方特色农产品品牌。

五、发展远景：近年来，在对口援疆省市和中央产业援疆单位的支持援助下，疏勒县加大绿色无公害大白菜产业的扶持力度，引导菜农科学管理、标准化生产，促进疏勒大白菜产业的质量效益稳步上升。2014年，疏勒大白菜种植规模增加至5.6万亩，总产量达25万吨，产值突破亿元大关。预计到“十三五”规划末，疏勒大白菜种植规模将达7万亩，总产量35万吨，实现总产值3.5亿元。届时，疏勒大白菜产业将成为疏勒农民增收致富的重要途径。

（疏勒县史志办）

莎车鸽子肉

莎车县因历来有繁育鸽子的传统习俗而闻名。全县现有农户共21万户，其中经营性养鸽户数达12万户，鸽子存栏量225万羽、已出栏量616万羽，年产值7392万元。

一、产业变革：莎车县养鸽文化源远流长。从莎车当地现存古建筑物房上的鸽棚推断，最迟在300年前莎车一带已出现浓郁的养鸽之风。20世纪90年代起，莎车县党政部门把莎车县养鸽文化提升至推动农民脱贫致富的规模化经济产业，经过20多年的努力，成就莎车鸽子肉产业欣欣向荣的发展景象。

二、品质特征：生产莎车鸽子肉的地方品种被称之为莎车土鸽、叶尔羌鸽。该品种主翼羽为浅灰色，羽尖为黑色，腹部羽毛为深灰色；鸽头圆、额宽、脸清秀，喙短粗微弯，喙的基部有鼻瘤；颈长短适中且粗壮强健灵活；胸部前挺；背部平直。30日龄乳鸽平均体重可达300～320克，屠宰率达65%以上。出壳满6个月活禽单重1.1～1.5千克，产肉率在55%左右。莎车鸽子肉色泽红润，滑嫩多汁，蛋白质含量22%～24%，脂肪含量仅为1.2%，氨基酸含量丰富。其中人体必需氨基酸7种，非必需氨基酸10种，必需氨基酸含量占总氨基酸含量的40.80%，鲜味氨基酸含量占43.42%，均高于其他畜禽肉类，促使其味道更为鲜美，适口性好。现代中医学认为，鸽肉易消化，具有滋补益气、祛风解毒、增强记忆力、缓和低血糖的功能。

三、主要产区：莎车县莎车镇、古勒巴格乡、托木吾斯塘乡、英吾斯塘乡、阿热勒乡、恰尔巴格乡、伊什库力乡、米夏乡、塔尕尔其乡、拍克其乡、恰热克镇、乌达力克乡、阿尔斯兰巴格乡、亚喀艾日克乡、孜热甫夏提塔吉克民族乡、喀群乡、霍什拉甫乡、达木斯乡、阿瓦提镇、阿拉买提乡、阿扎特巴格乡、艾力西湖镇、荒地镇、阔什艾日克乡、墩巴格乡、白什坎特镇、依盖尔其镇、巴格阿瓦提乡、喀拉苏乡。

四、社会声誉：近年来，到莎车投资和旅游观光人数逐年增加，很多人品尝了莎车当地独具民族风味的“烤鸽子”“鸽子汤”“鸽子面”等美食，为其品味称绝，促使莎车鸽子肉名声远扬，产品远销北京、上海、广州等大城市，销售价格稳步提升。2004年4月，莎车土鸽养殖标准化示范区建设项目被纳入全国第五批农业标准化示范区项目建设。2009年9月，农业部家禽品种鉴定委员会现场鉴定莎车土鸽的遗传资源。2010年，莎车鸽子肉在新疆特色农产品（广州）交易会上荣获优秀产品二等奖。

五、发展远景：2014年，莎车鸽子肉被中共喀什地委、行政公署列为地区“一县一品”产业发展规划重点扶持发展的地方特色畜产品。随着产业标准化、品牌化建设的加快推进，莎车鸽子肉产业必将迎来更大更好的发展机遇。

（莎车县史志办）

疏附仙桃

疏附仙桃又称“疏附土桃”，是新疆桃类水果的重点品种。2014年，疏附县拥有规模化桃园13处，小规模桃园150多处，总面积达2.57万亩，年产疏附仙桃3948吨，产品远销国内各大城市并出口周边国家，疏附县已成为南疆地区仙桃栽培面积最大的县。疏附仙桃以汁多肉美、甘甜爽脆、入口即化等特征享誉海内外。

一、产业变革：20世纪90年代起，疏附县大力推进农业产业化进程，根据县域特定自然条件和农业产业化发展优势情况，积极引导当地果农采取嫁接法不断扩大疏附仙桃种植栽培规模，持续优化地方仙桃品种的品质优势，推动当地仙桃产业规模化发展。经过20多年的栽培推广，疏附仙桃产业基本实现规模化、标准化发展，社会经济效益稳步提升。

二、品质特征：疏附仙桃果实呈椭圆形，果皮浅绿黄色，成熟后呈清淡白色，粒大汁多，单果重200～450克，采果时果柄处不撕皮，果肉细韧，硬溶质，味浓甜，鲜果含水量≥80%，可溶性固形物含量≥13%，皮薄汁多，果肉粘核，果实青色或金黄色，果肉富含蛋白质、果糖、粗纤维以及钙、磷、铁、胡萝卜素、维生素B1等有机物质和多种人体必需氨基酸。其中，每百克果肉含糖量≥14.5%，含铁量≥0.27%，居同类水果之首。疏附仙桃有充饥、补气益血、解渴止咳、润肠通便、缓解高血压、缺铁性贫血等保健功效。

三、主要产区：疏附县兰干镇、木什乡、托克扎克镇、站敏乡、塔什米里克乡、布拉克苏乡、萨依巴格乡、吾库萨克镇、乌帕尔镇、林场、园艺场。

四、社会声誉：经过多年的品牌宣传推广，疏附仙桃远销国内各大中城市，市场知名度和经济效益不断攀升。2008年，疏附县兰干镇1500亩桃园通过国家权威部门的有机食品生产基地认证。2011年，新疆特色农产品（广州）交易会上，疏附仙桃荣获最佳畅销产品奖。2014年，疏附仙桃被中共喀什地委、行政公署确定为地区“一县一品”产业发展规划重点扶持的地方特色农产品。

五、发展远景：2014年，疏附仙桃被纳入喀什地区“一县一品”产业发展规划，相关产业发展势头迅猛。到“十三五”规划末，疏附仙桃栽植面积将达产量达2.57万亩，年均产量达13797吨，年均产值达5518.62万元。届时，疏附仙桃将成为引领疏附县域经济较快发展、助力脱贫攻坚的战略主导产业。

（疏附县史志办）

疏勒豇豆

2010年以来，疏勒县加快推动区域性“菜篮子”生产基地建设，疏勒豇豆产业发展势头迅猛。2014年，疏勒豇豆种植面积达2.2万亩，成为南疆40多个县市中豇豆种植面积最大的县，产品远销广州、深圳、四川等地农产品批发市场，市场知名度不断提升。

一、产业变革：疏勒县农民历来注重蔬菜种植。1988年，疏勒县全面启动“菜篮子”工程，鼓励和引导当地农民种植豇豆、大白菜等蔬菜，豇豆种植规模逐年增加并以其特定的品质优势赢得市场，疏勒豇豆被培育成为规模化的地方特色农产品产业。

二、品质特征：疏勒豇豆嫩荚呈浅绿色、无毛，荚果下垂，条形正，荚粗而长，一般长40～55厘米，粗6～10毫米，荚横断面圆形，单荚重15～25克，每荚含种子16～22粒，种脐乳白色；疏勒豇豆含植物蛋白≥28克/100克，碳水化合物≤48克/100克，纤维素≥5.3克/100克，还富含维生素B、维生素C和多种人体必需氨基酸，味甘甜，鲜食或腌制均可，营养价值丰富，具有理中益气、健胃补肾、调颜养身、解渴健脾等功效。

三、主要产区：疏勒县疏勒镇、巴仁乡、洋大曼乡、亚曼牙乡、巴合齐乡、塔孜洪乡、英尔力克乡、罕南力克镇、库木西力克乡、塔尕尔其乡、牙甫泉镇、艾尔木东乡、阿拉力乡、英阿瓦提乡、阿拉甫乡。

四、社会荣誉：近年来，疏勒豇豆的销售渠道不断拓展，社会知名度和经济效益不断提升。2013年，疏勒县仕雨蔬菜种植专业合作社申报1500亩绿色豇豆，年产量3750吨，通过中国绿色食品发展中心的绿色食品认证。2014年年底，疏勒豇豆被中共喀什地委、喀什行政公署确定为疏勒县“一县一品”产业发展规划重点扶持的地方特色农产品。

五、发展远景：疏勒豇豆是疏勒县“菜篮子”基地工程重点发展项目。预计到“十三五”规划末，疏勒豇豆种植规模将达3.5万亩，年产量10.5万吨，总产值和实际利润效益将大幅提高，疏勒豇豆将成为推动当地农民脱贫致富的“金豆子”。

（疏勒县史志办）

喀什地区行政区划统计表（2014）

表 1

县市名称	县（市）合计	村（合计）	社区数（合计）	街道办事处			乡镇							区公所（合计）
				合计	社区	村	合计	镇	社区	乡	其中民族乡	社区	村	
喀什地区	12	2312	269	5	68	1	168	36	196	132	3	5	2311	1
喀什市	1	149	52	4	52		11	2	0	9	0	0	149	
疏勒县	1	218	15	0	0		15	3	15	12	0	0	218	
疏附县	1	120	12	0	0		10	4	12	6	0	0	120	
英吉沙县	1	163	12	0	0		14	1	12	13	0	0	163	
泽普县	1	129	14	0	0		12	2	14	10	1	0	129	1
莎车县	1	491	73	1	16	1	29	8	54	21	1	3	490	
叶城县	1	299	30	0	0		20	3	30	17	0	0	299	
麦盖提县	1	128	12	0	0		10	1	12	9	0	0	128	
岳普湖县	1	87	10	0	0		9	3	10	6	0	0	87	
伽师县	1	297	11	0	0		13	3	11	10	0	0	297	
巴楚县	1	186	25	0	0		12	4	23	8	0	2	186	
塔什库尔干县	1	45	3	0	0		13	2	3	11	1	0	45	

喀什地区 2014 年国民经济和社会发展统计公报

喀什地区统计局　国家统计局喀什调查队

（2015 年 3 月 16 日）

2014 年，在地委、行署的坚强领导下，全地区上下学习贯彻十八届三中、四中全会和第二次中央新疆工作座谈会精神，在新常态下把握当前历史机遇，紧紧围绕社会稳定和长治久安这个总目标，统筹各项事业发展，创新驱动，转方式调结构，民生改善迈出新步伐，经济社会全面发展再上新台阶，取得新成绩。

一、综合

年末喀什地区总户数 110.1 万户、总人口 448.82 万人，其中非农业人口 100.28 万人，占总人口的 22.34%，农业人口 348.54 万人，占总人口的 77.66%。人口出生率 21.14‰，死亡率 5.95‰，人口自然增长率 15.19‰。

喀什地区 2014 年末人口数及其构成情况表

表 1

指标	年末数（人）	比重（%）
全地区总人口	4488201	100.0
#非农业人口	1002803	22.34
农业人口	3485398	77.66
#男性	2259984	50.35
女性	2228217	49.65
#汉族	296907	6.62
维吾尔族	4125403	91.92
塔吉克族	42829	0.95
其他民族	23062	0.51

初步测算喀什地区实现生产总值 688 亿元，同比增长 10.2%。其中第一产业增加值 211 亿元，同比增长 7.4%；第二产业增加值 210 亿元，同比增长 13.2%，其中工业增加值 119 亿元，同比增长 13%；第三产业增加值 267 亿元，同比增长 10.1%。三次产业结构 30.7∶30.5∶38.8。人均生产总值 16024 元 / 人，比上年增长 5.3%。

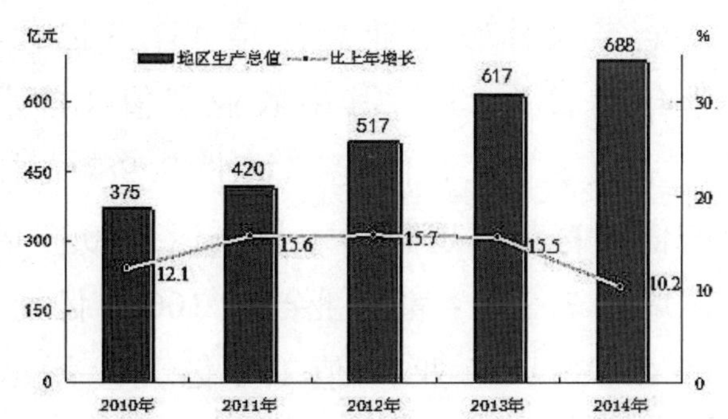

图 1：喀什地区 2010—2014 年生产总值及其增长速度

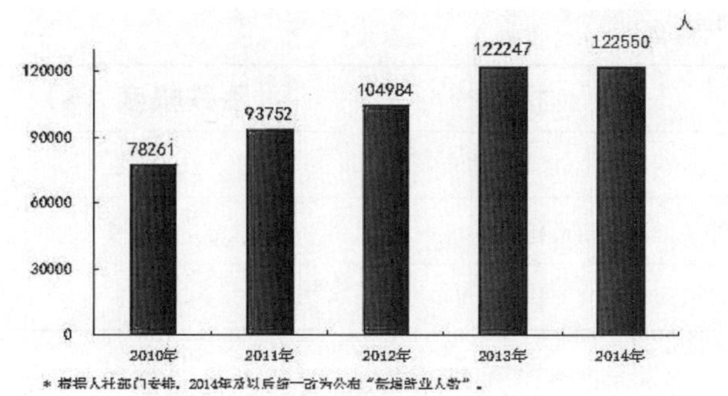

图 2：喀什地区 2010—2014 年城镇就业再就业人数

全年实现城镇新增就业人数 12.26 万人，城镇登记失业率为 3.92%。

全年居民消费价格比上年上涨 2.1%，其中食品价格上涨 3.5%，涨幅位居榜首。

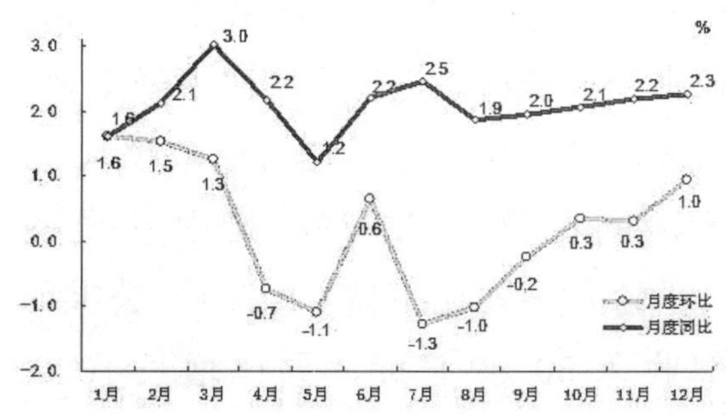

图 3：喀什市 2014 年居民消费价格月度涨跌幅

2014 年喀什市居民消费价格比上年涨跌幅度情况表

表 2

指标	涨跌幅度（%）
居民消费价格	2.1
#食品	3.5

续表 2

指标	涨跌幅度（%）
#粮食	4.2
油脂	-5.4
肉禽	0.1
蛋类	-2.0
水产品	1.9
菜	-2.9
干鲜瓜果	17.2
烟酒及用品	-0.3
衣着	1.6
家庭设备用品及服务	1.6
医疗保健及个人用品	1.0
交通和通信	-0.5
娱乐教育文化用品及服务	0.9
居住	2.5

工业生产者出厂价格同比下降 4.2%，其中轻工业下降 5.8%，重工业下降 3.3%。工业生产者资料购进价格同比下降 1.8%。

2014 年，喀什地区地方财政收入 63.68 亿元，同比增长 2.32%，其中基金收入 12.88 亿元，同比下降 21.69%。公共财政预算收入 50.80 亿元，同比增长 10.94%，各项税收收入 37.76 亿元，同比增长 3.12%。其中增值税 3.62 亿元，同比增长 65.82%；营业税 17.25 亿元，同比下降 2.85%；企业所得税 3.09 亿元，同比下降 12.44%；个人所得税 2.63 亿元，同比下降 10.14%。

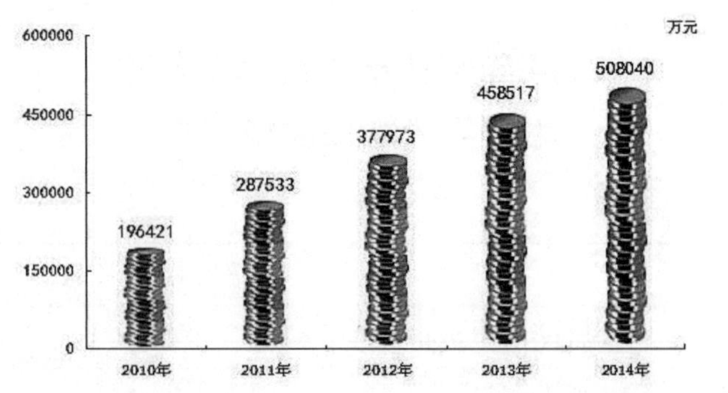

图 3：喀什地区 2010—2014 年一般公共财政预算收入

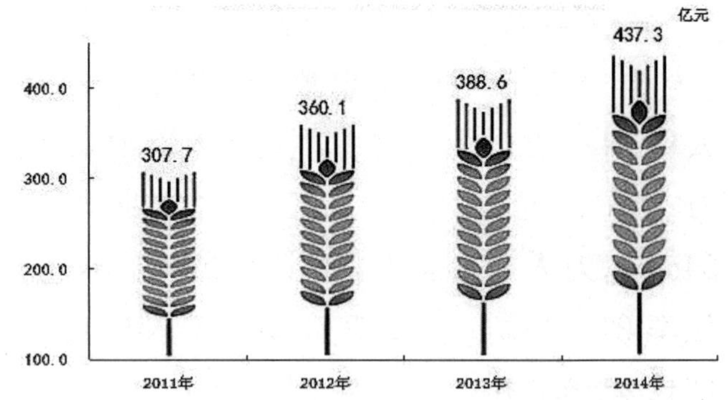

图 4：喀什地区 2011—2014 年农林牧渔业总产值

地方财政支出 378.78 亿元，增长 9.26%。公共财政预算支出 363.25 亿元，增长 11.82%。全地区用于民生方面支出共计为 291.25 亿元，占公共财政预算支出 80.18%。其中教育支出 88.77 亿元，增长 15.31%；社会保障和就业支出 29.35 亿元，下降 9.17%；医疗卫生支出 33.92 亿元，增长 26.43%；城乡社区事务支出 16.44 亿元，下降 8.44%；农林水事务支出 43.08 亿元，增长 14.42%；住房保障支出 68.49 亿元，增长 20.89%；节能环保支出 3.49 万元，下降 14.99%。

二、农业

全年农林牧渔业总产值 437.3 亿元，比上年增长 7.25%。其中农业产值（含水果、坚果）310.3 亿元，增长 8.98%；林业产值（育苗、造林、木材采运）10.6 亿元，增长 7.26%；畜牧业产值 106.3 亿元，增长 2.56%；渔业产值 1.4 亿元，增长 5.56%；农林牧渔服务业产值 8.7 亿元，增长 7.31%。

全年农作物播种面积 119.75 万公顷，其中粮食播种面积 43.54 万公顷，小麦播种面积 22.67 万公顷，玉米播种面积 17.83 万公顷，瓜播种面积 6.29 万公顷，蔬菜播种面积 5.49 万公顷。

全年粮食产量产量 278.98 万吨，下降 0.48%，其中小麦产量 135.36 万吨，增长 1.82%；玉米产量 17.83 万公顷，下降 1.19%；蔬菜产量 272.2 万吨，下降 2.4%；瓜产量 279.6 万吨，下降 1.17%。

全年肉类总产量 40.33 万吨，增长 6.02%;年末牲畜存栏头数 865.63 万头（只），增长 2.9%；奶产量 28.67 万吨，增长 8.72%；禽蛋产量 9.15 万吨，增长 9.84%。

年末农业机械总动力 379.98 万千瓦，比上年增长 17.24%。拥有大中型拖拉机 11.54 万台，增长 15.75%；小型拖拉机 3.65 万台，增长 4.29%。

三、工业和建筑业

2014 年，全地区工业企业 1951 家，新增 254 家，其中规模以上工业企业 93 家，较去年净增 5 家；规模以下工业企业 1858 家，新增 249 家。

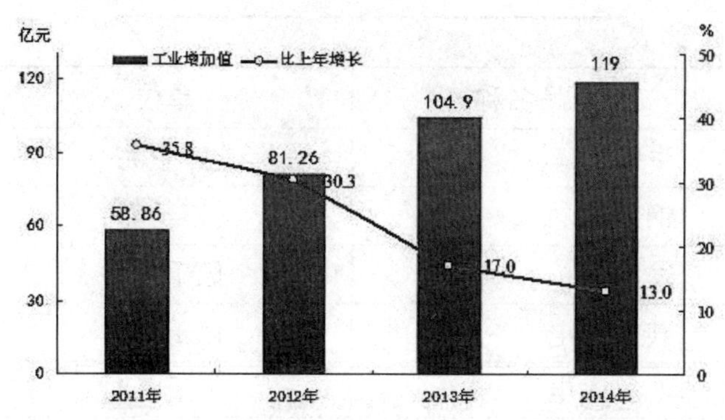

图 5：喀什地区 2011—2014 年工业增加值及其增长速度

全年完成工业增加值 119.4 亿元，比上年增长 13.00%。其中规模以上工业增加值 36.5 亿元，增长 2.30%；规模以下工业增加值 82.9 亿元，增长 19.90%。

规模以上工业产品销售率为 97.70%，其中轻工业产品销售率 103.32%，重工业产品销售率 96.29%。

2014 年规模以上工业企业产品产量及其增长速度情况表

表 3

产品名称	单位	产量	比上年增减（%）
铜金属含量	千克	10630.8	-21.6
铁矿石	万千克	157.67	2.9
小麦粉	万千克	7.96	16.0
精制食用植物油	万千克	3.15	-12.8
饮料酒	千升	20097	-32.5
纱	万千克	0.55	-24.4
塑料制品	千克	6895.0	3.4
硅酸盐水泥熟料	万千克	343.54	-20.2
水泥	万千克	478.72	-3.1

续表 3

产品名称	单位	产量	比上年增减（%）
生铁	万千克	9.96	-43.5
钢铁	万千克	7.05	-8.5
发电量	亿千瓦时	20.63	-21.0
其中火电	亿千瓦时	8.18	-36.0
水电	亿千瓦时	11.43	-6.9
供热量	万吉焦	586.60	9.1
自来水生产量	万立方米	3801.0	5.5

全社会建筑业实现增加值 91.08 亿元，增长 13.3%，全年具有资质等级总承包和专业承包建筑企业 56 家，本年减少 3 家，共完成总产值 79.93 亿元，增长 7.2%。

四、固定资产投资

全年完成固定资产投资 702.68 亿元，比上年增长 12.37%。

从产业投向看，第一产业完成投资 29.02 亿元，同比增长 12.99%；第二产业完成 220.23 亿元，增长 17.51%。其中工业完成投资 219.79 亿元，增长 17.63%。第三产业完成投资 453.43 亿元，增长 9.99%。

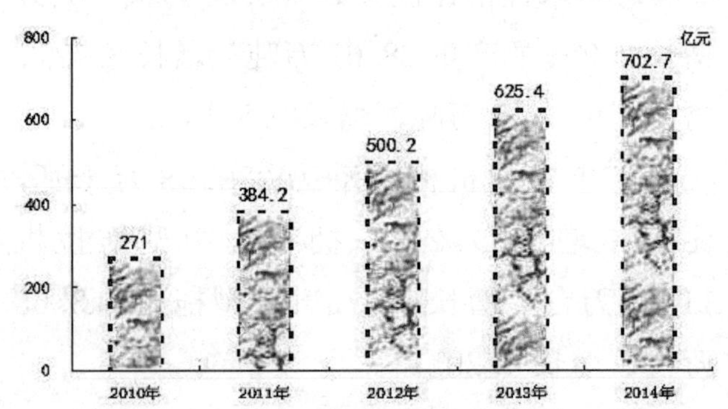

图 6：喀什地区 2010—2014 年固定资产投资

2014 年分行业完成固定资产投资及其增减速度情况表

表 4

行业	投资额（万元）	比上年增减（%）
总计	7026782	12.37
农、林、牧、渔业	290204	12.99
采矿业	134905	-31.47
制造业	1330294	29.19
电力、燃气及水生产和供应业	732694	14.15
建筑业	4420	-23.04
交通运输、仓储和邮政业	266100	-19.30
信息传输、计算机服务和软件业	66092	51.41

续表 4

行业	投资额（万元）	比上年增减（%）
批发和零售业	330789	22.77
住宿和餐饮业	178393	25.10
金融业	3969	-42.94
房地产业	2142110	11.91
租赁和商务服务业	72018	-16.96
科学研究、技术服务和地质勘查业	44342	49.32
水利、环境和公共设施管理业	521344	31.01
居民服务、修理和其他服务业	19788	-78.72
教育	119335	-50.19
卫生、社会保障和社会福利业	67998	-54.25.
文化、体育和娱乐业	180875	89.05
公共管理和社会组织	521112	60.54

2014 年，房地产开发企业 104 家，减少 3 家。全年房地产企业开发完成投资 20.18 亿元，比上年下降 24.99%，其中商品房住宅完成投资 11.15 亿元，下降 4.65%。房屋施工面积 324.02 万平方米，下降 2.54%；竣工面积 29.32 万平方米，下降 63.02%。商品房销售面积 20.53 万平方米，下降 55.75%；销售额 9.11 亿元，下降 44.48%。

2014 年房地产开发和销售主要指标完成情况表

表 5

指标	计量单位	绝对额	比上年增减％
投资完成额	万元	201849	-24.99
其中商品住宅	万元	111480	-4.65
房屋施工面积	万平方米	324.02	-2.54
其中商品住宅	万平方米	210.58	16.07
房屋新开工面积	万平方米	35.78	-75.50
其中商品住宅	万平方米	31.59	-49.34
房屋竣工面积	万平方米	29.32	-63.02
其中商品住宅	万平方米	16.08	-53.04

续表 5

指标	计量单位	绝对额	比上年增减 %
商品房销售面积	万平方米	20.53	-55.75
其中商品住宅	万平方米	15.33	-59.79
商品房销售额	万元	91138	-44.48
其中商品住宅	万元	48734	-56.13

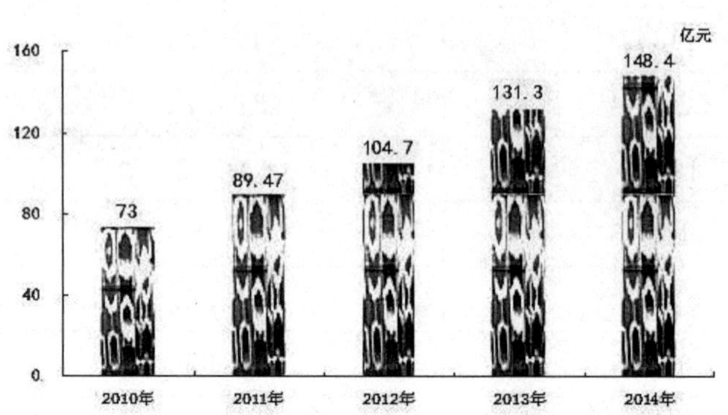

图 7: 喀什地区 2010—2014 年社会消费品零售总额

五、商贸和旅游

全年社会消费品零售总额 148.38 亿元，比上年增长 13.01%。按经营地统计，城镇零售额 107.22 亿元，增长 10.40%，乡村零售额 41.16 亿元，增长 20.44%。按消费形态统计，商品零售额 127.98 亿元，增长 11.44%，餐饮收入 20.40 亿元，增长 20.82%。

全年完成外贸进出口总额 12.06 亿美元，同比增长 7.39%，其中出口 11.87 亿美元，同比增长 6.53%，进口 1951.3 万美元，同比增长 109.1%。

年末全地区个体工商户达 7.47 万户，从业人员 10.33 万人，注册资金 18.68 亿元；私营企业 10790 户，从业人员 8.80 万人，注册资金 376.31 亿元。

全年招商引资落实到位资金总额 255 亿元，其中新履约项目 271 个，到位资金 115.37 亿元，往年结转项目 236 个，到位资金 139.67 亿元。

接待国内外游客达 358.86 万人，其中国内旅游人数 355.5 万人，海外旅游人数 3.36 万人；旅游总收入达 27.5 亿元。目前全地区共有 37 处国家 A 级旅游景区，其中 AAAAA 级景区 1 处、AAAA 级景区 4 处、AAA 级景区 14 处、AA 级景区 18 处；旅游星级饭店 35 家、旅行社 26 家。

六、交通和邮电

2014 年，铁路完成货运量 291.47 万吨，比上年下降 24.82%；公路完成货运量 2763 万吨；民航完成货邮吞吐量 7595 吨，增长 23.6%。

铁路完成客运量 295.88 万人次，增长 5.3%；公路完成客运量 6695 万人次；民航完成旅客吞吐量 142.82 万人，增长 24.3%。

2014 年年末，公路通车里程 23439.5 千米，其中高速公路里程 828.5 千米，年末民用汽车保有量 16.72 万辆，比上年末增长 10.00%。其中私人汽车 11.34 万辆，比上年末增长 16.91%；载客汽车 12.43 万辆，比上年末增长 12.08%；载货汽车 3.80 万辆，比上年末增长 7.65%。

邮电业务总量 16.29 亿元，比上年下降 7.65%，其中邮政业务总量 10490.12 万元，同比下降 10.52%；电信通信业务总量 15.24 亿元，下降 4.03%。年末固定电话用户达到 32.65 万户，同比下降 7.69%，固定电话用户普及率达到 7.27 部／百人；年末移动电话用户达到 202.25 万户，同比增长 8.24%，移动电话普及率达到 45.06 部／百人；互联网宽带用户达到 19.30 万户，同比下降 1.71%。

七、金融和保险业

12 月末，金融机构各项存款余额 1046.4 亿元，较上年同期增长 11.32%，其中单位存款 568.05 亿元，同比增长 12.3%，个人存款 469 亿元，同比增长 9.4%。

各项贷款余额 458.7 亿元，同比增长 12.66%，其中短期贷款 188.84 亿元，同比增长 0.42%，中长期贷款 251.37 亿元，同比增长 16.59%。存贷比为 43.8%。

全年保费收入 17.69 亿元，同比增长 10.56%。其中财产保险保费收入 10.03 亿元，同比增长 4.48%；人寿保险保费收入 5.62 亿元，同比增长 20.60%；意外伤害险 0.81 亿元，同比增长 9.46%；健康险 1.23 亿元，同比增长 29.47。赔款支出 7.45 亿元，其中财险赔款 5.63 亿元，寿险赔款

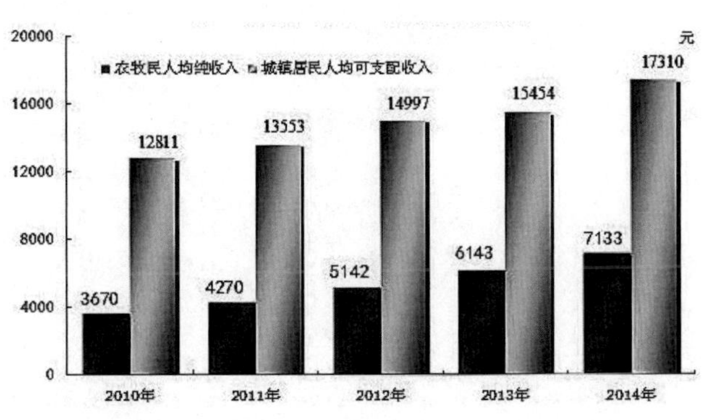

图 8：喀什地区 2010—2014 年居民收入

1.82 亿元，各险种综合赔付率为 42.11%。

八、人民生活和社会保障

城镇居民人均可支配收入 17310 元，比上年增长 12%。其中工资性收入 10833 元，增长 1.4%；经营净收入 1082 元，下降 2%；财产净收入 602 元，增长 12.4%；转移净收入 4793 元，增长 27%。农牧民人均纯收入 7133 元，增长 16.1%，其中工资性收入 944 元，增长 50.5%；家庭经营收入 5976 元，增长 12.6%；转移性收入 213 元，增长 2.7%。

年末城乡居民储蓄存款余额 465.54 亿元，当年新增 39.34 亿元，比上年同期增长 9.24%。

年末全地区参加城镇职工养老保险人数为 15.94 万人，参加城镇基本医疗保险人数为 72.06 万人，参加失业保险人数为 16.21 万人，参加工伤保险 20.72 万人，参加生育保险 18.13 万人。

全年有 71.32 万居民得到城乡最低生活保障，发放低保金、物价补贴、一次性补贴合计资金 14.48 亿元，其中农村居民 50.83 万人，发放低保金、物价补贴、一次性补贴合计资金 8.04 亿元，城镇居民 20.49 万人，发放低保金、物价补贴、一次性补贴合计资金 6.45 亿元。全年实际超过扶贫标准人口 14.36 万人。

年末全地区社会福利单位 40 个，从业人员 525 人；民办老年公寓 2 个，床位数 300 张，收养人员 163 人；农村敬老院 98 所，床位 3819 张，集中收养 2889 人；儿童福利院 13 个，床位数 2057 张，集中收养 5351 人。全年销售社会福利彩票 3.92

亿元，筹集社会福利资金1.37亿元。

开展新型农牧区合作医疗工作县市12个，参加新农合人口320.56万人。

开展新型农村养老保险有12个县市，参保人员138.01万人，发放养老保险金额20087万元。

九、教育和科技

全地区普通高等院校1所，招生人数3041人，在校学生11465人，毕业生数3034人。专任教师740人，其中具有高级专业技术职务229人，占30.9%，具有硕士以上学位425人，占57.4%。

成人高等学院1所，招生人数86人，在校学生141人，毕业生数55人。

中等专业学校27所，招生人数16988人，在校学生35034人，毕业生7224人。其中普通中专13所，招生人数11294人，在校学生19935人，毕业生3523人；职业高中学校8所，招生人数5694人，在校学生15099人，毕业生3701人。

普通中学学校208所，招生人数8.48万人，在校学生26.14万人，毕业生9.33万人。其中普通高中学校42所，招生人数1.77万人，在校学生6.72万人，毕业生3.04万人。普通初中学校166所，招生人数6.71万人，在校学生19.41万人，毕业生6.30万人。

小学学校957所，招生人数8.51万人，在校学生42.61万人，毕业生7.04万人。

学前教育979所，招生人数7.64万人，在校学生14.63万人，毕业生6.80万人。

小学学龄儿童入学率99.70%，初中学龄入学率99.35%，小学毕业升学率99.34%，初中毕业升入普通高中升学率48.24%，初中毕业升入高中阶段升学率86.14%（高中阶段含技工学校学生数、乌昌中职、内职）。

全年承担国家级科技计划项目（课题）9项，自治区级科技计划项目46项，地区级科技计划项目14项。其中，国家科技惠民项目2项，科技成果转化项目4项，科技成果转化基地1个。共争取各类科技计划项目经费2213万元。

全地区专利申请被国家知识产权局授权专利达99件，其中发明专利授权4件，实用新型专利授权49件，外观设计专利授权46件。

十、文化、卫生和体育

全地区文化部门机构数284个，其中艺术业20个、文化馆17个、公共图书馆13个、群众文化服务类236个、其他15个。拥有广播电视台12座，乡镇广播电视站168座，广播综合人口覆盖率98.19%，电视人口综合覆盖率98.52%；电影院4个，电影队168个，城市电影放映次数15001次，农村电影放映次数30660次。全年出版报纸总印数1295万份，各类期刊图书273.6万册。

在自治区及以上重大体育比赛中取得

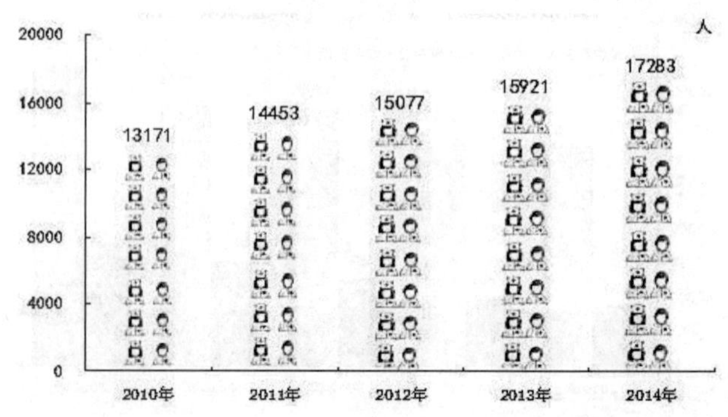

图9：喀什地区2010—2014年卫生技术人员人数

66.5枚金牌、35枚银牌、32枚铜牌。全年销售中国体育彩票9919.4万元。

全地区共有卫生机构3210个，其中医院131个、基层医疗卫生机构3025个、专业公共卫生机构53个、其他卫生机构1个。拥有病床19596张，其中医院13171张、基层医疗卫生机构6190张，专业公共卫生机构217张、其他卫生机构18张。卫生技术人员17283，其中医师5390人、护士5803人、药师873人、技师1050人、其他4167人。

全地区乡镇卫生院166个，床位5911张，卫生技术人员4335人，其中医师1269人，护士1249人。

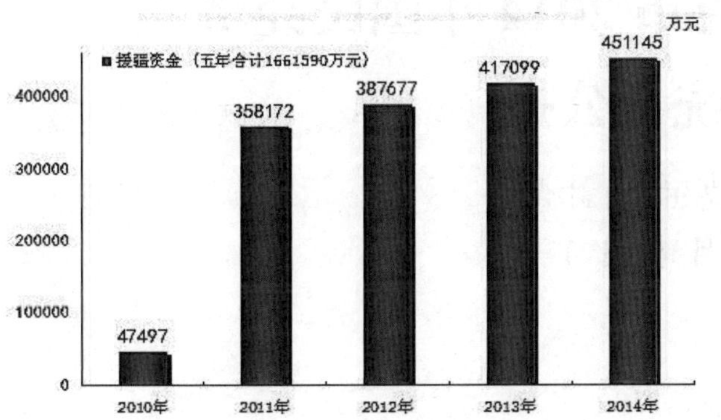

图10：四省市2010—2014年援疆项目到位资金

十一、环境保护与安全生产

全年天气监测一、二级优良天数为87天。全地区12县市饮用水源地水质均未受到污染。经地表水监测断面监测，塔什库尔干河水质全年达到国家Ⅱ类水质标准；叶尔羌河、盖孜河、提孜那甫河、库山河、喀什噶尔河、吐曼河、克孜河7条河流水质达到国家Ⅲ类以上水质标准比率为82.5%。

全年共发生各类事故1264起，死亡115人，直接经济损失929.37万元。喀什地区亿元GDP生产安全事故死亡率0.17，工矿商贸企业就业人员10万人生产安全事故死亡率3.21，道路交通万车死亡率2.1，煤矿百万千克死亡率0。

十二、四省市对口援建项目

2014年四省市对口援建项目267个，援助到位资金45.1亿元，2010—2014年累计援建项目1152个、援助资金166.16亿元。

从各省市来看：山东省援助项目82个，援助到位资金10.14亿元，2010—2014年累计援助资金38.45亿元；上海市援助项目103个，援助到位资金19.46亿元，2010—2014年累计援助资金71.26亿元；广东省援助项目43个，援助到位资金8.54亿元，2010—2014年累计援助资金30.56亿元；深圳市援助项目39个，援助到位资金6.96亿元，2010—2014年累计援助资金25.88亿元。

注释：

1. 本公报数据均为初步统计数。

2. 地区生产总值（GDP）、农林牧渔业、工业、建筑业等专业总产值及增加值绝对数按现价计算，增加值增长速度按可比价格计算。

3. 规模以上工业企业指年营业收入2000万元以上工业企业。

资料来源：

本公报中农林牧渔业数据来源于农口各部门；农牧民人均纯收入来自地区农经局；外贸进出口、招商引资等数据来自地区商务局；个体工商户等数据来自地区工商局；旅游数据来自地区旅游局；客运量、货运量等数据来自地区运管局、喀什火车站、喀什机场公司；新建公路、汽车保有量数据来自地区交通运输局、地区公安局；邮电业务总量等数据来自邮政局及通信部门（公司）；财政数据来自地区财政局；金融数据来自人民银行喀什分行和地区银监局；保险业数据来自喀什保险行业协会；教育数据来自地区教育局；科技数据来自地区科技局，专利数据来自地区知识产权局；艺术表演团体、博物馆、公共图书馆、文化馆、体育数据来自地区文体局；广播、电视、电影数据来自地区广电局；报纸、期刊、图书数据来自喀什日报社和维吾尔出版社；卫生、新农合数据来自地区卫生局；人口数据来自地区公安局和地区计生委；贫困人口数据来自地区扶贫办；低保、社会福利业等数据来自地区民政局；城镇新增就业、登记失业率、社会保障数据来自地区人力资源社会保障局；安全生产数据来自地区安监局；对口援建数据来自援疆办；物价指数来自国家统计局喀什调查队。

新疆兵团第三师图木舒克市2014年国民经济和社会发展统计公报

第三师图木舒克市统计局

（2015年5月5日）

2014年，师市各族人民在兵团、师市党委正确领导下，围绕“两个率先、两个力争”奋斗目标，把握“稳中求进、改革创新、提质增效”工作总基调，发挥主体作用，坚持推进“三化”建设，坚持保障改善民生，坚持推进维稳建设，坚持抓基层打基础，师市经济社会发展呈现持续增长、结构优化、效益提高、后劲增强、民生改善良好势头。

一、综合

初步核算，全年实现师市生产总值90.08亿元（现价，下同），比上年增长16.4%（2010年可比价，下同）。其中第一产业增加值33.80亿元，增长8.3%；第二产业增加值32.41亿元，增长34.7%（其中工业增加值18.33亿元，增长52.5%；建筑业增加值14.08亿元，增长11.6%）；第三产业增加值23.87亿元，增长9.0%。三次产业增加值占生产总值比重为37.5∶36.0∶26.5。三次产业对经济增长贡献率分别为21.2%、63.5%和15.3%，分别拉动经济增长3.5、10.4和2.5个百分点。人均生产总值41012元，增长14.3%。

初步统计，全年生产经营单位实现利

润净额28291万元，比上年减盈2602万元。其中农业企业净利润20778万元，减盈2410万元；工业盈利4500万元，增盈1757万元；交通运输业盈利197万元，增盈82万元；建筑企业盈利1873万元，增盈389万元；商品流通业净利润-985万元，减盈3787万元；服务业1928万元，增盈1367万元。

全年师市居民消费环比价格指数102.1%，商品零售环比价格指数102.4%，在外用膳食品环比价格指数106.1%，农产品生产环比价格指数96.0%；工业品出厂环比价格指数99.1%，建筑安装工程环比价格指数100.2%。

二、农业

初步核算，全年实现农业总产值78.65亿元，比上年增长5.2%（现价，下同）。其中种植业产值65.49亿元，增长4.2%；林业产值0.63亿元，增长21.2%；牧业产值7.51亿元，增长13.3%；渔业产值0.28亿元，增长17.7%；农林牧渔服务业产值4.74亿元，增长4.8%。

全年农作物播种面积12.79万公顷，比上年增长12.6%。其中粮食种植面积3.28万公顷，增长42.7%；棉花种植面积6.08万公顷，增长4.9%。粮食平均单产427千克/亩，增长23.8%；棉花平均单产166千克/亩，减少0.7%。全年农作物受灾面积1.77万公顷。

主要农产品产量保持增长（见表1）。

2014年主要农产品生产情况及增长速度一览表

表1

指标	绝对数（千克）	比上年增长（%）
粮食	210440	76.5
其中小麦	89701	75.3
玉米	114754	80.6
水稻	2377	6.6
棉花	151283	4.2
蔬菜	183463	19.0
水果坚果	272813	12.7
其中梨	51495	-13.2
枣	130209	34.4

全年造林面积0.6万公顷，其中防护林466.67公顷。年末实有育苗面积433.33公顷，苗木产量237.8万株。

年末牲畜存栏78.98万头（只），比上年增长15.0%。

主要畜产品产量保持增长（见表2）。

2014年主要畜产品生产情况及增长速度一览表

表2

指标	绝对数	比上年增长（%）
肉类总产量（千克）	21894	7.2
其中牛肉	2615	-2.4
羊肉	9381	13.8
猪肉	8252	4.7
羊毛（千克）	1012	18.5
生奶（千克）	8659	6.6
禽蛋（千克）	2488	16.6

续表 2

指标	绝对数	比上年增长(%)
年末牲畜存栏（万头只）	78.98	15.0
其中大牲畜	2.54	-4.2
猪	7.68	9.3
羊	68.76	16.5

全年水产品养殖面积 0.69 万公顷。其中水库养殖 0.67 万公顷、池塘养殖 133.33 公顷。水产品产量 2040 吨。

年末农业机械总动力 31.41 万千瓦，比上年增长 10.3%；大中型拖拉机 2949 台，增长 13.2%；排灌动力机械 3700 台，增长 6.4%。农业用电量 19467 万千瓦时，增长 4.6%。全年化肥用量（实物量）13.17 万吨，增长 3.2%。农膜用量 5345.00 吨，增长 2.2%。农药使用量 593.58 吨，增长 3.5%。机电井 4199 眼，增长 2.0%；机电排灌面积 95.18 万亩，增长 1.0%。

三、工业与建筑业

初步核算，全年实现工业总产值 73.72 亿元，比上年增长 78.4%。其中轻工业产值 40.50 亿元，增长 138.2%；重工业产值 33.22 亿元，增长 36.6%；全年工业产品产销率 96.4%，增加 0.7 个百分点。

主要工业品产量保持增长（见表 3）。

2014 年主要工业品生产情况及增长速度一览表

表 3

产品名称	绝对数	比上年增长(%)
发电量（万千瓦时）	72695	7.1
供电量（万千瓦时）	54050	14.6
小麦粉（千克）	39633	69.1

续表 3

产品名称	绝对数	比上年增长(%)
混合饲料（千克）	404359	463.9
食用植物油（千克）	73477	146.9
干制红枣（千克）	28988	93.7
砖（万块）	53256	-13.4
水泥（千克）	423745	12.3
商品混凝土(万立方米)	210	61.2
塑料制品（千克）	45407	29.7
单铵盐（千克）	160	-7.0
甘草浸膏（千克）	1502	-17.7
纱（千克）	16384	131.8
布（万米）	796	-19.2
铁矿石（千克）	33803	-33.4

初步核算，全年建安企业实现施工产值 62.58 亿元，比上年增长 14.1%；实现竣工产值 40.79 亿元，增长 4.4%；房屋建筑施工面积 307.43 万平方米，年末职工技术装备率 6292 元 / 人，劳动生产率 30.74 万元 / 人，动力装备率 1.83 千瓦 / 人。

四、固定资产投资

全年完成固定资产投资 135.06 亿元，比上年增长 26.1%；新增固定资产 82.39 亿元，增长 40.3%；施工项目 407 个，其中本年度新开工项目 301 个。

从投资行业分类看：第一产业完成 12.00 亿元，比上年增长 59.4%；第二产业完成 39.78 亿元，增长 16.2%，其中工业投资完成 39.78 亿元，增长 16.2%；第三产业完成 83.28 亿元，增长 27.4%。其中房地产完成投资 2.35 亿元，下降 48.6%。

新增生产能力（或效益）主要有：购置大中型拖拉机 300 台，41241 千瓦；购置小型及手扶拖拉机 50 台，579 千瓦；购置联合收割机9台，1248千瓦。建成住房204.29万平方米；新建教用房0.17万平方米，300个席位；畜禽生产用房8.16万平方米；新建公路84千米，扩建公路7千米；新挖灌渠121千米，渠道防渗92千米；新建仓库9座，6.18万平方米。

五、交通运输

年末民用汽车保有量8418辆，比上年增长8.6%。其中载客汽车4198辆，增长2.0%；载货汽车1247辆，增长13.0%；农用运输车2392辆，减少2.0%。全年道路运输客运量679万人，增长23.3%；旅客周转量37623万人千米，增长22.7%；货运量597万吨，增长2.2%；货物周转量55698万吨千米，下降5.0%。全年营运业务收入47770万元，增长19.5%。

交通运输业中，师独立核算运输企业道路运输货物周转量18716万吨千米，下降32.8%；营运业务收入22852万元，增长16.9%。

六、国内贸易和对外经济

全年实现社会消费品零售总额27.06亿元，比上年增长24.0%。商品销售总额112.7亿元，增长32.2%。其中限额以上企业及个体91.41亿元，增长36.2%；限额以下企业和个体21.26亿元，增长17.3%。年末商品库存总额21.38亿元，减少20.5%。

全年住宿餐饮业营业额5.56亿元，比上年增长22.5%。其中限额以上企业及个体2.08亿元，增长44.8%；限额以下企业及个体3.48亿元，增长12.1%。年末个体住宿餐饮业网点1341个，增长38.0%。

全年货物进出口总额89910万美元，比上年增长7.9%。其中货物出口89422万美元，货物进口488万美元。

七、保险

全年保险业务收入31472.52万元，比上年增长16.9%。其中农险实现保费收入9548.59万元、财产险实现保费收入16100.02万元、人险实现保费收入5823.91万元，分别增长7.6%、19.6%、27.0%。全年各险种赔款16000.87万元，简单赔付率为50.9%。其中农险赔款7906.84万元，简单赔付率为82.81%;财险赔款6025.46万元，简单赔付率为37.43%；人险赔款2068.57万元，简单赔付率为35.52%。

八、教育、科技、文化和卫生

年末在校学生5.65万人，比上年增加0.12万人。其中普通高中在校生0.61万人，初中在校生1.67万人，小学在校生2.50万人。师中学高考上线率99.9%，录取率96.1%。全年师市党校举办主体培训班13期，培训2668人。其中十八届四中全会培训班3期838人，基层党务工作者培训班1期100人，基层党组织书记培训班1期120人，后备干部培训班1期80人，中青年干部培训班1期30人，党政干部大讲堂6期1500人。年末农广校教学点1个，设置专业1个，在校学生208名。全年有电大本科学历班27个，专科学历班35个，招生1480人。

推进科技进步，师市出台《第三师图木舒克市科学技术进步奖励办法》《第三师图木舒克市哲学社会科学奖评奖办法》《第三师图木舒克市科技创新人才奖励实施细则》。全年争取国家和兵团科技项目16项，安排师科技计划项目39项；表彰奖励科技进步奖22项，哲学社会科学奖5项；聘请科技特派员88人，进行棉花、红枣、畜牧和设施蔬菜生产技术指导和服务。“科技之冬”全员培训，举办各类培训班481期，培训63736人次，培训率95.0%以上。师市第七届青少年科技创新大赛，表彰奖励264项作品、21名优秀科技辅导员和12个优秀组织单位。师市35件作品在兵团获奖；全国大赛中，师市获得一等奖1项、二等奖1项，1人获全国十佳优秀科技辅导员。

争取项目资金，加快广电事业发展。全年争取国家5个高山无线台建设项目，建设资金1000万元；争取国家西新工程和无线覆盖工程运行资金286万元；争取四十九团、五十三团、东风农场、红旗农场、托云牧场5个电视台设备更新资金50万元；争取兵团电视台赠送电视网络前端1套，摄像机2台，非线性编辑机4套。师市广播覆盖率达94%以上，电视覆盖率达90%以上，基本消灭广播电视“空白点”。全年师市电视台制作《师市新闻联播》269期，刊播2254条；在兵团台刊播138条、在兵团广播刊播67条；上传兵团新闻600余条，制作专题片12部，实况录像5场（次），收集、整理资料时长600多分钟；下载数字电影2000场（次）；在中央电视台播出新闻2条。

全年有非营利性医疗机构251个，其中综合医院18个，独立营级单位卫生所5个，连队卫生室227个。有营利性医疗机构39个，其中民营医院3个。有疾病控制机构14个。拥有开放病床1186张。在职卫生技术人员1602名，其中执业医生348名，注册护士560名。法定甲、乙类传染病网络报告发病率为682.72/10万。

九、人口、人民生活和社会保障

年末师市总人口22.16万人，比上年增长1.8%。其中男性11.90万人、女性10.26万人，分别占53.7%、46.3%。总人口中，汉族9.74万人、维吾尔族12.16万人、其他民族0.26万人，分别占44.0%、54.9%、1.1%。年末农业人口13.4万人，占总人口的60.5%。全年出生人口0.16万人，出生率7.19‰；死亡人口0.08万人，死亡率为3.66‰。人口自然增长率为3.54‰，比上年增加0.37个百分点。全年总户数6.96万户，户均人口3.18人。

年末参加基本养老保险62189人，城镇居民养老保险52074人；参加基本医疗保险55487人，城镇居民医疗保险136037人；参加失业保险30379人，工伤保险35694人，生育保险33165人。

年末在岗职工4.47万人，比上年增长7.2%；在岗职工工资总额25.72亿元，增长17.1%；职工平均工资50853元/人，增长11.7%；全年师市城镇常住居民人均可支配收入26613元，增长12.3%；连队常住居民人均可支配收入13505元，增长14.9%。

年末有各类城镇社区综合服务中心25个。全年师市最低生活保障13020人、8818户。有国家义务兵74人，伤残军人（含警察及国家机关工作人员）33人，“两参”人员113人。

十、图木舒克市辖区统计公报

初步核算，全年实现生产总值（含草湖镇）60.75亿元，比上年增长20.2%，经济总量占第三师比重为67.4%。其中第一产业增加值19.33亿元，增长7.0%；第二产业增加值28.29亿元，增长36.5%（其中工业增加值14.21亿元，增长49.7%；建筑业增加值14.08亿元，增长21.4%)；第三产业增加值13.13亿元，增长13.5%。三次产业增加值占生产总值比重为31.8∶46.6∶21.6。人均生产总值39641元，增长14.5%。

初步统计，全年地方财政收入35518万元，比上年增长23.8%。公共财政预算收入23514万元，增长25.9%；地方财政支出50227万元，增长14.0%，公共财政预算支出38906万元，增长14.8%。

初步核算，全年实现农业总产值44.86亿元，比上年增长3.5%。其中农业产值37.71亿元，增长2.6%；林业产值0.45亿元，增长23.8%；牧业产值3.97亿元，增长11.1%；渔业产值0.18亿元，增长10.7%；农林牧渔服务业产值2.54亿元，增长2.6%。

全年农业播种面积8.25万公顷，比上年增长12.9%。其中粮食2.32万公顷，增长49.9%；棉花3.64万公顷，增长3.9%；水果坚果2.06万公顷，减少1.2%；蔬菜0.35万公顷，增长12.1%。全年粮食总产14.88万吨，增长84.3%；棉花总产9.30万吨，增长7.1%；蔬菜总产13.64万吨，增长11.1%；水果坚果总产12.63万吨，减少0.5%。年末造林面积0.12万公顷，减少44.6%。年末牲畜存栏41.53万头（只），增长16.1%。全年肉类总产1.20万吨，增长4.0%；水产品产量1467吨，增长10.7%。

全年全社会固定资产投资90.32亿元，比上年增长21.2%。其中第一产业7.89亿元，增长122.3%；第二产业27.03亿元，下降9.2%；第三产业55.4亿元，增长34.5%。全年施工项目255个，其中本年新开工项目185个。图木舒克市市区全社会固定资产投资41.78亿元，增长86.8%；市区施工项目84个，其中本年新开工项目47个。

全年实现社会消费品零售总额16.50亿元，比上年增长10.0%。道路运输客运量110.98万人，增长23.3%；货运量274.48万吨，增长15.0%。

年末常住人口15.28万人，其中市区人口3.5万人。全年在岗职工年平均工资52682元。年末参加养老保险63557人，医疗保险123133人。

注释：

1. 公报中生产总值增长速度按2010年可比价格计算。农业、工业、建筑业、交通运输业等价值量、增速均按当年价格计算。

2. 公报中数据为初步统计数，最终数据以2014年度《第三师图木舒克市统计年鉴》为准。

3. 公报中行业数据均来自师市各相关部门。

索 引

说明：

1. 本索引为综合性主题索引。
2. 索引款目按汉语拼音字母（同音字按声调）顺序排列。
3. 款目后的阿拉伯数字表示内容所在的页码。
4. 同一主题的内容在文中多处出现的，在其款目后用不同的页码标明。
5. 对特载、附录等栏目不作主题索引。

A

B

C

D

F

G

H

J

K

L

M

N

P

Q

R

S

T

W

X

Y

Z